STUDIEN ZUR INTERNATIONALEN SCHULBUCHFORSCHUNG

Schriftenreihe des Georg-Eckert-Instituts

Herausgegeben von
Prof. Dr. Ernst Hinrichs
Direktor des Georg-Eckert-Instituts
für internationale Schulbuchforschung
in Braunschweig

Band 41

Braunschweig 1985

Georg-Eckert-Institut für internationale Schulbuchforschung
Celler Straße 3, 3300 Braunschweig, Telefon (05 31) 5 51 03

Jürgen Nebel / Alfred Pletsch (Hrsg.)

Der Ländliche Raum in Frankreich und in der Bundesrepublik Deutschland

L'espace rural en France et en République fédérale d'Allemagne

Redaktion: Roderich Henrÿ
Übersetzung: Christa Nose
Petra Kaltenbach

Braunschweig 1985
2. Auflage 1989
ISBN 3-88304-241-2
Umschlagentwurf: Ursula Leidereiter
Gesamtherstellung: poppdruck, 3012 Langenhagen, Telefon (05 11) 77 90 93

Inhalt

Table des Matières

IV. Recommandations

V. Matériaux

Vorwort/Préface

Die deutsch-französische Schulbucharbeit geht bis zum Jahre 1935 zurück, als die Teilnehmer einer deutsch-französischen Arbeitsgruppe Empfehlungen für das Fach Geschichte vorlegten, die aber wegen der wachsenden politischen Spannungen zwischen beiden Ländern keine Wirkung mehr auf den Schulunterricht erzielen konnten. In Frankreich wurden diese Empfehlungen zwar noch Autoren und Verlegern von Schulbüchern und auch Lehrern übermittelt und 1937 sogar veröffentlicht, das nationalsozialistische Regime jedoch verzögerte die Veröffentlichung zunächst und unterband schließlich jegliche Beschäftigung mit der Schulbuchrevision. Diese Empfehlungen bildeten jedoch die Grundlage für die 1951 verabschiedete *deutsch-französische Vereinbarung über strittige Fragen europäischer Geschichte,* das erste und vielbeachtete Ergebnis internationaler Schulbucharbeit nach dem Zweiten Weltkrieg. Zur Ergänzung dieser Empfehlungen fanden bis 1967 insgesamt 22 deutsch-französische Schulbuchkonferenzen mit Historikern aus beiden Ländern statt.

1981 wurden die Schulbuchgespräche in Geschichte *und* in Geographie wieder aufgenommen, da sich durch die Entwicklungen in Forschung und Lehre sowie in den deutsch-französischen Beziehungen selbst neue Perspektiven ergeben hatten, die entsprechende Empfehlungen zum Verständnis beider Länder notwendig und sinnvoll erscheinen ließen. Auf deutscher Seite werden die Schulbuchgespräche vom Georg-Eckert-Institut in Zusammenarbeit mit den Fachverbänden und auf französischer Seite von der *Association des Professeurs d'Histoire et de Géographie* getragen.

Mit diesem Band werden die ersten Ergebnisse der deutsch-französischen Schulbucharbeit für das Fach Geographie vorgelegt.

Le dialogue franco-allemand en matière de recherche et de révision de manuels scolaires remonte à l'année 1935 où les membres d'un groupe de travail franco-allemand présentaient des recommandations pour l'étude de l'histoire. En raison des tensions politiques croissantes entre les deux pays ces recommandations sont toutefois restées sans effet sur l'enseignement scolaire. Tandis qu'en France elles pouvaient encore être mises à la disposition des auteurs et éditeurs de manuels et des enseignants et même être publiées en 1937, le régime nazi, après avoir d'abord contrecarré la publication des recommandations en Allemagne, mit fin aux efforts visant à réviser les manuels. Néanmoins, ces recommandations formaient la base de *l'accord franco-allemand sur le traitement de problèmes controversés de l'histoire européenne* conclu en 1951, qui était le premier résultat du travail international de révision de manuels après la Seconde Guerre mondiale. Il fut suivi avec beaucoup d'attention. Dans le but de compléter les recommandations, 22 conférences réunissant des historiens français et allemands ont été organisées jusqu'à 1967.

Le dialogue franco-allemand sur les manuels d'histoire *et* de géographie a été repris en 1981 dans le but d'actualiser les recommandations en tenant compte de l'évolution récente de la recherche et de l'enseignement ainsi que de celle des relations franco-allemandes, en vue de contribuer à la compréhension mutuelle entre les deux peuples. Du côté allemand, les rencontres franco-allemandes tenues ces dernières années ont été organisées par l'Institut Georg Eckert en collaboration avec les associations des professeurs d'histoire et des géographes, du côté français par *l'Association des Professeurs d'Histoire et de Géographie.*

Ce tome portant sur les premiers résultats du dialogue franco-allemand récent présente les résolutions de la commission de géographie.

Ernst Hinrichs

I. Einführung

Jürgen Nebel/Alfred Pletsch

Der Ländliche Raum – Problemgebiet für Schule und Wissenschaft

Der Begriff *Ländlicher Raum* hat sich in den letzten Jahren im deutschen Sprachgebrauch immer deutlicher durchgesetzt, ein Begriff, der rein äußerlich dem Planungsdeutsch zuzuordnen ist, und der inhaltlich einen komplexen Wandlungsvorgang umspannen soll, der praktisch alle Vorgänge des *nichtstädtischen* Bereichs betrifft. Das bedeutet, daß der Ländliche Raum keineswegs mit der Vorstellungswelt eines Agrarraumes, der Landwirtschaft, der bäuerlichen Bevölkerung zu identifizieren ist, sondern daß gerade die Dynamik der nichtagrarischen Entwicklung, die sich im Ländlichen Raum vollzieht, d. h. die Gesamtheit der Wandlungsvorgänge mit diesem Begriff erfaßt werden soll. *Ländlich* ist nicht gleich *landwirtschaftlich*, ebensowenig wie in unserem Nachbarland Frankreich *rural* nicht identisch ist mit *agricole*, obwohl auch hier die gleichen Assoziationen immer wieder durchschimmern, besonders bei der städtischen Bevölkerung. Vielleicht sind diese Assoziationen in Frankreich sogar noch ausgeprägter in Anbetracht des starken Zentralismus und der Ausrichtung auf Paris. Zumindest in Paris neigt man oft ein wenig überheblich zu der Auffassung, daß an der Stadtgrenze der Hauptstadt die Wüste beginnt.

Natürlich stimmt weder in Frankreich noch in Deutschland diese Vorstellung. Jedoch erklärt sie sich historisch durchaus, wenn man bedenkt, daß etwa um die Jahrhundertwende der Anteil der Agrarbevölkerung an der Erwerbsbevölkerung in beiden Ländern noch über 50 % lag, in ländlichen Gebieten noch deutlich höher. Selbst in der Zeit nach dem Zweiten Weltkrieg war die Agrarbevölkerung in vielen Gebieten noch deutlich in der Überzahl, und mancherorts ist dies sogar bis heute so geblieben. Allerdings hat der Wandlungsprozeß im Ländlichen Raum schon im gesamten 20. Jahrhundert stattgefunden und hat diesen dabei nicht ausschließlich zur Ernährungsgrundlage für die städtische Welt, sondern zu einem echten Komplementärraum werden lassen, der in vielerlei funktionalen Verflechtungen mit den Städten verbunden ist. Immer mehr gewinnt der Ländliche Raum Funktionen hinzu, die man noch vor wenigen Jahrzehnten als rein städtisch betrachtet hätte. Man hat sich sowohl in Frankreich als auch in der Bundesrepublik Deutschland inzwischen glücklicherweise ein wenig abgewöhnt, den Ländlichen Raum pauschal als rückständig, traditionsverwachsen oder gar primitiv einzuschätzen. Vielmehr besinnt man sich in Anbetracht der Nachteile städtischen Lebens wie Hektik, Lärm, Streß, Abgase usw. auf die Lebensvorteile, die der Ländliche Raum unbestritten bietet. Der Trend zur *Rurbanisation*, ein Begriff, der sich aus *rural* und *urban* zusammensetzt und die Verlagerung städtischer Funktionen in ländliche Gebiete beschreibt, dieser Trend ist letztlich die Bestätigung für den Bewußtseinswandel, der sich bei Bevölkerung, Politikern, bei Planern und Wissenschaftlern durchgesetzt hat.

Nun ist dieser Prozeß so rasch verlaufen, oft innerhalb von nur zwei oder drei Jahrzehnten, daß er vielerorts zu einer Überforderung wurde. Die ländliche Bevölkerung ließ sich durch städtische Lebensgewohnheiten anstecken und glaubte, durch Ersetzen der traditionellen Bausubstanzen, der ererbten Einrichtungen, der gesellschaftlichen Umgangsformen durch „moderne" Elemente den Inferioritätskomplex zu überwinden, der ihr über Jahrhunderte hinweg anerzogen worden war. Wie viele Werte sind da innerhalb weniger Jahrzehnte achtlos, ja bewußt zerstört worden. Die alten Fachwerkfassaden wurden gedankenlos hinter künstlichen Verkleidungen versteckt, buckelige Straßen und Höfe wurden zu geschlossenen Teerflächen – es läßt sich nicht alles aufzählen, was diesen Wandel kennzeichnet. Erst allmählich reagierten Wissenschaftler, Politiker und Planer auf diese Vorgänge, die noch wenige Jahre zuvor nicht erahnt werden konnten.

Die Konsequenzen, die wissenschaftlich, planerisch oder politisch, aber auch kulturell oder gesellschaftlich gezogen wurden, waren alles andere als immer sinnvoll, und man muß sich sowohl in Frankreich als auch in der Bundesrepublik Deutschland fragen, ob viele der Maßnahmen, die im Laufe der letzten Jahrzehnte für den Ländlichen Raum entwickelt und durchgeführt wurden, tatsächlich zu einer Verbesserung der Lebensqualität beigetragen haben. Beispiele gibt es auch hier in Hülle und Fülle: die Zusammenlegung von Schulen unter dem Vorwand, die Ausbildungschancen zu verbessern, die Schaffung von Kultur- und Gemeinschaftshäusern, die in ihrer sterilen Atmosphäre alles andere als ein Ersatz für die traditionellen Dorfgasthäuser sind, die Schaffung von Kinderspielplätzen, ausgestattet mit ideenlosen Geräten, die offensichtlich als Ersatz für die tausendfachen Spielmöglichkeiten im traditionellen dörflichen Milieu gedacht sind, und vieles mehr. Leider wird die Erfolgskontrolle solcher Maßnahmen häufig nur an Wählerstimmen vorgenommen, und diese werden kirchtumspolitisch mobilisiert, oft von Menschen, die das ländliche Leben nur von außen kennen.

Wie immer man an den Ländlichen Raum herangeht, er steckt heute mehr denn je voller Widersprüchlichkeiten. Er entspricht nur noch selten den Darstellungen, die bis vor wenigen Jahrzehnten von älteren Schilderungen mehr oder weniger übernommen werden konnten, ohne daß sich allzuviel verändert hätte. Nunmehr hat sich sehr viel verändert, nur die Darstellungen entsprechen nicht immer diesem neuen Bild. Dies gilt sowohl für die Behandlung des Ländlichen Raumes in den Schulbüchern als auch für viele wissenschaftliche Abhandlungen.

So scheint es ein berechtigtes Anliegen zu sein, den Ländlichen Raum unter verschiedenen Gesichtspunkten zu betrachten, um damit eine Informationsquelle für eine sach- und zeitgemäße Umsetzung in der Schule zu bieten. Die vergleichende Betrachtung der Verhältnisse in Frankreich und in der Bundesrepublik Deutschland ist dabei besonders reizvoll, da sich in beiden Ländern zunächst einmal grundverschiedene Ausgangspositionen abzeichnen, dennoch aber vielerlei Gemeinsamkeiten in der jüngeren Entwicklung zu beobachten sind. Natürlich ist es nicht die Absicht dieses Bandes, ein komplettes Bild der Wandlungsvorgänge im Ländlichen Raum beider Nachbarländer zu entwickeln. Dies kann und soll nur exemplarisch geschehen, während die vertiefende Betrachtung der Vorgänge dem Leser überlassen bleibt. Vielleicht hilft ihm die Literaturauswahl am Ende dieses Bandes, die entsprechenden Interessengebiete weiterzuverfolgen.

An den Anfang sind jedoch zunächst einige Beiträge gestellt, die sich mit der Darstellung sowohl Frankreichs als auch der Bundesrepublik Deutschland in Schulbüchern und im Unterricht des jeweils anderen Landes befassen. Hierbei wird deutlich, daß sicherlich teilweise modernen Veränderungen Rechnung getragen wird, daß aber auch heute noch Klischeevorstellungen erzeugt werden, die in dieser Form nicht haltbar sind und vielleicht nie ganz gestimmt haben. Frankreich reduziert sich in vielen Geographielehrbüchern der Bundesrepublik Deutschland auf die Darstellung der Hauptstadt Paris. Weiterhin gilt es als das Land des Weins und des Käse. Neuere Industriestandortverlagerungen werden gelegentlich am Beispiel von Fos erläutert. Obwohl in den neuen französischen Lehrplänen die Behandlung der Bundesrepublik Deutschland nicht mehr vorgeschrieben ist, geben verschiedene Schulbücher bundesdeutsche Beispiele. Hierbei werden in der Regel die wirtschaftliche Leistung und die Härte der DM herausgestellt. Man sucht jedoch vergeblich nach der so wichtigen räumlichen Differenzierung der deutschen

Siedlungs- und Agrarlandschaft, die Ausdruck einer komplizierten geschichtlichen Entwicklung ist.

Den größten Teil des Bandes nehmen fachwissenschaftliche Beiträge ein, in denen versucht wird, schlaglichtartig die veränderte Situation des Ländlichen Raumes darzustellen. Dabei liegt das Bemühen zugrunde, möglichst ausgewogen die beiden Länder zu behandeln. Allgemeinen Übersichtsdarstellungen über die Probleme und Fragestellungen des Ländlichen Raumes folgen jeweils Themen, die die Landwirtschaft als Ganzes zum Gegenstand haben. An regionalen und sektoralen Beispielen wird dann vertiefend der Wandlungsvorgang untersucht. Die Differenzierung und Spezialisierung der Landwirtschaft beider Länder werden am Beispiel der Milch- und Molkereiwirtschaft in der Bundesrepublik Deutschland und des Sonderkulturanbaus im Norden der Bretagne angesprochen. Schließlich sind Beiträge aufgenommen worden, die sich mit den strukturellen Veränderungen im Sinne raumplanerischer Maßnahmen befassen.

Den Abschluß bilden Empfehlungen für die Behandlung des Themas im Unterricht. Hierbei wurden von den Kollegen des jeweiligen Landes ausgewählte Gesichtspunkte des Ländlichen Raumes stichwortartig zusammengestellt. Weitere Ausführungen und Erläuterungen dazu bieten teilweise die entsprechenden landeskundlichen Beiträge.

Die Herausgeber hoffen, daß sie mit dieser Zusammenstellung den Veränderungen im Ländlichen Raum gerecht werden, daß sie zum besseren Verständnis desselben durch diesen Band beitragen können und daß sie für eine ausgewogene Darstellung der Probleme und Fragestellungen der ländlichen Bundesrepublik Deutschland und des ländlichen Frankreich eine adäquate Grundlage geschaffen haben.

I. Introduction

Jürgen Nebel/Alfred Pletsch

L'espace rural dans l'enseignement scolaire et dans la recherche scientifique

Au cours des dernières années, la notion *Ländlicher Raum* (espace rural) s'est imposée de plus en plus clairement dans la langue courante allemande. C'est une notion procédant du langage des planificateurs allemands et caractérisant un processus complexe de changement qui concerne pratiquement tous les processus du domaine «non-urbain». Cela veut dire que l'espace rural n'est pas du tout identique à l'espace agricole, à l'agriculture, à la population agricole, mais que cette notion doit comprendre précisément la dynamique du développement non-agricole se réalisant dans l'espace rural, c'est-à-dire l'ensemble des processus de changement. *Ländlich* (rural) n'équivaut pas à *landwirtschaftlich* (agricole) tout aussi peu que dans notre pays voisin, la France, *rural* est identique à *agricole*, bien qu'en France également ces deux notions évoquent les mêmes associations, surtout au sein de la population urbaine. En France, ces associations sont peut-être encore plus fréquentes étant donné le grand centralisme et l'orientation sur Paris. Au moins à Paris, on pense souvent avec un peu d'arrogance qu'aux portes de la capitale c'est le désert qui commence.

Certes, ni en France ni en Allemagne, cette idée correspond à la réalité; elle s'explique cependant historiquement si l'on considère qu'environ au tournant du siècle la part de la population active dans l'agriculture s'est élevée dans les deux pays à plus de 50 %, voire à beaucoup plus encore dans les régions rurales. Même pendant la période postérieure à la Seconde Guerre mondiale, dans de nombreuses régions la population agricole était nettement en surnombre et dans beaucoup de régions c'est le cas jusqu'à présent. Cependant le processus de changement dans l'espace rural est déjà en cours depuis le début du siècle et il en a fait non seulement la base alimentaire du monde urbain, mais un véritable espace complémentaire, lié aux villes par de nombreux liens fonctionnels. L'espace rural remplit de plus en plus des fonctions que l'on aurait considéré comme exclusivement urbaines il y a quelques décennies seulement. Entre-temps en France ainsi qu'en Allemagne on a heureusement perdu un peu l'habitude de regarder l'espace rural comme arriéré, traditionaliste, voire primitif. Vu les désavantages de la vie urbaine comme inquiétude, bruit, stress, émissions etc., l'on se rappelle plutôt les avantages de vie qu'offre l'espace rural incontestablement. La tendance à la *rurbanisation*, notion se composant de *rural* et *urbain* et décrivant le passage de fonctions urbaines à des régions rurales, cette tendance est finalement la confirmation du changement de mentalité qui s'est imposé au sein de la population, des hommes politiques, des aménageurs et des chercheurs.

Or ce processus s'est déroulé si rapidement, souvent en deux ou trois décennies seulement, que dans beaucoup de régions il a affaibli la population rurale. Celle-ci s'est fait contaminer par les habitudes de vie urbaine et a cru surmonter le complexe d'infériorité qui lui avait été inculqué pendant des siècles, en remplaçant les constructions traditionnelles, les institutions héritées, les manières sociales par des éléments «modernes». Combien de valeurs ont été détruites par négligence, voire sciemment au cours de quelques décennies. Sans réfléchir on a caché les vieilles façades à colombages par des revêtements artificiels, on a goudronné des rues et des cours autrefois pavés – on ne peut pas énumérer tout ce qui caractérise ce changement. Ce n'est que lentement qu'ont réagi les scientifiques, hommes politiques et aménageurs à ces processus que l'on ne pouvait pas pressentir il y a seulement quelques années.

Les conséquences qu'on en a tirées sur le plan scientifique, planificateur ou politique mais également dans le domaine culturel ou social ont été rien moins que toujours raisonnables et il faut se demander en France ainsi qu'en Allemagne si beaucoup des mesures qu'on a développées et réalisées pour l'espace rural au cours des dernières décennies ont effectivement contribué à améliorer la qualité de la vie. Il y a des exemples en abondance: la concentration d'écoles sous prétexte d'améliorer les possibilités de formation, la création de centres culturels et de maisons communales qui avec leur atmosphère stérile sont rien moins qu'un équivalent des bistrots de village traditionnels, la création de terrains de jeux pour enfants qui se caractérisent par l'absence d'idées et qui doivent évidemment remplacer les milliers de possibilités de jeu qu'offre le milieu villageois traditionnel. Malheureusement le succès de telles mesures n'est souvent contrôlé que par le nombre d'électeurs et ceux-ci sont mobilisés d'après une politique de clocher, souvent par des hommes qui ne connaissent que l'extérieur de la vie rurale.

De quelque façon qu'on aborde le thème de l'espace rural, il est aujourd'hui plus que jamais plein de contradictions. Ce n'est que très rarement aujourd'hui qu'il correspond aux représentations que l'on pouvait se faire, il y a quelques décennies encore, d'après des descriptions plus anciennes. Maintenant beaucoup de choses ont changé, mais les représentations ne correspondent pas toujours à cette nouvelle image. C'est le cas pour la présentation de l'espace rural dans les manuels scolaires ainsi que pour beaucoup de traités scientifiques.

Il paraît donc légitime de considérer l'espace rural de différents points de vue pour offrir ainsi une source d'information facilitant une présentation adéquate et actuelle du thème à l'école. Il est particulièrement intéressant de comparer la situation en France et en République fédérale d'Allemagne parce que tout d'abord les positions de départ sont tout à fait différentes; on peut cependant observer beaucoup de ressemblances dans le développement plus récent. Bien entendu, le présent volume ne veut pas dessiner l'image complète du processus de changement dans l'espace rural des deux pays voisins. Il ne peut et ne veut qu'être exemplaire tandis que la considération approfondie des processus est laissée au lecteur. Le choix bibliographique à la fin de ce volume l'aidera peut-être à poursuivre ses intérêts.

Le volume commence par quelques articles traitant de la présentation respective de la France et de la République fédérale d'Allemagne dans les manuels scolaires et dans l'enseignement des deux pays. On y reconnaît clairement qu'on a certainement tenu compte en partie des changements modernes, mais qu'également aujourd'hui on crée des clichés insoutenables qui peut-être n'ont jamais été exacts. Dans beaucoup de livres la France se réduit à la présentation de la capitale Paris. En outre c'est le pays du vin et du fromage. Parfois on illustre des déplacements récents d'industries à l'exemple de Fos. Quoique les nouveaux programmes scolaires ne prescrivent plus la présentation de la République fédérale d'Allemagne quelques manuels scolaires donnent des exemples de la République fédérale. En général ils font ressortir la puissance économique et la stabilité du mark allemand. Mais on cherchera en vain la differenciation régionale si importante du paysage agricole et de l'habitat qui résulte d'une évolution historique complexe.

La plus grande partie du volume est constituée par des exposés essayant de mettre en lumière la situation changée de l'espace rural. Les auteurs s'efforcent de présenter les deux pays de la manière la plus équilibrée possible. Des vues d'ensemble sur les problèmes et questions relatifs à l'espace rural sont globalement suivies par des thèmes traitant de l'agriculture. Ensuite l'étude du processus de changement est approfondie par des exemples régionaux et sectoriels. La différenciation et la socialisation de l'agriculture des deux pays sont abordées à l'exemple de l'industrie laitière en République fédérale d'Allemagne et des cultures intensives au Nord de la Bretagne. Enfin il y a des articles sur les changements structurels dans une optique d'aménagement du territoire.

Le volume se termine par des recommandations pour la présentation du thème dans l'enseignement. Les collègues du pays respectif ont choisi certains aspects de l'espace rural et les ont réunis par mots-clés. Les articles géographiques correspondants offrent en partie des explications et commentaires complémentaires.

Les éditeurs espèrent avoir tenu compte par leur choix d'articles de tous les changements importants dans l'espace rural, pouvoir contribuer par le présent volume à une meilleure compréhension de l'espace rural et avoir créé des bases adéquates pour une présentation équilibrée des problèmes et questions relatifs à la République fédérale rurale et à la France rurale.

II. Didaktische Analysen

Jean-Paul Moreau

Die Darstellung Frankreichs in ausgewählten deutschen Geographielehrbüchern und Atlanten

1. Länderkundlich konzipierte Lehrbücher

Von den mehr oder weniger länderkundlich konzipierten Lehrbüchern, die 1981/82 in einzelnen Bundesländern noch zugelassen waren, sollen hier nur fünf exemplarisch vorgestellt werden.

Das Lehrbuch ① ist in seiner regionalen Darstellung (S. 46–59) am detailliertesten und bringt einen guten Überblick sowie wirtschaftlichen Abriß. Die Informationen sind sorgfältig ausgewählt. Der Stil ist ansprechend und schülergerecht – so erscheinen z. B. die Namen von Bauwerken und Plätzen in Paris in französischer und in deutscher Sprache. Die Fotografien sind gut, die Karten weniger.

Im Lehrbuch ② ist die regionale Beschreibung (S. 16–27) ganz gut, enthält jedoch zumeist nur sehr einfache und nicht immer ganz richtige Schilderungen. Die Zusammenfassung über die Wirtschaft Frankreichs ist gut gelungen. Die Abbildungen (Fotos) sollen regionale Gegensätze aufzeigen.

Der Seydlitz-Band ③ stellt Frankreich (S. 56–65) ausführlich, jedoch manchmal nachlässig und überholt dar. Die Abbildungen sind unterschiedlich in der Qualität, wobei die graphischen Darstellungen (Karten) besser als die Fotos sind. Die Darstellung insgesamt ist mittelmäßig.

Im Lehrbuch ④ ist eine anschauliche und sehr gefällige regionale Beschreibung Frankreichs enthalten (S. 11–16). Sie ist jedoch nicht ausgewogen, da die Einzelangaben unterschiedlich genau sind. Die Abbildungen sind von mittelmäßiger Qualität.

Das Lehrbuch ⑤ ist für berufsbildende Schulen bestimmt und nimmt daher eine Sonderstellung ein. Es enthält insbesondere eine wirtschaftliche Gesamtdarstellung (S. 116–122) mit mehr Tabellen als Abbildungen. Die Einführung gibt einen groben Überblick über die physiogeographischen Aspekte sowie die Entwicklung Frankreichs von 1870 bis 1962. Die nachfolgende sektorale Behandlung der Wirtschaft enthält auch regionale Hinweise, die jedoch oft falsch , fehlerhaft oder unbedeutend sind – die Textilindustrie und der Kohlebergbau sind noch immer beachtlich, die Autobahn Paris–Bordeaux und der Flughafen Roissy sind noch nicht enthalten, die Ölbohrungen im Languedoc sind noch im Versuchsstadium. Die abschließenden Fragen verlangen mehr, als der Text bietet. Ein abschließendes Urteil über dieses Lehrbuch kann, auch unter Berücksichtigung seines schulspezifischen Einsatzes, nicht positiv ausfallen.

2. Lehrbücher mit thematischen Fallbeispielen

2.1 Frankreich als Nachbarland

Dieses Thema ist in zwei Lehrbüchern (⑥ ⑦) enthalten, jedoch für unterschiedliche Klassenstufen.

In ⑥ ist es für die Klassen 7/8 vorgesehen und umfaßt zwei der wichtigsten Wirtschaftsbereiche Frankreichs: die Landwirtschaft und die Industrie (S. 154–159). Nach

Jean-Paul Moreau – Professeur de Géographie à l' Université de Picardie F 80025 Amiens Cédex

der Einordnung des Landes in die EG werden zunächst Aspekte der Landflucht am Beispiel des Massif Central aufgezeigt, wobei einige Vergleiche zur Bundesrepublik Deutschland gezogen werden. Daran anschließend folgt das Industrierevier im nordöstlichen Grenzraum. Hierbei werden die Bemühungen um Aktualität, Erklärungen und Anregungen deutlich – man wird an JUILLARD oder REITEL, aber auch an den Geographentag in Basel (1982) erinnert. Die Abbildungen sind anschaulich. Der Inhalt insgesamt ist geeigneter Lehrstoff für den Unterricht in dieser Klassenstufe.

In ⑦ ist dagegen eine Synthese über die Landwirtschaft und Industrie im heutigen Frankreich versucht worden (S. 74–75). Sie wird durch Tabellen über die regionale Entwicklung einzelner Sektoren sowie durch Karten und einen geschichtlichen Abriß seit dem 18. Jahrhundert ergänzt. Die industrielle Dezentralisation seit den 60er Jahren bleibt leider unberücksichtigt. Auch wenn die Darstellung in dieser knappen Form sehr ansprechend ist, kann sie nicht ganz überzeugen.

Im Zusammenhang mit diesen beiden Lehrbüchern sind zwei weitere zu sehen. Es ist das Lehrbuch ⑧, das in einem Kapitel über Industrialisierung und Raumordnung (S. 77–82) die Dezentralisation in Frankreich behandelt. Ausgehend von einem sehr guten Beispiel (J. F. GRAVIER), wird die Dezentralisationspolitik zunächst allgemein in Texten, Tabellen und einer Karte beschrieben. Anschließend folgt das sehr populäre Beispiel *Fos*. Insgesamt gesehen ist das Kapitel beachtenswert und interessant, trotz einiger Lükken – so z. B. die Erläuterung zur Karte über die geschaffenen Arbeitsplätze.

Im Lehrbuch ⑨ wird in dem Kapitel *Neue Hüttenstandorte in der Europäischen Gemeinschaft* unter dem Titel *Frankreichs Ruhrgebiet am Mittelmeer* Entstehung und Krise von *Fos* in zwei Texten, ergänzt durch Karten (Naturlandschaft) und Fotos (Hüttenwerk *Solmer* und Ölhafen *Fos*), beschrieben. Es folgen Fragen, die die Schüler der 7./8. Klasse zum Nachdenken anregen sollen. Eine in ihrer Kürze gute Fallstudie.

2.2. *Paris als Hauptstadt*

Dieses Thema behandeln die fünf Lehrbücher ⑩ ⑪ ⑫ ⑬ ⑭, eines davon (⑩) ist für die 9./10., die anderen sind für die 5./6. Klassenstufe konzipiert.

In ⑩ werden die wechselseitigen Beziehungen zwischen der Hauptstadt und dem Land insgesamt (S. 25–29) behandelt. Das Thema kann an Paris besonders gut dargestellt werden. Der Text schildert die Entwicklung der Stadt, die Krise sowie die jüngsten Bestrebungen zu deren Behebung unter Hinzuziehung guter Fotos und interessanter Statistiken – allerdings auch weniger guter Skizzen. Das Kapitel insgesamt ist gut gelungen, setzt jedoch stadtgeographische Kenntnisse voraus, die in der 9./10. Klasse nicht vorhanden sein können.

Die anderen vier Lehrbücher enthalten mehr beschreibende Darstellungen von Paris. In ⑪ wird Paris aus der Luft und vom Boden (S. 34–37) geschildert. Enthalten sind auch Erklärungen durch Gegenüberstellungen mit deutschen Großstädten. Das Lehrbuch gibt ferner in wenigen Zeilen einen zusammenfassenden Überblick, der durch Fotos und graphische Darstellungen ergänzt wird. Letztere sind besser als die Karten. Das Buch ist um eine zeitgemäße Darstellung bemüht – so ist z. B. Rungis schon enthalten. Das Kapitel kann zum Nachdenken anregen.

Das Lehrbuch ⑫ behandelt *Paris, das Zentrum Frankreichs*, in dem gleichen Bemühen um eine zeitgemäße Darstellung mit Vergleichen zur Bundesrepublik Deutschland oder anderen Hauptstädten (S. 153–155). Der Text ist jedoch nicht sehr flüssig geschrieben, und die Fotos mit den Gesamtansichten von Paris sagen wenig aus.

Das gleiche Thema behandelt auch das Lehrbuch ⑬ auf zwei Seiten (S. 122–123) in der Form einer oberflächlichen Reisebeschreibung, jedoch mit einer weit besseren Illustration — Statistiken, Karten, Briefmarken von den bedeutendsten Gebäuden. Zu fragen ist, ob ein Schüler diese vielfältigen Aspekte in einen schlüssigen Zusammenhang bringen und damit von Paris eine klare Vorstellung bekommen kann.

Das Lehrbuch ⑭ stellt Paris und Rom als Städte mit großer Vergangenheit gegenüber (S. 179—181). Dies ist eine ausgezeichnete Idee, jedoch müßten die historischen Angaben gewissenhafter sein — z. B. LUTÈCE; NAPOLEON III. (Arc de Triomphe). Das Kapitel ist insgesamt nicht sehr überzeugend.

2.3. Landwirtschaft

Unter dem Gesichtspunkt der Klima- und Bodenverhältnisse und des Absatzes in Großbritannien wird in ⑮ die bretonische Landwirtschaft erläutert. Es fehlen leider die jüngsten agrar-industriellen Entwicklungen. Ebenso sind begriffliche Verwechslungen sowie eine Abbildung, die eher die Vergangenheit zeigt, enthalten. Selbst für die 5./6. Klassenstufe ist das Kapitel zu dürftig.

In den folgenden drei Lehrbüchern für die 7. Klasse ist der französische Weinbau ausgewählt worden. Lehrbuch ⑯ gibt einen methodisch guten, um Feinheiten und Aktualität bemühten Überblick — Bedeutung, natürliche Verhältnisse, die derzeitige Krise, deren Ursachen und Maßnahmen zur Abhilfe — über den Weinbau (S. 34—35). Die Illustrationen sind allerdings unausgewogen. Zwischen Qualitäts- und Massenweinen wird nicht unterschieden. Die Darstellung ist interessant und regt zum Nachdenken an.

Der Text im Lehrbuch ⑰ ist sehr uneinheitlich (S. 28—29) — so ist z. B. der über den Champagner noch gut, der übrige jedoch sehr vereinfacht. Neben schwarzweißen Abbildungen fallen ungenaue Lokalisierungen der Weinbaugebiete auf. Insgesamt ist die Darstellung nur mittelmäßig und leider wenig um Erklärungen bemüht.

Das Lehrbuch ⑱ behandelt mehr oder weniger gut den Weinbau (S. 30—31), anschließend auch noch Viehzucht und Ackerbau. Bis auf die Karten sind kaum Zusammenhänge und Anregungen zum Nachdenken erkennbar.

2.4. Lehrbücher mit mangelhaften Darstellungen

Im Lehrbuch ⑲ werden auf drei Seiten *Badlands in der Provence* geschildert (S. 78—80). Der wenig aufschlußreiche Text befaßt sich mit Niederschlag und Erosion, ohne auf die spezifischen geologischen/morphologischen Verhältnisse einzugehen. Die Einführung in die Erosion ist für die Klassenstufe 9./10. unzureichend, und die Karte ist nicht sehr genau.

Das Lehrbuch ⑳ erläutert unter dem Titel *Gezeiten* das Gezeitenkraftwerk von Rance (S. 45), ohne jedoch Erläuterungen zu den spezifischen Ria-Küstenformen zu geben. Aus der Fotografie lassen sich kaum Antworten zu den Fragen finden.

In ㉑ wird in zwei unausgewogenen Abschnitten das Erholungsgebiet Languedoc-Roussillon (S. 64—65) erläutert. Der Abschnitt über die touristische Entwicklung der Küstenregion ist gut, der Bericht über einen Besuch im alten Nîmes dagegen weniger.

2.5. Eine physisch-geographische Darstellung

Im letzten Lehrbuch (㉒) ist ein Bericht über eine West-Ost-Reise durch Korsika im Frühjahr 1968, mit Angaben über Witterung und Vegetation sowie charakteristischen Fotos — im Vergleich mit mittel- und nordeuropäischen Vegetationszonen —, enthalten (S. 15—17). Die beiden graphischen Darstellungen über die Vegetationsstufen und -zonen sind sehr einprägend, und ebenso sind die Fragen gut gewählt. Die Fallstudie ist lebendig und zeitgemäß und eröffnet gute allgemeingeographische Perspektiven.

3. Atlanten

Die vier untersuchten Atlanten vermitteln insgesamt ein verhältnismäßig vollständiges Bild Frankreichs hinsichtlich Relief/Topographie und Wirtschaft, ermöglichen jedoch keine detaillierten regionalen Studien.

Zwei der Atlanten (㉓ ㉔) sind nicht immer genau – so z. B. der Verlauf der Autobahnen, die großen Schiffahrtswege, die Atomkraftwerke, die Bevölkerungszahlen der Verdichtungsräume, die Entwicklung von Industrie und Anbau und die Naturparks. Das vermittelte Bild wirkt oft traditionell/statisch und damit überholt. Im *Atlas Unsere Welt* (㉓) und im *List Großer Weltatlas* (㉔) (S. 36–37 bzw. 82–85) sind je zwei Karten von Frankreich im Maßstab 1 : 5 000 000 (Physische Geographie/Wirtschaftsgeographie) enthalten, außerdem einige Nebenkarten – das Weinbaugebiet um Montpellier (㉓), die Ausdehnung von Paris und der Grenzgebiete im Nordosten des Landes (㉔). Letztere ist interessant, die anderen dagegen nicht gut in der Darstellung. Die physischen Karten, in denen glücklicherweise die meisten Verkehrswege enthalten sind, sind aussagefähig (㉓), jedoch fehlen wichtige neue Verbindungen – so z. B. der Kanal Dünkirchen–Valenciennes (㉔) sowie die Autobahnen (㉓). Wirtschaftskarten geben einen etwas einfachen, dennoch angemessenen Überblick über Landwirtschaft und Industrie. Es fehlen jedoch Differenzierungen nach großen und kleinen Schwerindustriezentren (㉔), und Ergebnisse der industriellen Dezentralisation (㉓ ㉔).

Die beiden anderen Atlanten (㉕ ㉖) scheinen – jeder für sich – besser zu sein. Der *Alexander-Weltatlas* ㉕ ist in seinen dargestellten Themen zu Frankreich (S. 30–31) insgesamt knapper, jedoch bringt er Anregungen und versucht Verständnis zu wecken. Auf Einzelkarten werden Tourismus, Gastarbeiter und Nutzungsbedingungen (S. 143, 153) erläutert. Der *Diercke-Weltatlas* (㉖) bringt in den Karten über Wirtschaft, Tourismus u. a. in Westeuropa (S. 58–60) umfangreiche geographische Angaben – so z. B. weitaus mehr Ortsangaben. Auf der entsprechenden Karte im *Alexander-Weltatlas* (㉕) sind Vegetation, Landwirtschaft und Städte präzise und detailliert, Industrie und Verkehrswege nicht immer aktualisiert, enthalten – T. G. V. und Dezentralisation. Der *Diercke-Weltatlas* (㉖) ist dagegen aktueller – Autobahnen, Wasserwege, T. G. V. und R. E. R. – und genauer in der topographischen Lokalisierung – mit Ausnahme der Bahnlinie *Arras-Lille.* Ebenso sind in diesem Atlas die physisch-geographischen Angaben von denen der Wirtschafts- und Bevölkerungsgeographie in Westeuropa getrennt. Die Karten sind sehr gut lesbar und ergiebig, trotz uneinheitlicher Darstellungen der Dezentralisation und einiger Irrtümer hinsichtlich der Landwirtschaft – so z. B. über den Zuckerrübenanbau im Norden der Bretagne. Die Nebenkarten – Paris (㉕), Paris und seine Agglomeration, Seinemündung und Rhônedelta (㉖) bilden gute Ergänzungen und sind für einen Vergleich mit anderen Hauptstädten oder Häfen geeignet.

Zusammenfassung

Die meisten der untersuchten neueren Geographielehrbücher aus der Bundesrepublik Deutschland versuchen, ein zeitgenössisches Bild Frankreichs zu vermitteln und zum Nachdenken anzuregen. Einige stereotype Darstellungen müßten jedoch durch aktuellere Erläuterungen ersetzt werden.

Die Atlanten zeigen gute Überblicke, regionale Beispiele aus Frankreich sind jedoch ohne zusätzliche Informationen nur schwer zu vermitteln.

Résumé

Les manuels de géographie étudiés de la République fédérale d'Allemagne ont pour la plupart un grand souci de réflexion et de mise à jour du visage de la France. Cependant quelques clichés subsistent; il serait nécessaire de les remplacer par des données actuelles.

Les atlas donnent de bonnes vues d'ensemble de la France; l'étude régionale serait plus délicate à en tirer.

Lehrbücher

① *Länder und Völker* – Erdkundliches Unterrichtswerk für Realschulen – Ausgabe B 2 Europa. Stuttgart (Klett) 1984[5], 130 S.
② *Erdkunde* 2 – Europäische Landschaften. Paderborn (Schöningh) 1965, 173 S.
③ *Seydlitz* für Realschulen und verwandte Schultypen – 2 Europa. Kiel (Hirt u. a.) 1966, 128 S.
④ *Harms Erdkundebuch* 2 – Europa mit Sowjetunion. München (List) 1975, 98 S.
⑤ *Land und Leute gestalten die Wirtschaft* – Wirtschaftsgeographisches Lehr- und Arbeitsbuch. Darmstadt (Winklers) 1981, 286 S.
⑥ *Dreimal um die Erde* 2 – Räume und Probleme – 7. u. 8. Schuljahr. Berlin (Velhagen & Klasing u. Schroedel) 1980, 224 S.
⑦ *Welt und Umwelt* – Geographie für die Sekundarstufe I – Schuljahr 9./10. Neubearbeitung. Braunschweig (Westermann u. a.) 1980, 120 S.
⑧ *Industrialisierung und Raumentwicklung* – Westermann-Colleg Raum und Gesellschaft Heft 3 (Neubearbeitung). Braunschweig (Westermann) 1980, 103 S.
⑨ *List-Geographie* – Mensch und Erde – 7./8. München (List) 1978, 134 S.
⑩ *Seydlitz* – Geographie für die Sekundarstufe I – Realschulausgabe 9./10. Kiel (Hirt u. a.) 1981, 179 S.
⑪ *Blickpunkt Welt* – Ein Erdkundelehrwerk für die Sekundarstufe I – Bd. 1. Unterägeri (Hirt u. a.) 1979, 169 S.
⑫ *Dreimal um die Erde* 1 – Menschen in ihrer Welt – 5. u. 6. Schuljahr. Berlin (Velhagen & Klasing u. Schroedel) 1977, 176 S.
⑬ *Weltkunde* – Schuljahr 5./6. (überarb. Neuauflage). Paderborn (Schöningh) 1978, 262 S.
⑭ *Geographie (Terra)* 1 – Wir entdecken die Welt – 5. u. 6. Schuljahr (neu erarb. Auflage). Stuttgart (Klett) 1978[2], 189 S.
⑮ *Geographie thematisch* – 5./6. Schuljahr. Kiel (Hirt u. a.) 1977, 160 S.
⑯ *List Geographie* – Mensch und Erde – Bayern/Hauptschule 7. München (List) (1980), 64 S.
⑰ *Erdkunde* – Schülerbuch für die 7. Jahrgangsstufe. Regensburg (Wolf) 1978, 48 S.
⑱ *Erdkunde* – Schuljahr 7. München (Oldenbourg u. a.) 1977, 80 S.
⑲ *Blickpunkt Welt* – Ein Erdkundelehrwerk für die Sekundarstufe I – Bd. 3. Unterägeri (Hirt u. a.) 1981, 156 S.
⑳ *Geographie (Terra)* 2 – Mit der Erde und ihren Gesetzen leben – 7. u. 8. Schuljahr. Stuttgart (Klett) 1979, 235 S.
㉑ *Weltkunde* für die Klassen 5./6. Kiel (Hirt) 1978, 144 S.
㉒ *Neue Geographie 7/8* – Großräume und menschliche Gemeinschaften der Erde. Düsseldorf (Bagel u. a.) 1979, 191 S.

Atlanten

㉓ *Atlas Unsere Welt* – Allgemeine Ausgabe. Berlin (Velhagen & Klasing u. Schroedel) 1978, 112 S.
㉔ *List Großer Weltatlas* – Mensch und Erde. München (List) 1980 (1975), 173 S.
㉕ *Alexander Weltatlas* – Neue Gesamtausgabe. Stuttgart (Klett) 1982, 194 S.
㉖ *Diercke Weltatlas.* Braunschweig (Westermann) 1982/83 (1974), 200 S.

Franz Bittner/Jürgen Nebel

Die Darstellung der Bundesrepublik Deutschland in ausgewählten französischen Geographielehrbüchern der Sekundarstufe I

1. Das Deutschlandbild in Geographielehrbüchern zwischen 1937 und 1976

Der erste Eindruck, den man beim Betrachten französischer Geographielehrbücher dieses Zeitraumes gewinnt, ist eine relativ große Gleichförmigkeit innerhalb einer Klassenstufe, so daß die Frage entsteht, wie es dazu kommt. Das föderalistische Bildungssystem der Bundesrepublik Deutschland ließ eine Vielzahl unterschiedlicher Lehrpläne in den einzelnen Bundesländern entstehen. Dies führte zu einer kaum noch überschaubaren Produktion unterschiedlichster Geographielehrbücher. Das Angebot im Nachbarland Frankreich war dagegen wesentlich geringer. Etwa 10 Verleger, die ihren Sitz in Paris haben, stellten Geographiebücher her, die nach Gliederung und Stoffaufteilung weitgehend übereinstimmten. Die zentral festgelegten Abiturthemen verlangten, daß überall das gleiche gelernt wurde.

Diese Übereinstimmung von Lehrplan und Lehrbuch dokumentierten die Verlage häufig durch den Abdruck des jeweils gültigen Lehrplanes am Anfang des Buches. Oft entsprach die Anzahl der Lektionen der vorgesehenen Anzahl der Geographiestunden innerhalb eines Schuljahres.

Inhaltlich boten die Lehrbücher entsprechend dem Lehrplan fast ausschließlich länderkundliche Themen. Kaum ein Land wurde bei der Behandlung ausgelassen, die Vermittlung dieses enzyklopädischen Wissens verlangte von Schülern eine große Gedächtnisleistung. So hatten manche Bücher der Sekundarstufe I in den sechziger Jahren noch weit über 300 Seiten, die Lehrbücher für die Abschlußklasse *(classe terminale)* zum Teil über 500 Seiten. Die einzelnen Länder und Themen wurden sehr detailliert behandelt und gingen in der Stoffülle weit über das Vorgeschriebene hinaus, so daß die Schüler häufig überfordert waren.

Die Gründe für den Erwerb dieses umfassenden Wissens müssen in der historischen Entwicklung Frankreichs gesucht werden. Besonders zu Beginn des Jahrhunderts hatten differenzierte Kenntnisse über die verschiedenen Länder einen hohen Stellenwert und führten zu einer herausragenden Stellung der Länderkunde und des Faches Geographie im Kanon der Schulfächer. Das Schulbuch wurde mehr als abfragbarer Wissenskatalog angesehen und nicht so sehr als didaktisch-methodisches Medium.

Ab etwa 1950 hat der Gesamtumfang der Lehrbücher abgenommen; der Anteil der Abbildungen in Form von Fotos, graphischen Darstellungen und hier vor allem thematischen Karten nahm jedoch zu. In den meisten Büchern zwischen 1950 und 1970 liegt der Textanteil unter 50 %. Besonders der hohe Anteil an thematischen Karten ist auffallend, denn das Geographielehrbuch muß in Frankreich die Funktion des Schulatlasses mitübernehmen, der im Gegensatz zum deutschen Geographieunterricht in der Schule nicht verwendet wird. Deshalb ist auch manchen Geographielehrbüchern eine Kartensammlung in Form eines herausklappbaren Sonderteils beigefügt.

Insgesamt gesehen sind die Lehrbücher durch einen systematischen Aufbau gekennzeichnet. Im Gegensatz zu vielen deutschen Geographielehrbüchern dieser Zeit sind sie

---

OStr. Franz Bittner – St. Joseph-Gymnasium D-5529 Biesdorf
Prof. Dr. Jürgen Nebel – Pädagogische Hochschule Karlsruhe D-7500 Karlsruhe 1

damit zwar übersichtlich, jedoch für die Verwendung im Unterricht weniger geeignet. Sie können als Arbeitsbuch kaum eingesetzt werden und geben somit bereits einen Hinweis auf den Unterrichtsstil, der überwiegend lehrerzentriert ablief, während die Schüler sich größtenteils rezeptiv verhielten.

Gemäß dem bis 1976 gültigen Lehrplan waren deutschlandkundliche Themen in der Mittelstufe und in der Abschlußklasse der Oberstufe vorgesehen. Eine Untersuchung von 45 Geographielehrbüchern aus den Jahren 1937–1976 (Bittner 1977) hat ergeben, daß insbesondere folgende Themen sich für eine Untersuchung anbieten:

- die Frage der deutschen Einheit
- die Darstellung Berlins
- die deutsche Wirtschaft
- der deutsche ,Volkscharakter'.

Die Teilung Deutschlands als Folge des Zweiten Weltkrieges wird in nahezu allen französischen Büchern behandelt. Eine Wiedervereinigung wird als unrealistisch hingestellt, vielmehr wird die Integration der Bundesrepublik Deutschland und der DDR in jeweils unterschiedliche Machtsysteme hervorgehoben.

Bereits ab etwa 1965 erscheint die innerdeutsche Grenze als normale Staatsgrenze. Hierbei werden die Unüberwindbarkeit und der besondere Charakter dieser Grenze kaum hervorgehoben. Zudem finden sich oft Ungenauigkeiten bei statistischen Angaben bezüglich der Bevölkerungsentwicklung und der Flüchtlingsströme der Nachkriegszeit.

Bis etwa 1960 werden Bundesrepublik Deutschland und DDR weitgehend zusammen behandelt, eine Zuordnung zu verschiedenen europäischen Großräumen erfolgt erst später. Manche Lehrbücher bieten jedoch noch ein gemeinsames Kapitel zum physisch-geographischen Überblick an. Der Darstellung der Bundesrepublik Deutschland wird ein wesentlich größerer Umfang eingeräumt als der DDR. Das Verhältnis beträgt etwa 3 : 1. Auffällig ist die Namensgebung für die beiden deutschen Staaten, die sehr unterschiedlich gehandhabt wird. Am häufigsten werden die Bezeichnungen *l'Allemagne de l'Ouest* und *l'Allemagne de l'Est* benutzt, während die Bezeichnung *République fédérale d'Allemagne* selten zu finden ist.

Eine Darstellung der Berlin-Problematik erfolgt in allen Büchern. Der Umfang beträgt bis zu etwa drei Seiten. In der Vorkriegszeit wurden Geschichte und Entstehung der Stadt schwerpunktmäßig behandelt; in der Zeit nach 1945 findet vor allem die außergewöhnliche politische Situation Berücksichtigung. Der Mauerbau wird in vielen Fällen als Schutzmaßnahme der DDR vor weiteren Bevölkerungsabwanderungen gerechtfertigt. In den Büchern ab etwa 1965 wird die unterschiedlich verlaufende Entwicklung in West- und Ost-Berlin hervorgehoben. Die Situation Ost-Berlins wird als normal dargestellt, während die Lage West-Berlins als unnatürlich eingestuft wird unter dem Gesichtspunkt, daß der Stadt wichtige Beziehungen zu ihrem Umland fehlen. Der Inselcharakter wird deutlich.

Vielfach gilt Berlin auch als Symbol für die Teilung Deutschlands bzw. die Teilung der Welt in zwei große Machtsysteme. Für manche Lehrbuchautoren gilt Berlin als Krisenherd, der zu einer Bedrohung des Weltfriedens führen könnte.

Eine zentrale Stellung in allen Büchern nimmt die Beschreibung der wirtschaftlichen Situation der Bundesrepublik Deutschland ein. Betont wird vor allem der rasche Aufbau nach dem Kriege – *le miracle allemand.*

In allen Darstellungen wird auf die besondere und herausragende Bedeutung des Ruhrgebietes abgehoben, es wird als einer der bedeutendsten Ballungsräume der Welt dargestellt. Die Konzentration wirtschaftlicher Unternehmen, aber auch der gute Ausbau der Verkehrs- und Transportwege haben dazu beigetragen, so heißt es, daß die Bundesrepublik Deutschland eine der größten Industriemächte wurde.

Aussagen über den ‚deutschen Volkscharakter' sind in fast allen Lehrbüchern anzutreffen, insbesondere in den Büchern der Mittelstufe.

Von wenigen Ausnahmen abgesehen ist die Darstellung durchweg positiv. Die zugeschriebenen Eigenschaften sind größtenteils im Zusammenhang mit der menschlichen Arbeitsleistung zu sehen. Disziplin, Ausdauer, Wagemut, Strebsamkeit, Sorgfalt und Ordnungssinn gelten als besondere Eigenschaften der Deutschen. Der wirtschaftliche Aufschwung der Nachkriegszeit wird häufig mit diesen Eigenschaften erklärt.

Verallgemeinernde Aussagen und Klischeevorstellungen wie etwa eine positive Beurteilung der Bayern im Gegensatz zu den Preußen, das Hervorheben regionaler Eigentümlichkeiten, der Wille zur Einigung Europas oder der Hang zur Romantik finden sich häufig in den Lehrbüchern dieser Zeit. Verschwunden sind allerdings, und dies wohl nicht zuletzt dank der intensiven internationalen Schulbucharbeit, unmittelbar negative Aussagen über die Deutschen, wie sie noch in zahlreichen Büchern der Zeit zwischen den beiden Weltkriegen zu finden sind.

2. Die Reform des Geographieunterrichts und ihre Auswirkungen auf die Lehrbücher

Ein völlig verändertes Aussehen zeigen die Lehrbücher, die seit der mit dem Schuljahr 1977/78 einsetzenden Reform des Geschichts- und Geographieunterrichts erschienen sind. Nicht mehr die einzelnen Kontinente und Länder sollen im Mittelpunkt des Unterrichts stehen, auch in Frankreich ist der Unterricht nun an Lernzielen orientiert. Die Reform hat für das Schulfach Geographie zur Folge, daß es seine Eigenständigkeit verloren hat. Die neue Fächerverbindung Geschichte – Geographie – Wirtschaftskunde – Staatsbürgerkunde soll als Hilfsmittel zu einer umfassenden Erziehung beitragen, um das kulturelle Erbe der Menschheit und der Welt, in der die Schüler leben, kennenzulernen. Es soll also eine Vorbereitung auf künftige Lebenssituationen erfolgen. Die neue Fächerverbindung ermöglicht interdisziplinäres Arbeiten und legt insbesondere Wert auf ein synthetisches Vorgehen. Von der Grundschule bis zu den Abiturklassen soll die Reform nach und nach alle Klassenstufen erreichen.

Diese Änderungen haben bereits jetzt zu neuen Lehrbüchern geführt. Während es früher sowohl für den Geschichts- als auch für den Geographieunterricht ein eigenes Buch gab, enthält nun ein gemeinsames Buch alle vom Lehrplan geforderten Themen. Die Lehrbuchreihen der einzelnen Verlage erscheinen häufig unter bestimmten Leitthemen wie etwa *Espaces & Civilisations* (Belin), *Milieux, Hommes et Civilisations* (Larousse) oder aber einfach unter dem Titel *Histoire-Géographie* (z. B. Bordas), ergänzt um die jeweilige Klassenstufe.

In der Eingangsklasse *(sixième)* liegt der Hauptakzent zunächst auf einer intensiven Behandlung des Nahraums; weiterhin erfolgt ein Überblick über die Lebensweise der Menschen in den verschiedenen Klimazonen. In der *cinquième* geht es dann vor allem um eine Vertiefung des Wissens über die Welt, aufgezeigt an einigen wichtigen Fragestellungen der Anthropo- oder Wirtschaftsgeographie (z. B. Agglomerationen, Erdöl) und an je einem regionalen Thema aus Asien, Amerika und Afrika.

In der *quatrième* erfolgt dann die Behandlung Europas, das gesamträumlich, aber auch am Beispiel ausgewählter Regionen erarbeitet wird.

Die *troisième*, Abschlußklasse der Sekundarstufe I, stellt dann schließlich das Heimatland Frankreich in den Mittelpunkt des Unterrichts. Weitere Themen dieser Klassenstufe sind die Europäische Gemeinschaft, USA und Sowjetunion sowie die großen internationalen Organisationen.

Für eine Untersuchung hinsichtlich der Behandlung Deutschlands bieten sich damit besonders die Lehrbücher der *quatrième* an. Einzelaspekte finden sich auch noch in der *troisième* im Rahmen der Darstellung der Europäischen Gemeinschaft.

3. Die Behandlung der Bundesrepublik Deutschland im Rahmen der Lehrplaneinheit *L'espace européen (quatrième)*

In dieser Klassenstufe sind folgende Themen zur Darstellung Europas vorgesehen:

- der Naturraum
- Bevölkerungsverteilung
- politische, wirtschaftliche und gesellschaftliche Systeme
- die Europäische Gemeinschaft: Entstehung, Entwicklung, Bedeutung
- vier große Problemkreise:
  - ein großer Industrieraum an einer Verkehrsachse, z. B. Rheinachse
  - landwirtschaftliche Aktivitäten in einer großen Ebene, z. B. Poebene, Londoner Becken, Pannonische Senke
  - Tourismus als Ursache für die Veränderung einer Region, z. B. Alpen, Mittelmeerküste
  - Probleme der Verstädterung, dargestellt an einem großen Ballungsraum
- der Heimatraum: Analyse unter geographischen, politischen, wirtschaftlichen, sozialen und kulturellen Aspekten.

Im Rahmen der deutsch-französischen Schulbuchgespräche seit 1981 wurden die in der folgenden Tabelle 1 zusammengestellten Bücher hinsichtlich der Darstellung der Bundesrepublik Deutschland analysiert, wobei der Schwerpunkt auf geographischen Gesichtspunkten lag.

Die Bücher haben einen Umfang von 256–320 Seiten, wobei einige noch zusätzlich über einen vorgeschalteten Atlasteil verfügen, der zwischen 16 und 64 Seiten aufweist. Einzelne Bücher verfügen darüber hinaus noch über ein Lexikon, jeweils am Schluß, wo wichtige Schlüsselbegriffe erläutert werden.

Trotz der Zusammenfassung vom Lehrplan her ist die Konzeption der einzelnen Bücher unterschiedlich. So trennen z. B. einige Bücher klar zwischen den Anteilen Geographie und Geschichte (① + ⑥); andere Bücher haben einen mittleren Weg gewählt, mit einem geographischen Kapitel am Anfang, wobei zunächst die naturgeographischen Grundlagen Europas erläutert werden. Ein mittlerer Teil behandelt die Geschichte vom 16. bis zum 20. Jahrhundert, und ein dritter Teil geht dann auf die wirtschafts- und sozialgeographischen Fragestellungen innerhalb Europas ein. Dies sind insbesondere die

Titel (Verlag) (Jahr)	*Geschichte/Geographie* (Seiten)	*Atlas/Lexikon* (Seiten)
① *Histoire-Géographie* (Bordas) (1979)	120/ 90	24/10
② *Milieux, Hommes et Civilisations* (Larousse) (1979)	139/132	16/ 4
③ *Histoire-Géographie* (Hatier) (1979)	183/ 96	– / 2
④ *Histoire-Géographie* (Delagrave) (1979)	180/120	– / 8
⑤ *Histoire-Géographie* (Colin-Hachette) (1979)	182/ 84	– / –
⑥ *Espaces et Civilisations* (Belin) (1980)	126/118	63/ –
⑦ Histoire-Géographie (Nathan) (1979)	146/ 96	– / –

Tab. 1: Französische Lehrbücher des Faches Geschichte/Geographie der 4ᵉ
Manuels français – Histoire/Géographie 4ᵉ

Bücher ② + ③. Das Buch ④ enthält 47 durchlaufende Kapitel, wobei keine Unterteilung mehr in Geschichte oder Geographie gemacht wird. Das Buch ⑤ wählt einen ähnlichen Weg bei einer Untergliederung in 22 Teilkapitel.

Beim genaueren Hinsehen jedoch liegt auch bei diesem Gliederungsprinzip eine Aufsplitterung nach Fächern zugrunde. Ähnlich wie bei den Büchern ② + ③ liefern die ersten Kapitel den physisch-geographischen Rahmen Europas. Die mittleren Kapitel beschäftigen sich mit der Geschichte, und in den Schlußkapiteln sind wirtschafts- und sozialgeographische Fragestellungen thematisiert.

Eine weitere Frage betrifft die Aufteilung der geographischen und historischen Teile bei den Schulbüchern. Hierbei wird durchgängig den historischen Anteilen mehr Platz eingeräumt. Der geographische Anteil schwankt zwischen 30 % und 46 %. Insbesondere die Bücher ② + ⑥ weisen mit 45 % bzw. 46 % den höchsten Anteil geographierelevanter Themen auf. Weitere Hinweise sind der Tabelle zu entnehmen.
Auffällig ist auch der Unterschied in der Gestaltung der Lehrbücher: Die Bücher ①–⑤ sind 1979 erschienen, das Buch ⑥ 1980. Als Vertreter einer „neuen Generation" von Schulbüchern überzeugt insbesondere das Buch ⑥, in dem der Stellenwert der Geographie besonders ausgeprägt erscheint. Einmal ist der beigeheftete Atlas mit einem Umfang von 64 Seiten sehr ausführlich. Zum anderen beträgt der Anteil der Geographie 46 %. Fast die Hälfte der Inhalte ist damit geographischen Fragestellungen gewidmet. Weiterhin überzeugt die klare formale Gestaltung, wobei eine inhaltlich zusammenhängende Doppelseite jeweils so gestaltet ist, daß auf der einen Seite überwiegend Texte vorgestellt werden, auf der anderen Seite jeweils Bild- und Kartenmaterial. Dieses Prinzip wurde nicht streng durchgehalten, sondern von Fall zu Fall modifiziert.

3.1 Histoire-Géographie 4e (Bordas)①

Das Buch ist klar in einen geographischen und einen historischen Teil gegliedert. Es beginnt die Geographie. Zunächst wird eine physisch-geographische Einführung in Europa gegeben. Es folgen die Kapitel *Les fleuves d'Europe-Les populations européennes-Deux Europes-La C.E.E.-L'Europe: les pays rhénans-L'Europe: la plaine du Pô-L'Europe: le tourisme méditerranéen-L'Europe: vivre à Londres.*

Hinweise zur Bundesrepublik Deutschland sind in den physisch-geographischen Kapiteln nur vereinzelt zu finden, wobei deutsche Beispiele für Relief- und Klimatypen genannt werden. So befindet sich auf S. 5 ein Bild von der Schwäbischen Alb zur Illustration von Mittelgebirgsformen, auf S. 25 ein farbiges Bild der Norddeutschen Tiefebene zur Charakterisierung des Klimas, auf S. 29 ein Bild von Konstanz am Bodensee und vom Rhein auf der Höhe der Lorelei zur Illustration des Kapitels *Les fleuves d'Europe.* Auf S. 46/47 finden sich zwei Karten mit der Grenzdarstellung Bundesrepublik Deutschland/DDR/Polen. Auf S. 48 ist ein Bild von Berlin zur Charakterisierung der Disparitäten innerhalb Europas aufgenommen; parallel dazu wird eine Karte mit dem Bruttoinlandsprodukt Europas vorgestellt.

Auf S. 52 sind zwei Bilder über die Wahlen in der Bundesrepublik Deutschland/DDR gegeneinandermontiert, um unterschiedliche politische Systeme zu illustrieren. Auf S. 54 ist ein Bild von Konrad Adenauer in ein Kapitel über das Werden der europäischen Idee eingebunden.

Eine mehr oder weniger zusammenhängende Darstellung von Teilaspekten der Bundesrepublik Deutschland erfolgt auf insgesamt sechs Seiten im Rahmen der Kapitel über *Le Rhin et ses villes, Les industries des pays rhénans* und *Une famille allemande.*

Die Texte heben einseitig auf das wirtschaftliche Potential der Bundesrepublik Deutschland ab. Die Härte der Deutschen Mark sowie der Fleiß der deutschen Arbeitnehmer werden hervorgehoben. Betont werden Disziplin und Leistungswillen als positive deutsche Eigenschaften. Nach Feierabend jedoch, folgt man dem dargestellten Fallbeispiel, fällt den Deutschen nicht mehr viel ein. Es reicht gerade noch zum Biertrinken und Kegeln. Diese insgesamt verkürzte und einseitige Darstellung ist zu bemängeln. Der Klischeebildung werden Tür und Tor geöffnet.

3.2. Milieux, Hommes et Civilisations 4e (Larousse) ②

Zu Anfang wird der physisch-geographische Rahmen Europas vorgestellt. Es schließen sich die historischen Kapitel an, dann folgen Ausführungen zu regionalbezogenen wirtschafts- und sozialgeographischen Fragestellungen. Von der Konzeption her fällt auf, daß dieses Unterrichtswerk stärker länderkundlich orientiert ist. Es werden sehr viele Länderprofile angeboten. Folgenden Ländern ist jeweils ein Kapitel gewidmet: Benelux-Staaten, Bundesrepublik Deutschland, Schweden, Norwegen, Finnland, Island, Dänemark, Großbritannien, Irland, Schweiz, Österreich, Italien, DDR, Tschechoslowakei, Polen, Ungarn, Rumänien, Bulgarien und Jugoslawien.

Teilweise recht trockene Themen der Naturgeographie werden angereichert durch Bilddarstellungen oder literarische Texte. Ein Gemälde von Caspar David Friedrich wird unter dem Aspekt von Wolkenbildungen analysiert. Zur Charakterisierung der Mittelmeerlandschaft dient ein Bild von van Gogh..

Deutsche Beispiele werden gelegentlich zur Charakterisierung des europäischen Naturraums herangezogen. Die Norddeutsche Tiefebene (S. 12) und der Oberrheingraben (S. 15) werden als Bild bzw. in einem geologischen Profil vorgestellt.

Energieprobleme Europas werden am Beispiel des Steinkohlebergbaus im Ruhrgebiet und des Braunkohlebergbaus in der DDR exemplarisch aufgezeigt.

Zusammenhängende Aussagen über Deutschland enthalten die Kapitel *Le Rhin* und *La République fédérale d'Allemagne* sowie *La République démocratique allemande.* Inhaltlich ist wiederum eine Verkürzung auf wenige Teilaspekte festzustellen. Überwiegend kommen wirtschaftliche Gesichtspunkte zur Darstellung. Das Kapitel enthält zwei kurze Sachtexte, zwei Graphiken über die Wasserführung des Rheins und den Schiffsverkehr auf der Mosel, ein Luftbild von Duisburg, eine Graphik über die Aufteilung des Güterverkehrs bei Emmerich sowie eine Karte über die Wirtschaftslandschaften entlang der Rheinachse. Im Rahmen des gewählten deskriptiven Ansatzes werden Daten, Zahlen und Fakten genannt, jedoch kaum die dahinterliegenden Fragen und Probleme angesprochen.

Das Kapitel über die Bundesrepublik Deutschland betont wiederum wirtschaftliche Gesichtspunkte. Das deutsche Wirtschaftswunder, die Härte der Deutschen Mark sowie das Industriepotential sind wichtige Leitthemen. Der Sachtext enthält den Hinweis, daß wir im Zweiten Weltkrieg zwar drei Millionen Menschen verloren haben, dafür aber 13 Millionen Flüchtlinge aufnehmen konnten, die als Arbeitskräftepotential eine wichtige Voraussetzung zum Wiederaufbau der deutschen Nachkriegswirtschaft darstellten. Unbefriedigend gelöst ist in dem Unterrichtswerk die Darstellung der Berlin- und DDR-Problematik. Die Darstellung der beiden deutschen Staaten in getrennten Kapiteln, die zudem noch innerhalb des Buches weit auseinanderliegen, muß beim Schüler den Eindruck erwecken, daß beide Länder nichts miteinander zu tun haben. Dieser auseinandergerissenen Darstellung kann so nicht zugestimmt werden.

Die Darstellung Berlins ist kartographisch unbefriedigend. Sowohl in der Karte der Bundesrepublik Deutschland als auch in der Karte der DDR erscheint Berlin jedesmal so, als gehöre die Stadt zur DDR.

3.3. Histoire-Géographie 4ᵉ (HATIER) ③

Vier einleitende Kapitel geben auf 36 Seiten eine Übersicht über die natürlichen Grundlagen und die Bevölkerungsentwicklung Europas. Die Bundesrepublik wird erstmals im Bevölkerungskapitel erwähnt. Ein Foto mit ausländischen Arbeitskräften auf dem Münchener Hauptbahnhof (S. 31) dient zur Illustration der innereuropäischen Süd-Nord-Migration. Der Begriff der Urbanisierung wird anhand zweier Karten von Duisburg und Umgebung (S. 32) aus dem Jahr 1894 und von heute erläutert. Die Darstellung der europäischen Bevölkerungsentwicklung erfolgt beispielhaft anhand einer Graphik über den Verlauf der Geburten- und Sterberate in der Bundesrepublik Deutschland (S. 34/35). Auch in diesem Unterrichtswerk kann der Berlin-Darstellung so nicht zugestimmt werden. Auf der Europakarte (S. 224) wird der Sonderstatus Berlins nicht deutlich. Das geteilte Berlin ist jedoch Thema einer eigenen Karte (S. 227). Damit soll die Teilung der Welt und Europas in verschiedene Machtblöcke dokumentiert werden. Der beigegebene Sachtext erklärt die Teilung als Folge des Zweiten Weltkrieges. In diesem Kapitel über die aktuelle politische Situation in Europa wird der Ost-West-Gegensatz folgendermaßen verdeutlicht: Ein Foto aus der Kölner Innenstadt mit zahlreichen Reklamedarstellungen und Warenauslagen steht neben einer Plakattafel verdienter Arbeiter einer Fabrik in der UdSSR.

Als Beispiel einer bedeutenden Industriezone wird der Nordseeküstenraum vorgestellt. Die Bundesrepublik spielt hier nur eine untergeordnete Rolle. Die Beispiele werden fast ausnahmslos aus anderen Ländern gewählt. Mit einem Foto der Hamburger Innenstadt sind die bundesdeutschen Beispiele schon erschöpft. Auf einer Bevölkerungskarte Nordwesteuropas (S. 236) sind die Städtenamen des Ruhrgebiets völlig durcheinandergeraten.

Dieses Lehrbuch ist nach Aussage französischer Kollegen in der *quatrième* am meisten verbreitet. Dies ist um so bedauerlicher, als es aus deutscher Sicht völlig unbefriedigend ist. Denn ein großer Teil der Schüler, die ihre Schulzeit mit der Sekundarstufe I abschließen, erfährt im Erdkundeunterricht nur sehr wenig über die Bundesrepublik Deutschland.

3.4. Histoire-Géographie 4ᵉ (DELAGRAVE) ④

Das Unterrichtswerk enthält 47 fortlaufende Kapitel, die nicht eindeutig in einen historischen und geographischen Teil gegliedert sind. Erste Bildbeispiele aus der Bundesrepublik Deutschland sind in dem Kapitel über die Oberflächenformen Europas (S. 12/13) vorhanden. Das schleswig-holsteinische Tiefland dient als Beispiel für die großen Ebenen im Norden und Osten Mitteleuropas. Als europäisches Mittelgebirge wird der Schwarzwald vorgestellt. Niederschlags- und Temperaturverlauf einer kontinentalen Klimastation werden am Beispiel Berlins erläutert (S. 18). Die Elbmündung bei Hamburg (S. 28) dient als Beispiel für ein Ästuar. Eine Karte mit den wichtigsten Städten und Flüssen Europas (S. 33) enthält Hamburg, Köln, Frankfurt und Stuttgart. Es fehlen jedoch Berlin, Bonn und München.

Das Kapitel über die politische Situation Europas enthält ein halbseitiges Foto der Berliner Mauer (S. 237) als symbolhaftes Dokument der Teilung Deutschlands. Im Text wird ausgeführt, daß es durch den *„rideau de fer"* zu schwierigen Problemen kommt. Das bedeutendste sei die Teilung Deutschlands mit der Enklave Berlin. Zwei Karten vermitteln einen Eindruck von der Ausdehnung der beiden deutschen Staaten und Berlins. Zu bemängeln ist, daß die Grenze zwischen den beiden deutschen Staaten nicht gesondert gekennzeichnet ist. Im Text werden die beiden deutschen Staaten miteinander verglichen; die strenge Zufahrtsregelung von Westen her wird hervorgehoben und die Bedeutung der Mauer für die Berliner Bevölkerung herausgestellt. Mit Hilfe eines Fragenkataloges sollen Gründe für die Teilung Deutschlands und Berlins herausgearbeitet werden.

Ein Foto aus dem Ruhrgebiet dient als Einstieg in das Kapitel *L'Europe économique.* Fragen zu Energiequellen, Rohstoffen und zur Lage des Ruhrgebietes schließen sich an. Das Ruhrgebiet wird als bedeutendstes Industriezentrum des kontinentalen Europas vorgestellt, das für die Wirtschaft von großer Bedeutung ist. Im Anschluß wird die Industrie entlang der Rheinachse abgehandelt. Als Einstieg dient ein Foto des Rheintals im Durchbruch durch das Rheinische Schiefergebirge. Fragen im Hinblick auf die Art des Schiffsverkehrs und die Korrektur des Flußlaufes dienen der Auswertung. Im anschließenden Sachtext wird der Rhein als wichtige Verkehrsachse vorgestellt, wobei folgende Schwerpunkte gesetzt werden: Das Rheintal als wichtige Verkehrsachse im Mittelalter, Bedeutungszunahme im 19. Jahrhundert durch die industrielle Revolution und Entwicklung der Schwerindustrie, der aktuelle Wandel mit Voraussetzungen und Folgen für das Ruhrgebiet, allgemeine Charakterisierung der Landschaft am Rhein.

Der Text enthält wesentliche Informationen in äußerst konzentrierter Form. Eine Vertiefung und Ausweitung erfolgt über vier Seiten mit Fotos und Karten, die durch Fragen erschlossen werden. Insgesamt werden die Industriegebiete am Rhein zutreffend charakterisiert, und die abgebildeten Quellen sind gut ausgewählt. Beim Schüler kann jedoch der Eindruck entstehen, als sei die Bundesrepublik eine einzige Industrielandschaft.

3.5. Histoire-Géographie 4ᵉ (Colin-Hachette) ⑤

Dem Inhaltsverzeichnis ist nicht ohne weiteres eine Differenzierung in die Bereiche Geographie und Geschichte zu entnehmen. Es enthält 22 fortlaufende Kapitel. Die ersten drei beschäftigen sich mit den physisch-geographischen Grundlagen und der Bevölkerung Europas. Es folgen der historische Teil und die wirtschafts- und sozialgeographischen Kapitel.

Beispiele aus der Bundesrepublik Deutschland gibt es im einführenden Teil nur wenige, Bilder aus dem Schwarzwald und Schleswig-Holstein (S. 6) erläutern Unterschiede in der naturräumlichen Ausstattung Europas. Zur Charakterisierung der Landwirtschaft (S. 227) wird ein Bild aus der DDR herangezogen. Es scheint die Tendenz zu bestehen, die Bundesrepublik Deutschland insbesondere unter dem Gesichtspunkt der Industrialisierung darzustellen und die DDR überwiegend unter dem Gesichtspunkt der landwirtschaftlichen Nutzung zu präsentieren.

Eine zusammenhängende Darstellung bundesrepublikanischer Teilthemen enthalten die Kapitel *La vallée du Rhin* und *La Ruhr.* Das Rhein-Kapitel ist überwiegend beschreibend angelegt. Es wird die Inwertsetzung der Rheinachse durch Wasserbaumaßnahmen dargestellt, wobei insbesondere der Beitrag der Franzosen zur Schiffbarmachung des Stroms und der Bau des Rheinseitenkanals herausgestellt werden, ohne auf Fragen der Energiegewinnung, Grundwasserabsenkung o. ä. einzugehen.
In dem Kapitel über das Ruhrgebiet ist positiv anzumerken, daß dieser Raum nicht, wie sonst üblich, einseitig als wirtschaftliches Zentrum der Bundesrepublik herausgestellt wird, sondern auch in Ansätzen Themen wie Monostruktur, Arbeitslosigkeit, Abwanderung und Raumordnung angesprochen werden.

3.6 Espaces et Civilisations (Bélin) ⑥

Das Unterrichtswerk ist klar in einen historischen und einen geographischen Teil gegliedert. Teilaspekte der Bundesrepublik werden konzentriert auf zehn Seiten in den Kapiteln *La région Rhin-Ruhr* und *La mer du Nord et ses ports* angeboten. Überzeugend wirkt zunächst die relativ zusammenhängende Darstellung. Die inhaltliche Präsentation erscheint differenzierter. Viele Detailinformationen sind auf engem Raum zusammengestellt. Der beschreibende Ansatz läßt jedoch insbesondere beim Ruhrgebiet eine problemorientierte Darstellung vermissen, in der auch die gegenwärtigen Strukturveränderungen und Probleme des Ruhrgebietes zur Sprache kommen.

3.7 Histoire-Géographie 4ᵉ (NATHAN) ⑦

Das Unterrichtswerk ist in 111 fortlaufend numerierte Kapitel unterteilt, die in größeren Themenkomplexen zusammengefaßt sind. Deutlich wird zwischen geographischen und historischen Themen unterschieden. Der einführende Teil über die naturgeographischen Grundlagen Europas enthält kein Beispiel aus der Bundesrepublik Deutschland. In einem Kapitel über *L'Europe orientale* befindet sich ein Foto der Berliner Mauer (S. 177). Es dient zur Illustration unterschiedlicher Gesellschaftssysteme in den beiden deutschen und den übrigen Staaten Europas.

Eine zusammenhängende Darstellung bundesdeutscher Themen liefern die Kapitel über *L'axe rhénan*. Sie enthalten folgende Schwerpunkte:

- die Rheinachse als bedeutendstes Industriezentrum Europas
- der Ausbau des Rheins – entscheidend für den wirtschaftlichen Aufschwung
- andere Verkehrs- und Transportwege.

Im Text werden Entstehung und Entwicklung des Ruhrgebiets bis zum heutigen Wandel der Industriestruktur in einer differenzierten Darstellung aufbereitet. Fotos von der Ruhrmündung bei Duisburg-Ruhrort sowie einer Schubschiffeinheit auf dem Rhein illustrieren die Textaussagen. Bezüglich der Verkehrskarte (S. 194) sei der Hinweis erlaubt, daß hier die linksrheinische Autobahn nicht eingezeichnet ist. Im Zusammenhang mit einer Abbildung der Staustufe bei Vogelgrun/Elsaß wird festgestellt, daß die industrielle Erschließung auf französischer Seite nicht so rasch voranschreitet wie in der Bundesrepublik Deutschland, trotz günstiger Standortfaktoren wie Verkehrsanbindung, Energieversorgung, Infrastruktur, Kapital u. ä. Industriestandorte und Städte am Rhein (S. 196/197) sind zusammenhängend dargestellt. Aus dem Text wird deutlich, daß der sekundäre Sektor nicht mehr ausschließlich in der Schwerindustrie begründet ist, sondern die Reduzierung der Kohleförderung zu einer industriellen Vielfalt geführt hat, die sich auf neue Energiequellen stützt. In einer regionalen Ausweitung finden u. a. folgende Industriezentren Berücksichtigung: Rhein-Main-Gebiet, Ludwigshafen-Mannheim, Karlsruhe, Stuttgart. (Zwei Korrekturen: Frankfurt/Main liegt nicht in Baden-Württemberg, und die Opelwerke befinden sich in Rüsselsheim.)
Der Text wird ergänzt durch eine Industriekarte des Ruhrgebietes und der Rheinachse. Fotos von Industrieanlagen in Bochum, Ludwigshafen und Düsseldorf vermitteln den Eindruck einer düsteren Industrielandschaft.

Zusammenfassung

Nach Durchsicht der einzelnen Bücher ist festzustellen, daß der Anteil der Bundesrepublik Deutschland sehr unterschiedlich ist. Die Spanne reicht von gelegentlichen Bildbeispielen bis hin zu mehrseitigen Darstellungen. Diese relative Gestaltungsfreiheit der Schulbuchautoren ist vor dem Hintergrund des Lehrplans zu sehen, der die Behandlung

der Bundesrepublik Deutschland nicht zwingend vorschreibt, jedoch Freiraum läßt, bundesrepublikanische Beispiele aufzunehmen (vgl. auch das Schlußkapitel).
Bei der naturräumlichen Behandlung Europas werden gelegentlich bundesdeutsche Beispiele herangezogen. Bei der Darstellung der Oberflächengestaltung sind Beispiele aus der Norddeutschen Tiefebene, Schleswig-Holstein, der Schwäbischen Alb, dem Oberrheingraben und dem Schwarzwald zu finden. Bei der Darstellung der Flüsse werden der Rhein bei Konstanz, die Lorelei, der Hamburger Hafen und die Elbe-Mündung in Bildbeispielen vorgestellt. Das europäische Städtesystem wird in den bundesdeutschen Beispielen durch Hamburg, Köln, Frankfurt/M. und Stuttgart erläutert. Die bundesdeutschen Beispiele im Rahmen des Naturraumkapitels beschränken sich jedoch auf Bildbeispiele und gelegentliche Texthinweise.

Der Lehrplanabschnitt *Bevölkerung* wird nur in einzelnen Büchern an bundesdeutschen Beispielen belegt. Eine Bilddokumentation mit dem Vergleich Duisburg früher und heute erläutert die Bevölkerungskonzentration im Laufe der Jahrhunderte. Ein Bild über ausländische Arbeitskräfte auf dem Bahnhof München dokumentiert die innereuropäische Migration heute. In einem Fall wird eine Graphik über die Entwicklung der Geburten- und Sterberate der Bundesrepublik Deutschland als Beispiel für die Veränderung der Bevölkerungsstruktur eines industrialisierten Landes gegeben.
Der Lehrplanabschnitt über unterschiedliche politische Systeme in Europa wird in den meisten Büchern am Beispiel Bundesrepublik Deutschland und DDR bzw. West- und Ostberlin fallbeispielartig erläutert. Auch in dieser Darstellung überwiegen Bildbeispiele, die durch kurze Textabschnitte erläutert werden. Kontrastierend werden Wahlen in der Bundesrepublik Deutschland und in der DDR dokumentiert. Unterschiedliche Lebenssituationen werden durch den Gegensatz: Einkaufen in der Hohenstraße in Köln — Plakattafel mit sozialistischen Arbeitern deutlich gemacht. Bei der Durchsicht der Bücher verfestigt sich der Eindruck, daß die Bundesrepublik Deutschland stärker als Industrienation gesehen wird, während die DDR mehr als ein durch die Landwirtschaft geprägter Raum erscheint. Dies wird durch entsprechende Bildbeispiele betont. Gelegentlich werden solche Vergleiche zwischen beiden deutschen Staaten weitergeführt, indem beispielsweise bei der Darstellung der Industrieproblematik Europas das Ruhrgebiet als Beispiel für den Steinkohlebergbau und die DDR exemplarisch für den Braunkohlebergbau genannt wird. Die Herausarbeitung von solchen Unterschieden ist wohl als Versuch zu werten, den beiden deutschen Staaten kennzeichnende Eigenschaften zuzuschreiben, die den französischen Schülern eine Einordnung erlaubt. Derart vereinfachende und generalisierende Charakterisierungen sind jedoch abzulehnen.

Unbefriedigend ist in den meisten Büchern die Darstellung der Berlin-Problematik. Häufig erscheint Berlin als Hauptstadt der DDR, ohne daß auf die entsprechende bundesdeutsche Situation abgehoben wird. Dieser Sachverhalt wird auch kartographisch häufig dargestellt, so daß bei französischen Schülern ein falscher Eindruck entstehen muß.

Eine mehr oder weniger zusammenhängende Darstellung einzelner Teilräume der Bundesrepublik Deutschland erlaubt der Lehrplanabschnitt *Industrieräume entlang einer Verkehrsachse*. Die meisten Bücher wählen die Rheinachse als Beispiel, häufig noch ergänzt durch ein Kapitel über das Ruhrgebiet.

Inhaltlich enthalten die Rheinkapitel Ausführungen zu den Stichworten Wasserführung, Schiffsverkehr, Güterverkehr, Wirtschaftslandschaft, Energiegewinnung am Oberrhein, Schiffbarmachung, Rheinseitenkanal u. a.
In den Kapiteln über das Ruhrgebiet tauchen immer wieder die Stichworte Steinkohlebergbau, Wirtschaftswunder, Deutsche Mark, Energiequellen, Rohstoffe u. a. auf. Nur wenige Bücher liefern eine weitergehende und ausgewogene Darstellung, in der auch die Begriffe Monostruktur, Arbeitslosigkeit, Abwanderung und Raumordnung ausgeführt und erläutert werden.

Résumé

Après avoir parcouru les différents manuels on peut constater que la place réservée à la République fédérale d'Allemagne varie beaucoup. La palette va d'illustrations occasionnelles jusqu'à la présentation sur plusieurs pages. Cette liberté relative de présentation donnée aux auteurs des manuels scolaires doit être comprise dans le contexte du programme scolaire qui n'oblige pas à étudier la République fédérale d'Allemagne. Cependant il laisse aux auteurs la liberté de donner des exemples de la République fédérale d'Allemagne (comparer également 5. Tentative de bilan).

Lors de la présentation de l'Europe en tant qu'espace naturel on se sert parfois d'exemples de la République fédérale. Pour présenter les paysages, on donne des exemples de la plaine du Nord, du Schleswig-Holstein, du Jura souabe, du Haut-Rhin et de la Forêt Noire. Pour décrire les fleuves on a choisi des illustrations du Rhin près de Constance, de la Lorelei, du port de Hambourg et de l'embouchure de l'Elbe. Le système urbain européen est illustré à l'exemple de quelques villes allemandes, à savoir Hambourg, Cologne, Francfort-sur-le-Main et Stuttgart. Les exemples de la République fédérale d'Allemagne dans le cadre du chapitre sur l'espace naturel se bornent à des illustrations et quelques remarques dans le texte.

Seuls quelques livres traitent une autre section du programme scolaire, à savoir la population, à l'aide d'exemples pris en République fédérale d'Allemagne. Une documentation illustrée comparant l'ancienne ville de Duisburg avec celle d'aujourd' hui démontre la concentration de la population au cours des siècles, une illustration des ouvriers étrangers à la gare de Munich met en relief la migration intra-européenne à l'époque actuelle. Dans un autre cas un graphique sur le développement du taux de natalité et de mortalité en République fédérale d'Allemagne sert d'exemple pour le changement de la structure de la population dans un pays industrialisé.

La section du programme scolaire relative aux différents systèmes politiques en Europe est illustrée dans la plupart des livres par l'exemple de la République fédérale d'Allemagne et de la République démocratique allemande ou bien de Berlin-Ouest et Berlin-Est. Dans cette représentation il y a notamment des images commentées par de courts passages. On compare les élections en République fédérale d'Allemagne et en R.D.A. et on met en relief le contraste des situations de vie telles que des achats dans la Hohenstraße de Cologne et une affiche représentant des ouvriers de la R.D.A. En parcourant les manuels on a l'impression que la République fédérale d'Allemagne est plutôt considérée comme pays industriel tandis que la R.D.A. se montre en tant qu'espace marqué par l'agriculture. Cela est montré par des illustrations correspondantes. Parfois on fait de telles comparaisons entre les deux Etats allemands: par exemple lors de la description des problèmes industriels en Europe on donne l'exemple de la Ruhr en tant que région houillère et celui de la R.D.A. en tant que pays d' exploitation du lignite. La mise en relief de telles différences doit être considérée comme un essai d'attribuer aux deux Etats allemands des caractéristiques qui permettront une classification aux élèves français. Cependant il faut rejeter des caractérisations globales et simplistes.

Dans la plupart des livres la présentation de Berlin n'est pas satisfaisante. Souvent Berlin apparaît en tant que capitale de la R.D.A. sans parler de la situation correspondante en République fédérale. C'est également le cas pour la présentation cartographique de sorte que les élèves français reçoivent une image fausse.

La section du programme scolaire *une grande zone industrielle organisée sur un axe de communication* permet la présentation plus ou moins cohérente de quelques parties de la République fédérale d'Allemagne. La plupart des livres choisissent l'exemple de l'axe rhénan et le complètent souvent par un chapitre sur la Ruhr.

Les chapitres sur le Rhin commentent des mots-clés tels que cours d'eau, navigation, trafic de marchandises, paysage économique, production d'énergie sur le Haut-Rhin, aménagement fluvial, canal d'Alsace et autres.

Dans les chapitres relatifs à la Ruhr il y a toujours des mots-clés tels que houillères, miracle économique, mark allemand, sources d'énergie, matières premières etc. Il n'y a que peu de manuels qui donnent une présentation plus détaillée et équilibrée et qui expliquent également les notions telles que monostructure, chômage, exode et aménagement du territoire.

4. Die Behandlung der Bundesrepublik Deutschland im Rahmen der Lehrplaneinheit *La C.E.E. (troisième)*

Für die *troisième* lagen zur Untersuchung insgesamt 7 Lehrbücher vor. Eine ins Detail gehende Analyse ist in dieser Klassenstufe nicht erforderlich, da die Behandlung der Bundesrepublik Deutschland in der *troisième* keine große Rolle spielt. Nur gelegentlich findet sie Erwähnung im Rahmen der Behandlung der Europäischen Gemeinschaft.

Schwerpunkt des Unterrichts in dieser Abschlußklasse der Sekundarstufe I ist das 20. Jahrhundert. Der Lehrplan sieht einen ersten Teil vor, demzufolge die Geschichte vom Beginn des Ersten Weltkrieges bis zur Neuzeit behandelt werden soll. Der zweite Teil hat geographische Themen zum Inhalt:

- Frankreich
- die Europäische Gemeinschaft
- USA und Sowjetunion
- die großen internationalen Organisationen.

Im Gegensatz zum früheren Lehrplan, wo ausschließlich Frankreich auf dem Programm stand, erfolgt also nun ein weltweiter Überblick.
Lernziele *(objectifs)* und Lehrpläne *(programmes)* sind sehr allgemein gehalten, Angaben über den Umfang der einzelnen Themen fehlen.

So verwundert es nicht, daß die einzelnen Lehrbücher unterschiedlich ausfallen. Ein Vergleich aller Bücher zeigt, daß auf das Thema *Europäische Gemeinschaft* zwischen 6 und 24 Seiten entfallen. Auch in den Erläuterungen und Anweisungen *(instructions)* sind keine Hinweise auf den Umfang der einzelnen Themen gegeben. Jedoch wird eine systematische regionale Beschreibung nach Ländereinheiten ausdrücklich abgelehnt. Schon aufgrund des Lehrplankonzepts kann somit die Behandlung Deutschlands in dieser Klassenstufe wenig Raum finden.

In allen vorliegenden Büchern (Tab. 2) wird großer Wert auf die Ausstattung mit Quellen- und Dokumentationsmaterial gelegt. Fotos, Karten, Graphiken, Tabellen und Quellentexte sind in der Regel von guter Qualität und übersichtlich angeordnet. Allein in ⑬ sind Größe und Beschaffenheit, vor allem der Fotos, oft nicht zufriedenstellend. Die zu große Fülle des Quellenmaterials und der kleine Druck lassen zudem die Übersichtlichkeit vermissen, so daß dieses Lehrbuch für die Klassenstufe zu anspruchsvoll ist. Die Bücher sind also von der Aufmachung her ansprechend, die Abbildungen in der Regel farbig und abwechslungsreich. Daraus geht deutlich die geforderte Unterrichtsmethode hervor: Abkehr vom *cours magistral* und Hinwendung zu einer mehr schülerorientierten *pédagogie de la découverte* und den *méthodes actives.*
Bei der Gliederung der Bücher fällt auf, daß der Anteil der Geographie deutlich höher ist als bei der *quatrième.* Geographische Themen nehmen fast ebensoviel Raum ein wie historische. Im ersten Teil wird im allgemeinen die Geschichte von 1914 bis zur Neuzeit behandelt. Der geographische Teil beinhaltet mehrere Themen. Der weitaus größte Teil entfällt auf die Behandlung Frankreichs. Weitere Themen sind die Europäische Gemeinschaft, USA und Sowjetunion.

Gemäß den Richtlinien des Lehrplans sollen lediglich globale Aspekte der Europäischen Gemeinschaft behandelt werden, so etwa die Etappen ihrer Entstehung, die wirtschaftliche Bedeutung ihrer Mitgliedstaaten und einige ausgewählte Probleme. Als Themen kommen dafür in Frage: Energie, Agrarpolitik, Migrationen, Geld- und Warenverkehr oder Regionalpolitik. Schon aufgrund des Lehrplans ist also eine einzelstaatliche Betrachtung nicht möglich.

So wird denn auch in den Schulbüchern die Europäische Gemeinschaft in ihrer Gesamtheit und Problematik dargestellt. Lediglich in einigen Lehrbüchern tauchen Aspekte einzelner Länder auf. So beträgt der Anteil, der auf die Bundesrepublik Deutschland entfällt, in ⑫ zwei Seiten, in ⑪ ½ Seite und in ⑧ ⅙Seite (Text + Abbildung einer Briefmarke). In den anderen vorliegenden Lehrbüchern der *troisième* wird die Bundesrepublik Deutschland jeweils nur auf Karten, in Tabellen und Graphiken, in Aufzählungen, bisweilen auch auf einem Foto, das der Illustration dient, oder in einem kleinen Text erwähnt.

Auf einer Doppelseite (S. 162/163) werden in ⑧ die Mitgliedstaaten der Europäischen Gemeinschaft kurz charakterisiert. Der Text über unser Land hebt dabei die Bedeutung der deutschen Wirtschaft innerhalb der Gemeinschaft hervor. Der deutsche Erfolg wird begründet durch die Qualität der Produkte, die Zuverlässigkeit der Liefertermine, den guten Kundendienst und das Einholen von Aufträgen aus der ganzen Welt. Es finden sich hier die Eigenschaften, mit denen in früheren Büchern die Deutschen allgemein charakterisiert wurden. Hervorgehoben wird auch die große Bedeutung der Konzerne und die rasche Modernisierung der Landwirtschaft. Als einziger Schwachpunkt wird die negative Bevölkerungsentwicklung genannt.

Auf einen kurzen Text zum Thema Energie, der das disziplinierte Fahren der deutschen Autofahrer hervorhebt, sowie drei Fotos beschränkt sich das ‚Deutschlandbild' in ⑩. Die Abbildungen einer Schiffswerft in Bremen (Industrie), des Frankfurter Flughafens (Verkehr) und des Rheins bei Oberwesel (Personen- und Warenverkehr) haben nur illustrierenden Charakter.

Zur Verdeutlichung regionaler Disparitäten innerhalb der EG steht in ⑪ ein Foto der vollmechanisierten Getreideernte in Norddeutschland einem Bild aus Italiens Mezzo-

Titel (Verlag) (Jahr)	*Geschichte/Geographie* (Seiten)	*Atlas/Lexikon* (Seiten)
⑧ *Espaces et Civilisations* (Belin) (1980)	88/114	64/ –
⑨ *Histoire-Géographie* (Bordas) (1980)	128/ 96	24/ –
⑩ *Histoire-Géographie* (Colin-Hachette) (1980)	130/150	– /15
⑪ *Histoire-Géographie* (Delagrave) (1980)	154/154	– / 2
⑫ *Histoire-Géographie* (Hatier) (1980)	154/144	– / 6
⑬ *Le Monde du XXe siècle* (Magnard) (1981)	150/156	32/ 4
⑭ Histoire-Géographie (Nathan) (1980)	124/106	– / 9

Tab. 2: Französische Lehrbücher des Faches Geschichte/Geographie der 3^{e}
Manuels français – Histoire/Géographie 3^{e}

giorno gegenüber (S. 239). Unter dem Aspekt der Bedeutung der einzelnen Mitgliedsländer sind dann auf einer halben Seite zwei Karten – stark schematisiert – zur landwirtschaftlichen Bodennutzung und die Industrieregionen abgebildet, außerdem zwei Tabellen mit dem Anteil der landwirtschaftlichen und industriellen Erzeugnisse. Bei der einen Tabelle fehlt der Anteil der deutschen Weinproduktion (1 %–3 %, je nach Jahrgang); die Karte der Industrieregionen läßt die doch bedeutende Industrieproduktion im Bereich der Großstädte München, Stuttgart und Hamburg unberücksichtigt. Zur Illustration des Themas Verkehr folgt auf S. 245 schließlich noch das Foto einer stark befahrenen deutschen Autobahn.

Ein ausführliches Einzelbild ist in ⑫ enthalten. Hier lautet das Thema einer Doppelseite *Die BRD: wirtschaftliche Stütze der EG*. Es werden dargestellt: die Anteile verschiedener Produkte innerhalb der EG, die Struktur der Erwerbstätigen und des Außenhandels 1976 in Form von Schaubildern, eine Karte der Industrieregionen, ein Foto des Schiffsverkehrs auf dem Rhein *(trouée héroique)* und eine Tabelle, die die Bedeutung deutscher Wirtschaftsunternehmen weltweit aufzeigt. Im Lektionstext, der eine halbe Seite einnimmt, wird abgehoben auf die Gründe für den großen wirtschaftlichen Aufschwung, die Bedeutung der Rheinachse und die intensiv und wissenschaftlich betriebene Landwirtschaft. Auf nur 2 Seiten wird hier also ein knapper wirtschaftsgeographischer Abriß der Bundesrepublik Deutschland gegeben. Mehr Illustrationscharakter haben dann wieder ein Foto von KONRAD ADENAUER als einem der Väter Europas in ⑬ (S. 186) sowie eine Karikatur zu den ersten europäischen Wahlen 1979 (S. 180) und das Bild des Kurfürstendamms in Berlin (S. 185) in ⑭.

Zusammenfassung

Die analysierten Bücher zeigen deutlich, daß von einer ausreichenden Behandlung der Bundesrepublik Deutschland in der *troisième* nicht gesprochen werden kann. Das in dieser Klasse vermittelte „Deutschlandbild" zeigt lediglich einige Einzelaspekte, die im Zusammenhang mit der Europäischen Gemeinschaft von Bedeutung sind.

Résumé

L'analyse des manuels révèle une étude insuffisante de la République fédérale d'Allemagne en *classe de 3*^{e}, l'image de la R.F.A. étant réduite à quelques aspects dans leurs rapports avec la C.E.E..

5. Versuch einer Bilanz

Die Gesamtdurchsicht der auf die Bundesrepublik Deutschland bezogenen Schulbuchkapitel der beiden Klassen der Mittelstufe *(quatrième/troisième)* läßt folgende Tendenzen erkennen:

1. Das Bild der Bundesrepublik Deutschland ist regional weitgehend beschränkt auf den Ausschnitt *Rheinachse* und *Ruhrgebiet*. Die Bundesrepublik erscheint hier im wesentlichen unter dem Aspekt einer Wirtschaftslandschaft; nur gelegentlich werden weitere regionale Beispiele aus Schleswig-Holstein, dem Norddeutschen Tiefland und der Schwäbischen Alb, dem Oberrheingraben und dem Schwarzwald vorgestellt. Diese Raumbeispiele sind in der Regel durch Bilder dokumentiert, gelegentlich ergänzt durch kurze Texte. Die Beispiele sind eingebaut in die Darstellung der naturgeographischen Grundlagen Europas.

2. Entsprechend den regional gewählten Beispielen beschränken sich sektorale Aspekte auf die Bereiche Wirtschaft und Industrie. Die Stichworte zu den Teilräumen *Rheinachse* und *Ruhrgebiet* werden in den weiterführenden Klassen ergänzt durch Begriffe im Zusammenhang mit der Bundesrepublik Deutschland wie Wirtschaft, Qualität der Produkte, Zuverlässigkeit des Liefertermins, guter Kundendienst, Konzerne, disziplinierter Autofahrer. Der Betonung der Industrie in der Bundesrepublik Deutschland steht eine Schwerpunktbildung im Bereich der Landwirtschaft für die DDR gegenüber.
3. Da nach den neuen Lehrplänen die Behandlung der Bundesrepublik Deutschland nicht mehr verbindlich vorgeschrieben ist, fällt die Darstellung in den einzelnen Unterrichtswerken inhaltlich und anteilig sehr unterschiedlich aus. Während im alten Lehrplan die Behandlung der Bundesrepublik Deutschland innerhalb der Lehrplaneinheit *Europa* noch vorgeschrieben war und in den Schulbüchern dann auch dementsprechend dargestellt wurde, sind nach den neuen Lehrplänen die Raumbeispiele nicht eindeutig festgeschrieben. Deutsche Beispiele können, müssen aber nicht aufgenommen werden. Unter dem Gesichtspunkt einer angemessenen Darstellung der Bundesrepublik Deutschland in französischen Geographielehrbüchern ist die Revision der Lehrpläne daher als wenig glücklich zu bezeichnen. Die Franzosen, die mit dieser curricularen Entwicklung die Tendenzen der Bundesrepublik Deutschland aus den siebziger Jahren aufgreifen, betrachten die Neuorientierung völlig positiv. In der Bundesrepublik macht sich jedoch zwischenzeitlich eine gegenläufige Tendenz bemerkbar. Die Revision der Lehrpläne in Baden-Württemberg, Bayern und Niedersachsen nehmen z. B. weitgehend Abstand vom allgemeingeographischen Prinzip. Raumbeispiele sind nicht mehr beliebig wählbar, Frankreich ist z. B. in Baden-Württemberg in den Klassen 6 bzw. 7 verbindlich vorgeschrieben. Die Franzosen werden diese Entwicklung sicherlich begrüßen, da nach den bisher geltenden Lehrplänen der meisten Bundesländer ihr Land nur gelegentlich als Raumbeispiel allgemeingeographischer Fragestellungen gewählt wurde. Es bleibt abzuwarten, wie sich die derzeitige Reform des französischen Geographieunterrichts in der Praxis bewähren wird, und wie die Schulbuchautoren die vom Lehrplan vorgegebenen Freiräume nutzen und mögliche bundesdeutsche Beispiele aufnehmen oder auf Nachbarländer ausweichen. Es wäre zu begrüßen, wenn bei einer Präzisierung der neuen französischen Lehrpläne Möglichkeiten gefunden werden könnten, eine verbindliche Behandlung der Bundesrepublik Deutschland wieder im Lehrplan zu verankern.

5. Tentative de bilan

A l'examen des chapitres ayant trait à la République féderale d'Allemagne dans les manuels scolaires des deux dernières classes du premier cycle on peut dégager les tendances suivantes:

1. Dans la plupart des cas l'image de la R.F.A. se limite à une présentation régionale de l'axe rhénan et de la Ruhr. La République fédérale d'Allemagne y apparaît essentiellement sous l'aspect d'un paysage économique; ce n'est que rarement qu'on présente d'autres exemples régionaux du Schleswig-Holstein, de la plaine du Nord et du Jura souabe, du Haut-Rhin et de la Forêt Noire. En général ces exemples régionaux sont exposés par des illustrations et parfois complétés par des textes brefs.Ces exemples sont insérés dans la présentation des bases naturelles de l'Europe.
2. Comme les exemples régionaux, les aspects sectoriels se limitent aux domaines de l'économie et de l'industrie. Dans les classes plus avancées les mots-clés donnés au sujet de l'axe rhénan et de la Ruhr sont complétés par des notions dans le contexte de

la République fédérale d'Allemagne telles que économie, qualité des produits, ponctualité des livraisons à terme, bon service après-vente, groupements d'entreprises, automobilistes disciplinés. Tandis que la présentation de la République fédérale d'Allemagne met l'accent sur l'industrie, celle de la République démocratique allemande se concentre sur l'agriculture.

3. Comme les nouveaux programmes scolaires ne prescrivent plus la présentation de la République fédérale d'Allemagne, la présentation du thème dans les différents manuels scolaires diffère beaucoup en ce qui concerne le contenu et la place accordée au thème. Dans le vieux programme scolaire il était obligatoire de traiter la République fédérale dans l'unité *Europe* et les manuels scolaires réalisaient la présentation correspondante. Les nouveaux programmes scolaires ne déterminent pas exactement les exemples régionaux; il est possible mais non obligatoire de donner des exemples allemands. En ce qui concerne une présentation adéquate de la République fédérale d'Allemagne dans les manuels français de géographie, la révision des programmes scolaires ne semble donc pas très réussie. Ce développement des programmes scolaires ressemble à celui de la République fédérale d'Allemagne. En République fédérale on peut observer entre-temps une tendance nouvelle. Les programmes scolaires révisés en Bade-Wurtemberg, Bavière et Basse-Saxe par exemple omettent dans la plupart des cas la géographie générale. On ne peut plus choisir librement les exemples régionaux, la France par exemple est obligatoire dans les classes 6, respectivement 7 en Bade-Wurtemberg. Les Français se réjouiront certainement de ce changement, parce que d'après les programmes scolaires appliqués jusqu'à présent dans la plupart des *Länder* la France n'était choisie que rarement en tant qu'exemple dans le contexte de questions de la géographie générale. Il faut voir comment la réforme actuelle de l'enseignement français de la géographie sera mise en pratique, quels en seront les résultats et comment les auteurs des manuels scolaires utiliseront la liberté du programme scolaire, s'ils donneront des exemples de la République fédérale d'Allemagne ou des pays voisins. Il serait souhaitable qu'en concrétisant les nouveaux programmes scolaires français on puisse trouver des possibilités d'ancrer de nouveau la présentation obligatoire de la République fédérale d'Allemagne dans ces programmes.

Literatur

Baker, D.N. und Harrigan, P.J. (ed.): The Making of Frenchmen — Current Directions in the History of Education in France 1679—1979. Waterloo, Ont. 1980.

Bittner, F.: Die Darstellung Deutschlands in französischen Geographielehrbüchern. Trier 1977 *(Materialien zur Didaktik der Geographie* 1).

Cherkaoui, M.: Les Changements du système éducatif en France 1950—1980. Paris 1982.

Goguel, C.: Erste Erfahrungen mit dem neuen Geographiecurriculum in der Sekundarstufe I. In Nebel, J. (1980) 22—24.

Hoerner, W.: Curriculumentwicklung in Frankreich (1959—1976). Weinheim/Basel 1979.

Marbeau, L.: Grundzüge einer reformierten Geographiedidaktik für die Sekundarstufe I. In Nebel, J. (1980) 41—54.

Marbeau, V.: Anstöße zur Erneuerung des gesellschaftswissenschaftlichen Aufgabenfeldes (sciences humaines) im französischen Schulsystem. In Nebel, J. (1980) 35—40.

Nebel, J. (Hrsg.): Die Reform des Geographieunterrichts in Frankreich. Freiburg 1980 *(Geographie und ihre Didaktik-Beiheft 1).*

Nieser, B.: Gesamtschulreform in Frankreich. München 1984.

Lehrbücher

① *Histoire-Géographie 4*^{e} — nouveau programme. Paris (Bordas) 1979, 255 S.
② *Milieux, Hommes et Civilisations 4*^{e} — histoire, géographie, économie, éducation civique. Paris (Larousse) 1979, 287 S.
③ *Histoire-Géographie 4*^{e}. Paris (Hatier) 1979, 287 S.
④ *Histoire-Géographie 4*^{e}. Paris (Delagrave) 1979, 319 S.
⑤ *Histoire-Géographie 4*^{e}. Paris (Colin-Hachette) 1979, 271 S.
⑥ *Espaces et Civilisations 4*^{e} — histoire, géographie, économie, éducation civique. Paris (Belin) 1980, 243 S.
⑦ *Histoire-Géographie 4*^{e}. Paris (Nathan) 1979, 240 S.

⑧ *Espaces et Civilisations 3*^{e} — histoire, géographie, économie, éducation civique. Paris (Belin) 1980, 253 S.
⑨ *Histoire-Géographie 3*^{e} — nouveau programme. Paris (Bordas) 1980, 263 S.
⑩ *Histoire-Géographie 3*^{e}. Paris (Colin-Hachette) 1980, 287 S.
⑪ *Histoire-Géographie 3*^{e}. Paris (Delagrave) 1980, 319 S.
⑫ *Histoire-Géographie 3*^{e}. Paris (Hatier) 1980, 317 S.
⑬ *Le Monde du XX*^{e} *siècle 3*^{e}. Paris (Magnard) 1981, 321 S.
⑭ *Histoire-Géographie 3*^{e}. Paris (Nathan) 1980, 254 S.

Emmanuel Désiré

Die deutsche Landwirtschaft im Geographieunterricht an *collèges* und *lycées* in Frankreich

In Frankreich hat der Geographieunterricht an den *collèges* und *lycées* durch neue Lehrpläne eine völlige Veränderung erfahren. Diese neuen Lehrpläne wurden 1977–1983 zuerst an den *collèges* und dann an den *lycées* eingeführt.

Ich werde zunächst auf die Situation vor 1977 eingehen und die Behandlung der Bundesrepublik Deutschland und deren Landwirtschaft schildern. Danach werde ich die heutige Situation aufzeigen.

1. Die Lehrpläne bis 1977

Früher wurde Deutschland in unseren Schulen zweimal behandelt:

a) In der *classe de 4ᵉ* der *collèges* (Schüler im Alter von 13–14 Jahren)
Hier wurden zuerst die Grundzüge, danach die einzelnen Staaten Europas angesprochen. Sämtliche Bücher brachten folglich Darstellungen der Bundesrepublik Deutschland und der DDR mit kurzen Schilderungen der Landwirtschaft beider Staaten. Mein Herausgeber brachte z. B. eine halbe Seite pro Staat (ca. 2000 Wörter) mit zusätzlichen Karten ①.

b) In der *classe terminale* der *lycées* (Schüler im Alter von 17–18 Jahren)
Hier wurde nach dem Lehrplan unter dem Thema *Les grandes puissances économiques du monde* dann nur noch die Bundesrepublik Deutschland behandelt. Die meisten Schulbücher räumten der Landwirtschaft der Bundesrepublik beträchtlichen Raum ein – z. B. widmete der Herausgeber, mit dem ich gearbeitet habe, diesem Thema zwei Seiten (ca. 6000 Wörter) zuzüglich einer Karte und Angaben über die Hauptagrarräume ②. In einem 1979 herausgegebenen Ergänzungsheft habe ich der Landwirtschaft der Bundesrepublik eine Seite eingeräumt – ¾ Seite Quellen, ¼ Seite Text.

2. Der neue Lehrplan der *classe de 4ᵉ* der collèges

Dieser neue Lehrplan wird seit 1979 verwendet. Nach wie vor ist *Europa* das Hauptthema, jedoch ist die Behandlung aller Staaten nicht mehr vorgeschrieben, sondern nur noch allgemein-geographische Fragestellungen am Beispiel eines bestimmten europäischen Raumes:

- Ein großes, an eine Verkehrsachse angebundenes Industriegebiet
- Die Landwirtschaft in einer großen Ebene
- Der Tourismus und seine Bedeutung für die Veränderung eines Gebietes
- Die Probleme der Verstädterung am Beispiel einer Agglomeration.

Unter dem zweiten Punkt ist die Behandlung der deutschen Landwirtschaft möglich, jedoch nicht Pflicht, denn nach dem Lehrplan muß der Lehrer nur eine große Ebene Europas behandeln. Der offizielle Lehrplan nennt auch mehrere Beispiele – Po-Ebene, Londoner Becken, Pannonische Ebene. Die Norddeutsche Tiefebene wird nicht genannt. Die Wahl dieses Raumes wird dem Lehrer zwar nicht untersagt, aber er wird auch nicht ausdrücklich darauf hingewiesen.

Emmanuel Désiré – Maître de Conférences de Géographie à l'Université de Picardie F-80025 Amiens Cédex

Zusammenfassend ist zu sagen, daß die deutsche Landwirtschaft nicht mehr im Lehrplan der *classe de 4e* der *collèges* erscheint. Der Lehrer hat jedoch die Möglichkeit, z. B. *l'agriculture de la plaine d'Allemagne du Nord* zu behandeln.

3. Die neuen Lehrbücher der *classe de 4e*

Von den neuen Lehrbüchern der classe de 4e wurden sieben ③–⑨ zum Thema analysiert. Lediglich das Lehrbuch ③ befaßt sich mit *l'agriculture de la plaine du Nord de l'Europe* ohne jedoch speziell auf den deutschen Raum einzugehen. Der bundesrepublikanische Teil dieser Ebene wird zusammen mit Nordfrankreich, den Benelux-Staaten und Dänemark behandelt, der der DDR mit Polen (die UdSSR ist im Lehrplan nicht enthalten). Eine Karte von diesem Raum stellt die wesentlichen Zweige der Landwirtschaft dar und nennt auch einige Landschaftsnamen. Ein Foto zeigt die Viehzucht in einer landwirtschaftlichen Produktionsgenossenschaft der DDR. Der Text stellt die ausgeprägte Mischkultur am Beispiel eines Familienbetriebes im Westen der Ebene und danach die sozialistische Agrarwirtschaft im östlichen Teil dar.

Das zweite Lehrbuch (④) folgt nicht genau dem Lehrplan, sondern behandelt überblicksartig sämtliche Länder Europas. Der Bundesrepublik Deutschland sind zwei Seiten gewidmet, wobei ca. 450 Wörter auf die Landwirtschaft entfallen. Eine Karte zeigt landwirtschaftliche Gebiete nach ihrer Bodennutzung. Die Bedeutung (Leistung) der Landwirtschaft wird unzureichend zur Geltung gebracht. Auch die DDR wird auf zwei Seiten behandelt, wobei ca. 500 Wörter auf die wesentlichen Charakteristika der Landwirtschaft entfallen. Auch hier ergänzt eine entsprechende Karte der landwirtschaftlichen Bodennutzung den Text.

Die vier weiteren Lehrbücher (⑤ ⑥ ⑦ ⑧) befassen sich weder mit der deutschen Landwirtschaft insgesamt noch mit der Norddeutschen Tiefebene. Sie beschränken sich auf die Beispiele aus dem offiziellen Lehrplan. Dennoch sind vereinzelte Informationen über die deutsche Landwirtschaft oder das Rheinische Industriegebiet zu finden.

Im letzten von mir analysierten Lehrbuch (⑨) ist an keiner Stelle von der deutschen Landwirtschaft die Rede.

4. Der neue Lehrplan und die neuen Lehrbücher der *classe de 3e* der *collèges*

Dieser Lehrplan umfaßt thematisch die *Europäische Wirtschaftsgemeinschaft.* Der Schüler soll die wirtschaftliche Bedeutung und die Probleme der EG kennenlernen, so u. a. die Landwirtschaft mit ihren Problemen im *l'Europe verte.* In den sechs von mir durchgesehenen Lehrbüchern (⑩–⑮) wird die Bundesrepublik Deutschland jedoch nur unter dem Gesichtspunkt der erwerbstätigen Bevölkerung in der Landwirtschaft, des Anteils der pflanzlichen und tierischen Produktion, der wesentlichen Produktionszweige sowie der landwirtschaftlichen Betriebsgrößen im Vergleich mit den Partnerländern behandelt.

5. Der neue Lehrplan der *classe de 1ère* der *lycées*

In dem neuen Lehrplan der *classe de 1ère* (Schüler im Alter von 16–17 Jahren) wurden *Les grandes puissances économiques européennes* aus dem Lehrplan der *classe terminale* übernommen. Das Hauptthema ist jedoch weiterhin Frankreich sowie ein vom Lehrer frei zu wählendes anderes Land der EG.

6. Die neuen Lehrbücher der *classe de 1ère*

In den von mir analysierten fünf Lehrbüchern (⑯–⑳) werden alle, teilweise aber auch nur die wirtschaftlich bedeutendsten EG-Staaten behandelt. Die Bundesrepublik Deutschland ist immer vertreten, in einem Lehrbuch ⑯ sogar ausschließlich. Der Umfang für die Bundesrepublik Deutschland liegt zwischen 8–22 Seiten, davon sind der Landwirtschaft zumeist zwei Seiten gewidmet. In fast allen Lehrbüchern werden Angaben zu den natur- und kulturgeographischen Voraussetzungen, den agrarwirtschaftlichen Strukturen, den wesentlichen Anbausystemen sowie den Produktionszweigen und Absatzmärkten gemacht, die weitgehend korrekt zu sein scheinen. Die Texte werden durch Karten, Tabellen, Graphiken und teilweise auch Fotos ergänzt. Die Darstellungen sind jedoch ungenau und oftmals fehlen verschiedene Agrargebiete völlig. In zwei Lehrbüchern (⑱ ⑲) ist die Landwirtschaft der Bundesrepublik Deutschland nur ganz knapp, in einem davon (⑱) sogar nur noch durch eine Tabelle dargestellt.

Zusammenfassung

In den neuen Lehrplänen für den Geographieunterricht an den *collèges* und *lycées* in Frankreich wird die Behandlung der Bundesrepublik Deutschland nicht mehr vorgeschrieben. Viele französische Schüler werden – entsprechend den von den Lehrern aus den Lehrplänen vorgegebenen Themen – die Gymnasien verlassen, ohne etwas von der Bundesrepublik Deutschland oder der DDR und infolgedessen von der deutschen Landwirtschaft kennengelernt zu haben. Dies ist meines Erachtens ein unbefriedigender Zustand.

Allenfalls über die Behandlung der EG bzw. des RGW erfahren die Schüler auch etwas über die beiden deutschen Staaten. Wenn ein Schüler die Schule mit 15 Jahren verläßt – dies gilt für die Hälfte aller französischen Schüler – so weiß er jedoch so gut wie nichts über die Geographie und speziell über die Landwirtschaft der Bundesrepublik Deutschland und der DDR. Wenn ein Schüler das Gymnasium besucht, ist die Chance, in der *classe de 1ère* etwas über Großbritannien, die Benelux-Staaten oder Italien zu erfahren, dreimal größer als die, etwas über die Bundesrepublik Deutschland und die derzeitige Situation der deutschen Landwirtschaft zu hören.

Die neuen Lehrpläne fördern also die Behandlung der deutschen Landwirtschaft keineswegs. Hier könnte eine Verbesserung herbeigeführt werden, indem folgende offizielle Anweisungen mehr beachtet werden:

1. In der *classe de 4e* der *collèges* (Schüler im Alter von 13–14 Jahren)
   Themenbereich *l'activitè agricole d'une grande plaine* am Beispiel der Nordeuropäischen Tiefebene. Hierdurch würde die Behandlung der Grundzüge der Landwirtschaft der Bundesrepublik Deutschland und der DDR ermöglicht. Diesem Thema könnten vier Stunden gewidmet werden.
   Themenbereich *une grande zone industrielle organisée sur un axe de communication* am Beispiel der Rheinachse. Hierdurch würde Gelegenheit gegeben, die Agrargebiete im Westen und Südwesten der Bundesrepublik Deutschland im Zusammenhang mit der Industrialisierung und Verstädterung darzustellen. Für dieses Thema könnte eine Stunde aufgewendet werden.
2. In der *classe de 3e* der *collèges* (Schüler im Alter von 14–15 Jahren)
   Bei der Behandlung des Themas *la puissance économique de la C. E. E.* sollte genügend Zeit (2 Stunden) für die Landwirtschaft in Europa und damit auch für die Grundzüge der deutschen Landwirtschaft zur Verfügung stehen.

3. In der *classe de 1ère* der *lycées* (Schüler im Alter von 16–17 Jahren)
Themenbereich *la géographie d'un pays de la C. E. E.* am Beispiel der Bundesrepublik Deutschland mit angemessener Berücksichtigung ihrer Landwirtschaft. Es erscheint jedoch schwierig, unter Beachtung der offiziellen Anweisungen, hierfür mehr als eine Stunde aufzuwenden.

Résumé

Les nouveaux programmes de géographie des *collèges* et *lycées* français n'imposent plus l'étude de la République fédérale d'Allemagne aux élèves français. Selon les choix des professeurs parmi les questions optionnelles des programmes, de nombreux élèves français quitteront le lycée sans avoir étudié la République fédérale d'Allemagne et la République démocratique allemande et bien sûr l'agriculture allemande. Il y a là une insuffisance et une anomalie.

Le cas le plus fréquent sera celui d'un élève qui connaîtra l'Allemagne par sa participation à la C. E. E. (pour la R. F. A.) et au Comecon (pour la R. D. A.). Si cet élève quitte l'école à 15 ans (c'est le cas de la moitié des élèves), il ne saura à peu près rien de la géographie et de l'agriculture de la R. F. A. et de la R. D. A. Si cet élève va au lycée, il a une chance sur 4 d'étudier la R. F. A. en classe de 1ère et alors de connaître à peu près correctement la situation actuelle de l'agriculture allemande, et 3 chances sur 4 d'ignorer la R. F. A. (au profit du Royaume-Uni, du Bénélux ou de l'Italie).

Les nouveaux programmes rendent très difficile l'étude de l'agriculture allemande. Voici ce que l'on peut faire de mieux en respectant les instructions officielles:

1°) *en classe de 4e des collèges* (élèves de 13–14 ans):

a) Choisir pour la question *l'activité agricole d'une grande plaine,* la plaine de l'Europe du Nord. Cela permettra de présenter les traits principaux de l'agriculture de la R. F. A. et de la R. D. A. On pourra consacrer 4 heures à cette question.

b) Choisir pour la question *une grande zone industrielle organisée sur un axe de communication,* l'axe rhénan. Cela permettra de présenter les régions agricoles du sud-ouest et de l'ouest de la R. F. A. dans leurs rapports avec l'urbanisation et l'industrialisation. On pourra consacrer 1 heure à cette question.

2°) *en classe de 3e des collèges* (élèves de 14–15 ans):
En traitant de *la puissance économique de la C. E. E.,* consacrer un temps suffisant à l'Europe agricole (2 h) et étudier les traits globaux de l'agriculture allemande.

3°) *en classe de 1ére des lycées* (élèves de 16–17 ans):
Choisir pour la question *la géographie d'un pays de la C. E. E.,* la R. F. A. et consacrer une place suffisante à l'étude de son agriculture. En respectant les instructions officielles, il paraît difficile d'y consacrer plus d'1 heure.

Lehrbücher

① *L'Europe-Géographie 4e*. Paris (Belin) 1972, 191 S.
② *Géographie du monde contemporain – classes terminales.* Paris (Belin) 1969, 496 S.
③ *Histoire-Géographie 4e*. Paris (Hachette) 1982, 320 S.
④ *Milieux, Hommes et Civilisations 4e – histoire, géographie économie, éducation civique.* Paris (Larousse) 1979, 287 S.
⑤ *Espaces et Civilisations 4e – histoire, géographie, économie, éducation civique.* Paris (Belin) 1980, 243 S.
⑥ *Histoire-Géographie 4e – nouveau programme.* Paris (Bordas) 1979, 255 S.
⑦ *Histoire-Géographie 4e*, Paris (Nathan) 1982, 296 S.
⑧ *Historie-Géographie 4e*. Paris (Hatier) 1979, 287 S.
⑨ *Histoire-Géographie 4e*. Paris (Delagrave) 1979, 319 S.

⑩ *Espaces et Civilisations 3ᵉ — histoire, géographie, économie, éducation civique.* Paris (Belin) 1980, 253 S.
⑪ *Histoire-Géographie 3ᵉ.* Paris (Colin-Hachette) 1980, 287 S.
⑫ *Histoire-Géographie 3ᵉ — nouveau programme.* Paris (Bordas) 1980, 263 S.
⑬ *Histoire-Géographie 3ᵉ.* Paris (Hatier) 1980, 317 S.
⑭ *Le Monde du XXᵉ siecle.* Paris (Magnard) 1981, 321 S.
⑮ *Histoire-Géographie 3ᵉ.* Paris (Nathan) 1980, 254 S.

⑯ *Géographie classe de première.* Paris (Colin) 1982, 355 S.
⑰ *Géographie-Première — France/Europe.* Paris (Bordas) 1982, 288 S.
⑱ *Géographie du temps présent — GREHG/Premières A, B, S.* Paris (Hachette) 1982, 399 S.
⑲ *Géographie — classe de première.* Paris (Belin) 1982, 343 S.
⑳ *Géographie — classe de première.* Paris (Hatier) 1982, 283 S.

III. Fachwissenschaftliche Beiträge

Übersichtsbeiträge

Jean-Pierre Houssel

Der Ländliche Raum in Frankreich – Probleme und Fragestellungen

Es wird mit Recht behauptet, daß sich die ländlichen Gebiete in Frankreich seit 1955 – ein Wendepunkt in der Entwicklung – mehr verändert haben als zuvor in einem ganzen Jahrhundert.

1954 betrug die Einwohnerzahl der Gemeinden mit weniger als 2000 E.[1] insgesamt 17. Mill., d. h. 40 % der Bevölkerung. Zusammen mit den zum ländlichen Bereich gehörenden kleinen Marktstädten waren es ca. 20 Mill. E., die nahezu die Hälfte der Bevölkerung ausmachten. Es handelte sich um einen von der bäuerlichen Gesellschaft bestimmten Raum, der als Gegensatz zur Stadt verstanden wurde. Die landwirtschaftliche Bevölkerung – mit 8 170 000 fast die Hälfte der Landbevölkerung – überwog zwar nicht, war jedoch tonangebend. Die Dichte der Landbevölkerung lag bei 50 E/km^2. Das war im Verhältnis zu den westeuropäischen Nachbarn wenig, überschritt jedoch in vielen Gebieten, in denen die Landwirtschaft wenig ertragreich war, die Grenze der Tragfähigkeit.

Diese Zahlen erklären manche Merkmale des Frankreich der *III. Republik*, das zu Recht als Land mit dem größten Agrarwirtschaftsanteil unter den großen Industrieländern bezeichnet wird.

1982 betrug die Einwohnerzahl der Gemeinden mit weniger als 2000 E. insgesamt 15 400 000. Wenn man das Ausmaß der Landflucht berücksichtigt, so erscheint der Rückgang – weniger als zwei Mill. – gering. Im Laufe des Zeitraums 1954–1982 ist jedoch die Gesamtbevölkerung um 15 % gestiegen, und heute liegen viele ländliche Gemeinden im Einflußbereich von Paris, anderer Verdichtungsgebiete oder großer Touristenzentren. Die ländlichen Gebiete verlieren immer mehr an Eigenständigkeit und unterscheiden sich nur noch durch den mehr oder weniger großen Einfluß der Städte. Man hat schon *la fin des paysans*[2] vorausgesagt. Die landwirtschaftliche Bevölkerung beträgt heute nur noch 4 300 000; sie ist um die Hälfte zurückgegangen und macht nur 28 % der gesamten Landbevölkerung aus.

Allerdings nimmt der Ländliche Raum, d. h. die ländlichen Gebiete und dazugehörende kleine Städte, den größten Teil des Landes ein. *La France du vide*[3], das sind Gebiete *(cantons)* mit einer Bevölkerungsdichte unter 25 E/km^2, umfaßt 120 000 km^2 – eine im Vergleich zu den 248 000 km^2 der Bundesrepublik Deutschland enorm große Fläche – mit nur 3 Mill. Einwohnern. Auch beeinflußt die von der bäuerlichen Gesellschaft ge-

Jean-Pierre Houssel – Professeur de Géographie à l'Université de Lyon II F-69500 Bron

1 Nach der Definition des I.N.S.E.E. sind dies *ländliche Gemeinden.*
2 Mendras, H.: La fin des paysans. Paris 1970.
3 Béteille, R.: La France du vide. Paris 1981 (*Géographie économique et sociale XIV*).

prägte Mentalität immer noch das politische Leben in der Provinz; ein großer Teil der Stadtbevölkerung ist noch ländlicher Herkunft.

Im folgenden werden die Phänomene der Beharrung und des Wandels aufgezeigt, die den Ländlichen Raum in Frankreich kennzeichnen.

1. Beharrung

1.1. Der Einfluß unterschiedlicher Wertvorstellungen auf die Entwicklung

Die konservative bäuerliche Bevölkerung ist Veränderungen nicht aufgeschlossen. Staatliche Maßnahmen waren bisher wenig wirksam, und selbst die durchgreifendsten Ansätze blieben nur Randerscheinungen. Dies gilt für das *loi d'orientation agricole* von 1960 und das Ergänzungsgesetz dazu von 1962.

Obwohl die Maßnahmen überall die gleichen waren, vollzog sich die Entwicklung selbst unterschiedlich aufgrund zweier gegensätzlicher Wertvorstellungen in den ländlichen Gebieten zur Zeit der *III. Republik.* In den *campagnes radicales,* die die Ideen der Revolution aufgegriffen hatten, begünstigte die gute Grundschulausbildung eine Abwanderung in die Städte, und der Geburtenrückgang setzte früh ein. So gab es hier zum Zeitpunkt der *Libération* Gebiete wie z. B. im Südwesten, die verhältnismäßig dünn besiedelt und überaltert waren. Dagegen waren im politisch konservativen und „christlichen“ *France blanche,* wo die meisten Menschen noch sonntags zur Messe gehen, die Bemühungen der Alteingesessenen (*notables*), die Abwanderung zu verhindern, erfolgreich (z. B. in der Vendée), und die geburtenfördernden Vorschriften der Kirche haben wesentlich zur Erhaltung einer dichteren und jüngeren Bevölkerung beigetragen. Allerdings sind die Verhältnisse in diesem Teil Frankreichs, der den Westen, den Norden und Osten und eine Gebirgszone vom Baskenland bis nach Savoyen umfaßt, häufig schwierig. Es sind ländliche Problemgebiete in bezug auf die geburtenstarken Jahrgänge, die in der Zeit vom Kriege bis 1955 volljährig wurden. Eine konfessionelle Bewegung, die *Jeunesse Agricole Chrétienne* (J. A. C.) versuchte, diese für fortschrittliche Ideen zu gewinnen. Sie suchte nach angemessenen Lösungen für die lokalen Probleme und schuf Einrichtungen für deren praktische Umsetzung. Die Verantwortlichen der J. A. C. waren die Initiatoren neuer Formen der Landwirtschaft wie Intensivierung der Milchwirtschaft, landlose Landwirtschaft und Erschließung von Zuerwerbsquellen wie z. B. Tourismus und neue Industriezweige auf dem Lande. Sie hatten weniger Einfluß in Handel und Gewerbe, deshalb blieb die Erneuerung hier begrenzt. Ab 1960 waren sie in Gemeinderäten vertreten, wo sie neue Führungskonzeptionen und Ideen zur Gesamtentwicklung auf unterster Verwaltungsebene einbrachten.

In der hierarchischen Struktur der landwirtschaftlichen Regionen vollzog sich eine totale Veränderung. Die konservativen Regionen wurden zu Spitzengebieten in der Entwicklung, wie z. B. der Westen Frankreichs, wo sich heute die Hälfte der Milch-, Schweine- und Geflügelproduktion konzentriert. Dagegen hielten viele frühere *bon pays* wie Aquitanien und Bresse noch lange an der herkömmlichen Landwirtschaft fest. Diese Umkehr der Gebietshierarchie fand allerdings nicht überall statt. Eine Vielzahl von Schwierigkeiten steht einer Modernisierung immer noch im Wege. Man muß die mehr oder weniger starke Isolation und die landwirtschaftlichen Sozialstrukturen berücksichtigen. Auch begrenzen schwierige naturgeographische Voraussetzungen die verfügbaren Nutzflächen. Die Größe der heutzutage als lebensfähig geltenden Betriebe beträgt etwa 10 ha in den Hochgebirgstälern, ca. 20 ha im Mittelgebirge, 30–50 ha in den feuchten Niederungen und mehrere hundert Hektar auf den Lößflächen im Pariser Becken.

1.2. Die Lebensbedingungen

Die geringen Einkommen sind auf eine Sozialstruktur zurückzuführen, die, wenn auch in veränderter Weise, weiterhin von Arbeitern mit einer Grundschulbildung und einer auf technische Grundbegriffe begrenzten Ausbildung bestimmt wird.

Die erwerbstätige ländliche Bevölkerung besteht zu 30 % aus Landwirten, an die, obgleich sie 8 % aller Beschäftigten ausmachen, nur 4 % des Einkommens fallen, 35 % aus Arbeitern (größtenteils ungelernte), 10 % aus kleinen Unternehmern in Handel und Gewerbe (letztere häufig in der Mehrzahl) und zu 20–25 % aus anderen Berufen aus dem Tertiärbereich (zumeist Angestellte oder Dienstleistungspersonal).

Im Ländlichen Raum gibt es nach wie vor nur Dienstleistungen des täglichen Bedarfs (Versorgung und Bildung); dieser Sektor ist allerdings rückläufig aufgrund zahlreicher Schließungen infolge des Rückgangs der Bevölkerung. Zwar wurden in den größeren Orten Einrichtungen im Gesundheits- und Schulwesen geschaffen – man spricht von einem tertiären Bedarfsausgleich –, doch findet man Gymnasien, Klinikzentren und gehobene Geschäfte und Dienstleistungen weiterhin nur in Städten.

Die infrastrukturellen Einrichtungen sind erheblich verbessert worden. Dies gilt für das Straßennetz, den Strom-, Wasser- und Telefonanschluß sowie für die Entsorgung. Allerdings sind die älteren Bewohner, die kein Fahrzeug zur Verfügung haben, häufig wegen unzulänglicher öffentlicher Verkehrsmöglichkeiten benachteiligt.

Die Landbevölkerung ist indessen mit diesen Lebensbedingungen im großen und ganzen zufrieden, denn sie stellt eher Vergleiche zur Vergangenheit als zur Stadt an. Trotz der städtischen Einflüsse ist eine traditionelle bäuerliche Lebensweise noch immer vorhanden. Allerdings nehmen angesichts Auto und Medien städtische Konsum- und Lebensgewohnheiten immer mehr zu. Zu beobachten ist eine Uniformierung im Ländlichen Raum; die Pflege traditionellen Brauchtums bleibt Vereinen überlassen. Dennoch gibt es nach wie vor Gemeinschaftssinn und Naturverbundenheit, die gerade auch von der Ökologiebewegung idealisiert werden, indem sie für ein Leben auf dem Lande wirbt. Der alteingesessene Landbewohner unterscheidet sich noch immer durch seine Einstellung zum Geld (in einem Gebirgsdorf hat es nicht den gleichen Wert wie in Paris), zur Landschaft (als Arbeits-, nicht aber als Erholungsraum) und zur Freizeit (z. B. Jagd und Zeitungslektüre), die nach wie vor knapp bemessen ist und vom täglichen Arbeitsablauf bestimmt wird. Reisemöglichkeiten sind begrenzt, und nur wenige Landwirte nehmen einige Tage Urlaub.

1.3. Der Einfluß der ländlichen Gesellschaft auf das öffentliche Leben

Fortbestehende spezifische Verhaltensweisen beeinflussen das öffentliche Leben. Den Hintergrund zu gemäßigten und latent konservativen Einstellungen bilden althergebrachte Werte, Mißtrauen in Extreme und ein häufig ausgeprägter Individualismus. Fortschritt wird mehr beobachtend verfolgt als mitgetragen. Der Landbewohner vertraut weiterhin auf seine nächste Umgebung, d. h. Familie und Dorf, und nur zögernd sieht er seine Probleme auf Landes- und Staatsebene. Er mißtraut Regierung und Politik.[4] Die korporativen Versuchungen sind immer noch groß. Die meisten Landwirte fühlen sich, welch trennende Unterschiede es auch immer geben mag, noch immer ihresgleichen näherstehend als einem Arbeiter in der Stadt. Sie sind es nicht gewohnt, eine Situation gesamtpolitisch zu analysieren. Hieraus erklären sich der besondere Charakter ihrer Forderungen und die Heftigkeit mancher Bauernkundgebungen. Die alten Auseinan-

---

[4] Berger, S.: Les paysans contre la politique, l'organisation rurale en Bretagne (1911–1974). Paris 1975.

dersetzungen haben an Schärfe nicht verloren. Sie betreffen Konflikte mit alteingesessenen Landwirten (*notables*) und lokale Fragen sowie die Polarisierung des politischen Lebens zwischen *rouges* und *blancs* über die Schulfrage.

Die Bauern bekleiden, obwohl sie in der Minderheit sind, noch immer wichtige Ämter. Durch Gewerkschaften, Landwirtschaftskammern sowie wirtschaftliche und soziale Organisationen (Banken, Versicherungen, Genossenschaften) und deren vielfache Gliederungen bis in die untersten Stufen sind die Landwirte die am besten strukturierte/organisierte Berufsgruppe. Ihre Repräsentanten kommen aus den Reihen der *Fédération Nationale des Syndicats d'Exploitants Agricoles* (F. N. S. E. A.), die dem Fortschritt aufgeschlossen ist und eine gemäßigte Linie vertritt. Die F. N. S. E. A. hat bei den Wahlen zu den Landwirtschaftskammern 1983 ihre Vormachtstellung erneut bestätigt. Sie erhielt 70 % der Stimmen gegenüber 6 % für die *Fédération Française de l'Agriculture* (F. F. A.), die der staatlichen Intervention feindlich gegenüberstehende rechtsorientierte Gewerkschaft, und 24 % für die linksgerichteten Gewerkschaften wie die *Mouvement de Défense des Exploitations Familiales* (M. O. D. E. F.), die *Confédération Nationale des Syndicats de Paysans Travailleurs* (C. N. S. P. T.) und die kürzlich gebildete, der sozialistischen Partei nahestehende *Fédération Nationale des Syndicats Paysans* (F. N. S. P.).

Die Bauern haben Posten in den meisten örtlichen Verbänden inne; ihr Einfluß macht höchstens vor den Türen der großen Städte und Industrieregionen halt. Viele dieser Persönlichkeiten in kleinen, mittleren und selbst großen Städten werden noch immer von den Wertvorstellungen der bäuerlichen Gesellschaft geprägt. Indessen haben die neuen Dezentralisierungsgesetze die Befugnisse der örtlichen Verbände erweitert, ohne daß die Verwaltungsgliederung verändert worden ist. Sie blieb seit der Revolution und dem Kaiserreich nahezu die gleiche, obwohl die Bevölkerungsverteilung eine völlig andere wurde.

Frankreich ist nach wie vor ein Land mit 36 000 Gemeinden, davon 11 200 mit weniger als 200 E., 11 500 mit 200–500 E., 6500 mit 500–1000 E. und nur 7200 mit mehr als 1000 E. In den *conseils généraux* verfügen die *cantons*, die ein Drittel der Bevölkerung umfassen, schätzungsweise über zwei Drittel der Sitze. Der in indirekter Wahl gewählte Senat ist nach wie vor *le grand conseil des communes de France*, wie er von GAMBETTA verstanden wurde. Da die Wahlkreiseinteilung für die Abgeordnetenkammer seit 1958 nur geringfügig geändert worden ist, sind für die Wahl eines Repräsentanten im Umkreis großer Städte heute dreimal soviel Stimmen erforderlich wie im *France du vide*. Diese Überrepräsentation der ländlichen Bevölkerung hält an, und sie kommt sowohl der Rechten wie der Linken zugute. Dennoch lenkt sie die Gesetzgebung zweifellos in eine konservative Richtung.

Es besteht also ein Gegensatz zwischen dieser Überrepräsentation des Ländlichen Raumes und den dort stattgefundenen Veränderungen.

2. Wandel

2.1. Die ländliche Bevölkerung zwischen Land- und Stadtflucht

In den Jahren von 1955 bis 1968 hat die Landflucht infolge der Abnahme der landwirtschaftlichen Bevölkerung und der daraus resultierenden verminderten Dienstleistungen (Handel, Handwerk, öffentliche Dienste) zugenommen. Zwischen 1954 und 1962 nahm die Landbevölkerung insgesamt um 0,45 %/Jahr ab, während der natürliche Zuwachs noch bei 0,50 % lag. Die Landbevölkerung wies zunehmend typische Merkmale der landwirtschaftlichen Bevölkerung auf (Überalterung und Ehelosigkeit infolge der beträchtlichen Abwanderung junger Frauen).

Seit 1968 zeichnet sich eine umgekehrte Entwicklung ab, die sich jedoch bis 1975 zahlenmäßig kaum niederschlägt. Von 1975 bis 1982 zeigt die Landbevölkerung schon einen Anstieg von 8,2 %, die Stadtbevölkerung von nur noch 1,5 %. Dies ist eine Folge der *rurbanisation,* d. h. Menschen aus den Stadtzentren verlassen die sanierungsbedürftigen Wohnungen in den alten Vierteln sowie die großen Wohnblöcke und bauen sich in den Außenbezirken Einfamilienhäuser. Hieraus ergibt sich in zahlreichen ländlichen Gemeinden eine Verjüngung der Bevölkerung und eine Veränderung der sozialen Struktur, und die Vormachtstellung der *vieille société* wird in Frage gestellt.

2.2 Die Veränderungen in der Landwirtschaft

Die tiefgreifendsten wirtschaftlichen Veränderungen in den ländlichen Gebieten haben in der Landwirtschaft stattgefunden.[5] Vor dem Kriege konnte die Landwirtschaft die Bevölkerung kaum ernähren, heute ist Frankreich das zweite Agrarexportland der Welt. Hierzu zwei Beispiele:

Die Getreideproduktion hat sich von 5 auf 12,5 Mill. to erhöht. Während die Steigerung der Erträge – sie lagen im Jahre 1900 bei 6,5 dz/ha, im Jahre 1982 bei 26,5 dz/ha – vom Beginn des Jahrhunderts bis 1955 3,5 dz/ha ausmachte, beträgt sie heute 0,5 dz/ha pro Jahr. Die Milchproduktion hat sich verdreifacht.

Die Zahl der landwirtschaftlichen Betriebe ist von 2 300 000 (1955) auf 1 260 000 (1980/81) zurückgegangen. Die durchschnittliche Betriebsgröße ist von 14 auf 23,4 ha gestiegen. Ein weiterer wesentlicher Faktor war die Modernisierung eines großen Teils der bäuerlichen Wirtschaft, die durch geringe Erträge und Produktivität sowie einen hohen Eigenverbrauch gekennzeichnet war.

1955 war der kapitalintensive Ackerbau auf wenige Betriebe beschränkt, und zwar auf die der Mischkulturen im Norden des Landes, des Getreideanbaus im Pariser Becken und der Spezialkulturen im Midi. Diese ‚kapitalistische' Landwirtschaft ist weiterhin auf dem Vormarsch. Sie umfaßt heute 100 000 Betriebe, deren Einkünfte über 150 000 FF/Jahr liegen und die 42 % des gesamten Agrareinkommens verzeichnen.

Aus der Masse der Familienbetriebe heben sich die Betriebe der *agriculture progressive* ab. Ihre Zahl beläuft sich auf 400 000. Sie gelten heute als lebensfähig, da ihr Einkommen – meistens infolge der Intensivierung der Milchwirtschaft – über 50 000 FF/Jahr liegt. Ein Teil davon gehört bereits zur oberen Kategorie, wie z. B. die Mischbetriebe (Getreide/Milch) in Lothringen, da sie aufgelassene oder neue Flächen hinzugenommen haben.

Gleichwohl haben auch die herkömmlichen Betriebe eine Modernisierung erfahren, z. B. durch Motorisierung oder Spezialisierung in der Viehzucht. Sie haben jedoch nicht den Stand erreicht, der es ihnen ermöglicht, über das Mindesteinkommen, das z. Zt. bei monatlich 4500 FF liegt, hinauskommen. Ihre Zahl liegt bei etwa 400 000. Davon sind 360 000 nicht in der Lage, im Vollerwerb zu arbeiten. Es sind dies die Zu- und Nebenerwerbsbetriebe sowie die *exploitations-retraites.*[6]

Der in den Jahren 1974 bis 1981 zu verzeichnende Rückgang der Agrareinkommen erklärt die Zunahme der nicht-landwirtschaftlichen Einkommensarten. Das große Problem ist die Übergabe der Höfe an die junge Generation, dies umso mehr als die geburtenstarken Jahrgänge ab 1920 nun das Rentenalter erreichen.

---

[5] Livet, R.: Les nouveaux visages de l'agriculture française. Paris 1980.
Roudié, P.: La France – agriculture, forêt, pêche. Paris 1983.

[6] Die Betriebsinhaber dieser Höfe sind Landwirte im Rentenalter, deren soziale Absicherung unzureichend ist.

2.3. *Industrie und Tourismus*

Von den ca. 4 Mill. Arbeitern unter den Landbewohnern waren im Jahre 1975 in den Gemeinden unter 2000 E. 1 Mill. in der Industrie beschäftigt (gegenüber 7 Mill. in ganz Frankreich). Die Zahl der Arbeitsstellen ist selbstverständlich größer, wenn man die kleinen Städte berücksichtigt, in denen die Industrie konzentriert ist. Der technologische Standard in diesen Industrien ist gering, ebenso die Spezialisierung der Arbeitskräfte.

Die ländlichen Gemeinden haben von der industriellen Dezentralisation weniger profitiert als die großen und kleinen Städte, außer im Umkreis von etwa 100 km von Paris. Diese Dezentralisation, die in erster Linie die Massenverarbeitung betraf, war 1970 praktisch schon zu Ende.

Die autochthone Industrie ist auf dem Lande nach wie vor von Bedeutung, jedoch lediglich im lokalen Rahmen. Eine fortlaufende Anpassung an die industrielle Entwicklung fand statt. So konnten die Maschinen- und Kunststoffindustrien, die aus der Uhren- oder Metallindustrie hervorgegangen sind, vor der Krise im Jahre 1974 eine große Expansion verzeichnen (z. B. die Werkzeugindustrie im Arve-Tal oder bei Oyonnax). Hingegen zeigten die Textilindustriegebiete rückläufige Tendenz (z. B. die Seidenindustrie um Lyon und die Baumwollindustrie bei Roanne).

Obwohl sich in der *industrie spontanée*[7] in den Agrarregionen in der Zeit rascher Entwicklung ab 1955 eine starke Expansion vollzog, blieben diese jedoch hinter der in der Po-Ebene in Italien oder dem Gebiet von Valencia in Spanien weit zurück. Es gab jedoch Ausnahmen, wie z. B. die aus kleinen Marktflecken stammenden Firmen POCLAIN für Hydraulikbagger (Crépy-en-Valois) und POTAIN für Turmdrehkräne (La Clayette, Saône et Loire) sowie S. E. B. und MOULINEX für elektrische Haushaltsgeräte (bei Dijon und in der Ebene von Alençon). Das einzige Beispiel industrieller Diversifikation ist die Vendée. Auf der Grundlage einer dichten und jungen Bevölkerung sowie traditionsreicher Webereien konzentrieren sich heute hier verarbeitende Industrien (Schuhe, Konfektion, Maschinenbau, Möbel, landwirtschaftliche Erzeugnisse).[8]

Der auf städtische Initiativen zurückgehende Tourismus hat in Küsten- und Wintersportgebieten eine Entwicklung ausgelöst, die teilweise zu einem Rückgang der Landwirtschaft (z. B. im Tal von Chamonix), zum Teil zur Zerstörung des herkömmlichen Landlebens (z. B. an der Côte d'Azur und in deren Hinterland) führte. Ferien und Urlaub auf dem Lande sind in Frankreich im Vergleich zu Tirol oder auch zur Bundesrepublik Deutschland erst wenig entwickelt. Die Zahl der Gaststätten und Gästezimmer, die zusätzliche Einkünfte bringen, ist noch immer gering. Jedoch haben einige Dörfer oder Dorfverbände die Nutzung dieser neuen Einnahmequelle selbst in die Hand genommen, mit dem Ziel, eine ausgewogenere Wirtschaftsstruktur zu erreichen. Bonneval-sur-Arc hatte bereits 1960 damit begonnen; inzwischen gibt es in Savoyen viele Aktivitäten dieser Art.

2.4. *Strukturmerkmale*

Der Ländliche Raum Frankreichs war früher in um kleine Marktstädte gruppierte *pays* gegliedert. Deren ehemals ausgewogene physio- und kulturgeographischen Gegebenheiten werden heute durch den mehr oder minder starken städtischen Einfluß gestört. Dieser brachte eine Differenzierung in strukturschwache ländliche Regionen (*campag-*

---

[7] Dies sind Industrien, die aufgrund unternehmerischer Eigeninitiative entstanden, ohne Einfluß und Förderung durch den Staat.

[8] Houssel, J.-P.: Les industries autochtones en milieu rural. In *Revue de Géographie de Lyon* 55 (1980) 305–341.

nes profondes) und solche im Einflußbereich der Städte sowie Gebiete mit autochthoner Entwicklung.

Die *campagnes profondes* sind vorwiegend Agrarregionen mit traditionellen Bewirtschaftungsformen. Die Bevölkerungszahl liegt hier unter 25 E/km², teilweise unter 5 E/km². Hierbei handelt es sich z. B. um Gebirgsregionen (Pyrenäen, südliche Alpen, Zentralmassiv), wenig ertragreiche Ebenen oder Plateaus (Landes, Causses du Lot, Sologne) oder um extensiv genutzte Gebiete (Armagnac, Nordrand des Zentralmassivs, Teile der das Pariser Becken im Osten umgebenden Plateaus).

Diese Gebiete sind gekennzeichnet durch einen Rückgang der Anbauflächen (25 % Brachland, 30 % Wald und 45 % landwirtschaftliche Nutzfläche), eine überalterte Agrarbevölkerung in Betrieben, deren Größe unter dem Landesdurchschnitt liegt, wenig Industrie, zunehmende Bedeutung von Tourismus und Zweitwohnungen, die mehr als ein Viertel der Wohnungen ausmachen, und schließlich durch einen geringen Prozentsatz berufstätiger Pendler. Trotz der großen Entfernungen wird der städtische Einfluß immer größer. Die Repräsentanten vieler Gemeinden dieser strukturschwachen Gebiete kommen heute nicht mehr aus den Reihen der alteingesessenen Bevölkerung.

Die im Einflußbereich der Städte gelegenen ländlichen Gebiete tragen dagegen schon deutlich städtische Merkmale, je nach Entfernungen zum Zentrum der Stadt und deren Einfluß. Zum Beispiel macht Paris sich noch im Umkreis von 200–300 km bemerkbar, wenn man die industrielle Dezentralisation und die Zweitwohnungen berücksichtigt. Obwohl die natürliche Bilanz häufig negativ war, stieg hier die Bevölkerungszahl infolge der Zuwanderungen. Die Landwirtschaft ist durch Baugebiete und Verkehrswege sowie durch Spekulationsbrache gestört. Dieser Entwicklung begegnet man seit kurzem mit einer Nutzungszonierung, die die Erhaltung der noch vorhandenen Flächen für die Landwirtschaft sichern soll. Die ländliche Gesellschaft erfährt eine völlige Veränderung durch den Zustrom der Städter und die Zuwanderung von außen sowie durch einen Wandel in der Beschäftigungsstruktur und die beachtliche Zahl von Pendlern.

Zwischen Großstadt und Entleerungsgebieten gibt es die Gebiete mit autochthoner Entwicklung. Hier war der städtische Einfluß positiv, denn einerseits konnte die Landwirtschaft auf Marktproduktion umgestellt werden, andererseits konnte durch neue Arbeitsplätze die überzählige Bevölkerung aufgefangen werden. Es gab verschiedene Arbeitsmöglichkeiten, auch in der Landwirtschaft und auch im Dienstleistungsbereich. Wesentlich hierbei ist, daß die Bevölkerung ihr Leben selbst in die Hand nehmen konnte, wie seit langem z. B. in den Regionen mit kapitalintensivem Ackerbau (im Pariser Becken sind dies die Gebiete mit geringer Bevölkerungsdichte). Diese autochthone Entwicklung ländlicher Gebiete hat auf die nördliche Champagne und weiter auf den östlichen Teil des Pariser Beckens übergegriffen. Ebenso erfaßte diese *révolution silencieuse* große Teile der Agrarregionen, die heute von der *agriculture progressive* und lokal von der *industrie spontanée* oder vom Tourismus bestimmt werden. Das eindrucksvollste Beispiel hierfür ist der Westen Frankreichs, der aber eine von Gebiet zu Gebiet und selbst von Dorf zu Dorf unterschiedliche Entwicklung aufweist.

Die Bevölkerung ist zahlenmäßig stabil, aber Veränderungen unterworfen (Altersstruktur, Bildungsniveau und Lebensbedingungen). Die hierarchische Gliederung der städtischen Zentren blieb hier funktionsfähig; die Politik einer ausgewogenen Zentralität kam hier zum Tragen. Schließlich ist auch der kontinuierliche Bewußtseinswandel festzuhalten, der sich in einem Vormarsch der Linken in konservativen Kreisen sowie der Forderung nach regionaler Eigenständigkeit und Entwicklung ausdrückt.

Zusammenfassung

Die beiden wesentlichen Veränderungen im Ländlichen Raum Frankreichs sind folgende:

- neben den traditionellen Bauern gibt es heute eine Gruppe von Landwirten, die nach modernen Methoden wirtschaften
- der städtische Einfluß nimmt zu.

Manche spezifischen Eigenschaften des Ländlichen Raumes sind jedoch trotz industriegesellschaftlicher Entwicklungen erhalten geblieben. Der staatliche Beitrag zum Wandel in den ländlichen Gebieten blieb trotz der Förderung ländlicher Raumplanungsmaßnahmen gering.

Résumé

Les deux facteurs essentiels de la mutation de l'espace rural en France sont:

- le dégagement du groupe des agriculteurs progressifs à partir de la paysannerie
- l'influence croissante de la ville.

L'emprise de la société technicienne n'a pas effacé la spécificité du fait rural. Le rôle de l'Etat apparaît bien modeste dans la mutation des campagnes en dépit de la publicité faite aux mesures d'aménagement rural.

Literatur

Siehe *Jürgen Klasen/Alfred Pletsch* (unter Mitarbeit von *Jean-Pierre Houssel*): Bibliographie zum Ländlichen Raum . . . in diesem Band.

Alfred Pletsch

Der Ländliche Raum in der Bundesrepublik Deutschland – Probleme und Fragestellungen*

1. Gibt es noch einen Ländlichen Raum?

Schon die Themenstellung dieses Beitrages scheint falsch zu sein. Gibt es einen Ländlichen Raum in Anbetracht der Tatsache, daß in der Bundesrepublik Deutschland im Jahre 1983 lediglich noch 5,8 von 100 Erwerbstätigen in der Landwirtschaft tätig sind? Gibt es einen Ländlichen Raum, wenn man bedenkt, daß die Zahl der landwirtschaftlichen Betriebe allein in einem Jahrzehnt zwischen 1972 bis 1982 von 996 700 auf 764 100 zurückgegangen ist, wobei diese Zahl noch im Jahre 1960 1 384 800, im Jahre 1950 sogar noch fast 2 Millionen betragen hatte. Und betrachtet man die Zahlen von 1982 genauer, so stellt man fest, daß lediglich 49,4 % dieser Betriebe als Vollerwerbsbetriebe anzusprechen sind, während 40,2 % Nebenerwerbsbetriebe darstellen, Betriebe also, deren Einkommen weniger als die Hälfte des Familieneinkommens ihrer Bewirtschafter abwirft. Und auch die restlichen 10,4 %, die als Zuerwerbsbetriebe ausgewiesen sind, benötigen ein nichtagrarisches Einkommen, um die Existenzgrundlage zu sichern (AB 1983:11).

Legt man ein anderes Kriterium zugrunde, die Frage nämlich, wie groß der urbane bzw. der rurale Bevölkerungsanteil in der Bundesrepublik ist, so scheint die Themenstellung wiederum fragwürdig zu sein. In den Landgemeinden (das sind Gemeinden unter 2000 E.) leben heute in der Bundesrepublik Deutschland nicht mehr Menschen als 1871, obwohl innerhalb des letzten Jahrhunderts unsere Bevölkerung von 20 Mio. auf 60 Mio. Menschen angewachsen ist: anteilmäßig bedeutet dies einen Rückgang der ländlichen Bevölkerung von 62 % (1872) auf 18 % einhundert Jahre später (Fuchs 1983:24).
So mag die Themenstellung problematisch sein, zumindest so lange, wie man den Ländlichen Raum in der Bundesrepublik Deutschland mit der Vorstellung einer überwiegend agrarisch strukturierten Gesellschaft und Wirtschaft zu identifizieren sucht. Viele der ehemals typisch städtischen Merkmale sind heute in den Ländlichen Raum übertragen worden, das funktionale Beziehungsgefüge zwischen Stadt und Land hat sich grundlegend gewandelt. Nicht mehr die Nahrungsmittelversorgung der städtischen Zentren ist die Hauptfunktion des Ländlichen Raumes, sondern er ist gleichzeitig Entlastungs- und Ergänzungsraum für die nichtagrarischen Wirtschaftssektoren. Dennoch kann man mit gleichem Recht die Frage stellen, ob damit der Ländliche Raum lediglich noch durch die Bebauungsdichte, den Industriebesatz oder das Fehlen bestimmter Wirtschaftssektoren, insbesondere der spezialisierten Dienstleistungsbereiche (wie z. B. Sitze der Banken, Versicherungsgesellschaften, Agenturen jeglicher Art usw.) von den Städten zu unterscheiden ist. Gibt es vielleicht doch noch Kriterien, die, trotz des unbestrittenen funktionalen Wandels, charakteristische Elemente des Ländlichen Raumes darstellen, und die ihn deutlich gegenüber den städtischen Siedlungen abheben?

Diese Frage ist zweifellos zu bejahen. Denn in den ländlichen Siedlungsgeographie kann man auch heute noch nicht, trotz einer teilweise erheblichen räumlichen Ausweitung der Siedlungen im Ländlichen Raum, bestimmte Aspekte der genetischen Struktur

Prof. Dr. Alfred Pletsch – Fachbereich Geographie der Philipps-Universität Marburg D-3550 Marburg/ Lahn

*Für die kritische Durchsicht des Textes und einige Ergänzungen, insbesondere im Kapitel *Der Ländliche Raum in der Raumordnung* danke ich besonders Herrn Dr. Jürgen Klasen, Regensburg.

vernachlässigen. Bis heute sind für den Bereich Mitteleuropa die genetischen Siedlungstypen ein wichtiges Unterscheidungskriterium geblieben, das Einblicke in die historische Entwicklung der Agrar- bzw. Kulturlandschaft ebenso zuläßt wie Möglichkeiten der Regionalisierung im siedlungsformalen und im siedlungsfunktionalen Sinne.

Bei alledem ist festzuhalten, daß der Ländliche Raum trotz aller Wandlungsvorgänge die ihm ureigene Funktion, nämlich die Agrarfunktion, bis heute weitgehend beibehalten hat, nur ist sie eben nicht mehr ausschließlich, sondern vergesellschaftet mit anderen Funktionen zu sehen. Und auch innerhalb des Agrarsektors haben sich Wandlungen vollzogen, die zu einer Revidierung von Vorstellungen zwingen, die sich in der breiten Bevölkerung bis heute gehalten haben, und die zweifellos auch bis heute bei der Behandlung von Themen über den Ländlichen Raum teilweise noch gepflegt werden. Das trifft auch für die Schulbücher, auch für die deutschen, zu. Die folgenden Ausführungen sollen einige dieser Klischees zurechtrücken.

2. Siedlungsgenetische Aspekte und siedlungsmorphologischer Wandel im Ländlichen Raum

Die deutsche kulturgeographische Forschung hat sich seit Beginn des 20. Jahrh. verstärkt mit Fragen der Siedlungsgenese und der Rekonstruktion der Kulturlandschaft befaßt. Seit R. Gradmann und O. Schlüter hat es sich eingebürgert, zwischen altbesiedelten und jungbesiedelten Räumen in Mitteleuropa zu unterscheiden. Schwerpunkte des Altsiedellandes waren die fruchtbaren Beckenlandschaften, in denen sich im allgemeinen Siedlungskontinuität bis in die vor- und frühgeschichtliche Zeit zurückverfolgen läßt, und wo die Wüstungsphasen jeweils wieder relativ rasch durch Neubesiedlung, Rekolonisierung oder Siedlungsausbau überwunden wurden. Siedlungsmorphologisches Kennzeichen dieser altbesiedelten Räume sind unregelhafte Flur- und Wohnplatzformen, Einzel- oder Doppelhöfe, Weiler, Drubbel, Haufendörfer mit den dazugehörigen Block-, Streifen- oder Gewannfluren. Diese Formen finden sich zweifellos über ganz Mitteleuropa verteilt. In der Bundesrepublik haben sie jedoch eine besondere Häufung in Süd-, speziell in Südwestdeutschland, während sie mit dem Übergang in das Norddeutsche Tiefland deutlich zurückgehen. Ähnlich wie sich Frankreich in einen Nordteil mit dominierender Einzelhofstruktur und einen Südteil mit mehr geschlossenen Ortsformen untergliedert, kann man auch in Deutschland eine entsprechende, freilich sehr generalisierte Unterscheidung vornehmen.

Die jungbesiedelten Gebiete, also Areale, die im wesentlichen seit dem Hochmittelalter im Zuge planmäßiger Kolonisations- und Erschließungsmaßnahmen in die Kulturlandschaft mit einbezogen worden sind, finden sich zwar ebenfalls teilweise in den Mittelgebirgen (man denke nur an die entsprechenden Maßnahmen zur Besiedlung von Odenwald, Spessart, Thüringer Wald u. a.), betrafen aber stärker die norddeutschen Marsch- und Moorgebiete und, im Rahmen der Ostkolonisation, das sog. Ostelbien. Siedlungsformale Kennzeichen dieser Gebiete sind planmäßige Anlagen von Wohnplätzen und Fluren, wobei sich zahlreiche regionale Besonderheiten herausgebildet haben. Sie zu erklären bemühen sich die Siedlungsgenetiker seit Jahrzehnten, ohne in jedem Falle bis heute befriedigende Antworten geben zu können. Spektakuläre Wohnplatztypen sind beispielsweise der berühmte Rundling des Hannoverschen Wendlands, der sich gehäuft nur in diesem Bereich befindet, und den man oft mit dem völkischen Aufeinandertreffen germanischer und slawischer Stämme in Verbindung bringt, weil man Siedlungselemente beider Völker in diesem Siedlungstyp vereinigt sieht.

Die in Frankreich relativ seltenen Hufenfluren (abgesehen von den Verbreitungsgebieten im französischen Jura oder in der Obernormandie) finden große Verbreitung in den Moor- und Marschkolonisationsgebieten Nordwestdeutschlands, wo sie als kulturlandschaftsbestimmendes Element bis heute beeindruckendes Zeugnis von der Leistung von Wasserbautechnikern und Kolonisten des späten Hochmittelalters und der Frühneuzeit ablegen. Weiter im Osten sind es vor allem die Straßen-, Anger- und Zeilendörfer, die sich von den Hufensiedlungen, abgesehen von ihrer Ausdehnung, vor allem auch dadurch unterscheiden, daß sich der Landbesitz im allgemeinen nicht in direktem Hofanschluß, sondern in Gemengelage verstreut in der Flur befindet.

Die räumliche Verteilung der verschiedenen Siedlungsformen ist in zahlreichen kartographischen Zusammenfassungen versucht worden, am eindrucksvollsten sicherlich von K. H. Schröder und G. Schwarz (1969) und im Atlas der deutschen Agrarlandschaft, in dem zahlreiche Einzelbeispiele vorgestellt werden. Die folgende Abb. 1 ist einem kurzen Aufsatz von J. Wagner (1949) entnommen und soll nur einen groben

Quelle: Wagner (1979) 385

Abb. 1: Ländliche Siedlungstypen in Mitteleuropa
Types d'habitat rural en Europe centrale

räumlichen Überblick ermöglichen. Aus dem gleichen Beitrag stammen die ausgewählten Beispiele für die genetischen Siedlungstypen, um einen Eindruck über das breite Spektrum der Dorfformen unter genetischen Gesichtspunkten zu vermitteln (Abb. 2).

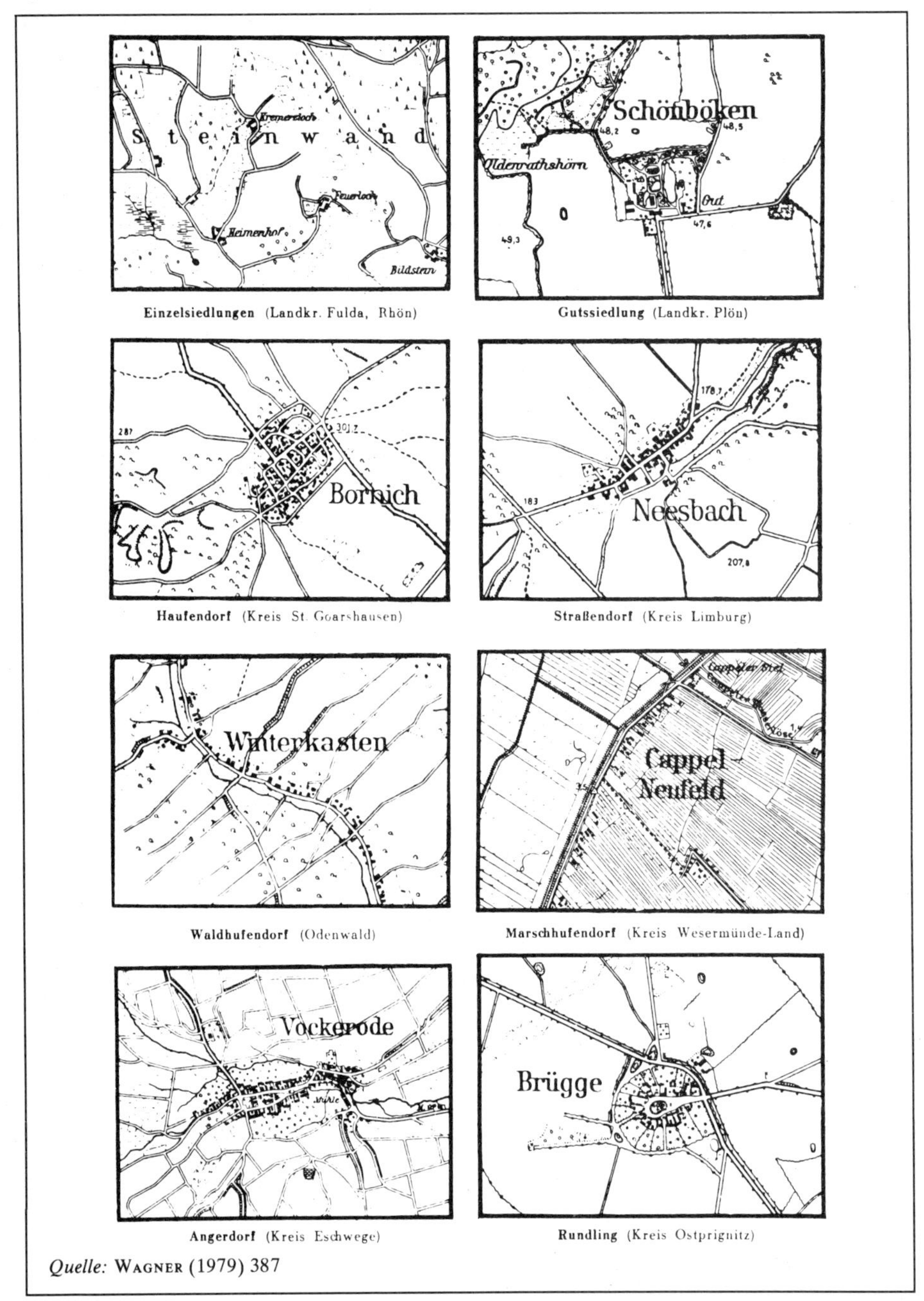

Quelle: Wagner (1979) 387

Abb. 2: Beispiele genetischer Siedlungstypen im Ländlichen Raum Mitteleuropas
Types d'habitat dans l'espace rural en Europe centrale

In ähnlicher Weise läßt sich eine räumliche Differenzierung der Haus- und Gehöftformen vornehmen, die ebenfalls historisch gewachsen und häufig auch direkter Ausdruck unterschiedlicher agrarsozialer Verhältnisse ist. Ihr ist insgesamt weniger Aufmerksamkeit gewidmet worden als der Betrachtung der Dorfformen, dennoch hat die Geographie, häufig in Verbindung mit anderen Wissenschaftsdisziplinen, dazu beigetragen, daß die Differenzierung der ländlichen Hausformen heute auch von ihren Ursprüngen her, und selbstverständlich bezüglich der geographischen Verbreitung, in den Grundzügen bekannt sind. Eine erste systematische Typisierung wurde bereits im Jahre 1936 von W. Müller-Wille vorgelegt, und in zahllosen Arbeiten sind im Laufe der letzten 50 bis 60 Jahre regionale Analysen durchgeführt worden. K. H. Schröder (1974) hat diese Studien in einer Übersicht zusammengefaßt, wenngleich er sich darin im wesentlichen nur auf das eigentliche bäuerliche Gehöft stützt, während er die übrige Siedlungssubstanz, die ja auch historisch bereits eine wichtige Rolle spielte, vernachlässigt. Gerade bezüglich der sogenannten *unterbäuerlichen* Schichten und ihren Siedlungsformen steht eine übergreifende Zusammenfassung noch aus (vgl. H. Grees 1976).

Insofern gibt Abb. 3 natürlich nur Teilaspekte der ländlichen Hausformen wieder, dennoch erlaubt sie eine grobe Zonierung innerhalb Mitteleuropas, die als erste Orientierung behilflich ist. Diese Zonierung kommt sogar noch stärker zum Ausdruck als bei den Dorfformen, weil sich dort durch die Jahrhunderte hinweg die Grundrißformen leichter verwischt haben, während die Baustile und Gebäudeanordnungen eine größere Persistenz aufweisen. Abb. 4 soll, ohne Anspruch auf Vollständigkeit, auch diesbezüglich nur einen generellen Überblick über die großen regionalen Unterschiede in den Haus- und Hofformen geben.

Daß sich diese Formen zum Teil bis heute erhalten konnten, liegt an mehreren Faktoren, die hier im einzelnen nicht alle aufgeführt werden können. Ein wesentlicher Faktor für die Persistenz von Flur- und Wohnplatzformen ist die Frage der Vererbungsgrundformen, die sich in der Bundesrepublik Deutschland sehr deutlich regional unterscheiden. Mit Ausnahme des südlichen Schwarzwaldes stellt Südwestdeutschland ein überwiegendes Realteilungsgebiet dar (Abb. 5). Die Konsequenzen der damit verbundenen Flurzersplitterung, der Hofteilung, der Diversifizierung der sozioökonomischen Dorfstruktur usw. seien an dieser Stelle nur angedeutet. Festzuhalten ist, daß durch die Realteilung in diesen Gebieten ganz entscheidend die Voraussetzungen dafür geschaffen wurden, daß sich der Ländliche Raum schon seit früher Zeit sehr rasch gewandelt hat, da die aus der Realteilung resultierende rasche Überbevölkerung nach nichtagrarischen Auswegen verlangte.

Was diesen Prozeß erleichtert hat, ist die Tatsache, daß sich in diesen Gebieten schon relativ früh, aufbauend auf einer natürlichen oder agrarisch erzeugten Rohstoffbasis (Holz, Erze, Wolle usw.), nichtagrarische Erwerbszweige ausgebildet haben, so daß der Ländliche Raum dieses Landesteils schon seit Jahrhunderten neben den außerordentlich ungünstigen agrarstrukturellen Kennzeichen Merkmale einer stärkeren sozioökonomischen Differenzierung aufweist.

Demgegenüber gliedern sich ganz klar die Anerbengebiete mit geschlossener Hofübergabe in Südostdeutschland und in Norddeutschland aus. Bezeichnenderweise sind dies gleichzeitig die Gebiete, in denen der Agrarsektor bis heute eine größere Bedeutung im ländlichen Gefüge einnimmt, ohne daß die betreffenden Bundesländer deshalb über die Maßen zu Agrarzonen zu stempeln wären. Es kann jedoch wohl mit Recht angenommen werden, daß sich das Anerbenrecht in Gebieten stärker ausgebildet und gehalten hat, wo die nichtagrarischen Beschäftigungsmöglichkeiten zumindest im historischen Zusammenhang nicht so zahlreich waren, so daß die Erhaltung der Existenzgrundlage im Bereich des Agrarsektors eine Lebensnotwendigkeit darstellt. Weichenden Erben blieb häufig nichts anderes als die Abwanderung übrig. Insofern ist das Anwachsen der

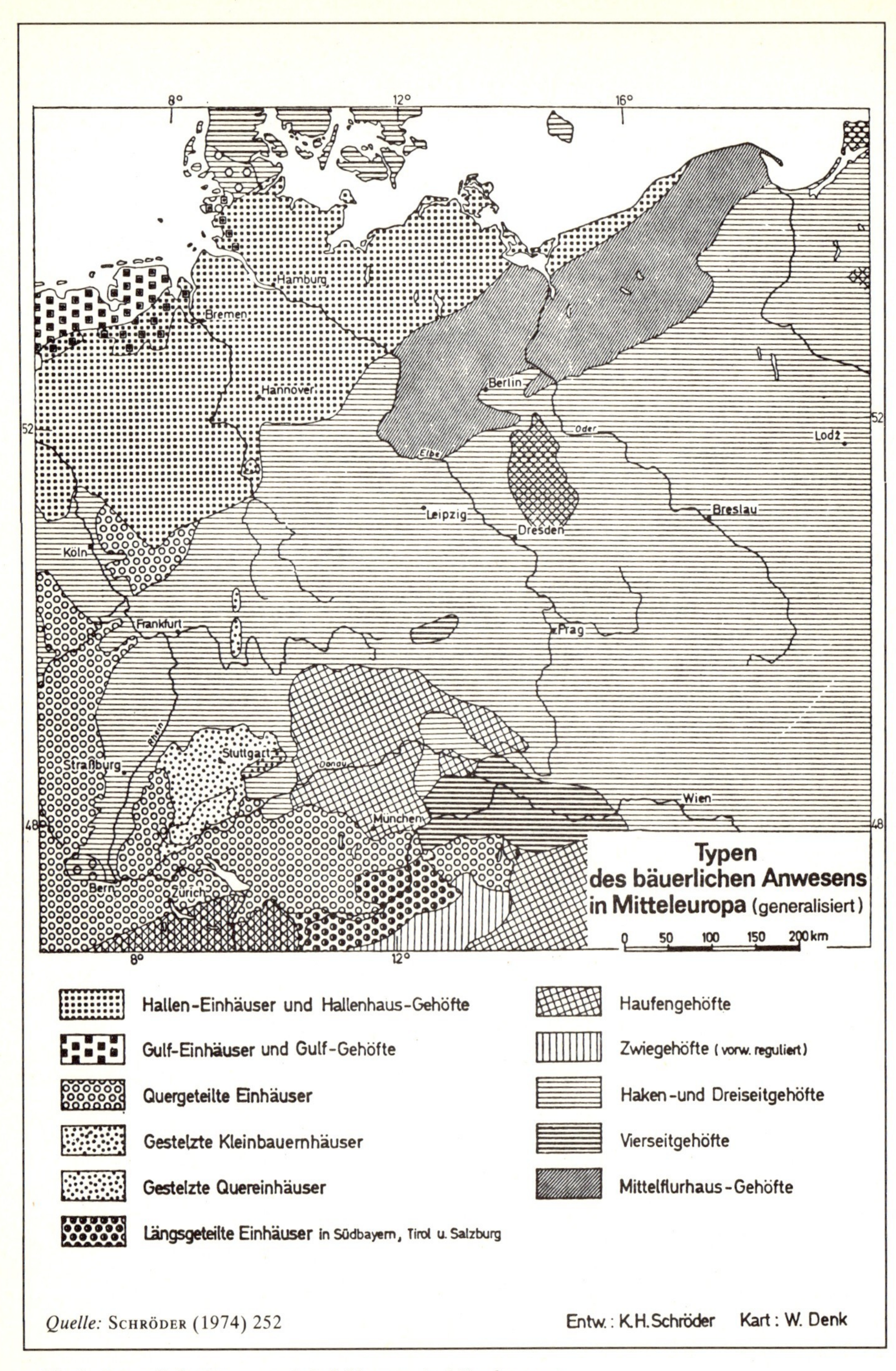

Abb. 3: Bäuerliche Haus- und Gehöfttypen in Mitteleuropa
Types de maison et de ferme en Europe centrale

ländlichen Siedlungen in diesen Gebieten großenteils nicht in dem Maße erfolgt wie in Realteilungsgebieten, und die Konsequenz daraus ist, daß sich die ursprünglichen Orts- und Flurtypen in ihrer Struktur besser erhalten haben.

Fazit dieses ersten Abschnittes ist somit, daß eine generelle Unterscheidung der Siedlungen des Ländlichen Raumes vor dem Hintergrund der Siedlungsgenese unerläßlich ist, wenn es darum geht, kulturgeographische Kennzeichen des Ländlichen Raumes darzustellen. Neben der dadurch möglichen zeitlichen und teilweise auch ethnosoziologischen Zuordnung des ländlichen Siedlungsgebietes ergeben sich aus der Betrachtung

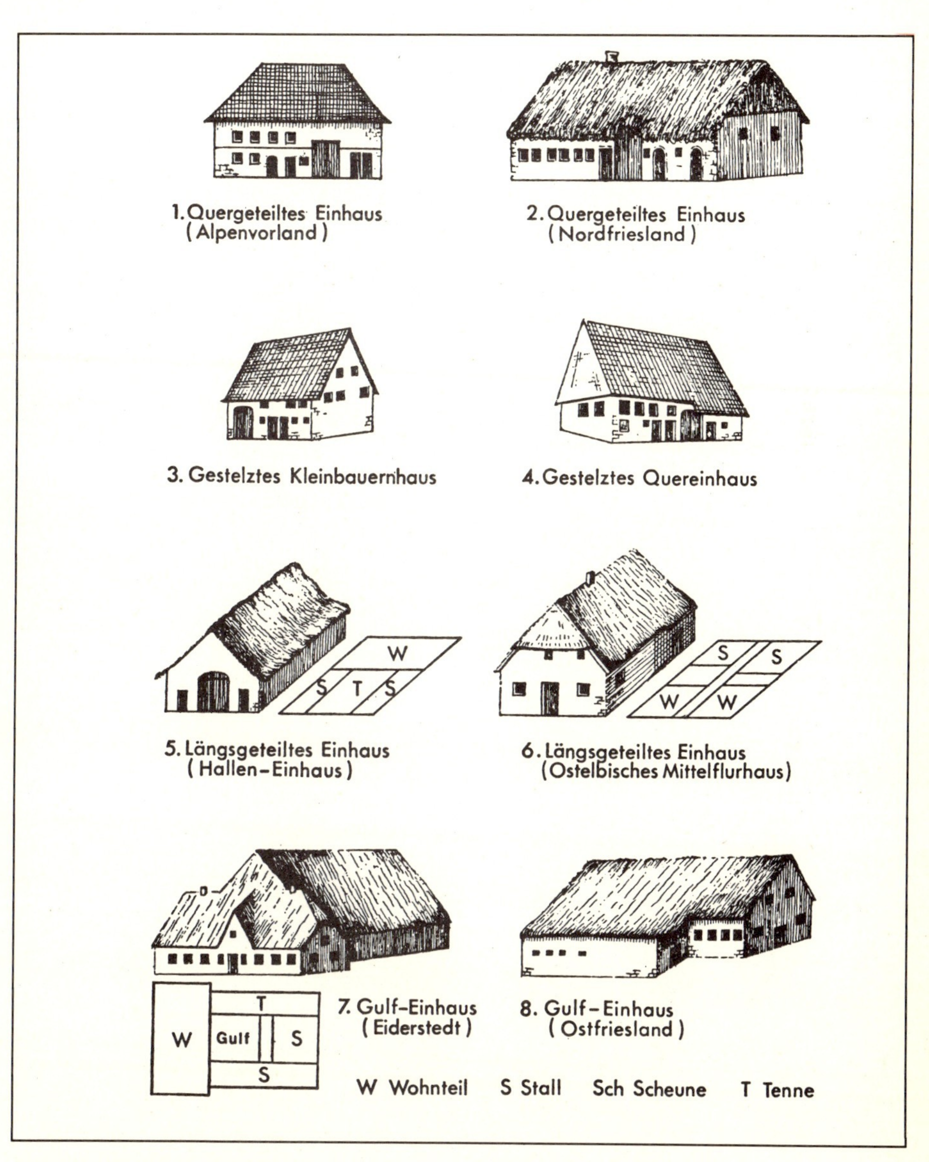

Abb. 4: Beispiele von bäuerlichen Haus- und Gehöfttypen in Mitteleuropa
Types de maison et de ferme en Europe centrale

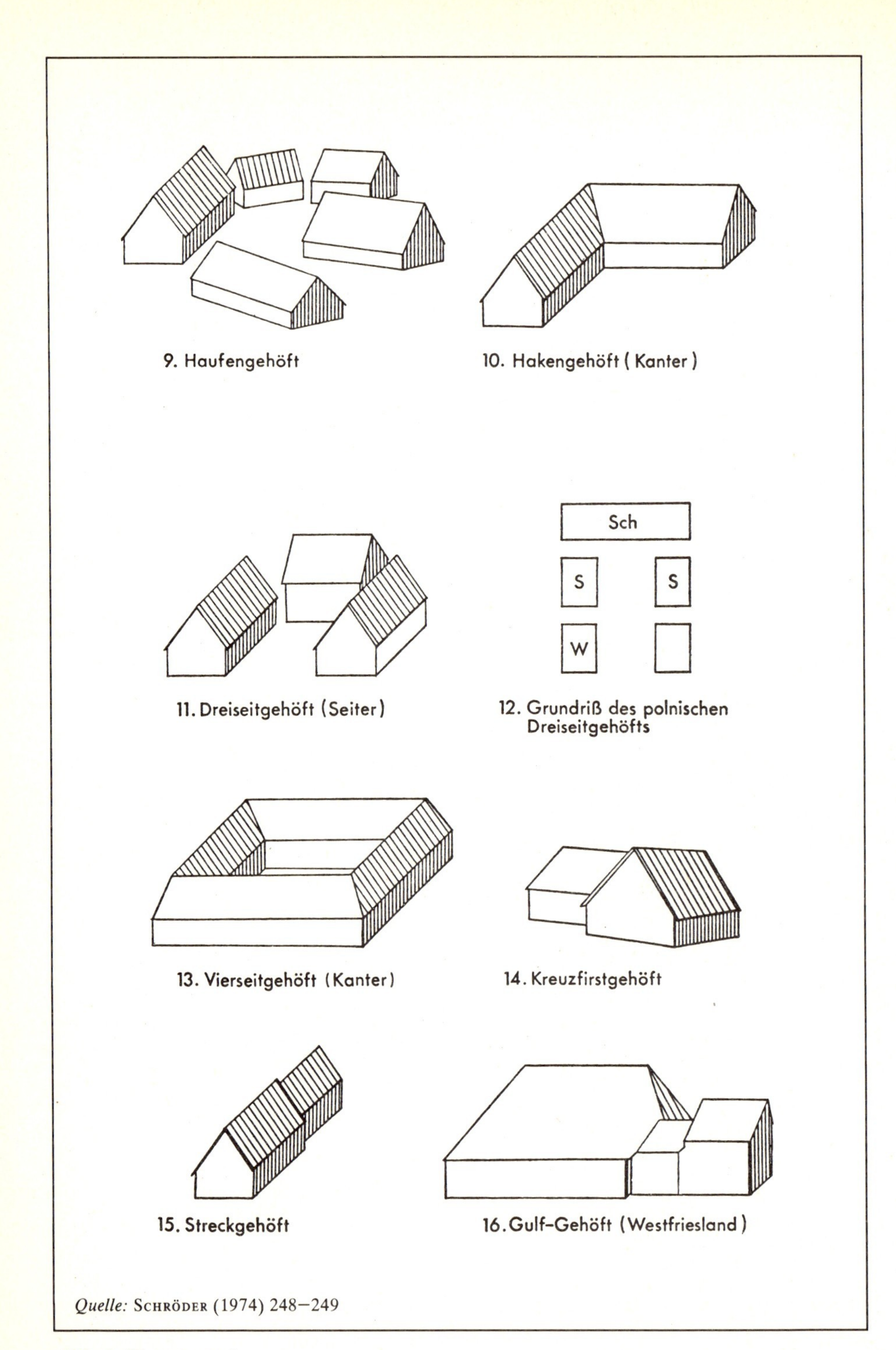

Abb. 4: (Fortsetzung)

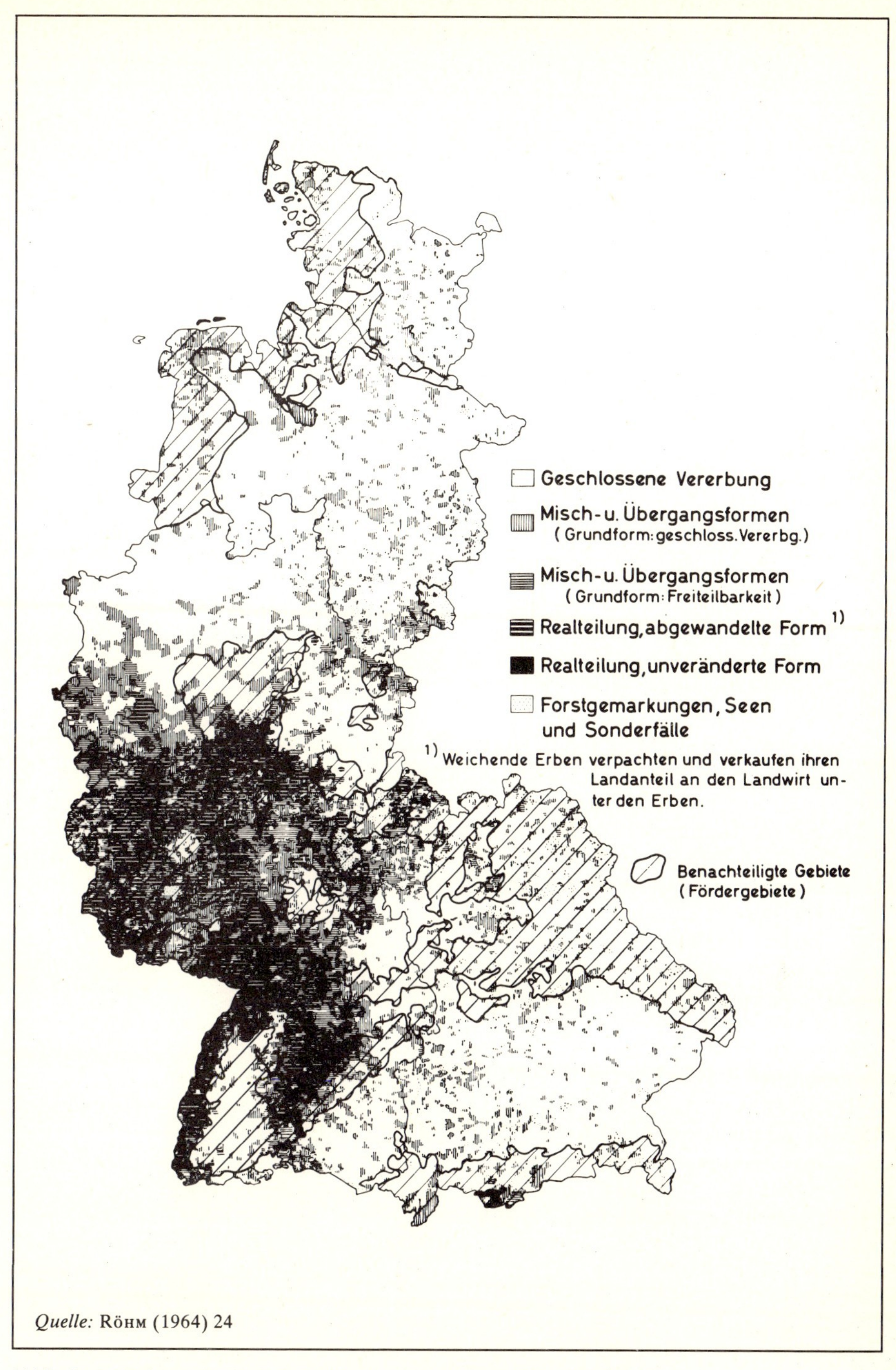

Abb. 5: Vererbungsformen im Gebiet der Bundesrepublik Deutschland
Droits d'héritage en République fédérale d'Allemagne

der Weiterentwicklung dieser Siedlungen interessante Aufschlüsse über die Entwicklungsdynamik verschiedener Räume, für die jeweils die Gründe aufzuzeigen sind. Sie ergeben sich aus naturräumlichen Faktoren ebenso wie aus Rechtsverhältnissen, nichtagrarischen Entwicklungsmöglichkeiten, Lage und Funktion im Raum u. a..

3. Die strukturellen Kennzeichen der westdeutschen Landwirtschaft

Die Betrachtung der Agrarstruktur kann sicherlich nur exemplarisch erfolgen, weil der Begriff ein breites Spektrum von Fragestellungen beinhaltet. Beschäftigungsstrukturen in der Landwirtschaft gehören ebenso hierzu wie Betriebsgrößenverhältnisse, Anbauformen, Betriebsformen und Betriebssysteme, Arbeitskräftebesatz u. v. a. m..

In diesem Abschnitt soll stärker die Entwicklungsdynamik einzelner ausgewählter Strukturdaten aufgezeigt werden, weil dadurch am ehesten deutlich wird, daß der Ländliche Raum heute nicht mehr dem Ländlichen Raum vor zwanzig Jahren oder a fortiori der Zeit vor dem Zweiten Weltkrieg oder gar zu Beginn des Jahrhunderts entspricht. Schon die rasche Rückläufigkeit der Erwerbsbevölkerung in der Landwirtschaft deutet den Wandel an. Am Ende des Ersten Weltkrieges war noch jeder dritte Erwerbstätige in der Landwirtschaft tätig, nach dem Zweiten Weltkrieg immerhin noch jeder Vierte. Allein zwischen 1950 und 1960 fiel dann der Anteil von 24,6 auf 13,6 %, 1970 waren es noch 8,5 % und im Jahre 1980 lediglich noch 5,8 % (St.Jb.ELF.). In Zahlen ausgedrückt bedeutet dies einen Rückgang von 5,02 Mio. auf 1,52 Mio. Haupterwerbstätige in der Landwirtschaft zwischen 1950 und 1980. Im Vergleich zu anderen Ländern der Europäischen Gemeinschaft nimmt die Bundesrepublik damit eine Mittelstellung ein. So verzeichneten beispielsweise Großbritannien 1979 lediglich 2,6 %, die Niederlande 4,6 % Erwerbstätige in der Landwirtschaft, Frankreich liegt mit 9,0 %, Italien mit 14,9 % noch über dem deutschen Wert. Der Trend ist jedoch auch in den Nachbarländern der gleiche wie in der Bundesrepublik, lediglich die Dynamik der Entwicklung und die zeitliche Einordnung decken sich nicht immer vollständig. Modellhaft folgt damit aber die Bundesrepublik, wie auch die übrigen Länder, dem Modell, das Fourastié (1963) für die Industrieländer ganz allgemein entwickelt hat, und welches das Einpendeln des Erwerbstätigenanteils im Agrarsektor bei etwa 5 % annimmt.

Ein anderer Aspekt der Agrarstrukturen wurde bereits einleitend angedeutet, nämlich die Frage der Betriebsgrößen. Hier muß freilich besonders stark regional differenziert werden, da die Veränderungen besonders in den Gebieten groß sind, wo die entsprechenden Strukturen ungünstig sind. Dabei ist es besonders interessant, die Entwicklung historisch etwas weiter zurückzuverfolgen.

Im Gebiet der Bundesrepublik gab es im Jahre 1895 3,02 Mio. landwirtschaftliche Betriebe mit mehr als 0,5 ha LN. Die Zahl stieg bis zum Jahre 1925 auf 3,85 Mio. an, ein deutlicher Effekt von Betriebsteilungen, da in dieser Zeitspanne ja keinerlei Rodungen und Siedlungsneugründungen mehr stattgefunden haben.

Durch das Reichserbhofgesetz des Jahres 1934 wurde dann aber die Teilung von landwirtschaftlichen Betrieben gesetzlich verboten. Außerdem setzte die Rückläufigkeit der Erwerbstätigen dieses Sektors durch die Schaffung nichtagrarischer Beschäftigungsmöglichkeit verstärkt ein. Im Jahre 1950 hatte sich die Zahl der Betriebe auf knapp 2 Mio. reduziert und damit innerhalb 25 Jahren fast halbiert. Nun sagen solche Zahlen wenig, wenn man sie nicht im Hinblick auf die Betriebsgrößenklassen genauer analysiert. Der Vergleich soll dabei lediglich den Zeitraum der letzten 20 Jahre erfassen, da er bereits deutlich macht, wo die strukturellen Wandlungen am stärksten ablaufen (Tab. 1).

Größenklasse	Betriebe Anzahl (1000) 1960	1981	Anteil (%) 1960	1981	1981/1960	Anteil LN[1]) (%) 1960	1981
1– 5 ha	617,4	250,9	44,6	32,1	−59,4	12,5	5,3
5–10 ha	343,0	144,4	24,8	18,5	−57,9	19,2	8,7
10–20 ha	286,5	176,4	20,7	22,6	−38,4	30,9	21,2
20–30 ha	79,2	100,6	5,7	12,9	+27,0	14,7	20,3
30–50 ha	42,8	75,9	3,1	9,7	+77,3	12,4	23,6
50 ha u. m.	16,3	32,4	1,2	4,1	+98,8	10,3	20,9
Gesamt	1 385,2	780,5	100,0	100,0	−43,7	100,0	100,0

[1]) Landwirtschaftliche Nutzfläche
Quelle: Statistisches Bundesamt: Ausgewählte Zahlen für die Agrarwirtschaft – Fachserie 3/1 (verschiedene Jahrgänge)

Tab. 1: Wandel der Betriebsgrößenstrukturen in der Landwirtschaft der Bundesrepublik Deutschland 1960–1981
Le changement de la superficie des exploitations agricoles en République fédérale d'Allemagne 1960–1981

Die Tendenz ist eindeutig: ganz klar vom Strudel der Betriebsaufgaben erfaßt werden insbesondere die Betriebsgrößenklassen unter 10 ha LN, deren Anteil innerhalb der betrachteten 20 Jahre um fast 60 % zurückgefallen ist. Selbst die Kategorie von 10–20 ha, die bis Mitte der 60er Jahre zahlenmäßige Zunahmen verzeichnete, ist seither stark rückläufig. Eindeutig geht die Tendenz hin zu den größeren Betrieben, wobei von den absoluten Werten her die Zunahme im Bereich der Größenklassen zwischen 30 und 50 ha am stärksten ist. Da sich in diesem Zeitraum die absolut genutzte landwirtschaftliche Nutzfläche nicht wesentlich verringert hat (sie betrug 1960 12,6 Mio. ha und 1981 12,1 Mio. ha), ist davon auszugehen, daß der größte Teil des durch Betriebsaufgabe kleinerer Betriebe aufgelassenen Landes durch größere Betriebe zur Aufstockung zugepachtet bzw. zugekauft wird. Die durchschnittliche Betriebsgröße hat sich in der Bundesrepublik Deutschland allein zwischen 1971 und 1981 von 12,4 auf 15,8 ha erhöht (AB 1982 : 9), differenziert sich regional aber erheblich (Abb. 7).

Allerdings kann dies nicht als generelle Tendenz angesprochen werden, sondern es trifft lediglich in den Bereichen zu, in denen die Produktions- und Absatzbedingungen für die Landwirtschaft entsprechend günstig sind. Sind diese Voraussetzungen nicht gegeben, so bildet sich sehr häufig das Phänomen der sog. Sozialbrache aus, ein Vorgang, über den es ja eine sehr umfangreiche Literatur gibt. Hauptverbreitungsgebiete der Sozialbrache sind bekanntlich die Räume, in denen ungünstige Betriebsgrößenstrukturen zusammenfallen mit günstigen Möglichkeiten der nichtagrarischen Erwerbstätigkeit. Dies war traditionell in Baden-Württemberg und im Saarland der Fall, aber auch in einigen Mittelgebirgsbereichen, etwa dem Rheinischen Schiefergebirge im Lahn-Dill-Gebiet, wo in den 60er Jahren die höchsten Sozialbracheanteile der gesamten Bundesrepublik Deutschland registriert werden konnten (Schulze von Hanxleden 1972).

Ursachen und Auswirkungen dieses Prozesses sind in der folgenden Tab. 2 und in Abb. 8 zu sehen. Tab. 2 zeigt, wie unglaublich unvorteilhaft die Betriebsgrößenstrukturen in Teilen des Rheinischen Schiefergebirges ausgebildet sind. Betriebe, die eine volle Existenzgrundlage für eine Familie hätten darstellen können, sind praktisch nicht existent, zumal der Raum unter ökologischen Verhältnissen ohnehin kein bevorzugtes Agrargebiet darstellt. Hier sind also traditionell bereits Nebenerwerbsstrukturen vorge-

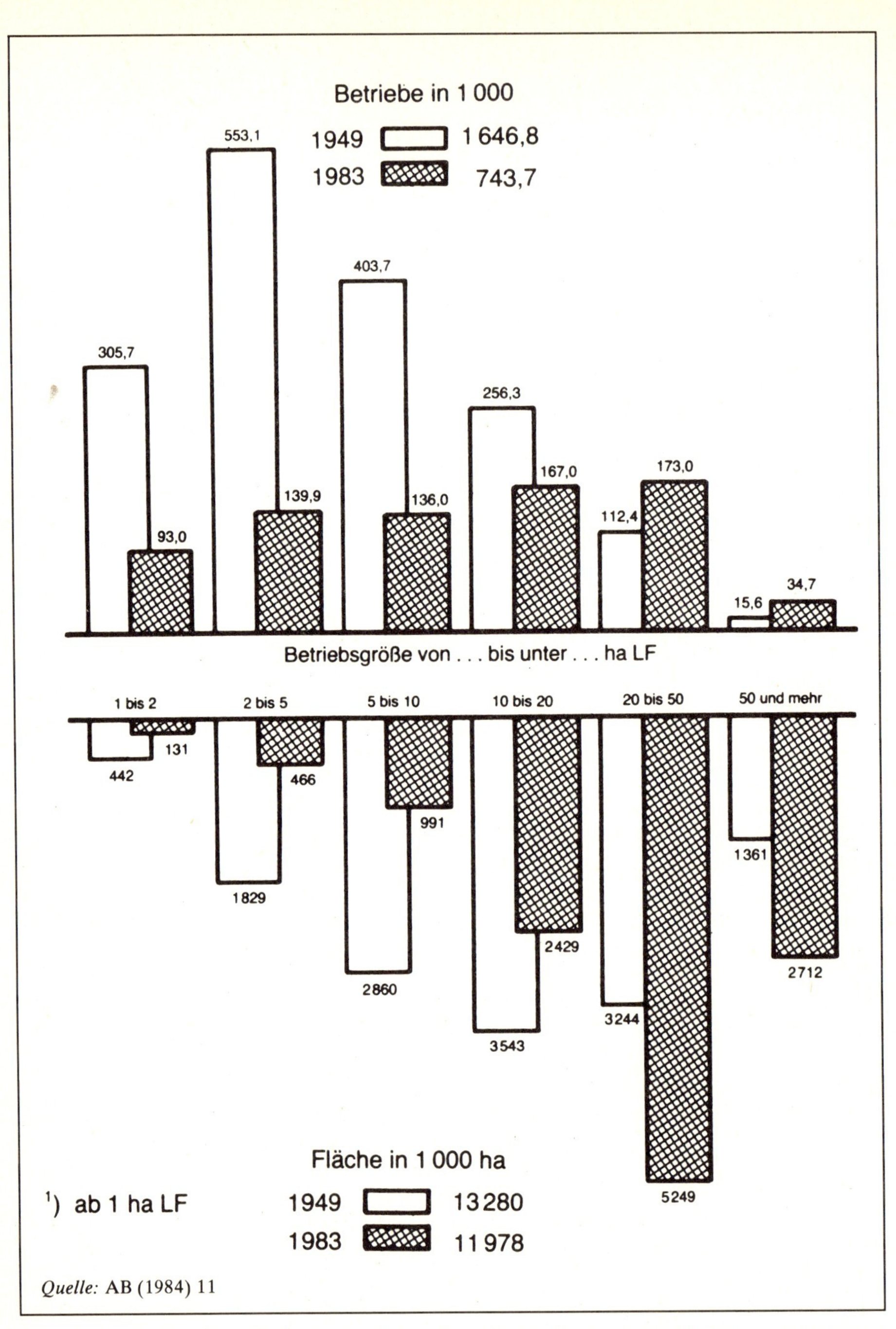

Abb. 6: Entwicklung der landwirtschaftlichen Betriebe in der Bundesrepublik Deutschland nach Betriebsgrößen 1949–1983
Le développement des exploitations agricoles en République fédérale d'Allemagne selon leurs tailles 1949–1983

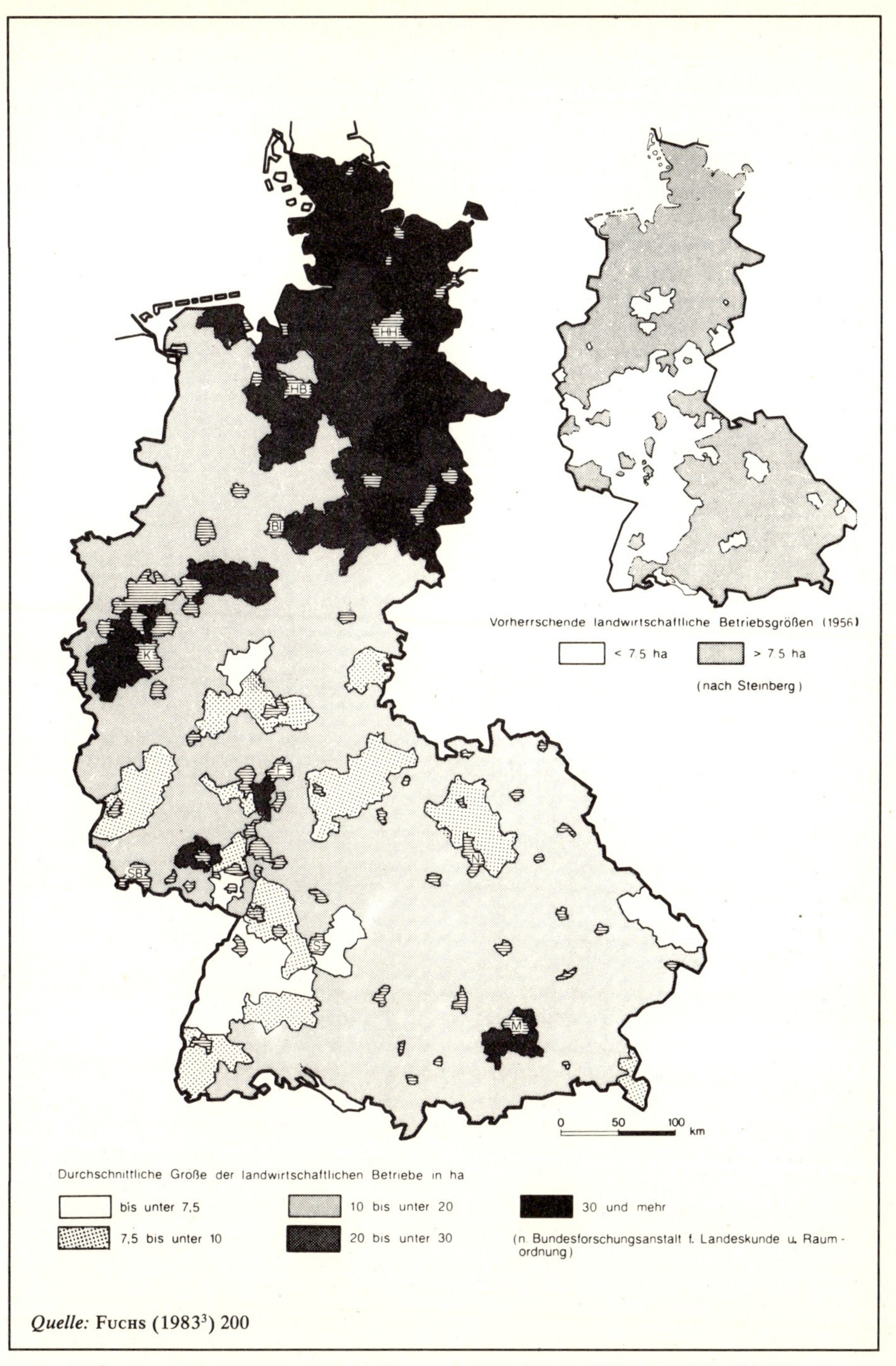

Quelle: Fuchs (1983[3]) 200

Abb. 7: Landwirtschaftliche Betriebsgrößen in der Bundesrepublik Deutschland 1979
Les tailles des exploitations agricoles en République fédérale d'Allemagne 1979

geben, die Landwirtschaft hat seit Jahrhunderten lediglich einen komplementären Stellenwert gehabt. Daß sie sich überhaupt hat ausbilden können, geht in erster Linie auf den Bergbau zurück, der im Lahn-Dill-Gebiet und im Siegerland eine jahrtausendealte Entwicklung hat. Er, und nicht die Landwirtschaft, hat die Bevölkerung veranlaßt, diesen eigentlich unwirtlichen Raum zu besiedeln, und der Landbesitz hatte lediglich die Funktion, eine subsistente Ernährungsgrundlage sicherzustellen. Entgegen den Rechtsverhältnissen in vielen anderen Gegenden Deutschlands wurde in den Bergbauregionen den Siedlern meistens dieses Land sogar von den Landesherren als Eigentum, und nicht als Lehen überschrieben, um sie damit an Ort und Stelle zu halten und Abwanderungstendenzen zu verhindern. Bei der hohen Fluktuation der bergbaulichen Aktivität war dies sicherlich eine notwendige Maßnahme. Zu der extremen Verkleinerung der Besitzeinheiten hat darüber hinaus auch die Realerbteilung beigetragen, die in vielen Bergbaugebieten Deutschlands verbreitet war, auch dort, wo ansonsten das Anerbenrecht vorherrschte.

Daß der strukturelle Wandel sich innerhalb kürzester Zeit vollzogen hat, wird ebenfalls in Tab. 2 deutlich.

	Anzahl der Betriebe (1949/1964)					
Größenklasse	Nanzenbach	Oberndorf	Oberscheld	Herbornseelbach	Ballersbach	Bicken
<0,5 ha (1950)[1])	(30)	(68)	(249)	(182)	(14)	(80)
0,5–2,0 ha	121/25	43/16	84/29	180/97	100/41	89/23
2,0–5,0 ha	57/ 6	27/13	16/ –	75/33	40/ 2	55/17
5,0–7,5 ha	–/ –	2/ 2	–/ –	3/ 2	–/ –	–/ –
>7,5 ha	–/ –	–/ –	–/ –	–/ –	–/ –	–/ –
Gesamt (>0,5ha)	178/31	72/31	100/29	258/132	140/43	144/40

[1]) Bei späteren Zählungen nicht mehr agrarstatistisch erfaßt
Quelle: Schulze von Hanxleden (1972) Tab. 21 (gekürzt)

Tab. 2: Betriebsstruktureller Wandel im Lahn-Dill-Gebiet 1949–1964
Le changement de la taille des exploitations dans la région Lahn/Dill 1949–1964

Ein solch drastischer Wandel der Betriebsgrößenstruktur bewirkt natürlich bezüglich der Nutzungsstruktur eine entscheidende Veränderung. Im Falle des Lahn-Dill-Gebietes besteht dieser Prozeß, wie angedeutet, in einer Verbrachung, einem Prozeß, dem erst in jüngerer Zeit ein umfangreiches Aufforstungsprogramm gefolgt ist. Tabelle 2 zeigt ja über die Tatsache eines bedeutenden Betriebsschwundes hinaus auf, daß offensichtlich keine Betriebsvergrößerungen durch Aufstockung, also durch Landzukauf oder -pacht durch die verbleibenden Betriebe erfolgt ist, da sich kein Überwechseln zumindest eines Teiles der Betriebe in höhere Betriebsgrößenklassen nachweisen läßt. Dies ist unter den gegebenen klimatischen, pedologischen und topographischen Gegebenheiten auch nicht verwunderlich. Die fast logische Folge der Betriebsaufgaben war ein Auflassen der Fluren, die sich sehr rasch mit Unkraut und Gestrüpp überzogen. Abb. 8 zeigt deutlich, daß die Gemarkungen vieler Gemeinden teilweise über 70 % Auflassungsflächen aufwiesen, bevor man daran ging, diese Flächen in jüngerer Zeit zumindest teilweise aufzuforsten.

Nicht überall haben indessen die strukturellen Wandlungen zu solch dramatischen Entwicklungen geführt. Dort, wo die Ausgangsvoraussetzungen der Größenstruktur sowie die Produktions- und Absatzbedingungen günstiger waren, sind die freigesetzten Flächen im allgemeinen von den verbleibenden Betrieben übernommen worden, so daß

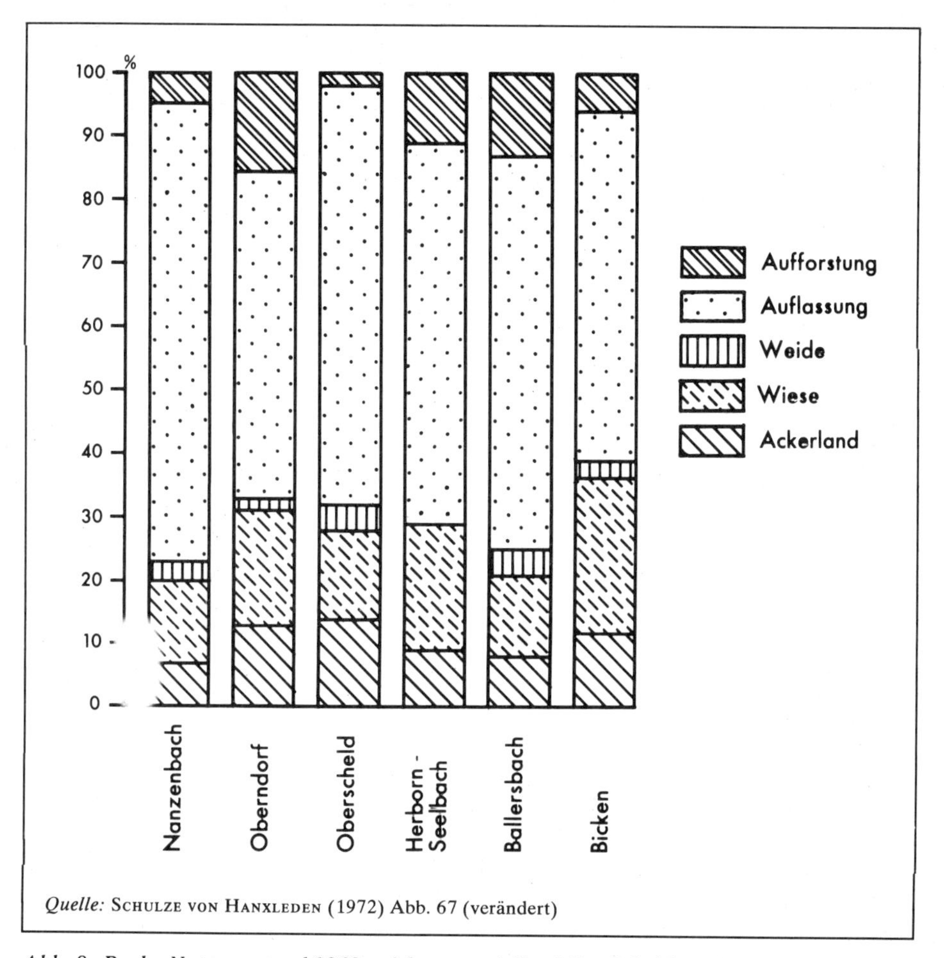

Quelle: SCHULZE VON HANXLEDEN (1972) Abb. 67 (verändert)

Abb. 8: Realer Nutzungsstand 1968 auf der potentiellen LN – Schelderwald und Aartal
L'utilisation réelle sur la S.A.U. potentielle – Schelderwald et Aartal – 1968

diese zu rentableren Einheiten aufgestockt werden konnten. In jedem Falle bedingen diese Wandlungen aber betriebssystematische Veränderungen. Mechanisierbarkeit ist heute eine der wichtigsten Vokabeln in der Landwirtschaft, da die nicht vorhandenen bzw. zu teuren Arbeitskräfte durch Maschinen ersetzt werden müssen, und diese wiederum amortisieren sich erst auf entsprechend großen Flächen.

Dieser Wandel dokumentiert sich sehr deutlich in der veränderten Bodennutzung, die sich in den letzten 20 Jahren vollzogen hat (Tab. 3).

Bei relativ gleichbleibenden Anteilen der Hauptnutzungsformen ergeben sich teilweise erhebliche Verschiebungen der Kulturarten, die den Trend zur Arbeitsextensivierung (sprich Mechanisierung) der westdeutschen Landwirtschaft dokumentieren. Die starke Zunahme des Getreideanteils (= Vergetreidung), der sehr deutliche Rückgang des Hackfruchtanteils, der ja nur in beschränktem Maße mechanisierbar ist, sind deutliche Kennzeichen. Die Zunahme des (wiederum mechanisierbaren) Silomaisanbaus ist als Substitution des rückläufigen Hackfruchtanteils zu interpretieren.

Merkmal	Einheit	Jahr 1960	1970	1980
Bodennutzung				
Ackerland	% LN[1])	56,0	55,5	57,5
Dauergrünland	„	40,0	40,5	39,1
Dauerkulturen	„	1,2	1,5	1,5
Gartenland	„	2,8	2,5	2,4
Getreide	% AL[2])	61,6	68,7	71,7
Hackfrüchte	„	23,4	16,7	11,1
Grün- und Silomais	„	0,6	2,5	9,6
Sonst. Feldfrüchte	„	11,4	8,9	4,2
Viehhaltung				
Milchkühe	Zahl/100 ha LN[1])	42	41	42
Mastvieh	„	49	62	74
Schweine	„	111	154	173
Mastgeflügel	„	26	159	184

[1]) LN = Landwirtschaftliche Nutzfläche
[2]) AL = Ackerland
Quelle: Statistisches Bundesamt: Ausgewählte Zahlen für die Agrarwirtschaft – Fachserie 3/1 (verschiedene Jahrgänge)

Tab. 3: Bodennutzung und Viehhaltung und ihre Veränderungen in der Bundesrepublik Deutschland 1960–1980
Utilisation du sol et élevage en République fédérale d'Allemagne: les changements 1960–1980

Die gleiche Tendenz zeigt sich in der Viehaltung. Die arbeitsaufwendige Milchviehhaltung ist relativ gleich geblieben, wenngleich natürlich auch hier gerade durch die Aufgabe der vielen Kleinbetriebe eine Verlagerung stattgefunden hat. Deutlicher sind aber auch hier die arbeitsextensiven Nutzungsformen. Die starke Zunahme der Mastviehhaltung zeigt diesen Trend auf.

Schon die Andeutung dieser Entwicklungstendenzen läßt erkennen, daß es in der heutigen Zeit u. U. wichtiger ist, Agrarstrukturen im Sinne der Betriebssysteme oder bezüglich des Betriebseinkommens zu differenzieren. Grundlage für die Unterteilung in Betriebssysteme ist die Produktionsausrichtung der Betriebe. So wird unterschieden zwischen Marktfruchtbaubetrieben, Futterbaubetrieben, Veredlungsbetrieben und Dauerkulturbetrieben, wobei jeweils 50 % und mehr des sog. Standarddeckungsbeitrages aus den genannten Produktionsbereichen stammen muß. Über 90 % aller Betriebe fallen heute bereits in eine dieser Kategorien, was den hohen Spezialisierungs- und Marktorientierungsgrad der westdeutschen Landwirtschaft dokumentiert. Vorstellungen einer sich selbst versorgenden Landwirtschaft auf polykultureller Nutzungsbasis gehören heute eindeutig der Vergangenheit an. Daraus erklärt sich auch der eingangs erwähnte immer bedeutender werdende Anteil sog. Vollerwerbsbetriebe: 1971 betrug ihr Anteil an der Gesamtzahl der Betriebe 32,2 %, 1983 bereits 49,8 % (Tab. 4).

Trotz dieses Gesundungsprozesses ist der Agrarsektor in der Bundesrepublik Deutschland noch nicht saniert. Zum einen, weil die traditionellen Strukturen noch nicht überall beseitigt sind, zum anderen, weil durch den Wandlungsprozeß neue Probleme entstehen. Nach wie vor liegen die Einkommen pro Vollarbeitskraft in der Landwirtschaft deutlich unter denen der übrigen Volkswirtschaft. Im Jahre 1981/82 lag z. B. das landwirtschaftliche Betriebseinkommen je Arbeitskraft bei DM 22 890/Jahr, das Brut-

Jahr	*Vollerwerb* Zahl[1])	%	*Haupterwerb Zuerwerb* Zahl	%	*zusammen* Zahl	%	*Nebenerwerb* Zahl	%	*Insgesamt* Zahl	%
1973	415,3	42,9	171,5	17,7	586,8	60,6	381,0	39,4	967,8	100,0
1982	377,3	49,4	79,4	10,4	456,8	59,8	307,4	40,2	764,1	100,0
1983	370,7	49,8	74,4	10,0	445,1	59,8	298,6	40,2	743,7	100,0
					Jährliche Veränderung in %					
1983/73	−1,1		−8,0		−2,7		−2,4		−2,6	
1983/82	−1,8		−6,3		−2,6		−2,8		−2,7	

[1]) Zahl jeweils in 1000
Quelle: AB (1984) 12

Tab. 4: Landwirtschaftliche Betriebe nach Erwerbscharakter in der Bundesrepublik Deutschland 1973–1983
Exploitations agricoles en République fédérale d'Allemagne selon leur caractère socio-économique 1973–1983

toeinkommen im gewerblichen Vergleichslohn dagegen bei DM 32 176/Jahr. Dieser Vergleich besticht besonders im historischen Rückblick, denn im Jahre 1968/69 lag das Agrareinkommen noch 3,1 % über dem gewerblichen Vergleichslohn und 1975/76 schon ca. 5 % niedriger. 1981/82 betrug der Unterschied 29 % zuungunsten der Landwirtschaft, ein Hinweis darauf, daß die stagnierenden Agrarpreise der letzten Jahre zu einer deutlichen Einkommensverschlechterung der deutschen Landwirtschaft geführt haben. (Zahlenangaben errechnet nach AB 1983:16, 23; vgl. auch Tab. 5 und 6).

Ist somit das Bild insgesamt günstig oder ungünstig? Die Frage ist, wie so oft, nicht eindeutig zu beantworten. Tatsache ist, daß der Umstrukturierungsprozeß des Agrarsektors und des Ländlichen Raumes insgesamt noch längst nicht abgeschlossen ist, vor allem nicht im Hinblick auf die Forderungen des Bundesraumordnungsgesetzes, das eine paritätische Wirtschafts- und Einkommensstruktur in allen Landesteilen zum Ziele hat.

4. Der Ländliche Raum in der Raumordnung

Die Entwicklungstendenzen in der Landwirtschaft, die im vorangegangenen Kapitel angedeutet wurden, sind seit langer Zeit wissenschaftlich und raumordnungspolitisch beobachtet und bewertet worden. Sie finden ihren Niederschlag in zwei Bereichen:

a) der Typisierung der ländlichen Gemeinden unter Berücksichtigung der sie kennzeichnenden Strukturmerkmale
b) der raumkategorialen Differenzierung des Ländlichen Raumes als Grundlage für raumordnungspolitische Entscheidungen und Planungen.

Die Typisierung der ländlichen Gemeinden geht in ihren Ansätzen ebenfalls bereits bis zum Beginn des 20. Jahrhunderts zurück. Robert Gradmann, der eigentlich als einer der großen Kulturlandschaftsgenetiker im Bewußtsein der meisten Geographen verankert ist, hat bereits im Jahre 1913 eine Anregung Alfred Hettners aus dem Jahre 1902 für einen Teilraum Südwestdeutschlands umgesetzt, nämlich die ländlichen Gemeinden nach wirtschaftlichen Gesichtspunkten zu untergliedern. Kurz vor Ausbruch des Zwei-

Merkmal	Haupterwerb Vollerwerb	Haupterwerb Zuerwerb	Haupterwerb zusammen	Neben-erwerb	Haupt- u. Neben-erwerb	Betriebe (unter 1 ha LN)
	Betriebe (ab 1 ha LN)					
Betriebe						
Anzahl	370 679	74 416	445 095	298 647	743 742	41 897
Betriebsgröße						
StBE (1000 DM)[1])	41,4	28,1	39,8	6,1	26,3	–
ha LN[2])	25,2	14,9	23,5	5,1	16,1	0,5
Flächen in 1000 ha						
LN[2])	9 340,7	1 108,7	10 449,4	1 528,2	11.977,6	20,9
Ackerland	5 774,5	577,0	6 351,5	845,2	7 196,7	13,4
Dauergrünland	3 490,7	506,6	3 997,3	625,0	4 622,3	3,5
Arbeitskräfte						
1000 AK[3])	570	89	659	237	896	2,5
AK/Betrieb	1,54	1,20	1,48	0,79	1,20	0,60
ha LN/AK	16,4	12,5	15,9	6,4	13,4	0,8
Milchkühe						
1000 Stück	4 631,0	508,3	5 140,2	448,0	5 588,2	7,3
Stück/Betrieb	12,5	6,8	11,5	1,5	7,5	0,2
Schweine (o. Ferkel)						
1000 Stück	14 125,5	1 729,3	15 854,8	1 267,0	17 121,8	412,1
Stück/Betrieb	38,1	23,2	35,6	4,2	23,0	9,8
Legehennen						
1000 Stück	21 254	1 728	22 982	4 024	27 006	15 798
Stück/Betrieb	57	23	52	13	36	377
	Verteilung in %					
Betriebe	49,8	10,0	59,8	40,2	100	
Arbeitskräfte	63,6	9,9	73,5	26,5	100	
LN[2])	78,0	9,3	87,3	12,7	100	
Ackerland	80,2	8,0	88,3	11,7	100	
Dauergrünland	75,5	11,0	86,5	13,5	100	
Milchkühe	82,9	9,1	92,0	8,0	100	
Schweine (o. Ferkel)	82,5	10,1	92,6	7,4	100	
Legehennen	78,7	6,4	85,1	14,9	100	
Marktanteil	80,7	9,7	90,4	9,6	100	

[1]) StBE = Standardbetriebseinkommen
[2]) LN = Landwirtschaftliche Nutzfläche
[3]) AK = Arbeitskräfte
Quelle: AB (1984) 11

Tab. 5: Strukturdaten der landwirtschaftlichen Betriebe in der Bundesrepublik Deutschland nach Erwerbscharakter 1983
Indices structurels des exploitations agricoles en République fédérale d'Allemagne selon leur caractère socio-économique 1983

Merkmal	Einheit	Betriebsform 1982/83 Markt-frucht	Futter-bau	Vered-lung	Dauer-kultur	Misch-kultur	Gesamt
Betriebe	%	14,7	60,5	5,6	7,0	12,2	100
Fläche (LN[3])	%	23,2	57,9	4,6	2,2	12,1	100
Betriebsgröße	DM StBE[1])	55 860	37 110	46 200	44 160	41 780	41 440
Betriebsgröße	ha LN	41,0	24,9	21,1	8,1	25,9	26,0
Vergleichswert	DM/ha	1 821	1 121	1 355	3 282	1 291	1 362
Arbeitskräfte	AK/Betrieb	1,68	1,42	1,28	1,98	1,43	1,49
Familien-AK	FAK/Betrieb	1,30	1,29	1,13	1,43	1,25	1,29
Viehbesatz	GVE[2])/ 1000 ha LN	79,9	177,4	404,8	32,9	215,5	166,6
Gewinn	DM/ha LN	1 048	1 247	1 731	5 161	1 190	1 301
Gewinn	DM/Untern.	42 991	30 981	36 431	41 677	30 858	33 791
Gewinn	DM/FAK[4])	33 118	24 047	32 142	29 222	24 754	26 282

[1]) StBE = Standardbetriebseinkommen
[2]) GVE = Großvieheinheiten
[3]) LN = Landwirtschaftliche Nutzfläche
[4]) FAK = Familien-Arbeitskraft
Quelle: AB (1984) 21

Tab. 6: Kennzahlen der landwirtschaftlichen Vollerwerbsbetriebe in der Bundesrepublik Deutschland nach Betriebsformen 1982/83
Indices des exploitations agricoles à plein temps en République fédérale d'Allemagne 1982/83

ten Weltkrieges wurde dann, wiederum für Baden-Württemberg, ein Klassifizierungsversuch vorgenommen, diesmal von P. HESSE. In fünf Kategorien unterschied er:
A *Gewerbliche Gemeinden und Dienstleistungsgemeinden*
B *Arbeiterwohngemeinden und Wohnsiedlungen*
C *Arbeiterbauerngemeinden*
D *Kleinbäuerliche Gemeinden*
E *Mittel- und Großbäuerliche Gemeinden.*

Ein umfangreicher Kriterienkatalog wurde mit Schwellenwertabgrenzungen verarbeitet, um die Zuordnung zu einem der sog. *Hesse-Typen* zu ermöglichen. Daß diese ersten Ansätze zur Gemeindetypisierung gerade in Baden-Württemberg vorgenommen wurden, ist vor dem Hintergrund der kleinbäuerlich-gewerblich-industriellen Mischstruktur dieses Gebietes nur allzu verständlich.

Nicht zuletzt erzwungen durch den Wiederaufbau nach dem Zweiten Weltkrieg, setzte in den 1950er Jahren eine intensive wissenschaftliche Diskussion um die Raumplanung in ländlichen Gebieten ein, die seither nicht verebbt ist, und die, neben vielen konkreten Ergebnissen, leider auch eine Vielzahl von Begriffsbestimmungen hervorgebracht hat. In vielen Darstellungen von Wissenschaftlern, Raumordnern und Planern galt es dabei zunächst einmal, den Ländlichen Raum als solchen zu definieren und ihn von den Verdichtungsgebieten, den Stadtregionen, deren Randzonen usw. abzugrenzen. Daß sich dabei häufig die Geister geschieden haben und eine einheitliche Definition bis heute nicht zustande gekommen ist, verwundert alle diejenigen nicht, die sich je mit dem Labyrinth der Planungssprache und des Planungsdenkens auseinandergesetzt haben. Am diffusesten bleibt dabei das BUNDESRAUMORDNUNGSGESETZ, das ohne weitere Definition den Ländlichen Raum gegen den Verdichtungsraum absetzt, die Kriterien der Abgrenzung den einzelnen Bundesländern überläßt. Und diese kommen dann erwartungsgemäß in keiner Weise zu einer vergleichbaren und einheitlichen Definition.

Zweifellos reichen heute Kriterien wie die traditionellen Siedlungsformen oder die optisch faßbaren Merkmale wie die agrarische Nutzung der Gemarkungsflächen, wie sie z. B. von H. Röhm (1972) vorgenommen wurden, nicht aus. Aber auch die Beschränkungen auf einzelne Dominanzfaktoren (z. B. Gatzweiler 1979) erfassen nicht die Komplexität, die den Ländlichen Raum heute charakterisiert.

Dennoch sind es gerade die Ansätze dieser Art, die in den letzten Jahren immer wieder verfolgt worden sind. Ähnlich wie in Frankreich hat man auch in der Bundesrepublik Deutschland versucht, den Ländlichen Raum rein statistisch nach der Bevölkerungszahl der Siedlungen abzugrenzen. H. Kötter (1958) hat bereits vor über 25 Jahren den Vorschlag gemacht, Siedlungen bis zu 5000 E. als Landgemeinden im weiteren und die unter 2000 E. als solche im engeren Sinne zu bezeichnen. Andere Autoren (z. B. Blankenburg 1962) schlugen andere Schwellenwerte vor. Die vom Statistischen Bundesamt lange Zeit verwendete Abgrenzung von Landgemeinden bis zu 2000 E. und von Landstädten (2000–5000 E.) wurde inzwischen fallengelassen, weil sich diese Kriterien in keiner Weise mit den funktionalen und sozio-ökonomischen Strukturen der entsprechenden Gemeinden in Einklang bringen lassen. Von seiten der Geographen ist dieses rein statistische Abgrenzungskriterium ohnehin nie akzeptiert worden. Auch die Versuche, die Bevölkerungsdichte auf den Raum insgesamt zu projizieren, sind wenig tragfähig, wenngleich sie relativ häufig in der Literatur zu finden sind. Ob man, wie viele Autoren, den Schwellenwert bei 100 E./km^2 oder, wie der Beirat für Raumordnung, bei 200 E./km^2 festlegt, spielt dabei keine Rolle; unbefriedigend sind solche Versuche in jedem Fall, weil sie keinerlei Begründung für die Konzentration oder Dispersion der Bevölkerung liefern.

So fehlt es denn auch nicht an Versuchen, den Ländlichen Raum unter eben diesen funktionalen Gesichtspunkten zu differenzieren. Schon 1943 schlug G. Isenberg vor, alle Gebiete mit mehr als 40 % der Erwerbsbevölkerung im Agrarsektor als *ländlich* zu charakterisieren, wobei natürlich sofort klar wird, daß hier ländlich und landwirtschaftlich in einen Topf geworfen wird. Dies ist in Anbetracht der jüngeren Entwicklung völlig unbrauchbar, weil die Entwicklungsdynamik nicht berücksichtigt ist. So versucht denn auch G. Isbary (1962), diese räumliche Entwicklungsdynamik zur Grundlage seines Gliederungsvorschlages zu machen, indem er drei Raumkategorien unterscheidet, nämlich:

a) Verdichtungszonen, zu denen alle jene Teilräume gezählt werden, in denen sich deutliche Kontraktionsprozesse der Bevölkerung, der Wirtschaft, des Verkehrs vollzogen haben, und wo diese Tendenz noch anhalten wird. Hierzu zählen die eigentlichen Ballungszonen, aber auch ihr industrieverdichtetes Umland und die Orte mit zentralörtlichen Funktionen innerhalb dieses Umlandes.

b) Entwicklungszonen, zu denen jene Teilräume gezählt werden, die zwar noch keine so starken Kontraktionsprozesse erfahren haben, in denen aber Standortvoraussetzungen vorliegen, um den unkontrollierten Abwanderungsprozeß in die Verdichtungszentren durch entsprechende Unterstützungsmaßnahmen zu verhindern. Vor allem soll hier durch gezielte Industrialisierungshilfen in besonders geeigneten Schwerpunktgemeinden, durch infrastrukturellen Ausbau, durch Investitionen im sozialen, kulturellen und sonstigen Versorgungsbereich Förderungspolitik betrieben werden.

c) Erholungszonen, zu denen jene Teilräume zählen, die für eine agrarische Nutzung nur marginale Voraussetzungen bieten, die einen landschaftlichen Reiz aufweisen, sich für die Förderung von gewerblich/industriellen Wirtschaftssektoren jedoch weniger eignen. Ihnen kommt eine deutliche Komplementärfunktion für die Räume a) und b) zu. Mit der Erholungsfunktion dieser Räume wird der Bevölkerung eine neue wirtschaftliche Basis geschaffen, gleichzeitig aber auch die Landschaft erhalten und somit ein Wüstungsprozeß verhindert.

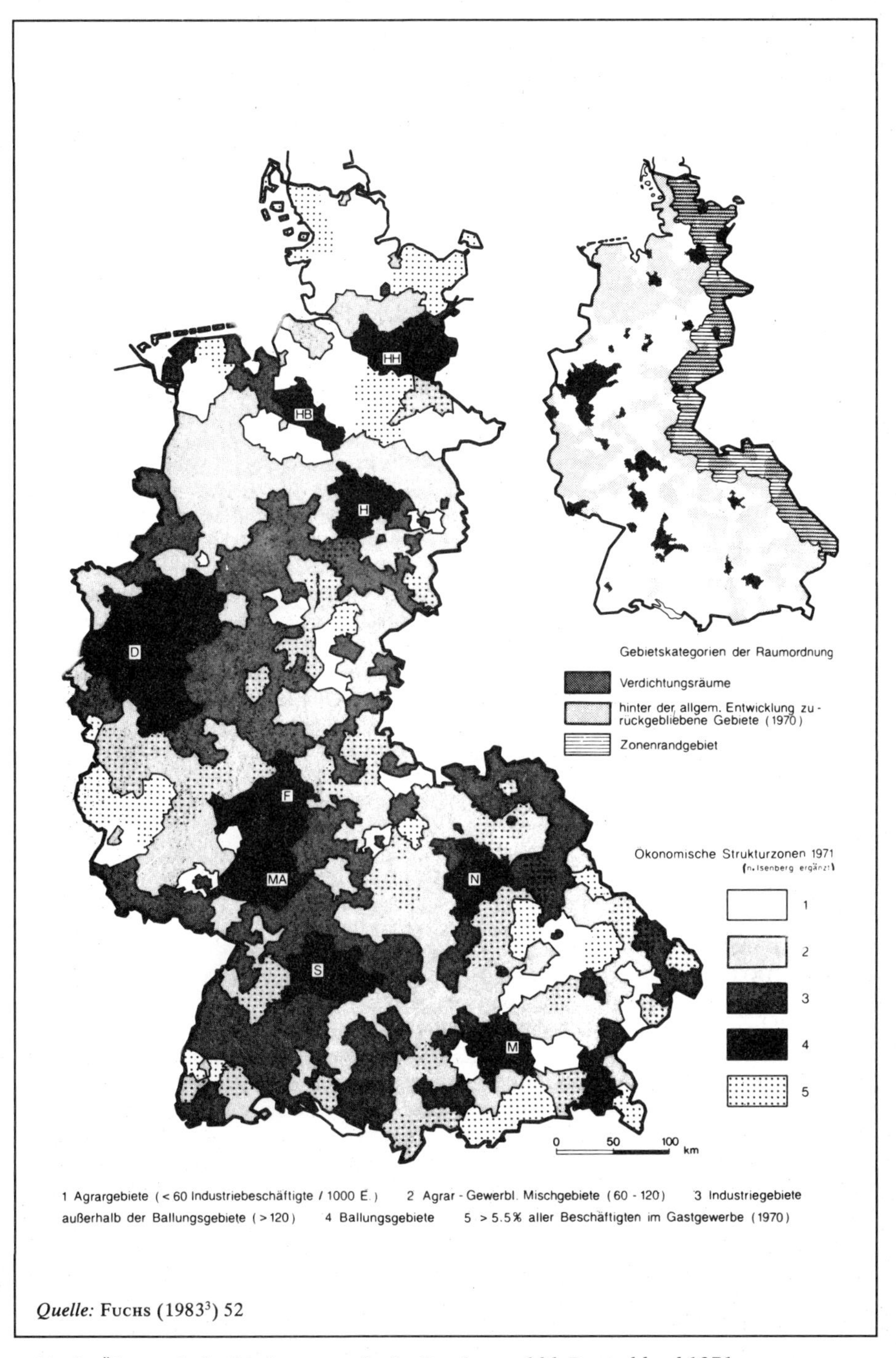

Quelle: FUCHS (1983³) 52

Abb. 9: Ökonomische Strukturzonen in der Bundesrepublik Deutschland 1971
Zones de structure économique en République fédérale d'Allemagne 1971

Alle drei Kategorien stehen somit in einem funktionalen Beziehungsgefüge, in dem auch die Landwirtschaft jeweils spezifische Aufgaben übernimmt.

Eine Untersuchung der AGRARSOZIALEN GESELLSCHAFT differenziert die Kategorie Ländlicher Raum in drei Typen:

(1) Ländliche Räume innerhalb und am Rand der großen und mittelgroßen Verdichtungsräume
(2) Ländliche Räume mit leistungsfähigen Oberzentren und vergleichsweise guten wirtschaftlichen Entwicklungsbedingungen
(3) Periphere ländliche Räume weitab von den wirtschaftlichen Zentren des Bundesgebietes und Westeuropas.

Die Abgrenzungen im einzelnen bleiben jedoch problematisch.

Auch in der BUNDESFORSCHUNGSANSTALT FÜR LANDESKUNDE UND RAUMORDNUNG hat sich seit einigen Jahren eine Typologie *Ländlicher Räume* eingebürgert. Sie unterscheidet ländliche Regionen mit Verdichtungsansätzen von ländlich geprägten Regionen im engeren Sinne. Während in den ersteren auf 38 % der Fläche des Bundesgebietes 28 % der Bevölkerung leben, entfallen auf letztere – bei ca. 34 % der Fläche – etwa 15 % der Bevölkerung. So sind die ländlichen Gebiete Lebensraum für 43 % der bundesdeutschen Bevölkerung, während 57 % in den sogenannten Regionen mit großen Verdichtungsansätzen leben. Alle 75 Raumordnungsregionen, auf die sich Bund und Länder zur Fortschreibung des BUNDESRAUMORDNUNGSPROGRAMMS (BROP) von 1969 geeinigt und die die früheren 38 Gebietseinheiten abgelöst haben, sind den genannten siedlungsstrukturellen Grundkategorien zugeordnet worden, doch kann an solchen konkreten Zuweisungen wiederum berechtigte Kritik geübt werden. Es zeigt sich insbesondere, daß die Kennzeichnung *Ländlicher Raum* für die Einschätzung kleinräumiger Situationen und Entwicklungschancen nicht geeignet ist.

Auch die früheren Ansätze der Gemeindetypisierung sind im Rahmen dieser Diskussion intensiv fortgeführt worden. Bereits 1953 legte H. LINDE ein sehr komplexes Schema vor, in dem nicht mehr die landwirtschaftliche Komponente, sondern insgesamt die sozioökonomische Struktur der dörflichen Bevölkerung mitsamt ihrer Versorgungswelt berücksichtigt wurde.

Die wichtigsten Grundlagen für seine Gemeindetypen sind:

- die wirtschaftliche Struktur der Arbeitsbevölkerung
- die wirtschaftliche Struktur der ortsansässigen Wohnbevölkerung
- die übergemeindlichen Funktionen.

Elke THARUN (1975) verdanken wir schließlich einen jüngsten Typisierungsversuch in einem der dynamischsten Wirtschaftsräume der Bundesrepublik Deutschland, dem Rhein-Main- Dreieck. Hierbei werden besonders Kriterien berücksichtigt, die für ländliche Gemeinden im Einzugsgebiet großer Ballungszentren zutreffen.

Die zahlreichen Gliederungsvorschläge, die seitens der Wissenschaft und der Raumplanungsinstitutionen zu diesen Problemen gemacht worden sind, sind mehr oder weniger als Kompromiß in nationale und regionale Gesetzesbestimmungen übernommen worden. Das BUNDESRAUMORDNUNGSGESETZ wurde bereits erwähnt. Die einzelnen Bundesländer haben ihrerseits die legalen und institutionellen Voraussetzungen dafür geschaffen, wie sie die Entwicklung des Ländlichen Raumes steuern können. Hierfür erwies sich als ungemein fruchtbares Modell die bereits im Jahre 1933 von W. CHRISTALLER konzipierte *Theorie der zentralen Orte*. Heute ist sie mit Abstand das wichtigste Instrument der räumlichen Planung. Sie wurde in das BROG übernommen, und in den Ländern sind auf der Basis von Entschließungen der MINISTERKONFERENZ FÜR RAUMORDNUNG (MKRO) Zentren verschiedener hierarchischer Stufen ermittelt worden. Als Auffangstationen für Abwanderungen sowie als Kerne künftiger Entwicklungsprozesse überziehen sie das gesamte Gebiet der Bundesrepublik mit einem gestuften Raster.

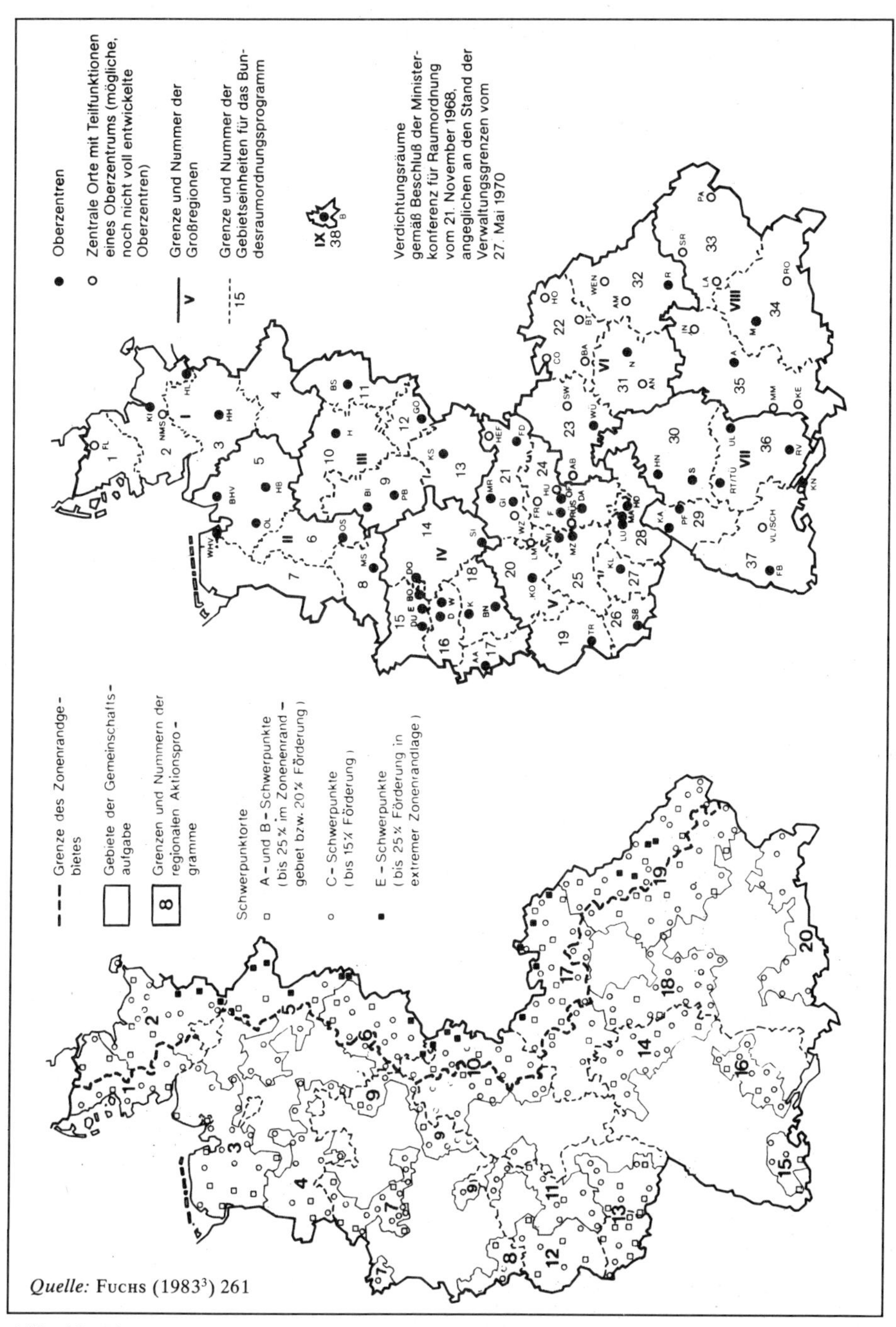

Quelle: FUCHS (1983[3]) 261

Abb. 10: Planungseinheiten und regionale Aktionsprogramme in der Bundesrepublik Deutschland
Zones de planification et Programmes d'actions régionales en République fédérale d'Allemagne

Um einer ringförmigen Ausbreitung der Verdichtungsräume entgegenzuwirken, entwickelte man außerdem die Vorstellung punkt-achsialer Entwicklung bzw. von Entwicklungsachsen. Leitgedanke war und ist die Vermutung, daß die Bündelung infrastruktureller Einrichtungen in Bändern oder Schienen eine sowohl flächensparende als auch kostengünstige Erschließung des Raumes ermöglichte. Inzwischen liegen praktisch flächendeckend für das Gebiet der Bundesrepublik Deutschland Raumordnungspläne vor, die Zufälligkeiten der Entwicklung weitgehend ausschließen. Der Ländliche Raum ist mit planungsdeutschen Begriffen charakterisiert und katalogisiert, und das Gerangel der kommunalen Politik im Ländlichen Raum geht nun häufig darum, in welche Kategorie man möchte oder nicht möchte, ob man als förderungswürdig oder förderungsunwürdig anerkannt wird, ob man, und das ist der Grund für alles Gerangel, damit an den staatlichen Subventionstopf gelangt oder nicht.

Schlimm ist bei alledem eigentlich nur, daß diese Katalogisierung erfolgt ist, ohne daß man sich vorher über die Abgrenzungskriterien zur allseitigen Befriedigung hätte einigen können. Ob nun von *zentral-peripheren Raumstrukturen* gesprochen wird oder von *Aktiv- und Passivräumen* (z. B. Voppel 1961 oder Monheim 1972), ob von *räumlichen Disparitäten* (Taubmann 1980) oder von *strukturschwachen* oder *strukturgefährdeten Räumen* (Kluczka 1982), ob von *Notstandsgebieten* (Mayer 1937) oder *ländlichen Problemgebieten* (Niggemann 1972) gesprochen wird: überall wird deutlich, daß man um eine tragfähige Definition ringt, ohne daß eine solche bisher gefunden wäre. Je nachdem welcher Aspekt in den Vordergrund gerückt wird, seien es physisch-geographische, wirtschaftliche, sozio-ökonomische, demographische, soziologische, das Dilemma wird eigentlich in keinem der vielen Ansätze in befriedigender Weise behoben, zumal bei den meisten dann doch nur wieder ein auf einen bestimmten Raum anwendbares und nur für den jeweiligen Zeitabschnitt zutreffendes Gerüst entsteht. Ein verallgemeinerbares Modell, das auch die Entwicklung über einen längeren Zeitraum mit einbezieht, gilt es nach wie vor zu entwickeln. Aber das sind Gesichtspunkte, die vielleicht für die Politiker weniger entscheidend sind, denn sie können wohl kaum warten, bis sich die Wissenschaftler auf eine Definition verständigt haben.

5. Raumordnungswirksame Maßnahmen im Ländlichen Raum – an ausgewählten Beispielen

Wie groß auch immer das zuvor behandelte Problem sein mag, in der Praxis ist der Ländliche Raum in den vergangenen Jahren durch zahlreiche raumordnerische Maßnahmen grundlegend verändert worden. Die Palette der raumordnungs- und strukturverbessernden Maßnahmen ist zu groß, als daß hier auch nur annähernd der Versuch einer umfassenden Darstellung gemacht werden könnte. Von daher scheint es sinnvoll, von vornherein nur eine exemplarische Auswahl zu treffen. Im Hinblick auf die Aufgabenstellung dieses Beitrags seien einige Maßnahmen angedeutet, die direkt den agrarstrukturellen bzw. den dörflichen Bereich betreffen. Diese Maßnahmen werden heute unter dem Deckbegriff der *Gemeinschaftsaufgabe von Bund und Ländern* durchgeführt, womit gemeint ist, daß sowohl der Bund als auch die Länder an der Finanzierung und Durchführung beteiligt sind. Eine dieser Gemeinschaftsaufgaben ist die *Verbesserung der Agrarstruktur und des Küstenschutzes*, ein Schwerpunkt neben der Markt-, Preis-, Steuer- und Sozialpolitik, in dem im Zeitraum von 1973 bis 1980 von Bund und Ländern nicht weniger als 17 Mrd. DM eingesetzt worden sind. Schwerpunkte der Förderung stellen dar:
- die Verbesserung der Produktions- und Arbeitsbedingungen in Land- und Forstwirtschaft
- die Verbesserung der Marktstruktur

– die Verbesserung der Infrastruktur ländlicher Räume
– die Erhöhung der Sicherheit an den Küsten der Nord- und Ostsee.

Im Rahmen dieser Zielsetzung stellt die Flurbereinigung ein wesentliches Element der Strukturmaßnahmen dar. Die Notwendigkeit ergibt sich nicht nur aus dem historischen Tatbestand einer häufig im Laufe von Jahrhunderten entstandenen Zersplitterung der Flur mit Parzellengrößen, die einen sinnvollen Maschineneinsatz, eine rationelle Bewirtschaftung sowie meliorative und infrastrukturelle Maßnahmen kaum zulassen. Sie ergibt sich auch vor dem Hintergrund, daß durch Betriebsaufgaben der Kleinbetriebe (im Sinne des Überblicks in Tab. 1) und vor allem Zupachtung bzw. Zukauf der freiwerdenden Flächen durch größere Betriebe eine zusätzliche Strukturerschwernis eintritt.

An der Art, wie die Flurbereinigung im Laufe des 20. Jahrhunderts und heute durchgeführt wird, läßt sich sehr deutlich auch der funktionale Wandlungsprozeß des Ländlichen Raumes nachvollziehen. Im Sinne der 1861 erlassenen preußischen *Gesetze über die Zusammenlegung von Grundstücken* wurde praktisch 100 Jahre lang Agrarstrukturpolitik betrieben. Bezüglich der Flurbereinigung ist dort zu lesen:

„Die Zusammenlegung der Grundstücke ist ein solcher Umtausch durcheinanderliegender ländlicher, verschiedenen Besitzern gehörigen Grundstücke, durch welchen für jeden derselben eine möglichst nahe und zusammenhängende Lage seiner Besitzungen bezweckt wird".

Läßt man die Zäsur des Dritten Reiches einmal beiseite, so bringt erst das FLURBEREINIGUNGSGESETZ von 1953 eine deutlich neue Zielsetzung, indem neben dem strukturellen Gesichtspunkt auch die *Förderung der allgemeinen Landeskultur* mit der Flurbereinigung verbunden wird. Damit fällt der Flurbereinigung eine Doppelaufgabe zu: sie soll die sog. *Innere Verkehrslage der Betriebe* verbessern und damit die Voraussetzungen für eine technisch fortschrittliche, marktorientierte Landwirtschaft schaffen. Gleichzeitig hat sie aber die Aufgabe, die Kulturlandschaft zu schützen.

Inzwischen sind durch eine neue Flurbereinigungsgesetzgebung im Jahre 1973 Voraussetzungen geschaffen, die aus jeder FB-Maßnahme eine Raumordnungsmaßnahme größeren Ausmaßes werden lassen. Fast jeder Maßnahme geht eine sog. *Agrarstrukturelle Vorplanung* voraus, die eine überörtliche Entwicklungsplanung im Ländlichen Raum darstellt. Sie liefert auf der Grundlage von Raumordnung und Landesplanung Vorschläge für Maßnahmen zur Verbesserung der land- und forstwirtschaftlichen Arbeitsbedingungen. Dabei sind die voraussichtliche Entwicklung der Bodennutzung, die außerlandwirtschaftliche Erwerbssituation, die Notwendigkeit einer Dorferneuerung, die Belange des Naturschutzes und der Landschaftspflege sowie die Freizeit- und Erholungsfunktion des Untersuchungsgebietes aufzuzeigen. In die Empfehlungen können auch Gesichtspunkte des gewerblichen Ausbaus, des Straßen- und Infrastrukturbereichs und der Bauleitplanung der Gemeinden, z. B. für die Erstellung von Flächennutzungsplänen, eingehen.

Erst nachdem entsprechende Empfehlungen im Rahmen der agrarstrukturellen Vorplanung erarbeitet sind, werden heute Flurbereinigungsmaßnahmen durchgeführt. Das insgesamt sehr aufwendige Planungs- und Durchführungsverfahren kostet natürlich einen erheblichen Zeitaufwand und im Vergleich zu früheren Maßnahmen erheblich mehr Geldmittel, die zum größten Teil durch Landes- und Bundesmittel aufgebracht werden müssen. Konnte in den 50er Jahren noch von Kosten in Höhe von 100–500/DM ha ausgegangen werden, so betragen diese Kosten heute z. T. bis zum 20fachen dieses Betrages.

Fast immer gehen mit den Flurbereinigungsmaßnahmen gleichzeitig auch einzelbetriebliche Förderungsmaßnahmen parallel. Die wichtigsten sind die Aussiedlung ganzer Höfe aus dem Dorfverband bzw. die Althofsanierung. Bei der retrospektiven Betrachtung fällt eine zu erwartende Schwerpunktbildung der entsprechenden Maßnahmen in

Abhängigkeit von den Agrarstrukturverhältnissen auf. In Gebieten mit Anerbenrecht und entsprechend günstigerer Betriebsgrößenstruktur überwiegen die Maßnahmen zur Althofsanierung, während die Schwerpunkte der Aussiedlungsmaßnahmen in Südwestdeutschland und in Hessen liegen. Als wichtige Maßnahme ist heute die Bereitstellung zinsverbilligter Gelder zu sehen, die insbesondere den mittleren Betrieben zugute kommt. Weitere Details zum Thema *Flurbereinigung* sind dem speziellen Beitrag von Renate Buchenauer in diesem Band zu entnehmen.

Ein weiteres Programm soll kurz angedeutet werden: das *Dorferneuerungsprogramm*, das im Rahmen der Gemeinschaftsaufgabe gezielt mit dem Ziel der *Verbesserung der Lebens- und Arbeitsbedingungen im Ländlichen Raum* seit 1977 durchgeführt wurde. Die Ziele des *Dorferneuerungsprogramms* wurden dabei so begründet, daß neben der agrarstrukturellen Gesundung ländlicher Gemeinden gleichzeitig auch die Lebensqualität verbessert werden sollte, um eine größere Investitionsbereitschaft zu erzeugen. Diese Bereitschaft würde sich dann in der Schaffung von nichtagrarischen Arbeitsplätzen niederschlagen und so zu einem gesamtwirtschaftlichen Gesundungsprozeß beitragen.

Das Programm institutionalisiert, was schon seit Jahren als Programm der Privatinitiative unter dem Schlagwort *Unser Dorf soll schöner werden* existiert hat. Auch im *Dorferneuerungsprogramm* nimmt die Privatinitiative einen breiten Raum ein; allerdings werden auch gelenkte kommunale Erneuerungsprogramme durchgeführt, so daß sich eine kombinierte Trägerschaft ergibt. Dabei geht es nicht nur um die Renovierung alter Bausubstanz, Fassadenerneuerung oder Sanierung von Bau- und Infrastrukturobjekten, sondern auch um die Planung von Industrie- oder Gewerbeflächen, um die wirtschaftliche Basis der geförderten Gemeinden zu verbessern.

Weitere Maßnahmen seien nur angedeutet. So stellt die Förderung zur Verbesserung der Marktstruktur heute einen wesentlichen Teil der Gemeinschaftsaufgabe dar. Wasser- und kulturbautechnische Maßnahmen werden verstärkt dort durchgeführt, wo die hygienische Wasserver- und Abwasserentsorgung nicht gewährleistet sind. Der Forstwirtschaft und dem Küstenschutz gelten besondere Aufmerksamkeit. Viele dieser Maßnahmen – wie Dorferneuerung, Küstenschutz, Trinkwasserversorgung – wurden zwischen 1976 und 1983 unter dem Stichwort *Zukunftsinvestitionsprogramm* (= ZIP) zusammengefaßt. Mit diesem Programm sollte im Ländlichen Raum ein Beitrag zur gesamtwirtschaftlichen Stabilisierung geleistet werden.

Die wesentlichen Ziele dieses Programms waren:
- Wiedergewinnung und Sicherung eines hohen Beschäftigungsstandes
- Belebung des Wirtschaftswachstums durch indirekte Impulse und multiplikative Einkommens- und Nachfragewirkungen
- Verbesserung der Chancen für ein künftiges Wirtschaftswachstum
- Steigerung der Leistungsfähigkeit der deutschen Wirtschaft, u. a. auch durch Modernisierung der öffentlichen Infrastruktur
- Verstärkung des Gewichts der Investitionen im Rahmen der öffentlichen Ausgaben
- Leistung eines Beitrages im Rahmen der internationalen Bemühungen um eine Überwindung der Rezessionsfolgen.

Die Argumentation der Politiker ist also rein gesamtwirtschaftlich, obwohl das ZIP ausschließlich Maßnahmen im Ländlichen Raum betraf. Dies zeigt, daß nicht so sehr der agrarwirtschaftliche Aspekt im Vordergrund steht, sondern daß der Ländliche Raum immer stärker im Sinne einer nichtstädtischen, einer *rurbanen* Raumkategorie verstanden wird.

6. Einige Konsequenzen aus dem Strukturwandlungsprozeß im Ländlichen Raum für die Darstellung in Lehr- und Arbeitsmitteln sowie im Unterricht

Die Charakterisierung verschiedener Wandlungsvorgänge der deutschen Landwirtschaft und des Ländlichen Raumes in der Bundesrepublik Deutschland sollte aufzeigen, daß Vorstellungen mit traditionellen Klischees, wie sie bis heute noch allzu häufig im Unterricht verwendet werden, so nicht mehr stimmen. Sicherlich findet man noch das Pferdegespann irgendwo in den Rückzugsgebieten der Landwirtschaft, vielleicht sogar noch die Bäuerin, die ihre Kuh mit der Hand melkt, oder den Arbeiter, der in einem Verließ noch ein Schlachtschwein mästet. Aber dies sind Relikte, die nicht mehr das Bild der heutigen Landwirtschaft verkörpern. Die westdeutsche Landwirtschaft hat sich, wie die französische und die anderer europäischer Länder, den volkswirtschaftlichen und betriebswirtschaftlichen Wandlungsprozessen angepaßt und entsprechend verändert. Vielerorts sind an die Stelle des traditionellen Bauern agroindustrielle Großunternehmen getreten, die u. U. ohne einen Hektar Land den Markt mit großen Mengen an Mastvieh, Eiern oder sonstigen Produkten beschicken. Gleichwohl ist kaum ein Kennzeichen des Ländlichen Raumes, wie er sich heute darstellt, ohne die Einbeziehung der historischen Dimension möglich.

Vor dem Hintergrund dieser Überlegungen scheinen folgende Themenbereiche schulbuchrelevant zu sein:

a) Die Genese des Ländlichen Raumes

Tatsache ist, daß Mitteleuropa insgesamt durch eine Vielzahl *genetischer* Siedlungs- und Flurtypen ausgezeichnet ist. Diese sind für die Deutung historischer Zusammenhänge der Territorialentwicklung und der Kulturlandschaftserschließung außerordentlich aufschlußreich. Die Verbindung der Darstellung von Ortsformen oder der Flurgestaltung mit zugrunde liegenden Herrschafts- und Rechtssystemen (etwa Villikationen als Grundlage einer frühen Sozialschichtung der ländlichen Bevölkerung, Hufenverfassungen, Wanderungsströme der ländlichen Bevölkerung, Umsiedlung usw.) gehören unbedingt zu einer Darstellung des Ländlichen Raumes und sind gleichzeitig wichtige geschichtliche Fakten, ganz im Sinne einer übergreifenden Fragestellung, wie sie etwa der französische Begriff *civilisation* umschreibt.

b) Strukturen des Ländlichen Raumes

Es ist wichtig, die strukturellen Wandlungen des Agrarsektors und die damit parallel laufenden Veränderungen der nichtagrarischen Wirtschaftssektoren aufzuzeigen. Natürlich gehört hierzu die Betrachtung der Erwerbsbevölkerung, aber auch der betriebsstrukturelle Bereich. Dies läßt sich sehr gut vergleichend mit anderen Ländern (etwa Frankreich oder im Rahmen der EG) darstellen. Es sollte dabei deutlich gemacht werden, daß die Betriebsgrößenstrukturen in Deutschland als Folge historischer Entwicklungsprozesse außerordentlich unterschiedlich sind (Vererbungsgrundformen). Entsprechend ist die Entwicklungsdynamik in den Teilräumen der Bundesrepublik sehr unterschiedlich. Konkrete Beispiele (etwa aus Baden-Württemberg oder aus dem Lahn-Dill-Raum) könnten zur Verdeutlichung herangezogen werden.

c) Extensivierung, Rationalisierung, Mechanisierung im Ländlichen Raum und Umstellung der Betriebssysteme

Eines der wesentlichen Kennzeichen der heutigen Agrarwirtschaft ist die Anpassung an die veränderten volkswirtschaftlichen Gesamtbedingungen. Durch den starken Rückgang der agrarischen Erwerbsbevölkerung war die deutsche Landwirtschaft gezwungen, neue Wege zu gehen. Ein hoher Mechanisierungsgrad, aber auch der Weg zur arbeitsextensiven Bewirtschaftung sind die Folgen. Es sollte verdeutlicht werden, daß sich dieser Prozeß in einem tiefgreifenden Wandel der Bodennutzungssysteme niederschlägt. Es sollte verdeutlicht werden, daß ein landwirtschaftlicher Betrieb heute genau so organisiert und geführt wird wie ein industrieller Betrieb, daß er im allgemeinen feste Arbeitszeiten hat, buchführungspflichtig ist, daß die Bäuerinnen im Betrieb kaum noch zu sehen sind. Nicht mehr subsistente polykulturelle Nutzung, sondern eindeutige Marktorientierung ist das Kennzeichen in weiten Bereichen der Bundesrepublik. Insofern werden die Betriebe immer häufiger in neuen kategorialen Systemen untergliedert.

d) Der Ländliche Raum als Instrument der Raumplanung

Es ist unbedingt erforderlich, die *funktionale* Vielfalt des Dorfes aufzuzeigen: am besten im Vergleich aus verschiedenen Teilbereichen der Bundesrepublik, um damit das Prinzip der Gemeindetypisierung zu verdeutlichen. Diesbezüglich hat die Geographie in Deutschland bereits früh mit Typisierungsversuchen eingesetzt, und zwar gezwungenermaßen, weil die Strukturen in bestimmten Teilbereichen des Landes (Baden-Württemberg) sehr komplex sind. Das Dorf soll also dargestellt werden in seiner neuen Funktion, wobei es wichtig ist, jeweils die richtige gesamtwirtschaftliche Einordnung vorzunehmen. Kontrastreiche Beispiele würden der Verdeutlichung sehr helfen.

e) Der Ländliche Raum als Raumordnungskategorie

Es sollte deutlich gemacht werden, daß die wirtschaftsstrukturellen Wandlungen des Ländlichen Raumes ihren Niederschlag in der Raumordnung gefunden haben. Die Differenzierung in Zonen mit unterschiedlicher funktionaler Bestimmung, die sich gegeneinander ergänzen und aufeinander beziehen, ist heute Kennzeichen der Raumordnung in der Bundesrepublik und muß daher entsprechend dargestellt werden. Auch hier wäre eine vergleichende Betrachtung sehr aufschlußreich, etwa die Nebeneinanderstellung von Gemeinden aus dem Rhein-Main-Verdichtungsraum, des Lahn-Dill-Gebietes als *Entleerungsraum*, des Knüll- oder Kellerwaldgebietes als *Erholungsraum* usw.. Dies ließe sich sehr gut verbinden mit dem Aspekt der *Industrialisierung des Ländlichen Raumes*, der ja ein wichtiges Anliegen der Raumplanung darstellt.

f) Der Ländliche Raum in der konkreten Raumplanung

Es sollten Beispiele angeführt werden, wie der Ländliche Raum in der Bundesrepublik insgesamt im Sinne eines *schéma directeur* in Raumkategorien, Gemeindetypen und zentralörtliche Versorgungsbereiche unterteilt ist. Dabei sollten politische und wirtschaftliche Zielsetzungen aufgezeigt, u. U. auch Planungsmodelle vorgestellt werden (z. B. Konzept der Wachstumspole, der multiplikatorischen Wirkung von Industrieinvestitionen, Entwicklungsbänder, Punkt-Achsial-Modell usw.).

e) Planungsmaßnahmen im Agrarsektor und in den Siedlungen

Konkrete Beispiele für durchgeführte Maßnahmen sollten in jedem Falle eingearbeitet werden. Soweit diese den Agrarsektor betreffen, sollten Fragen wie Flurbereinigung, Aussiedlung, Althofsanierung, Kredithilfen usw. angeführt und möglichst an Beispielen belegt werden. Vor allem kommt es dabei darauf an, die gewandelte Konzeption solcher Maßnahmen von der reinen betriebsstrukturellen zur integralen Raumordnungsmaßnahme hervorzuheben. Das gleiche würde gelten für Beispiele etwa des Dorferneuerungsprogramms, die zeigen sollten, daß es sich nicht um eine agrarstrukturelle, sondern um eine volkswirtschaftliche Aufgabe handelt.

Die Dimension der Themenstellung impliziert, daß dieser Empfehlungskatalog schon im Ansatz unkomplett, vielleicht sogar dilettantisch wirken muß. Er soll daher nicht viel mehr sein als eine Anregung für die Diskussion. Vielleicht genügen aber auch die Anregungen, um klarzumachen, daß die Vorstellung von einer heilen ländlichen Welt in der Bundesrepublik Deutschland nicht mehr zutrifft.

Zusammenfassung

Der tiefgreifende strukturelle Wandel, der den Ländlichen Raum der Bundesrepublik Deutschland und anderer europäischer und außereuropäischer Länder im Laufe der letzten Jahrzehnte gekennzeichnet hat, wirft die Frage auf, wie dieser Raum heute zu definieren ist. Zweifellos ist er heute mehr durch nichtagrarische Merkmale gekennzeichnet als durch die Landwirtschaft, mit der man ihn zuweilen bis heute identifiziert. Dies ist schon deshalb falsch, weil die Landwirte unter der Erwerbsbevölkerung auch in ländlichen Gemeinden heute meistens deutlich in der Minderzahl sind. Aber auch im äußeren Erscheinungsbild der ländlichen Siedlungen zeigt sich der funktionale Wandel, der sich vollzogen hat.

Trotz der funktionalen und physiognomischen Wandlungsvorgänge kann bei der Behandlung des Ländlichen Raumes die historische Entwicklung nicht ausgeklammert bleiben. Fragen der Siedlungsgenese dürfen auch heute nicht als Selbstzweck der Wissenschaft abgetan werden, sondern müssen auch im Bewußtsein der Öffentlichkeit geweckt und bei Strukturmaßnahmen im Ländlichen Raum berücksichtig werden. Gerade Mitteleuropa zeigt bezüglich der Grundrißtypen und Hausformen eine außerordentliche Vielfalt, die ein Spiegelbild der historischen Entwicklung des Ländlichen Raumes, ethnischer Differenzierungen, geplanter und ungeplanter Siedlungsmechanismen sowie wirtschaftlicher, politischer und rechtlicher Strukturen ist. Im ersten Kapitel geht dieser Beitrag andeutungsweise auf diese Fragen ein, wobei die regionale Differenzierung der Siedlungsformen (Abb. 1 und 2) sowie der Haus- und Gehöfttypen (Abb. 3 und 4) besonders hervorgehoben wird. Aber auch die Frage der Vererbungsformen (Abb. 5) die für die Persistenz oder den Wandel dieser genetischen Formen in starkem Maße verantwortlich sind, wird in diesem historischen Teil angesprochen.

Gerade durch die Erbsitten werden auch die Agrarstrukturen maßgeblich beeinflußt, die in Kap. 3 behandelt werden. Es wird deutlich, daß die Zahl der landwirtschaftlichen Betriebe in der Bundesrepublik Deutschland in den letzten Jahren stark geschrumpft ist, und daß von dem Schrumpfungsprozeß vornehmlich die Kleinbetriebe betroffen waren (Tab. 1 und Abb. 6). Nach wie vor liegen die durchschnittlichen Betriebsgrößen jedoch unter denen zahlreicher anderer europäischer Länder (Abb. 7). Daß die Betriebsaufgaben teilweise zu einem Wüstungsprozeß in der Landwirtschaft geführt haben, zeigt das Beispiel des Lahn-Dill-Gebietes (Tab. 2 und Abb. 8). Eine andere Konsequenz ist, daß sich Bodennutzung und Viehhaltung gewandelt haben (Tab. 3), und daß der Anteil der Nebenerwerbslandwirtschaft zugunsten der Vollerwerbslandwirtschaft ständig zurückgeht (Tab. 4 und 5).

In Anbetracht dieser tiefgreifenden Wandlungen im Ländlichen Raum ist es verständlich, daß sich Wissenschaftler, Planer und Politiker zunehmend mit dem Ländlichen Raum befassen. Dabei wird ein Dilemma besonders offenkundig: nämlich die Frage nach der definitorischen Abgrenzung dessen, was unter *Ländlichem Raum* zu verstehen ist. Diese Problematik wird in Kap. 4 diskutiert. Außerdem werden in diesem Kapitel einige Gliederungsversuche der Bundesrepublik Deutschland vorgestellt, die heute in der Raumplanung eine wichtige Rolle spielen: so die *Ökonomischen Strukturzonen* (Abb. 9) und die Untergliederung in *Planungseinheiten* (Abb. 10).

Schließlich werden einige Maßnahmen diskutiert, die im Sinne der Raumplanung im Ländlichen Raum Anwendung finden: beispielsweise die *Flurbereinigung* oder das *Dorferneuerungsprogramm.* Allerdings werden die Erläuterungen hierzu kurzgehalten, da der vorliegende Band konkrete Beiträge zu diesen Themen enthält.

Im abschließenden Kapitel werden synthetisierend einige thesenhafte Schlußfolgerungen gezogen. Es versteht sich indessen, daß sowohl die Darstellung des Ländlichen Raumes insgesamt als auch die thesenhafte Charakterisierung der heutigen Merkmale keinerlei Anspruch auf Vollständigkeit erheben können. Der Beitrag hat lediglich zum Anliegen, einige Grundtendenzen aufzuzeigen und auf die Problematik der Entwicklung im Ländlichen Raum der Bundesrepublik Deutschland hinzuweisen.

Résumé

La profonde mutation structurelle qui a caractérisé l'espace rural de la République fédérale d'Allemagne et d'autres pays européens et non-européens au cours des dernières décennies soulève la question de savoir comment celui-ci doit être défini aujourd'hui. Sans aucun doute à l'époque actuelle il se caractérise plutôt par des facteurs non-agraires que par l'agriculture avec laquelle on l'identifie parfois aujourd'hui encore. C'est faux par le seul fait que même dans les communes rurales aujourd'hui les agriculteurs sont dans la plupart des cas nettement en minorité parmi la population active. Mais c'est également dans l'apparence extérieure de l'habitat rural que se manifeste la mutation fonctionnelle qui s'est accomplie.

Malgré les processus de changement fonctionnel et physiognomonique le développement historique ne peut être exclu de la présentation de l'espace rural. Des questions relatives à la génèse de l'habitat ne doivent pas être considérées comme fin en soi de la science, mais elles doivent être suscitées également dans la conscience du public et prises en considération lors de mesures structurelles dans l'espace rural. C'est surtout en Europe centrale qu'il y a une variété extraordinaire de types de maison qui reflète le développement historique de l'espace rural, des différenciations ethniques, des mécanismes de colonisation planifiée et non planifiée ainsi que des structures économiques, politiques et juridiques. Dans le premier chapitre l'article aborde ces questions en faisant ressortir principalement la différenciation régionale des formes d'habitat (fig. 1 et 2) ainsi que des types de maison et de ferme (fig. 3 et 4). Mais dans cette partie historique on aborde également la question concernant les droits d'héritage (fig. 5), causes importantes des permanences ou de la mutation de ces formes génétiques.

Ce sont surtout les droits d'héritage qui influent de manière décisive sur les structures agraires qui sont traitées au chapitre 3. On voit clairement que le nombre des exploitations agricoles en République fédérale d'Allemagne a fortement diminué pendant les dernières années et que le processus de diminution a affecté notamment les petites exploitations (tableau 1 et fig. 6). Cependant les superficies moyennes sont toujours inférieures à celles de beaucoup d'autres pays européens (fig. 7). L'exemple de la région Lahn-Dill (tableau 2 et fig. 8) montre que la disparition d'exploitations a déclenché parfois un processus d'abandon dans l'agriculture. Une autre conséquence est le changement de l'utilisation du sol et de l'élevage (tableau 3) et la diminution permanente de l'exploitation à temps partiel en faveur de l'exploitation à temps plein (tableaux 4 et 5).

En raison des mutations profondes dans l'espace rural, les scientifiques, aménageurs et hommes politiques s'occupent de plus en plus de celui-ci. Lors de leurs études ils se heurtent notamment à la difficulté de sa définition, à la question de savoir ce qu'on comprend par *espace rural*. Ce problème est discuté au chapitre 4. En outre on y expose quelques essais de structuration en République fédérale d'Allemagne qui aujourd'hui jouent un rôle important dans l'aménagement du territoire, comme par exemple les *Ökonomische Strukturzonen* (fig. 9) et la subdivision en *Planungseinheiten in der Bundesrepublik Deutschland* (fig. 10).

Finalement on discute quelques mesures qui dans le cadre de l'aménagement du territoire sont appliquées dans l'espace rural comme par exemple *le remembrement* ou *le programme relatif à la rénovation des villages*. Cependant l'exposé n'entre pas dans les détails parce que le présent volume contient des articles concrets sur ces sujets.

Au chapitre final on tire quelques conclusions en formes de thèses. Bien sûr, la présentation de l'espace rural ainsi que des caractéristiques actuelles ne peut pas être complète. L'article ne veut que montrer quelques tendances fondamentales et signaler les problèmes du développement dans l'espace rural de la République fédérale d'Allemagne.

Literatur

AB = Agrarbericht der Bundesregierung. Bonn (jährlich).

Andreae, B.: Betriebsformen in der Landwirtschaft. Stuttgart 1964.

Andreae, B. und Greiser, E.: Strukturen deutscher Agrarlandschaft – Landbaugebiete und Fruchtfolgesysteme in der Bundesrepublik Deutschland. Bonn-Bad Godesberg 1978[2] (*Forschungen zur deutschen Landeskunde* 199).

ASB = Agrarstrukturbericht der Bundesregierung. Bonn (jährlich).

Bartels, D.: Die heutigen Probleme der Land- und Forstwirtschaft in der Bundesrepublik Deutschland. Paderborn 1980 (*Fragenkreise* 23160).

Becker, K.: Das Konzept der ausgeglichenen Funktionsräume. In *Grundriß der Raumordnung* (Hannover 1982) 232–240.

Blankenburg, P. von: Einführung in die Agrarsoziologie. Stuttgart 1962.

Born, M.: Die Entwicklung der deutschen Agrarlandschaft. Darmstadt 1974 (*Erträge der Forschung* 29).

Born, M.: Geographie der ländlichen Siedlungen 1 – Die Genese der Siedlungsformen in Mitteleuropa. Stuttgart 1977.

Brake, K.: Zum Verhältnis von Stadt und Land – Historie, Ursachen und Veränderungsmöglichkeiten der Siedlungsstruktur in der Bundesrepublik Deutschland. Köln 1980.

Buchenauer, R.: Dorferneuerung in Hessen – Methoden, Auswirkungen und Konsequenzen eines konjunkturpolitischen Programms. Marburg 1983 (*Marburger Geographische Schriften* 90).

Buchhofer, E.: Axialraum und Interaxialraum als raumordnungspolitische Strukturkategorie. Marburg 1977 (*Marburger Geographische Schriften* 75).

Buchhofer, E. (Hrsg.): Flächennutzungsveränderungen in Mitteleuropa. Marburg 1982 (*Marburger Geographische Schriften* 88).

Bundesminister für Ernährung, Landwirtschaft und Forsten (Hrsg.): Die Verbesserung der Agrarstruktur in der Bundesrepublik Deutschland 1979 und 1980 – Bericht des Bundes und der Länder über den Vollzug der Gemeinschaftsaufgabe Verbesserung der Agrarstruktur und des Küstenschutzes. o. O. o. J. (um 1980).

Bundesminister für Ernährung, Landwirtschaft und Forsten (Hrsg.): Das neue Flurbereinigungsgesetz. Münster-Hiltrup 1976 (*Schriftenreihe für Flurbereinigung* – Sonderheft).

Deutsche Landwirtschaftsgesellschaft (Hrsg.): Landwirtschaft in der Europäischen Gemeinschaft – Fragen zur Situation unserer Partner. Frankfurt 1981 (*Archiv der DLG* 67).

Eckart, K.: Landwirtschaftliche Probleme europäischer Länder. Frankfurt 1981 (*Materialien zur Geographie – Sekundarstufe II*).

ECKART, K.: Die Entwicklung der Landwirtschaft im hochindustrialisierten Raum. Paderborn 1982 (*Fragenkreise* 23559).

FLURBEREINIGUNG, NATURSCHUTZ UND LANDSCHAFTSPFLEGE – Empfehlungen der Arbeitsgemeinschaft Flurbereinigung. Münster-Hiltrup 1980 (*Schriftenreihe des Bundesministers für Ernährung, Landwirtschaft und Forsten Reihe B – Flurbereinigung* – Sonderheft).

FUCHS, G.: Die Bundesrepublik Deutschland. Stuttgart 1983[3].

FOURASTIÉ, J.: Le grand espoir du XXe siècle. Paris 1963.

FÜR DAS DORF – Gestaltung des ländlichen Lebensraumes durch Dorfentwicklung. Stellungnahme des Fachbeirats Dorfentwicklung des Instituts für Kommunalwissenschaft der Konrad-Adenauer-Stiftung e. V. Köln 1983.

GANSER, K.: Strategie zur Entwicklung peripherer ländlicher Räume. Göttingen 1980 (*Agrarsoziale Gesellschaft – Materialsammlung* 144).

GATZWEILER, H. P.: Der Ländliche Raum – benachteiligt für alle Zeiten? In *Geographische Rundschau* 31 (1979) 10–16.

GRADMANN, R.: Das ländliche Siedlungswesen des Königreichs Baden-Württemberg. Stuttgart 1913 (*Forschungen zur deutschen Landes- und Volkskunde* 21).

GREES, H.: Unterschichten mit Grundbesitz in ländlichen Siedlungen Mitteleuropas. In *40. Deutscher Geographentag Insbruck 1975 – Tagungsbericht und wissenschaftliche Abhandlungen* (Wiesbaden 1976) 312–331.

HENKEL, G.: Dorferneuerung – Die Geographie der ländlichen Siedlungen vor neuen Aufgaben. In *Geographische Rundschau* 31 (1979) 137–142.

HENKEL, G.: Der Strukturwandel ländlicher Siedlungen in der Bundesrepublik Deutschland. Paderborn 1982[2] (*Fragenkreise* 23507).

HENKEL, G. (Hrsg.): Dorfbewohner und Dorfentwicklung – Vorträge und Ergebnisse der Tagung in Bleiwäsche vom 17.–19. 3. 1982. Paderborn 1982 (*Essener Geographische Arbeiten* 2).

HENKEL, G. (Hrsg.): Die ländliche Siedlung als Forschungsgegenstand der Geographie. Darmstadt 1983 (*Wege der Forschung* 616).

HENNING, F. W.: Landwirtschaft und ländliche Gesellschaft in Deutschland – 2 Bde. Paderborn 1976, 1978.

ISBARY, G.: Konsequenzen der agrarstrukturellen Wandlungen in der Raumplanung. Wiesbaden 1962 (*Arbeitsgemeinschaft zur Verbesserung der Agrarstruktur in Hessen* – Sonderheft 9).

ISENBERG, G.: Das Einkommen in Stadt und Land. In *Agrarpolitik – Betriebslehre.* Neudamm 1943 (*Forschungsdienst* – Sonderheft 18).

ISENBERG, G.: Die Ballungsgebiete in der Bundesrepublik Deutschland. Hannover 1957 (*Veröffentlichungen des Instituts für Raumforschung und Landesplanung* – Vorträge 6).

ISENBERG, G.:Ballungsgebiete in der Bundesrepublik Deutschland. In *Handwörterbuch der Raumforschung und Raumordnung* (Hannover 1970).

KLEMMER, P.: Abgrenzung strukturgefährdeter ländlicher Räume – Indikatoren für die Arbeitsmarktsitutation. In *Veröffentlichungen der Akademie für Raumforschung und Landesplanung – Forschungs- und Sitzungsberichte* 128 = Strukturgefährdete ländliche Räume – zur Notwendigkeit einer Ziel- und Instrumentenrevision (1979) 1–24.

KLUCZKA, G.: Zur Planungssituation ländlicher Notstandsgebiete. In *Colloquium Geographicum* 15 = Planen und Lebensqualität (1982) 61–72.

KÖTTER, H.: Landbevölkerung im sozialen Wandel. Düsseldorf/Köln 1958.

LÄNDLICHER RAUM = *Geographie und Schule* (Themenheft) 4 (1982).

LAUX, H.-D. und THIEME, G.: Die Agrarstruktur in der Bundesrepublik Deutschland. In *Erdkunde* 32 (1978) 182–198.

LINDE, H.: Grundfragen der Gemeindetypisierung. Bremen 1953 (*Forschungs- und Sitzungsberichte der Akademie für Raumforschung und Landesplanung* III).

MAICHEL, G.: Agrarstrukturelle Probleme und räumliche Gesamtplanung. Köln 1982 (*Schriftenreihe des Instituts für Landwirtschaftsrecht der Universität Göttingen* 26).

MAYER, K.: Ein Beitrag zur Frage der Notstandsgebiete. In *Raumforschung und Raumordnung* 1 (1937) 200.

MONHEIM, R.: Aktiv- und Passivräume. In *Raumforschung und Raumordnung* 30 (1970) 51–58.

MÜLLER-WILLE, W.: Haus- und Gehöftformen in Mitteleuropa. In *Geographische Zeitschrift* 42 (1936) 123–138.

NIGGEMANN, J.: Zur Definition landwirtschaftlicher und ländlicher Problemgebiete. In *Bochumer Geographische Arbeiten* 13 = Ländliche Problemgebiete (1972) 1–6.

NIGGEMANN, J.: Die Agrarstruktur- und Kulturlandschaftsentwicklung. In *Geographische Rundschau* 32 (1980) 171–176.

NITZ, H.-J.: Agrargeographie – Wissenschaftliche Grundlegung. In *Praxis Geographie* 12 (1982) 5–9.

OTREMBA, E.: Agrargeographische Probleme der Europäischen Gemeinschaft. In *Geographische Zeitschrift* 67 (1979) 95–103.

OTREMBA, E.: Der Agrarwirtschaftsraum der Bundesrepublik Deutschland. Wiesbaden 1970 (*Erdkundliches Wissen = Geographische Zeitschrift – Beihefte* 24).

PLANCK, U. und ZICHE, J.: Land- und Agrarsoziologie – eine Einführung in die Soziologie des ländlichen Raumes und des Agrarbereiches. Weihenstephan 1979.

PLETSCH, A.: Die nordhessische Agrarstruktur unter dem Einfluß der Wirtschaftszentralität Kassels. Marburg 1972 (*Marburger Geographische Schriften* 56).

RÖHM, H.: Die westdeutsche Landwirtschaft – Agrarstruktur, Agrarwirtschaft und landwirtschaftliche Anpassung. München/Basel 1964.

RÖHM, H.: Die Vererbung des landwirtschaftlichen Grundeigentums in der Bundesrepublik Deutschland – 1959/60. In OTREMBA, E. (Hrsg.): Atlas der deutschen Agrarlandschaft – Blatt I/5. Wiesbaden 1962.

RÖHM, H.: Landesplanerische Aspekte der Agrarpolitik in Baden-Württemberg. In *Veröffentlichungen der Akademie für Raumforschung und Landesplanung – Forschungs- und Sitzungsberichte* 68 = Landesplanerische Aspekte der Entwicklung der Land- und Forstwirtschaft in Baden-Württemberg (1972) 41–58.

SCHILLING, H. VON: Regionale Schwerpunkte intensiver Landbewirtschaftung – Konflikte zwischen Produktivitätssteigerung und Umwelt. In *Geographische Rundschau* 34 (1982) 88–95.

SCHLÜTER, O.: Die Siedlungsräume Mitteleuropas in frühgeschichtlicher Zeit. Remagen 1952, 1954, 1958 (*Forschungen zur deutschen Landeskunde* 63, 74, 110).

SCHMIDT, K.: Dorferneuerung und Flurbereinigung – Ziele, Richtlinien, Förderung. Würzburg 1982 (*Kommunalforschung für die Praxis* 11).

SCHRÖDER, K.-H.: Das bäuerliche Anwesen in Mitteleuropa. In *Geographische Zeitschrift* 62 (1974) 241–255, 264–271.

SCHRÖDER, K.-H. und SCHWARZ, G.: Die ländlichen Siedlungsformen in Mitteleuropa. Grundzüge und Probleme ihrer Entwicklung. Bonn-Bad Godesberg 1969 (*Forschungen zur deutschen Landeskunde* 175).

SCHULZE VON HANXLEDEN, P.: Extensivierungserscheinungen in der Agrarlandschaft des Dillgebietes. Marburg 1972 (*Marburger Geographische Schriften* 54).

SCHWARZ, G.: Allgemeine Siedlungsgeographie. Berlin 1959.

STRUKTURWANDEL UND STRUKTURPOLITIK IM LÄNDLICHEN RAUM. Stuttgart 1978 (Festschrift H. Röhm).

TANGERMANN, S.: Landwirtschaft im Wirtschaftswachstum – Verlauf, Ursachen und agrarpolitische Beeinflussung des landwirtschaftlichen Anpassungsprozesses. Hannover 1975.

TAUBMANN, W.: Räumliche Disparitäten. Das Beispiel der Bundesrepublik Deutschland. In *Geographie heute* 1 (1980) 2–11.

TESDORPF, J. C.: Zur Kritik des punkt-achsialen Systems der Landesplanung mit Beispielen aus Baden-Württemberg. In *41. Deutscher Geographentag Mainz 1977 – Tagungsbericht und wissenschaftliche Abhandlungen* (Wiesbaden 1978) 176–182.

THARUN, E.: Die Planungsregion Untermain – zur Gemeindetypisierung und inneren Gliederung einer Verstädterungsregion. Frankfurt 1975 (*Rhein-Mainische Forschungen* 81).

UHLIG, H. und LIENAU, C. (Hrsg.): Materialien zur Terminologie der Agrarlandschaft – 3 Bde. Gießen 1978[2], 1972, 1974.

VOPPEL, G.: Aktiv- und Passivräume. Bonn-Bad Godesberg 1961 (*Forschungen zur deutschen Landeskunde* 132).

WAGNER, J.: Die deutschen Dorfformen. In *Geographische Rundschau* 1 (1949) 385–389.

WALK, F. (Hrsg.): Dorf-, Landschafts-, Umweltplanung im ländlichen Raum. Berlin 1982 (*Dorf-Forum Berlin 1982 – Internationale Grüne Woche* 19).

WEGE ZUR STABILISIERUNG LÄNDLICHER RÄUME – Bevölkerung, Arbeitsplätze, Infrastruktur und Versorgung. Münster-Hiltrup 1982 (*Schriftenreihe des Bundesministers für Ernährung, Landwirtschaft und Forsten, Reihe A – Angewandte Wissenschaft* 268).

WEHLING, H.-W.: Probleme der Raumordnung am Beispiel des Verstädterungsprozesses ländlicher Gemeinden. Frankfurt 1975 (*Geographische Zeitfragen* 7).

WEHLING, H.-W. (Hrsg.): Das Ende des alten Dorfes? Stuttgart 1980.

WENZEL, H.-J.: Agrarstrukturen und Agrarräume. Stuttgart 1981 (*Studienreihe Geographie/Gemeinschaftskunde* 5).

WINDHORST, H.-W.: Spezialisierung und Strukturwandel in der Landwirtschaft. Paderborn 1981[2] (*Fragenkreise* 23480).

Berichte/Statistiken

AGRARBERICHTE DER BUNDESREGIERUNG (mit Materialbänden). Bonn (jährlich).

AGRARSTRUKTURBERICHT DER BUNDESREGIERUNG. Bonn (jährlich).

STATISTISCHES BUNDESAMT: Bevölkerung und Wirtschaft 1872–1972. Stuttgart 1972.

STATISTISCHES BUNDESAMT: Ausgewählte Zahlen für die Agrarwirtschaft – Fachserie 3/1. Wiesbaden (jährlich).

ST.JB.ELF. = STATISTISCHES JAHRBUCH ÜBER ERNÄHRUNG, LANDWIRTSCHAFT UND FORSTEN DER BUNDESREPUBLIK DEUTSCHLAND. Münster-Hiltrup (jährlich).

DIE VERBESSERUNG DER AGRARSTRUKTUR IN DER BUNDESREPUBLIK DEUTSCHLAND. Bonn (regelmäßig – zuletzt 1979/80).

Die Landwirtschaft und ihre Wandlungen

Alfred Pletsch

Die Landwirtschaft in Frankreich*

Bis heute ist verbreitet die Vorstellung anzutreffen, daß Frankreich eine rückständige, unterentwickelte, auf Selbstversorgung ausgerichtete, schmutzige oder gar verwahrloste Landwirtschaft habe. Solche Vorstellungen stützen sich nur selten auf eigene kritische Beobachtungen, sondern sind häufig entstanden durch Berichte der älteren Generation, die das Land während zweier Weltkriege kennengelernt haben. Sie sind aber nicht selten auch genährt durch „wissenschaftliche" Darstellungen, die teilweise mit unglaublichen Klischees die Bevölkerung, speziell die ländliche Bevölkerung, und den Agrarsektor unseres Nachbarlandes beschrieben haben. Dies läßt sich weit in der Geschichte zurückverfolgen, und nur wenige Beispiele mögen es belegen. So äußerte sich der berühmte Fürst PÜCKLER im Jahre 1833 über das ländliche Frankreich:

„Es ist etwas Düstres, Mageres, ich möchte sagen Greisenhaftes über der Landschaft und den Dörfern eines großen Teils von Frankreich ausgebreitet, was einen bei längerem Aufenthalt geradezu bedrückt." (HB.D.AK. 1930/I: 59).

Einige Jahrzehnte später äußert sich THEODOR FONTANE in gleicher Weise, was er wie folgt begründet:

„Die Ursache liegt im Steinbau, in der gelben Tünche und in der Abwesenheit des Dorfbaumes. Unsere Dörfer liegen im Schatten, die französischen liegen im Licht" (ebda.: 59).

Auch die Behauptung, daß Frankreich in erster Linie ein Bauernland sei, findet sich, und dies in Anbetracht des hohen Erwerbsbevölkerungsanteils in diesem Wirtschaftssektor zu Recht, immer wieder in der Literatur. So schreibt G. WELTER im Jahre 1927:

„La France reste avant tout un pays agricole, un pays des paysans . . .",

oder Henri SÉE wenige Jahre später:

„Während ringsum große Industriestaaten entstanden sind, ist Frankreich ein Bauernland, eine ländliche Demokratie geblieben. Entscheidend hierfür war der fehlende Druck wachsender Volksmassen, der in anderen Ländern die Entwicklung bestimmte" (SÉE 1936/II: 573-74).

Während sich diese Aussagen noch sachlich mit der starken Dominanz des Agrarsektors befassen, finden sich andere, die stärker eine Bewertung vornehmen und damit natürlich zur Klischeebildung in besonderer Weise beigetragen haben. So schreibt E. SCHEU (1923:121 ff.) unter Bezug auf den Engländer DELL:

„Nach ihm ist die allgemeine Bildung bei den Franzosen nicht zu hoch anzuschlagen, die Unkenntnis in wirtschaftlichen Fragen ist selbst unter den intelligentesten Franzosen erstaunlich. Nicht die elementarsten Probleme des Wirtschaftslebens werden verstanden [. . . .] Neben der Bourgeoisie besteht eine unabhängige Bauernschaft mit eigenem, wenn auch meist kleinem Besitz. Im größten Teil des ländlichen Frankreichs hat die Kirche ihre Macht verloren; die Bauern sind am stärksten antiklerikal."

PROF. DR. ALFRED PLETSCH – Fachbereich Geographie der Philipps-Universität Marburg D-3550 Marburg/Lahn

* Dieser Beitrag ist eine etwas veränderte und erweiterte Fassung einer in der *Zeitschrift für Agrargeographie* 2 (1984)197–219 erschienenen Darstellung.

Auf solchen Vorstellungen basieren dann wohl auch andere Klischees, die sich wie folgt anhören:

„Die bäuerliche Sittlichkeit: Vor der Ehe herrscht eine weitgehende Liebesfreiheit – ledige Kinder werden eher als Empfehlung denn als Schande für das Mädchen angesehen, weil sie für ihre Gesundheit sprechen"(Hb.d.Ak. 1930/I: 59)

oder

„An den Zuständen mag die allgemeine Unbildung des französischen Bauerntums mit Schuld haben. Wohl hat die Dritte Republik durch das Unterrichtsgesetz von Jules Ferry die allgemeine Schulpflicht eingeführt; aber die allgemeine bäuerliche Hartnäckigkeit, der Widerstand der Geistlichkeit gegen die Staatsschule und die geschichtliche Abneigung der Bauern gegen die Obrigkeit hemmen die Auswirkungen dieses Gesetzes so sehr, daß noch heute jede Rekrutenaushebung Analphabeten und Halbanalphabeten in ziemlich beträchtlicher Menge feststellen muß. Dabei ist zu berücksichtigen, daß die französischen Kinder seltener zu landwirtschaftlichen Arbeiten herangezogen werden als in Deutschland, ja sie wohnen zumeist nicht bei den Eltern, sondern werden, weil der Raum im Elternhaus nicht ausreicht, von den Großeltern erzogen, die sie nur zu den Mahlzeiten den Eltern zuschicken. Die Mitbetätigung im Hofbetrieb kommt also in Frankreich als Grund für die Abneigung gegen die Schule kaum in Frage. Und so findet sich denn auch der reiche Bauernsohn, nachdem er die Dorfschule und etwa noch ein Jahr lang die höhere Stadtschule besucht hat, mit zwölf oder dreizehn Jahren als unbezahlter Ackerknecht auf dem Hof seiner Eltern, wo er bis zur Dienstzeit bleibt; kehrt er dann zurück, wird ihm sein eigener Hof eingerichtet, und er heiratet. Nur an Markttagen kommt er in die Stadt, und diese seltenen Gelegenheiten bilden die einzigen Bildungsfaktoren seines Lebens; er liest nichts, auch keine Zeitung; er kennt nur seine Arbeit, und diese empfindet er als Last. Die Markttage und die kirchlichen Feiertage bilden die einzige Abwechslung in diesem grauen, gelangweilten Bauernleben" (ebda.: 58-59).

Die Reihe solcher und ähnlicher Darstellungen ließe sich fortsetzen, und vor dem Hintergrund einer dermaßen verzerrenden und unqualifizierten Berichterstattung wundert es nicht, daß viele unsachliche und falsche Vorstellungen in der Bevölkerung verbreitet sind. Es gilt also, diese Vorstellungswelt ein wenig zurechtzurücken, auch vor dem Hintergrund, daß leider viele dieser Klischees in die Schulbücher eingegangen sind und insofern auch über lange Zeit tradiert wurden.

Die Frage, wie solche Klischees in der Literatur haben entstehen können, ist natürlich berechtigt, denn hier sollte man ja zumindest voraussetzen, daß sie auf einer faktischen Grundlage entwickelt worden sind, anders als bei vielen Kriegsteilnehmern, die einfach aus ihrem subjektiven Eindruck heraus zu verständlichen Mißinterpretationen gelangen konnten. Betrachtet man die konkreten Fakten, so kann man durchaus feststellen, daß die französische Landwirtschaft von einer Reihe von Ungunstmerkmalen geprägt war, ohne daß diese deshalb in jedem Falle zu Interpretationen der Art berechtigt hätten, wie sie an den Beginn dieses Beitrages gestellt wurden. Diese Ungunstmerkmale betrafen insbesondere die agrarstrukturellen Gegebenheiten, und sie blieben bis in die Zeit nach dem Zweiten Weltkrieg für viele Teile des Landes kennzeichnend, Aspekte, die übrigens nicht nur die Landwirtschaft betrafen. Wenige Zahlen verdeutlichen, daß Frankreich nach dem Ende des Zweiten Weltkrieges im Vergleich zu anderen europäischen Ländern in der Tat deutliche Kennzeichen einer retardierten Wirtschaftsentwicklung aufwies. Neben der schon historisch angelegten regionalen Unausgewogenheit der Wirtschaft mit einem deutlichen zentral-peripheren Gefälle der Wirtschaftskraft dokumentiert sich diese Feststellung z. B. auch in der Tatsache, daß noch im Jahre 1955 rund 27 % der Erwerbsbevölkerung in der Landwirtschaft tätig waren. In einzelnen Teilregionen lag dieser Anteil sogar erheblich über diesem nationalen Mittelwert, so im Aquitanischen Bekken bei rund 45 %, in der Bretagne und in der unteren Loire-Region bei fast 50 % (Pletsch 1981: 48).

Wenn damit der erwerbsstrukturelle Aspekt außerordentlich unausgewogene Merkmale aufwies, so stellte sich der agrarstrukturelle Bereich nicht viel günstiger dar.

55,8 % der ca. 2,3 Mill. landwirtschaftlicher Betriebe bewirtschafteten 1955 weniger als 10 ha landwirtschaftliche Nutzfläche (LN); weitere 23,5 % verfügten über Betriebsgrößen zwischen 10 und 20 ha. Den verbleibenden 20,7 % der Betriebe mit mehr als 20 ha LN standen 60,2 % der LN zur Verfügung, d. h. es bestand ein krasser Gegensatz zwischen kleinbetrieblicher Landwirtschaft auf der einen und Großgrundbesitz auf der anderen Seite. Freilich spiegeln diese Zahlen nicht die enormen regionalen Unterschiede innerhalb des Landes wider. Besonders in den Weinbaugegenden des mediterranen und aquitanischen Frankreich liegen die Kleinbesitzanteile bis heute erheblich über dem nationalen Durchschnittswert.

Ein dritter Aspekt sei ebenfalls kurz angedeutet: die Eigentumsverhältnisse und Bewirtschaftungsformen. Besonders im Norden und Nordwesten Frankreichs sind bis heute die historischen Eigentumsverhältnisse, die in ihren Ursprüngen bis in die hochmittelalterliche Feudalzeit zurückreichen, nachvollziehbar. Der Großgrundbesitz der *Châtelins,* einer grundbesitzenden Adelsschicht, die in ihren zahllosen Schlössern und Manoirs jahrhundertelang ein höfisches Leben pflegten, ist bis heute zum größten Teil verpachtet an eine bäuerliche Bevölkerung, die in früheren Jahrhunderten in einer starken sozialen und wirtschaftlichen Abhängigkeit von den feudalen Großgrundbesitzern lebte (Bloch 1960).

Im Süden des Landes haben sich demgegenüber Anteilspachtformen erhalten, besonders in Form der *metayage,* die in ihrem Prinzip der mittelitalienischen *Mezzadria* ähnelt. Bis in die Nachkriegszeit war der Anteil von *metayage*-Betrieben im mediterranen Frankreich recht bedeutend, wenngleich sich schon seit langer Zeit die Ablösung dieses alten Pachtsystems durch Geldpachtformen (*fermage*) auch hier abzeichnet. Immerhin ist für Gesamtfrankreich kennzeichnend, daß der Landanteil, der nicht vom Landeigentümer selbst bewirtschaftet wird, im Vergleich zu anderen europäischen Ländern sehr hoch liegt.

1. Einige historische und formale Kennzeichen der französischen Agrarlandschaft

Die wenigen Andeutungen bezüglich der historischen Ausformung unterschiedlicher Strukturen bedürfen zumindest einer gewissen Vertiefung. Auch wenn diese hier nicht umfassend geleistet werden kann, so sollen doch einige Entwicklungsmerkmale aufgezeigt werden. Eines dieser Merkmale ist der immer wieder beschworene Gegensatz zwischen Paris und dem Rest Frankreichs, sicherlich auch ein Klischee, das so nicht stimmt, an dem die Franzosen aber selbst nicht unschuldig sind. Bis in unsere Zeit findet dieses Klischee ja gerne Verwendung; es sei nur auf Buchtitel wie *Paris et le désert français* (Gravier 1947) oder *La France du vide* (Béteille 1981) hingewiesen. Etwas inhaltsreicher ist das alte französische Sprichwort:

Chartres sans pain
Bordeaux sans vin
Paris sans science
Adieu la France.

Es weist darauf hin, daß sich die Landwirtschaft Frankreichs schon immer sehr deutlich regional differenziert, aber auch darauf, daß der Kopf des Ganzen in der Hauptstadt zu suchen ist. Die Kompetenzen sind genau abgesteckt, und dies reicht weiter, als man es bei der Betrachtung der Landwirtschaft vermuten möchte.

Jeder, der sich mit Frankreich etwas näher befaßt, stößt schnell auf die Besonderheiten dieser Struktur. Das höfische Leben einer seit dem Frankentum immer stärker werdenden Adelsschicht, die insbesondere im Zentrum des Landes in der Nähe des Hofes lebte oder aber das höfische Leben auf das Land verlagerte, ist nur ein Kennzeichen. Mit diesem Glanz verbindet sich aber auch die Schattenseite einer starken Abhängigkeit der bäuerlichen Schichten, die seit dem Mittelalter unter diesen Feudalstrukturen zu leiden hatten. Der Adel, die Kirche, später das Großbürgertum, waren die Besitzer des Landes, wenngleich sie nicht unbedingt auf diesem Land selbst lebten, sondern es absentistisch verwalten ließen. Der Gegensatz zwischen den Grundherren *(seigneurs)* auf der einen und den abhängigen *fermiers* auf der anderen Seite zieht sich wie ein roter Faden durch die französische Agrargeschichte bis hin zur Revolution und darüber hinaus. Die Pächter oder Vasallen waren dem Grundherrn zu zahlreichen Abgaben verpflichtet, z. B. zur allgemeinen Bauernsteuer *(la taille)*, zur Salzsteuer *(la gabelle)* oder zur Zehntabgabe *(la dîme)*. Darüber hinaus wurden sie natürlich zu Frondiensten herangezogen und unterlagen zahlreichen Bannrechten wie dem Mühlenbann *(banalité du moulin)*, dem Kelterbann *(banalité du pressoir)* oder dem Backofenbann *(banalité du four)*.

Viele Landschaften Frankreichs tragen bis heute die äußeren Kennzeichen dieser Feudalverhältnisse. Die vielen Schlösser, Burgen, Manoirs und Gutshäuser im Ländlichen Raum, z. B. in der Normandie oder im Bordelais, sind ein historisches Zeugnis dieser Strukturen, auch wenn sie heute oft in ihrem vernachlässigten Zustand darauf hinweisen, daß sich die Verhältnisse deutlich verändert haben. Im Gegensatz zu diesen Prachtbauten finden sich dann die ärmlichen Bauernkaten, an denen sich wahrscheinlich in der Vergangenheit die Klischees entwickelt haben. Durch die Revolution wurde am 4. August 1789 die Leibeigenschaft offiziell abgeschafft. Das heißt, daß vor rund 200 Jahren die Vorzeichen für eine neue Entwicklung gesetzt wurden, ganz im Gegensatz zu Deutschland, wo sich beispielsweise schon teilweise seit dem Hochmittelalter, vor allem aber seit der frühen Neuzeit namentlich im Norden und Osten eine Gutsbauernschicht mit einem starken bäuerlichen Traditionsbewußtsein entwickelt hat. Dieses Bewußtsein scheint sich in Frankreich aus den besagten Gründen heraus nie in der gleichen Weise ausgebildet zu haben, was sich beispielsweise darin ausdrückt, daß das Anerbenrecht so gut wie nirgends Anwendung findet. Die Betriebe werden meistens an die Nachfolger verkauft oder verpachtet, und auf den hohen Anteil an Pachtflächen wurde ja bereits hingewiesen.

Es wäre indessen falsch, die Abschaffung der Grundherrenrechte durch die Französische Revolution als Neubeginn einer freien bäuerlichen Entwicklung zu verstehen. Zwar war der Kirchen- und teilweise der Adelsbesitz im Zuge der Nationalgüterveräußerung fast ausnahmslos verkauft worden, die landlosen Bauern oder Kleinbesitzer hatten jedoch meist nicht das Geld, um dieses Land zu erwerben. Vielmehr traten als Käufer Beamte, Adelige, Kaufleute, Notare u. a. auf, die zu einer neuen Großgrundbesitzerschicht avancierten, und die natürlich dieses Land erneut verpachteten, weil sie häufig zur eigenen Bewirtschaftung nicht gewillt oder in der Lage waren. Somit hat sich an den alten Strukturen nichts Grundlegendes geändert, was bis heute durch die Agrarstrukturverhältnisse gerade in der Ile de France deutlich in Form von dominierendem Großgrundbesitz und hohen Pachtanteilen durchschimmert. Die im CODE NAPOLÉON verfügte Realerbteilung *(partage égalitaire)* blieb weitgehend unwirksam, weil mit Beginn des 19. Jahrhunderts der demographische Niedergang Frankreichs einsetzte, der auch den Ländlichen Raum erfaßte. Insgesamt hatte die französische Landwirtschaft somit ein schweres historisches Erbe zu verkraften, das lange Zeit hindurch ein schwerer Hemmschuh für die moderne Entwicklung darstellte.

Diese Überlegung trifft nicht nur für die Besitzverhältnisse und die Agrarproduktion zu, sondern sicherlich auch für die Siedlungen, wenngleich diese auch an anderen Kriterien gemessen werden müssen. Hier sind auch regionale Einflüsse zu berücksichtigen. Dennoch ist der immer wieder beschworene „ärmliche" Charakter der französischen Dörfer auch eine Auswirkung der tatsächlichen Armut, die hier herrschte.

Betrachtet man diese Siedlungen unter siedlungsgenetisch-formalen Gesichtspunkten, so scheint ihre Vielfalt sehr viel geringer zu sein als im übrigen Mitteleuropa. Grob kann man Frankreich in zwei große Typengebiete untergliedern, nämlich

a) den Norden und Nordosten des Landes als Gebiete mit geschlossenen Siedlungen
b) Gebiete mit Streusiedlungen bzw. Einzelhöfen, die den Westen und Südwesten, das Zentralmassiv und die Alpenregion kennzeichnen.

Daneben finden sich einige Mischgebiete, wie etwa in den historischen Landschaften des Berry, Bourbonnais und Orléanais im Loirebogen oder das mediterrane Frankreich (Abb. 1).

Die Erklärung für diese regionale Verteilung ist nicht leicht, jedoch scheint ein Bezug zu ethnischen Strukturen, den man in Mitteleuropa gerne herzustellen geneigt ist, in

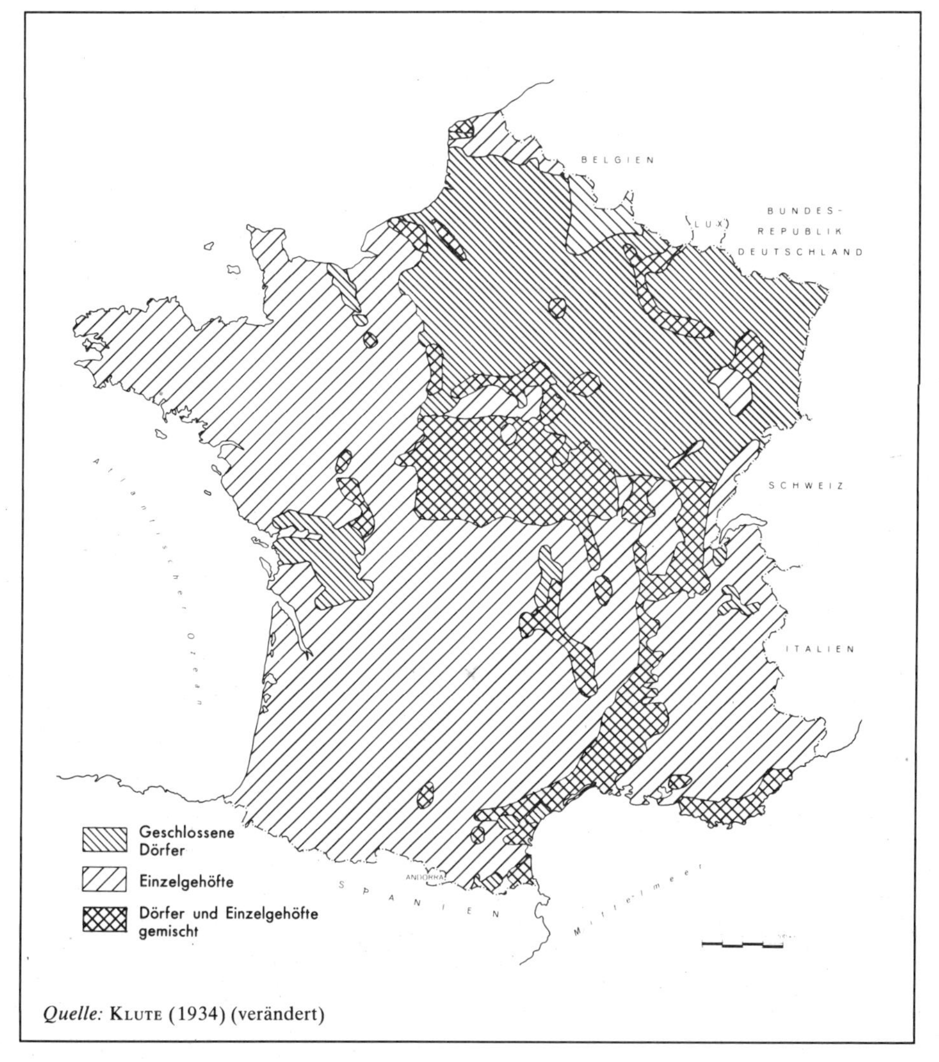

Quelle: KLUTE (1934) (verändert)

Abb. 1: Verbreitung der Siedlungstypen in Frankreich
Répartition des types d'habitat en France

Frankreich nicht in dem Maße zuzutreffen. Manche Autoren glauben, daß auf den großen Kalkflächen des nördlichen Landesteils aufgrund der unterschiedlichen Wasserverfügbarkeit keine Streusiedlung möglich war, während im atlantischen Klimaeinflußbereich, in Gebieten mit stärkeren Viehwirtschaftsanteilen die Einzelhöfe an Bedeutung gewinnen konnten. Plausibler ist jedoch die Auffassung, daß im Kerngebiet Frankens die geschlossene Siedlung nicht zuletzt auch als soziale Organisationsform entstanden ist, während sich im ‚Keltischen Westen' die ursprüngliche Streusiedlung erhalten hat. Die Tatsache, daß die offenen Agrarlandschaften Nord- und Nordostfrankreichs, die teilweise mit Löß überweht sind, schon früh besiedelt wurden, mag auch erklären, daß regelhafte Kolonisationsformen (Straßendorf, Hufendorf usw.) in Frankreich selten sind. Mit Ausnahme einiger kleinerer Siedlungsräume in Lothringen, im Bereich des Jura (Waldhufen) oder der Normandie (sowohl Waldhufen als auch Straßendörfer) überwiegt das Haufendorf (Abb. 2).

Ein anderer Aspekt sind die Haus- und Gehöftformen, die sich innerhalb des Landes sehr deutlich differenzieren. In Anlehnung an A. Demangeon (1946) kann man vier Gehöftgrundtypen in Frankreich unterscheiden:

a) Geschlossene Gehöftformen *(maison à cour fermée)*
b) Offene Gehöftformen *(maison à cour ouverte)*
c) Eingeschossige Bauweise der Gehöfte *(maison-bloc à terre)*
d) Mehrgeschossige Bauweise *(maison-bloc en hauteur)*

Die geschlossenen Gehöftformen (Abb. 3) haben eine auffällige Verbreitung im Kerngebiet der fränkischen Besiedlung in der Ile de France. Sie haben durchaus Ähnlichkeiten mit dem fränkischen Gehöft Mitteleuropas, zumindest in der Form des Vierseithofes. Auch die Bezeichnung *ferme* für Bauernhof (wohl aus *fermé* = geschlossen) weist auf die geschlossenen Hofanlagen im Kerngebiet der fränkischen Besiedlung hin. Die geschlossenen Vierseit- oder Vierkanthöfe sind besonders charakteristisch in der Champagne, der Picardie, im Artois und in der Beauce.

Die offenen Hofanlagen sind das besondere Kennzeichen Westfrankreichs (Abb. 4). Am extremsten sind sie ausgebildet in der Normandie, teilweise auch in der Bretagne, wo sich viele Wirtschaftsgebäude um das Wohnhaus herum „scharen". Dabei kommt als weiteres charakterisierendes Element das Baumaterial hinzu. Typisch für die Normandie sind die Fachwerkbauten, deren Vorbild die Holzkonstruktionen der Wikingerschiffe sein sollen (Normannen = Nordmannen), oder die Granitgebäude in der Bretagne. Als ein Grund für die Streuung der Gebäude wird hin und wieder der Schutz vor der Brandgefahr angeführt, die natürlich bei der früher dominierenden Riedbedeckung sehr groß war.

Die eingeschossigen Haus- und Hofformen haben in Frankreich die größte regionale Verbreitung. Sie finden sich sowohl bei den geschlossenen wie bei den offenen Siedlungsformen (Abb. 5), während die mehrgeschossige Bauweise praktisch auf Südfrankreich beschränkt ist. Hier könnte man sich klimabedingte Abhängigkeiten vorstellen (Abb. 6).

Zu erwähnen wären sicherlich zahlreiche Sonderformen ländlicher Siedlungen. Auf ihre Behandlung muß jedoch aus Platzgründen verzichtet werden. Insgesamt kann man wohl sagen, daß sich klare Strukturen in der Siedlungslandschaft ebenso herausarbeiten lassen wie bei den Besitzverhältnissen und Abhängigkeitsformen. Allerdings ist deren Vielfalt nicht so groß wie in anderen Bereichen Mitteleuropas, besonders im Vergleich zu Deutschland, wo sich ja ein sehr breites Spektrum sowohl in den Siedlungs- als auch in den Sozialstrukturen ergibt. Gleichwohl existieren auch in Frankreich deutliche regionale Unterschiede, die sich zweifellos aus der geographischen Lage und den entsprechenden äußeren Rahmenbedingungen ergeben, die aber gleichermaßen Ausdruck von historischen Besitzverhältnissen sind, die bis weit in die Geschichte zurückreichen.

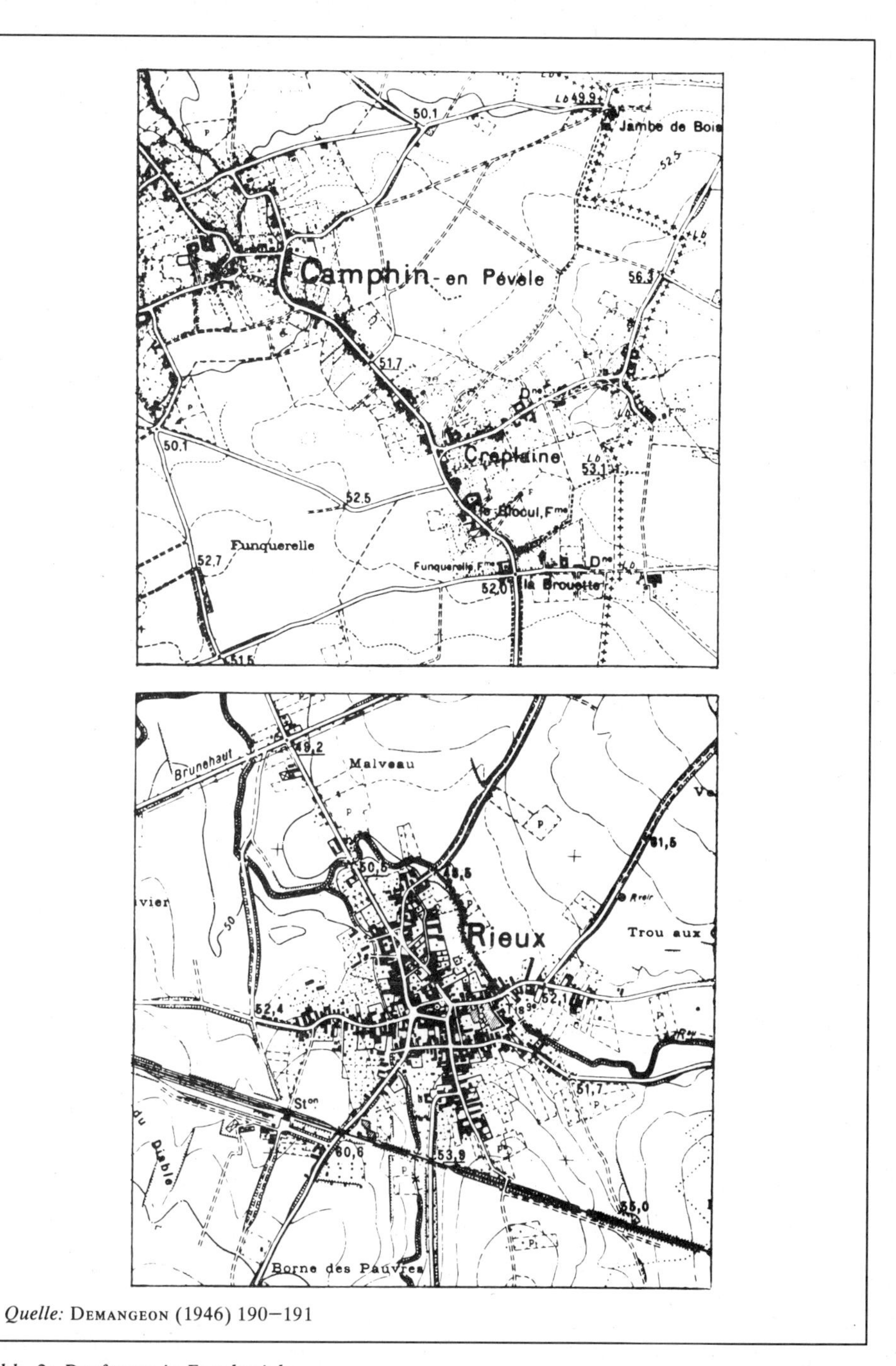

Quelle: Demangeon (1946) 190–191

Abb. 2: Dorftypen in Frankreich
Straßendorf (Camphin-en-Pévèle) und sternförmiges Haufendorf (Rieux)
Types de village en France
Village allongé (Camphin-en-Pévèle) et village ramassé en étoile (Rieux)

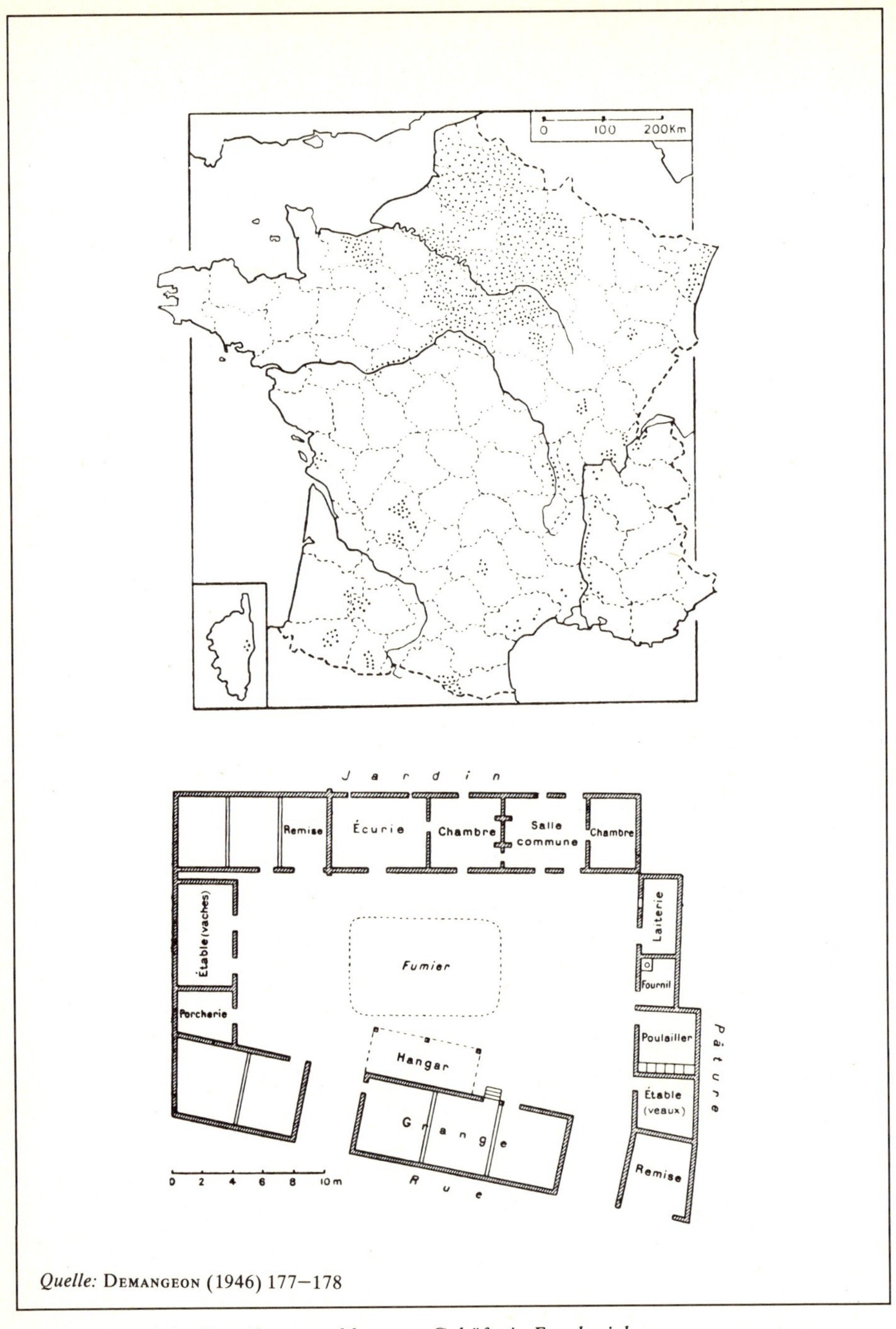

Quelle: DEMANGEON (1946) 177–178

Abb. 3: Räumliche Verteilung geschlossener Gehöfte in Frankreich
Beispiel: Hof in Coisy (Picardie)
Répartition de la maison à cour fermée en France
Exemple: ferme à Coisy (Picardie)

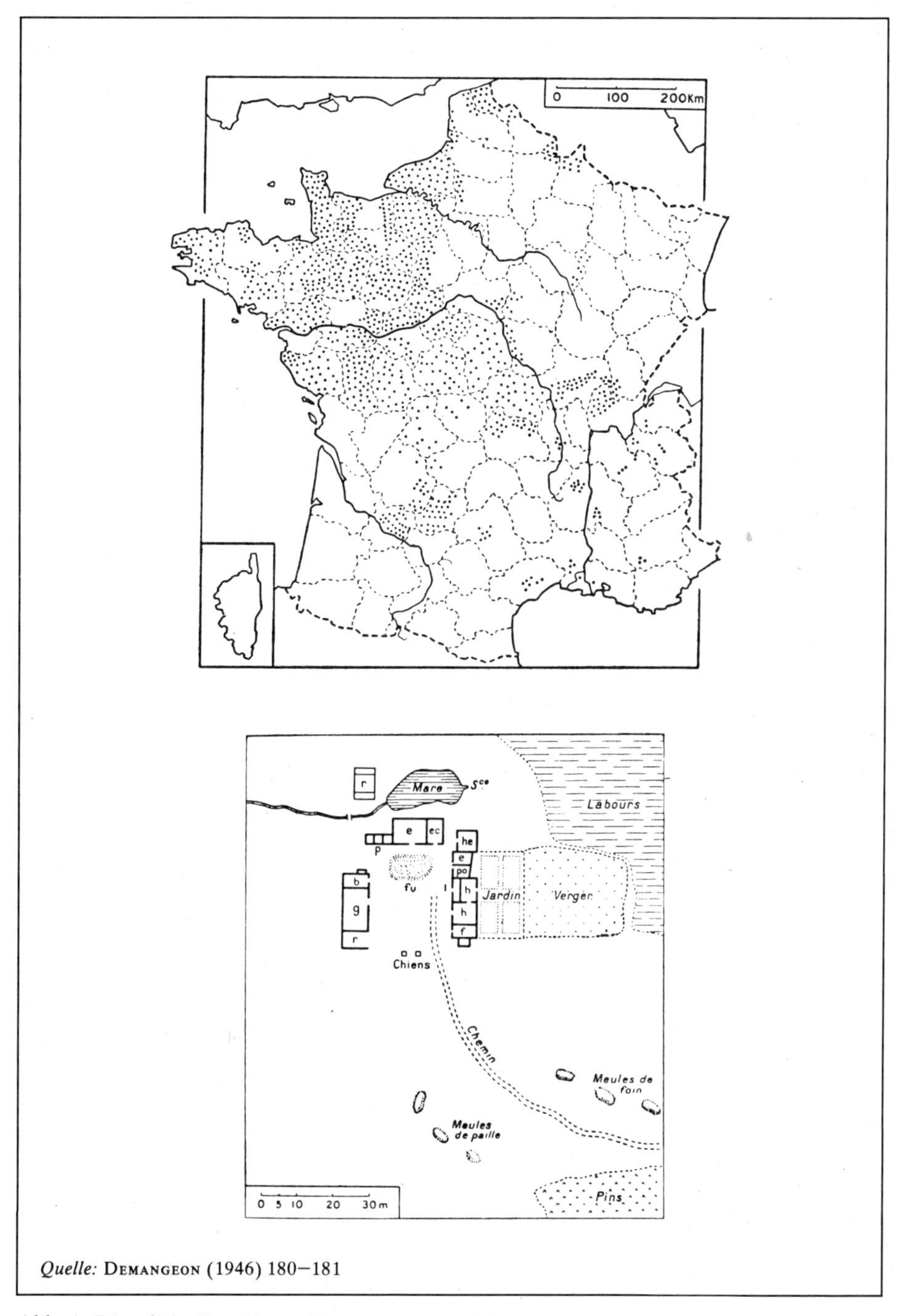

Quelle: Demangeon (1946) 180–181

Abb. 4: Räumliche Verteilung offener Gehöfte in Frankreich
Beispiel: Hofanlage in Menestreau-en-Vilette (Loiret)
Répartition de la maison à cour ouverte en France
Exemple: ferme à Menestreau-en-Vilette (Loiret)

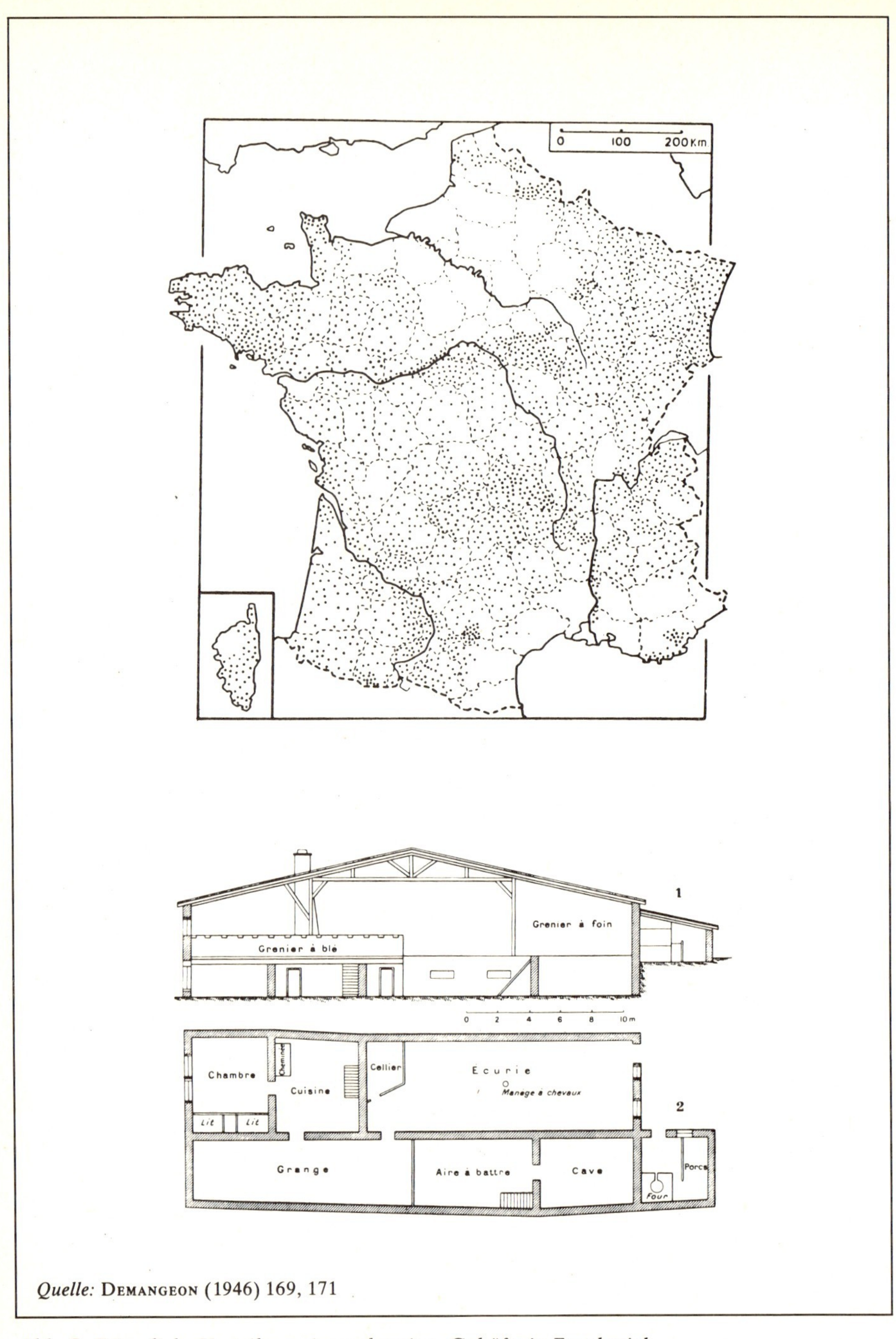

Quelle: DEMANGEON (1946) 169, 171

Abb. 5: Räumliche Verteilung eingeschossiger Gehöfte in Frankreich
Beispiel: Bauernhof in Hammeville (Meurthe-et Moselle)
Répartition de la maison-bloc à terre en France
Exemple: ferme à Hammeville (Meurthe-et-Moselle)

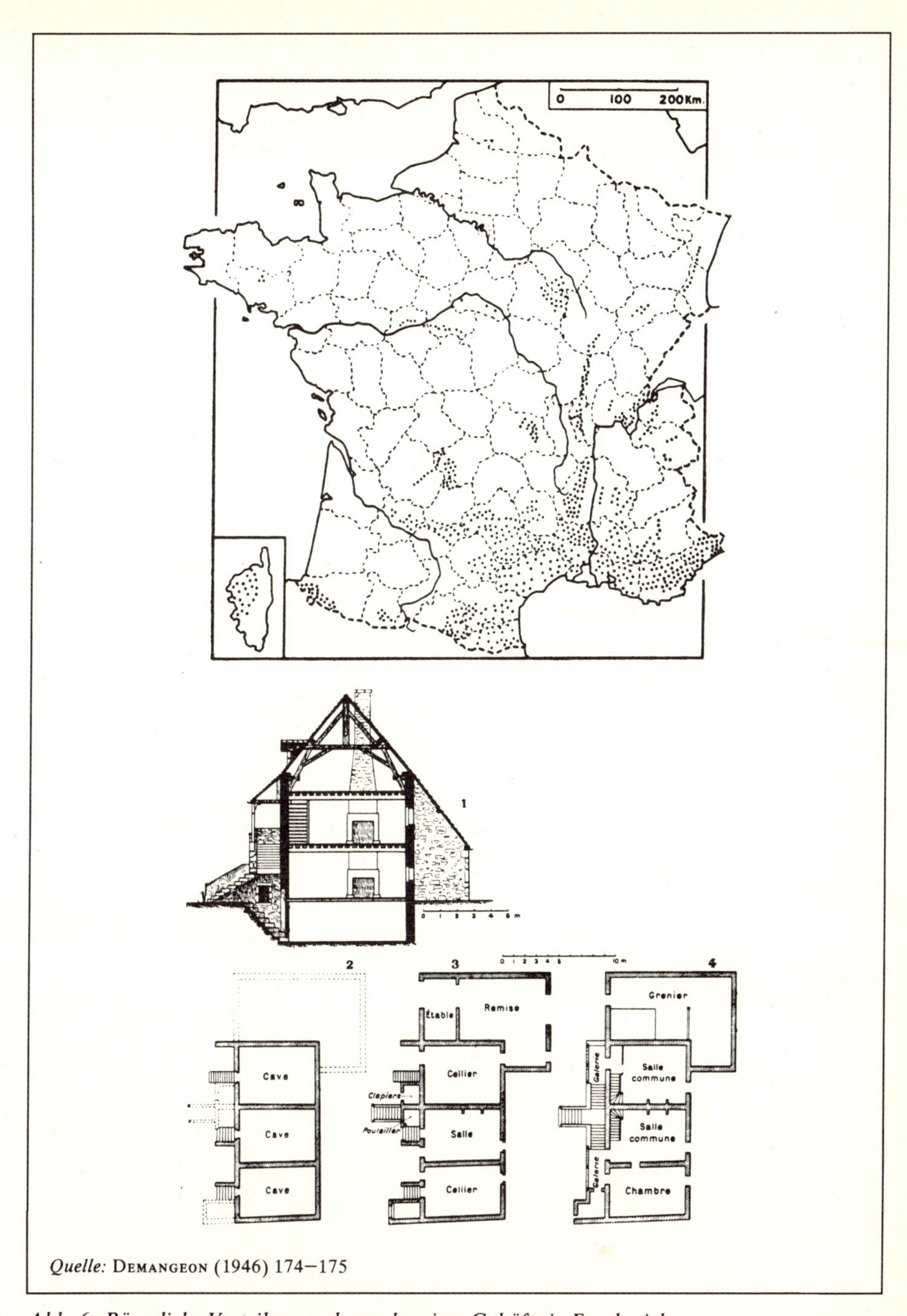

Quelle: Demangeon (1946) 174–175

Abb. 6: Räumliche Verteilung mehrgeschossiger Gehöfte in Frankreich
Beispiel: Bauernhof im Bas-Vivarais
Répartition de la maison-bloc en hauteur en France
Exemple: ferme au Bas-Vivarais

2. Wandlung und Beharrung im Laufe von drei Jahrzehnten

Vor diesem historischen Hintergrund kann mit einer gewissen Berechtigung die französische Landwirtschaft mitsamt den Lebensverhältnissen im Ländlichen Raum der 1950er Jahre im Vergleich zu anderen Ländern Mitteleuropas als in vielen Belangen rückständiger bezeichnet werden. Zieht man diesen Vergleich heute, so hat sich Frankreich zu einem der modernsten Agrarländer Europas entwickelt. Ein Zeitraum von knapp 30 Jahren hat ausgereicht, um diese Metamorphose zu bewirken. Dennoch finden sich auch heute noch Gegenden, die an diese rasche Entwicklung keinen oder nur wenig Anschluß gefunden haben.

Daß dieser Umwandlungsprozeß nicht einheitlich verlaufen ist, hängt zum Teil mit der heterogenen physisch-geographischen Raumausstattung zusammen, die für Frankreich kennzeichnend ist. Fruchtbaren, lößüberwehten Beckenlandschaften in Nordfrankreich stehen karge, klimatisch rauhe Gebirgslandschaften im Zentral-Massiv oder in den Alpen gegenüber. Klimatisch ergibt sich ein breites Spektrum zwischen dem extrem maritimen Klima der bretonischen Halbinsel, dem stärker kontinental geprägten Osten oder dem mediterranen Süden des Landes.

Auch strukturell war der Ausgangspunkt der Entwicklung nicht einheitlich. Extrem kleinbesitzliche Strukturen in Südfrankreich standen im Kontrast zu den Großgrundbesitzungen der Ile der France. Im Pariser Becken finden sich ausgedehnte offene Ackerbaulandschaften, im Westen zieht sich ein Grünlandgürtel von der Loire-Mündung bis nach Flandern, im Süden und Südwesten dominieren Dauerkulturen, besonders Wein- und Obstbau. Diese großräumigen Unterschiede erlauben es, die Agrarlandschaft Frankreichs generalisierend in mehrere Agrarlandschaftsgroßtypen zu untergliedern:

a) Offene Ackerbaulandschaften mit Großbesitzstrukturen, heute überwiegend getreidebaulich genutzt. Die französische Bezeichnung *campagne* impliziert dabei das flache, weitgehend hecken- oder waldfreie Relief, wie es im Pariser Becken und seinen östlichen Randlandschaften, aber auch in der Niedernormandie (Campagne de Caen) und in den Charentes südlich der Loire-Mündung charakteristisch ist.

b) Vom Agrarlandschaftstyp her völlig verschieden ist die westfranzösische Heckenlandschaft, die häufig mit dem Begriff *bocage* charakterisiert wird. Die Bocagelandschaft, in der die Viehhaltung eine wichtige Rolle spielt, bildet einen fast lückenlosen Gürtel entlang des atlantischen Saumes zwischen dem Loire-Mündungsgebiet (Vendée) bis nach Flandern, wobei die Bretagne die geschlossenste Hecken- und Knicklandschaft darstellt.

c) Der Agrarlandschaftstyp Südfrankreichs mit einem mediterranen und einem aquitanischen Teil ist charakterisiert durch Weinbau und Sonderkulturanbau, wobei die Bewässerungslandwirtschaft in den letzten Jahrzehnten ständig an Bedeutung gewonnen hat (Melot 1983). Im aquitanischen Teil des Midi fehlt der Ölbaum als mediterranes Element, die Agrarstrukturen sind stärker durch große Domänen geprägt als dies im mediterranen Teil Südfrankreichs der Fall ist. Generell dominieren hier Klein- und Mittelbetriebe.

d) Sonderstellungen nehmen die Gebirgsbereiche, aber auch einige Küstenabschnitte ein. Die Marsch- und Sumpfgebiete (z. B. Marais Poitevin, Sologne) sind bis heute nur teilweise meliorativ erschlossen, oft stellen sie extensiv genutzte Areale dar. Häufig hat sich hier bis heute die Teichwirtschaft erhalten, so in den Dombes nördlich von Lyon, in der Sologne im Loire-Bogen südlich von Orleans oder in Lothringen (vgl. Dalichow 1970 und Pletsch 1981[2]). Die Hochgebirgslandschaften unterliegen einem Wandlungsprozeß, der sich häufig in Abwanderung und Wüstungserscheinungen dokumentiert. In den großen Kieferwäldern der Landes oder in den Macchie- und Garriguegebieten des mediterranen Südfrankreich hat die Landwirtschaft nur sporadisch Bedeutung, aber auch hier haben sich z. T. Sonderformen der Nutzung entwickelt.

Durchschnittswerte, die sich auf Gesamtfrankreich beziehen, sind vor dem Hintergrund dieser Gliederung jeweils nur beschränkt aussagekräftig. Dennoch seien zunächst einige das ganze Land betreffende Flächennutzungswerte vorangestellt (Tab. 1).

Im Vergleich 1948 zu 1982 zeigt sich, daß sich nur leichte Veränderungen der Acker- und Gründlandanteile ergeben. In dem Rückgang des Ackerlandes und der leichten Zunahme des Grünlandes dokumentiert sich jedoch ein Wandlungstrend, der durch Formen der Betriebsvereinfachung und veränderter Nutzungsausrichtung charakterisiert ist.

Deutliche Veränderungen ergeben sich im Bereich der Dauerkulturen. Der starke Rückgang ist um so überraschender, als die Bestrebungen zur Ausweitung z. B. des Obstbaus in Südfrankreich im Zusammenhang mit dem Ausbau von Bewässerungsland in den 1960er Jahren sehr umfangreich gewesen sind (Pletsch 1977). Auch die starke Rückläufigkeit der „ungenutzten Agrarflächen" verdient Erwähnung. Sie sind zum großen Teil durch Aufforstung oder aber durch Nutzungswandel im nichtagrarischen Sektor einer anderen Bestimmung zugeführt worden.

Daß diese Zahlen jedoch nur unzureichend die Wandlungen der französischen Landwirtschaft verdeutlichen, wird klar, wenn man sich den starken Rückgang der Zahl der landwirtschaftlichen Betriebe vor Augen hält (Tab. 2).

Die regionale Differenzierung der durchschnittlichen Betriebsgrößenklassen wird in Abb. 7 deutlich. Dabei ist ein klares zentralperipheres Gefälle erkennbar, in dem sich in den agrarischen Kerngebieten der Ile de France, und damit in den großen Getreidebaulandschaften die höchsten Durchschnittswerte finden, während zur Peripherie hin generell eine Abnahme der Durchschnittsgrößen festzustellen ist.

In gleicher Weise ergibt sich eine „Polarisierung" der französischen Agrarlandschaft im Hinblick auf die Bewirtschaftungsformen. Nur die Hälfte der landwirtschaftlichen Betriebe wird in Eigenbewirtschaftung vom Landeigentümer genutzt *(faire-valoir direct)*, die übrigen Betriebe werden in unterschiedlichen Pachtformen bewirtschaftet. Dabei dominiert heute ganz eindeutig die Geldpacht *(fermage)*, die in Nordfrankreich seit der Revolution fast überall üblich ist. Vorher wurde der Pachtzins im allgemeinen in Form von Naturalabgaben entrichtet.

	Jahr			
	1948		1982	
Nutzung	*Fläche* (1000 ha)	*Anteil* (%)	*Fläche* (1000 ha)	*Anteil* (%)
Ackerland	18 949	34,4	17 624	32,1
Dauergrünland	12 302	22,3	12 734	23,2
Wein, Obst und sonstige Dauerkulturen	1 213	3,9	1 374	2,5
Wald	11 100	20,1	14 619	26,5
Ungenutzte Agrarfläche	6 036	11,0	2 720	5,0
Nichtagrarische Flächen	4 586	8,3	5 839	10,6
Gesamt	55 104	100,0	54 919	100,0

Quelle: MA (1983) 5

Tab. 1: Flächennutzungsveränderungen in Frankreich 1948–1982
Changements de l'utilisation du sol en France 1948–1982

In Südfrankreich, insbesondere in den Weinbaugebieten der Gironde (Bordelais) und in den Landes, im Languedoc und in der Provence, aber auch im Bourbonnais an der Nordabdachung des Zentralmassivs und im Beaujolais hat bis heute das *métayage*-System eine gewisse Bedeutung. Dabei handelt es sich um ein Anteilspachtsystem, bei dem traditionell die Erträge jeweils zur Hälfte zwischen dem Landeigentümer und dem Anteilspächter aufgeteilt wurden. Im vorrevolutionären Frankreich war diese Pachtform der Normalfall, was sich bis heute in der häufig auch in Nordfrankreich vorkommenden Bezeichnung *métairie* dokumentiert. Durch die Revolution und die durch sie erfolgte Nationalgüterveräußerung wurde dem System dann jedoch eine einschneidende Veränderung zuteil. Dennoch konnte es sich vor allem in den o. g. Gebieten, und damit im wesentlichen an der südlichen Peripherie des Landes, stärker behaupten.

Einen relativ starken Rückgang erfuhr das *métayage*-System im Jahre 1946, als gesetzmäßig die Anteile der Vertragspartner neu festgelegt wurden. Seitdem stehen dem Pächter *(métayer)* zwei Drittel, dem Landeigentümer ein Drittel des Ertrages zu. Die seit Mai 1981 im Amt befindliche sozialistische Regierung hat dem *métayage*-System, dem noch 3,9 % der landwirtschaftlichen Betriebe im Lande unterliegen, den endgültigen Kampf angesagt.

	Betriebe							
	Anzahl		Anteil in den Größenklassen (%)					
Programmregion	1967	1979	<5 ha	5-10 ha	10-20 ha	20-50 ha	50-100 ha	>100 ha
Ile de France	15,2	11,7	28,5	6,8	8,2	19,2	19,4	17,9
Champagne-Ardenne	41,7	37,3	37,5	5,2	5,3	17,6	22,9	11,5
Picardie	36,5	28,1	19,0	6,3	10,1	31,8	20,7	12,1
Haute-Normandie	39,4	28,5	24,2	12,9	15,5	28,7	14,4	4,8
Centre	89,6	66,2	24,8	8,4	11,8	26,7	20,1	8,2
Basse-Normandie	84,9	64,6	21,2	15,6	22,7	31,8	7,6	1,1
Bourgogne	67,1	47,1	23,2	9,8	12,0	24,8	21,8	8,4
Nord-Pas-de-Calais	53,8	38,4	20,2	10,0	21,1	39,4	8,0	1,3
Lorraine	50,3	34,1	30,0	11,0	11,4	22,0	18,7	6,9
Alsace	40,3	27,7	47,8	14,9	16,2	17,8	3,0	0,3
Franche-Comté	34,0	24,7	21,1	8,8	13,6	39,1	15,8	1,6
Pays de la Loire	151,6	110,9	23,4	10,0	17,6	41,8	6,8	0,4
Bretagne	168,6	118,6	24,8	15,1	27,7	30,5	1,8	0,1
Poitou-Charentes	94,0	69,9	25,7	9,8	16,0	33,1	13,3	2,1
Aquitaine	130,2	98,2	26,8	18,6	27,1	23,5	3,4	0,6
Midi-Pyrénées	140,6	104,4	18,2	14,0	25,2	32,4	8,2	2,0
Limousin	53,4	36,6	11,2	15,9	26,1	34,5	10,7	1,6
Rhône-Alpes	153,7	110,9	31,9	18,7	23,1	21,8	3,8	0,7
Auvergne	81,6	56,8	15,4	13,3	22,2	34,0	12,1	3,0
Languedoc-Roussillon	111,6	83,7	55,5	14,7	14,2	10,2	3,6	1,7
Prov.-Alpes—Côte d'Azur	77,8	57,2	59,0	14,2	13,3	9,6	2,5	1,4
Corse	9,2	7,0	35,0	14,5	20,2	22,0	6,0	2,3
Frankreich insgesamt	1 725,1	1262,5	28,3	13,2	19,3	27,5	9,0	2,7

Quelle: I.N.S.E.E. (1983) 376 (leicht verändert)

Tab. 2: Die landwirtschaftlichen Betriebsgrößen in den Programmregionen Frankreichs nach dem Agrarzensus 1979/80
Les tailles des exploitations agricoles dans les 'régions de programme' selon le R.G.A. 1979/80

Interessante Aspekte der strukturellen Wandlungen ergeben sich bei der Betrachtung der Selbstbewirtschaftung *(faire-valoir direct)*, deren Anteil im Landesdurchschnitt gegenüber den 1930er Jahren um rund 10 Prozent abgenommen hat, die aber regional ein sehr differenziertes Bild zeigt. So ist zu beobachten, daß der östliche Landesteil fast überall Abnahmen bei der Selbstbewirtschaftung aufweist, die um so stärker werden, je weiter man nach Osten gelangt. In Westfrankreich hat man dagegen die umgekehrte Entwicklung mit stärker werdenden Zunahmen, je weiter man in den Westen gelangt.

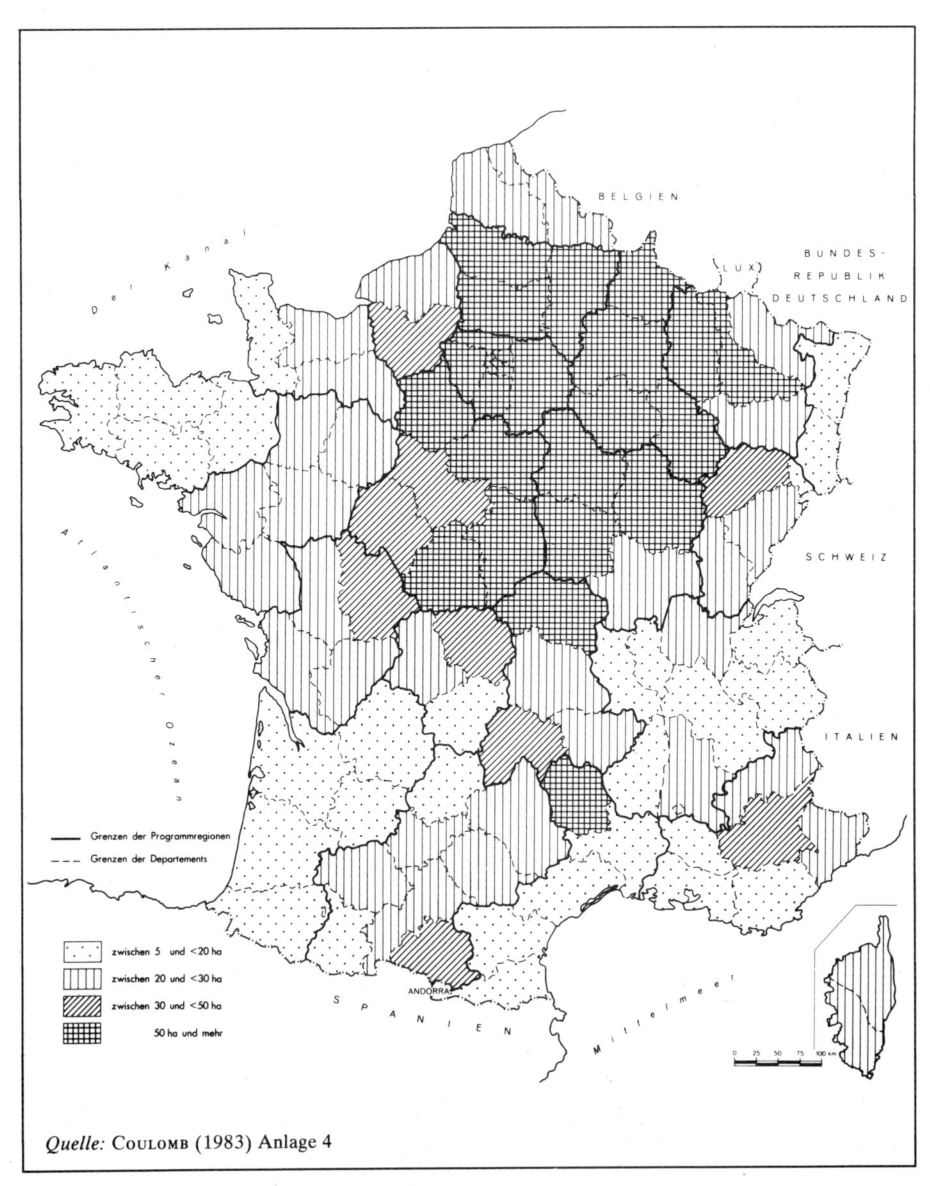

Quelle: Coulomb (1983) Anlage 4

Abb. 7: Durchschnittliche Größe der landwirtschaftlichen Betriebe in Frankreich 1982
La taille moyenne des exploitations agricoles en France 1982

Auf die landwirtschaftliche Nutzfläche bezogen lag die Bretagne am höchsten mit einer Zunahme von rund 17 Prozent im Zeitraum von 1946 bis 1979 (Tab. 3 und Abb. 8).

Zeigt sich in dieser Beziehung ein deutlicher Ost-West-Gegensatz innerhalb des Landes, so gibt es auch ein ausgeprägtes Nord-Süd-Gefälle in vielerlei Hinsicht. In Südfrankreich scheint insgesamt eine deutlichere Beharrungstendenz ausgeprägt zu sein. Dies gilt u. a. für die Einstellung gegenüber Strukturmaßnahmen, die zur Verbesserung der Bewirtschaftungsgrundlage durchgeführt werden. So liegt der Anteil flurbereinigter Flächen in Südfrankreich erheblich unter dem in Nordfrankreich, insbesondere im Vergleich zum Pariser Becken, wo rund drei Viertel der landwirtschaftlichen Nutzflächen seit 1950 bereinigt wurden (vgl. meinen Beitrag über *Maßnahmen zur Verbesserung . . .* in diesem Band).

Ein weiterer struktureller Gesichtspunkt sei kurz angesprochen, nämlich die sozialökonomische Differenzierung der Betriebsleiter in der französischen Landwirtschaft (Abb. 9). Die strukturellen Wandlungen der letzten 30 Jahre haben zweifellos dazu geführt, daß der Anteil der Nebenerwerbsbetriebe stark zurückgegangen ist. Im Jahre 1981 betrug er lediglich noch 22 % im nationalen Mittel, während 56 % als Vollerwerbsbetriebe bewirtschaftet wurden.

Die regionalen Unterschiede sind auch diesbezüglich beträchtlich. So fallen z. B. in der Programmregion Languedoc-Ronssillon nur 33 % aller Betriebe in die Kategorie der Vollerwerbsbetriebe, während ein ebenso großer Anteil im Nebenerwerb bewirtschaftet wird. Hohe Anteile von Nebenerwerbsbetrieben finden sich außerdem in Nord-

	Anteil (%)			
Programmregion	1946	1955	1970	1979
Ile de France	37	24,4	29,9	32,3
Champagne-Ardenne	70	49,8	48,4	45,8
Picardie	46	27,0	29,6	31,6
Haute-Normandie	30	27,8	30,6	34,8
Centre	43	37,1	41,3	43,2
Basse-Normandie	43	39,1	36,7	39,8
Bourgogne	49	43,9	43,0	42,6
Nord-Pas-de-Calais	40	26,4	24,9	26,5
Lorraine	72	59,5	54,3	50,5
Alsace	85	71,3	60,4	53,7
Franche-Comté	70	57,5	52,8	49,6
Pays de la Loire	32	32,4	34,6	38,4
Bretagne	39	39,2	47,4	55,8
Poitou-Charentes	49	49,5	54,1	55,7
Aquitaine	65	73,4	74,9	76,6
Midi-Pyrénées	69	76,6	77,0	75,7
Limousin	62	67,6	67,1	67,4
Rhône-Alpes	68	68,8	62,6	58,6
Auvergne	57	55,2	52,4	52,1
Languedoc-Roussillon	78	81,8	77,3	75,7
Provence-Alpes-Côte d'Azur/ Corse	70	75,3	70,1	66,7
Frankreich insgesamt	55	52,3	51,8	52,3

Quelle: Brun (1983) 19

Tab. 3: Anteile der vom Eigentümer selbst bewirtschafteten LN an der gesamten LN 1946–1979
Le pourcentage du faire-valoir direct sur la S.A.U. totale 1946–1979

ostfrankreich (Lothringen 30 %, Elsaß 39 %). Die Vollerwerbsbetriebe haben traditionell ihre Schwerpunkte im Pariser Becken, wo sie fast überall 70 % aller Betriebe ausmachen. Deutlich angestiegen ist ihr Anteil aber auch in Westfrankreich, z. B. in der Bretagne, wo 61 %, im Pays de la Loire, wo 64 % dieser Kategorie zuzuordnen sind (sämtliche Zahlen für 1981 aus M.A. 1983: 27).

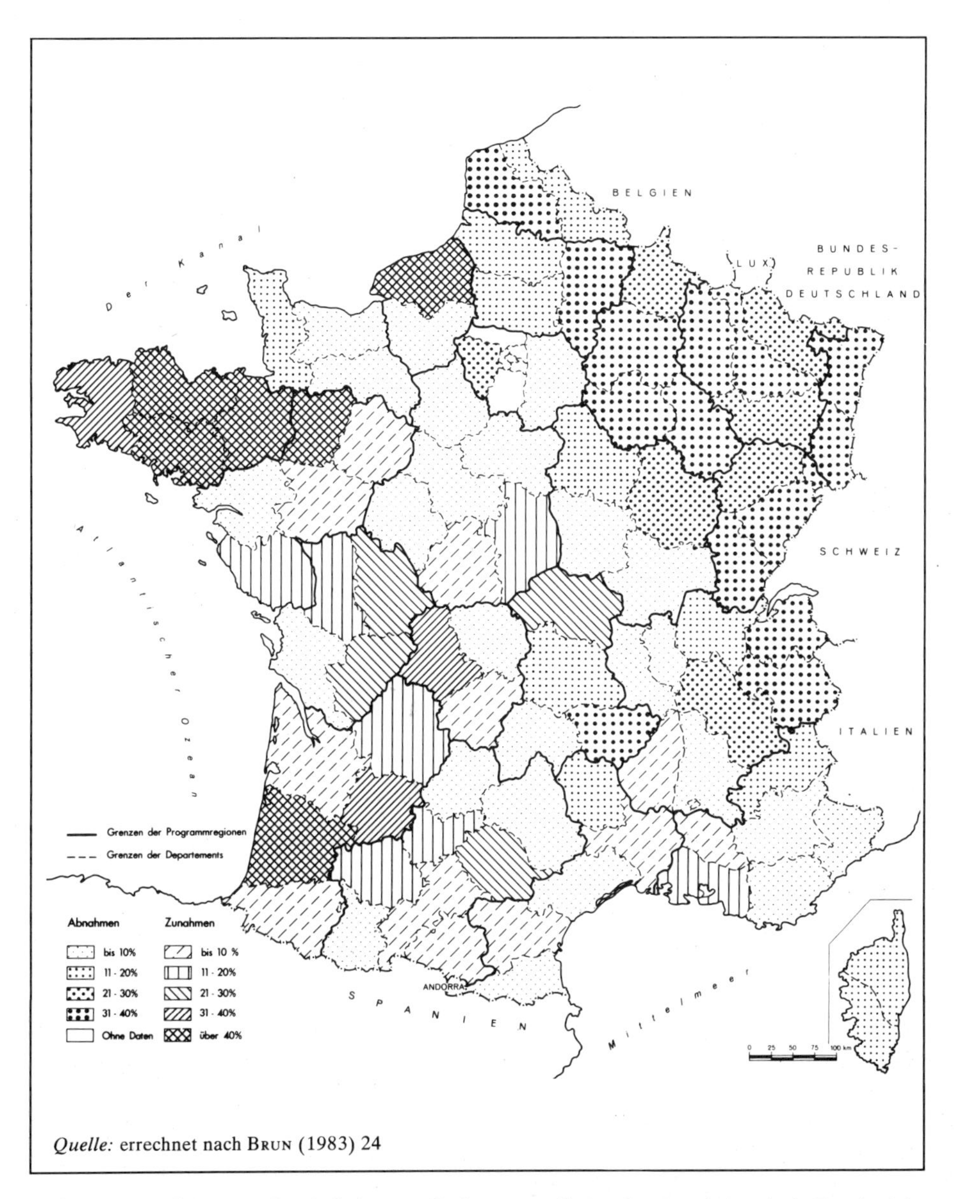

Quelle: errechnet nach Brun (1983) 24

Abb. 8: Veränderungen des Selbsbewirtschaftungsanteils in der Landwirtschaft Frankreichs 1946–1979
Le changement du pourcentage du faire-valoir direct dans l'agriculture française 1946–1979

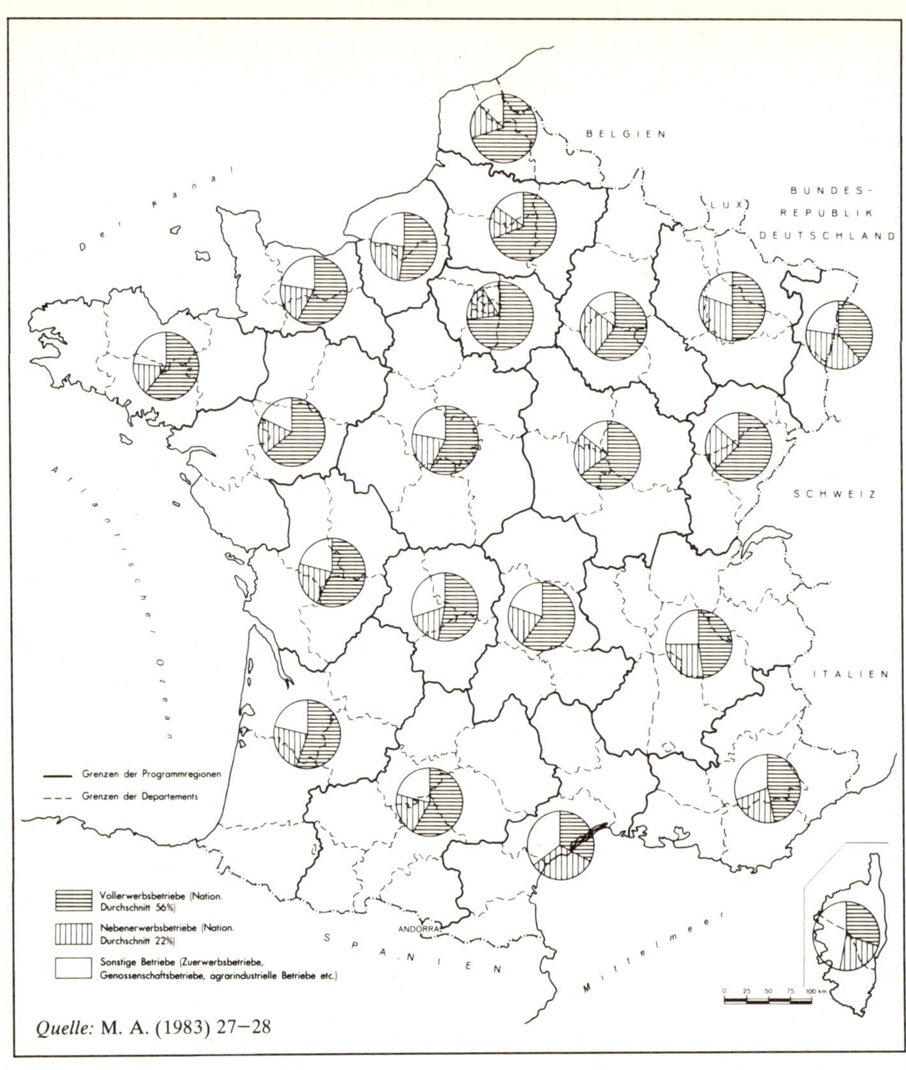

Quelle: M. A. (1983) 27–28

Abb. 9: Vollerwerbs- und Nebenerwerbsbetriebe in der französischen Landwirtschaft 1981
Les exploitations à plein temps et à temps partiel en France 1981

3. Von der Selbstversorgung zur Exportorientierung

Die strukturellen Wandlungen der französischen Landwirtschaft haben somit, trotz erheblicher regionaler Unterschiede, zu tiefgreifenden Veränderungen in der Agrarlandschaft geführt. Neben den bereits angesprochenen Veränderungen in den Besitzverhältnissen, der Altersstruktur der Landwirte usw. sind durch diese Wandlungen vor allem auch die Voraussetzungen für die Agrarproduktion entscheidend verändert worden. Für viele Gebiete des Landes stellte die Landwirtschaft bis in die Nachkriegszeit die subsistente Existenzgrundlage der sie betreibenden Bevölkerung dar. Dies mag zwar auch heute noch in Reliktformen in einigen Rückzugsgebieten der Gebirgsregionen zutreffen, allgemein hat sich das Land jedoch zu einem der wichtigsten Agrarproduzenten und

Agrarexporteure innerhalb der Europäischen Gemeinschaft und der gesamten westlichen Welt entwickelt.

Natürlich bleiben gewisse Abhängigkeiten der Produktion von den strukturellen und vor allem auch ökologischen Rahmenbedingungen bestehen. So wären Überlegungen zur Intensivierung der Viehwirtschaft im mediterranen Frankreich schon aus klimatischen Gründen absurd. Auch wäre nur mit großem meliorativen Aufwand eine Umwandlung der absoluten Grünlandareale im atlantischen Saum in Ackerflächen denkbar. Trotz solcher Hindernisse sind in vielen Gebieten Frankreichs umfangreiche Meliorationsmaßnahmen in der Landwirtschaft durchgeführt worden. Dies betrifft insbesondere die Einrichtungen zur Bewässerung, die in den letzten Jahren erheblich ausgeweitet worden sind (einige Entwicklungstendenzen sind in dem Beitrag *Die Landwirtschaft im mediteranen Frankreich . . .* in diesem Band aufgezeigt).

Die natürlichen Voraussetzungen werden durch solche Einrichtungen zwar teilweise ‚korrigiert', dennoch bilden sie trotz aller meliorativer Bemühungen den Rahmen für die Agrarproduktion. So zeigt sich auch heute noch eine regional deutliche Differenzierung bezüglich der Nutzungsausrichtungen der französischen Landwirtschaft (vgl. Tab. 4). Deutlich fallen die Ackerbaulandschaften Nordfrankreichs, in denen die pflanzliche Produktion ganz eindeutig dominiert, von dem nationalen Durchschnitt dieser Produktionsrichtung ab. In der Ile de France nimmt sie fast 90 % der Agrarproduktion ein. Aber auch die übrigen Gebiete des Pariser Beckens (z. B. Picardie, Champagne-Ardenne oder Centre) werden durch die pflanzliche Produktion dominiert. Es sind dies erwartungsgemäß die Gebiete, in denen die Anteile der agrarischen Erwerbsbevölkerung die niedrigsten im ganzen Lande sind, da vor allem der Getreideanbau praktisch voll mechanisiert betrieben wird.

Im mediterranen Frankreich wird der hohe Anteil der pflanzlichen Produktion ganz überwiegend durch den Weinbau getragen. Demgegenüber spielt die tierische Produktion in den Höhengebieten, aber auch in Westfrankreich eine bedeutende Rolle. An der Spitze des Landes steht diesbezüglich die Bretagne, in der sich ein besonders starker Wandlungsprozeß vollzogen hat. Stellte dieser Landesteil in vielerlei Hinsicht noch in den 1950er Jahren das Schlußlicht in der Vergleichsskala der Agrarräume Frankreichs dar, so hat sich hier innerhalb einer Generation eine Intensivierung im Veredlungssektor vollzogen, die im europäischen Raum beispiellos ist. Insbesondere im Bereich der Schweinemast und der Geflügelhaltung steht die Bretagne heute mit Abstand an erster Stelle unter allen französischen Programmregionen. Das Agrareinkommen pro ha LN liegt in der Bretagne heute am höchsten in ganz Frankreich und übertrifft sogar die Gebiete mit hohen Sonderkulturanteilen. Im Jahre 1980 betrug es z. B. 10.554 FF/ha LN, gefolgt von der Region Alsace mit 9.290 FF. Die Ile de France liegt mit 8.483 FF/ha erst an vierter Stelle. Am Ende der Skala stehen die Regionen Limousin und Korsika mit 2.932 bzw. 1.543 FF/ha (I.N.S.E.E. 1983: 373). Diese Werte sind zwar vor dem Hintergrund eines hohen Arbeitseinsatzes zu relativieren. In der Tat wird die Produktion in der Bretagne von einem höheren Erwerbsbevölkerungsanteil in der Landwirtschaft erzeugt als im Pariser Becken oder in anderen Gegenden. So ergibt die Betrachtung des Standardbetriebseinkommens (vgl. Tab. 4) eine etwas andere Reihenfolge. Dennoch zeigt sich auch hier, daß, nimmt man die Gebiete mit Sonderkulturen beiseite, die Bretagne zu den am wirtschaftlichsten und intensivsten genutzten Agrarräumen zählt (vgl. Dodt 1984 und seinen Beitrag *Der Gemüseanbau . . .* in diesem Band).

In Abb. 10 wird deutlich, daß in den einzelnen Programmregionen Frankreichs im Laufe der letzten 10 Jahre bezüglich der Agrarproduktion zum Teil eine sehr tiefgreifende Veränderung erfolgt ist. Herausragend dabei ist wiederum die Bretagne, die z. B. bezüglich der Schweinemast innerhalb einer Dekade eine Zunahme von 209 % verzeichnete . Auffallend ist außerdem, daß sich im großregionalen Zusammenhang vergleichba-

Programmregion	Betriebs-größe (∅ ha)	StBE/ha[1]	Pflanzliche Produktion (PP) Anteil (PP %)	darunter Getreide	Gemüse	Obst	Wein	Sonst.	Tierische Produktion (TP) Anteil (TP %)	darunter Rindermast	Schweinemast	Milch	Eier- u. Geflügel	Sonst.
Ile de France	52,5	2,64	89,3	42,8	11,5	0,8	0,0	34,2	10,7	1,9	0,9	1,6	4,6	1,7
Champagne-Ardenne	42,1	3,21	74,6	34,7	2,9	0,3	16,8	19,9	25,4	8,9	1,4	10,3	1,5	3,3
Picardie	48,7	2,13	66,8	32,3	7,1	1,2	0,9	25,3	33,2	11,0	2,8	12,9	3,1	3,4
Haute-Normandie	29,3	1,57	41,6	24,1	3,8	0,8	0,0	12,9	58,4	22,0	3,3	25,1	4,4	3,6
Centre	38,3	1,72	71,5	48,0	9,3	2,1	1,9	10,2	28,5	6,6	2,4	6,9	6,5	6,1
Basse-Normandie	21,3	1,82	13,7	5,5	4,6	2,1	0,0	1,5	86,3	23,1	3,6	43,0	4,9	11,7
Bourgogne	38,6	1,70	47,6	26,1	3,2	0,7	9,4	8,2	52,4	28,4	3,5	9,5	4,6	6,4
Nord-Pas-de-Calais	23,5	2,45	43,9	14,2	12,4	0,3	0,0	17,0	56,1	13,3	11,6	19,7	7,0	4,5
Lorraine	33,1	1,43	28,3	17,6	4,1	0,7	0,2	5,7	71,7	20,3	4,4	32,9	4,9	9,2
Alsace	12,0	4,66	57,8	14,5	5,8	3,5	21,9	12,1	42,2	10,0	4,4	14,3	7,4	6,1
Franche-Comté	28,5	1,39	13,8	6,2	3,8	0,2	0,7	2,9	86,2	21,8	4,3	46,4	2,7	11,0
Pays de la Loire	21,9	2,16	22,8	6,9	6,3	3,2	2,5	3,9	77,2	25,4	5,7	26,3	12,0	7,8
Bretagne	15,8	2,76	7,9	1,6	4,2	0,7	0,0	1,4	92,1	9,5	25,2	28,8	19,3	9,3
Poitou-Charentes	26,1	1,47	45,0	23,2	2,1	1,0	11,5	7,2	55,0	13,8	4,5	15,9	6,5	14,3
Aquitaine	16,2	1,92	56,1	19,8	6,7	7,0	17,1	5,5	43,9	6,1	4,9	10,4	11,2	11,3
Midi-Pyrénées	23,6	1,44	43,7	20,0	6,2	6,0	4,5	7,0	56,3	9,3	6,9	13,1	8,8	18,2
Limousin	25,4	1,41	12,0	2,3	3,5	3,1	0,1	3,0	88,0	39,1	7,0	10,4	4,3	27,2
Rhône-Alpes	15,6	2,10	42,5	10,0	5,4	9,1	10,5	7,5	57,5	8,7	5,3	20,2	11,8	11,2
Auvergne	27,9	1,31	18,0	9,5	4,3	0,8	0,4	3,0	82,0	25,5	6,8	27,1	6,5	16,1
Languedoc-Roussillon	12,9	2,56	88,4	4,2	12,6	12,2	56,5	2,9	11,6	1,2	1,1	2,3	3,3	2,7
Prov.-Alpes-Côte d'Azur	11,4	2,82	85,7	5,3	24,0	19,0	17,8	19,6	14,3	0,9	3,0	1,3	3,4	5,7
Corse	19,2	0,79	77,8	0,1	8,6	15,8	48,1	5,2	22,2	2,0	4,7	6,3	3,3	5,9
Frankreich insgesamt	23,4	1,99	45,0	17,3	6,8	3,7	8,0	9,2	55,0	13,1	7,0	17,9	8,2	8,8

[1]) StBE = Standardbetriebseinkommen (1000 FF)
Quelle: I.N.S.E.E. (1983) 374–375, 377

Tab. 4: Anteil der pflanzlichen und tierischen Produktion der französischen Landwirtschaft 1980
Le pourcentage des productions végétale et animale de l'agriculture française 1980

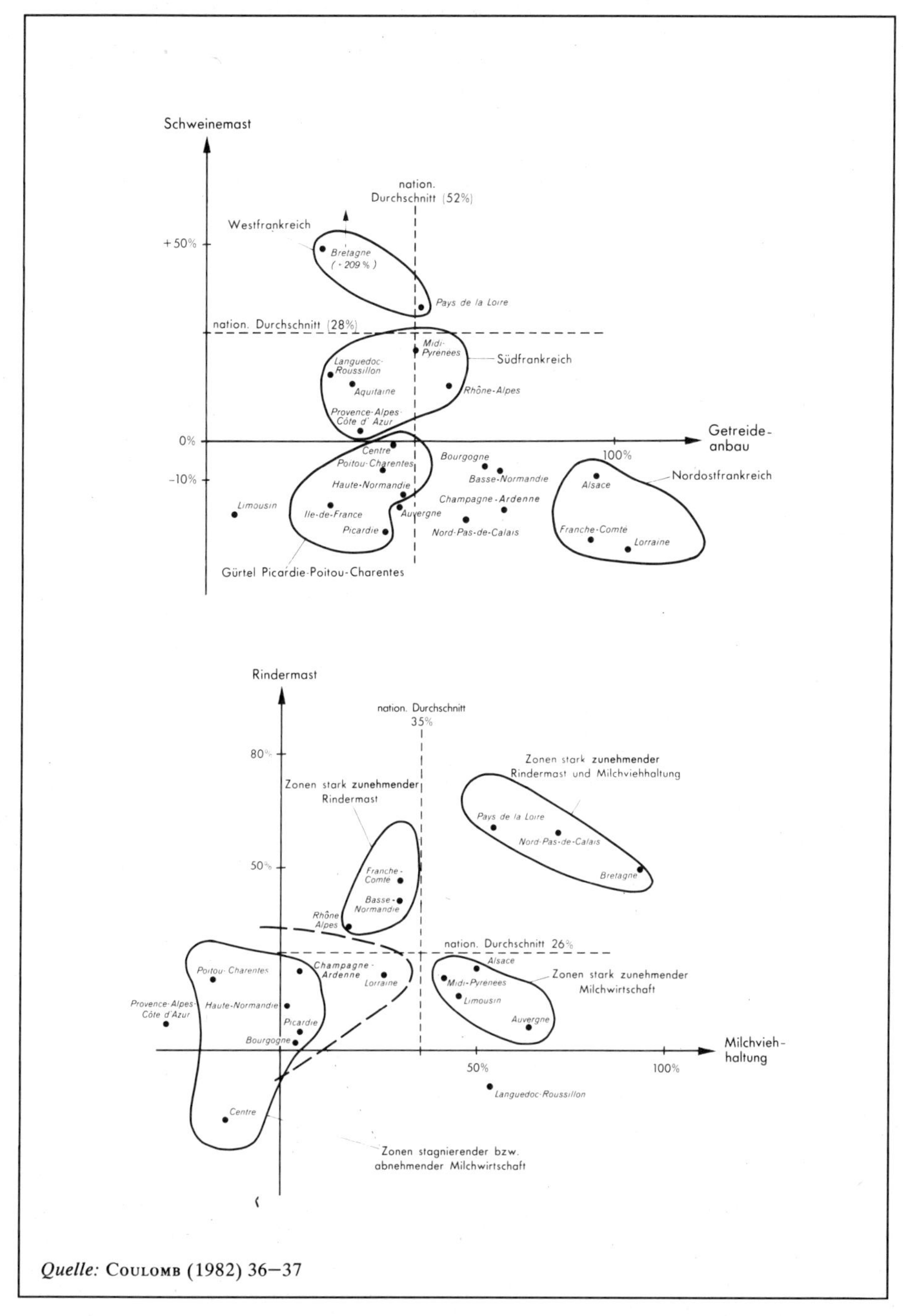

Quelle: COULOMB (1982) 36–37

Abb. 10: Entwicklung von Schweinemast und Getreidebau sowie von Rindermast und Milchviehhaltung 1970–1980
Élevage de porcs et céréaliculture et élevage de bovins et de bétail laitier: le développement 1970–1980

re Veränderungen vollziehen. So hat praktisch in allen nordfranzösischen Gebieten prozentual die Schweinemast abgenommen, während sie in Südfrankreich steigende Tendenz aufweist. Der generelle Vergetreidungsprozeß ist besonders stark in den Regionen Alsace, Lorraine und Franche-Comté ausgeprägt, wo sich die Getreidebauflächen innerhalb einer Dekade praktisch verdoppelt haben.

Weniger spektakuläre Veränderungen sind im Bereich der Milch- und Mastviehhaltung zu verzeichnen. Dennoch sind auch hier bemerkenswerte regionale Unterschiede festzustellen. So lassen sich im atlantischen Saum deutliche Zunahmen sowohl in der Fleisch- als auch in der Milchproduktion erkennen, Aquitanien mit eingeschlossen. Demgegenüber stagniert die Milchproduktion in vielen Gebieten. In den Gebirgsregionen, in denen traditionell die Rindermast bereits eine wichtige Rolle gespielt hat, nimmt erstaunlicherweise die Milchproduktion teilweise wieder erheblich zu, während der Mastviehanteil relativ stabil ist. Diese Entwicklung ist insbesondere für die Programmregionen Auvergne, Limousin und Midi-Pyrénées kennzeichnend.

Die Spezialisierung, die sich in diesen Übersichten dokumentiert, geht einher mit steigenden Erträgen im pflanzlichen und tierischen Sektor. So werden heute in den Kerngebieten des Getreideanbaus im Durchschnitt über 60 dz/ha geerntet, die durchschnittliche Milchleistung pro Kuh liegt in Frankreich bereits bei über 5.000 kg/Jahr. Frankreich hat sich somit zu einem Agrarland entwickelt, das nur noch bei wenigen Produkten nicht den Eigenbedarf decken kann. Der Selbstversorgungsgrad ist bei Schweinefleisch noch am schwächsten mit 83 %, bei Gemüse beträgt er derzeit rund 92 %. Demgegenüber besteht eine deutliche Überproduktion bei Getreide (165 % des Eigenbedarfs), Körnermais (136 %), Kartoffeln (105 %), Zucker (200 %), Rindfleisch (108 %), Butter (120 %) und Käse (109 %). Entsprechend der starken Steigerung der Eigenproduktion konnten die Nahrungsmittelimporte Frankreichs im Laufe der letzten 20 Jahre erheblich eingeschränkt werden. Im Jahre 1960 betrug ihr Anteil an den Gesamtimporten des Landes noch 25,6 %, 1970 noch 15,4 %, 1980 lediglich noch 10,8 % (Zahlen nach Roudié 1983: 192).

Demgegenüber nahmen die Exportanteile zu. Sie betrugen im Gesamtexportvolumen des Landes im Jahre 1960 16 % und stiegen auf 16,5 % im Jahre 1980. Der häufig zu hörende Ausspruch, daß die Landwirtschaft das „grüne Erdöl Frankreichs“ *(l'agriculture, pétrole vert de la France)* sei, scheint sich zu bestätigen.

Im Rahmen der Europäischen Gemeinschaft hat sich Frankreich durch die Entwicklung der letzten 30 Jahre insgesamt die Stellung als bedeutendstes Agrarland erobert. Der Anteil an der Gesamtagrarproduktion der EG betrug beispielsweise im Jahre 1982 mit 37,5 Mrd. Währungseinheiten 27,5 % der Gesamtagrarproduktion der EG (9 Länder). Fast 40 % des europäischen Getreides werden in Frankreich produziert, knapp 60 % der Pflanzenölprodukte der EG kommen aus unserem Nachbarland. Die Anteile bei der Weinproduktion liegen bei knapp 50 %, der Zuckerrübenanbau und die Geflügelproduktion betragen rund ein Drittel der Gesamtproduktion (Angaben nach M.A. 1983: 43).

Diese überragende Stellung Frankreichs innerhalb der EG ist indessen heute nicht mehr problemlos. Über Jahre hinweg waren die Nachbarländer Abnehmer für die französische Überschußproduktion, besonders die Bundesrepublik Deutschland, die z. B. auf dem Getreidemarkt, in der Käse- und Rindfleischproduktion den Selbstversorgungsgrad nicht erreichte. Dies hat sich in den letzten Jahren jedoch geändert, so daß neue Absatzmärkte erschlossen oder aber die Produktionen umgestellt werden müssen. Der mit der Überproduktion wachsende Druck auf die Marktpreise, dem meistens steigende Erzeugerpreise in den letzten Jahren gegenüberstanden, hat auch in Frankreich dazu geführt, daß der Nettoverdienst im Durchschnitt pro Betrieb heute unter dem Niveau von 1970 liegt. Gemessen am Nettoeinkommen der französischen Landwirtschaft des Jahres 1970 (= 100), verbesserte sich die Einkommenssituation angesichts steigender Produktions- und Exportzahlen bis 1973 auf 127 % (auf konstante Währung bezogen), ist seitdem jedoch wieder rückläufig und lag 1981 bei nurmehr 83,6 % des Wertes von 1970 (Coulomb 1982: 25).

4. Schlußfolgerungen

Frankreich hat im Laufe einer Generation ohne jeden Zweifel eine Metamorphose seiner Landwirtschaft erlebt. Diese Metamorphose hat praktisch alle Landesteile erfaßt. Lediglich in den Gebirgsregionen ist der Anschluß an eine moderne Entwicklung nur bedingt gelungen. Hier erfolgt vielerorts eine Passivsanierung durch Aufgabe marginaler Betriebe und unrentabler Wirtschaften.

Die Vorstellung eines zentral-peripheren Gefälles, die ja für Frankreich gesamtwirtschaftlich gesehen bis heute in vielerlei Hinsicht noch Gültigkeit hat, stimmt jedoch bezüglich des Agrarsektors nur bedingt, vielerorts überhaupt nicht. Im Gegenteil: gerade an der Peripherie des Landes haben sich zum Teil spektakuläre Wandlungen vollzogen. Herausragendes Beispiel hierfür ist die Bretagne, die zum agrarischen Kerngebiet des Landes besonders im Bereich der tierischen Produktion geworden ist. Aber auch andere periphere Landesteile haben an dieser Metamorphose Anteil. Die mediterranen Küstenlandschaften sind durch großmaßstäbliche Bewässerungsprojekte verändert worden. Wenngleich der Erfolg dieser Maßnahme nicht überall überzeugend ist (Pletsch 1985), so hat sich doch physiognomisch ein deutlicher Wandel durch die Anlage von Obst- und Gemüseflächen, Gewächshäusern und Bewässerungsanlagen ergeben. Die Provence, Korsika und die Küstengebiete des Languedoc-Roussillon sind von diesen Wandlungen ebenso betroffen wie Teile des französischen Südwestens.

Dennoch bleiben auch heute noch Relikte der traditionellen Agrarlandschaft Frankreichs überall sichtbar. Die Kontraste zwischen rückständig wirtschaftenden Betrieben und modernen, fortschrittlich organisierten Höfen sind gerade in den Gebieten besonders auffällig, in denen sich statistisch die stärksten Wandlungen abzeichnen. Denn nicht alle Landwirte haben an diesem Aufschwung teil, können es nicht, weil nach wie vor eine gewisse Überalterung der Betriebsleiter, fehlende Nachkommenschaft, nicht vorhandene strukturelle Voraussetzungen oder sonstige Gründe dies verhindern.

So stellt sich abschließend die Frage, ob sich die dynamische Aufwärtsentwicklung der französischen Landwirtschaft bis an das Ende des 20. Jahrhunderts fortsetzen wird, oder ob der Aufschwung des dritten Jahrhundertquartals nur eine vorübergehende Episode darstellte. Anzeichen für eine Verlangsamung in der Entwicklung sind jedenfalls in verschiedenen Bereichen zu erkennen. Die Klischeevorstellungen, die an den Anfang dieses Beitrages gestellt worden sind, sind indessen trotz dieser erkennbaren Tendenz über Bord zu werfen, nicht nur, weil sie in dieser Form ohnehin nie gestimmt haben, sondern auch deshalb, weil der Umwandlungsprozeß der französischen Landwirtschaft innerhalb einer Generation grundlegend, um nicht zu sagen revolutionierend, verlaufen ist. Auch in Deutschland oder in anderen europäischen Ländern stellte der Ländliche Raum insgesamt lange Zeit den Bereich dar, der mit einer gewissen Geringschätzigkeit behandelt wurde. Insofern gibt es negative Klischees überall. Wenn man aber den Vergleich zieht, wie sich der Wandel der Landwirtschaft vollzogen hat, so wird man Frankreich zweifellos eine Entwicklungs- und Modernisierungsdynamik bescheinigen müssen, die in kaum einem anderen Land Europas im Laufe der letzten 30 Jahre zu beobachten war.

Zusammenfassung

Die Vorstellungen über die Landwirtschaft und die ländliche Bevölkerung Frankreichs sind bis heute durch viele Klischees gekennzeichnet, die sie als rückständig, vernachlässigt oder unzeitgemäß darstellen. Am Beginn dieses Beitrages werden einige Zitate über das ländliche Frankreich vorgestellt, die in geradezu erschreckender Weise diese Einschätzungen dokumentieren. Ohne sich diesen Klischees anschließen zu wollen, muß man zugestehen, daß in vielerlei Hinsicht die Entwicklung in Frankreich anders verlaufen ist als in anderen europäischen Ländern. Sowohl die historischen Voraussetzungen als auch die Entwicklung des ländlichen Frankreich tragen Kennzeichen, die teilweise diese Klischees verursacht haben, und dies in einigen Gegenden bis in die heutige Zeit. Solche regionalen Unterschiede gibt es jedoch in jedem Land, und sie dürfen nicht zu Pauschalurteilen verleiten. Insgesamt gehört heute Frankreich zu den bedeutendsten Agrarländern der Erde, die Landwirtschaft hat innerhalb weniger Jahrzehnte eine Metamorphose von einer vielerorts auf Subsistenz ausgerichteten Existenzgrundlage zum marktorientierten Wirtschaftszweig erfahren.

Nach einem einleitenden Überblick werden in dem Beitrag zunächst einige formale und historische Grundlagen der französischen Landwirtschaft und der ländlichen Siedlungen aufgearbeitet. Es wird dabei deutlich, daß Rechtsverhältnisse und Abhängigkeitsformen eine eigenständige Dynamik der Landwirtschaft lange Zeit verhindert haben. Auch diesbezüglich ist jedoch auf große regionale Unterschiede hinzuweisen. Im dritten Abschnitt werden dann die letzten drei Jahrzehnte der Entwicklung etwas eingehender analysiert. In diesem Zeitraum hat sich der angedeutete Wandel der französischen Landwirtschaft im wesentlichen vollzogen. Ähnlich wie in der Bundesrepublik Deutschland hat sich die Zahl der Betriebe in Frankreich drastisch vermindert, besonders die der Kleinbetriebe. Ihr Anteil ist aber bis heute im südlichen Landesteil noch sehr hoch (vgl. Tab. 2 und Abb. 7). Als weiteres Kennzeichen werden die Eigentums- und Besitzverhältnisse diskutiert, z. B. die Reliktformen des *metayage* im Süden oder die hohen Pachtanteile im Zentrum des Landes. Die Eigenbewirtschaftung spielt vergleichsweise hierzu eine überraschend geringe Rolle (vgl. Abb. 8 und Tab. 3).

Daß sich in Anbetracht der physisch-geographischen Voraussetzungen die Agrarproduktion Frankreichs regional differenziert, ist selbstverständlich. Tab. 4 zeigt die Anteile der verschiedenen Produktionsrichtungen in den einzelnen Programmregionen. Besonders interessant ist diese Betrachtung jedoch, wenn man die Entwicklung der letzten Jahre beobachtet. Es zeigt sich dabei, daß sich bestimmte Schwerpunkte der Agrarproduktion herausbilden (vgl. Abb. 10) und daß sich dabei ein deutlicher Trend zur Spezialisierung abzeichnet. So ist es nicht verwunderlich, daß Frankreich heute innerhalb der EG eine erhebliche Bedeutung für den Export von Agrargütern hat, aber auch an der Überproduktion und den damit zusammenhängenden Problemen teilweise mit Schuld trägt. Der oft zu hörende Ausspruch, daß die Landwirtschaft das grüne Erdöl Frankreichs sei *(l'agriculture, pétrole vert de la France),* scheint sich zu bestätigen. Allerdings sollte die positive Entwicklung der Agrarproduktion nicht darüber hinwegtäuschen, daß die politische Unzufriedenheit unter den französischen Bauern ständig wächst. Sie fühlen sich, vor allem im Rahmen der EG, gegenüber ihrer ausländischen Konkurrenz ständig benachteiligt, und sie verstehen es, diesen Unmut immer häufiger mit spektakulären Maßnahmen zum Ausdruck zu bringen.

Résumé

L'image de l'agriculture et celle de la population rurale en France se caractérisent jusqu' à présent par beaucoup de clichés qui les présentent comme arriérées, négligées ou mal adaptées au monde moderne. Au début de l'article on fait quelques citations relatives à la France rurale qui prouvent ces images de manière véritablement effrayante. Sans vouloir se ranger à ces clichés il faut avouer qu'à maints égards le développement en France s'est déroulé différemment de celui d'autres pays de l'Europe. Les conditions historiques ainsi que le développement de la France rurale ont des caractéristiques qui en partie ont causé ces clichés. Dans quelques régions ces caractéristiques sont encore évidentes. Mais il y a de telles différences régionales dans tous les pays; celles-ci ne doivent pas donner lieu à des généralisations. Somme toute la France est aujourd'hui un des plus importants pays agricoles du monde. En peu de décennies et dans beaucoup de régions l'agriculture a connu une métamorphose. La base d'existence matérielle orientée vers la subsistance a entretemps changé en une activité économique tournée vers le marché.

Après un exposé introductif l'article fait ressortir d'abord quelques bases formelles et historiques de l'agriculture française et de l'habitat rural. On y voit que les rapports juridiques et formes de dépendances ont empêché longtemps une dynamique propre de l'agriculture. A cet égard il faut signaler les grandes différences régionales. Ensuite on fait une analyse plus détaillée des trois dernières décennies du développement. C'est essentiellement dans cette période que s'est accomplie ladite mutation de l'agriculture française. De même qu'en Allemagne le nombre des exploitations en France a fortement diminué, notamment celui des petites exploitations. Mais leur part est toujours très élevée au sud du pays (voir tableau 2 et fig. 7). Comme autre caractéristique on discute la situation de propriété et de possession, par exemple les formes résiduelles du métayage au sud ou la forte portion de fermages au centre du pays. Le faire-valoir direct y joue un rôle étonnamment limité (voir fig. 8 et tableau 3).

Etant donné les conditions naturelles il est évident que la production agricole française se differencie par régions. Le tableau 4 montre le pourcentage des différentes productions dans les différentes régions. Cependant ce tableau est particulièrement intéressant si l'on considère le développement des dernières années. Il fait ressortir que la production agricole est en train de se concentrer sur certains secteurs (voir fig. 10) et qu'une tendance nette à la spécialisation se fait jour. Il n'est donc pas étonnant qu'aujourd hui dans la Communauté Européenne la France joue un rôle considérable pour l'exportation de produits agricoles, mais qu'elle soit également responsable en partie de la surproduction et des problèmes qui en résultent. Le slogan souvent cité «l'agriculture, pétrole vert de la France» semble se vérifier. Mais le développement récent de la production agricole ne devrait pas dissimuler le fait que le mécontentement politique parmi les agriculteurs français croît toujours. Ils se sentent constamment désavantagés, surtout dans le cadre de la Communauté Européenne, comparés à leurs concurrents étrangers, et ils savent exprimer ce mécontentement de plus en plus souvent par des actions spectaculaires.

Literatur

Béteille, R.: La France du vide. Paris 1981 *(Geographie économique et sociale* XIV).

Bloch, A.: Seigneurie française et manoir anglais. Paris 1960 *(Cahiers des Annales* 16).

Brun, A.: Comportements régionaux en matière de propriété foncière agricole. In *Cahiers de statistique agricole* 4 (1983) 15–24.

Calmes, R. et al.: L'espace rural français. Paris 1978.

Coulomb, P. et Delorme, H.: La France – les difficultés d'une réussite. In *Etudes internationales* (Québec) 12 (1981) 143–161.

Coulomb, P.: La politique agricole et agro-industrielle dans le développement économique et social en France. Paris (D.A.T.A.R.) 1982.

Dalichow, F.: Die Gebiete der Teichwirtschaft in Frankreich. Diss. Freiburg 1980.

Demangeon, A.: France économique et humaine – I. Paris 1946 *(Géographie Universelle VI* – La France).
Dion, R.: Essai sur la formation du paysage rural français. Neuilly-sur-Seine 1981[2].
Dodt, R.: Neuere Strukturwandlungen der Landwirtschaft in der Bretagne. In *Zeitschrift für Agrargeographie* 2 (1984) 220–255.
Gouvernement Français: 9e plan de développement économique, social et culturel 1984–1988. Paris 1983.
Gravier, J. F.: Paris et le désert français – décentralisation, equipement, Population. Paris 1947.
Hb. d. Ak (= Handbücher der Auslandskunde): Band 3 und 4 (Frankreichkunde). Frankfurt/Main. 1930.
Hartke, W.: Tendenzen der Regionalisierung in Frankreich. In *Berichte zur Deutschen Landeskunde* 48 (1974) 249–257.
I.n.s.e.e. (= Institut national de la statistique et des études économiques): Statistiques et indicateurs des régions françaises. Paris 1983. (*Les collections de l'I.N.S.E.E.*-série R 52/53).
Klute, F.: Handbuch der geographischen Wissenschaften – Westeuropa. Potsdam 1934.
Melot, G.: L'irrigation en France. In *Cahiers de statistique agricole* 2 (1983) 17–29.
M.A. (= Ministère de l'Agriculture): Graph-Agri 83 – Annuaire de graphiques agricoles. Paris 1983.
Pletsch, A.: Moderne Wandlungen der Landwirtschaft im Languedoc. Marburg 1976 *(Marburger Geographische Schriften* 70).
Pletsch, A.: Die Entwicklung des Sonderkulturanbaus im Languedoc – Südfrankreich nach dem Zweiten Weltkrieg. In *Erdkunde* 31 (1977) 288–299.
Pletsch, A.: Frankreich. Stuttgart 1981[2] *(Klett-Länderprofile).*
Pletsch, A.: Südfrankreich – wirtschaftlicher Schwerpunkt oder Problemgebiet der EG. In *Geographische Rundschau* 34 (1982) 144–152.
Pletsch, A.: Die französische Landwirtschaft an der Neige des 20. Jahrhunderts. In *Zeitschrift für Agrargeographie* 2 (1984) 197–219.
Pletsch, A.: 25 Jahre moderne Bewässerung in Südfrankreich – Versuch einer kritischen Bilanz. In *Erlanger Geographische Arbeiten* – Sonderband 17 = Möglichkeiten, Grenzen und Schäden der Entwicklung in mediterranen Küstengebieten (1985) 29–52.
Roudié, P.: La France – agriculture, fôret, pêche. Paris 1983.
Scheu, E.: Frankreich. Breslau 1923.
Sée, H.: Französische Wirtschaftsgeschichte – 2 Bde. Jena 1930, 1936.

Eckhart Neander

Die Landwirtschaft in der Bundesrepublik Deutschland

Der nachfolgende Beitrag versucht, nach einigen Hinweisen auf für die Landwirtschaft in der Bundesrepublik Deutschland wichtige Rahmenbedingungen, einen gerafften Überblick über Veränderungen des Produktionsfaktoreinsatzes und der betrieblichen Erscheinungsformen in diesem Wirtschaftsbereich während der zurückliegenden drei Jahrzehnte zu vermitteln. Die Entwicklung von Produktivität und Faktoreinkommen in der Landwirtschaft, die Versorgung mit Agrarprodukten und die Einkommenssituation der in der Landwirtschaft tätigen Bevölkerung müssen aus Platzgründen ebenso ausgeklammert bleiben, wie die Beeinflussung der Landwirtschaft durch Maßnahmen der staatlichen Agrarpolitik.

1. Rahmenbedingungen der Landwirtschaft

1.1. Natürliche Produktionsbedingungen

Klima, Bodenqualität, Geländegestalt und Wasserverhältnisse bestimmen die Möglichkeiten der landwirtschaftlichen Bodennutzung und das bei gegebener Produktionstechnik erzielbare Ertragsniveau. Eine überdurchschnittlich lange Vegetationsperiode und eine Jahresdurchschnittstemperatur von 9 °C und darüber mit einem breiten Spielraum der Anbaumöglichkeiten weisen zum Beispiel das Oberrheintal, die unteren Flußtäler von Neckar, Main und Mosel, der Niederrhein sowie die Köln-Aachener und Münsterländer Bucht auf. Dagegen bleibt die landwirtschaftliche Bodennutzung in den Mittelgebirgsregionen über 500 m Höhenlage sowie im Voralpengebiet mit Jahresdurchschnittstemperaturen unter 7 °C und jährlichen Niederschlagsmengen über 1000 mm, aber auch in Niederungsgebieten mit hohem Grundwasserstand, auf Dauergrasland beschränkt.

Zu den Standorten mit überdurchschnittlich hohem natürlichen Ertragspotential der Böden gehören die jüngeren Ackermarschen an der schleswig-holsteinischen und niedersächsischen Nordseeküste, die Lößböden der Braunschweig-Hildesheimer und der Soest-Unnaer Börden, die Niederrheinische und Köln-Aachener Bucht, die Gäugebiete in Neckarland, Mainfranken und Donauniederung. Der Rückstand der leichten Böden ist allerdings durch den Einsatz von Mineraldünger und insbesondere der Beregnung teilweise ausgeglichen worden. Knapp 3 % der landwirtschaftlich genutzten Fläche des Bundesgebietes gehören zu den sog. *Berggebieten* (Gemeinden mit einer Höhenlage von mindestens 800 m oder von mindestens 600 m sowie einer Hangneigung von mindestens 18 %), weitere 25 % zu den *benachteiligten Agrarzonen* (Gemeinden mit einer landwirtschaftlichen Vergleichszahl von 25 und weniger) der EG-Richtlinie über die Landwirtschaft in Berggebieten und bestimmten benachteiligten Gebieten von 1975.

1.2. Landwirtschaftliche Siedlungsformen, Flurzersplitterung und Betriebsgrößenstruktur

Geschlossene Siedlungsformen, wie sie etwa in weiten Teilen von Baden-Württemberg, Rheinland-Pfalz und Hessen vorherrschen, schränken die Möglichkeiten zu baulicher Modernisierung und Produktionsanpassung der landwirtschaftlichen Betriebe umso

Prof. Dr. Eckhart Neander — Institut für Strukturforschung der Bundesforschungsanstalt Braunschweig-Völkenrode, D-3300 Braunschweig

stärker ein, je größer der Anteil der nichtlandwirtschaftlichen Bevölkerung in den Dörfern wird. Einzelhoflagen finden sich nur im Emsland, Münsterland, am Niederrhein, im Schwarzwald sowie im Allgäu. Günstigere Voraussetzungen für die landwirtschaftlichen Betriebe weisen auch die sog. Weiler an der schleswig-holsteinischen Ostseeküste, im Weser-Ems-Gebiet, im Bergischen Sauerland sowie in der Oberpfalz und Oberfranken auf.

Der Grad der Flurzersplitterung, der u. a. über die Dauer der Anfahrt zu den landwirtschaftlich genutzten Grundstücken, ihre Zugänglichkeit und die Möglichkeiten des Einsatzes arbeitsparender Verfahrenstechniken, die Erträge und Kosten der landwirtschaftlichen Bodennutzung wesentlich beeinflußt, resultiert vor allem aus der jeweiligen Form der Vererbung landwirtschaftlichen Grundbesitzes. Nördlich der Linie Köln—Kassel sowie im südöstlichen Gebiet der Bundesrepublik herrscht die geschlossene Vererbung vor, bei der ein einzelner, durch Gesetz oder Tradition bestimmter Erbe den gesamten Betrieb geschlossen übernimmt und die übrigen („weichenden") Erben mit Geld abfindet. In Südwestdeutschland hingegen überwiegt die Freiteilbarkeit bzw. Realteilung, bei der das gesamte landwirtschaftliche Vermögen real zwischen den Erben aufgeteilt werden kann. Demgemäß betrug 1979 die durchschnittliche Teilstückgröße in Schleswig-Holstein 6,4 ha, in Rheinland-Pfalz dagegen nur 0,5 ha. Um der starken Parzellierung entgegenzuwirken, erfolgten Flurzusammenlegungen, im nördlichen Teil der Bundesrepublik bereits seit der ersten Hälfte des 19. Jahrhunderts, in Südwestdeutschland dagegen erst seit dem 20. Jahrhundert. Von der gesamten landwirtschaftlich genutzten Fläche des Bundesgebietes waren 1975 25 % endgültig flurbereinigt, während 36 % einer Flurbereinigung bedürfen, darunter ein Drittel bereits zum zweiten Mal.

Unterschiede der überkommenen Agrarverfassung und der Erbformen sind auch die wesentlichen Ursachen für die räumliche Differenzierung der Größenstruktur der landwirtschaftlichen Betriebe in der Bundesrepublik. Die durchschnittliche Flächenausstattung je landwirtschaftlichen Betrieb nimmt von Norden nach Südwesten ab; sie betrug beispielsweise 1983 in Schleswig-Holstein 33 ha, in Rheinland-Pfalz und Baden-Württemberg 11 ha.

1.3. Bevölkerungsdichte und Siedlungsstruktur

Für die Landwirtschaft eines Raumes besitzt dessen Bevölkerungsdichte und ihre Verteilung innerhalb des Raumes insofern Bedeutung, als davon das Nachfragepotential und die Absatzmöglichkeiten für Agrarprodukte, die Nachfrage nach landwirtschaftlich genutzten Flächen für Siedlungs- und Verkehrszwecke, das Angebot an außerlandwirtschaftlichen Erwerbsmöglichkeiten und somit die Preisrelation zwischen Produkten, Betriebsmitteln, Boden, Kapital und Arbeit wesentlich bestimmt werden. Zu den peripher gelegenen ländlich geprägten Regionen mit unterdurchschnittlicher Bevölkerungsdichte und ohne Oberzentrum zählen insbesondere der nördliche und westliche Teil Schleswig-Holsteins, der Nordwesten und Nordosten Niedersachsens, das Sauerland, der westliche Teil von Rheinland-Pfalz, die Regierungsbezirke Oberfranken und Oberpfalz in Bayern sowie der gesamte Voralpenraum; auf diese Gebiete entfielen 1982 34 % der Gesamtfläche, aber nur 16 % der Bevölkerung der Bundesrepublik.

1.4. Technische Fortschritte und Faktorpreisrelationen

Die Verfügbarkeit verbesserter Pflanzensorten und Nutztierpopulationen, die Ausnutzung ihres höheren Leistungspotentials durch den Einsatz von Mineraldünger, Pflanzenbehandlungsmitteln und Mischfuttermitteln sowie die Anwendung verlustmindernder Anbau- und Ernteverfahren und Tierhaltungstechniken haben zu einer ständigen Steigerung der in Pflanzenproduktion und Tierhaltung erzielten Naturalerträge geführt. Um 1980 lagen die durchschnittlichen Hektarerträge bei Raps, Kartoffeln und Zuckerrüben um 40–60 %, bei Weizen um 80 % und bei Körnermais sogar um fast 170 % über denen von 1950; in der Milcherzeugung nahm die Jahresleistung pro Kuh und Jahr im gleichen Zeitraum um über 80 % zu. Der Einsatz von Maschinen und Stalleinrichtungen ermöglichte ferner, daß je Hektar Anbaufläche bzw. je Tier und Jahr um 1980 bei höchster Mechanisierung und voller Ausnutzung möglicher Größeneffekte nur noch 10 bis 20 % des Arbeitszeitaufwands von 1950 benötigt werden.

Vergleicht man die Entwicklungen der Preise der für die Agrarproduktion laufend benötigten Betriebsmittel und Dienstleistungen, der in der Landwirtschaft eingesetzten Investitionsgüter sowie der Tariflöhne landwirtschaftlicher Lohnarbeitskräfte untereinander und mit der der Erzeugerpreise landwirtschaftlicher Produkte während der zurückliegenden Jahrzehnte, so zeigt sich, daß sich die Kaufkraft landwirtschaftlicher Erzeugnisse gegenüber den für die laufende Produktion benötigten Betriebsmitteln während der fünfziger und sechziger Jahre tendenziell ständig verbesserte. Diese Entwicklung endete erst mit der drastischen Verteuerung der Energie und energieabhängigen Betriebsmittel in den siebziger Jahren. Die Tariflöhne der Lohnarbeitskräfte stiegen durchweg rascher als die Preise der in der Landwirtschaft verwendeten Investitionsgüter Maschinen und Stallgebäude und diese wiederum stärker als die Preise der laufend benötigten Betriebsmittel.

Die geschilderten Entwicklungen der Produktionstechnik und der Preisrelation zwischen den Produktionsfaktoren haben zumindest bis gegen Ende der siebziger Jahre die Intensivierung der landwirtschaftlichen Produktion, den Ersatz menschlicher Arbeit durch arbeitsparende technische Hilfsmittel und die Vereinfachung der betrieblichen Produktionsprogramme begünstigt, Vorgänge, die im folgenden Abschnitt eingehender skizziert werden.

2. Faktoreinsatz in der Landwirtschaft

2.1. Flächennutzung und Nutztierhaltung

Rd. 55 % der Gesamtfläche des Bundesgebietes wurden 1981 landwirtschaftlich genutzt; weitere 30 % waren Waldflächen. In den sechziger Jahren nahm die landwirtschaftlich genutzte Fläche durchschnittlich jährlich um rd. 40 000 ha bzw. 0,3 %, in den siebziger Jahren sogar um 50 000 ha (0,4 %) ab. Etwa zwei Drittel der aus der landwirtschaftlichen Nutzung ausgeschiedenen Flächen fanden als Siedlungs- und Verkehrsflächen Verwendung, das restliche Drittel trug zur Vergrößerung des Umfangs der nicht mehr genutzten landwirtschaftlichen Flächen (Brachflächen), von Öd- und Unländereien sowie Gewässern und vor allem der Waldfläche bei.

Tabelle 1 gibt Veränderungen in der Struktur und Nutzung der landwirtschaftlichen Flächen und in Umfang und Zusammensetzung der Tierhaltung in der Bundesrepublik während des Zeitraums von 1950 bis 1980 wieder. Die Anteile der vier Hauptkulturarten an der landwirtschaftlich genutzten Fläche haben sich insgesamt nur sehr wenig verändert: Der Anteil des Ackerlandes wies während der sechziger Jahre eine geringfügige Abnahme und in den siebziger Jahren eine diese wieder kompensierende Zunahme auf. Entsprechend erhöhte bzw. verringerte sich der Dauergrünlandanteil. Hinter dem kaum veränderten Anteil der mit Dauerkulturen bestandenen Flächen an der landwirtschaftlich genutzten Fläche verbergen sich ein deutlicher Rückgang der Flächen unter Obstanlagen einerseits und eine Zunahme der Rebflächen, Korbweideanlagen und vor allem der Baumschulen andererseits.

Augenfälliger sind die Veränderungen in der Nutzung der Ackerfläche während der zurückliegenden drei Jahrzehnte. Eine z. T. beträchtliche Ausweitung ihrer jeweiligen Flächenanteile erfuhren unter den sog. Mähdruschfrüchten Weizen und Gerste, beide zunehmend und inzwischen weit überwiegend als Winterung angebaut, sowie Körnermais und Winterraps, als einzige Hackfrucht die Zuckerrübe und als Feldfutter allein der

Merkmal	*Einheit*	*Jahr* 1950	1960	1970	1980
Bodennutzung					
Ackerland	% LF[1])	56,3	56,0	55,5	57,0[5])
Dauergrünland	„	39,7	40,0	40,5	39,1[5])
Dauerkulturen	„	1,0	1,2	1,5	1,5[5])
Gartenland	„	3,0	2,8	2,5	2,4[5])
Weizen und Gerste	% AF[2])	31,5	29,9	39,3	50,5
Roggen, Hafer u. Menggetreide	„	35,1	31,8	28,1	19,6
Körnermais	„	0,1	0,1	1,3	1,6
Hülsenfrüchte	„	1,1	0,4	0,4	0,2
Ölfrüchte	„	0,6	0,4	1,1	1,9
sonst. Handelsgewächse	„	0,5	0,5	0,5	0,4
Gemüse u. sonst. Gartengewächse	„	1,1	1,2	1,1	0,7
Zuckerrüben	„	2,4	3,7	4,0	5,4
Kartoffeln	„	14,4	13,1	7,9	3,5
Futterhackfrüchte	„	8,6	6,6	4,8	2,2
Grün- und Silomais	„	0,6	0,6	2,5	9,6
sonst. Feldfutter	„	15,1	11,4	8,9	4,2
Tierhaltung					
Rinder	St.[3])/100 ha LF	79	90	103	116
darunter Milchkühe	„	41	41	41	42
Schafe	„	12	7	6	9
Schweine	„	85	111	154	173
darunter Zuchtsauen	„	9	11	16	20
Geflügel	„	369	449	748	678
darunter Legehennen	„	319	397	568	471
darunter Masthühner	„	24	26	159	184
Tierarten zusammen	GV[4])/100 ha LF	86	84	92	105

[1]) LF = Landwirtschaftliche Nutzfläche (1950 und 1960) = landwirtschaftlich genutzte Fläche (1970 und 1980)
[2]) AF = Ackerfläche
[3]) St. = Stück
[4]) GV =Großvieheinheiten
[5]) 1978
Quelle: Statistisches Bundesamt (Hrsg.): Statistisches Jahrbuch für die Bundesrepublik Deutschland 1952 und Ausgewählte Zahlen für die Agrarwirtschaft – Fachserie 3/1 (1981)

Tab. 1: Struktur der Bodennutzung sowie Umfang und Zusammensetzung der Tierhaltung in der Bundesrepublik Deutschland 1950–1980
Utilisation du sol et élevage en République fédérale d'Allemagne 1950–1980

Silomais. Unter den Fruchtarten, deren Anteile an der Ackerfläche besonders drastisch abgenommen haben, sind insbesondere Roggen und Hafer, Hülsenfrüchte, Kartoffeln, Futterhackfrüchte und schließlich Luzerne, Klee und Kleegras zu nennen. Zu den wesentlichen Antriebskräften dieses Wandels gehören Änderungen der Verbrauchsgewohnheiten (z. B. Rückgang des Verbrauchs an Kartoffeln), unterschiedliche Stützungsniveaus der Erzeugerpreise der verschiedenen Produkte im Rahmen der gemeinsamen Agrarmarktpolitik (z. B. Weizen, Raps und Zuckerrüben im Vergleich zu Roggen und Kartoffeln), züchterische Fortschritte (besonders bei Raps und Mais) sowie Fortschritte der Anbau-, Ernte- und Ernteverwertungstechnik (z. B. bei Zuckerrüben, Mais).

Von der fortschreitenden Abnahme der Zahl der angebauten Kulturen, der damit verbundenen rascheren Aufeinanderfolge der verbleibenden Pflanzenarten in den Fruchtfolgen und nicht zuletzt von der geradezu explosionsartigen Zunahme der Anbauflächen einzelner Kulturen (Wintergetreide, Mais, Raps) werden zunehmend Probleme bei der Unkraut- und Krankheitsbekämpfung, Schädigungen der Bodenstruktur und eine Abnahme der Artenvielfalt bei der Ackerbegleitflora und -fauna befürchtet. Aus diesen Gründen wie auch im Hinblick auf wachsende Agrarüberschüsse in der Europäischen Gemeinschaft werden neuerdings Anstrengungen unternommen, den Anbau von Körnerleguminosen sowie von Pflanzenarten zur Gewinnung von Zucker, Stärke, Fetten, Ölen u. a. als Grundstoffe für industrielle Verwendung (Industriepflanzen, nachwachsende Rohstoffe) wettbewerbsfähiger zu machen.

Die letzten Zeilen der Tabelle 1 enthalten Informationen über die Entwicklung der Bestände der wichtigsten Nutztierarten in der Bundesrepublik Deutschland zwischen 1950 und 1980. Die Tierzahlen sind jeweils auf die landwirtschaftlich genutzte Fläche bezogen, um die über die Bereitstellung von Futterstoffen und die Verwertung tierischer Exkremente bestehenden Wechselbeziehungen zwischen Viehhaltung und Bodennutzung anzudeuten. Umgerechnet auf sog. *Großvieheinheiten* (GV) blieb der Bestand an Nutztieren je 100 ha landwirtschaftlich genutzte Fläche zwischen 1950 und 1960 zunächst unverändert, nahm dann zwischen 1960 und 1970 um 10 % und von 1970 bis 1980 um weitere 14 % zu. Beim Rindvieh erfuhren insbesondere die Mastrinderbestände eine Aufstockung, während der Umfang der Milchkuhhaltung fast unverändert blieb. In der Schweinehaltung nahmen die Zuchtsauenbestände stärker zu als die Bestände an Mast- und Jungschweinen. Die höchsten Zuwachsraten überhaupt wiesen die Bestände an Legehennen und Masthühnern während der sechziger Jahre auf; letztere vergrößerten sich während der siebziger Jahre wesentlich langsamer, während die ersteren sogar abnahmen.

Als vorrangige Bestimmungsgründe dieser beträchtlichen Ausweitung der Tierhaltung in der Bundesrepublik Deutschland sind u. a. anzusehen die Zunahme des Verbrauchs einzelner tierischer Produkte (insbes. von Rind-, Schweine- und Geflügelfleisch), züchterische Fortschritte (insbes. in der Geflügelhaltung) sowie Fortschritte der Haltungstechnik (bei allen Tierarten). Ohne die erfolgte kräftige Anhebung der Erzeugerpreise für Milch durch staatliche Marktstützungsmaßnahmen hätte der Bestand an Milchkühen in der Bundesrepublik vermutlich abgenommen. Die Einführung einer mengenmäßigen Begrenzung der Preisstützung bei Milch (Quotenregelung) wird zweifellos zu einer Reduzierung des Milchkuhbestandes führen. Möglich erscheint eine teilweise Kompensation durch verstärkte Aufstockung der Schweinehaltung.

2.2. Einsatz von gewerblichen Vorleistungen

In den zurückliegenden drei Jahrzehnten hat die Verwendung gewerblicher Vorleistungen in der Landwirtschaft der Bundesrepublik Deutschland beträchtlich zugenommen. Wie aus Tabelle 2 hervorgeht, wiesen Pflanzenbehandlungsmittel den höchsten Verbrauchszuwachs auf, gefolgt von aus einheimischen oder importierten Rohstoffen hergestellten Futtermitteln, Energieträgern (Treibstoffen, Heizstoffen und Elektrizität) und Mineraldüngern. Mit Ausnahme der Pflanzenbehandlungsmittel blieben die Wachstumsraten der Zukaufsmengen an Vorleistungen in den siebziger Jahren deutlich hinter denen der vorangegangenen zwei Jahrzehnte zurück, nicht zuletzt Folge des drastischen Anstiegs der Zukaufspreise.

Zu den wichtigsten Antriebskräften der Verbrauchssteigerung von Mineraldüngern, insbesondere von Stickstoff, gehören die Verwendung leistungsfähigerer Pflanzensorten mit einem höheren Nährstoffentzug, die Ausdehnung der Anbauflächen von Fruchtarten mit hohem spezifischem Nährstoffbedarf (z. B. Zuckerrüben und Mais), veränderte Methoden der Düngung (z. B. Aufteilung der Stickstoffgabe) sowie die Steigerung der Bewirtschaftungsintensität auf einem wachsenden Anteil der Dauergrünlandflächen. Die auch noch in jüngster Zeit anhaltende Zunahme des Verbrauchs von Pflanzenbehandlungsmitteln, insbesondere von Fungiziden und Herbiziden, in der Landwirtschaft ist vor allem auf die Einsparung von menschlicher Arbeit in der Unkrautbekämpfung einerseits und eine unbestreitbare Zunahme der Risiken eines Schädlings- bzw. Krankheitsbefalls der angebauten Nutzpflanzen infolge vereinfachter Fruchtfolgen und eines höheren Ertragsniveaus, verbunden mit einer höheren Düngungsintensität, andererseits zurückzuführen.

Bezogen auf den jeweils vorhandenen Nutzviehbestand verdoppelte sich der Einsatz an Zukauffuttermitteln zwischen 1960/61 und 1970/71 und stieg von 1970/71 bis 1980/81 um weitere 30 % an, bedingt vor allem durch die wachsende Spezialisierung der Betriebe. Rund zwei Drittel des Futterzukaufs entfielen jeweils auf Mischfutter. Der Anteil importierten Futters am Zukauf von Futtermitteln durch die Landwirtschaft nahm von etwa der Hälfte Anfang der sechziger Jahre über zwei Drittel Anfang der siebziger Jahre bis auf vier Fünftel Anfang der achtziger Jahre zu, im wesentlichen Folge der wachsenden Preisgunst der importierten sog. Getreidesubstitute und aus Ölsaaten hergestellten eiweißhaltigen Futtermittel im Vergleich zum inländischen Futtergetreide.

Der Verbrauch von Heizstoffen durch die Landwirtschaft nahm in der Vergangenheit deutlich rascher zu als der von Treibstoffen, während der Verbrauch an elektrischem Strom seit Beginn der siebziger Jahre wesentlich langsamer wuchs als im Jahrzehnt davor. Hauptantriebsmoment für die Zunahme des direkten Energieverbrauchs der Land-

Art der Vorleistung	*Wirtschaftsjahr* 1950/51	1960/61	1970/71	1980/81
Handelsdünger	57	100	152	175
Pflanzenschutzmittel	57	100	225	469
Futtermittel[1])	36	100	225	290
Energie[2])	39	100	179	204

[1]) Ohne innerlandwirtschaftlichen Verkehr von Futtermitteln
[2]) Treibstoffe, Brennstoffe, elektrischer Strom
[3]) Ausgaben zu Preisen von 1970
Quelle: Bundesministerium für Ernährung, Landwirtschaft und Forsten (Hrsg.): Statistisches Jahrbuch über Ernährung, Landwirtschaft und Forsten (versch. Jahrgänge); Bittermann, G. und Schmidt, M.: Produktion und Wertschöpfung der Landwirtschaft in der Bundesrepublik Deutschland. In *Agrarwirtschaft* 37 (1983) 4

Tab. 2: Änderungen der Einsatzmengen ausgewählter Vorleistungen in der Landwirtschaft der Bundesrepublik Deutschland 1950/51 – 1980/81[3])
Le changement quantitatif de quelques prestations dans l'agriculture de la République fédérale d'Allemagne 1950/51 – 1980/81

wirtschaft war ganz offenkundig die fortschreitende Mechanisierung in der Außen- und Innenwirtschaft.

2.3. Mechanisierung

Bereiche, Formen und Ausmaß der Mechanisierung, d. h. des Einsatzes von Maschinen und Stalleinrichtungen in der Landwirtschaft, werden durch die amtliche Agrarstatistik leider immer unvollständiger beschrieben. Seit 1975 sind in den regelmäßigen betrieblichen Erhebungen Angaben über den Bestand und Einsatz von Maschinen nicht mehr erfragt worden. Allein die in der Landwirtschaft eingesetzten Schlepper und selbstfahrenden Großmaschinen werden im Zusammenhang mit der Gewährung der Gasölbeihilfe noch regelmäßig erfaßt. Die hierfür vorliegenden Zahlen zeigen u. a. (vgl. Tab. 3), daß die Zahl der Vierradschlepper im Alleinbesitz landwirtschaftlicher Betriebe, bezogen auf die landwirtschaftlich genutzte Fläche, von 1960 bis 1970 um ca. 60 %, von 1970 bis 1980 dagegen nur um ca. 5 % erhöhte, während der Besatz an Schleppern im Gemeinschaftsbesitz mehrerer Betriebe und im Besitz von Genossenschaften sowie Lohnunternehmen abnahm. In beiden Kategorien vervielfachte sich während der siebziger Jahre der Anteil der Schlepper höherer Leistungsklassen.

Wichtigste Antriebskräfte für die Mechanisierung der Produktionsprozesse in den landwirtschaftlichen Betrieben waren neben dem Streben nach Erleichterung und Beschleunigung (Einhaltung der optimalen Zeitspannen) der anfallenden Arbeiten der Zwang, die im Vergleich zur Maschinenarbeit immer teurer werdende Arbeit von Lohnarbeitskräften zu reduzieren und das Ausscheiden mithelfender Familienangehöriger aus der betrieblichen Tätigkeit auszugleichen, sowie der Wunsch, das Produktionspotential der verbleibenden Arbeitskräfte durch Landzukauf oder -pacht, Intensivierung der Flächennutzung und Aufstockung der Tierbestände vergrößern und die dafür notwendige Mehrarbeit bewältigen zu können. Ein Vergleich zwischen den Mitgliedsländern der Europäischen Gemeinschaft zeigt allerdings, daß die Landwirtschaft der Bundesrepublik 1980 den weitaus höchsten Besatz an Schleppern je 1000 ha landwirtschaftlich genutzte Fläche und an Mähdreschern je 1000 ha Getreidefläche aufwies, mit der Folge teilweise ungenügender Kapazitätsauslastung und überdurchschnittlich hoher Kosten der Arbeitserledigung.

Merkmal	*Einheit*	*Jahr* 1960	1970	1981
Schlepper[1]) im Alleinbesitz	St.[4])/1000 ha	60,6	96,8	103,5
dar. m. 38 u.m. kW[2]) Nennleistung	%	.	6,7	27,5
Schlepper[1]) im überbetriebl. Einsatz[3])	St.[4])/1000 ha	1,5	1,0	1,0
dar. m. 38 u.m. kW[2]) Nennleistung	%	.	24,7	65,4

[1]) Vierrad- und Kettenschlepper
[2]) kW = Kilowatt
[3]) Im gemeinschaftlichen Besitz sowie im Besitz von Genossenschaften und Lohnunternehmen
[4]) St. = Stück
Quelle: Statistisches Bundesamt (Hrsg.): Technische Betriebsmittel – Fachserie 3/2.3 (1979)
Bundesministerium für Ernährung, Landwirtschaft und Forsten (Hrsg.): Statistischer Monatsbericht 1 (1985)

Tab. 3: Anzahl der Schlepper im Alleinbesitz landwirtschaftlicher Betriebe und im überbetrieblichen Einsatz in der Landwirtschaft der Bundesrepublik Deutschland 1960–1981
Nombre des tracteurs en possession exclusive d'exploitations et en emploi inter-entreprise en République fédérale d'Allemagne 1960–1981

2.4. Arbeitskräfte und Arbeitseinsatz

Läßt man die wiederholten methodischen Änderungen in der Erfassung und Gliederung der Arbeitskräfte und des Arbeitseinsatzes in der Landwirtschaft durch die amtliche Statistik einmal außer Acht, so läßt sich aus Tabelle 4 eine Abnahme der Gesamtzahl der in den landwirtschaftlichen Betrieben beschäftigten Personen von ca. 6,8 Mio. 1950 über 3,6 Mio. 1965 auf 2,1 Mio. 1983 ablesen, was einem Rückgang um über ⅔ entspricht. Der eigentliche betriebliche Arbeitseinsatz dieser Personen, auf sog. *Arbeitskrafteinheiten* umgerechnet, verringerte sich sogar noch stärker, nämlich um über ¾. Der Grund hierfür liegt, wie an den Zahlen der Tabelle zu sehen ist, darin, daß die Anzahl der vollbeschäftigten Familienarbeitskräfte fast durchweg rascher abgenommen hat als die der teilbeschäftigten, die zeitweilig sogar anstieg, und sich auch die Zahl der ständig beschäftigten familienfremden Arbeitskräfte über den gesamten Zeitraum hinweg deutlich stärker verringerte als die der nichtständigen familienfremden Arbeitskräfte. Insgesamt hat dadurch der Anteil teilbeschäftigter bzw. nichtständig beschäftigter Arbeitskräfte am betrieblichen Arbeitseinsatz von 38 % 1965 – für den Zeitraum davor liegen entsprechende Umrechnungen nicht vor – auf 44 % 1983 zugenommen. Besonders stark angestiegen ist der Anteil der betrieblichen Teilbeschäftigung bei den Betriebsinhabern. Auf die Betriebsinhaber entfiel im Laufe der Zeit ein immer größerer Anteil am betrieblichen Arbeitseinsatz, 1983 bereits rund die Hälfte.

Seit etwa der Mitte der siebziger Jahre sind die durchschnittlichen jährlichen Abnahmeraten der vollbeschäftigten Familienarbeitskräfte und insbesondere der ständig beschäftigten familienfremden Arbeitskräfte erheblich kleiner als davor. Dies ist weitgehend eine Konsequenz der veränderten Situation auf dem Arbeitsmarkt, die den Wechsel aus der landwirtschaftlichen in eine außerlandwirtschaftliche Erwerbstätigkeit erheblich erschwert hat. Die zunächst gegenläufige Entwicklung der Anzahl der teilbeschäftigten Familienarbeitskräfte verdeutlicht die Funktion der Teilbeschäftigung als Puffer- und Übergangsbereich zwischen Landwirtschaft und Arbeitsmarkt. Die starken Schwankungen der Zahl der nichtständig beschäftigten familienfremden Arbeitskräfte seit 1965 sind vermutlich vorrangig witterungsbedingten Unterschieden in den betrieblichen Aktivitäten im Erhebungsmonat April zuzuschreiben.

3. Struktur der landwirtschaftlichen Betriebe

Die soeben skizzierten Änderungen des Produktionsfaktoreinsatzes in der Landwirtschaft der Bundesrepublik Deutschland vollzogen sich keineswegs gleichmäßig in allen zugehörigen Betrieben, sondern wurden von einer zunehmenden Differenzierung der betrieblichen Erscheinungsformen begleitet. Im folgenden sollen die Veränderungen der Betriebsstruktur, d. h. der Häufigkeitsverteilung dieser Erscheinungsformen, an den Beispielen Betriebsgröße, sozialökonomischer Betriebstyp und Betriebsform veranschaulicht werden.

3.1. Betriebsgröße

Beim Ausscheiden von Inhabern landwirtschaftlicher Betriebe infolge Altersruhestand, Invalidität oder Tod werden die zugehörigen Betriebe, sofern potentielle „Hofnachfolger“ nicht vorhanden oder zur Weiterführen der Betriebe nicht bereit sind, aufgelöst. Aus den Angaben in der äußersten rechten Spalte der Tabelle 5 ist ersichtlich, daß die Gesamtzahl der landwirtschaftlichen Betriebe mit 1 ha Fläche und darüber von 1,65 Mio. 1949 auf 744 000 1983, d. h. um 900 000 bzw 55 % abgenommen hat. Sofern die

Merkmal	Jahr/Zeitraum	Einheit	Arbeitskäfte[1]) Familienarbeitskräfte voll-beschäftigt	teil-beschäftigt	Familienfremde Arbeitskräfte ständig beschäftigt	nicht ständig beschäftigt	Betrieblicher Arbeitseinsatz AK-Einheiten
	1950	1000	4380	1180	766	450	3885
	1965	1000	2346	959	223	104	1894
	1983	1000	1025	943	96	84	921
Anzahl	1950	1965 = 100	186	123	330	238	203
	1965	1965 = 100	100	100	100	100	100
	1983	1965 = 100	44	98	43	81	49
	1950–60	%	–3,7	0,7	–8,2	–4,4	–4,7
	1960–65	%	–5,9	–6,6	–8,2	–9,8	–5,5
Durchschnittl. jährl.	1965–69	%	–5,2	4,4	–9,0	–11,4	–3,7
Änderung[3])	1969–73	%	–6,3	–0,2	–4,9	11,0	–6,5
	1973–77	%	–3,9	–2,0	–5,2	2,2	–3,6
	1977–81	%	–3,2	–1,8	–0,5	–1,2	–2,6
	1981–83	%	–3,2	–1,5	–1,5	–8,8	–2,5
Anteil am	1965	%	53 (31)[2])	37 (9)[2])	9	1	100
betrieblichen Arbeitseinsatz	1983	%	48 (36)[2])	41 (14)[2])	8	3	100

[1]) Im landw. Betrieb und im Haushalt des Betriebsinhabers beschäftigte Arbeitskräfte; bis 1969 einschließlich Arbeitskräfte in landw. Betrieben mit 0,5 ha landw. Nutzfläche, soweit sie für den Markt produzieren, ab 1973 einschließlich Arbeitskräfte in landw. Betrieben unter 1 ha landw. genutzte Fläche, soweit sie eine jährliche Markterzeugung entsprechend 1 ha haben; bis 1969 Durchschnitt von Wirtschaftsjahren, nach 1969 Ergebnisse für April; ohne Hamburg, Bremen und Berlin (West)

[2]) Darunter Betriebsinhaber

[3]) Zinseszinsrechnung

Quelle: Bundesministerium für Ernährung, Landwirtschaft und Forsten (Hrsg.): Statistisches Jahrbuch über Ernährung, Landwirtschaft und Forsten (versch. Jahrgänge) und Statistisches Bundesamt (Hrsg.): Ausgewählte Zahlen für die Agrarwirtschaft – Fachserie 3/1 (versch. Jahrgänge), Arbeitskräfte – Fachserie B/5 (1964/65) und Arbeitskräfte – Fachserie 3/2.2 (1983)

Tab. 4: Anzahl und betrieblicher Arbeitseinsatz der Arbeitskräfte in landwirtschaftlichen Betrieben in der Bundesrepublik Deutschland 1950–1983
Nombre et emploi de la main-d'œuvre dans les exploitations en République fédérale d'Allemagne 1950–1983

von den aufgegebenen Betrieben bisher bewirtschafteten Flächen nicht außerhalb der Landwirtschaft Verwendung fanden oder ungenutzt (brach) liegen blieben, wurden sie auf dem Wege des Kaufs oder häufiger der Zupacht von verbliebenen Betrieben übernommen. Da die aufgegebenen Betriebe überwiegend eine unterdurchschnittliche, die aufstockenden Betriebe dagegen häufig bereits eine überdurchschnittliche Flächenausstattung aufwiesen oder durch die Übernahme von Flächen in diese hineinwuchsen, nahm der Anteil der unteren Größenklassen an der Gesamtzahl der landwirtschaftlichen Betriebe und an der von ihnen insgesamt bewirtschafteten Fläche ständig ab, der der oberen Größenklassen dagegen laufend zu. Demgemäß verdoppelte sich die durchschnittliche Flächenausstattung der Betriebe mit 1 ha und mehr von ca. 8 ha 1949 auf ca 16 ha 1983. Aus den Angaben über die Verteilung der landwirtschaftlichen Betriebe und der von ihnen genutzten Flächen auf Größenklassen der Flächenausstattung 1949 und 1983 in der Tabelle 5 ist beispielsweise ersichtlich, daß sich zwar der Anteil der Betriebe mit 30 und mehr ha von ca. 3 % auf ca. 15 % aller Betriebe und von 23 % auf 47 % der Fläche vergrößerte, daß aber auch 1983 noch fast die Hälfte aller landwirtschaftlichen Betriebe weniger als 10 ha bewirtschaftete. Vorzeichen und Größe der jährlichen Änderungsraten der Zahl der Betriebe in den einzelnen Größenklassen im unteren Teil der Übersicht zeigen darüber hinaus, wie sich die Grenze zwischen überwiegend aufgegebenen und überwiegend aufstockenden Betrieben im Laufe der Zeit nach oben verschoben hat. Ähnlich wie bei den Arbeitskräften und im wesentlichen aus den gleichen Gründen läßt die Abnahme der Zahl der landwirtschaftlichen Betriebe seit Mitte der siebziger Jahre eine Verlangsamung erkennen.

Große Bedeutung kommt bei dem Wandel der Betriebsgrößenstruktur der Flächenpacht zu. Während in den Größenklassen bis unter 20 ha die Anteile der Betriebe mit zugepachteten Flächen an der Gesamtzahl der Betriebe und die der Pachtflächen an den von ihnen bewirtschafteten Flächen zurückgingen, nahmen sie in den Größenklassen ab 20 ha deutlich zu; 1981 hatten rund vier von fünf Betrieben mit 20 ha und mehr Flächen zugepachtet, welche mehr als ein Drittel ihrer Gesamtflächen umfaßten.

Die Größe landwirtschaftlicher Betriebe als Maß ihres Produktionspotentials wird nicht allein durch ihre Flächenausstattung, sondern darüber hinaus auch durch den Umfang ihrer Nutzviehbestände sowie ferner durch die Produktivität ihrer Flächennutzung und Tierhaltung bestimmt. Ähnlich wie die Flächenausstattung der Betriebe erfuhren auch ihre Nutzviehbestände Änderungen der Größenstruktur: Kleine Tierbestände wurden im Zuge von Betriebsauflösungen oder der Vereinfachung der Betriebsorganisation aufgegeben, größere Bestände entstanden durch Aufstockung kleiner, mittlerer oder durch Neuerrichtung. In den Tabellen 6–8 sind für Milchkühe, Schweine und Legehennen die Anteile verschiedener Bestandsgrößenklassen an den Zahlen der Halter und der Tiere 1982 im Vergleich zu 1965 dargestellt. Die jeweils unterste Größenklasse umfaßt Tierbestände, deren Produktion für eine regelmäßige Marktbelieferung im allgemeinen noch nicht ausreicht, die oberste dagegen Bestände, von denen ab eine wirtschaftliche Nutzung der Ende der siebziger Jahre verfügbaren Haltungstechniken in der Regel gewährleistet war. Ein Vergleich zwischen den Übersichten macht deutlich, daß in der Legehennenhaltung, in der der Anteil der *Kleinstbestände* auch noch 1982 wesentlich höher war als bei den übrigen Tierarten, der Anteil der *Großbestände* seit 1965 besonders stark zugenommen hat, während dieser Anteil in der Schweine- und insbesondere in der Milchkuhhaltung zwar kräftig angestiegen ist, aber vor allem bei letzterer auch 1982 immer noch gering war.

Eine diesbezügliche Auswertung der Ergebnisse der amtlichen Agrarstatistik deutet darauf hin, daß entgegen in der Öffentlichkeit geäußerten Befürchtungen die Landwirtschaft in der Bundesrepublik nach wie vor durch Familienbetriebe geprägt ist, durch Betriebe also, in denen die Verfügung über das betriebliche Vermögen, das betriebliche

Merkmal	Jahr/Zeitraum	Einheit	Größenklassen der landwirtschaftl. genutzten Fläche (ha) 1–5	5–10	10–20	20–30	30–50	> 50	Insgesamt
Anzahl der landw. Betriebe[1]	1949	1000	858,8	403,7	256,3	72,2	40,3	15,6	1 646,8
	1983	1000	232,9	136,0	167,0	97,0	76,0	34,8	743,8
Landw. genutzte Fläche[2]	1949	1000 ha	2270,8	2860,1	3543,2	1739,5	1504,5	1361,5	13 279,6
	1983	1000 ha	596,4	991,3	2429,8	2374,7	2875,2	2716,5	11 934,0
Anteile der Größenklassen … a. d. Zahl d. landw. Betriebe	1949	%	52,2	24,5	15,6	4,4	2,4	0,9	100
	1983	%	31,3	18,3	22,5	13,0	10,2	4,7	100
a. d. landw. genutzt. Fläche	1949	%	17,1	21,5	26,7	13,1	11,3	10,3	100
	1983	%	5,0	8,3	20,4	19,8	24,0	22,7	100
Durchschn. jährl. Änderung der Zahl d. landw. Betriebe[3]	1949–60	%	−2,9	−1,5	1,0	0,8	0,6	0,4	−1,6
	1960–65	%	−3,5	−3,1	0,3	2,4	1,3	0,9	−2,0
	1965–68	%	−2,7	−3,4	−0,7	2,5	1,5	0,8	−1,8
	1968–71	%	−8,5	−6,8	−4,0	4,0	7,0	6,5	−5,0
	1971–74	%	−4,0	−4,8	−4,7	0,0	5,2	6,2	−3,1
	1974–77	%	−3,7	−3,4	−3,0	−0,7	1,8	3,7	−2,5
	1977–79	%	−4,7	−3,9	−3,2	−0,9	1,8	3,4	−2,9
	1979–81	%	−2,0	−2,9	−1,0	−1,6	0,9	3,4	−1,8
	1981–83	%	−3,7	−2,9	−2,7	−1,8	0,1	3,7	−2,4

[1]) Landw. Betriebe mit 1 u. m. ha landw. Nutzfläche bzw. landw. genutzte Fläche
[2]) Bis 1968 landw. Nutzfläche
[3]) Zinseszinsrechnung
Quelle: Statistisches Bundesamt *(Hrsg.): Ausgewählte Zahlen für die Agrarwirtschaft – Fachserie B/6 und 3/1 (versch. Jahrgänge)*

Tab. 5: Zahl der landwirtschaftlichen Betriebe und ihre Größenstruktur nach dem Umfang der landwirtschaftlich genutzten Fläche in der Bundesrepublik Deutschland 1949–1983
Nombre et pourcentage des exploitations en République fédérale d'Allemagne selon les différentes catégories de taille 1949–1983

Merkmal	Jahr/ Zeitraum	*Bestandsgrößenklassen* (Milchkühe)[1]) 1–2	3–19	20–49	50 *u. m.*	*Insges.*
Anteile d. Größenkl. (%)						
a. d. Zahl der Kuhhalter	1965	25,6	72,6	1,7	0,1	100
	1982	10,7	65,1	22,0	2,2	100
a. d. Zahl der Milchkühe	1965	7,0	83,7	8,1	1,2	100
	1982	1,2	44,2	44,6	10,0	100
Durchschn. jährl. Änderung	1965–75	–9,8	–5,4	13,1	8,4	–5,4
d. Zahl d. Kuhhalter (%)[2])	1975–82	–10,4	–6,6	5,6	22,2	–5,1

[1]) 1965 = 1–2, 3–20, 21–50, 51 u. m. [2]) Zinseszinsrechnung
Quelle: BUNDESMINISTERIUM FÜR ERNÄHRUNG, LANDWIRTSCHAFT UND FORSTEN (Hrsg.): Statistisches Jahrbuch über Ernährung, Landwirtschaft und Forsten (versch. Jahrgänge)

Tab. 6: Bestandsgrößenstruktur der Milchkuhhaltung in der Bundesrepublik Deutschland 1965–1982
Pourcentage du cheptel de vaches laitières dans les différentes catégories en République fédérale d'Allemagne 1965–1982

Merkmal	Jahr/ Zeitraum	*Bestandsgrößenklassen* (Schweine)[1]) 1–4	5–49	50–399	400 *u. m.*	Insges.
Anteile d. Größenkl. (%)						
a. d. Zahl der Schweinehalter	1965	52,0	42,6	5,4	0,0	100
	1982	32,2	43,4	19,3	2,1	100
a. d. Zahl der Schweine	1965	8,4	53,8	35,7	2,2	100
	1982	1,8	16,3	53,9	27,9	100
Durchschn. jährl. Änderung	1965–75	–9,6	–5,5	2,8	20,8	–6,6
d. Zahl d. Schweineh. (%)[2])	1975–82	–6,1	–6,6	–0,8	14,2	–5,2

[1]) Schweine einschließlich Ferkel [2]) Zinseszinsrechnung
Quelle: BUNDESMINISTERIUM FÜR ERNÄHRUNG, LANDWIRTSCHAFT UND FORSTEN (Hrsg.): Statistisches Jahrbuch über Ernährung, Landwirtschaft und Forsten (versch. Jahrgänge)

Tab. 7: Bestandsgrößenstruktur der Schweinehaltung in der Bundesrepublik Deutschland 1965–1982
Pourcentage du cheptel de porcs dans les différentes catégories en République fédérale d'Allemagne 1965–1982

Merkmal	Jahr/ Zeitraum	*Bestandsgrößenklassen* (Legehennen)[1]) 1–50	50–1000	1–10 000	10 000 u. m.	*Insges.*
Anteile d. Größenkl. (%)						
a. d. Zahl d. Hennenhalter	1965	91,4	8,3	0,3	0,0	100
	1982	93,8	5,1	1,0	0,2	100
a. d. Zahl d. Legehennen	1965	39,0	36,3	20,2	4,5	100
	1982	11,5	7,3	25,0	56,2	100
Durchschn. jährl. Ändg. d.	1965–75	–10,9	–13,4	–2,2	15,2	–11,0
Zahl d. Hennenhalter (%)[2])	1975–82	–7,0	–10,1	–3,8	–0,1	–7,1

[1]) Legehennen ½ Jahr und älter [2]) Zinseszinsrechnung
Quelle: BUNDESMINISTERIUM FÜR ERNÄHRUNG, LANDWIRTSCHAFT UND FORSTEN (Hrsg.): Statistisches Jahrbuch über Ernährung, Landwirtschaft und Forsten (versch. Jahrgänge)

Tab. 8: Bestandsgrößenstruktur der Legehennenhaltung in der Bundesrepublik Deutschland 1965–1982
Pourcentage du cheptel de poules pondeuses dans les différentes catégories en République fédérale d'Allemagne 1965–1982

Management und die Ausführung der anfallenden betrieblichen Arbeiten in einer Familie zusammenfallen. Lediglich in der Legehennenhaltung haben, begünstigt durch bestimmte steuerliche Regelungen, die inzwischen beseitigt worden sind, während der sechziger Jahre andere Unternehmensformen Bedeutung gewinnen können. Ungeachtet der Tatsache, daß sich die Familienbetriebe im betrieblichen Strukturwandel durchaus haben behaupten können, wird erwogen, den Prozeß betrieblicher Konzentration durch gesetzliche Regelungen, die das Wachstum über eine bestimmte Grenze hinaus erschweren oder gar gänzlich verhindern sollen, zu bremsen.

3.2. Sozialökonomischer Betriebstyp

Für viele Familien von Landwirten ist der landwirtschaftliche Betrieb nicht der einzige Arbeitsplatz und erst recht nicht die alleinige Einkommensquelle. Die betreffenden Betriebsinhaber oder/und ihre Familienangehörigen gehen außerbetrieblichen Erwerbstätigkeiten nach und beziehen hieraus Einkommen. Zahlreichen Haushalten von Landwirten fließen darüber hinaus Einkünfte aus Verpachtung und Vermietung, aus außerbetrieblichen Vermögensanlagen sowie aus Einkommensübertragungen (Renten, Pensionen, Kindergeld u. ä.) zu. Diese außerbetrieblichen Einkommen bilden eine wirkungsvolle Ergänzung der betrieblichen Einkommensbasis, insbesondere dann, wenn diese aufgrund ungenügender Faktorausstattung bzw. ungünstiger Standortbedingungen allein der Familie des Betriebsinhabers keine angemessene Lebenshaltung zu ermöglichen vermag.

Seit 1971 werden im Rahmen der durch die amtliche Statistik durchgeführten Betriebserhebungen die Inhaber landwirtschaftlicher Betriebe befragt, ob ihnen und ihren Ehegatten Einkommen aus außerbetrieblichen Quellen oberhalb einer gewissen Bagatellgrenze zufließen und ob diese Einkommen nach eigener Schätzung höher sind als das aus dem landwirtschaftlichen Betrieb erzielte. Auf der Grundlage der Antworten auf diese Frage gliedert die amtliche Statistik die landwirtschaftlichen Betriebe, deren Inhaber natürliche Personen sind, in drei sog. *sozialökonomische Typen* auf: Betriebe ohne (nennenswerte) außerbetriebliche Einkommen der Inhaber oder ihrer Ehegatten, Betriebe mit außerbetrieblichen Einkommen, die allerdings unter dem betrieblichen Einkommen bleiben, und Betriebe, in denen die außerbetrieblichen Einkommen des Betriebsinhaberehepaares das betriebliche Einkommen übersteigen. Mit gewissen Einschränkungen entspricht diese Aufgliederung der gemeinhin gebräuchlichen in *Vollerwerbs-*, *Zuerwerbs-* und *Nebenerwerbsbetriebe.*

In Tabelle 9 sind die prozentualen Anteile der drei *sozialökonomischen Typen* an der Zahl der landwirtschaftlichen Betriebe insgesamt sowie in verschiedenen Größenklassen nach der Flächenausstattung der Betriebe in den Jahren 1971 und 1979 dargestellt (neuere Ergebnisse liegen noch nicht vor). Darüber hinaus sind die Anteile derjenigen Betriebe ausgewiesen, in denen die Betriebsinhaber oder/und ihre Ehegatten einer außerbetrieblichen Erwerbstätigkeit nachgingen. Erwartungsgemäß ist der Anteil der Betriebe mit außerbetrieblichen Einkommen bzw. außerbetrieblicher Erwerbstätigkeit des Inhaberehepaares an der Gesamtzahl der Betriebe desto geringer, je größer die von den Betrieben bewirtschaftete Fläche ist. Es zeigt sich aber auch, daß die Anteile der Betriebe ohne nennenswerte außerbetriebliche Einkünfte sowie derjenigen mit überwiegend außerbetrieblicher Einkommenserzielung des Betriebsinhaberehepaares zwischen 1971 und 1979 in allen Größenklassen zugenommen, die Anteile der Betriebe mit geringen außerbetrieblichen Einkünften dagegen kräftig abgenommen haben. 1979 verfügten von den Inhabern der Betriebe zwischen 10 und 20 ha bereits fast 30 % über außerbetriebliche Einkommen, die die betrieblichen Einkommen überstiegen. In den Größen-

Größenklassen der landw. genutzten Fläche (ha)	Jahr	Landwirtschaftliche Betriebe[1]) ohne außerbetr. Einkommen[2])	mit außerbetr. Einkommen[2]) kleiner als betriebliches Einkommen[3])	mit außerbetr. Einkommen[2]) größer als betriebliches Einkommen[3])	in denen der Betriebsinhaber u./o. Ehegatte anderw. erwerbstätig sind
1– 2	1971	5,7	8,0	86,3	63,6
	1979	7,8	3,2	89,0	63,1
2– 5	1971	7,8	12,9	79,3	68,5
	1979	9,1	4,7	86,3	72,3
5–10	1971	21,6	27,1	51,3	62,0
	1979	19,5	11,2	69,4	70,9
10–20	1971	52,9	32,9	14,2	32,6
	1979	53,2	18,3	28,5	39,3
20–30	1971	69,7	26,6	3,8	14,0
	1979	76,7	16,1	7,1	15,2
> 30	1971	66,0	30,5	3,5	9,2
	1979	77,4	18,8	3,8	9,5
Insgesamt	1971	33,2	23,2	43,6	46,8
	1979	38,7	12,1	49,2	47,7

[1]) Landwirtschaftliche Betriebe mit 1 ha u. m. landwirtschaftlich genutzter Fläche, deren Inhaber natürliche Personen sind (1971 nur klassifizierbare Betriebe)
[2]) Außerbetriebliches Einkommen der Betriebsinhaber und/oder ihrer Ehegatten (1979 ab 800 DM netto im Jahr)
[3]) Nach Angaben der Betriebsinhaber
Quelle: Statistisches Bundesamt (Hrsg.): Sozialökonomische Verhältnisse 1979 — Ergebnisse der Agrarberichterstattung/Gesamtteil — Fachserie 3/2.1.5)

Tab. 9: Verteilung der landwirtschaftlichen Betriebe auf „sozialökonomische Betriebstypen" in den Größenklassen der landwirtschaftlich genutzten Fläche in der Bundesrepublik Deutschland 1971–1979 (%)
Pourcentage des exploitations en République fédérale d'Allemagne selon leur caractère d'activité dans les différentes catégories de taille 1971–1979

klassen zwischen 5 und 20 ha nahmen die Anteile der Betriebe, in denen die Betriebsinhaber oder ihre Ehegatten einer außerbetrieblichen Erwerbstätigkeit nachgingen, zwischen 1971 und 1979 deutlich zu.

3.3. Betriebsform

Seit 1971 werden die landwirtschaftlichen Betriebe in der amtlichen Statistik nach dem prozentualen Anteil je eines unter vier Produktionsbereichen – Anbau von Marktfrüchten auf dem Ackerland, Futterbau und Rindviehhaltung, Schweine- und Geflügelhaltung sowie Wein-, Obst- und Hopfenanbau – an ihrer Produktionskapazität in drei Gruppen aufgegliedert. Die erste Gruppe umfaßt die *ausgerichteten Betriebe*, in denen einer der vier Produktionsbereiche 50 % oder mehr der Produktionskapazität hervorbringt. Der zweiten Gruppe werden die sog. *Spezialbetriebe* innerhalb der ersten Gruppe zugeordnet, in denen 75 % oder mehr der Produktionskapazität auf einen der vier Produktionsbereiche entfallen. Sowohl die *ausgerichteten* als auch die *spezialisierten Betriebe* werden nach dem jeweils vorherrschenden Produktionsbereich in *Marktfrucht-*, *Futterbau-*, *Veredlungs-* und *Dauerkulturbetriebe* untergliedert. Als dritte

Gruppe verbleiben schließlich die sog. *Gemischtbetriebe*, in denen keiner der vier Produktionsbereiche 50 % der Produktionskapazität erreicht.

In Tabelle 10 sind die Anteile der vier Untergruppen der *ausgerichteten Betriebe* 1979 sowie die Anteile der *ausgerichteten* und der *spezialisierten Betriebe* 1979 im Vergleich zu 1971 in den Größenklassen der landwirtschaftlich genutzten Fläche dargestellt (neuere Ergebnisse liegen z. Zt. noch nicht vor). Aus den angegebenen Zahlen geht u. a. hervor, daß der Anteil der *ausgerichteten Betriebe* während des erfaßten Zeitraums von 78 auf 90 % und der der *spezialisierten Betriebe* sogar von 27 auf 45 % zunahm und daß diese Anteile 1979 am höchsten in den Größenklassen unter 5 ha waren, in den Größenklassen zwischen 5 und 30 ha unter dem Durchschnitt lagen und danach mit zunehmender Flächenausstattung wieder leicht anstiegen. *Veredlungs- und Dauerkulturbetriebe* waren vor allem in den Größenklassen unter 5 ha vertreten, während *Marktfruchtbetriebe* die höchsten Anteile an der Gesamtzahl aller Betriebe in den Größenklassen unter 5 ha und über 50 ha, *Futterbaubetriebe* hingegen in den Größenklassen zwischen 10 und 50 ha aufwiesen.

Zu den wichtigsten Ursachen dieses betrieblichen Spezialisierungsprozesses gehört neben den bereits erwähnten Unterschieden der Ertrags-, Preis- und Aufwandsentwicklung zwischen den verschiedenen Produktionsbereichen insbesondere die Tatsache, daß sich arbeitsparende Verfahren der landwirtschaftlichen Produktion, die im allgemeinen auch kapitalintensiv sind, nur dann mit wirtschaftlichem Vorteil realisieren lassen, wenn sie in einem gewissen Mindestumfang eingesetzt werden können, der in der überwiegenden Mehrzahl der landwirtschaftlichen Betriebe jedoch bei gegebener Betriebsorganisation nicht erreicht wird. Eine Realisierung der Verfahren setzt, soweit nicht ihre überbe-

		Anteil in den Größenklassen der landw. genutzten Fläche (%) (*ha*)							
Betriebsform	*Jahr*	1–2	2–5	5–10	10–20	20–30	30–50	>50	*insges.*
Marktfruchtbaubetriebe[1])	1979	45,4	34,8	21,5	15,3	15,1	20,8	45,3	25,2
Futterbaubetriebe[1])	1979	26,8	42,5	57,6	64,4	65,1	60,5	39,9	53,5
Veredlungsbetriebe[1])	1979	7,7	6,6	5,7	5,0	5,3	4,9	3,2	5,7
Dauerkulturbetriebe[1])	1979	16,8	9,6	5,6	3,1	1,6	0,8	0,5	5,8
Insgesamt[1])	1979	96,6	93,4	90,4	87,8	87,1	87,0	88,8	90,2
	1971	91,9	84,5	76,8	70,6	73,7	73,7	80,7	77,9
dar. Spezialbetriebe[2])	1979	72,5	54,5	41,0	36,8	36,0	37,7	44,9	45,3
	1971	56,4	34,1	21,8	18,1	17,6	20,7	30,8	27,3

[1]) > 50 % des Standarddeckungsbeitrags aus den o. g. Produktionsbereichen
[2]) 75 u. m. % des Standarddeckungsbeitrags aus den o. g. Produktionsbereichen
[3]) Klassifzierbare Betriebe des Betriebsbereichs Landwirtschaft mit 1 u. m. ha landwirtschaftlich genutzter Fläche
Quelle: Statistisches Bundesamt (Hrsg.): Landwirtschaftszählung – Heft 5 = Betriebsklassifizierung und Betriebseinkommen – Fachserie B (1971) und Betriebssystem und Standardbetriebseinkommen – Ergebnisse der Agrarberichterstattung – Fachserie 3/2.1.4 Gesamtteil (1979)

Tab. 10: Anteile verschiedener Betriebsformen an der Zahl der landwirtschaftlichen Betriebe[3]), gegliedert nach Größenklassen der landwirtschaftlich genutzten Fläche in der Bundesrepublik Deutschland 1971–1979 (%)
Pourcentage des exploitations en République fédérale d'Allemagne selon leur caractère de production dans les différentes catégories de taille 1971–1979

triebliche Nutzung möglich ist, voraus, daß die einzelbetrieblichen Einsatzflächen oder Tierbestände vergrößert werden, was in der Regel nur gelingt, wenn zugleich andere Arten der Flächennutzung und der Tierhaltung eingeschränkt werden. Bei dieser Vereinfachung der Betriebsorganisation bleiben natürlich jeweils diejenigen Produktionszweige übrig, die infolge der spezifischen Faktorausstattung der Betriebe, der individuellen Neigungen und Fähigkeiten der Betriebsinhaber sowie der örtlichen Produktions- und Marktbedingungen besondere innerbetriebliche Wettbewerbsvorteile besitzen.

4. Räumliche Differenzierung der Landwirtschaft

Mit der zunehmenden Ausrichtung der Organisation der landwirtschaftlichen Betriebe auf die Gegebenheiten ihrer jeweiligen Standortverhältnisse (Spezialisierung) ging zwangsläufig eine räumliche Differenzierung der Landbewirtschaftung und Agrarproduktion einher. Tabelle 11 veranschaulicht diese Differenzierung am Beispiel der Ausprägungen der landwirtschaftlichen Bodennutzung und Nutztierhaltung in sechs Teilregionen der Bundesrepublik.

Schleswig-Holstein weist in west-östlicher Richtung stark wechselnde Boden- und Wasserverhältnisse, den höchsten Anteil größerer landwirtschaftlicher Betriebe unter allen Bundesländern und aufgrund seiner peripheren Lage ungünstige Absatzbedingungen auf. Die Ackerflächennutzung ist durch überdurchschnittlich hohe Anteile von Raps (*Handelsgewächse*) und Feldfutter, dagegen geringe Anteile von Verkaufshackfrüchten charakterisiert. Der überdurchschnittlich hohe Rindviehbesatz wird durch den hohen Anteil absoluten Dauergrünlands an der Westküste und auf dem Mittelrücken bedingt. Die Schweinehaltung besitzt nur durchschnittliche, die Geflügelhaltung keinerlei Bedeutung.

Im Regierungsbezirk Braunschweig im Südosten Niedersachsens mit einem sehr niedrigen Dauergrünlandanteil an der landwirtschaftlich genutzten Fläche, überaus ertragsfähigen Ackerböden sowie einer ebenfalls günstigen Betriebsgrößenstruktur hat der Anbau von Verkaufsfrüchten auf dem Acker (Weizen, Gerste, Zuckerrüben) besonders große Bedeutung erlangt. Die geringe Besatzdichte mit Nutztieren deutet auf einen überdurchschnittlich hohen – und weiter zunehmenden – Anteil viehlos wirtschaftender Betriebe hin.

Im Vergleich zum südöstlichen Teil weist der nordwestliche Teil Niedersachsens einen wesentlich höheren Anteil leichter Böden und flächenarmer Betriebe auf. Demgemäß hat sich im Gebiet des Regierungsbezirks Weser-Ems bereits seit längerem eine stark auf Futterzukauf basierende Schweine- und Geflügelhaltung herausgebildet, die im Südoldenburger Raum inzwischen zu einer extrem hohen Bestandskonzentration – und mancherlei Belastungen der Umwelt – geführt hat. Die umfangreichen Silomaisflächen dienen neben der Futtergewinnung nicht zuletzt auch der Aufnahme von Flüssigmist.

Der Regierungsbezirk Rheinhessen-Pfalz umfaßt in seinem nordöstlichen Teil eine klimatisch besonders begünstigte Region. Weinbau sowie Weizen- und Zuckerrübenbau bilden die wichtigsten Einkommensquellen der überwiegend flächenarmen Betriebe. Während Rindvieh- und Schweinebestände einen geringeren Umfang aufweisen, hat die Geflügelhaltung infolge der Nähe zum Ballungsraum Rhein-Main größere Bedeutung gewonnen.

Im Regierungsbezirk Oberfranken im Norden Bayerns treffen ungünstige natürliche Produktionsbedingungen, eine durch Kleinbetriebe geprägte Struktur mit hohem Anteil von Nebenerwerbslandwirtschaft und eine periphere Lage zu den Ballungsgebieten zusammen. Bodennutzung und Nutztierhaltung haben sich hier in den letzten Jahrzehnten von allen Teilräumen am wenigsten verändert.

Merkmal	*Einheit*	*Regierungsbezirk* Schleswig-Holstein	Braunschweig	Weser-Ems	Rheinhessen-Pfalz	Oberfranken	Schwaben
Durchschnittliche Bodenklimazahl		45	58	39	58	35	48
Durchschnittliche Betriebsgröße	ha	30,9	22,6	18,0	9,7	11,7	13,8
Bodennutzung							
Dauergrünland	% LF[1])	42,4	18,4	53,3	15,2	32,8	61,0
Dauerkulturen	„	0,6	0,2	0,3	18,2	0,4	0,3
Ackerland	„	56,6	80,9	46,1	66,3	66,2	38,3
Weizen	% AF[2])	25,8	31,5	8,4	28,5	17,7	25,1
Gerste	„	20,6	26,4	35,1	27,5	36,0	21,0
sonst. Getreide	„	19,3	15,6	37,5	17,5	16,0	14,8
Handelsgewächse	„	12,6	1,3	0,5	0,9	0,8	0,5
Gemüse u. sonst. Gartengewächse	„	0,9	0,8	0,4	2,0	0,3	0,5
Zuckerrüben	„	2,9	19,2	0,5	10,6	0,6	4,4
Kartoffeln	„	0,9	2,5	4,2	4,7	12,5	4,4
Futterhackfrüchte	„	2,8	1,3	1,1	1,8	4,4	2,5
Grün- und Silomais	„	5,9	0,9	10,8	3,1	6,9	20,7
sonst. Feldfutter	„	8,1	0,4	1,2	3,0	9,4	5,9
Viehhaltung							
Rindvieh	St.[3])/100 ha LF	141	58	144	50	110	182
darunter Milchkühe	„	46	21	51	15	46	85
Schweine	„	168	113	370	68	109	103
darunter Zuchtsauen	„	18	12	45	6	10	11
Geflügel	„	374	373	2699	666	195	223
darunter Legehennen	„	187	141	1264	279	145	157
darunter Masthühner	„	88	169	944	329	4	28
Vieharten zusammen	GV[4])/100 ha LF	117	59	148	47	92	151

[1]) LF = Landwirtschaftlich genutzte Fläche [2]) AF = Ackerfläche [3]) St. = Stück [4]) GV = Großvieheinheiten
Quelle: Statistisches Bundesamt (Hrsg.): Pflanzliche Erzeugung – Fachserie 3/3 (1979) und Tierische Erzeugung – Fachserie 3/4 (1979)

Tab. 11: Struktur der Bodennutzung sowie Umfang und Zusammensetzung der Viehhaltung in ausgewählten Regionen der Bundesrepublik Deutschland 1979
Utilisation du sol et élevage dans quelques régions de la République fédérale d'Allemagne 1979

Die Landwirtschaft im Regierungsbezirk Schwaben im westlichen Teil Bayerns ist aufgrund des überdurchschnittlich hohen Dauergrünlandanteils auf die Rindviehhaltung – und hier wiederum besonders auf die Milcherzeugung – ausgerichtet; auch die umfangreichen Silomaisflächen dienen diesem Betriebszweig.

Zusammenfassung

Bestimmend für die Ausprägungen der Landbewirtschaftung und Agrarproduktion in der Bundesrepublik Deutschland waren neben Unterschieden von Klima, Bodenqualität und Geländegestalt jene der Siedlungsformen, der Agrarverfassung und der Vererbung landwirtschaftlichen Grundbesitzes sowie der Bevölkerungsdichte. Unter dem Einfluß technischer Fortschritte und Veränderungen der Faktorpreisrelationen erfuhr die Landwirtschaft während der vergangenen drei Jahrzehnte tiefgreifende strukturelle Wandlungen im Sinne einer Zunahme des Einsatzes gewerblicher Vorleistungen, des Ersatzes menschlicher Arbeit durch technische Betriebsmittel, einer Aufstockung der Nutztierhaltung und einer Vereinfachung der Bodennutzung. Die Zahl der landwirtschaftlichen Betriebe nahm ab; die Inhaber der verbleibenden Betriebe stockten die betrieblichen Flächen oder/und Nutztierbestände auf, richteten die Betriebsorganisation auf die jeweiligen Standortbedingungen aus und nutzten in Ergänzung der betrieblichen Einkommensgrundlage zunehmend außerbetriebliche Erwerbs- und Unterhaltsquellen. Hiermit ging ein Prozeß der räumlichen Differenzierung der Agrarproduktion einher.

Résumé

L'utilisation du sol et la production agricole en République fédérale d'Allemagne ont été déterminées par les différences de climat, de la qualité du sol et de la topographie, mais aussi par les différentes formes de l'habitat et par les différences de la constitution agraire et des droits d'héritage de la propriété foncière agricole ainsi que celles de la densité de population. Sous l'influence du progrès technique et des modifications du coût des facteurs de production au cours des trois dernières décennies, l'agriculture a subi de profondes mutations structurelles: utilisation accrue de produits industriels, remplacement du travail des hommes par l'emploi de machines, augmentation de l'élevage, simplification des systèmes de culture. Le nombre des exploitations a diminué. Les propriétaires des exploitations restantes ont agrandi la S.A.U. respectivement le cheptel; ils ont adapté l'organisation de l'exploitation aux conditions de localisation respectives et ils ont fait appel dans une mesure croissante à des sources de revenu extérieures à l'exploitation. Ce développement s'est accompagné d'un processus de différenciation régionale de la production agricole.

Literatur

AGRARBERICHT DER BUNDESREGIERUNG. Bonn (jährlich) 1971 ff.

ANDREAE, B.: Strukturen deutscher Agrarlandschaft – Landbaugebiete und Fruchtfolgesysteme in der Bundesrepublik Deutschland. Bonn-Bad Godesberg 1973 (*Forschungen zur deutschen Landeskunde* 199).

BOECKENHOFF, E., STEINHAUSER, H. und VON URFF, W. (Hrsg.): Landwirtschaft unter veränderten Rahmenbedingungen. Münster-Hiltrup 1982 (*Schriften der Gesellschaft für Wirtschafts- und Sozialwissenschaften des Landbaues e. V.* 19).

BRANDES, W. und WOERMANN, E.: Landwirtschaftliche Betriebslehre – Band 2: Organisation und Führung landwirtschaftlicher Betriebe. Hamburg und Berlin 1971 (insbes. Kapitel 1 und 8).

Brandes, W. et al.: Die Zukunft des ländlichen Raumes – 2. Teil: Entwicklungstendenzen der Landwirtschaft. Hannover 1972 (*Akademie für Raumforschung und Landesplanung – Forschungs- und Sitzungsberichte* 83).

Neander, E.: Bisherige Entwicklung und aktuelle Situation der Nebenerwerbslandwirtschaft in der Bundesrepublik Deutschland. In *Schriftenreihe des Bundesministers für Ernährung, Landwirtschaft und Forsten Reihe A – Angewandte Wissenschaft* 264 = Nebenerwerbslandwirtschaft in der Diskussion (1982) 5–53.

Neander, E.: Agrarstrukturwandlungen in der Bundesrepublik Deutschland zwischen 1960 und 1980. In *Zeitschrift für Agrargeographie* 1 (1983) 201–238.

Röhm, H.: Die westdeutsche Landwirtschaft – Agrarstruktur, Agrarwirtschaft und landwirtschaftliche Anpassung. München/Basel 1964.

Tangermann, S.: Landwirtschaft im Wirtschaftswachstum – Verlauf, Ursachen und agrarpolitische Beeinflussung des landwirtschaftlichen Anpassungsprozesses. Hannover 1975.

Weinschenck, G.: Agrarpolitik II – Strukturpolitik. In *Handwörterbuch der Wirtschaftswissenschaft* 1 (1977) 128–147.

Regionale und sektorale Beispiele für die Entwicklung der Landwirtschaft

Alfred Pletsch

Die Landwirtschaft im mediterranen Frankreich – Strukturwandel und Probleme

Das mediterrane Frankreich nimmt in vielerlei Hinsicht eine Sonderstellung innerhalb des Landes ein. Dies gilt in erster Linie hinsichtlich der klimatischen Bedingungen und, in Abhängigkeit von diesen, die Ausprägung der Vegetation, es gilt aber auch für die wirtschaftlichen Strukturen, in besonderem Maße für die Landwirtschaft, die durch die physisch-geographischen Raumfaktoren weitgehend determiniert wird. Insider gehen weiter und behaupten, daß auch der mediterrane Franzose so gut wie nichts mit dem Durchschnittsfranzosen gemeinsam hat, eine Auffassung, die auch von der Bevölkerung des Raumes selbst nicht abgestritten wird, und die sich politisch in der in den letzten Jahren immer militanter werdenden okzitanischen Bewegung niederschlägt. Diese Art regionalen Selbstbewußtseins ist indessen eine Eigenschaft Frankreichs schlechthin, zumindest an der Peripherie des Landes, wo sich Katalanen, Basken, Bretonen, Flamen, Elsäßer oder Savoyarden erst in zweiter Linie als Franzosen verstehen, zumindest solange sie intern über diese Probleme nachdenken. Sobald sie über die Grenzen hinaus gehen, verstehen sich die meisten von ihnen jedoch dann als Mitglieder der *Grande Nation.*

Will man den Agrarsektor des Raumes charakterisieren, so ist zuerst das Augenfälligste, der Weinbau, hervorzuheben. Nicht zu Unrecht behaupten die Südfranzosen, daß sie den größten Weinberg der Welt besitzen; über eine Million ha mehr oder weniger geschlossene Rebflächen, die sich entlang der mediterranen Küste erstrecken, und die im atlantischen Teil Südfrankreichs, in Aquitanien, ihre Fortsetzung finden. Die zweite charakteristische Nutzpflanze ist seit der Antike, ebenso wie der Wein, der Ölbaum, dessen Verbreitungsgrenze ja bekanntlich seit Th. Fischer (1904) immer wieder als ein wesentliches Kriterium für die Abgrenzung der *Mediterraneis* gilt. Natürlich gehört seit der Antike auch der Getreidebau zu den wichtigen Anbaufrüchten, der, wie die beiden vorgenannten Kulturen, durch die Römer im gesamten Mittelmeerraum stark intensiviert worden ist, um Kornkammern für die Versorgung des Römischen Reiches zu schaffen.

Greift man bis in die Antike zurück, so trifft man auf weitere Kennzeichen, die die Landwirtschaft bis heute prägen. Schon die Römer verwirklichten phantastische Maßnahmen zur Be- und Entwässerung der Küstenebenen, sie meliorierten Agrarflächen, strukturierten die Agrarlandschaft durch das bis heute teilweise nachvollziehbare Zenturiatssystem, legten Siedlungen an, auf denen sich teilweise bis heute das Siedlungsraster aufbaut.

Dennoch wäre es falsch, die Landwirtschaft des mediterranen Frankreich als das Ergebnis einer kontinuierlichen Entwicklung seit der Antike zu verstehen. Man ist eher geneigt vom Gegenteil zu sprechen, denn kaum ein anderer Landesteil ist im Laufe der seither vergangenen zweitausend Jahre durch so viele Höhen und Tiefen der Entwicklung gegangen wie dieser. Es würde zu weit führen, alle diese Entwicklungslinien aufzuzeigen und es genügt, auf die großen Zerstörungen der blühenden mediterranen Kultur-

---

Prof. Dr. Alfred Pletsch – Fachbereich Geographie der Philipps-Universität Marburg D-3550 Marburg/Lahn

landschaft während der Völkerwanderungszeit hinzuweisen, die, mit der relativ langen Phase der arabischen Präsenz in diesem Raum, bis weit in das Mittelalter hineinreichte. Im Hochmittelalter konnte dann an die Kolonisationsmaßnahmen der Antike angeknüpft werden, nunmehr vorwiegend aufgrund der Initiative der Klöster und Orden, aber auch aufgrund einer allgemeinen wirtschaftlichen und kulturellen Blüte, die sich durch geschickte Politik der weltlichen Machthaber einstellte.

Mit der schon im Spätmittelalter einsetzenden, dann aber vor allem in der absolutistischen Epoche stärker werdenden Zentralisierung der politischen und wirtschaftlichen Macht in Paris rückte das mediterrane Frankreich zunehmend ins Abseits. Es erlebte einen erneuten Niedergang seiner gesamten Wirtschaft, insbesondere die ländlichen Gebiete begannen sich zu entleeren. Als sich Frankreich im 19. Jahrhundert anschickte, sein Kolonialreich auf dem afrikanischen Kontinent auszuweiten, da strömte insbesondere die ländliche Bevölkerung Südfrankreichs in die Kolonisationsgebiete Nordafrikas und begründete hier eine intensive Landwirtschaft, die das Mutterland zum großen Teil an Nahrungsmitteln mitversorgte. Da die hier angebauten Produkte denen der südfranzösischen Gegenden ähnlich, jedoch in Qualität diesen weit überlegen waren, bedeutete dies einen weiteren Rückschlag für die einheimische Landwirtschaft.

Zu allem Unglück traten in der zweiten Hälfte des 19. Jahrhunderts noch verheerende Krankheiten der Rebbestände auf – zunächst der Mehltau um 1850, dann zwischen 1865 und 1885 die Reblaus – die das Leben auf dem Lande für viele Bewohner unerträglich werden ließ. Besonders in den ungünstigeren Gebirgs- und Hügellagen entleerten sich ganze Landstriche, das über Jahrhunderte kunstvoll angelegte Kulturland, etwa die Terrassenflächen der Cevennen oder im Hinterland der französischen Seealpen, zerfielen, die Dörfer fingen an wüst zu fallen (BLOHM 1976). Wer nicht in die Kolonien ging, versuchte sein Glück in den Städten der Region, viele gingen auch in die aufstrebenden Industriegebiete im Norden des Landes und in das wie ein Faß ohne Boden wirkende Paris.

Dieser Prozeß hielt bis in die Mitte des 20. Jahrhunderts an, so daß bei den Überlegungen der Politiker und Planer im Rahmen der Regionalisierungsstrategie der 1950er Jahre dem Agrarsektor im mediterranen Raum ganz zwangsläufig eine hohe Priorität eingeräumt wurde (PLETSCH 1982).

Die bisher angesprochenen Gegebenheiten betreffen indessen nur einen Teil des Problems in diesem Raum. Mindestens ebenso problematisch waren die Betriebsgrößenstrukturen und die Eigentumsverhältnisse, die mit zu den ungünstigsten ganz Frankreichs gehörten. In einem jahrhundertelangen Prozeß der Realteilung hatte sich die mediterrane Landwirtschaft zersplittert. Über zwei Drittel aller Betriebe bewirtschafteten um 1950 weniger als fünf ha LN, diese Flächen waren meistens zusätzlich in eine Vielzahl von Parzellen aufgegliedert. Betriebe dieser Größenordnung sind auch bei Weinbau im mediterranen Raum nicht lebensfähig, da im allgemeinen die Weinqualität nur sehr niedrig ist. Die Konsequenz war, daß der allergrößte Teil der Betriebe im Nebenerwerb bewirtschaftet wurde, häufig von einer städtischen Bevölkerung. Die Rebflächen dienten dabei überwiegend der Produktion des Eigenbedarfs an Wein und wurden somit nur mit einem minimalen Aufwand gepflegt. Noch häufiger war aber auch die Auflassung der Flächen eine Folge dieser Strukturen.

Neben diesen Kleinbesitzungen hatte sich, insbesondere seit der Frühneuzeit, eine Großgrundbesitzerschicht herausgebildet, wenngleich im mediterranen Landesteil weniger stark als vergleichsweise im aquitanischen Südfrankreich und natürlich überhaupt nicht vergleichbar mit dem Norden des Landes. Aber bis heute gehören auch die großen Domänen zum charakteristischen Element der mediterranen Agrarlandschaft, häufig umgeben von einer Vielzahl kleiner *Mazets*, kleine Gebäude, die meistens nur saisonal von der Dorf- oder Stadtbevölkerung für die Arbeiten im Weinberg bewohnt wurden.

Schließlich sei ein weiteres Problem des Raumes angedeutet, nämlich der Mangel an Bewässerungseinrichtungen, der über Jahrhunderte hinweg jede Intensivierung der Produktion erschwerte und der eine Abkehr von der krisenanfälligen Monokultur des Weinbaus praktisch unmöglich machte. Es wurde schon angedeutet, daß Maßnahmen zur Be- und Entwässerung seit Jahrhunderten die Bestrebungen zur Inwertsetzung vor allem der mediterranen Küstenebenen Frankreichs gekennzeichnet haben. Sie sind in unterschiedlichem Ausmaß und mit unterschiedlicher Wirksamkeit durchgeführt worden, wobei auch in dieser Beziehung seit der Antike Phasen des Ausbaus und des Rückgangs abwechselten. Innerhalb dieser Entwicklungsphasen haben die Küstengebiete be-

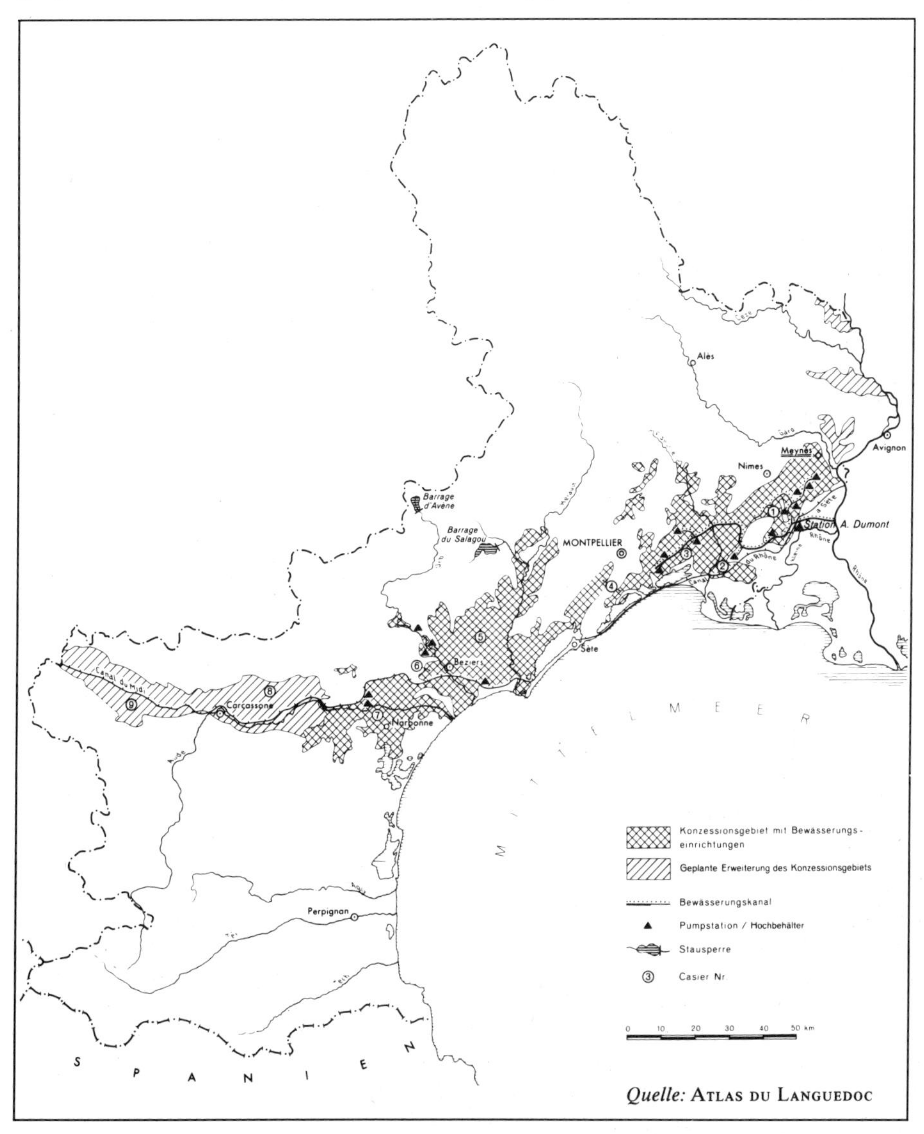

Quelle: ATLAS DU LANGUEDOC

Abb. 1: Bewässerungsflächen im Languedoc – Projekt CNARBRL
L'irrigation au Languedoc – le projet CNARBRL

sondere Problembereiche dargestellt, sei es aufgrund ihrer natürlichen Verhältnisse oder aufgrund ihrer leichten strategischen Verwundbarkeit. Die Entwicklung im mediterranen Südfrankreich trägt diesbezüglich viele Kennzeichen der historischen Vorgänge, die auch für andere Küstenlandschaften des Mittelmeerraumes kennzeichnend sind. Erst die moderne Technik hat den jahrhundertelangen Traum einer großflächigen Bewässerung der Küstenebenen in diesem Bereich endlich verwirklicht. Die Anlage des *Canal d'Irrigation du Languedoc* Ende der 1950er Jahre und des *Canal d'Irrigation de la Provence* in den 1960er Jahren bedeutete nicht nur die technische Bewältigung eines Problems, sie eröffnete gleichzeitig neue Möglichkeiten der agarischen Nutzung in diesen durch Wein- und Olivenbau gekennzeichneten Gebieten.

Die Idee zur Einrichtung eines großen Bewässerungskanals sowohl für die Provence als auch für das Languedoc ist Jahrhunderte alt und gipfelte in teilweise utopischen Planungen. Besonders im 19. Jahrhundert, als die Krise des Weinbaus auf ihrem Höhepunkt stand und nur durch einen Kulturartenwechsel eine Rettung möglich schien, wurde durch den Ingenieur Aristide Dumont ein gigantisches Bewässerungsprojekt geplant, durch das rund 1 Million ha Land hätten bewässert werden können. Sein Plan war, einen Teil des Rhonewassers auf der Höhe von Vienne südlich Lyon abzuzweigen und in einem rund 300 km langen Kanal bis hinunter nach Sète zu führen. Dabei sollte sowohl die Bewässerung im Rhonetal intensiviert als auch in der Provence und besonders im Niederlanguedoc ermöglicht werden. Politische Querelen, Intrigen und Interessenkonflikte haben schließlich verhindert, daß dieses kühne Projekt verwirklicht wurde, obwohl technisch alle Voraussetzungen dafür bestanden hatten und teilweise sogar bereits mit den Arbeiten begonnen worden war (Boutonnet 1961).

Daß die Planer an diesem Gedanken in den 1950er Jahren neu ansetzten, um die Landwirtschaft Südfrankreichs zu neuem Leben zu erwecken, ist nur allzu naheliegend. Innerhalb weniger Jahre wurden zwei große Bewässerungsunternehmen gegründet, die für die Einrichtung der beiden Kanalsysteme in der Provence und im Languedoc zuständig waren. Flächenmäßig am bedeutendsten ist das Projekt im Niederlanguedoc, wo die ursprünglichen Planungen die Bewässerung von über 400 000 ha Nutzfläche vorsahen (vgl. Abb. 1). Der östliche Teil des Bewässerungsgebietes sollte dabei durch die Rhone versorgt werden, während man für den westlichen Teil mehrere Stausperren im Hinterland vorsah, die gleichzeitig als Wasserreservoire und als Rückhaltebecken dienten. Zu den spektakulärsten Maßnahmen im Zuge der Einrichtung des Bewässerungsnetzes gehörte ohne Zweifel das Hauptpumpwerk, das den Namen des großen Vordenkers des Projektes, Aristide Dumont, trägt, und das sich in der Nähe von Saint Gilles befindet. Die Kapazität dieses Pumpwerkes würde ausreichen, um die Seine in Paris während des Niedrigwasserstandes im Sommer trockenzupumpen. Wenn die volle Kapazität geschaltet ist, können der Rhone pro Sekunde 70 000 Liter Wasser entnommen und für Bewässerungszwecke bereitgestellt werden. Seit Inbetriebnahme dieser Einrichtung ist die Agrarlandschaft des Languedoc, ebenso wie in der benachbarten Provence, durch Wassertürme, Hydranten, Rohrleitungen und Sprinklersysteme gekennzeichnet, die auf die Intensivierung der Agrarproduktion hinweisen.

Allerdings war durch die Einrichtung der Bewässerungsanlagen lediglich ein Problem des Raumes scheinbar gelöst. Ein weiteres, nämlich die strukturelle Ungunst, war wesentlich schwieriger zu beheben. Um die Bewässerungsmöglichkeiten sinnvoll nutzen zu können, vor allem auch um eine Produktionsumstellung rentabel durchführen zu können, stellten Strukturbereinigungen eines der größten Erfordernisse für die Intensivierungsbemühungen dar, so daß vielerorts nur durch Flurbereinigungs- und andere Strukturmaßnahmen die entsprechenden Voraussetzungen geschaffen werden konnten. Ohne hier die Einzelheiten dieser Strukturmaßnahmen behandeln zu wollen (vgl. Pletsch 1976 und meinen Beitrag *Die Landwirtschaft in Frankreich* in diesem Band), sei doch zumindest darauf verwiesen, daß die Flurbereinigungsbemühungen in Südfrankreich vor nahezu unlösbaren Problemen standen. Nicht nur wegen der Tatsache, daß ein Großteil der Besitzer an einer entsprechenden Maßnahme kein Interesse zeigte, weil die Landwirtschaft nur eine zusätzliche Einnahmequelle darstellte, oder weil die Besitzer den Besitz überhaupt nicht mehr bewirtschafteten, sondern auch aufgrund des hohen Dauerkulturanteils waren große Erschwernisse zu bewältigen. Gerade für den Weinbau kommen darüber hinaus noch Fragen der Lage, der Exposition des Geländes, des Untergrundes u. a. hinzu.

In Anbetracht dieser Schwierigkeiten verwundert es nicht, daß bis heute der Anteil der bereinigten Flächen in Südfrankreich am geringsten im ganzen Land ist. Dies allein deutet an, daß die Meliorationsmaßnahmen trotz aller Bemühungen nicht in vollem Umfang haben durchgeführt werden können und somit bestimmte Ziele nicht optimal verwirklicht werden konnten.

Teilweise spektakulär waren die Maßnahmen zur Rekultivierung von Ödlandflächen, deren Verbreitung auch in den fruchtbaren Küstenebenen aufgrund der Krisensituation der Landwirtschaft im letzten Jahrhundert recht bedeutend gewesen ist. Der größte Teil dieser Flächen war mit Gestrüpp oder Unkraut, teilweise mit *Garrigue,* überzogen, so daß hier teilweise umfangreiche Rodungen notwendig wurden. In einer ersten Stufe waren dabei im allgemeinen zunächst die besitzrechtlichen Verhältnisse zu klären, da solche Rekultivierungsmaßnahmen nur auf entsprechend großen Flächen sinnvoll waren. Am günstigsten konnten diese Maßnahmen dort durchgeführt werden, wo extensiv genutzter oder aufgelassener Großgrundbesitz zur Verfügung stand. Zahlreiche große Domänen, die im Laufe des 19. Jahrunderts von städtischen Besitzern aufgekauft, jedoch nur extensiv oder überhaupt nicht genutzt wurden, konnten im Zuge dieser Maßnahmen rekultiviert und restrukturiert werden. Restrukturation meint in diesem Zusammenhang, daß die Flächen in mehrere Besitzeinheiten von durchschnittlich ca. 20 bis 25 ha Größe aufgeteilt und an interessierte Landwirte verkauft wurden. Der größte Teil der Käufer rekrutierte sich dabei aus den Reihen rückwandernder Landwirte aus Nordafrika, die vor allem nach der Unabhängigkeit Algeriens im Jahre 1962 in Scharen fluchtartig nach Frankreich zurückkamen, und die in ihren ehemaligen Herkunftsgebieten, eben Südfrankreich, nach neuen Existenzmöglichkeiten suchten. Dies führte zu erheblichen sozialen Spannungen mit der autochthonen Bevölkerung, die sich ja aus den Strukturmaßnahmen einen Ausweg aus ihrer eigenen Problemsituation erhofft hatte, die aber im Wettbewerb mit den ehemaligen Koloniallandwirten häufig nicht mithalten konnte, weil diese entweder Kapital mitbrachten oder aber günstige langfristige Kredite aufnehmen konnten (Pletsch 1977a).

Bedeutend schwieriger waren Rekultivierungsmaßnahmen dort durchzuführen, wo Kleinbesitz vorherrschte. Hier mußte im allgemeinen Parzelle für Parzelle aufgekauft werden, um zunächst einmal größere zusammenhängende Areale zu schaffen. Zahlreiche Maßnahmen dieser Art wurden im Gebiet der Costières du Gard (südlich der Stadt Nimes) durchgeführt, Maßnahmen, die sich teilweise über 10 Jahre und mehr erstreckten, bevor auf den rekultivierten Flächen mit der Produktion begonnen werden konnte (Pletsch 1976).

Nicht weniger beeindruckend waren im Zuge dieses Sanierungsprogramms die Maßnahmen zur Trockenlegung von Sumpfflächen im Bereich der Küstenebenen. Es wurde schon angedeutet, daß diese Maßnahmen sich wie ein roter Faden durch die Geschichte des mediterranen Frankreich ziehen, seit sie erstmals in der Antike in großem Umfang durchgeführt worden sind. Reste dieser Anlagen, etwa der berühmte Pont du Gard, gehören heute zu den bedeutendsten Sehenswürdigkeiten Südfrankreichs.

Aber auch das diesbezügliche Kolonisationswerk des Hochmittelalters ist bemerkenswert. Die Benediktinermönche der Abtei von Montmajour sowie die Templer von Saint

Gilles oder von Psalmody haben große Teile der Camargue zu einem intensiv genutzten Agrargebiet werden lassen. Der berühmte Etang de Montady bei Beziers mit seiner Radialflur wurde im 13. Jahrhundert trockengelegt. In der Frühneuzeit wurden im Zusammenhang mit der Anlage des Canal du Midi zahlreiche Sumpfareale zwischen Sète und Toulouse saniert und einer landwirtschaftlichen Nutzung zugeführt (Pletsch 1981). Die Reihe der Beispiele ließe sich fortsetzen, und somit sind die jüngsten Trockenlegungen z. B. des Marais de la Souteyranne zwischen Aigues Mortes und Saint Gilles oder aber die Sanierung des alten Ent- und Bewässerungssystems des Etang de Marseillette unweit Carcassonne nur die Fortsetzung eines langen Prozesses. Es zeigt das Bemühen der Planungsbehörden, im Zuge der umfangreichen Maßnahmen auch die letztmöglichen Flächen in eine Nutzung mit einzubeziehen und damit die jahrhundertealten Nachteile und Probleme dieses Raumes dauerhaft zu beseitigen.

Betrachtet man nun einige Veränderungen, die durch dieses Bündel von Strukturmaßnahmen in der Landwirtschaft des Languedoc ausgelöst wurden, so fällt vor allem die starke Rückläufigkeit der Zahl der Betriebe auf. Innerhalb der Programmregion Languedoc beispielsweise nahm sie von ca. 162 000 im Jahre 1955 auf 83 000 im Jahre 1979 ab, wobei der Rückgang in den unteren Betriebsgrößenklassen erwartungsgemäß am stärksten ist. Dies bedeutet zweifellos einen Gesundungsprozeß; dennoch ist auch heute noch die durchschnittliche Betriebsgröße im mediterranen Frankreich mit 12,9 ha im Languedoc und mit 11,4 ha in der Programmregion Provence-Alpes-Côte d'Azur am niedrigsten in ganz Frankreich. Hier wird sich der Konzentrationsvorgang zwangsläufig weiter fortsetzen.

Ein anderer wichtiger Aspekt ist die Bodennutzung. Beim Vergleich der Entwicklung der letzten 30 Jahre ist festzustellen, daß die traditionellen Kulturpflanzen unterschiedlich stark durch die Entwicklung beeinflußt worden sind. Starke Rückgänge hatte z. B. der Olivenanbau zu verzeichnen. Flächenmäßig umfaßt er heute nurmehr ca. ein Fünftel des Areals von 1946. Noch stärker ist der Rückgang bei Nüssen und Kastanien, die vor allem im Hügelland und in den Gebirgsrandzonen ehemals von großer Bedeutung waren, wo aber im Zuge der Entvölkerung praktisch diese Sonderkulturen bis auf Relikte verschwunden sind (Pletsch 1977b).

Die eigentliche Problemkultur, der Weinbau, zeigt flächenmäßig kaum Veränderungen. Mit geringen Fluktuationen verzeichnet beispielsweise die Programmregion Languedoc seit 1946 rund 450 000 ha Rebfläche. Allerdings ist diesbezüglich hervorzuheben, daß der Anteil an Qualitätsweinen hier ständig im Steigen begriffen ist, was nicht zuletzt auf die Meliorationsmaßnahmen, aber auch auf moderne Weinbereitungsmethoden, Einführung neuer Rebsorten usw. zurückzuführen ist.

Deutliche Zunahmen verzeichnen erwartungsgemäß der Obst- und Gemüseanbau, deren Anbauflächen sich innerhalb von rund 25 Jahren verdreifacht haben. In den Schwerpunktgebieten der Sanierungsmaßnahmen sind heute teilweise geschlossene Obst- oder Gemüseareale kennzeichnend, während der Weinbau manchmal sogar eine untergeordnete Stellung einnimmt. Dies erklärt sich teilweise damit, daß mit der Übernahme von Betrieben, die im Zuge der Strukturmaßnahmen neu errichtet worden sind, Anbauvorschriften akzeptiert werden mußten, die einer weiteren Ausdehnung der Rebflächen vorbeugen sollten.

So scheint es zumindest, als ob sich insgesamt im Zuge einer nunmehr fast 30jährigen Sanierungspolitik die Landwirtschaft des mediterranen Frankreich seiner traditionellen Probleme entledigt hat und zu einem intensiv genutzten Agrarraum geworden ist. Und dennoch sind in den letzten 10 Jahren Entwicklungen eingetreten, die diese Einschätzung etwas relativieren. Unerwartet ist zweifellos der relativ langsame Ausbau des Bewässerungsareals, der sich nach einer anfänglichen Entwicklungseuphorie seit geraumer Zeit abzeichnet. Für das Languedoc ursprünglich genannte Zahlen von über 400 000 ha

Fläche, die im Rahmen des Ausbaus an das Bewässerungsnetz angeschlossen werden sollten (vgl. Abb. 1), werden heute nur noch unter hypothetischem Vorbehalt genannt. Bis 1970 konnten, unter Einschluß der bereits traditionell bestehenden Bewässerungsmöglichkeiten, im Languedoc rund 121 000 ha LN bewässert werden; das entsprach seinerzeit 15,8 % der nationalen Bewässerungsfläche. Bis 1980 stieg das Bewässerungsareal der Region zwar um rund 35 000 ha an (gemessen an den Planungszielen der 1960er Jahre ausgesprochen wenig), der Anteil an der Gesamtbewässerungsfläche Frankreichs betrug hingegen lediglich noch 11,8 %. Ist diese geringe Entwicklung des Bewässerungsareals im Languedoc bereits unerwartet, so stellt sich die Situation in der benachbarten Region Provence-Côte d'Azur noch überraschender dar. Hier betrug die Bewässerungsfläche im Jahre 1970 178 200 ha, sie verringerte sich aber bis 1980 auf 176 300 ha LN. Allein Korsika erfuhr praktisch eine Verdoppeltung seiner Bewässerungsflächen von 11 200 auf 21 900 ha zwischen 1970 und 1980.

Die statistische Vorrangstellung, die die mediterranen Regionen bezüglich der Bewässerungsflächen Frankreichs 1970 einnahmen, ist heute somit deutlich zurückgetreten (vgl. Tab. 1). Die Programmregionen des Südwestens (Aquitanien und Midi-Pyrénées) haben das mediterrane Frankreich inzwischen deutlich überflügelt. Die bedeutendste Ausweitung des Bewässerungsareals erfuhr die Programmregion Centre, in der sich heute 16,1 % der nationalen Bewässerungsfläche befinden.

Noch frappierender ist die Entwicklung bezüglich der tatsächlich bewässerten Flächen. Wenngleich annuelle Schwankungen in Abhängigkeit von den Witterungsverhältnissen, vor allem von der Niederschlagsmenge und -verteilung, berücksichtigt werden müssen, so ist doch auffällig, daß die Programmregionen Provence-Alpes-Côte d'Azur und Languedoc-Roussillon die einzigen Regionen Frankreichs sind, in denen im Jahre 1979 absolut weniger Flächen bewässert wurden als 10 Jahre zuvor. Dieser Entwicklung steht die Verdoppelung der absoluten Bewässerungsfläche etwa in Aquitanien oder Midi-Pyrénées oder eine Zunahme um rund 60 % in der Programmregion Centre gegenüber. In vielen anderen Regionen sind die prozentualen Zunahmen noch erheblich höher, sie sind aber wegen dem relativ geringen Umfang der Bewässerungsflächen weniger für einen Vergleich geeignet.

Der einzige statistische Bereich, wo das mediterrane Frankreich noch seine Vorrangstellung behauptet, ist bezüglich der Zahl der mit Bewässerungseinrichtungen versehenen Betriebe. Im Jahre 1970 entfielen in Frankreich von 139 700 Betrieben mit entsprechenden Einrichtungen 70 000 (= 50,1 %) auf den mediterranen Raum. Außer in Korsika hat seither die Zahl der Betriebe mit Bewässerungseinrichtungen z. T. deutlich abgenommen, so daß heute lediglich noch 41,8 % der Bewässerungsbetriebe des Landes auf dieses Gebiet entfallen. Sieht man von für die Bewässerung weniger bedeutenden Gebieten wie Lothringen oder die Auvergne ab, so stellen das Languedoc-Roussillon und Provence-Alpes-Côte d'Azur wiederum die einzigen Regionen Frankreichs mit negativer Entwicklungstendenz dar.

Trotz dieser negativen Tendenzen bleiben die mediterranen Provinzen, zumindest vorerst, noch die Regionen mit den höchsten Anteilen an bewässerbarem Land an der gesamten Nutzfläche. Dabei ist die Situation im Languedoc mit 15, 4 % Bewässerungsfläche an der Gesamt-LN (1970 = 10,8 %) noch am ungünstigsten. Den höchsten Wert verzeichnet die Programmregion Provence-Alpes-Côte d'Azur mit 27,0 % (1970 = 24,8 %) vor Korsika mit 16,2 % (1970 = 8,3 %). Dies läßt den Rückschluß zu, daß die Rückläufigkeit bei der Zahl der Bewässerungsbetriebe im wesentlichen durch das Verschwinden der Kleinbetriebe unter 5 ha LN begründet ist.

Diese im Grunde insgesamt überraschende Entwicklung soll im folgenden an einem konkreten Beispiel näher beleuchtet werden: der Gemeinde Meynes im Department Gard. Der Fall eignet sich in besonderer Weise für die Dokumentation der Vorgänge, weil er einen Schwerpunkt der Meliorationsbemühungen darstellt, weil hier ein kombiniertes Flurbereinigungs- und Rekultivierungsprojekt durchgeführt wurde und weil durch die Neuansiedlung von ehemaligen Koloniallandwirten ein interessanter Gegensatz zwischen autochthoner Landwirtschaft und dem modernen Agrarsektor vorliegt, wie er häufig durch die ehemaligen Koloniallandwirte verkörpert wird. Schließlich liegen für diese Gemeinde in regelmäßigen Intervallen Kartierungen zur Bodennutzung vor, die eine Beobachtung der Wandlungen seit 1960 zulassen.

Die konkreten Maßnahmen, die im Gebiet von Meynes durchgeführt wurden, seien hier nicht im einzelnen aufgezählt (vgl. PLETSCH 1976: 78 f.). Interessant ist nun, die statistisch greifbaren Veränderungen für die Gemeinde zunächst kurz zu beleuchten (Tab. 2).

Die hier angedeuteten Trends sind symptomatisch für die Gesamtregion, d. h. daß offensichtlich die Phase der Intensivierung der Bodennutzung, die als Folge der Meliora-

Programmregion	*Bewässerungsbetriebe* 1970[1])	1980[1])	1980[3])	*Bewässerungsflächen* 1970[2])	1980[2])	1980[4])	*tats. bewäss. Flächen* 1970[2])	1980[2])	1980[5])
Ile de France	2,5	2,4	20,4	16,0	25,6	4,2	9,7	12,7	49,6
Champagne-Ardenne	0,6	0,6	1,5	6,4	11,6	0,7	2,6	4,6	39,7
Picardie	0,4	0,7	2,6	12,3	33,2	2,4	5,7	13,0	39,2
Hte-Normandie	0,3	0,4	1,3	1,2	4,6	0,6	1,0	2,0	43,5
Centre	5,2	7,4	11,1	101,9	213,9	8,4	66,8	106,7	49,9
Basse-Normandie	0,2	0,7	1,1	1,5	7,7	0,6	1,0	3,1	40,3
Bourgogne	2,1	2,1	4,6	10,2	25,4	1,4	5,7	10,4	40,9
Nord — Pas-de-Calais	1,1	1,2	3,4	1,6	3,0	0,3	1,5	2,1	70,0
Lorraine	0,5	0,5	1,5	0,8	1,7	0,2	0,6	0,9	52,9
Alsace	1,4	2,2	8,0	12,0	33,4	10,1	6,8	19,0	56,9
Franche-Comté	0,3	0,3	1,4	0,6	3,8	0,5	0,4	1,2	31,6
Pays de la Loire	6,9	8,8	7,9	30,9	80,5	3,3	22,9	50,6	62,8
Bretagne	1,8	2,9	2,5	5,1	22,8	1,2	3,7	11,2	49,9
Poitou-Charentes	2,0	3,9	5,5	11,6	48,5	2,7	8,0	31,2	64,3
Aquitaine	16,1	17,4	17,7	98,4	178,2	11,2	67,7	128,0	71,8
Midi-Pyrénées	13,5	16,8	16,1	89,3	181,1	7,3	60,4	123,0	67,9
Limousin	0,5	0,7	2,0	1,1	2,8	0,3	0,8	1,8	60,7
Rhône-Alpes	13,7	16,4	14,8	49,0	89,6	4,7	36,8	56,2	62,7
Auvergne	1,3	1,1	1,9	4,9	10,8	0,7	5,3	6,9	63,9
Languedoc-Roussillon	28,3	27,5	32,9	121,0	156,8	14,5	85,2	82,8	52,8
Prov.-Alpes-Côte d'Azur	39,3	31,9	55,8	178,2	176,3	27,0	137,0	122,6	69,5
Corse	2,4	2,8	39,9	11,2	21,9	16,2	9,0	10,6	48,4
Frankreich insges.	139,7	148,9	11,8	767,2	1325,2	4,5	538,7	800,5	60,4

[1]) absolut in 1000
[2]) absolut in 1000 ha LN
[3]) Anteil an der Gesamtzahl aller Betriebe über 1 ha landwirtschaftliche Nutzfläche (%)
[4]) Anteil der gesamten landwirtschaftlichen Nutzfläche (%)
[5]) Anteil der Bewässerungsfläche mit Bewässerungseinrichtungen (%)

Quelle: MELOT (1983) 19–20

Tab. 1: Die Bewässerung in Frankreich 1970–1980
L'irrigation en France 1970–1980

Betriebsgrößenklasse	1970	*Anzahl Betriebe* 1980	1980/1970 (%)
insgesamt	118	71	60,2
davon < 5 ha	38	24	63,2
5–10 ha	33	10	30,3
10–20 ha	18	17	94,4
20–50 ha	15	18	120,0
>50 ha	1	2	200,0
LN[1]) (ha)	1097	1060	96,7
davon Ackerland	337	453	134,4
Grünland	2	9	
Rebflächen	334	384	115,0
Obstbau	325	185	56,9

[1]) LN = Landwirtschaftliche Nutzfläche
Quelle: R. G. A. (1970/71 und 1979/80)

Tab. 2: Strukturelle Veränderungen in der Gemarkung Meynes 1970–1980
Mutation des structures agricoles dans la commune de Meynes 1970–1980

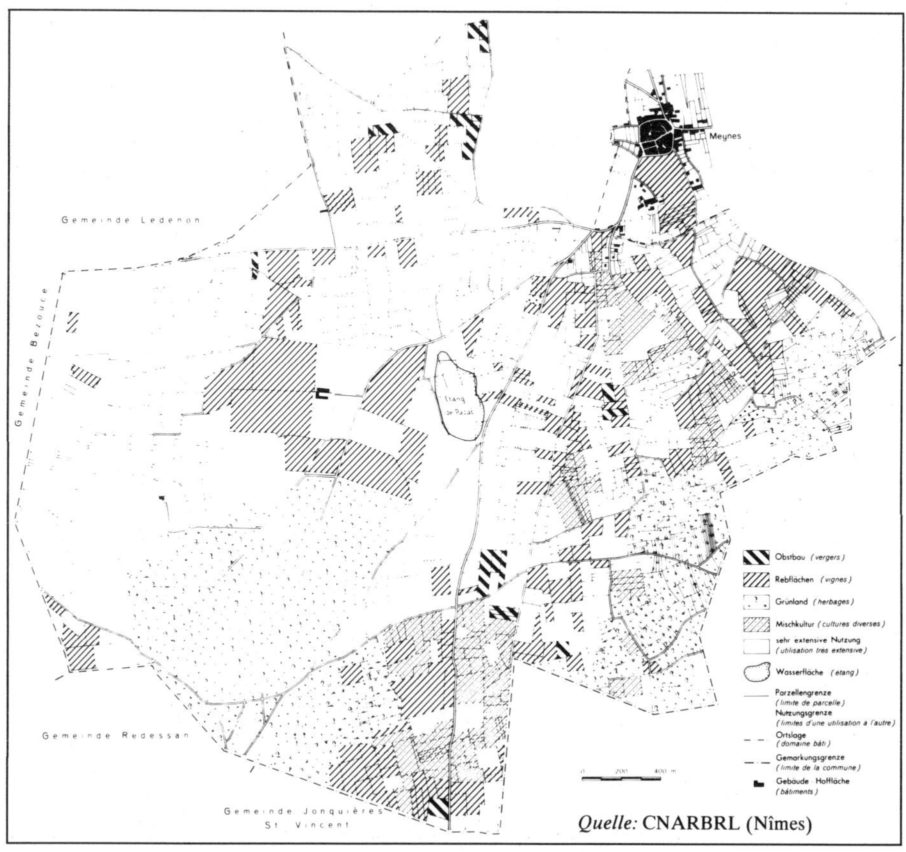

Abb. 2: Bodennutzung in der Gemarkung Meynes (Dépt. Gard) 1960
Utilisation du sol dans la commune de Meynes (Dépt. Gard) 1960

tionsmaßnahmen zu beobachten war, nunmehr in eine Stagnations- bzw. bereits wieder Rückläufigkeitsphase übergeht. Dies trifft insbesondere für die Obstbauflächen zu, denen Zunahmen des Ackerlandes (meist durch Getreidebau extensiver genutzt) und des Grünlandes gegenüberstehen.

Betrachtet man die Veränderungen anhand der Kartensequenz (Abb. 2–6), so wird zunächst für das Jahr 1960 (Abb. 2) die Besonderheit der Parzellenstruktur vor Durchführung der Meliorationsmaßnahmen deutlich. Im östlichen Gemarkungsteil dominiert Klein- und Splitterbesitz, während im wesentlichen Teil große Flächen der Domäne von Pazac sichtbar sind. Die Bodennutzung in der gesamten Gemarkung ist relativ extensiv. Selbst dort, wo Nutzung ausgewiesen ist, handelte es sich meist um relativ vernachlässigte Kulturen. Der größte Teil des Domänenlandes wurde überhaupt nicht genutzt und war mit dichtem Gestrüpp überzogen.

Im Zuge der Flurbereinigungs- und Rekultivierungsmaßnahmen konnte dann das rund 700 ha große Areal neu strukturiert werden, wobei jedoch lediglich im westlichen Teil durch den Ankauf der Domäne eine optimale Parzellenbemessung möglich war.

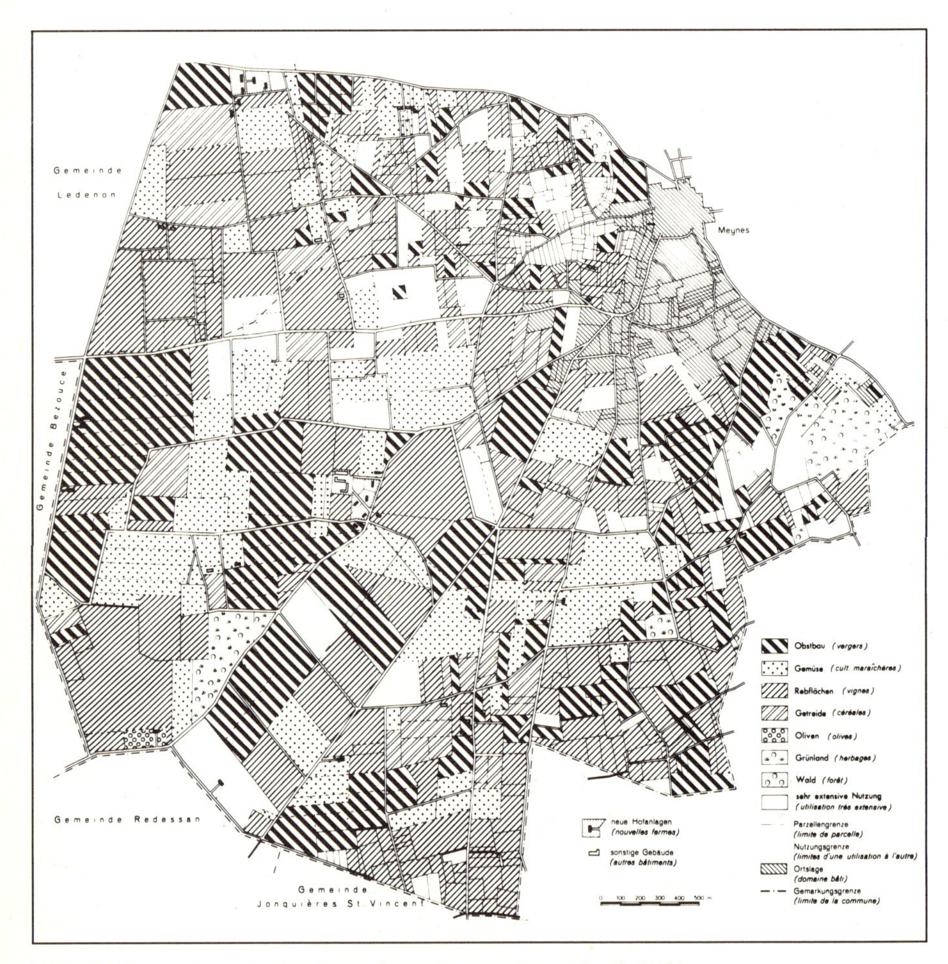

Abb. 3: Bodennutzung in der Gemarkung Meynes (Dépt. Gard) 1968
Utilisation du sol dans la commune de Meynes (Dépt. Gard) 1968

Hier wurden im Zuge der Maßnahmen 20 neue Betriebe angelegt, die zum überwiegenden Teil an ehemalige Koloniallandwirte vergeben wurden. Im östlichen Teil ist die Parzellenstruktur zwar ebenfalls vereinfacht worden, allerdings sind hier nach wie vor relativ kleine Parzellenbemessungen charakteristisch. Flächendeckend wurde ein Bewässerungsnetz angelegt, teilweise wurden Drainierungs- und Bodenmeliorierungsmaßnahmen sowie Infrastrukturmaßnahmen durchgeführt. Der östliche Gemarkungsteil verblieb weitgehend im Besitz der schon vorher in Meynes ansässigen Landwirte.

Der Vergleich mit der Situation im Jahre 1968 zeigt nun (Abb. 3), daß die Bodennutzung aufgrund der Maßnahmen erheblich intensiviert werden konnte. Vor allem Obst- und Gemüseflächen, die 1960 nur sporadisch anzutreffen waren, nehmen nunmehr einen bedeutenden Teil der gesamten Gemarkung ein, auch dort, wo die Parzellenstruktur weniger günstig ist. Einige noch extensiv genutzte Flächen erklären sich daraus, daß zu diesem Zeitpunkt die Maßnahmen noch nicht gänzlich abgeschlossen waren.

Diese Flächen sind dann bis zum Jahre 1976 (Abb. 4) ebenfalls in die Nutzung mit einbezogen. Nunmehr sind extensiv genutzte oder durch *Garrigue* bedeckte Areale nur

Abb. 4: Bodennutzung in der Gemarkung Meynes (Dépt. Gard) 1976
Utilisation du sol dans la commune de Meynes (Dépt. Gard) 1976

noch in topographisch weniger geeigneten Gemarkungsausschnitten am nördöstlichen Rand erkennbar. Dennoch fällt beim detaillierten Vergleich der Situation 1968 gegen 1976 auf, daß auf vielen Flächen, die 1968 mit Intensivkulturen (Obst oder Gemüse) bestellt waren, bereits wieder Rebflächen oder Getreidebau verzeichnet ist.

Dieser Extensivierungstrend setzt sich seither weiter fort, wie die Kartierung aus dem Jahre 1984 deutlich macht. Der Anteil der Obstareale innerhalb der Gemarkung ist weiter gesunken (vgl. Tab. 2), was sowohl für den Teil der traditionellen Betriebe wie der Betriebsneugründungen zutrifft. Hier ist der Rückgang sogar flächenmäßig am bedeutendsten, was der Intention der Planer, in diesem Bereich ein mehr oder weniger geschlossenes Obst- und Gemüsebauareal zu schaffen, konträr entgegenläuft. Als Ersatz für den aufgegebenen Obst- oder Gemüsebau ist auf vielen Parzellen der Weinbau getreten, dessen Anteil innerhalb der letzten 15 Jahre um rund 25 % zugenommen hat.

Um die Gesamtentwicklung seit 1968 zu charakterisieren, wurden in Abb. 6 die Extensivierungs- und Intensivierungsvorgänge innerhalb der Gemarkung durch den Vergleich der entsprechenden Flächennutzungskartierungen ermittelt. Dabei wurde ent-

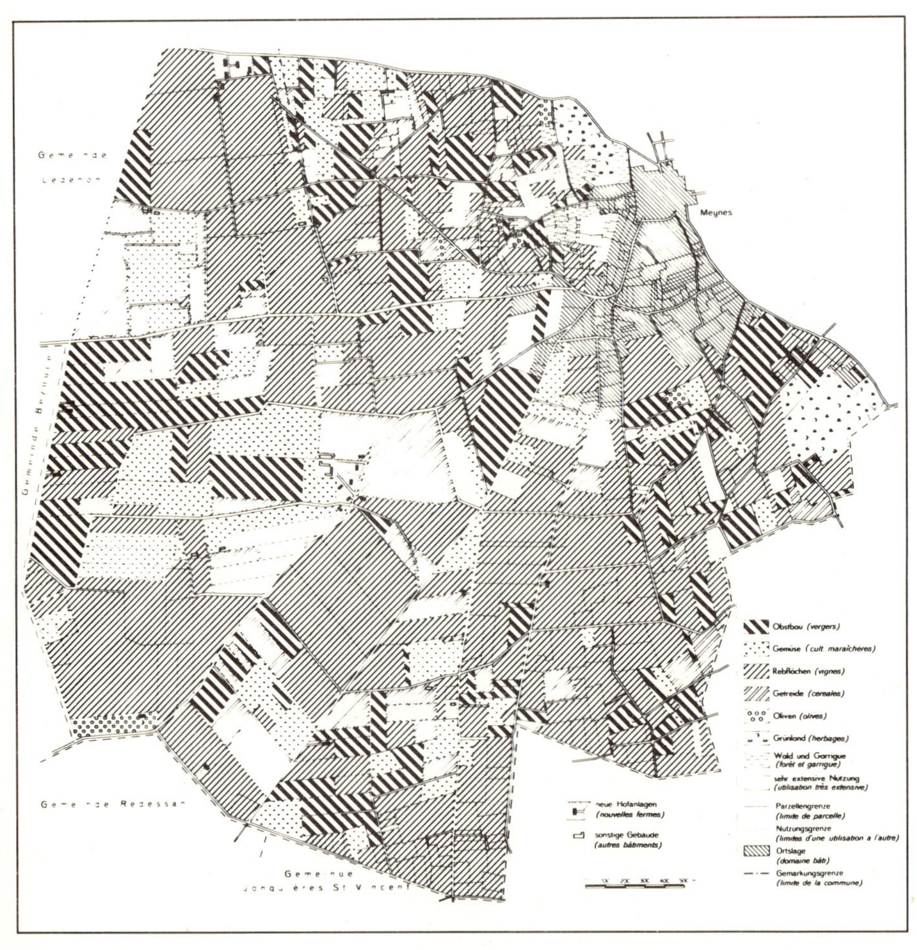

Abb. 5: Bodennutzung in der Gemarkung Meynes (Dépt. Gard) 1984
Utilisation du sol dans la commune de Meynes (Dépt. Gard) 1984

sprechend den Unterlagen des Amtes für landwirtschaftliche Betriebsführung *(Centre de gestion agricole)* in Nîmes eine Intensitätsskala des Anbaus zugrunde gelegt. Demnach gilt der Obstbau als ertragsintensivste Kultur, gefolgt von Gemüsebau, Weinbau und schließlich ackerbaulicher (Getreide-) Nutzung (vgl. Pletsch 1977b). Bei der Interpretation der Karte ist methodisch zu berücksichtigen, daß die Erfassung in zwei Zeitschritten vorgenommen wurde. Erfolgte auf einer Parzelle zwischen 1976 und 1984 eine Nutzungsveränderung in positiver oder negativer Hinsicht, so wurde diese Veränderung kartiert, ohne die vorherige Entwicklung seit 1968 zu berücksichtigen. Erfolgte während der Zeitspanne 1976 bis 1984 keine Nutzungsveränderung, so wurde der Vergleich bis zum Jahre 1968 weitergeführt.

Insgesamt ist festzustellen, daß die Extensivierungstendenzen innerhalb der Gemarkung überwiegen. Dabei sind besonders markante Unterschiede zwischen den Gebieten der neu angesiedelten Landwirte und dem Bereich der autochthonen Landwirte nicht sichtbar. Das bedeutet, daß dieser Prozeß auch dort nicht verhindert worden ist, wo über den Anschluß an das Bewässerungsnetz hinaus durch Flurbereinigung, Drainierung,

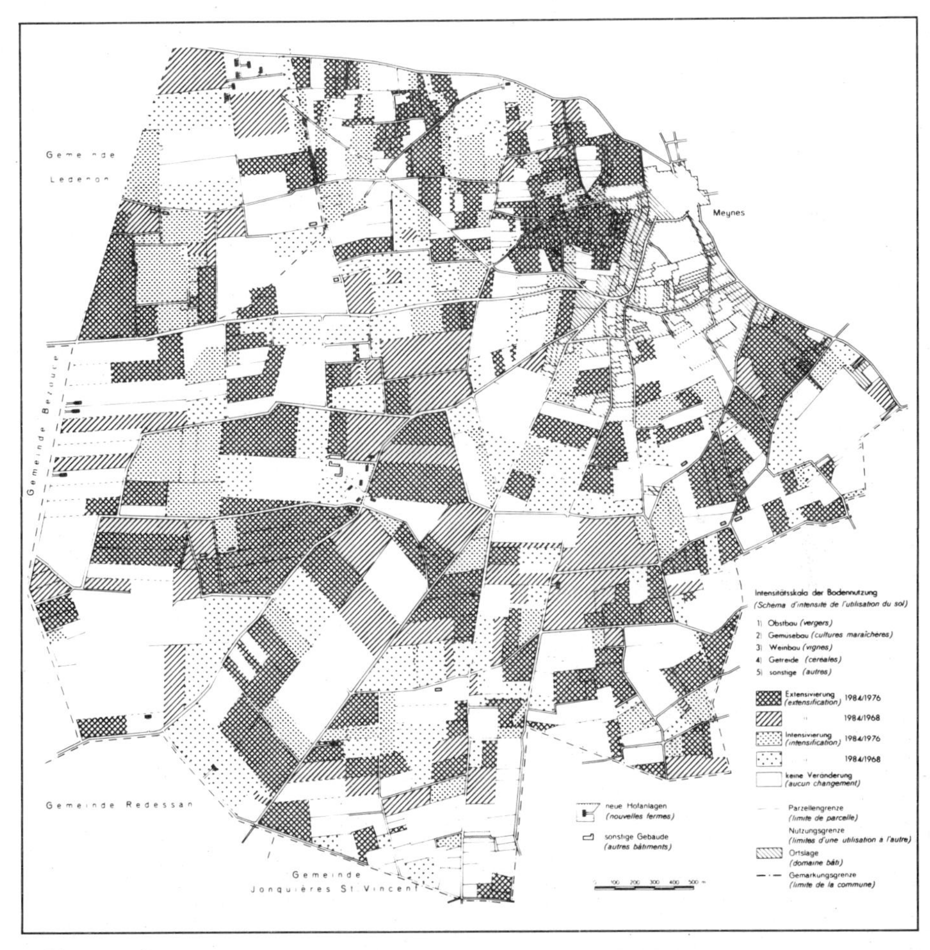

Abb. 6: Bodennutzung in der Gemarkung Meynes (Dépt. Gard) 1968–1984
Utilisation du sol dans la commune de Meynes (Dépt. Gard) 1968–1984

Schaffung von Betriebseinheiten mit *lebensfähiger Größe*, umfangreiche technische Hilfestellung durch die an der Melioration beteiligten Institutionen usw. tiefgreifende, aufwendige und letztlich erfolgversprechende Meliorationen durchgeführt worden sind.

Die Erklärung für dieses Umkippen der Entwicklung ist sicherlich sehr komplex und kann hier nur andeutungsweise versucht werden. Sicher ist, daß die mit der Übernahme der Betriebe verbundenen Anbauauflagen nach Ablauf der vereinbarten Fristen (im allgemeinen 10 Jahre) von vielen Landwirten zum Anlaß genommen wurden, die risikoreichen Spezialkulturen durch arbeitsextensivere Nutzpflanzen, eben durch Rebflächen oder durch mechanisierbare Ackerfrüchte, zu ersetzen. Die Gründe hierfür sind vielfältig und teilweise andernorts dargelegt (Pletsch 1977b und 1985). Wesentlich scheint, daß die Produktionskosten für Obst und Gemüsebau im mediterranen Frankreich insgesamt relativ hoch liegen und daß Marktvorteile nicht immer optimal genutzt werden können, weil andere mediterrane Länder billiger produzieren und früher die Märkte beschicken können. Besonders die repatriierten ehemaligen Koloniallandwirte mußten häufig mit enormen Schuldenlasten ihre Betriebe einrichten und waren nachher oft nicht in der Lage, die Belastungen abzutragen. Staatliche Subventionen, die zu Beginn großzügig gewährt wurden, werden in Anbetracht finanzieller Knappheit in den Staatshaushalten immer spärlicher. Billige Arbeitskräfte, die früher aus Spanien oder Nordafrika kamen, stehen heute nur noch bedingt zur Verfügung, meistens zu relativ hohen Löhnen und mit hohen Sozialabgaben belastet.

Ein sehr gravierendes Handicap stellt die Altersstruktur der Betriebsleiter dar. Namentlich bei den ehemaligen Koloniallandwirten ist diese Überalterung teilweise dramatisch. Als sie in den 1960er Jahren die Betriebe übernahmen, waren viele unter ihnen zwischen 40 und 50 Jahre alt. Seither sind über 20 Jahre vergangen. Nur in wenigen Fällen sind die Nachkommen bereit, die hochverschuldeten Betriebe zu übernehmen. So hatten 1984 in der Gemeinde Meynes von 15 befragten ehemaligen Koloniallandwirten nur 2 einen direkten Nachfolger, und dieses Verhältnis ist symptomatisch für die Gesamtregion. Teilweise wurden über 70jährige Betriebsinhaber angetroffen, deren Rente nicht zum Leben ausreichte und deren Verschuldung sie zwang, den Hof weiter zu bewirtschaften. Ein möglicher Verkauf scheitert an der geringen Nachfrage. So fallen nach dem Aussterben dieser Generation die Betriebe teilweise wieder wüst. Von 20 Betriebsneugründungen der Gemarkung Meynes waren im Jahre 1984 fünf nicht mehr bewirtschaftet, zwei Hofstellen zeigten bereits wieder deutliche Zerfallserscheinungen.

Auch wenn solche Beispiele nicht zu Verallgemeinerungen Anlaß geben sollen, so ist doch festzuhalten, daß die Metamorphose der Agrarlandschaft im mediterranen Frankreich, die infolge der Strukturmaßnahmen nach 1960 zu beobachten war, heute durchaus nicht mehr mit der gleichen Dynamik weiterläut. Deutliche Anzeichen von Stagnation und Rückläufigkeit, von Unmut, Protest, teilweise von spektakulären Aktionen wie Obstvernichtung oder Entleerung von spanischen oder italienischen Weintankern usw. zeigen, daß die Probleme dieses Raumes auch heute noch nicht gelöst sind.

Zusammenfassung

Die Landwirtschaft im mediterranen Frankreich nimmt innerhalb des Landes aufgrund seiner geographischen Verhältnisse, aber auch aufgrund der historischen Entwicklung eine Sonderstellung ein. Die grundlegenden Kennzeichen sind bezüglich der Besitzstrukturen die enorme Zersplitterung und Kleinstrukturiertheit, bezüglich der Agrarproduktion die traditionelle Ausrichtung auf den Weinbau oder den Olivenanbau. Allein diese beiden Merkmale haben immer wieder Krisen verursacht, die die Agrarlandschaft des mediterranen Frankreich kennzeichneten. Sie wurden noch erschwert durch den Mangel an Bewässerungsmöglichkeiten und damit verbunden den geringen Möglichkeiten, die Agrarproduktion auszuweiten und zu intensiveren, durch schlechte Vermarktungsmöglichkeiten, durch immer wieder auftretenden Krankheitsbefall der Rebbestände, durch niedrige Preise usw.

Seit etwa 30 Jahren spielt sich nunmehr ein beispielloser sektoraler und räumlicher Wandel in der mediterranen Agrarlandschaft ab. Er wurde ermöglicht durch die großzügige Planung von Bewässerungseinrichtungen im Bereich des Niederlanguedoc und der Provence, die großflächig die Einführung von Obst- und Gemüseanbau zur Folge hatte. Diese Maßnahmen erfolgten zu einer Zeit, als durch die Rückwanderung der ehemaligen französischen Kolonialbevölkerung ein großer Landbedarf bestand. Viele neugegründete Betriebe wurden von diesen rückwandernden Kolonen übernommen und zu intensiv genutzten Unternehmen entwickelt. Durch diese Maßnahmen, aber auch durch zahlreiche strukturelle Verbesserungen wie Flurbereinigungen, Sumpftrockenlegungen, Ödlandrekultivierung, Bodenmelioration usw. konnte eine Ausweitung der Agrarproduktion erreicht und die Gefahr der Monokultur zumindest scheinbar verringert werden.

Dieser sektorale Wandel in der mediterranen Landwirtschaft hat jedoch auch eine räumliche Komponente. Die ehemals ebenfalls agrarisch wichtigen Gebiete des hügeligen oder gebirgigen Hinterlandes wurden kaum von dem Meliorierungsvorgang betroffen, so daß sich hier ein bereits seit ca. 100 Jahren zu beobachtender Extensivierungsprozeß beschleunigt fortsetzte. Diese Gegenden hatten im allgemeinen weder an den Strukturverbesserungen im agrarischen noch an den Planungsmaßnahmen der nichtagrarischen Sektoren – z. B. touristische und/oder industrielle Entwicklung – einen Anteil. Die Folge war eine rasche Abwanderung der Bevölkerung. Demgegenüber konzentrierte sich der wirtschaftliche Entwicklungsprozeß immer mehr auf die Küstenebenen.

Nach nunmehr fast 30jähriger Entwicklung zeigt sich jedoch, daß die Entwicklung in den Küstenebenen, in den Kerngebieten der Agrarmelioration, auch ihre Schattenseiten hat. An einigen Beispielen wird aufgezeigt, wie aus zunächst sehr extensiv genutzten, ungünstigen strukturierten Flächen intensive Sonderkulturgebiete wurden. Als Beispiel dient der Bereich der Costière du Gard. Jüngste Untersuchungen in diesem Gebiet ergeben jedoch, daß sich hier erhebliche Probleme einstellen, ja daß bereits wieder eine Rückentwicklung zu beobachten ist, die die Planungsmaßnahmen der 1960er und 1970er Jahre fragwürdig erscheinen läßt. Diese Fragen werden an einer Reihe von Bodennutzungskartierungen und Befragungsergebnissen untersucht.

Das Fazit des Beitrages ist nicht unbedingt Pessimismus; allerdings versucht es, die Euphorie von Planern und Politikern ein wenig zu relativieren. Die Landwirtschaft des mediterranen Frankreich hat auch heute noch viele Probleme, und die vielen, teils spektakulären Protestmaßnahmen der Landwirte aus diesem Gebiet sind sicherlich nicht in einer besonders feindseligen Grundhaltung, sondern in der Sorge dieser Bevölkerung um ihre Zukunft begründet.

Résumé

A cause des données géographiques, mais également en raison de l'évolution historique, l'agriculture en France méditerranéenne occupe une place particulière dans le pays. L'agriculture est caractérisée par un morcellement des structures de possession et la production agricole est traditionellement orientée vers la viticulture et la culture d'olives. Ces deux caractéristiques ont toujours causé des crises qui ont marqué le paysage agricole de la France méditerranéenne, crises qui se sont aggravées par l'absence de possibilités d'irrigation et, en conséquence, de possibilités d'élargir et d'intensifier la production agricole ainsi que par des possibilités insuffisantes de commercialisation, par l'envahissement permanent des vignes, par des prix bas etc.

Depuis environ 30 ans le paysage agricole méditerranéen connaît un changement sans précédent. L'installation de grands systèmes d'irrigation au Bas-Languedoc et en Provence a entraîné l'introduction de vastes cultures fruitières et maraîchères. Ces changements sont intervenus au moment du retour en France des ‚rapatriés' d'Afrique du Nord car il y eut alors de grands besoins en terre. Les rapatriés se sont chargés de beaucoup d'exploitations de nouvelle fondation et les ont transformées en des entreprises utilisées intensivement. Par ces mesures, mais également par de nombreuses améliorations sur le plan structurel comme remembrement, assèchement de terres marécageuses, mise en culture de terrains incultes, amendement du sol etc., on a pu aboutir à une extension de la production agricole et à une diminution — au moins en apparence — du danger représenté par la monoculture.

Cependant ce changement sectoriel dans l'agriculture méditerranéenne a également une dimension spatiale. Les régions de l'arrière-pays vallonné ou montagneux qui ont toujours été importantes pour l'agriculture n'ont été guère affectées par le processus de transformation de sorte qu'un processus d'extensification qu'on pouvait y observer depuis environ 100 ans s'y est poursuivi rapidement. En général ces régions n'ont participé ni aux améliorations structurelles du secteur agricole ni aux mesures d'aménagement des secteurs non-agricoles comme par exemple les développements touristique et industriel. Cela a entrainé leur dépeuplement rapide. Le développement économique s'est concentré de plus en plus vers le littoral.

Maintenant, après un développement de presque 30 ans, on s'aperçoit cependant que l'essor de la zone littorale a également ses inconvénients. En citant quelques exemples on montre comment des surfaces à structures défavorables et jadis cultivées très extensivement ont été transformées en des surfaces de culture spéciale exploitées intensivement. Les exemples choisis concernent la Costière du Gard. Les recherches les plus récentes dans ces contrées révèlent cependant qu'il y a de problèmes considérables et qu'on peut même observer le début d'une évolution inverse mettant en question les mesures d'aménagement des années soixante et soixante-dix. Ces questions sont traitées à l'aide de quelques cartes d'utilisation du sol et de résultats d'enquêtes.

Le bilan de l'article n'est pas forcément une vue pessimiste, mais il essaie de freiner un peu l'euphorie des aménageurs et des hommes politiques. Jusqu'à présent l'agriculture de la France méditerranéenne connaît beaucoup de problèmes, et les nombreuses actions de protestation des agriculteurs de cette région ne résultent certainement pas d'une attitude particulièrement hostile mais du souci des habitants de leur avenir.

Literatur

Bloнм, E.: Landflucht und Wüstungserscheinungen im südöstlichen Massif Central und seinem Vorland seit dem 19. Jahrhundert. Trier 1976 (*Trierer Geographische Studien* 1).

Boutonnet, G.: Histoire des Canaux du Rhône. Paris 1961.

Direction Départementale de L'Agriculture (D.D.A.): Monographie Agricole-Département du Gard. Nîmes 1983.

Dupuis, A.: Le périmètre d'irrigation du Bas-Rhône-Languedoc — Historique et état actuel. In *Bulletin de la Société Languedocienne de Géographie* 103 (1980) 343—355.

Fischer, Th.: Der Ölbaum — Seine geographische Verbreitung, seine wirtschaftliche und kulturhistorische Bedeutung. Gotha 1904 (*Petermanns Geographische Mitteilungen-Erg.-Heft* 147).

I.N.S.E.E. (= Institut national de la statistique et des études économiques): Statistiques et indicateurs des régions françaises. Paris 1983 (*Les collections de l'I.N.S.E.E.-série R* 52/53).

Melot, G.: L'irrigation en France. In *Cahiers de statistique acricole* 2(1983)17–29.

Ministère de L'Agriculture: Graph-agri 83-Annuaire de graphiques agricoles. Paris 1983.

Pletsch, A.: Agrarräumliche Neuordnung in Südfrankreich. Raumforschung und Raumordnung 33(1975)30–41.

Pletsch, A.: Moderne Wandlungen der Landwirtschaft im Languedoc. Marburg 1976 (*Marburger Geographische Schriften* 70).

Pletsch, A.: Meliorations- und Sanierungsmaßnahmen in der Landwirtschaft des Languedoc unter besonderer Berücksichtigung der Ansiedlung ehemaliger Koloniallandwirte. In *Düsseldorfer Geographische Arbeiten* 7(1977)93–112(=1977a).

Pletsch, A.: Die Entwicklung des Sonderkulturanbaus im Languedoc/Südfrankreich nach dem Zweiten Weltkrieg. In *Erdkunde* 31(1977)288–299(=1977b).

Pletsch, A.: Die Anlage des Canal du Midi und seine kulturgeographischen Folgewirkungen. In *Marburger Geographische Schriften* 84 = Beiträge zur Kulturgeographie der Mittelmeerländer IV(1981)21–44.

Pletsch, A.: Südfrankreich – wirtschaftlicher Schwerpunkt oder Problemgebiet der EG. In *Geographische Rundschau* 34(1982)144–152.

Pletsch, A.: 25 Jahre moderne Bewässerung in Südfrankreich – Versuch einer kritischen Bilanz. In *Erlanger Geographische Arbeiten-Sonderband* 17=Möglichkeiten, Grenzen und Schäden der Entwicklung in Küstenlandschaften des Mittelmeerraumes (1985) 29–52.

Richers, J.: La transformation des structures agraires sous l'impulsion de l'irrigation sur le plateau de Garons (Gard). In *Méditerrannée* 6(1965)203–218.

Tarlet, J.: Un grand aménagement régional à objectif hydraulique – La société du canal de Provence et l'aménagement de la région provençale. In *Méditerrannée* 2(1980)37–64.

Jürgen Klasen

Die Landwirtschaft in Bayern

Forschungen und Fakten zum sektoralen und räumlichen Wandel

Inhalt

1. Vorbemerkungen

Bayern ist nicht nur der größte Flächenstaat der Bundesrepublik, es hat auch einen deutlich über dem Bundesdurchschnitt liegenden Anteil an Erwerbspersonen im primären Sektor und erbrachte in den letzten Jahren mit über einem Viertel der Bruttowertschöpfung in der Land- und Forstwirtschaft den höchsten Beitrag aller Länder.

Um so erstaunlicher ist es, daß es neben zahlreichen agrargeographischen und agrarstatistischen Spezialstudien sowie einer Reihe hervorragender, aber vorwiegend älterer Untersuchungen mit historisch-geographischem und sozial-geographischem Schwerpunkt keine einzige Darstellung gibt, die eine gewisse Gesamtschau anstrebt. Die regionalen Monographien von E. Otremba (1956, 1970) bezogen sich auf die deutsche Agrarlandschaft insgesamt und sind trotzdem nur kurze Abrisse. Eine moderne Landeskunde von Bayern steht noch aus, darf allerdings demnächst erwartet werden.[1] Nach wie vor greift man deshalb gern zu der von Otremba edierten Kartensammlung im *Atlas der deutschen Agrarlandschaft*[2], die jedoch ebenfalls keinen regionalen Gesamtüberblick in Textform enthält. Im folgenden wird nun angestrebt, wenn auch ohne Anspruch auf Vollständigkeit, wesentliche Aspekte der bayerischen Landwirtschaft zu untersuchen und dabei sowohl den jüngeren gesamtsektoralen Wandel als auch räumliche Differenzierungen sichtbar zu machen. Auf die Behandlung von Flur-, Siedlungs- und historischen Wirtschaftsformen wird verzichtet.

2. Die ‚landwirtschaftlichen Erzeugungsgebiete'

Der Auftrag für die Ausarbeitung der *Agrarleitpläne*[3] durch das Gesetz zur Förderung der bayerischen Landwirtschaft (LwFöG) vom 8. April 1974 war für die Landwirtschaftsbehörden mit der Frage nach einer geeigneten räumlichen Gliederung ver-

ADir. Dr. Jürgen Klasen — Institut für Geographie der Universität Regensburg D-8400 Regensburg

[1] Bereits zur Subskription gestellt bei der Wissenschaftlichen Buchgesellschaft in Darmstadt (Ruppert, R. u. a.).

[2] Auch gängige deutsche Schulatlanten enthalten, freilich in kleinem Maßstab (1 : 3 000 000) instruktive, aspektreiche Darstellungen der Bodennutzung und Viehhaltung, so vor allem der Alexander Weltatlas (Stuttgart 1976: 97) und der Seydlitz Weltatlas (Berlin 1984: 18). Man vergleiche auch den Diercke Weltatlas (Braunschweig 1974: 30 f.).

[3] Bayerische Landesanstalt für Betriebswirtschaft und Agrarstruktur: Agrarleitplan für den Regierungsbezirk Oberpfalz, ... Mittelfranken, ... Unterfranken (Entwürfe). München 1983.

bunden. Die Planungsregionen waren hierfür natürlich ebensowenig tauglich wie Aggregierungen von Landkreisen, die nicht erst seit der Gebietsreform in den 70er Jahren höchst unterschiedliches agrarisches Potential umfassen.

Unter Zuhilfenahme des *Handbuches der naturräumlichen Gliederung*[4], von Vegetations-, Klima- und Bodenkarten sowie in Kenntnis eines älteren agrarwirtschaftlichen Regionalisierungsversuches von P.-M. RINTELEN[5] hat O. WITTMANN vom Bayerischen Geologischen Landesamt im Jahre 1983 zunächst als Vorarbeit eine *Standortkundliche Landschaftsgliederung von Bayern* im Maßstab 1 : 500 000 erarbeitet. Ausgeschieden sind 121 Naturräume, deren Grundausstattung im Hinblick auf Klima, Ausgangsgestein, Boden und Relief jeweils einheitlich, zumindest aber sehr vergleichbar ist.

Für eine landesweite Darstellung agrarwirtschaftlicher Sachverhalte, die zum natürlichen Standort in Beziehung stehen, ist es sinnvoll, eine weniger detaillierte Untergliederung vorzunehmen, wobei die Forderung nach einer überschaubareren Anzahl von Raumeinheiten insbesondere bei einer Abgrenzung mit mehreren Variablen jedoch mit dem Homogenitätsgrad der abzugrenzenden Einheiten in einem Zielkonflikt steht. Zur Lösung dieses Konfliktes faßten P. W. WÜRFL, J. D. DÖRFLER und P.-M. RINTELEN (1984) die von O. WITTMANN abgegrenzten Räume zunächst in Zusammenarbeit mit ihm zu 68 *landwirtschaftlichen Standorten* zusammen und diese dann weiter zu 48 *landwirtschaftlichen Erzeugungsgebieten.*[6] Um eine regionalisierte Auswertung statistischer Daten zu ermöglichen, die in der Regel nur auf Gemeindeebene oder höheren politischen Aggregationsebenen zur Verfügung stehen, wurden die Kommunen dabei ungeteilt eindeutig zugeordnet. In Zweifelsfällen dienten als Entscheidungshilfen die landesweiten Kartierungen für die Aufstellung der *Agrarleitpläne* (ALP). Diese Einteilung in 48 *Erzeugungsgebiete* liegt nun auch den Abb. 1–4, 6, 10 und 11 zugrunde.

Die Bestandsaufnahmen für die ALP sind flächendeckend im Zeitraum 1974–78 durchgeführt worden und liegen den Entwürfen im Maßstab 1 : 50 000 bei. Nach einem bestimmten Schlüssel wurden unter Berücksichtigung der Erträge und der Hangneigungen auch die Erzeugungsbedingungen in den einzelnen Regierungsbezirken insgesamt ermittelt und festgehalten. Dabei ergab sich z. B. im Profil von der Oberpfalz nach Unterfranken folgendes:

Erzeugungsbedingungen	*Region* *Oberpfalz*	*Mittelfranken* (% LN[1])	*Unterfranken*	*Bayern*
günstig	38	58	67	53
durchschnittlich	36	26	16	28
ungünstig	26	16	17	19
	100	100	100	100

[1]) Landwirtschaftliche Nutzfläche

Tab. 1: Bewertung der LN in der Oberpfalz, Mittel- und Unterfranken sowie in Bayern insgesamt
Evaluation de la S.A.U. du Haut-Palatinat, de la Moyenne et Basse Franconie et de toute la Bavière

Bei den Flächen mit günstigen Erzeugungsbedingungen handelt es sich um besonders ertragsfähige, ebene bis leicht geneigte Nutzflächen. Hier können, soweit es sich um Ak-

[4] MEYNEN, E. und SCHMITHÜSEN, J. (Hrsg.). Bad Godesberg 1953–62.

[5] Vgl. WÜRFL, P., DÖRFLER, J. und RINTELEN, M. 1984: 378.

[6] Unabhängig davon hat sich mit dem Problem der Abgrenzung homogener Agrarregionen in Bayern auch H. SIMMELBAUER (1976) beschäftigt.

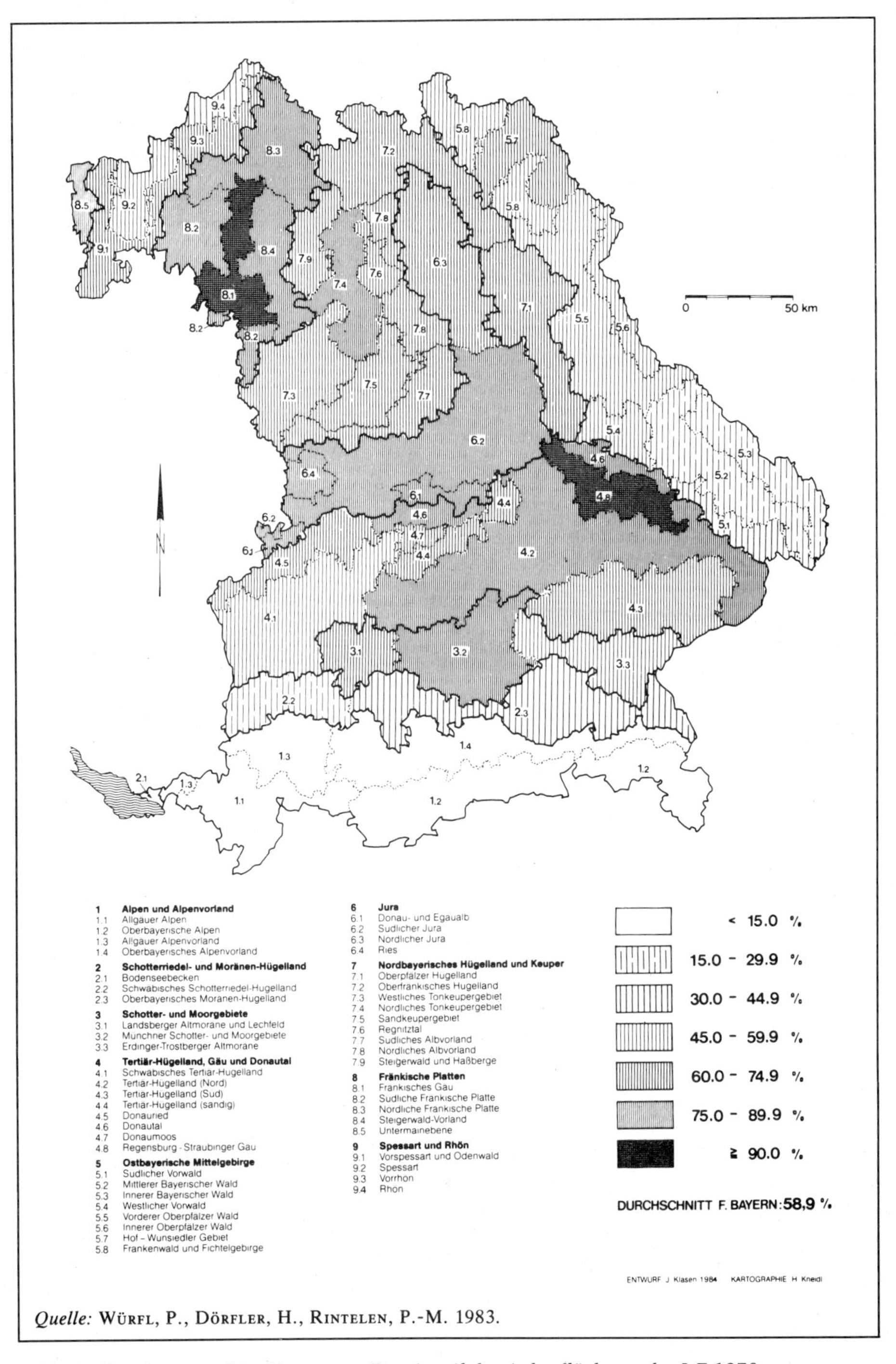

Quelle: WÜRFL, P., DÖRFLER, H., RINTELEN, P.-M. 1983.

Abb. 1: Zur Agrarstruktur Bayerns – Der Anteil der Ackerfläche an der LF 1979
La structure agraire en Bavière – Pourcentage de la surface arable sur la S.A.U. 1979

kerstandorte handelt, alle anspruchsvollen Kulturpflanzen mit gutem wirtschaftlichen Erfolg angebaut werden. Bei den Flächen mit durchschnittlichen Erzeugungsbedingungen handelt es sich um ebene bis leicht geneigte Flächen mittlerer Ertragsfähigkeit oder um stärker geneigte und dadurch nur mit höherem Aufwand bearbeitbare Flächen höherer Ertragsfähigkeit. Die Kennzeichnung *ungünstig* schließlich bedeutet ertragsschwächere und/oder mäßig geneigte Acker- bzw. steile Grünlandstandorte. Konzentriert treten solche Flächen innerhalb der hier betrachteten drei Regierungsbezirke in den ostbayerischen Mittelgebirgen, aber auch im Spessart, in der Rhön usw. auf, wo ihr Anteil an der LN in einzelnen Gemeinden über 90 bzw. bis zu 100 % einnimmt. Überschlägig ergibt sich aus Tab. 1 auch, daß beispielsweise in der Oberpfalz die Existenz rund eines Viertels der Betriebe von der Bewirtschaftung solcher Flächen abhängt.

3. Bodennutzung und Veredlung

Höchstens 30 % der landwirtschaftlich genutzten Fläche (LF) dienen heute in Bayern der unmittelbaren Erzeugung von Marktprodukten.[7] Dennoch muß naturgemäß zunächst der pflanzliche Bereich untersucht werden. Wegen der großen Produktdifferenzierung und der besonders vielfältigen Veränderungen hat die Behandlung auch ausführlicher zu sein als die der Veredlungswirtschaft.

Bei der Analyse von Tab. 2 fällt auf, daß sich die LN[8] im Betrachtungszeitraum der letzten drei Jahrzehnte viel stärker vermindert hat als die Getreidefläche oder das

	Jahr			
Nutzung (1000 ha)	1950	1960	1970	1982
Ackerland	2186	2180	2104	2085
Getreide insgesamt	1296	1329	1332	1318
Weizen	348	446	502	443
Wintergerste	9	17	26	239
Sommergerste	257	363	368	319
Kartoffeln	304	308	217	94
Zuckerrüben	17	47	57	85
Runkelrüben	146	120	86	44
Körnermais	0,6	1	40	46
Grünmais, Silomais	22	25	114	341
Rebland	3,4	3,2	3,4	4,3
Hopfen	6	7	12	19
⋮				
landwirtschaftlich genutzte Fläche	3910	3959	3753	3484

Quelle: Bayerisches Landesamt für Statistik und Datenverarbeitung (1983) 56 ff. und Bayerisches Staatsministerium für Ernährung, Landwirtschaft und Forsten (1984) Teil 2–55

Tab. 2: Die Nutzung des Ackerlandes in Bayern 1950–1982
Utilisation de la surface arable en Bavière 1950–1982

[7] Bayerisches Staatsministerium für Ernährung, Landwirtschaft und Forsten: Bayerischer Agrarbericht – Teil 1. München 1984: 66.

[8] Zu unterscheiden sind also *Landwirtschaftliche Nutzfläche* (LN) und *Landwirtschaftlich genutzte Fläche* (LF). Die LN umfaßt das Ackerland, das Dauergrünland, die Streuwiesen, das Gartenland, die Flächen der Sonderkulturen sowie die nicht mehr bewirtschafteten Nutzflächen. In der LF sind letztere nicht mehr enthalten.

Ackerareal. Der Anteil des Ackerlandes hat sich von 55,9 % auf 59,8 % erhöht, der des Dauergrünlandes deutlich vermindert, und zwar von 39,7 % auf 36,7 %.

In dieser divergierenden Entwicklung spiegelt sich eine häufige Umstellung vom Grünlandbetrieb zur Mastviehhaltung. Sie kann vielerorts beobachtet werden, z. B. an den bereits kanalisierten Teilabschnitten des Main-Donau-Kanals im Altmühltal und an der Donau im Raum Regensburg-Straubing. Bereits im zeitlichen Vorfeld des Flußausbaus sind hier, wie Luftbildinterpretationen von Flugbildreihen aus den Jahren 1971 und 1982 jetzt ergaben, erhebliche Veränderungen der Nutzung vorgenommen worden, wobei sich Grünlandabnahme und Ackerlandzunahme die Waage hielten (Hansen und Winkelbrandt 1984 a und b). Nach Realisierung des Großbauvorhabens wird sich die Tendenz vermutlich noch verstärken.[9]

Der Anteil der Ackerfläche an der LF betrug 1979 (vgl. Abb. 1) 58,9 %.[10] Am höchsten ist er erwartungsgemäß in den fränkischen Gäuplatten (95,0 %) und im Regensburg-Straubinger Gäu (91,6 %). Die Lößböden dieser Gäue, deren Abgrenzung Qualität und Deckungsgrad der Lößdecke berücksichtigt (Wittmann 1983), zeichnen sich durch eine große natürliche Fruchtbarkeit aus, durch Nährstoffreichtum und hohe nutzbare Speicherfeuchte bei relativ guter Durchlüftung. Die niedrigsten Ackerlandanteile treten in den Alpen und im Alpenvorland auf (0,4–7,7 %), es folgen Teile des Bayerischen Waldes (< 30 %).

Um die Mitte des 19. Jahrhunderts spielten sowohl die Viehwirtschaft als auch die Grünlandnutzung, wie Chr. Borcherdt (1957) zeigte, in Bayern erst eine sehr untergeordnete Rolle. Gegen Ende des Jahrhunderts hatte sich dann wegen steigender Nachfrage nach tierischen Erzeugnissen infolge ständigen Wachstums der Städte und infolge allgemeiner Hebung des Lebensstandards ein Vergrünlandungsprozeß immer mehr abgezeichnet. Die Entwicklung des Verkehrs ermöglichte es der Landwirtschaft nun, sich an die natürlichen Verhältnisse weitergehender als früher anzupassen, so daß das Streben nach einer wenigstens notdürftigen Selbstversorgung auch mit Getreide im Alpengebiet und seinem Vorland ganz außer acht gelassen werden konnte. Im Allgäu hatte diese wirtschaftliche Schwergewichtsverlagerung vom Feldbau zur Grünlandnutzung übrigens früher als anderenorts, nämlich bereits um 1820 eingesetzt (Borcherdt 1960).

Der Prozeß der Vergrünlandung dauerte in Bayern bis in die fünfziger Jahre des 20. Jahrhunderts an. Wie bereits ausgeführt, zeigen sich seither, obwohl der Anteil tierischer Produkte an der Gesamterzeugung der Landwirtschaft laufend weiter angestiegen ist (Tab. 3), wieder gegenläufige Tendenzen. Ermöglicht wurde dies nicht zuletzt auch durch die Abschaffung der tierischen Zugkräfte, die große Areale für die Marktproduktion und in den physisch hierfür geeigneten Teilräumen speziell für den Getreidebau freisetzte. Überall da, wo Bodenverhältnisse, Hangneigung und klimatische Bedingungen die Ackernutzung begünstigen, ist sie ausgedehnt worden. Umgekehrt gibt es aber auch Erzeugungsgebiete in Mittelgebirgslagen, in denen höher mechanisierte Ackernutzung erschwert ist; dort wurde die Grünlandfläche ausgeweitet. Diese Anpassung an Standortgegebenheiten dürfte weitergehen.

In jüngerer Zeit werden unter den Getreidearten die Wintersorten bevorzugt. Dies wird besonders deutlich bei der Gerste (Tab. 2). Die Anbauverschiebungen haben es hier bewirkt, daß die Sommergerste seit der Mitte der siebziger Jahre mehr und mehr nur in den ertragsschwächeren Anbaugebieten verbleibt und dabei Flächenverlust erleidet. Wintergerste erlebte hingegen einen spektakulären Bedeutungsanstieg von 9000 ha im Jahre 1950 auf 239 000 ha im Jahre 1982. 1984 dürfte sie die Sommergerstenflächen erstmals überflügelt haben.

---

[9] Auf die ökologischen Implikationen und die Konflikte zwischen Landwirtschaft und Naturschutz kann hier nur hingewiesen werden.

[10] vgl. Anm. 5 – 1984: 404.

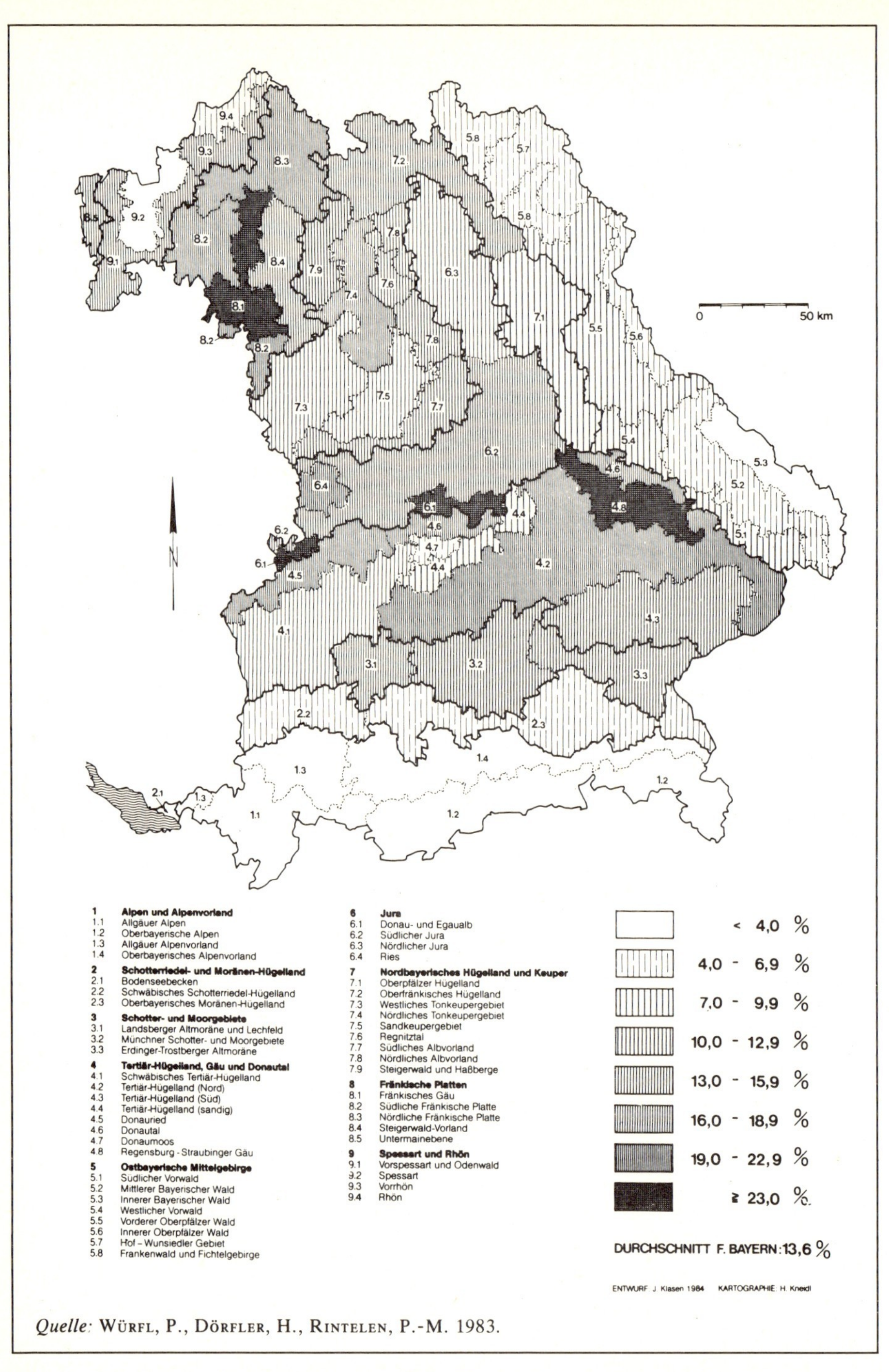

Quelle: Würfl, P., Dörfler, H., Rintelen, P.-M. 1983.

Abb. 2: Zur Agrarstruktur Bayerns – Anteil der Weizenfläche an der Ackerfläche 1979
La structure agraire en Bavière – Pourcentage du blé sur la surface arable 1979

Etwa 40 % der erzeugten Sommergerste wurden in der Bundesrepublik im Jahre 1981 als Braugerste vermarktet; in Bayern lag dieser Anteil sogar bei ca. 60 %. Die Brauereiwirtschaft konzentriert sich nach wie vor ganz überwiegend auf die qualitativ hochwertigere Sommerfrucht (HEISSENHUBER u. a. 1983); Wintergerste ist züchterisch derzeit noch nicht so weit entwickelt, daß sie als Brauware in größerem Umfang Verwendung finden könnte.

Das Braugewerbe ist im Freistaat auch heute überwiegend kleingewerblich strukturiert; bei mehr als der Hälfte der 867 gewerblichen Braustätten umfaßte die Jahresproduktion 1983 weniger als 10 000 hl (KOHLHUBER 1984). Obwohl in den zurückliegenden Jahrzehnten eine Vielzahl kleinerer Brauereien ihre Produktion aus Rentabilitätsgründen einstellen mußte, beläuft sich der Anteil bayerischer Braustätten noch immer auf mehr als zwei Drittel unter allen im Bundesgebiet (ca. 1200). Hingegen erreicht der Anteil an der Bierproduktion nur 27,6 %.

Produkte	*Anteile am Produktionswert* (%) 1970	1975	1980
Pflanzliche Produkte	24,0	23,5	21,9
Weizen	4,6	3,7	4,3
Gerste	2,8	3,3	2,6
Kartoffeln	5,3	3,1	2,1
Zuckerrüben	2,3	3,6	3,7
Hopfen	2,4	1,9	1,7
Wein	0,5	0,8	0,5
Tierische Produkte	76,0	76,5	78,1
Rinder	16,3	20,1	22,2
Schweine	21,2	18,3	15,1
Milch	32,0	32,8	36,3

Quelle: BAYERISCHES STAATSMINISTERIUM FÜR ERNÄHRUNG, LANDWIRTSCHAFT UND FORSTEN (1984) Teil 3–10

Tab. 3: Produktionswert der Landwirtschaft in Bayern 1970–1980
La valeur de la production agricole bavaroise 1970–1980

Der Körnermaisanbau, im Jahre 1950 in Bayern auf nur 600 ha betrieben, konnte seine Fläche bereits bis 1960 fast verdoppeln. Bei Grün- bzw. Silomais, der die früher verwendete Futterrübe inzwischen weitgehend verdrängte und als Eiweißträger für die Tierfütterung immer mehr an Bedeutung gewann, ging die Entwicklung etwas langsamer vor sich, nämlich von 21 600 ha im Jahre 1950 auf 24 900 ha im Jahre 1960. Mit Beginn der sechziger Jahre wurde der Anbau von Mais beider Verwendungsarten weiter, ab 1965 von Jahr zu Jahr deutlicher und mit zum Teil sehr hohen Zuwachsraten ausgeweitet. Bei Körnermais, der sich als hochwertiges Schweinemastfutter erwies und deshalb besonders in Niederbayern die Kartoffel in dieser Funktion ablöste, fand bis 1971 eine stürmische Aufwärtsentwicklung statt. Nach einem mit 56 000 ha im Jahre 1978 erreichten Höchststand, der jedoch wieder abgebaut wurde, bewegt sich die Anbaufläche nunmehr (Tab. 2) mit 46 000 ha auf dem Niveau von 1974. Bei Grün- bzw. Silomais, einem ebenfalls hochwertigen Mastfutter, hielt der Aufwärtstrend mit fast unverminderter Stärke bis heute an. Die 1982 bestellte Fläche von 341 000 ha entspricht einer Verdreifachung innerhalb eines guten Jahrzehnts. Bei keiner anderen Fruchtart hat sich die Mechanisierung des Agrarsektors in den vergangenen 30 Jahren so stark ausgewirkt wie beim Mais. Vor allem gegenüber den konkurrierenden Früchten besitzt er erhebliche arbeitswirtschaftliche Vorteile. Ganz besonders vollzog sich die Eingliederung in die Betriebsorganisation daher bei der Umstellung auf Neben- oder Zuerwerb (Wolf 1974: 111).

Die bayerischen Anbauschwerpunkte für Zuckerrüben liegen im Fränkischen Gäu und im Regensburg-Straubinger Gäu (Abb. 3). 1979 hatte die Frucht hier an der Ackerfläche einen Anteil von 17,0 % bzw. 19,8 %. In der relativen Häufigkeitsverteilung zeigt sich in den Abb. 1 und 2, auf denen der Anteil der Ackerfläche an der LF und der Anteil des Weizens an der Ackerfläche dargestellt wurde, recht ähnliches Bild.[11]

Beide Anbauschwerpunkte sind relativ jung. Während ihre Bedeutung vor dem Zweiten Weltkrieg mit einem Anteil von 28 % an der süddeutschen Fläche noch gering war, entwickelten sie sich seit den fünfziger Jahren rasant, so daß ihr Anteil an der süddeutschen Anbaufläche Mitte der siebziger Jahre 55 % ausmachte (Isermeyer 1978: 142). Beide Räume zeichnen sich nicht nur durch die hohen Erträge aus, sondern auch durch im bundesweiten Vergleich sehr niedrige Variabilitäten in den Ernten. Der optimale Ertrag überhaupt findet sich nach den Untersuchungen von P. Frankenberg (1984: 48) auf den Anbauflächen im Stadtkreis Straubing.

Ausgelöst wurde der Prozeß einer bedeutenden Flächenzunahme durch den Verlust Mittel- und Ostdeutschlands nach dem Zweiten Weltkrieg und die dadurch bedingte Zuckerunterversorgung insbesondere der bayerischen Bevölkerung (Unseld 1971: 43). Vom bundesrepublikanischen Zuckerrübenanbau entfiel 1982 auf das Land Bayern ein Anteil von 19,9 %; bei der Zuckererzeugung waren es sogar 21,6 % (Bartens/ Mosolff 1983: 63 ff.). Während des Zeitraums 1950–1982 (Tab. 2) hatte die Zuckerrübe ihren größten Flächenanteil am Ackerland im Jahre 1981 erreicht (92 000 ha = 4,4 %). Aufgrund der neugestalteten EG-Marktordnung (vgl. Mignon 1981) wurde die Anbaufläche seither zurückgenommen. Dennoch sorgen die gemeinsame Marktorganisation und die Quotenregelung[12] dafür, daß die Zuckerrübe auf den günstigsten Ackerstandorten im Vergleich zu anderen Marktfrüchten in bezug auf die Flächenproduktivität eine hervorragende Wettbewerbskraft besitzt (vgl. auch Tab. 4). Mit knapp 100 Arbeitsstunden/ha zählt der Zuckerrübenanbau dabei noch immer zu den arbeitsintensiv-

Feldfrüchte	*Erträge* (dt/ha) 1950	1960	1970	1982
Weizen	22,2	33,9	36,2	48,3
Roggen	20,9	27,2	24,2	33,8
Wintergerste	21,1	31,4	31,1	48,4
Körnermais	23,8	29,2	50,6	70,3
Kartoffeln	265,8	234,6	257,5	291,1
Zuckerrüben	349,0	393,8	458,3	579,6

Quelle: Bayerisches Staatsministerium für Ernährung, Landwirtschaft und Forsten (1984) Teil 2–56

Tab. 4: Die Ertragsentwicklung wichtiger Feldfrüchte in Bayern 1950–1982
Evolution du rendement des principaux fruits des champs en Bavière 1950–1982

[11] Einen Kartierungsausschnitt aus einer der bayerischen „Kornkammern“ die gleichzeitig die Schwerpunkte für den Zuckerrübenanbau sind, bietet A. Herold mit seiner Aufnahme des Landnutzungsgefüges bei Biebelried, Kreis Kitzingen (In Otremba, E. (Hrsg.): Atlas der deutschen Agrarlandschaft – Blatt V/1. Wiesbaden 1961–1971).

[12] Die volle Preisgarantie gilt – bei abgeschlossenen Verträgen – für eine Grundquote (A-Quote). Jahr für Jahr wird darüber hinaus mit reduzierter Preisgarantie eine B-Quote festgelegt. Überschüsse, die die Summe von A und B übersteigen, müssen zum Weltmarktpreis verkauft werden (C-Zucker), der niedrig ist.

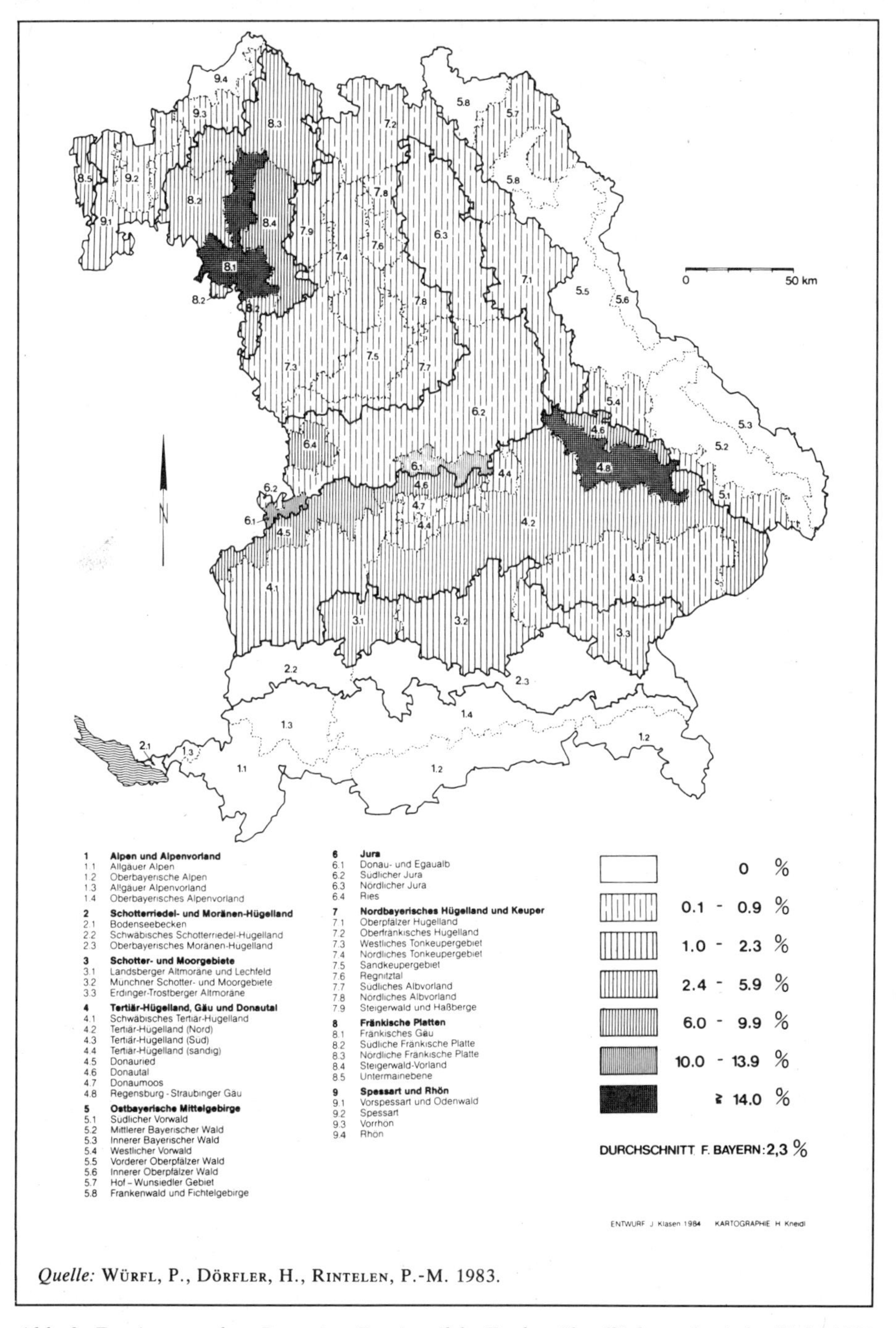

Quelle: WÜRFL, P., DÖRFLER, H., RINTELEN, P.-M. 1983.

Abb. 3: Zur Agrarstruktur Bayerns – Der Anteil der Zuckerrübenfläche an der Ackerfläche 1979
La structure agraire en Bavière – Pourcentage des betteraves sucrières sur la surface arable 1979

sten Kulturen, wenn man von Sonderkulturen wie Wein, Feldgemüse, Hopfen usw. absieht. In diesem Zusammenhang ist auch der weitere Konzentrationsprozeß bezüglich der Anbauerzahl zu sehen. Von 1967 bis 1982 stieg die durchschnittliche Rübenfläche je Betrieb von gut einem auf nicht ganz 4 ha an (ORTMAIER 1984: 565).

Die Verarbeitung der Zuckerrüben erfolgt in Bayern in fünf Werken mit folgenden Tages-Nennleistungen: Plattling 14 700 t, Ochsenfurt 12 600 t, Regensburg 10 800 t, Rain am Lech 10 300 t und Zeil 8900 t. Die vier erstgenannten Betriebsstätten sind heute die größten in der Bundesrepublik. Plattling, Ochsenfurt und Regensburg (KLASEN 1977: 31 f.) gehören zur *Süddeutschen Zucker AG* (Mannheim), dem Branchenführer. Das Werk Ochsenfurt wird von der dort ansässigen *Zuckerfabrik Franken GmbH* betrieben, das in Zeil von einer Tocher der gleichen Gesellschaft.

Während sich die Bevölkerung Bayerns in den letzten 80 Jahren mehr als verdoppelte und 1982 fast 11 Mill. umfaßte, ging die LF um knapp ein Fünftel auf 3,48 Mill. ha zurück. Dies ergibt je Kopf der Bevölkerung für das Jahr 1900 eine LF von 0,79ha, für 1982 nur noch 0,32 ha. Die Einschränkung der Nutzfläche um 0,82 Mill. ha wurde jedoch durch gewaltige Produktionssteigerungen bei pflanzlichen (Tab. 4) und tierischen Erzeugnissen und durch eine enorme Steigerung der Arbeitsproduktivität mehr als ausgeglichen.

Bei den Ernteerträgen zeigt sich also in allen Bereichen eine kräftige Tendenz in Richtung Steigerung. Verbesserte Anbaumethoden, Sortenwahl, Zuchterfolge und größerer Mineraldüngereinsatz bewirkten diese fast stetige Zunahme bei den je Hektar geernteten Mengen. Bewegte sich das Ertragsniveau bei den Getreidearten im Durchschnitt der Jahre 1951–1956 noch zwischen 20 und 30 dt/ha, so lag es 10 Jahre später schon um die 30 dt/ha, um schließlich bei Weizen ab 1971 die 40 dt/ha zu überschreiten, bei Wintergerste ab 1974. 1982 näherten sich die Erträge von Winterweizen und Wintergerste der Höhe von 50 dt/ha. Die relativ niedrigen Erträge der Sommergerste sind in erheblichem Ausmaß für den in letzter Zeit ständigen Anbaurückgang bei dieser Fruchtart verantwortlich. Die hierdurch frei werdenden Flächen wurden hauptsächlich durch die wesentlich ertragreichere Wintergerste ersetzt.[13]

Auch beim Mais sind bei den Hektarerträgen – zwar nicht so ausgeprägt wie bei den Anbauflächen – deutlich nach oben gerichtete Trends zu erkennen. Bei Körnermais stieg das Ertragsniveau von etwa 24 dt/ha im Jahre 1950 auf rund 70 dt/ha im Jahre 1982; bei Grün- bzw. Silomais erreicht der Grünmasseertrag, nach ca. 350 dt/ha 1960, mit ca. 530 dt/ha im Jahre 1982 das bisher höchste Resultat.

Weinbau wird in Bayern fast ausschließlich in Unter- und Mittelfranken betrieben, und zwar (Abb. 4) insbesondere in den *Landwirtschaftlichen Erzeugungsgebieten* Steigerwald-Vorland, Südliche Fränkische Platte und Fränkisches Gäu. Flächen von > 100 ha existieren aber auch auf der Nördlichen Fränkischen Platte, im Vorspessart und in der Untermainebene.[14] Daneben können die insgesamt nur 13 ha Rebkulturen in Oberfranken, der Oberpfalz und in Schwaben vernachlässigt werden, zumal der Wein dieser Flächen nur als Land- oder Tafelwein vermarktet werden kann (SCHEUERPFLUG 1984).

Zum ersten Male sind fränkische Weinberge im Jahre 777 erwähnt, als KARL DER GROSSE das Königsgut Hammelburg der Benediktinerabtei Fulda schenkte (WECKLEIN 1975: 9). Im Laufe der Zeit verbreitete sich die Kultur über das Gesamtgebiet Frankens, und vor dem Dreißigjährigen Krieg soll sie mit ca. 40 000 ha ihre größte Ausdehnung erreicht haben. Franken war damals das bedeutendste deutsche Weinland (MÜSSIG 1981:

---

[13] BAYERISCHES LANDESAMT FÜR STATISTIK UND DATENVERARBEITUNG: Die Bayerische Landwirtschaft. Bilder – Fakten – Daten. München 1983 (*Schaubilderheft* 20).

[14] Schriftliche Nachricht der BAYERISCHEN LANDESANSTALT FÜR BETRIEBSWIRTSCHAFT UND AGRARSTRUKTUR in München.

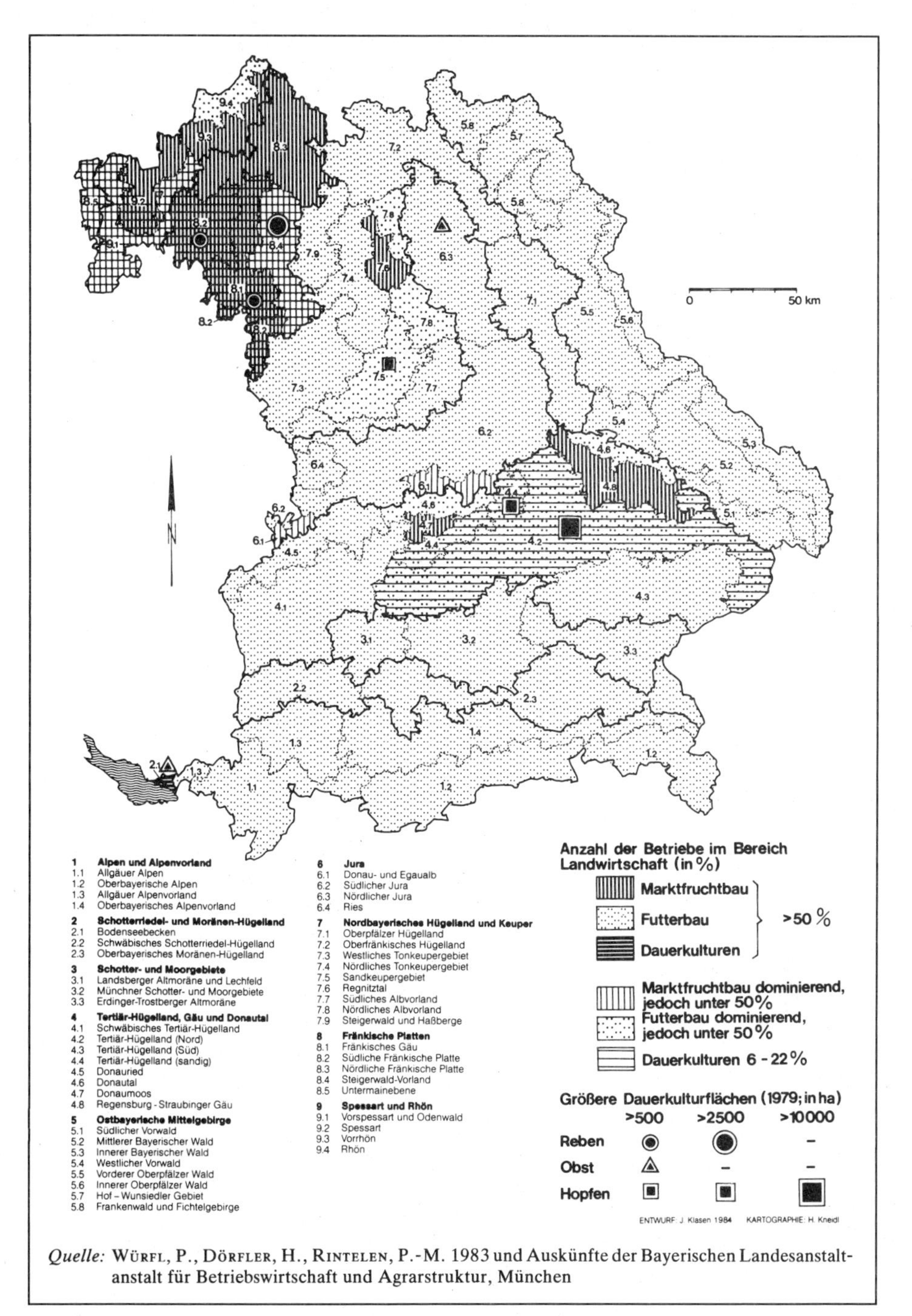

Quelle: WÜRFL, P., DÖRFLER, H., RINTELEN, P.-M. 1983 und Auskünfte der Bayerischen Landesanstalt-anstalt für Betriebswirtschaft und Agrarstruktur, München

Abb. 4: Betriebsklassifikation für die ‚landwirtschaftlichen Erzeugungsgebiete' in Bayern 1979
La classification des exploitations dans les zones bavaroises de production agricole selon leur caractère de production 1979

19). Betrug die Rebfläche zur Zeit der Säkularisation um 1800 noch 16 500 ha, so ging sie in der folgenden Zeit immer stärker zurück. Um 1900 waren noch etwa 7000 ha mit Reben bestanden, heute sind es (vgl. Tab. 2) – nach einem Nachkriegsminimum von 3100 ha im Jahre 1959 – etwa 4300 ha. Damit zählt Franken, dessen Rebbauentwicklung im einzelnen von K. Ruppert (1960: 27–103) geschildert worden ist, unter den bundesdeutschen Anbaugebieten mit 4–5 % der Ertragsrebfläche und der Erzeugung zu den kleinsten. Zunehmend hat sich die Sonderkultur auf die Gebiete zurückgezogen, deren Klima und Lage sich als besonders vorteilhaft erwiesen haben und wo die Hangneigung die Sonneneinstrahlung zusätzlich begünstigt.

Dabei hat sich nun auch bei dieser Kultur in der Wirtschaftsweise ein bemerkenswerter Wandel vollzogen. Mehr und mehr hat sich Weinbau zu einer Intensivkultur entwikkelt, die unabhängig von anderem Anbau betrieben wird. Die Aufstockung ist zwar voll im Gange, aber 20 % der gesamten bestockten Fläche werden noch von 71 % der Betriebe bewirtschaftet, während nur 6,7 % der Betriebe insgesamt 46 % der weinbaulich genutzten Fläche innehaben. Nach wie vor also ist die Zersplitterung groß, was auch die frühen genossenschaftlichen Zusammenschlüsse verständlich macht. Große, zentrale Vermarktungseinrichtungen, allen voran die der *Gebietswinzergenossenschaft Franken* in Repperndorf, haben in letzter Zeit bei der Weinherstellung und beim Absatz vieles verändert und moderne, zeitgemäße Organisationsformen geschaffen.

Der typische fränkische Weinbauer ist ein Nebenerwerbler[15], der als Mitglied einer Genossenschaft im Gegensatz zum früheren Häcker nur noch als Traubenerzeuger und -lieferant fungiert und die Weine nicht selbst ausbaut. Heute werden durch die Genossenschaften vom Ertragsrebflächenanteil 57 % und von der der Zahl Winzer 70 % erfaßt. Die von ihnen erlösten Weinpreise sind die höchsten von allen elf deutschen Anbaugebieten, und äußeres Zeichen davon ist ein Wohlhabenheit widerspiegelndes Ortsbild. Die früher ganz im Vordergrund stehende Rebsorte *Silvaner* hat an Bedeutung verloren. Weit überholt ist sie jetzt von *Müller-Thurgau*, und auch Neuzüchtungen wie *Bacchus, Kerner, Scheurebe* und *Ortega* haben einen Anteil von ca. 20 % an der Ertragsrebfläche erreicht. Der Trend zu bukettreicheren Sorten ist offensichtlich.

Traditionell werden in Franken fast ausschließlich Weißweinsorten angebaut; Rotweine erreichen im Durchschnitt nur einen unter 2 % liegenden Anteil an der gesamten Produktion (Brandes: 1981). Diese hat sich in den letzten Jahrzehnten beachtlich steigern lassen. Während es seit 1900 bis Mitte der sechziger Jahre nur wenige Jahre mit mehr als 100 000 hl erzeugten Weins gab, liegen die Werte seitdem längst darüber. 1982 erklomm die Produktion mit 652 000 hl eine bis dahin unerreichte Höhe. Voraussetzung dafür war nicht zuletzt die Weinbergsflurbereinigung, die bis Ende 1973 in 44 Gemeinden rund 1600 ha erfaßte und planmäßig wieder aufbaute, und die bis 1980 schon über 2200 ha neu geordnet hatte (Wecklein 1975: 24 und Müssig 1981: 285). Vielerorts hat sich außerdem geländeklimatisch der Ausbau des Mains zur Wasserstraße, durch die sich die Oberfläche des Flusses zwischen Aschaffenburg und Bamberg um 638 ha (= 26,3 %) auf 2426 ha und das Wasservolumen durch die Errichtung von Stauhaltungen noch erheblich stärker erhöhte, positiv ausgewirkt. Main (und Baggerseen) wirken, indem sie mit ihrem Wärmevorrat die nächtliche Luftzirkulation unter der Talinversion beschleunigen, absaugend auf die im Weinberg absinkende Kaltluft. Tiefsttemperaturen und Frostgefährdung werden dadurch gemildert (Weise und Wittmann 1981; Weise 1974).

Von Hopfengärten ist in Bayern erstmals im Jahre 736 die Rede, und zwar in Geisenfeld im heutigen Anbaugebiet Hallertau (vgl. Wagner 1980: 164; Gmelch und Rossbauer 1984: 32). In Spalt in Mittelfranken liegen Nachrichten aus dem 14. Jahr-

---

[15] Über 70 % (vgl. Anm. 7 – 1984: 82).

hundert vor (Ruppert: 1960: 104 f.), und im 15. Jahrhundert werden dort auswärtige Aufkäufer erwähnt (Ruppert: 1958: 40). Im ebenfalls mittelfränkischen Hersbrucker Gebirge stammen die frühesten Hinweise auf Hopfen wiederum aus dem 14. Jahrh. Während jedoch die Kontinuität des Anbaus im Sandkeupergebiet in und um Spalt wegen des Vorhandenseins von Klöstern als gesichert gilt (Riesinger 1980: 164) und Klöster als frühe Innovationszentren auch im Tertiär-Hügelland der Hallertau (Einheiten 4.2 und 4.4 auf Abb. 4) bestanden (Kettner 1975: 44), ist dies im Nördlichen Albvorland (Einheit 7.8) um Hersbruck nicht der Fall. Die Entwicklung vollzog sich darum unstetiger. Das Anbaugebiet Jura (Einheit 6.1) ist ohnehin jung (vgl. Tab. 5) und weist viel geringere Clusterbildung auf als die übrigen Schwerpunkte.

Volksgetränk war noch bis ins Hohe und Späte Mittelalter der Wein. Dies änderte sich erst im 16. und 17. Jahrhundert. Der Hopfen entwickelte sich nun zu einer typischen Nachfolgefrucht[16], da erstens die vordem vom Rebland eingenommenen steileren Hänge nicht in die übliche landwirtschaftliche Nutzung zu überführen und beide Kulturarten zweitens wegen ihrer langjährigen Vegetationszeit auch nicht in die allgemein übliche Dreifelderwirtschaft einzubeziehen waren. Schließlich kam als Nachfolgekultur für die durchweg sehr kleinen Betriebe nur eine Frucht in Frage, die funktionell dem Weinbau entsprach. Wein wie Hopfen beanspruchen nur einen kleinen Anteil an der LF und beeinflussen trotzdem den gesamten Betrieb sehr stark. Beide sind damit echte *Steuerkulturen.*

Die Hopfenrebe liebt einen tiefgründigen, lehmig-sandigen Boden mit genügend kalk- und humushaltigen Stoffen und einen geordneten Wasserkreislauf (Bayer 1978: 98), aber weder Böden noch das Klima determinieren die Verbreitung.

Noch zu Beginn des 19. Jahrhunderts spielte die in der Gegenwart alles überragende Hallertau für die Hopfenernte im Vergleich zu den großen mittelfränkischen Anbaugebieten fast keine Rolle. Sie produzierte damals ca. 1500 Ztr., die Stadt Spalt allein 16 000–17 000 Ztr. Das Hauptabsatzgebiet war Nürnberg, und auf diesen Markt war auch das heute fast völlig verschwundene Produktionsareal des Aischgrundes um Neustadt a. d. Aisch ausgerichtet. Überhaupt besaß der Hopfenbau zu Beginn des 19. Jahrh. in Bayern außerhalb der bereits genannten Gebiete eine große Verbreitung und eine viel weitere Streuung als heute.

Anbaugebiet	*Hopfenstück* (ha) 1950	1980	1983	*Zahl der Betriebe* 1983	*Hopfenfläche/ Betrieb* (ha)
Hallertau	4735	15 232	16 868	4032	4,18
Spalt	539	794	789	596	1,32
Hersbrucker Gebirge	332	166	163	139	1,17
Jura	51	583	724	147	4,93
Bundesgebiet insgesamt	6413	17 954	19 784	5408	3,66

Quelle: Statistisches Jahrbuch für die Bundesrepublik Deutschland (1952) 126, Bayerisches Staatsministerium für Ernährung, Landwirtschaft und Forsten (1984) Teil 1–78 und Bayerische Landesanstalt für Bodenkultur und Planzenbau: Hopfenforschung und Hopfenberatung

Tab. 5: Daten zum bayerischen Hopfenanbau 1950–1983
Indices de la culture du houblon en Bavière 1950–1983

16 Für die folgenden Ausführungen vgl. man insbesondere K. Ruppert (1958 und 1960).

Die jetzige Konzentration beruht zunächst auf dem Hopfenherkunftsgesetz aus dem Jahre 1929, das auf dem Höhepunkt einer seit langem schwelenden Absatzkrise und zur Qualitätsförderung verabschiedet wurde. Die Bestimmungen bewirkten eine Abgrenzung der Anbaugebiete mit Herkunftsbezeichnung als qualitative Kennzeich-

(freigegeben von der Regierung von Mittelfranken – Luftamt Nordbayern Nr. P 2526/146)

Abb. 5: Flurbereinigung Elsendorf (Landkreis Kelheim)
Remembrement dans la commune d'Elsendorf (Landkreis Kelheim)

Die 1974 angeordnete Flurbereinigung Ratzenhofen umfaßt mit ihren sieben Verfahren eine Fläche von 7056 ha. Sie liegt im Dreieck der Orte Geisenfeld–Mainburg–Siegenburg und gehört damit zum Landschaftsraum Hallertau, dem größten europäischen Hopfenanbaugebiet. 1070 verschiedene Hopfenanlagen mußten bewertet, 418 mit einer Fläche von 240 ha umgestellt werden. Das waren 26% der Hopfenfläche und 39% der Anlagen. Heute stehen große, günstig geformte Grundstücke zur Verfügung. Die 3537 Einlageparzellen der beteiligten 370 landwirtschaftlichen Betriebe schrumpften auf 1460 Abfindungsgrundstücke zusammen. Anstelle von zehn Grundstücken haben die Betriebe nunmehr durchschnittlich vier zu bewirtschaften. Die mittlere Fläche eines Hopfengartens vergrößerte sich von 0,9 auf 1,5 ha, die Hopfenfläche pro Betrieb von 2,9 auf 3,7 ha. Angelegt wurden auch neue Wasserrückhaltebecken sowie Schlammfänge als Schutz gegen Überflutung und dauerhafte Erosionsschäden (Huller 1984: 11 ff.).

nung. Trotz mancher gesetzlicher Weiterentwicklung in der Folgezeit kann Hopfen bis heute von außerhalb eines jeweils definierten Anbaugebietes nicht als *Siegel-* (= Qualitäts-) *Hopfen* auf dem Markt angeboten werden.

Gegenwärtig ist in den traditionellen bayerischen Zentren Spalt und Hersbruck der Anbau rückläufig (Tab. 5). Maßgeblich dafür waren und sind einerseits die Nähe des Ballungsraumes Nürnberg-Fürth-Erlangen, der immer mehr Arbeitskräfte in den kleinen Zentren und im ländlichen Raum der Umgebung insgesamt absaugte, andererseits die in der Hallertau für die Agrarwirtschaft günstigeren Betriebsgrößenstrukturen. Rationalisierung und Mechanisierung gestalten den Hopfenbau jetzt äußerst kapitalintensiv. So kostet eine derzeit übliche Gerüstanlage mit einer Lebensdauer von ca. 20 Jahren etwa 30 000 DM/ha (Gmelch und Rossbauer 1984: 37). Bei einer drei- bis viermal höheren Betriebsgröße und Hopfenanbaufläche (Tab. 5) sind derartige Investitionen in der Hallertau natürlich leichter zu verkraften. Auch die Hopfenernte erfordert heute eine kostspielige und technisch komplizierte Technik. Eine Pflückmaschine kostet z. Zt. 70 000 DM, ein Förderband 20 000 DM, ein Darr- und Lagergebäude mit Einrichtung nochmals 100—150 000 DM. Vor allem Betriebe, die sich wegen ihrer Flächenausstattung auf die Sonderkultur Hopfen spezialisieren können, vermögen diesem Kostendruck standzuhalten.

So erstaunt es nicht, daß sich die technischen Innovationen der vergangenen Jahrzehnte vorrangig und stets zuerst in der Hallertau durchsetzten. Pflückmaschinen waren hier bereits im Jahre 1959 im Einsatz (Pfaller 1981: 222 f.), und zu Beginn der sechziger Jahre erfolgte die Pflücke schon weitgehend maschinell. In Spalt wurde diese Mechanisierung auf den verbliebenen Betrieben erst Mitte der sechziger Jahre, im Hersbrucker Gebirge erst um 1970 erreicht. In etwa 20—30 Jahren könnte, wie Riesinger (1980: 182) annimmt, der Hopfenbau im Raum Hersbruck trotzdem ganz verschwunden sein, weil die Betriebe dem Konkurrenzdruck der wesentlich kostengünstiger wirtschaftenden Hallertau wohl nicht standhalten dürften. Diese selbst hatte 1980 an der Hopfenfläche der Bundesrepublik einen Anteil von 84,8 %, 1983 sogar von 85,2 % erzielt. Hingegen verdeutlicht der mit 74,5 % viel niedrigere Anteil unter den Betrieben mit Hopfengärten abermals die günstigen agrarstrukturellen Voraussetzungen im führenden bayerischen, süddeutschen, deutschen und europäischen Anbaugebiet (Tab. 5). In der Europäischen Gemeinschaft hat sich der Flächenanteil der Hallertau inzwischen (1982) auf nicht weniger als 61,7 % gesteigert, der des bayerischen Hopfens insgesamt auf 68,0 % (Thanner 1984: 191).

Der Strukturwandel im Gartenbau (vgl. El Fatatry 1983a) war im Zeitraum zwischen den beiden Zählungen 1972/73 und 1981 gekennzeichnet durch einen starken Rückgang der Betriebe, eine etwas schwächere Abnahme der gärtnerischen Nutzfläche und eine Ausweitung der Gewächshausflächen. In den Einzelbereichen des Gartenbaus (Obst, Gemüse, Zierpflanzen, Baumschulen) vollzog sich dieser Anpassungsprozeß an veränderte wirtschaftliche und gesellschaftliche Rahmenbedingungen aber recht unterschiedlich. Von jetzt noch 11 400 Betrieben mit zum Verkauf bestimmten Gartengewächsen entfallen rund 6100 auf die Betriebsart Gartenbaubetriebe, bei der definitionsgemäß mehr als 75 % der Betriebseinnahmen aus dem Bereich Gartenbau stammen. Bei den übrigen Betrieben handelt es sich um landwirtschaftliche Betriebe mit Gartenbau, bei denen die Betriebseinnahmen aus Landwirtschaft die aus Gartenbau übertreffen. Gegenüber 1972/73 hat die Zahl der Gartenbaubetriebe leicht (5,5 %), die der Betriebsart *landwirtschaftliche Betriebe mit Gartenbau* hingegen stark (39,1 %) abgenommen. Wie bei vielen anderen Kulturarten erhöhte sich also die bewirtschaftete Fläche/Betrieb, und es stieg auch der Spezialisierungsgrad. Die Zahl der Betriebe, die sich auf keine Sparte konzentriert haben, ging im vergangenen Jahrzehnt um mehr als ein Drittel zurück (Winkler 1983).

Um rund 40 % gesunken ist sogar die Zahl der Betriebe, die Obst zum Verkauf anbauen. Bei mehr als drei Vierteln der Obstfläche (4811 ha) handelte es sich 1982 um Baumobst; der Rest war mit Beerenobst bepflanzt, und zwar insbesondere mit Erdbeeren (1039 ha). Nur letztere expandierten (um 351 ha), während anderes Strauchbeerenobst und vor allem älteres Baumobst wegen der hohen Qualitätsanforderungen, die heute an Marktobst gestellt werden, aus der Produktion genommen, z. T. auch gerodet wurden. Die Ursache für diese Entwicklung des heimischen Obstbaus ist vor allem in der Süderweiterung der Europäischen Gemeinschaft zu suchen.

Die größten Flächen im Verkaufsanbau von Obst liegen (Abb. 4) in den Anbauzentren Forchheim (Kreisfreie Stadt und Landkreis) mit 1005 ha sowie im Raum Lindau (769 ha) am klimatisch bevorzugten Bodensee. Andere auf Abb. 4 wegen Unterschreitung des Schwellenwertes nicht angezeigte Schwerpunkte befinden sich bei Kitzingen, Würzburg, Rosenheim und Miltenberg.

Der Gemüsebau stellt unter den Betrieben mit Gartenbau den wichtigsten Zweig dar. 6220 Betriebe, das sind mehr als die Hälfte der zuletzt insgesamt ermittelten, erzeugten Gemüse. Sie bewirtschafteten 6479 ha, also fast 47 % der Fläche mit Gartengewächsen. Schwerpunkte des Gemüsebaus sind Dingolfing-Landau (812 ha), Kitzingen (610 ha), München (590 ha), Straubing-Bogen (505 ha), Nürnberger Land (450 ha) und Bamberg (306 ha). Letzteres ist (Borcherdt 1960: 355) in Bayern vermutlich der Raum mit der frühesten Spezialisierung in diese Richtung, während im Gebiet von Nürnberg das sogenannte *Knoblauchsland* besonders gut untersucht wurde, und zwar zu den verschiedensten Zeitpunkten. In der jüngsten Vergangenheit haben sich ihm von geographischer Seite vor allem Ermann (1974) und Heller (1980) zugewandt. Das *Knoblauchsland* ist erstmalig im Jahre 1442 erwähnt, und so alt ist also in ihm auch die Gemüseproduktion. Wegen der Verderblichkeit der Ware mußte sie für den großen Nürnberger Absatzmarkt[17] in unmittelbarer Nähe zur Stadt erfolgen, die zudem unentbehrlicher Dunglieferant war. Heute stehen nun zwar schnelle Verkehrssysteme, Mineraldüngung und Kühltechniken zur Verfügung, die ohne weiteres auf den innersten (Intensivkulturen-)Ring des von vonThünen entwickelten Landnutzungsmodells verzichten lassen könnten, aber das stadtnahe Sonderkulturenareal überlebte. Wie bei den Bamberger Gärtnern und den Gemüsebaudörfern bei Schweinfurt ist dies im Sinne der sozialgeographischen Nomenklatur als *Persistenz-* bzw. *Konsistenzerscheinung* zu verstehen.[18] Entscheidende Voraussetzung für das in jüngerer Zeit fast unangetastete Fortbestehen vor den Toren der mittelfränkischen Großstädte waren dabei agrarstrukturelle und raumordnerische Maßnahmen. So wurden einerseits zwischen 1958 und 1964 Flurbereinigungsmaßnahmen durchgeführt und Beregnungsanlagen installiert. Zum anderen haben die Flächennutzungspläne von Nürnberg und Fürth, die sich seit der Gebietsreform das *Knoblauchsland* mit seinen 19 Ortschaften teilen[19], aufkeimender Bodenspekulation von vornherein die Wurzel entzogen. Beide Kommunen haben sich bislang an die planeri-

---

[17] Gegen Ende des Mittelalters gehörte Nürnberg – nach Köln – zusammen mit Straßburg und Augsburg zu den größten Städten des südlichen Mitteleuropa. Es hatte rund 20 000 E. (vgl. Ammann, H. 1969: 409)

[18] vgl. Maier, J. u. a. 1977: 79.

[19] vgl. die Landnutzungskartierung der Gemarkung Kraftshof (1957) (in Otremba, E.: Atlas der deutschen Agrarlandschaft – Blatt V/8b. Wiesbaden 1961–1971).

sche Vorgabe gehalten, das Flurbereinigungs- und Beregnungsgebiet unangetastet für die landwirtschaftliche Nutzung zu erhalten. Hingegen vollzog sich im ehemaligen Gärtnerviertel von Würzburg eine Bebauung durch Häuserblocks schon nach 1960, da die Betriebsinhaber meist auf Pachtland wirtschafteten und ihre Gegenwehr deshalb vergeblich bleiben mußte.

Kleinere bekannte Gemüsebaugebiete, die sich auf Spargel spezialisiert haben, liegen bei Kitzingen[20] sowie am Nordrand des Tertiärhügellandes bei Abensberg (Landkreis Kelheim) und östlich von Schrobenhausen (Landkreis Neuburg-Schrobenhausen und Pfaffenhofen a. d. Ilm). Während bei Abensberg ca. 150 Spargelbauern eine Ertragsfläche von etwa 50 ha bewirtschaften[21], handelt es sich im Gebiet von Schrobenhausen um rund 150 ha (Baier und Omasreiter 1975).

In der Rinderhaltung hat sich der Milchkuhbestand in der Zeit von 1950 bis 1982 zwischen 1,7 und 2,0 Mill. Stück bewegt (Tab. 6) und dabei eine durchweg steigende Tendenz aufgewiesen. Dagegen hat die Zahl der milchkuhhaltenden Betriebe stark abgenommen. Von rund 373 000 im Jahre 1959 ist ihre Zahl ständig zurückgegangen und lag 1982 bei 164 000 (−56 %). Die fortschreitende Konzentration in der Milchkuhhaltung kommt auch in der Zahl der im Durchschnitt je Halter vorhandenen Milchkühe zum Ausdruck; von knapp 5 Kühen je Halter im Jahre 1959 stieg sie bis 1982 auf 12 an.

Einen ständigen Anstieg verzeichnen wir auch für die Rinder insgesamt, einen Rückgang von Jahr zu Jahr wiederum bei den Haltern (Tab. 6). Hiervon sind in erster Linie

Bestand	*Anzahl* (1000) 1950	1960	1970	1982
Milchkühe	1707	1840	1927	1993
Rinder insgesamt	3461	3862	4323	4967
Rindviehhalter insgesamt	424	371	278	182
Schweine	2476	3305	4161	3983
Schweinehalter	477	395	273	147
Pferde	338	138	36	57
Schafe	391	231	164	287

Quelle: Bayerisches Landesamt für Statistik und Datenverarbeitung (1983) 60ff. und Bayerisches Staatsministerium für Ernährung, Landwirtschaft und Forsten (1984) Teil 2–59

Tab. 6: Viehbestände und Viehhalter in Bayern 1950–1982
Cheptels et éleveurs en Bavière 1950–1982

Klein- und Kleinstbetriebe betroffen, so daß sich das Anteilsverhältnis des Milchkuh- und Rinderbestandes deutlich zugunsten der mittel- und großbäuerlichen Bestände verschoben hat. Die Ursache für diese Entwicklung liegt im wesentlichen in der Arbeitskräftesituation begründet, denn diese führte dazu, daß kleinere Betriebe wegen zu hoher Kosten gezwungen wurden, entweder die Milchwirtschaft ganz aufzugeben oder aufzustocken (El Fatatry 1983 b).

Allerdings blieb in Bayern die gegenüber dem Bundesgebiet insgesamt traditionell vorherrschende kleinstrukturiertere Betriebsform der Rindvieh- und Milchkuhhaltung erhalten. So kamen (gegenüber 18,3 % im Jahre 1973) nur 27,2 % der Rinder auf Bestände von 100 u. m., während der Trend zur Konzentration im Bundesgebiet (gegenüber 20,2 % im Jahre 1973) bereits zu einem Anteil von 30,8 % in solchen Großbestän-

[20] Bayerische Landesanstalt für Betriebswirtschaft und Agrarstruktur: Agrarleitplan für den Regierungsbezirk Unterfranken (Entwurf). München 1983: 38.
[21] Auskunft des Amtes für Landwirtschaft und Bodenkultur in Abensberg.

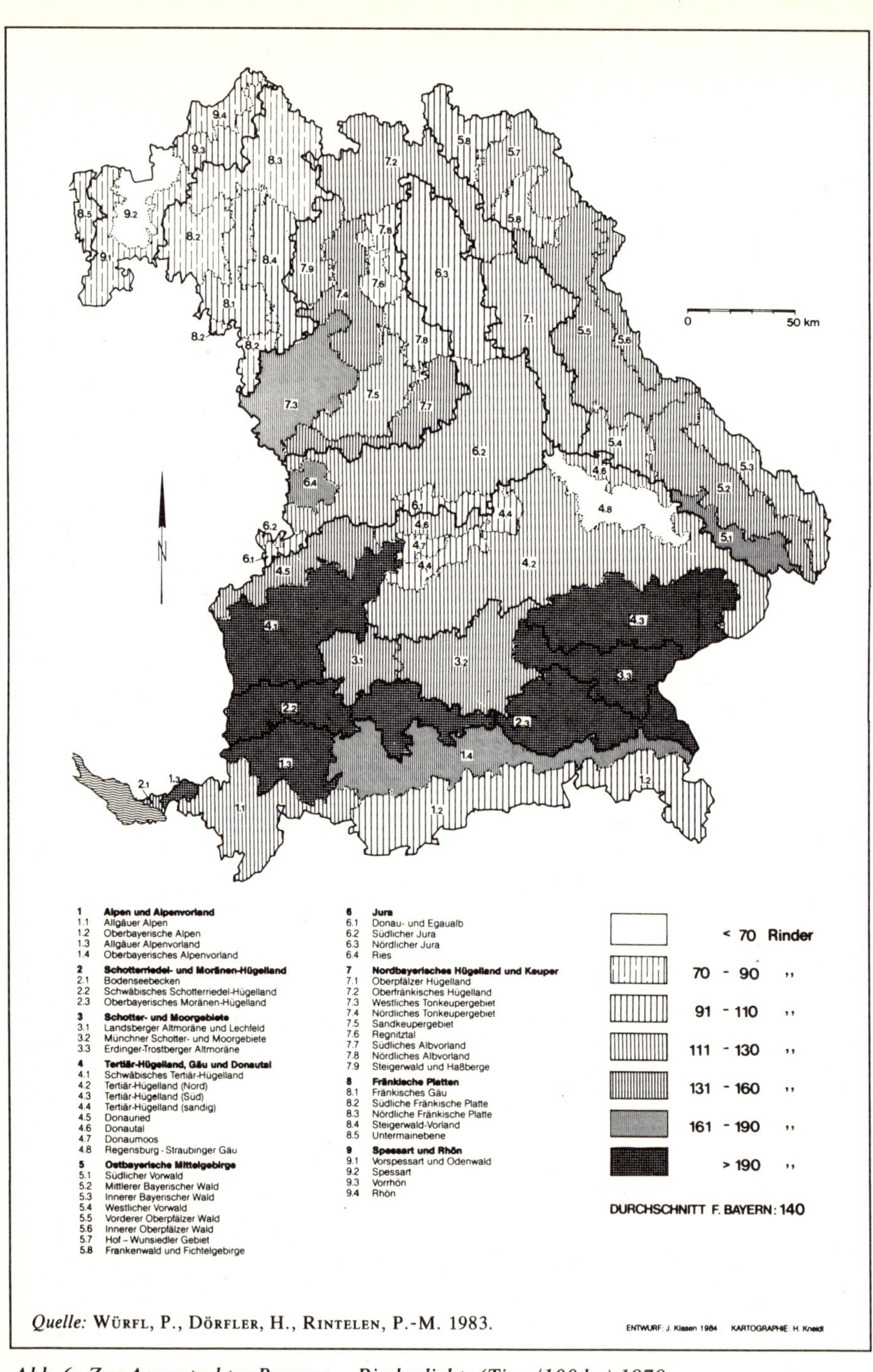

Quelle: WÜRFL, P., DÖRFLER, H., RINTELEN, P.-M. 1983.

Abb. 6: Zur Agrarstruktur Bayerns — Rinderdichte (Tiere/100 ha) 1979
La structure agraire en Bavière — Nombre des bovins par 100 ha, 1979

den geführt hat. Die gleiche Ausnutzung von Degressionsvorteilen bezüglich der fixen Kapitalkosten zeigt sich auf beiden räumlichen Ebenen bei den Milchkühen, doch auch hier ist der Anpassungsprozeß in Bayern weniger weit vorangeschritten.

Die höchste flächenbezogene Intensität der Rinderhaltung (mit über 190/100 ha LF – vgl. Abb. 6) haben ausgedehnte Teile des Voralpenlandes; die geringsten Ziffern finden sich – trotz völlig unterschiedlicher physischer Ausgangsbedingungen – im Dungau und im Spessart (Abb. 6). Die Verteilung des Grünlandanteils in Bayern ist also zwar großflächig genau umgekehrt proportional zur physischen Gunst und damit zur Höhe der Bodenklimazahlen, doch ergeben sich Abweichungen in Abhängigkeit von agrarsozialen Merkmalen, von Betriebsgrößen und Betriebsstrukturen (s. u.).

Regional entwickelte sich die Milchkuhhaltung sehr unterschiedlich. Während die Bestände auf den traditionellen Standorten im grünlandreichen Voralpengebiet nur geringfügig zunahmen, sind starke Bestandsaufstockungen in der Oberpfalz, dem grenznahen Bereich Oberfrankens und dem südwestlichen Mittelfranken hervorzuheben. Umgekehrt gingen die Milchkuhbestände in Unterfranken und in den Ackerbaugebieten Nieder- und Oberbayerns weiter zurück.[22] Die Ursachen sind unterschiedlich. In Unterfranken wird eine intensive milchwirtschaftliche Ausrichtung der Rinderhaltung nicht nur agrarsozial, sondern auch durch einen hohen Anteil von Mittelgebirgslagen mit Trockenböden (z. B. auf Buntsandstein) behindert. In den Gunstzonen Niederbayerns betonen die Betriebe zunehmend die Schweinehaltung.

Betrachtet man nochmals die Wertschöpfung (Tab. 3), die von wichtigen tierischen und pflanzlichen Produkten in den vergangenen Jahren zur landwirtschaftlichen Erzeugung insgesamt beigetragen worden ist, so zeigt sich die überragende Stellung der Milch. Die durchschnittliche Milchleistung je Kuh steigerte sich von 3118 kg im Jahre 1960 auf 4376 kg im Jahre 1982, und die gesamte Milcherzeugung wuchs um über 54 % auf 8,6 Mill. t. In Bayern liegt auch, mit einem Mengenanteil von über einem Drittel, der bundesrepublikanische Schwerpunkt der Produktion, gefolgt von Niedersachsen, Nordrhein-Westfalen, Baden-Württemberg und Schleswig-Holstein.

Die Zahl der bayerischen Molkereien sinkt laufend; zwischen 1970 und 1982 verminderte sie sich von 427 auf 218 (Ziegenhain 1984: 251), also fast auf die Hälfte. Besonders stark war der Konzentrationsprozeß in Schwaben. 1983 hat sich die Zahl der Betriebsstätten mit Milchbe- und -verarbeitung abermals um zwei weitere auf 216 vermindert. Indes ist die mittlere Dichte (= Zahl der Betriebe/1000 km^2 Landesfläche) im Freistaat wesentlich höher als im Bundesgebiet (Eckart 1983: 242 und sein Beitrag *Veränderungen in der Milch- und Molkereiwirtschaft*... in diesem Band). Neben dem spezifischen Naturraumpotential des Südens mit hohem Anteil absoluten Dauergrünlandes ist zur Erklärung vielleicht auch das psychologische Moment einer hohen Traditionsgebundenheit der bayerischen – insbesondere ländlichen – Bevölkerung heranzuziehen (vgl. Borcherdt 1960: 277).

Obwohl der deutsche Hochgebirgsanteil mit Allgäuer und Oberbayerischen Alpen keineswegs, wie Abb. 6 verrät, in Tierhaltung und Veredlung eine absolut oder relativ herausragende Position besitzt, wollen wir uns diesen Erzeugungsgebieten (1.1 bzw. 1.2 auf der Abb. 6) etwas näher zuwenden, nimmt doch die hier praktizierte Alp- bzw. Almwirtschaft in der bundesdeutschen Landwirtschaft eine Sonderstellung ein.

Almen sind bekanntlich Weidebetriebe, die in der Regel oberhalb der ganzjährigen Siedlungen und oberhalb der Waldgrenze liegen, und auf denen Tiere während der ganzen Weidezeit verbleiben. Sie gehören zu einem tief gelegenen Heimgut, bei dem das Vieh im Winter aufgestallt ist.

---

[22] vgl. Anm. 13 – 1983: Nr. 23 und Anm. 7 – 1984: 88.

Nach einer amtlichen Veröffentlichung des Jahres 1969 zählte man in Bayern 1236 Almen, die auf 113 840 ha das Sommerfutter für rund 50 000 Rinder lieferten. Von der gesamten Fläche entfielen dabei nur 33 % auf Grünland, hingegen 47 % auf Waldweiderechtsflächen; der Rest bestand aus Öd- und Unland, Wegen usw.[23] Drei Jahre später legten die gleichen beiden Ministerien nochmals eine Bestandserhebung vor, und sie listeten nunmehr 1240 Almen mit einer Gesamtfläche von 125 502 ha auf.[24] Auf das Allgäu kamen dabei 38 518 ha, auf Oberbayern 86 984 ha, wovon 58 659 ha Waldweidegebiete waren. Letztere hatten und haben also dort noch erhebliche Bedeutung, während sie im Allgäu völlig fehlen.

Der Vergleich der Zahlen für die Jahre 1969 und 1972 mag zunächst überraschen, entspricht er doch nicht einer weit verbreiteten Meinung und Prognose vom *Sterben* der Hochweiden. Auch 1976 war davon keine Rede.[25] Nunmehr zählte man in Oberbayern 611, im Allgäu 647, zusammen 1258 Almen. Die geäußerten Befürchtungen haben sich in den vergangenen zwei Jahrzehnten demnach nicht bewahrheitet, nicht zuletzt aufgrund der recht wirksamen EG-Bergbauernförderung, die im Bayern im Herbst 1974 anlief.[26] Obwohl man sich hüten sollte, den Einfluß staatlicher Maßnahmen als allein entscheidend zu betrachten (vgl. Ruppert 1982: 180), so steht doch fest, daß sie sehr wirksam waren und in der Tat wesentliche Anreize für die Erhaltung der Alpen und sogar in bezug auf das Ersuchen nach Neuanerkennung von Flächen gegeben haben. Zeller (o. J.: 85 ff.) schildert die frühen Beihilfen aus ERP-Mitteln, Alpungsprämien, Transportbeihilfen, Milchstützungen, Sonderbeihilfen usw. am Beispiel des Allgäus im einzelnen. So wird heute von ca 1350 Almen/Alpen auszugehen sein.[27] Stark verändert hat sich dabei die Zusammensetzung des Viehstapels. In Oberbayern (Raum 1.2) wurde dies von Silbernagl (1980) beschrieben, der für 1950 6746 Kühe und 15 149 Stück Jungvieh konstatierte, bis zum Zeitpunkt der Veröffentlichung (1980) aber eine Verringerung der Kuhbestände um 68 % und eine Erhöhung beim Jungvieh um 23 %. Insgesamt war so ein nur leichter Rückgang um 8 % zu beobachten.

In manchem ähnlich verlief der Prozeß im Allgäu. Auch hier hat sich nach einer kürzlichen Veröffentlichung (Ruppert 1984) im Zeitraum 1952–1982 bei den Kühen eine starke Reduzierung ergeben, die jedoch – und dies im Unterschied zu Oberbayern – von einer noch stärkeren Zunahme beim Galtvieh begleitet war. Für das Allgäu können also erstaunlicherweise im Gesamtauftrieb steigende Ziffern beobachtet werden.

47 % der oberbayerischen Almen werden heute, dem Zwang der Zeit folgend, ohne Personal bewirtschaftet. Kühe bestoßen aus personellen Gründen mehr und mehr nur noch die verkehrsmäßig am besten erschlossenen Almen. Sennereibetriebe sind im Gebirge über 1000 m Höhe selten geworden; Butter- und Käseerzeugung wanderten in die Talbetriebe und von dort nordwärts, an die größeren Verkehrswege und in Stadtnähe (Jahn 1978 und 1979). Für das arbeitsextensive Galtvieh aber wird der Vorteil der Almwirtschaft nicht nur wegen der finanziellen Anreize nach wie vor gesehen: es erfolgen eine natürliche Abhärtung und eine natürliche Auslese. Geälptes Jungvieh bleibt gesünder, widerstandsfähig und ist damit für die Verwendung zur Zucht besonders geeignet. Etwa 70 % der Almbauern sind an Zuchtverbände angeschlossen und betreiben Aufzucht (Hillebrand 1974: 53). Zur vollen Nutzung der Hochweiden wird dabei heute

---

[23] Bayerisches Staatsministerium des Innern/Bayerisches Staatsministerium für Ernährung, Landwirtschaft und Forsten: Schutz dem Bergland – Alpenplan. München 1969: 14 f.

[24] Bayerisches Staatsministerium des Innern/Bayerisches Staatsministerium für Ernährung, Landwirtschaft und Forsten: Schutz dem Bergland – Almen/Alpen in Bayern – Band 1. München 1972: 23 ff.

[25] Alpeninstitut für Umweltforschung und Entwicklungsplanung in der Gesellschaft für Landeskultur GmbH (Hrsg.): Strukturdaten der Alm-/Alpwirtschaft in Bayern. München 1978: 27.

[26] ebd. – 1978: 13.

[27] vgl. Anm. 7 – 1984: 81.

von den Berechtigten mehr als früher Fremdvieh (Pensionsvieh) angenommen (Bock 1979). In Oberbayern beträgt sein Anteil am Gesamtauftrieb ca. 30 % (Silbernagl 1980: 598).

So ist die Almwirtschaft für viele Talbetriebe ein wichtiger Betriebszweig. In einer Modellstudie, die 1974 für das Rotwandgebiet publiziert worden ist, ergab sich im Durchschnitt der elf untersuchten Betriebe beim Futterbedarf ein Abhängigkeitsgrad von 26 %[28], eine Angabe, die beim jüngsten *Agrarbericht* der Staatsregierung (1984) noch nach oben korrigiert wurde.[29]

Neben der hohen ökologischen Belastung, die den Almen durch größere Schafherden droht (s. u.), ist hier vor allem das Problem der Waldweiden in genereller Hinsicht anzusprechen. Waldweiderechte lasten, wie angedeutet, aus historischen Gründen auf den Wäldern sehr vieler Almen in Oberbayern (Hillebrand 1974: 55). Sie haben dort zu einer Auflichtung und Verdünnung sowie zu einer Überalterung und Vergreisung großer Bestände geführt (Plochmann 1970: 55). Weidevieh schädigt den Wald durch Verbiß der Jungpflanzen, insbesondere der Laubhölzer und der Tanne, und es drohen Lawineneinbruch und Blaikenbildung mit Erosionsfolgeschäden. Wenn auch gesagt werden muß, daß daran überhöhte Rot- und Gamswildbestände ebenfalls und z. T. sogar vorrangig ursächlich beteiligt sein können, so ist doch die Ablösung der alten Weiderechte im Wald überall da, wo dies noch nicht geschehen ist, Hauptaufgabe und wichtiges Ziel der Agrarbehörden. Es handelt sich um eine spezielle Flurbereinigung (Hoffmann 1974), die die Funktionen zu trennen hat (Karl 1979). Almwirtschaft ist heute mehr als früher auch Landespflege, und sie muß es sein. Schöne Erfolge im Zurückdrängen der Waldweide konnten inzwischen erzielt werden (Ruppert 1982: 182). Daß die Auftriebsziffern dennoch eine so bemerkenswerte Stabilität erkennen lassen, zeigt eine Intensivierung der Haltung (durch Galtvieh!) auf den Lichtweideflächen an. Für die Beurteilung von deren maximaler Leistungsfähigkeit steht schon seit längerem eine objektive Maßzahl zur Verfügung, so daß eine genaue Anpassung an die größte ökologisch adäquate Kapazität möglich ist.[30]

Der Bestands- und Halterentwicklung bei Rindern und Milchkühen sehr ähnliche Tendenzen zeigen sich bei den Schweinen. Die Zahl der Schweinehalter hat seit 1950 ständig abgenommen. Demgegenüber hat sich der Schweinebestand von 1950 bis 1970 fast verdoppelt (Tab. 6) und bewegt sich seither zwischen 3,8 und 4,4 Mill. Tieren. Die Konzentration der Haltung zeigt sich in zunehmenden Bestandsgrößen: 1950 wurden im Durchschnitt rund 5 Schweine je Halter ermittelt, 1982 waren es über 27 Stück.[31] Weiter rückläufig ist die Haltung in Kleinbeständen. Erhöht haben sich zuletzt nur die Haltungen mit über 200 Tieren; in diesen Größenklassen wird nun schon ein Drittel aller Schweine gehalten.

Die Schweinehaltung gilt als flächenloser bzw. flächenarmer Produktionszweig. Regionale Schwerpunkte sind daher weithin unabhängig von den naturräumlichen Standortvoraussetzungen. Die Gebiete mit der höchsten Konzentration/100 ha LF finden sich im Bundesgebiet in einem Raum, der durch die Regierungsbezirke Detmold, Münster, Osnabrück und Oldenburg eingegrenzt wird (vgl. Doll 1984: 30), also in günstiger Entfernung zu Verbraucherzentren und zu Importhäfen für Futtermittel. Die Standortkonzentration im Bundesgebiet ist viel stärker als in der Rinderhaltung. Dies gilt auch — auf deutlich niedrigerem absoluten Niveau — für Bayern. Eine intensive Haltung wird

[28] Alpeninstitut für Umweltforschung und Entwicklungsplanung in der Gesellschaft für Landeskultur GmbH (Hrsg.): Almsanierung Rotwand-Modellstudie. München 1974 (*Schriftenreihe 1*) 10.

[29] vgl. Anm. 7 — 1984: 81.

[30] Normkuhgras (NKG) als Futterbedarf eines ausgewachsenen Rindes in 100 Weidetagen. Jungrinder und andere Tierarten werden nach einem bestimmten Schlüssel umgerechnet.

[31] vgl. Anm. 7 — 1984: 92 und Anm. 13 — 1983: Nr. 24.

hier nur in den Gäugebieten, im nördlichen Tertiär-Hügelland und auf den Fränkischen Platten betrieben, d. h. in Gebieten mit starkem Getreidebau, der seinerseits zusammen mit den Hackfrüchten in den besseren Ackerlagen angesiedelt ist.[32] Mit 284 Schweinen/ 100 ha LF hatten 1983 die Nebenerwerbsbetriebe im Gäugebiet die höchste flächenbe-

(freigegeben von der Regierung von Mittelfranken — Luftamt Nordbayern Nr. P 2526/171)

Abb. 7: Flurbereinigung Poikam, Lohstadt und Oberndorf (Landkreis Kelheim)
Remembrement dans les communes de Poikam, Lohstadt et Oberndorf (Landkreis Kehlheim)

Zweimal wurde bei Bad Abbach (Niederbayern) die fruchtbare Flur der Donauschleife durchschnitten. 23 ha gingen 1873 beim Bau der Eisenbahnlinie Regensburg—Ingolstadt verloren,

[32] s. a. H. Simmelbauer 1976: 477.

48 ha im Jahre 1973 beim Bau des Main-Donau-Kanals. Von den 79 ha der so abgegrenzten Insel wurden in einem Flurbereinigungsverfahren, an dem 246 Grundstückseigentümer beteiligt waren, unmittelbar gegenüber dem Kurgelände 16 ha als Freizeit- und Erholungsgelände ausgewiesen. Sein Ausbau hat begonnen.

zogene Intensität, noch vor den Haupterwerbsbetrieben des Tertiären Hügellandes Nord (Einheit 4.2 auf Abb. 6).[33] Nebenerwerbler mit geringer Flächenausstattung sind an der Haltung auch sonst sehr stark beteiligt. Von ihnen wird in den Gunsträumen sehr gern eine Kombination der Betriebszweige Schweineproduktion und Ackerbau mit regelmäßig anfallenden Einnahmen gesucht (Schmidt 1983: 797). So ist die Konzentration auf flächenlose Spezialbetriebe viel geringer als im Bundesdurchschnitt oder gar als im Weser-Ems-Gebiet.

In der Pferdehaltung erfolgte in den vergangenen Jahrzehnten ein starker Wandel. Das Pferd wird heute ganz überwiegend beim Sport und zur Freizeitgestaltung, nur noch in höchst bescheidenem Umfang als Zugtier eingesetzt. Nachdem im Jahre 1950 noch 338 000, im Jahre 1960 immerhin noch knapp 138 000 Tiere vorhanden waren, wurde 1970 mit 35 500 Pferden der geringste Bestand ermittelt. Seitdem ist eine zwar bescheidene, aber konstante Aufwärtsentwicklung festzustellen, und zwar auf einen Bestand von nunmehr 57 000 Tieren. Verursacht ist sie ausschließlich durch die gestiegenen Freizeitansprüche. Derzeit bestehen 550 Reitvereine mit 66 000 Mitgliedern. Von den etwa 18 000 Pferdehaltern besitzt die Hälfte jeweils nur ein Tier; ein Drittel verfügt über einen Bestand von zwei bzw. drei Tieren.[34]

Auch die bayerische Schafhaltung erfuhr, wie überall, in den letzten 30 Jahren einen erheblichen Rückgang. So lag die Zahl der Tiere im Freistaat 1950 bei 391 000, 1965 (als Minimalwert) nur noch bei 141 000. Aber wie bei den Pferden ist seit jüngerer Zeit eine Zunahme zu verzeichnen. Wesentliche Impulse für diese positiven Bestandsveränderungen gingen von den veränderten Marktverhältnissen für Schaffleisch aus. Die Klein- und Koppelschafhaltung überwiegt; teilweise werden Schafe aus Liebhabergründen gehalten (vgl. El Fatatry 1984: 144).

Die durchschnittliche Anzahl Schafe je Betrieb hat sich seit 1970 nicht wesentlich verändert, da der Zunahme der Kleinhaltungen Aufstockungen innerhalb der größeren Herden gegenüberstanden.[35] Diese Herdenschafhaltung wird noch immer überwiegend als Wanderschafhaltung betrieben und leistet einen wichtigen Beitrag zur Erhaltung und Pflege der Landschaft, vor allem im Jura, dessen Wacholderheiden durch Schafbeweidung entstanden und nur durch sie zu erhalten sind. In den Alpen übernahmen neben Jungrindern auch Schafe die Nutzung weniger erschlossener, verkehrsmäßig ungünstig gelegener Almen (Rutzmoser u. a. 1978). Die Haltung ist jedoch, was bereits erwähnt wurde, ökologisch nicht unproblematisch, da Schafe an Steillagen irreversible Schäden anrichten können. Sie lassen eng gebündelte Gangeln entstehen, die der Frostdynamik unterliegen. Sie reißen beim Weiden Graswurzeln mit heraus, verbeißen Grünerlen und Latschenkrummholz und vernichten jeden Ansatz neuen Gehölzwuchses, der an den Oberhängen als Schutz sehr erwünscht und oft zur Erhaltung der Almen unbedingt notwendig ist.

Eine Sonderkultur der Landwirtschaft ist die Teichwirtschaft. Sie hat in Bayern ihre größte Bedeutung in der Oberpfalz, gefolgt von Mittelfranken. In beiden Landesteilen reicht sie weit zurück; erst jüngst (Becker 1983) ist für den mittelfränkischen Aischgrund die ursprünglich in allen Fischteich-Regionen Mitteleuropas verbreitete Betriebsform der Feld-Teich-Wechselwirtschaft näher beschrieben worden.

---

[33] vgl. Anm. 7 – 1984: 26.

[34] ebd. – 1984: 97 f. und Anm. 13 – 1983: Nr. 22.

[35] ebd. – 1984: 94.

Bei der Binnenfischereierhebung 1981, der allerdings eine erhebliche Fehlerquote anhaften dürfte, wurden in Bayern 8150 Betriebe erfaßt, die auf einer Gesamtwasserfläche von 42 700 ha gewerblich Fluß- und Seenfischerei bzw. Teichwirtschaft und Fischzucht betrieben. Während sich die Teichwirtschaft im wesentlichen also auf die Regierungsbezirke Oberpfalz und Mittelfranken und auch Oberfranken konzentriert, dominiert Oberbayern infolge der großen Gewässerflächen bei der Fluß- und Seenfischerei.

(freigegeben von der Regierung Mittelfranken — Luftamt Nordbayern Nr. P 2526/206)

Abb. 8: Flurbereinigung Freihöls (Landkreis Schwandorf)
Remembrement dans la commune de Freihöls (Landkreis Schwandorf)

Das Flurbereinigungsgebiet Freihöls liegt im Tal des Fensterbaches, der nördlich von Schwandorf in die Naab mündet, also in der Oberpfalz, dem größten zusammenhängenden Teichgebiet Europas. Zu Beginn der Bereinigung waren die Weiher hier stark verlandet, die Dämme waren wasserdurchlässig und wegen ihrer geringen Breite mit landwirtschaftlichen Fahrzeugen nicht befahrbar. Im Verfahren wurden die Teichsohlen tiefer gelegt und neue, mit Landmaschinen befahrbare Dämme geschaffen. Zur Speisung mit Frischwasser erhielten die Gewässerflächen eine 800 m lange Zuleitung vom Fensterbach. Trockenfallen und gelegentliches Notfischen im Sommer gehören nun der Vergangenheit an, und die Teiche können jetzt auch einzeln abgelassen werden.

Zwischen Regensburg und dem Südrand des Fichtelgebirges befanden sich in der Oberpfalz im Hochmittelalter nach Reichle (1980) rund 12 000 Teiche mit einer Wasserfläche von 20 000 ha. 1928 gab Preinhelter (1928: 95) eine Fläche von etwa 6000 ha an, während der *Agrarleitplan*-Entwurf des Regierungsbezirks für die Gegenwart von ca. 3000 Betrieben und rund 12 000 ha Teichfläche ausgeht.[36] Die Struktur ist überwiegend kleinbäuerlich; über 30 % der Teiche sind kleiner als 1 ha. Noch stärker gilt das für Mittelfranken mit seinen ca. 8000 Teichen, einer Fläche von über 7000 ha und etwa 3400 Betrieben. Regionaler Schwerpunkt ist hier der im Tonkeupergebiet gelegene Aischgrund.

Ursächlich für den Aufschwung bei der Anlage neuer Teiche waren Selbsthilfemaßnahmen einerseits, öffentliche Förderungen andererseits.[37] So entstanden in den sechziger Jahren z. B. in der Oberpfalz fünf Teichbau-Genossenschaften, die sich dann 1971 zu einer einzigen zusammenschlossen. Die TEGO zählt jetzt 1700 Mitglieder (Bach 1982: 350).[38] Die neue Organisationsform war Voraussetzung der zwischen 1965 und 1980 verwirklichten drei großen Bauprogramme mit z. B. einem Bauvolumen von 1000 ha Teichen allein in der Periode 1965–71. Die EG verlangte nämlich für ihre Zuschüsse die Abwicklung über nur einen Bauträger.

4. Bruttowertschöpfung und Agrarexport

Bayern hat sich nach dem Zweiten Weltkrieg zu einem modernen Industriestaat entwikkelt und seit 1960 fast jährlich beim Bruttoinlandsprodukt (BIP) höhere Zuwachsraten erzielt als das Bundesgebiet insgesamt.[39] Von 1960 bis 1981 stieg das BIP im Freistaat nominal auf das 5,7fache, im Bundesgebiet dagegen nur auf das 5,1fache. Real, bei Betrachtung in konstanten Preisen, d. h. nach Ausschaltung der Preissteigerungen, ergab sich in Bayern im gleichen Zeitraum eine Steigerung um 132 %, im Bundesgebiet um 109 %. Aufgrund des im Jahresdurchschnitt stärkeren Wachstums erhöhte sich der Anteil, den Bayern zum gesamten realen BIP des Bundesgebiets beitrug, von 15,3 % im Jahre 1960 auf bereits 17,0 % im Jahre 1981.

Es erscheint interessant, den Anteil des Agrarsektors an der Bruttowertschöpfung in regionalisierter Form darzustellen (Abb. 9), da letztere die wirtschaftliche Gesamtleistung eines Jahres als Summe der Leistungen der einzelnen Wirtschaftsbereiche vermittelt.[40] Die Berechnungen stellen den Statistiker für kleine Räume freilich vor schwierige Probleme, und die Unsicherheitsspanne der Ergebnisse dürfte folglich größer sein als bei den Zahlen für Bundesländer. Wenn also auch die Bruttowertschöpfung als Maßzahl für die Messung wirtschaftlicher Leistungskraft unentbehrlich ist und als zentraler Indikator anerkannt und benutzt wird, so sind bei der Interpretation doch die angedeuteten Einschränkungen zu beachten.

---

[36] vgl. Anm. 3 – 1983: 40.

[37] Oft wurden hierbei Flächen ausgewählt, die im 19. und frühen 20. Jahrh. als Teichareale aufgegeben worden waren.

[38] Teichgenossenschaft Oberpfalz.

[39] Bayerisches Landesamt für Statistik und Datenverarbeitung: Bayerns Wirtschaft gestern und heute (Ausgabe 1982). München 1982: 12.

[40] Abzüglich der Vorleistungen, d. h. des Wertes der bei der Produktion verbrauchten Güter.

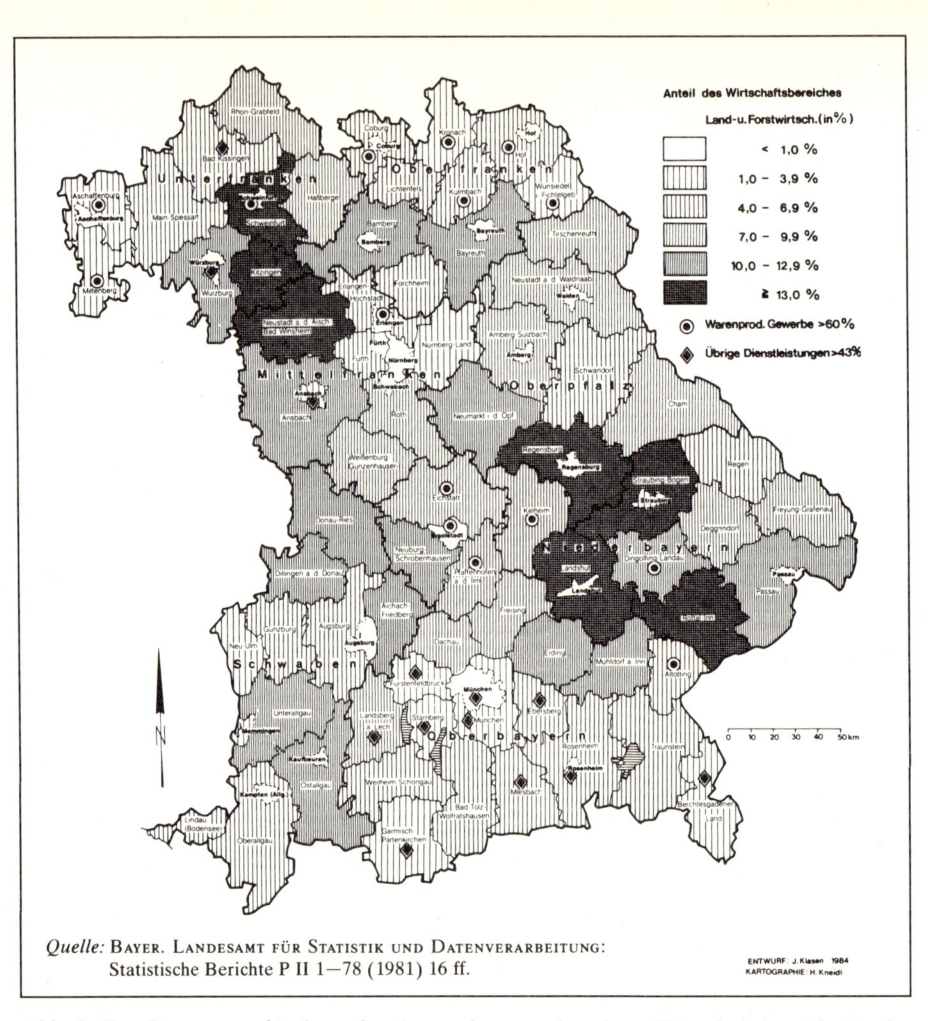

Quelle: BAYER. LANDESAMT FÜR STATISTIK UND DATENVERARBEITUNG: Statistische Berichte P II 1—78 (1981) 16 ff.

Abb. 9: Zur Bruttowertschöpfung des Agrarsektors und anderer Wirtschaftsbereiche in den kreisfreien Städten und Landkreisen Bayerns 1978
La valeur ajoutée brute du secteur agraire et d'autres secteurs économiques des villes (constituant par elles-mêmes un Kreis) *et des districts ruraux* (Landkreise) *bavarois 1978*

Obwohl die Abb. 9 naturgemäß politische (Kreis-)Grenzen als kleinstmögliches Raster zugrunde legen muß und insoweit mit den Abbildungen 1, 2, 3 usw. nicht unmittelbar vergleichbar ist, kommt doch die agrargeographische Bevorzugung der Fränkischen Platten und die des (vorwiegend niederbayerischen) Tertiärhügellandes wiederum klar zum Vorschein. Wenig erstaunlich ist der geringe Beitrag, den der Primärsektor an der Wertschöpfung in dem der Frankfurter Ballungszone sehr nahen westlichen Unterfranken, in den Ballungsräumen München und Östliches Mittelfranken sowie in Oberfranken mit seiner recht einseitigen Ausrichtung auf das *Warenproduzierende Gewerbe* (siehe Abb. 9) besitzt. Auch die relativ hohen Werte für die Land- und Forstwirtschaft in großen Teilen des strukturschwachen ostbayerischen Grenzgebirges und in Westmittelfranken entsprechen den Erwartungen. Als überraschender mögen die Ergebnisse für das südliche Oberbayern gelten: der Durchschnitt der bayerischen Landkreise für den Beitrag des primären Sektors (7,4 %) ist nirgendwo erreicht. Im Alpen- und Voralpenland haben, wie die Abbbildung beweist, die übrigen Dienstleistungsfunktionen inzwischen eine ökonomisch überragende Bedeutung. Daß sich unter dieser Subsumierung zahlreicher Bereiche vor allem der Fremdenverkehr verbirgt, ist offensichtlich.

Trotz der überdurchschnittlichen gesamtwirtschaftlichen Entwicklung, die in Bayern den Prozentsatz der im sekundären Sektor Beschäftigten schon 1970 mit 47,2 % nahe an den des Bundesgebietes herangeführt hatte (48,9 %)[41], ist der Freistaat gleichzeitig das größte und bedeutendste Agrarland der Republik geblieben, worauf schon in den Vorbemerkungen hingewiesen worden ist. Hier leben 18 % der Bevölkerung, doch beträgt der Anteil an der Bruttowertschöpfung der Landwirtschaft und der an der deutschen Agrarausfuhr jeweils ca. 25 %. Der Anteil des primären Wirtschaftsbereiches an der bayerischen Gesamtausfuhr liegt bei 9,2 % (1983) und entspricht damit im Wert beispielsweise 45 % des Exportes von Kraftfahrzeugen und 63 % dessen von elektrotechnischen Erzeugnissen. Seit 1979 übertrifft der Wert des Agrarexportes in Bayern den der Agrareinfuhr.[42]

Als der Gemeinsame Markt geschaffen wurde, befürchteten Skeptiker, daß die Landwirtschaft des Freistaats im Konkurrenzkampf wegen weithin ungünstiger Produktionsvoraussetzungen mit einem großen Anteil an von der Natur benachteiligten Gebieten und wegen der geographischen Lage am Ostrand der EG mit dem Resultat hoher Frachtkosten zu den Absatzmärkten nicht mehr werde bestehen können. In Wirklichkeit steigerte sich der Exportanteil der bayerischen Ernährungswirtschaft von 1970 mit 7,2 % auf die schon herausgestellten über 9 % im Jahre 1983.

Die Notwendigkeit, Produkte außerhalb des eigenen Gebietes abzusetzen, bestand für die bayerische Agrarwirtschaft auch schon vor dem Zweiten Weltkrieg, und bedeutende Märkte waren damals Sachsen und Thüringen (Pflaum und Adelhardt 1984: 51). Heute überragt die Stellung des italienischen, insbesondere des norditalienischen Marktes, auf den – in gewaltigem Abstand vor Frankreich mit 8,2 %–60,0 % der bayerischen Agrarausfuhr gerichtet sind (1983). Der relative Anteil der Agrarausfuhr in die EG-Länder insgesamt liegt (1983) bei 82,5 %. Unter den Drittländern stehen Österreich und die USA mit je 2,5 % an der Spitze, wobei sich im Falle der Vereinigten Staaten vor allem der Hopfenexport bemerkbar macht.

Während in der Bundesrepublik im Agrarexport annähernd Gleichgewicht zwischen tierischen und pflanzlichen Produkten herrscht, liegt das Hauptgewicht in Bayern eindeutig bei lebenden Tieren und Nahrungsmitteln tierischer Herkunft. Gegenüber Nahrungsmitteln pflanzlicher Herkunft und Genußmitteln wie Hopfen, Wein, Tabak usw. hat sich ihr Anteil allerdings 1983 gegenüber 1975 von 82,6 % auf 76,2 % abgeschwächt. Von allen Einzelströmen in zusammen 145 Exportländer stehen solche nach Italien mit großem Abstand voran. So gingen nach dort 1983 von der Milchausfuhr wertmäßig 86,7 %, bei lebendem Rindvieh 86,6 %.

5. Betriebsformen, Betriebsgrößen und Betriebstypen

Über die Struktur des *Gesamtstandarddeckungsbeitrags*, der sich aus der monetären Bewertung des Anbaus und der Tierbestände ergibt, sind für die *Landwirtschaftlichen Erzeugungsgebiete Aussagen* in Abb. 4 gemacht, so daß auf sie hier wieder zurückgegriffen sei. Um klare kartographische Aussagen zu ermöglichen, wurden dabei hinsichtlich der

[41] vgl. Anm. 39 – 1982: 30.
[42] vgl. Anm. 7 – 1984: 110.

Betriebsformen lediglich Dominanten in den Bereichen Marktfruchtbau[43], Futterbau[44] und Dauerkulturen[45] berücksichtigt sowie — in absoluten Werten — die bereits erläuterten Angaben über die wichtigsten Dauerkulturflächen gemacht.

Nur im Gäu und auf den Fränkischen Platten überwiegen die Marktfruchtbaubetriebe. In fast sämtlichen anderen Gebieten liegt der Anteil der Futterbaubetriebe über 50 %. Die Bedeutung der Dauerkulturen erreicht ihre Maxima im nördlichen Tertiär-Hügelland und in den fränkischen Muschelkalk- und Lößarealen.

Ein sehr deutlicher Wandel charakterisiert, wie nicht anders zu erwarten, aufgrund des technischen und wirtschaftlichen Fortschritts die Größenstruktur der land- und forstwirtschaftlichen Betriebe. In den Jahren von 1949 bis 1970 verminderte sich ihre Zahl um über 100 000 auf 333 000 Betriebe.[46] Bis zum Jahre 1982 war ein weiterer Rückgang auf nunmehr 257 600 Betriebe zu registrieren. Da seit 1960 die landwirtschaftlich genutzte Fläche (LF) um nur 6,8 % auf 3,47 Mill. ha abnahm, hat sich die durchschnittliche Betriebsgröße um 4 ha auf 13,5 ha LF vergrößert (Tab. 7).

Jahr	*Anzahl* (1000)	*Betriebsgröße* (ha)[1])
1949	439	8,7
1960	392	9,4
1970	333	10,9
1982	257	13,5

[1]) ab 1 ha LF
Quelle: Bayerisches Staatsministerium für Ernährung, Landwirtschaft und Forsten (1974) Teil 2—16

Tab. 7: Zahl und durchschnittliche Betriebsgröße der landwirtschaftlichen Betriebe in Bayern 1949—1982
Nombre et taille moyenne des exploitations bavaroises 1949—1982

Die Betriebe ab 20 ha LF haben besonders stark zugenommen. Während im Jahre 1960 auf diese Größenklasse etwa 9 % der Betriebe entfielen, betrug der entsprechende Anteil 1982 21 %. Umgekehrt wiesen 1960 noch zwei Drittel der Betriebe eine LF unter 10 ha auf, 1982 aber nur die Hälfte. Der durchschnittliche Anstieg von 8,7 auf 13,3 ha LF zwischen 1949 und 1982 ist vergleichsweise geringer als im Bundesgebiet insgesamt (Hoffmann 1976: 17, Neander 1983: 223 ff.), wo 1982 15,8 ha erreicht wurden. Auch andere Zahlen belegen, daß außerhalb des Freistaats im Mittel der Produktionseinheiten höhere Kapazitäten bestehen. Wir sahen dies in der Veredlungswirtschaft. Pascher (1981: 99) glaubt deshalb in bezug auf die mutmaßliche Existenzfähigkeit von Haupterwerbsbetrieben innerhalb der Länderabfolge sogar ein ausgesprochenes Nord-Süd-Gefälle prognostizieren zu können. Jedenfalls nimmt der landwirtschaftliche Strukturwandel, wie es sich uns hier abermals bestätigt, in Bayern einen langsameren Verlauf als in anderen Teilen des Bundesgebietes und als in dessen Gesamtheit. Näher untersucht werden müßte, welche Beziehungen hierbei noch hinsichtlich der Erbsitten bestehen.[47] Abb. 10, auf der für 1979 die Flächenausstattung der Betriebe in den 48 *Landwirtschaft-*

[43] ≥ 50 % des Gesamtstandarddeckungsbeitrags stammen von Getreide, Hülsen- und Ölfrüchten, sonstigen Handelsgewächsen, Feldgemüse, Kartoffeln, Zuckerrüben und Tabak.
[44] ≥ 50 % des Gesamtstandarddeckungsbeitrags kommen aus der Pferde-, Rinder- und Schafhaltung.
[45] ≥ 50 % des Gesamtstandarddeckungsbeitrags entfallen auf Rebland-, Obstanlagen- und Hopfenerträge.
[46] vgl. Anm. 13 — 1983: Nr. 3.
[47] vgl. zuletzt H. Röhms Karte, die die Erbgewohnheiten für 1959/60 festhält (In Otremba, E. (Hrsg.) 1961—1971: Blatt I/5).

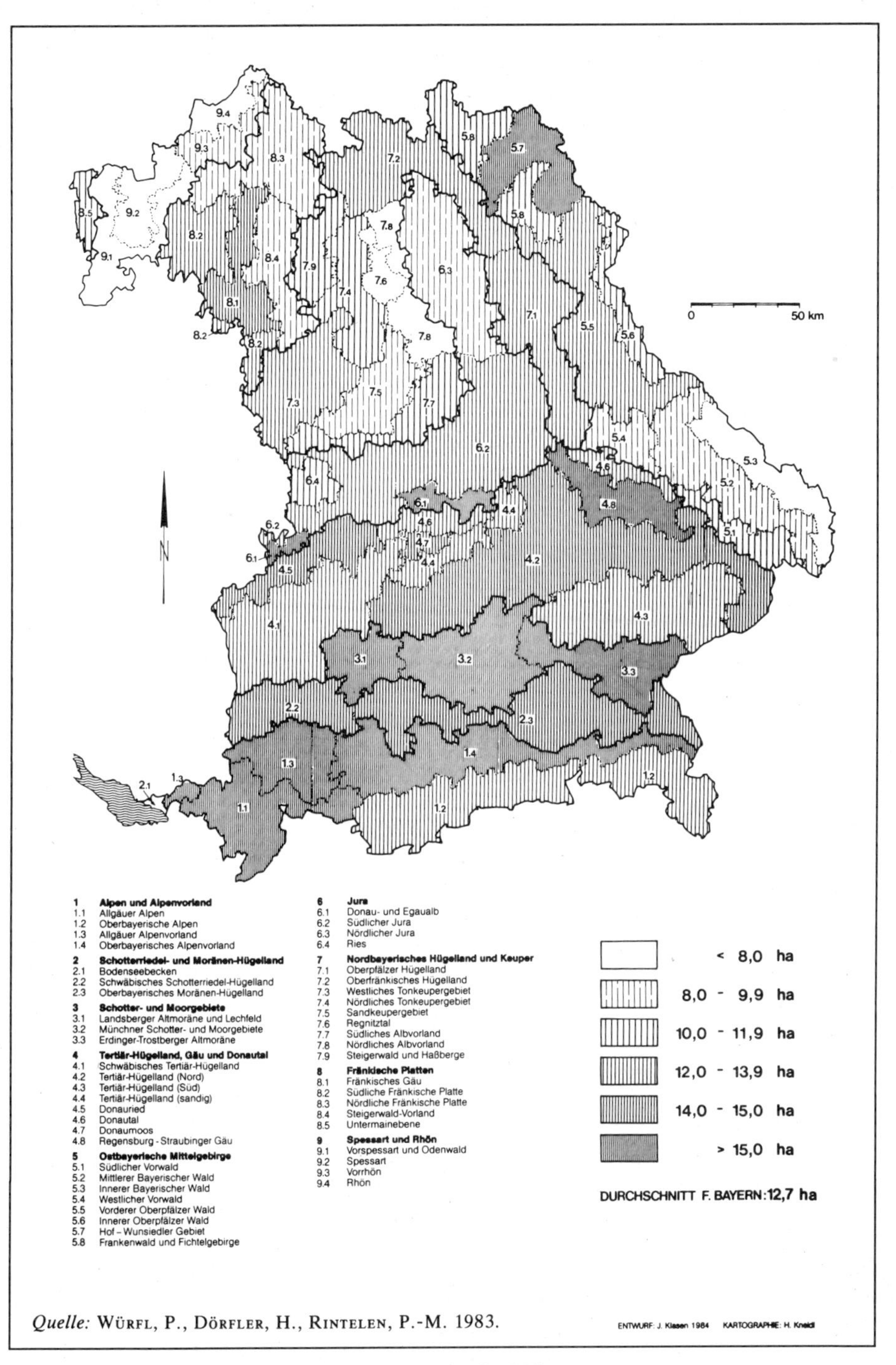

Quelle: WÜRFL, P., DÖRFLER, H., RINTELEN, P.-M. 1983.

Abb. 10: Zur Agrarstruktur Bayerns – LF je Betrieb 1979
La structure agraire en Bavière – la S.A.U. par exploitation 1979

lichen Erzeugungsgebieten festgehalten ist, vermag hier keinen eindeutigen Aufschluß zu geben. Durchweg besser ist die Ausgangssituation, sofern es die verfügbaren Produktionsareale anlangt, südlich der Donau, und es ergibt sich ein fast inverses Bild zu Abb. 11.

Nahezu die Hälfte der landwirtschaftlichen Betriebe wird im Nebenerwerb bewirtschaftet. 1979 waren es 47,2 % (vgl. Abb. 11) und 1983 sogar schon 49,3 %.[48] Der Trend dürfte sich fortsetzen (Hoffmann 1976: 4); er wird im gesamten Bundesgebiet als eine sich stets erneuernde und auffüllende „stehende" Welle beobachtet (Mrohs 1983). Mit der Zeit stellen sich immer größere Zu- oder Vollerwerbsbetriebe um, da es sich beim Nebenerwerb um ein Modell handelt, das Beschäftigung sichert, teilweise Selbstversorgung ermöglicht, Selbstbestimmung in gewissem Rahmen verwirklicht und einer kompletten Fremdbestimmung entgegenwirkt.

Die regionalen Schwerpunkte der Nebenerwerbslandwirtschaft liegen in den unterfränkischen Mittelgebirgslagen, auf den Fränkischen Platten, im Nordbayerischen Hügelland, im Bayerischen Wald und im Alpenraum, insbesondere in den beiden Landkreisen Garmisch-Partenkirchen und Berchtesgadener Land. In diesen Räumen erreichte der Flächenanteil der Nebenerwerbslandwirtschaft 1983 bereits ein Drittel u. m. der LF und ihr Anteil an der Zahl der Betriebe zwei Drittel u. m.

Nach den Angaben zur Agrarberichterstattung 1983 bewirtschafteten 128 400 Haupterwerbsbetriebe mit rund 2,6 Mill. ha über drei Viertel der landwirtschaftlich genutzten Fläche Bayerns. Ihre durchschnittliche LF beträgt 20,2 ha und liegt damit um 5,0 ha über dem Wert von 1971.[49] In rund 125 100 Betrieben hingegen ist das außerbetriebliche Einkommen des Betriebsinhabers und seines Ehegatten größer als das aus dem landwirtschaftlichen Betrieb. Die Zahl dieser Nebenerwerbslandwirte hat – im Gegensatz zu den Haupterwerbsbetrieben – gegenüber 1971 nur verhältnismäßig schwach abgenommen, und zwar um rund 10 000. Dadurch vergrößerte sich ihr Anteil an der gesamten LF von 19,2 auf nunmehr 23,7 %.

Bei einer mittleren LF von 6,5 ha konzentrieren sich die Nebenerwerbler vor allem im Bereich unter 10 ha; nur 18,2 % weisen eine größere Fläche auf. Im Hinblick auf die Produktionsausrichtung steht wie bei den Haupterwerblern der Verkauf tierischer Produkte ganz im Vordergrund. Wie zu vermuten, liegen dabei jedoch die Durchschnittsbestände wesentlich niedriger: bei den Milchkühen hat der durchschnittliche Nebenwerbslandwirt 6,1 Tiere gegenüber 15,8, bei den Rindern 12,1 gegenüber 37,2 und bei Mastschweinen 9,5 gegenüber 25,3.

Vergleichbar ist hingegen die Tendenz zur etwas spezielleren Ausrichtung, von der wir indes hörten, daß sie im Bundesgebiet weit voraus ist. So halten im Jahre 1983 knapp vier Fünftel der Haupterwerbsbetriebe Milchkühe; 1971 waren es noch rund 90 %. Bei den Nebenerwerblern verringerte sich der Anteil von drei Fünfteln auf weniger als die Hälfte.

Mit der Aufgabe vieler Betriebe wegen außerlandwirtschaftlicher Verdienstmöglichkeiten und der damit korrelierenden Zunahme der Nebenerwerbslandwirtschaft hängt es zusammen, daß sich auch in den Besitz- und Pachtverhältnissen Verschiebungen zeigen und regionale Unterschiede bestehen.

Die Pacht landwirtschaftlicher Flächen ist im derzeitigen Umfang in der Bundesrepublik eine relativ junge Erscheinung (Wissner 1980). Seit Ende des Zweiten Weltkriegs haben sich die Pachtanteile jedoch ständig erhöht, zwischen 1949 und 1961 im Agrarsektor der Bundesrepublik insgesamt von 12 auf 15 %. Im gleichen Zeitraum stiegen sie in Bayern von 9 auf 12 %, ein abermaliger Hinweis auf den retardierten strukturellen

[48] vgl. Anm. 7 – 1984: 32.
[49] Hierzu und zum Folgenden siehe Winkler 1984a.

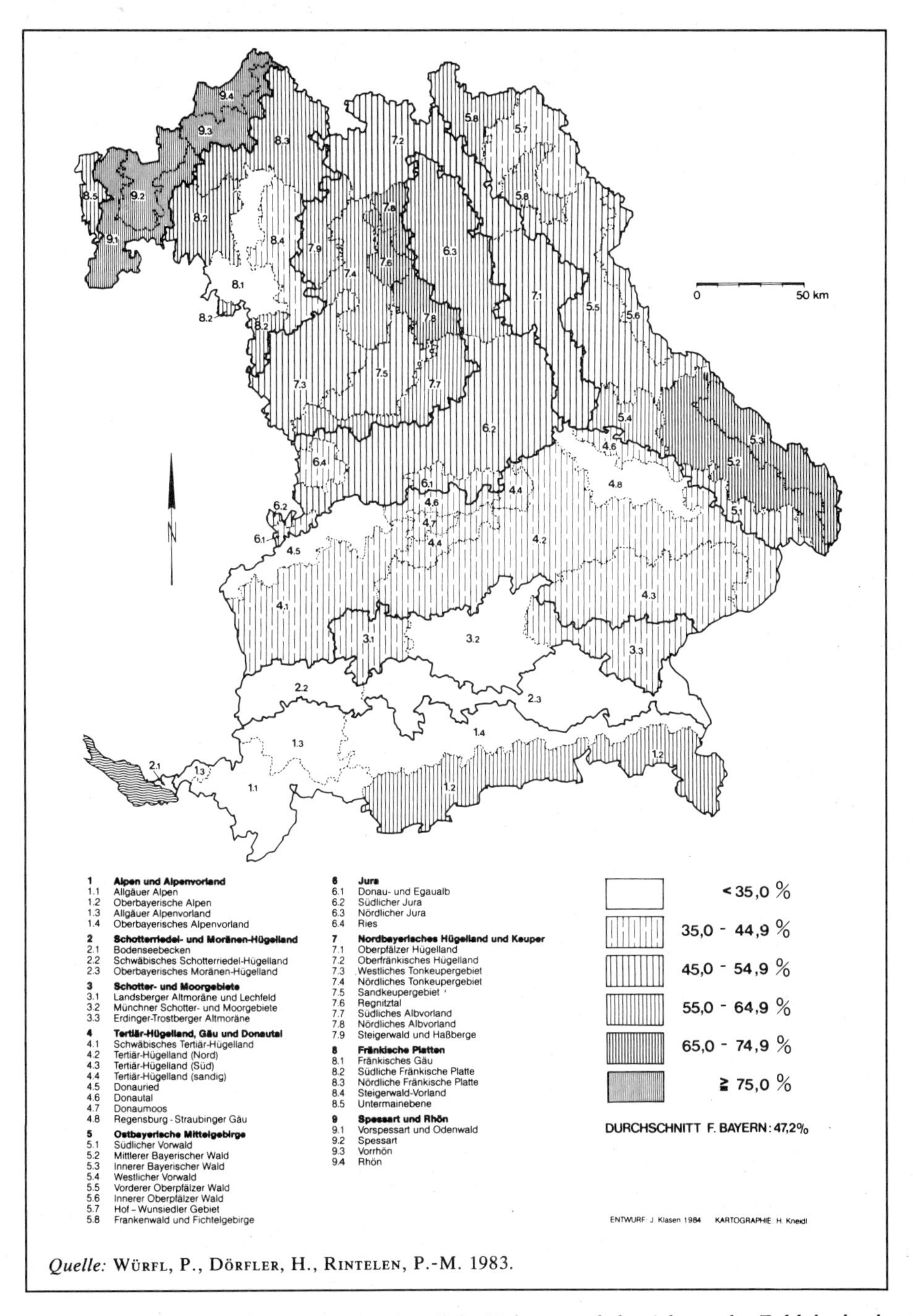

Quelle: WÜRFL, P., DÖRFLER, H., RINTELEN, P.-M. 1983.

Abb. 11: Zur Agrarstruktur Bayerns – Anteil der Nebenerwerbsbetriebe an der Zahl der landwirtschaftlichen Betriebe insgesamt 1979
La structure agraire en Bavière – Pourcentage des exploitations à temps partiel sur le nombre total des exploitations 1979

Wandlungsprozeß. 1971 war im Freistaat an der LF ein Pachtflächenanteil von 16,5 % zu konstatieren, 1979 von 19,9 %. Nur bei 6,3 % der Betriebe dominierte die Pachtfläche jedoch, und lediglich 3700 Betriebe (1,4 %) bewirtschafteten ausschließlich Pachtland. Bezogen auf die LF wiesen Unterfranken mit 28,2 % den größten und Niederbayern mit 13,5 % den kleinsten Pachtflächenanteil auf.[50]

1983 waren von der LF Bayerns in Höhe von 3,425 Mill. ha noch rund drei Viertel im Eigentum der Betriebsinhaber, rund ein Viertel war nun zugepachtet; die Pachtquote war auf 23,0 % angestiegen. Während die Eigenfläche gegenüber 1975 um rund ein Zehntel abnahm, stieg die Pachtfläche in diesem Zeitraum um nahezu 30 % auf 786 000 ha an. Über die Hälfte aller Betriebe (54,9 %) bewirtschaftet nun (auch) Flächen anderer Eigentümer (Winkler 1984 a). In absoluten Zahlen betrachtet, ist die Zahl der zupachtenden Höfe annähernd konstant geblieben (+ 0,4 %), während die der landwirtschaftlichen Betriebe insgesamt um 13,0 % auf 253 200 zurückgegangen ist.

Der Prozeß, daß – vor allem – kleinere Betriebe aus der Landwirtschaft ausscheiden und ihren Grund und Boden größeren zur Bewirtschaftung übergeben, schreitet also voran. Der Zusammenhang zwischen Pachtlandanteil und Erwerbstätigenstruktur ist signifikant, wie zuletzt Wissner (1980) am Beispiel Niederbayerns nachweisen konnte. Dabei dürfte es mit der konjunkturellen Abschwächung der letzten Jahre und der schwieriger gewordenen ökonomischen Gesamtsituation zusammenhängen, daß – in Bayern wie im Bundesgebiet – zwischen 1974 und 1980 der Verkauf von Flächen und Betrieben zurückgegangen ist.[51] Bei einem Anteil Bayerns von 28 % an der LF des Bundesgebietes, wie ihn Heinzlmeir (1983: 138) seinem Betrachtungszeitraum zugrunde legt, betrug – mit sinkender Tendenz – der Anteil des Freistaats an verkauften landwirtschaftlichen Flächen nur ca. 18 %. Er lag also um ein Drittel unter dem Bundesdurchschnitt. Wiederum ist damit innerhalb des Agrarbereichs ein Indikator sichtbar geworden, der die größere Persistenz des weniger urbanisierten deutschen Südostens gegenüber wirtschaftlichen und sozialen Veränderungen durchscheinen läßt.

6. Maschinenringe

Zu den verschiedenen Organisationsformen überbetrieblicher Zusammenarbeit gehören z. B. Erzeugerringe pflanzlicher und tierischer Produktion sowie Erzeugergemeinschaften. Sie alle haben ihren Mitgliederstand erhöht.[52] Zersplitterte Angebote wurden zunehmend zusammengefaßt, die Marktstellung gegenüber der Abnehmerseite verbessert.

Als Beleg für die strukturellen Veränderungen, die sich auch in diesem Bereich der Agrarwirtschaft vollziehen, sei hier stellvertretend nur auf die Maschinenringe verwiesen (Tab. 8).

Während 1977 erst 18,6 % aller landwirtschaftlichen Betriebsinhaber solchen Ringen angehörten, ist es mittlerweile fast jeder dritte. Diese 31,8 % Betriebe bewirtschaften inzwischen schon gut die Hälfte der gesamten LF des Landes. Die kleineren Höfe sind also unterrepräsentiert (vgl. auch Grimm 1982). Dem entspricht die Mitgliederstruktur in ihrer Zusammensetzung nach sozioökonomischen Betriebstypen. Zu den derzeit 80 000 Mitgliedern in 90 Ringen gehören nämlich nur 21 % Nebenerwerbsbetriebe, während ihr Anteil an der Gesamtzahl der landwirtschaftlichen Betriebe, wie schon dargelegt, im Jahre 1983 bei 49,3 % lag.

---

[50] vgl. Anm. 13 – 1983: Nr. 5.

[51] Statistische Angaben für frühere Zeiträume sind nicht greifbar.

[52] vgl. Anm. 7 – 1984: 149 ff.

Jahr	Mitglieder	Mitglieder in % aller landwirtschaftlichen Betriebe (≥ 1 ha)	Anteil der von Mitgliedern bewirtschafteten LF[1]) (%, Betriebe ≥ 1 ha)
1977	54 696	18,6	31,6
1981	71 814	27,9	43,6
1983	80 405	31,8	50,1

[1]) LF = landwirtschaftlich genutzte Fläche
Quelle: Bayerisches Staatsministerium für Ernährung, Landwirtschaft und Forsten (1984) Teil 1–146, 32 und Teil 2–16

Tab. 8: Entwicklung der Maschinenringe in Bayern 1977–1983
Le développement des coopératives pour l'utilisation en commun de matériel agricole en Bavière 1977–1983

7. Flurbereinigung und Dorferneuerung

Unter den vielen öffentlichen und Selbsthilfe-Maßnahmen, die Produktions- und Arbeitsbedingungen in der Landwirtschaft zu verbessern suchen, ist die Flurbereinigung die wirksamste. Die modernen Verfahren, wie sie in ihren Grundzügen vor allem im Flurbereinigungsgesetz vom 14. 7. 1953 und in den dazugehörigen Ausführungsbestimmungen festgelegt worden sind, haben in Bayern sehr frühe Vorläufer.

Im Allgäu wurden voll arrondierte Höfe schon immer als *Einöden* bezeichnet. Angeregt durch das freie Schalten der Einödbauern, begannen die Landwirte in der Reichsabtei Kempten Mitte des 16. Jahrh. aus eigener Initiative, ihre Güter zu *vereinöden.* Ziel war es zunächst, sich vom Flurzwang und von den Weidedienstbarkeiten zu befreien, doch war mit der Aufhebung dieser Lasten eine Grundstückszusammenlegung verbunden (Endriss 1936 und 1961, Lochbrunner 1976 und 1984). Daher verstand man schließlich unter *Vereinödung* dasselbe wie Arrondierung. Aussiedlung ist hierbei nur eine mögliche Begleiterscheinung gewesen.

In bezug auf den Umfang der in Bayern in jüngerer Zeit abgeschlossenen, am 31. 12. 1982 anhängigen und für die Periode 1983 bis 1987 vorgesehenen Verfahren sei hier verwiesen auf den letzten *Flurbereinigungsbericht.*[53] Besondere Schwerpunkte lagen und liegen jeweils in Franken, während Oberbayern und besonders dessen südliche Hälfte bei der Neuordnung am wenigsten hervortritt. Ende 1983 waren 1842 Verfahren mit einer Fläche von 1,39 Mill. ha in Bearbeitung. Das ist etwa ein Fünftel des bayerischen Staatsgebietes.[54] Die sog. *Schlußfeststellung* wurde 1981 bei 135 Verfahren (mit 73 424 ha), 1982 bei 128 (mit 72 537 ha) getroffen.[55] Beispiele für abgeschlossene Bereinigungen in verschiedenartigen Landschaften und mit unterschiedlichen Schwerpunkten sind auf den Abb. 5, 7, 8 und 12 dargestellt.

Die Arbeitszeitersparnis durch eine Flurbereinigung beträgt in Bayern nach der bereits genannten Untersuchung von Heinzlmeir (1983: 140 f.) aus der Zusammenlegung der Grundstücke, der Verbesserung der Grundstücksform und dem Wegeausbau je nach Betriebssystem und Betriebsgröße zwischen 20 und 33 %. Nach Berücksichtigung des im Freistaat mit durchschnittlich 6 % anzusetzenden Landabzugs für gemeinschaftliche

[53] Bayerisches Staatsministerium für Ernährung, Landwirtschaft und Forsten: Bayerischer Flurbereinigungsbericht 1981/82. München 1983 (*Berichte aus der Flurbereinigung* 48 – Karten 3, 2 und 1).
[54] vgl. Anm. 7 – 1984: 129.
[55] vgl. Anm. 53 – 1983: 14.

(freigegeben von der Regierung von Mittelfranken – Luftamt Nordbayern Nr. P 2526/41)

Abb. 12: Flurbereinigung Hahnbach (Landkreis Amberg-Sulzbach)
Remembrement dans la commune de Hahnbach (Landkreis Amberg-Sulzbach)

In Hahnbach wirtschaften gegenwärtig zwölf Betriebe im Vollerwerb, zehn im Neben- und Zuerwerb. Bei der Neuordnung (1971 ff.) wurde ein Zusammenlegungsverhältnis von 4:1 erreicht, bei den Vollerwerbsbetrieben sogar, wenn man die Pachtflächen mit einbezieht, von 6:1 bis 9:1. Zum Verfahren gehörten auch die Hochwasserfreilegung der Orte Hahnbach, Süß und Irlbach sowie eine sehr gelungene Dorferneuerung mit Begradigung von Hofstellengrenzen, fünf Althofsanierungen, der Bau einer Gemeinschaftsmaschinenhalle im Ortsteil Süß und in Hahnbach selbst vor allem eine zusätzliche rückwärtige Erschließung für 34 Anwesen (s. Bild). Die ökologisch wichtigen Uferzonen der Vils übereigneten die Teilnehmergemeinschaften in einer durchschnittlichen Breite von 5–7 m dem Freistaat Bayern als Gewässereigentümer. Insgesamt wurden 37 ha Feuchtflächen auf Dauer aus der landwirtschaftlichen Nutzung herausgenommen; über 9 ha davon sind dem Landesverband für Vogelschutz zugewiesen worden.

und öffentliche Anlagen ergab sich bei den bayerischen Betrieben als Konsequenz der langjährigen Bereinigungsarbeit im Mittel ein Roheinkommenszuwachs von 8–10 %.

Dementsprechend konnte STUMPF (1982: 467) auch bei einer Befragung, die er in 98 während der Jahre 1973–1978 abgeschlossenen Verfahren im Zeitraum 1979/80 vornahm, eine insgesamt sehr positive Grundeinstellung der Landwirte konstatieren. Allerdings gilt dies bevorzugt für ein streng an den agrarstrukturellen Belangen ausgerichtetes Maßnahmenspektrum. Die Aufgeschlossenheit für übergeordnete Infrastrukturmaßnahmen und solche der Landespflege hält sich in engen Grenzen.

Eine der wichtigsten Maßnahmen der Flurbereinigung ist die Dorferneuerung. Seit 1970 ist grundsätzlich für jedes *Flurbereinigungsdorf* ein *Dorferneuerungsplan* erstellt worden (HOFFMANN 1984: 93), wobei sich die Maßnahmen nicht allein auf die innerbetrieblichen Bedürfnisse der Landwirtschaft beschränken, sondern den wirtschaftlichen, kulturellen und sozialen Ansprüchen der Dorfbevölkerung in ihrer Gesamtheit Rechnung tragen sollen. Karte 37 im BAYERISCHEN AGRARBERICHT (1984: Teil 1 – vgl. Anm. 7) macht deutlich, daß im Zeitraum der zurückliegenden beiden Jahre Maßnahmen in 224 Gemeinden gefördert wurden. Der Schwerpunkt lag wohl zu Recht in Franken. Gerade für Franken, das in seinen Städten und ganz allgemein die reichste Hauslandschaft Deutschlands darstellt (SCHÖLLER 1967), ist sehr eindringlich beschrieben worden (z. B. EICHHORN 1983), wie Rationalisierungsmaßnahmen auf den Höfen und ein im Zuge von Industrialisierung und Urbanisierung in die ländlichen Siedlungen eindringender Zeitgeist bereits zu vielen unersetzlichen Verlusten geführt haben. Beton und Eternit, Glasbausteine und Flachdächer, Ganzglasfenster und Balkone passen eben nicht zu einem intakten Dorfbild.

Ob die Dorferneuerung das Selbstwertgefühl und die Identifikationsbereitschaft der Bewohner in ihrem Dorf stärkt und durch die Erneuerung auch die Verbleibebereitschaft im Ländlichen Raum gefördert und somit der Abwanderung in die Verdichtungsgebiete entgegengewirkt wird, wurde kürzlich am Beispiel dreier mittelfränkischer Gemeinden des Landkreises Ansbach von W. DANZ (1984) untersucht. Es zeigt sich, daß es heute 83 % der Befragten in den Dörfern besser gefällt als früher und die erste Frage somit durchaus positiv zu beantworten ist. Deutlich negativ war aber das Resultat bezüglich der zweiten Frage. Die Chance der Dorferneuerung, der Abwanderung entgegenzuwirken, ist gering, wenn das entsprechende Arbeitsplatzangebot in zumutbarer Entfernung nicht vorhanden ist. Die Dominanz des Arbeitsortes überlagert alle anderen Motive der Ortsbezogenheit, und einer Migration insbesondere qualifiziert ausgebildeter Jugendlicher kann ohne entsprechende Dauerarbeitsplätze im Nahbereich nicht entgegengewirkt werden.

8. Alternativer Landbau

Die Zahl der Betriebe, die alternativen Landbau betreiben, hat sich in Bayern zwischen 1970 und 1980 auf ca. 200 Betriebe verdoppelt[56] und bis 1983 auf etwa 300 Betriebe abermals kräftig erhöht.[57] Die entsprechend bewirtschafteten Flächen sind freilich noch sehr gering: 1983 handelte es sich um 7200 ha, ca. 0,2 % der LF. Hinzuzurechnen ist eine nicht exakt bekannte, aber ebenfalls wachsende Zahl von Betrieben, die sogenannte *Bioware* ohne Mitgliedschaft in einer entsprechenden Vereinigung erzeugen und vermarkten.

---

[56] Mitteilung der Abteilung *Grundsatzfragen der Agrarpolitik* im BAYERISCHEN STAATSMINISTERIUM FÜR ERNÄHRUNG, LANDWIRTSCHAFT UND FORSTEN.

[57] vgl. Anm. 7 – 1984: 71.

Die Diskussion um eine Gleichwertigkeit oder gar Überlegenheit der alternativen Landwirtschaft ist seit Jahren heftig und nicht frei von handfester Polemik.[58] Bisher scheint es, daß zwar ökologischen Forderungen in z. T. hervorragender Weise entsprochen wird, daß dem aber höherer Arbeitsaufwand und in der Regel geringere Erträge gegenüberstehen und somit höhere Preise erzielt werden müssen. Große Zuwachsraten der Nachfrage seit Ende der siebziger Jahre zeigen aber – bei 1981 und 1982 real gesunkenem Verbrauchereinkommen – daß die Überzeugung von der Qualitätsüberlegenheit alternativ erzeugter Nahrungsmittel augenblicklich (bereits?) bei einem überraschend breiten Konsumentenkreis verankert ist (Böckenhoff und Hamm 1983). Andererseits sind in der Belastung mit Umweltschadstoffen (z. B. Cadmium, Blei, Quecksilber usw.) zwischen den Landbaumethoden wissenschaftlich gesicherte Unterschiede bisher nicht festzustellen.

Bei agrarpolitischen Maßnahmen des Bundes und des Freistaats Bayern gilt Gleichbehandlung für alle Betriebe. Die Verbände des alternativen Landbaues erhalten seit 1978 für ihre Beratungstätigkeit sowie für Qualitäts- und Bodenuntersuchungen Förderung aus öffentlichen Mitteln. An der Bayerischen Landesanstalt für Bodenkultur und Pflanzenbau wurde ein Sachgebiet *Alternativer Landbau* eingerichtet, das wissenschaftliche Unterlagen sammelt und auswertet sowie Beratungen durchführt. Schließlich hat man 1976 das *Staatliche Versuchsgut Romenthal/Ammersee* auf organisch-biologische Wirtschaftsweise umgestellt, um die Auswirkungen dieser Wirtschaftsform auf Bodenfruchtbarkeit, Wirtschaftlichkeit und Rückstände in den erzeugten Produkten zu untersuchen.

9. Ausblick

Der Agrarsektor kann nicht isoliert betrachtet werden. Während er sich – langsamer als im Bundesgebiet – wandelt und sein Beitrag zum Sozialprodukt und zur Beschäftigung zurückgeht, wächst seine gesellschaftspolitische Bedeutung. Bei den politischen Parteien ist dies unumstritten; in der Raumordnungspolitik sind entsprechende Zielvorstellungen entwickelt.[59] Unter zahlreichen Aspekten ist es dabei ein großer Vorzug des Freistaats, daß bislang gegenüber dem Bundesgebiet insgesamt erheblich weniger Flächen für Siedlungs- und Verkehrszwecke genutzt werden, rund 7,3 % gegenüber 10,7 %.[60] Eine geringere *Versiegelung*, ein Mehr an ländlichem Raum aber entspricht Pluspunkten in bezug auf Ökologie, Wasserwirtschaft und Möglichkeiten des Fremdenverkehrs. Ländlicher Raum kann dabei nicht als homogene Raumkategorie verstanden werden. Weder gibt es heute noch eine Dichotomie von Stadt und Land noch eine solche von *‚entwickelten' Verdichtungsgebieten* und *‚zurückgebliebenem' ländlichen Raum.* Ländlich geprägte Regionen mit ungünstiger Struktur stehen vielmehr neben solchen mit günstiger Struktur, sie stehen neben Regionen mit *Verdichtungsansätzen* und solchen mit großen *Verdichtungsräumen.*[61] So wenig es also den *Ländlichen Raum* gibt, so sicher ist doch, daß zu seinen wesentlichen Merkmalen eine geringere Bevölkerungsdichte und ein Vorherrschen der land- und forstwirtschaftlichen Bodennutzung gehören. Die vorliegende Studie versteht sich deshalb über die eigentliche agrargeographische Thematik hinaus auch als Beitrag zur Analyse des Ländlichen Raumes. Es ist aber völlig klar, daß zu dessen umfassend zureichender Analyse und zum Verständnis einer mehr oder weni-

---

[58] So auch bei Staub 1981.

[59] Bayerische Staatsregierung: 7. Raumordnungsbericht 1981/82. München 1984: 96.

[60] ebd. –1984: 76.

[61] Bundesforschungsanstalt für Landeskunde und Raumordnung/Deutscher Landkreistag (Hrsg.) 1983: 3–3.

ger großen Dynamik, seiner räumlich heterogen verlaufenden Prozesse noch eine große Zahl weiterer Fragestellungen zu untersuchen wäre. Sie reichen von der natürlichen Bevölkerungsbewegung und selektiven Mobilitätsvorgängen bis zur Beobachtung der Arbeitsmarktregionen und der Förderungsinstrumentarien und -erfolge, von der Diskussion *passiver Sanierung, endogener Entwicklung* und *funktionsräumlicher Arbeitsteilung* bis hin zum Problem konkurrierender Flächenansprüche.

Zusammenfassung

Bayern erbringt als größter Flächenstaat der Bundesrepublik bei einem Bevölkerungsanteil von 18 % ein Viertel der Bruttowertschöpfung in der Land- und Forstwirtschaft und auch ein Viertel der deutschen Agrarexporte. Die landwirtschaftliche Bodennutzung und die Veredlung sowie deren Veränderung werden auf der Basis von 48 Erzeugungsgebieten analysiert und kartographisch dargestellt.

Der Anteil des Ackerlandes hat sich während der letzten drei Jahrzehnte von 55,9 % auf 59,8 % erhöht, der des Dauergrünlandes deutlich vermindert. Der Vergrünlandungsprozeß des späten 19. Jahrhunderts und der ersten Hälfte des 20. Jahrhunderts hat sich also umgekehrt; die Mechanisierung hat besonders unter physisch günstigen Bedingungen große Flächen für die Marktproduktion freigesetzt. Andererseits wurde in Mittelgebirgslagen mit erschwerter mechanisierter Ackernutzung die Grünlandfläche weiter ausgedehnt. Diese Anpassung an Standortgegebenheiten dürfte weitergehen.

Unter den Getreidearten werden zunehmend die Wintersorten bevorzugt. Silomais hat die Futterrübe weitgehend verdrängt. Eine bedeutende Flächenzunahme kennzeichnet die Zuckerrübenproduktion. Verbesserte Anbaumethoden, Sortenwahl, Zuchterfolge und größerer Mineraldüngereinsatz bewirkten in allen Bereichen eine fast stetige Zunahme bei den je Hektar geernteten Mengen.

Näher behandelt werden im folgenden sodann Weinbau, Hopfen- und Gartenbau. Auch hier ist überall eine erhebliche Dynamik zu beobachten. Das gleiche gilt in Rinder- und Schweinehaltung, wenn auch gegenüber den norddeutschen Ländern nach wie vor geringere Betriebs- und Bestandsgrößen vorherrschen. Der agrarische Strukturwandel nimmt also in Bayern einen langsameren Verlauf als im Bundesgebiet insgesamt.

Regional sehr unterschiedlich ist die Bedeutung der verschiedenen Betriebsformen (Abb. 4). Marktfruchtbau überwiegt nur im Gäu und auf den Fränkischen Platten. In fast allen anderen Gebieten liegt der Anteil der Futterbaubetriebe über 50 %.

Bei steigender Tendenz wird inzwischen nahezu die Hälfte aller Betriebe im Nebenerwerb bewirtschaftet; in manchen Regionen sind es zwei Drittel und mehr (Abb. 11). Der Pachtflächenanteil an der LF steigt laufend an; Verkäufe sind seltener geworden.

Als wichtige strukturverbessernde Maßnahmen werden Maschinenringe, Flurbereinigung (Abb. 5, 7, 8 und 12) und Dorferneuerung behandelt, als sehr junge Entwicklung der Alternative Landbau.

Résumé

La Bavière occupant la plus grande superficie de la République fédérale et constituant 18 % de sa population fournit un quart de la valeur ajoutée brute de l'agriculture et de la sylviculture et également un quart des exportations agricoles allemandes. L'utilisation du sol et les améliorations dans l'agriculture ainsi que leur changement sont analysés dans le cadre de 48 zones de production et représentés sur des cartes.

La quote-part de la surface arable a augmenté de 55,9 % à 59,8 % pendant les trois dernières décennies, celle de la surface toujours en herbe a fortement diminué. Le processus d'extension d'herbages – processus commençant à la fin du 19ième siècle et se poursuivant dans la première moitié du 20ième siècle – s'est donc inversé. Notamment là où les conditions physiques sont favorables, la mécanisation a dégagé de grandes surfaces pour la production destinée à l'approvisionnement des marchés. Par contre, dans les montagnes moyennes où il est plus difficile de cultiver mécaniquement la terre, on a étendu la surface en herbe. Cette adaptation aux données naturelles devrait se poursuivre.

Parmi les céréales on favorise de plus en plus les semences d'hiver. Dans la plupart des cas le maïs ensilé a remplacé la betterave fourragère. Une extension considérable de la surface cultivée caractérise la production de betteraves sucrières. Des méthodes de culture améliorées, la sélection des espèces, les techniques de sélection et le recours croissant aux engrais minéraux ont mené dans tous les domaines à une augmentation presque permanente des quantités récoltées par hectare.

En ce qui concerne la viticulture, la culture du houblon et l'horticulture, on peut également constater une dynamique considérable dans toutes les régions aussi bien que pour l'élevage de bovins et de porcs, bien que, à la différence des *Länder* de l'Allemagne du Nord, les exploitations soient plus petites et le cheptel moins nombreux. L'évolution des structures agraires en Bavière se déroule plus lentement que dans l'ensemble du territoire fédéral.

L'importance des différentes formes d'exploitation varie beaucoup selon les régions (fig. 4). La culture de produits destinés au marché prédomine seulement dans les régions du *Gäu* et des *Fränkische Platten.* Dans presque toutes les autres régions la part d'exploitations de culture fourragère représente plus de 50 %.

Avec une tendance à la hausse presque la moitié de toutes les exploitations sont gérées à temps partiel; dans quelques régions ce sont deux tiers et plus (fig. 11). La part de surfaces en fermage croît toujours; les ventes de terres sont devenues plus rares.

L'utilisation en commun de matériel agricole, le remembrement (fig. 5, 7, 8 et 12) et la rénovation des villages sont traités en tant que mesures importantes visant à améliorer les structures agraires, l'exploitation de la terre par des méthodes alternatives étant citée pour exemple de développement très récent.

Literatur

Alpeninstitut für Umweltforschung und Landesentwicklung in der Gesellschaft für Landeskultur GmbH: Almsanierung Rotwand-Modellstudie. München 1974 (*Schriftenreihe* 1).

Alpeninstitut für Umweltforschung und Landesentwicklung: Strukturdaten der Alm-/Alperhebung 1976. München 1978.

Ammann, H.: Wie groß war die mittelalterliche Stadt? In *Studium Generale* 9 (1956) 503–506 (w. abgedr. in Haase, C.: Die Stadt des Mittelalters – Band 1. Darmstadt 1969).

Arnold, D.: Die Oberpfalz, ein deutsches Ostgrenzgebiet. Regensburg 1928.

Bach, L.: Die Bedeutung der Teichwirtschaft in der Landwirtschaft im Regierungsbezirk Oberpfalz. In *Bayerisches Landwirtschaftliches Jahrbuch* 59 (1982) 341–55.

Baier, A. und Omasreiter, J.: Flurbereinigung im Schrobenhausener Spargelanbaugebiet. In *Berichte aus der Flurbereinigung* 23 (1975) 61–64.

Bartens/Mosolff: *Zuckerwirtschaftliches Taschenbuch* 30 (1983/84). Berlin 1983.

Bayer, W.: Die Hallertau – das größte geschlossene Hopfenanbaugebiet der Erde. Kiel 1978 *(Exkursionen in Schwaben und angrenzenden Gebieten)* 95–100.

Bayerische Landesanstalt für Betriebswirtschaft und Agrarstruktur: Agrarleitplan für den Regierungsbezirk Oberpfalz (Entwurf) – Agrarleitplan für den Regierungsbezirk Mittelfranken (Entwurf) – Agrarleitplan für den Regierungsbezirk Unterfranken (Entwurf). München 1983.

Bayerische Staatsregierung: 7. Raumordnungsbericht 1981/82. München 1984.

Bayerisches Landesamt für Statistik und Datenverarbeitung: Bayerns Wirtschaft gestern und heute – Ein Rückblick auf die wirtschaftliche Entwicklung (Ausgabe 1982). München 1982.

Bayerisches Landesamt für Statistik und Datenverarbeitung. Bayern-Daten von 1950 bis 1982. München 1983 (= 1983a).

Bayerisches Landesamt für Statistik und Datenverarbeitung: Die bayerische Landwirtschaft. Bilder-Fakten-Daten. München 1983 (*Schaubilderheft 20)* (= 1983b).

Bayerisches Staatsministerium des Innern/Bayerisches Staatsministerium für Ernährung, Landwirtschaft und Forsten: Schutz dem Bergland – Alpenplan. München 1969.

Bayerisches Staatsministerium des Innern/Bayerisches Staatsministerium für Ernährung, Landwirtschaft und Forsten: Schutz dem Bergland – Eine landeskulturelle Pflicht. Almen/Alpen in Bayern – 2 Bde. München 1972.

Bayerisches Staatsministerium für Ernährung, Landwirtschaft und Forsten: Bayerischer Flurbereinigungsbericht 1981/82. München 1983 (*Berichte aus der Flurbereinigung* 48).

Bayerisches Staatsministerium für Ernährung, Landwirtschaft und Forsten: Bayerischer Agrarbericht 1984 – 2 Teile. München 1984.

Bayerisches Staatsministerium für Ernährung, Landwirtschaft und Forsten – Abt. Ländliche Neuordnung durch Flurbereinigung (Hrsg.): Weinbergsbereinigung in Bayern. München 1975 (*Berichte aus der Flurbereinigung* 20).

Becker, H.: Die Feld-Teich-Wechselwirtschaft und ihre agrargeographischen Probleme. In *Würzburger Geographische Arbeiten* 60 = Genetische Ansätze in der Kulturlandschaftsforschung (1983) 171–188 (Festschrift H. Jäger).

Berndt, R.und Pietrusky, U.: Die Landwirtschaft Niederbayerns und ihre Produktionsformen. In Pietrusky, U. (Hrsg.) (1980) 96–113.

Bock, W.: Pensionsviehhaltung im Berchtesgadener Land. In *Zeitschrift für Wirtschaftsgeographie* 23 (1979) 52–58.

Böckenhoff, E. und Hamm, U.: Perspektiven des Marktes für alternativerzeugte Nahrungsmittel. In *Berichte über Landwirtschaft* 61 (1983) 345–381.

Borcherdt, Chr.: Das Acker-Gründland-Verhältnis in Bayern. Wandlungen im Laufe eines Jahrhunderts. München 1957. (*Münchener Geographische Hefte* 12).

Borcherdt, Chr.: Fruchtfolgesysteme und Marktorientierung als gestaltende Kräfte der Agrarlandschaft in Bayern. Saarbrücken 1960 (*Arbeiten aus dem Geographischen Institut der Universität des Saarlandes* 5).

Brandes, V.: Der Weinbau in Bayern. In *Bayern in Zahlen* 35 (1981) 407–410.

Brandes, V.: Die Weinerzeugung in Bayern 1965 bis 1982. In *Bayern in Zahlen* 38 (1984) 8–11.

Bundesforschungsanstalt für Landeskunde und Raumordnung/Deutscher Landkreistag (Hrsg.): Ziele und Wege zur Entwicklung dünn besiedelter ländlicher Regionen – Ein Diskussionspapier. Bonn 1983.

Danz, W.: Sozialgeographische Auswirkungen der Dorferneuerung am Beispiel durchgeführter Dorferneuerungen in Mittelfranken. In *Berichte aus der Flurbereinigung* 50 (1984) 13–25.

Deuringer, L.: Agrargeographie des Allgäus. Strukturwandel in der Land-, Molkerei- und Almwirtschaft. Kiel 1978 *(Exkursionen in Schwaben und angrenzenden Gebieten)* 167–172.

Doll, H.: Bedeutung und Probleme der Tierhaltung. In *Geographische Rundschau* 36 (1984) 27–30.

Eckart, K.: Regionale und strukturelle Konzentrationen in der Milch- und Molkereiwirtschaft der Bundesrepublik Deutschland. In *Zeitschrift für Agrargeographie* 1 (1983) 239–261.

Eichhorn, F.: Das fränkische Dorf in der modernen Industriegesellschaft. In *Franken unter einem Dach* 6 (1983) 24–27.

El Fatatry, Chr.: Der Strukturwandel im bayerischen Gartenbau. In *Bayern in Zahlen* 37 (1983) 102–107 (= 1983a).

El Fatatry, Chr.: Milchkuhhaltung und Milcherzeugung in Bayern. In *Bayern in Zahlen* 37 (1983) 378–382 (= 1983b).

El Fatatry, Chr.: Der Viehbestand in Bayern Ende 1983. In *Bayern in Zahlen* 38 (1984) 141–145.

Endriss, G.: Die Vereinödung im Bayerischen Allgäu. In *Petermanns Geographische Mitteilungen* 82 (1936) 276–280.

ENDRISS, G.: Die Separation im Allgäu. In *Geografiska Annaler* 43 (1961) 46–56.

ERMANN, H.: Umfang und Bedeutung der Landwirtschaft im Raum Nürnberg – aufgezeigt am Beispiel Knoblauchsland. In *Nürnberger Wirtschafts- und Sozialgeographische Arbeiten* 18 = Probleme der Bevölkerungsballung aufgezeigt am Beispiel des Raumes Nürnberg-Fürth (1974) 32–43.

FLURBEREINIGUNGSDIREKTION REGENSBURG (Hrsg.): Gruppenflurbereinigung Ratzenhofen, Landkreis Kelheim. Regensburg 1984.

FLURBEREINIGUNGSDIREKTION REGENSBURG: (Bildvorlagen, Faltblätter und Auskünfte).

FRANKENBERG, P.: Ähnlichkeitsstrukturen von Ernteertrag und Witterung in der Bundesrepublik Deutschland. Wiesbaden 1984 (*Erdwissenschaftliche Forschung* 17).

GEBHARD, J.: Die Agrarstruktur im Landkreis Neumarkt in der Oberpfalz in ihrer räumlichen Differenzierung. In *Mitteilungen der Fränkischen Geographischen Gesellschaft* 19 (1972) 226–236.

GMELCH, F. und ROẞBAUER, G.: Der Hopfen. In FLURBEREINIGUNGSDIREKTION REGENSBURG (Hrsg.) (1984) 31–43.

GRIMM, A.: Stand und Entwicklung der bayerischen Maschinen- und Betriebshilfsringe im Jahre 1980. In *Bayerisches Landwirtschaftliches Jahrbuch* 59 (1982) 185–195.

HANSEN O. und WINKELBRANDT, A.: Forschungsvorhaben Donauausbau Streckenabschnitt Regensburg–Straubing. Bestimmungen von Eingriff und Ausgleich – Endbericht. Bonn 1984 (Bundesforschungsanstalt für Naturschutz und Landschaftsökologie) (= 1984a).

HANSEN, O. und WINKELBRANDT, A.: Erfassung der Veränderung von Vegetations- und Landnutzungsformen im Raum Regensburg-Straubing. In *Natur und Landschaft* 59 (1984) 238–241 (= 1984b).

HEIDRICH, E.: Probleme für die Landwirtschaft durch konkurrierende Ansprüche an die Landnutzung und Möglichkeiten zu ihrer Lösung – untersucht am Beispiel des Raumes Nürnberg/Fürth/Erlangen. In *Bayerisches Landwirtschaftliches Jahrbuch* 60 (1983) 1009–1037.

HEINZLMEIR, A.: Landwirtschaftlicher Bodenmarkt und Bodenpreis. Ein Beitrag zur Klärung des Einflusses der Flurbereinigung. München 1983 (*Technische Universität München – Lehrstuhl für Ländliche Neuordnung und Flurbereinigung – Materialsammlung* 7).

HEISSENHUBER, A., STEINHAUSER, H. und SCHWARZ, E.: Wirtschaftlichkeit des Braugerstenanbaus in Bayern. In *Bayerisches Landwirtschaftliches Jahrbuch* 60 (1983) 363–386.

HELLER, H.: Eine Zukunft für das Knoblauchsland? Trendbeobachtungen im stadtnahen Gemüsebaugebiet von Nürnberg-Fürth. In *Mitteilungen der Fränkischen Geographischen Gesellschaft* 25/26 (für 1978/79) (1980) 115–145.

HILLEBRAND, L.: Flurbereinigung und Almsanierung. In *Berichte aus der Flurbereinigung* 17 (1974) 52–62.

HOFFMANN, HANS: Almlandwirtschaft und Flurbereinigung. In *Berichte aus der Flurbereinigung* 19 (1974) 67.

HOFFMANN, HELMUT: Entwicklungstendenzen der Betriebsgrößenstruktur in Bayern. In *Bayerisches Landwirtschaftliches Jahrbuch* 53 – Sonderheft 2 (1976) 3–85.

HOFFMANN, HERBERT: Besser leben in unseren Dörfern. In *Berichte aus der Flurbereinigung* 52 (1984) 91–100.

HULLER, K.: Umfassende Verbesserung der Agrarstruktur inmitten des Hopfenbaugebietes Hallertau. In FLURBEREINIGUNGSDIREKTION REGENSBURG (Hrsg.) (1984) 7–30.

ISERMEYER, H.: Unternehmens- und Verbandsstrukturen in der Zuckerwirtschaft der Bundesrepublik Deutschland. In *Berichte über Landwirtschaft NF* 56 (1978) 139–185.

JAHN, W.: Strukturanalyse des Allgäus – Das Allgäu als Raumeinheit. Kiel 1978 *(Exkursionen in Schwaben und angrenzenden Gebieten)* 187–197.

JAHN, W.: Das Allgäu. München/Paderborn 1979.

KAGERER, K.: Gegenüberstellung der Interessen von Naturschutz/Landschaftspflege und Landwirtschaft am Beispiel des Donauausbaus. In *Natur und Landschaft* 59(1984)229–230.

KAGERER, K. und GRUBER, W.: Problemschwerpunkte der Landschaftsplanung im Rahmen des Donauausbaus – insbesondere Landwirtschaft – Naturschutz. In *Natur und Landschaft* 59(1984)230–232.

Karl, H.: Die Wald- und Weidenutzung in den Bayerischen Alpen im Strukturwandel der Gegenwart – Eine Betrachtung aus der Sicht des Natur- und Landschaftsschutzes. In *Natur und Landschaft* 45(1979)58–60.

Kettner, L.: Die Entwicklung der Hallertau zum größten Hopfenanbaugebiet der Welt im 19. und 20. Jahrhundert. München 1975 *(Bayerisches Landwirtschaftliches Jahrbuch* – Sonderheft 3).

Klasen, J.: Regensburg – eine geographische Busexkursion. In *Acta Albertina Ratisbonensia* 37 (1977)5–40.

Klasen, J.: Erläuterungen zu den Karten: Bayern – Nördlicher Teil und Bayern – Südlicher Teil – Natürliche Landschaften, Bodengüte, Temperaturen im Juli, Niederschläge im Jahr, Dauer der Schneedecke, Frühlingseinzug, Geologie, ... In *Lehrerbeihefte zum Westermann-Schulatlas.* Braunschweig 1980.

Kohlhuber, F.: Brauwirtschaft und Bierausstoß in Bayern 1983. In *Bayern in Zahlen* 38(1984) 326–331.

Lochbrunner, W.: Kemptener Vereinödungen – Vor 425 Jahren erstmals ländliche Neuordnung im Allgäu. In *Berichte aus der Flurbereinigung* 24(1976)20–26.

Lochbrunner, W.: Ländliche Neuordnung durch Vereinödung 1550–1880. 1984 *Berichte aus der Flurbereinigung* 51 (1984).

Loibl, H.: Innovation und Spezialisierung in der Landwirtschaft Niederbayerns – dargestellt am Beispiel des Zuckerrüben- und Gemüseanbaus und der bäuerlichen Selbsthilfeeinrichtungen. In Pietrusky, U. (Hrsg.) (1980) 114–145.

Maier, H.: Die Hopfenproduktion in Bayern. In *Zeitschrift des Bayerischen Statistischen Landesamtes* 106(1974)89–101.

Maier, J. u. a.: Sozialgeographie. Braunschweig 1977 *(Das Geographische Seminar).*

Maly, M.: Landwirtschaft und Landschaftsveränderungen im Donautal östlich von Regensburg. In *Natur und Landschaft* 59(1984)225–226.

Meynen, E. und Schmithüsen, J. (Hrsg.): Handbuch der naturräumlichen Gliederung. Bad Godesberg 1953–1962.

Mignon, C.: Die neue gemeinsame Organisation für den Zuckermarkt ab 1. Juli 1981 = *Grünes Europa* 180(1981).

Mrohs, E.: Zur sozialen Lage der Nebenerwerbslandwirte in der Bundesrepublik Deutschland 1980. In *Sociologia Ruralis* 23(1983)28–49.

Müssig, H.: Determinanten und sozialökonomische Auswirkungen der Weinbergsflurbereinigung in Franken. Würzburg 1981. *(Würzburger Geographische Arbeiten* 52).

Neander, E.: Agrarstrukturwandlungen in der Bundesrepublik Deutschland zwischen 1960 und 1980. In *Zeitschrift für Agrargeographie* 1(1983)201–238.

Ortmaier, E.: Zuckerrübenanbau unter veränderten Rahmenbedingungen: Betriebswirtschaftliche Entwicklungen in zuckerrübenbauenden Betrieben Süddeutschlands. In *Bayerisches Landwirtschaftliches Jahrbuch* 61(1984)557–567.

Otremba, E.: Die deutsche Agrarlandschaft. Wiesbaden 1956 *(Erdkundliches Wissen* 3).

Otremba, E.: Der Agrarwirtschaftsraum der Bundesrepublik Deutschland. Wiesbaden 1970 *(Erdkundliches Wissen* 24).

Otremba, E. (Hrsg.): Atlas der deutschen Agrarlandschaft. Wiesbaden 1962–1971.

Otremba, E.: Das Landnutzungsgefüge im fränkischen Stufenland am Beispiel des Erlangen-Forchheimer Albvorlandes. In *Mitteilungen der Fränkischen Geographischen Gesellschaft* 18 (1971)241–248.

Pascher, P.: Entwicklungschancen landwirtschaftlicher Haupterwerbsbetriebe – Ergebnisse einer Befragung von 1505 Betriebsleitern in der Bundesrepublik Deutschland. Diss. Bonn 1981 *(Forschungsgesellschaft für Agrarpolitik und Agrarsoziologie* 257).

Pfaller, G.: Übernahme- und räumliche Ausbreitungsprozesse von Neuerungen im technischen Bereich der bayerischen Landwirtschaft. Bayreuth 1981 *(Hefte der Arbeitsgemeinschaft zur Raumordnung und Raumplanung* 7).

Pflaum, W. und Adelhardt, A.: Agrarexport aus Bayern – Probleme und Chancen. In *Bayerisches Landwirtschaftliches Jahrbuch* 61(1984)51–57.

Pietrusky, U. (Hrsg.): Niederbayern – Zur Bevölkerungs- und Wirtschaftsgeographie eines unbekannten Raumes. Passau 1980.

PLOCHMANN, R.: Die Waldweide im oberbayerischen Bergbauerngebiet. In *Natur und Landschaft* 45(1970)57.

PREINHELTER, E.: Die Landwirtschaft in der Oberpfalz. In ARNOLD, P. (Hrsg.) (1928)89–116.

REICHLE, G.: Teichwirtschaft früher und heute in der Oberpfalz. In *Fischer und Teichwirt* 31 (1980)200–203.

RIEMANN, F. und CLAUSEN, H.: Die Situation von heimatvertriebenen und geflüchteten Landwirten mit landwirtschaftlichen Vollerwerbsbetrieben in Bayern. Göttingen 1984. *(Agrarsoziale Gesellschaft – Materialsammlung* 165).

RIESINGER, R.: Junge Wandlungen im Hopfenanbaugebiet *Hersbrucker Gebirge*. In *Mitteilungen der Fränkischen Geographischen Gesellschaft* 25/26(für 1978/79)(1980)162–184.

RIESINGER, R.: Wandlungen im Hopfenanbaugebiet *Hersbrucker Gebirge*. In *Bayerisches Landwirtschaftliches Jahrbuch* 57(1980)556–573.

RUPPERT, K.: Spalt. München 1958 *(Münchener Geographische Hefte* 14).

RUPPERT, K.: Die Bedeutung des Weinbaues und seiner Nachfolgekulturen für die sozialgeographische Differenzierung der Agrarlandschaft in Bayern. München 1960 *(Münchener Geographische Hefte* 19).

RUPPERT, K.: Niederbayern zwischen Donau und Inn – Eine agrargeographische Skizze. In *Geographische Rundschau* 18(1966)180–186.

RUPPERT, K.: Raumstrukturen und Planungskonzeption im deutschen Alpenraum. In *Bayerisches Landwirtschaftliches Jahrbuch* 57(1980)588–594.

RUPPERT, K.: Die Deutschen Alpen – Prozeßabläufe spezieller Agrarstrukturen. In *Erdkunde* 36 (1982)176–187).

RUPPERT, K.: Der deutsche Alpenraum – Grundmuster der Raumorganisation. In *Münchener Studien zur Sozial- und Wirtschaftsgeographie* = Geographische Strukturen und Prozeßabläufe im Alpenraum 26(1984)9–19.

RUPPERT, K., DEURINGER, L. und MAIER, J.: Das Bergbauerngebiet der deutschen Alpen – Soziale und ökonomische Probleme aus geographischer Sicht. München 1971 (Wirtschaftsgeographisches Institut – Berichte zur Regionalforschung 7).

RUTZMOSER, K., ECKL, J. und WEBER, T.: Schafhaltung im bayerischen Alpenraum. In *Bayerisches Landwirtschaftliches Jahrbuch* 55(1978)30–55.

SCHAFFER, F. und ZETTLER, L.: Kulturlandschaft im Wandel der Landwirtschaft – Fallstudie Unterallgäu. In *Akademie für Raumforschung und Landesplanung – Forschungs- und Sitzungsberichte* 156 = Der ländliche Raum in Bayern – Fallstudien zur Entwicklung unter veränderten Rahmenbedingungen (1984)275–289.

SCHEUERPFLUG, G.: Die weinbauliche Erzeugung und Vermarktung in Franken seit 1970. In *Bayerisches Landwirtschaftliches Jahrbuch* 61(1984)148–183.

SCHMIDT, L.: Die bayerische Schweinezucht im Wandel der Zeit. In *Bayerisches Landwirtschaftliches Jahrbuch* 60(1983)795–842.

SCHÖLLER, P.: Die deutschen Städte. Wiesbaden 1967 *(Erdkundliches Wissen* 17).

SILBERNAGL, H.: Die oberbayerische Almwirtschaft. In *Bayerisches Landwirtschaftliches Jahrbuch* 57(1980)594–600.

SIMMELBAUER, H.: Zum Problem der Abgrenzung homogener Regionen in Bayern. In *Bayerisches Landwirtschaftliches Jahrbuch* 53(1976)443–506.

STAUB, H. A.: Alternative Landwirtschaft – Der ökologische Weg aus der Sackgasse. Frankfurt 1981.

STUMPF, M.: Die Flurbereinigung aus der Sicht der landwirtschaftlichen Bevölkerung Bayerns. In *Bayerisches Landwirtschaftliches Jahrbuch* 59(1982)446–468.

THANNER, P.: Der Hopfenmarkt. In *Bayerisches Landwirtschaftliches Jahrbuch* 61(1984) 184–191.

UNSELD, K.: Der Zuckerrübenanbau der Bundesrepublik Deutschland wirtschaftsgeographisch betrachtet. Nürnberg 1981 *(Nürnberger Wirtschafts- und Sozialgeographische Arbeiten* 14).

WAGNER, I.: Die Entwicklung der Hallertau zum größten geschlossenen Hopfenanbaugebiet der Erde. In PIETRUSKY, U. (Hrsg.) (1980)161–180.

WECKLEIN, A.: Neuordnung im fränkischen Weinbau. In BAYERISCHES STAATSMINISTERIUM FÜR ERNÄHRUNG, LANDWIRTSCHAFT UND FORSTEN – Abt. Ländliche Neuordnung durch Flurbereinigung (Hrsg.) (1975)9–44.

WEISE, R.: Der Einfluß der Staustufen und der Baggerseen auf das Bestandsklima der Weinberge am Main. In *Baubericht 1973 der Rhein-Main-Donau AG* (München 1974)35–45.

WEISE, R. und WITTMANN, O.: Boden und Klima fränkischer Weinberge. München 1981.

WINKLER, N.: Betriebsstruktur im Gartenbau Bayerns – Ergebnisse der Gartenbauerhebung 1981/82. In *Bayern in Zahlen* 37(1983)97–101.

WINKLER, N.: Besitz- und Eigentumsverhältnisse in der Landwirtschaft Bayerns. In *Bayern in Zahlen* 38(1984)145–148 (= 1984a).

WINKLER, N.: Sozialökonomische Betriebstypen in Bayern. In *Bayern in Zahlen* 38(1984) 317–321(1984b).

WISSNER, M.: Entwicklung und regionale Differenzierung der Pachtlandflächen in Niederbayern als Indikator agrarräumlicher Umstrukturierungsprozesse. In PIETRUSKY, U. (Hrsg.) (1980)146–160.

WITTMANN, O.: Standortkundliche Landschaftsgliederung von Bayern – Übersichtskarte 1 : 1 000 000. München 1983 *(Bayerisches Staatsministerium für Landesentwicklung und Umweltfragen – Materialien* 21).

WOLF, P.: Der Maisanbau in Bayern. In *Mitteilungen der Geographischen Gesellschaft München* 59(1974)99–116.

WÜRFL, P., DÖRFLER, J. und RINTELEN, P.-M.: Die Einteilung Bayerns in Landwirtschaftliche Standorte, Landwirtschaftliche Erzeugergebiete und Agrargebiete. In *Bayerisches Landwirtschaftliches Jahrbuch* 61(1984)377–423.

ZAPF, R.: Entwicklung der Agrarstruktur in Franken – Ökonomische Aspekte. In *Bayerisches Landwirtschaftliches Jahrbuch* 51 – Sonderheft 2(1974)12–27.

ZELLER, W.: Die Entwicklung der Allgäuer Alpwirtschaft von 1945 bis 1975. In *50 Jahre Alpwirtschaftlicher Verein 1925–1975*. Immenstadt (o. J.)51–90.

ZIEGENHAIN, H.: Die Entwicklung der bayerischen Milchwirtschaft seit Beginn des Gemeinsamen Marktes. In *Bayerisches Landwirtschaftliches Jahrbuch* 61(1984)243–268.

Jürgen Dodt

Der Gemüseanbau in der Nordbretagne
Intensivkulturen als Faktor agrarräumlicher Entwicklung

Seit der Mitte der 50er Jahre hat sich die Bretagne im Verlauf eines tiefgreifenden Prozesses agrarstruktureller Veränderungen zu einer der führenden Agrarregionen Frankreichs entwickelt. Zu den Produktionszweigen, die diese herausragende Position begründen, gehört der Gemüsebau. Er umfaßt zum einen – mit derzeit jeweils rund einem Viertel der nationalen Produktion – den Anbau der ‚industriellen' Konservengemüse Bohnen und Erbsen in der südlichen Bretagne sowie zum anderen den hauptsächlich auf die Küstenzone der Nordbretagne konzentrierten Anbau von Blumenkohl und Artischocken, bei dem die Region gegenwärtig jeweils rund zwei Drittel der französischen Gesamttonnage erzeugt. Zum finanziellen Ertrag der bretonischen Landwirtschaft von inzwischen rund 24 Mrd. FF steuert der Gemüseanbau infolge der überdurchschnittlich hohen Wachstumsraten in der Nutzviehhaltung gegenwärtig zwar nur noch 4–5 % bei. Mit einem Anteil von 53 % am Wert der pflanzlichen Produktion der Region ist er jedoch der wirtschaftlich mit Abstand bedeutendste Zweig der Bodennutzung, und für seine Anbaugebiete erweist er sich nach wie vor als ein ganz wesentlicher Gestaltungsfaktor. Dies gilt namentlich für die Küstenplateaus der nördlichen Bretagne, wo der Gemüsebau die agrarräumliche Entwicklung weitaus nachhaltiger bestimmt hat als im Süden, so daß sich hier typische Entwicklungsprozesse, Strukturen und Probleme der bretonischen *zones légumières* beispielhaft dokumentieren lassen.

Wie kaum irgendwo sonst in der Bretagne waren – und sind – im nördlichen Küstensaum besonders günstige Voraussetzungen für eine Spezialisierung der Landwirtschaft auf den Gemüsebau gegeben.

Das ausgeprägt maritim-ozeanische Klima gewährleistet mit Niederschlagssummen zwischen 800–1000 mm im Westen, im Léon, und etwas weniger als 700 mm im Osten, im Pays de la Rance, eine ganzjährig ausreichende Feuchtigkeit. Die Temperaturen erreichen im wärmsten Monat Mittelwerte von 16–18°C; im kältesten Monat bleiben sie im Pays de la Rance über 5–6 °, und im Léon liegen sie über 6°, im Raum Roscoff – St.-Pol-de-Léon sogar über 7 °C. Dementsprechend werden im Osten durchschnittlich gerade 15–25 und im Westen sogar nur zwischen 6 und 10 Frosttage gezählt. Damit besteht insgesamt eine im Westen höhere, nach Osten etwas abnehmende, aber durchgehend doch recht bemerkenswerte klimatische Eignung für den Anbau von mehrjährigen bzw. von frühen und/oder späten Gemüsekulturen.

Bodengeographisch sind die nördlichen Küstenplateaus vor allem durch Braunerden bzw. leicht lessivierte Braunerden charakterisiert, die sich in einer küstenparallelen, 4–20 km breiten Zone vom mittleren Léon bis zur westlichen Bucht von St. Brieuc sowie weiter im Osten, im Pays de la Rance, über Lößlehmen entwickelt haben und bei hoher Ertragsfähigkeit ein breites Nutzungspotential besitzen. Darüber hinaus gab es in Küstennähe seit jeher gleich mehrere, relativ kostengünstige Möglichkeiten, den Boden durch das Aufbringen ‚mariner' Düngemittel zu verbessern. Hier ist zunächst der *goémon d'épave* zu nennen, d. h. Braunalgen, die am Strand angeschwemmt werden und von den Anrainern ganzjährig gesammelt werden können. Ein weiteres leicht verfügbares Mittel ist der *trez,* ein mit zerbrochenen Muschelschalen durchsetzter Sand, der entweder direkt am Strand oder aber Bänken vor der Küste entnommen wird. Eine dritte

Prof. Dr. Jürgen Dodt – Geographisches Institut der Ruhr-Universität Bochum D-4630 Bochum 1

Möglichkeit bietet schließlich der Einsatz von *maërl*, der – von Kalk(Rot)-algen in Bänken bis zu 30 m Tiefe abgelagert – mit einem $CaCO_3$-Gehalt von 80–85 % sowie hohen Spurenelementanteilen der wertvollste ‚marine' Dünger ist.

Abgesehen vom naturräumichen Potential waren auch die kulturgeographischen Verhältnisse dem Aufkommen und der Entwicklung des Gemüsebaus durchaus förderlich. Schon früh hatten sich in weiten Teilen des nördlichen Küstensaums überdurchschnittliche Einwohnerdichten und speziell auch hohe Dichtewerte der Agrarbevölkerung herausgebildet. Die Betriebsgrößenstrukturen wurden ganz wesentlich von bäuerlichen Klein- und kleinen Mittelbetrieben geprägt, von denen viele – namentlich seit dem Niedergang der in Heimarbeit organisierten Flachs- und Hanfverarbeitung sowie dem parallelen Verfall der entsprechenden Kulturen – ihre Produktion intensivieren mußten, um die betriebliche Existenz zu sichern. Überdies war der nördliche Küstensaum verkehrsmäßig zunächst vor allem über das relativ dichte Netz seiner Häfen, dann über die Eisenbahn und in jüngster Zeit auch über Schnellstraßen jeweils vergleichsweise gut erschlossen und mit potentiellen Absatzgebieten verbunden.

Ausgangspunkt der Entwicklung des Gemüsebaus im nördlichen Küstensaum war der Minihy de Léon, das durch seine Wintertemperaturen besonders begünstigte Gebiet von Roscoff, St. Pol-de-Léon und Santec. Hier hatte seit der zweiten Hälfte des 18. Jahrh. – angeregt und gefördert durch den Bischof von St. Pol – der Anbau von Frühkartoffeln und verschiedenen Gemüsearten, darunter namentlich Zwiebeln, Blumenkohl und anderes Kohlgemüse, Fuß gefaßt. Eingangs des 19. Jahrh. waren diese Kulturen soweit etabliert, daß die Bauern des Minihy nicht nur die Märkte der engeren Umgebung beschickten, sondern ihre Produkte bald auch in entferntere Städte, so erstmals 1830 nach Paris, lieferten. Zudem schuf ab 1828 der *commerce des johnies*, ein Hausierhandel, bei dem Bauern und Landarbeiter von Juli/August bis Dezember ihre Zwiebelernte in Südengland, später auch in Wales und Nordengland anboten, erste Marktbeziehungen nach Großbritannien.

Um die Mitte des 19. Jahrh. war der Gemüsebau vor allem mit den Zwiebeln als ‚Pionierkultur' zwar auch schon in benachbarten Küstengemarkungen zu finden; einen weiteren, nachhaltigen Aufschwung löste indessen erst der Anschluß an das Eisenbahnnetz zwischen 1883 (Morlaix) und 1889 (St. Pol) aus. So bildeten nach der Jahrhundertwende die Gemarkungen von Roscoff, St. Pol und Santec unter Einbezug der nach Westen anschließenden küstennahen Gemarkungsteile von Plougoulm und Sibiril eine Zone, in der die Gemüsekulturen, und zwar neben Zwiebeln und Blumenkohl nun auch Artischocken sowie der Frühkartoffelbau zum klar dominierenden Leitzweig der Betriebssysteme geworden waren. Hieran schloß nach Westen, bis Plouescat, und nach Süden, bis Plouénan, eine Zone mit noch untergeordnetem, als Begleitzweig aber durchaus schon bemerkenswertem Gemüsebau an. Insgesamt nahmen die Gemüsekulturen wohl eine Fläche von gut 1000 ha ein, und alljährlich fuhren nun rund 1200 *johnies* auf Hausierfahrt nach England.

Parallel hatten sich seit den 1880er Jahren aber auch weitere Gebiete mit einer Spezialisierung auf Früh- und Intensivkulturen herausgebildet. Hierzu gehörte einmal im östlichen Trégor zwischen den Riasmündungen von Jaudy und Trieux der Raum um Lézardrieux, wo nach dem Vorbild des Minihy – und zum Teil von Abwanderern aus Roscoff getragen – der Anbau von Frühkartoffeln, Blumenkohl und Artischocken aufgenommen wurde. Im inneren Winkel der Bucht von St. Brieuc kamen die Gemarkungen von Yffiniac, Hillion und Langueux mit einer Spezialisierung auf Zwiebel-, bedingt auch Artischockenkulturen hinzu. Schließlich hatten sich im Pays de la Rance auf der Halbinsel von Cancale dank der Initiative eines mit den Verhältnissen auf Jersey vertrauten einheimischen Landwirtes wiederum Frühkartoffelkulturen und in deren Gefolge sehr schnell auch der Anbau von Blumenkohl entwickelt.

Zwischen den beiden Weltkriegen dehnte sich der Gemüsebau zwar weiter aus. Im Raum Roscoff – St. Pol wuchsen die Anbauflächen bei anhaltender Verdichtung der Kulturen im Kerngebiet und weiterem Vordringen in südliche und westliche Randgebiete auf annähernd das Dreifache, und auch im östlichen Küstensaum, im Trégor und auf der Halbinsel Cancale, gab es ein ähnliches Wachstum. Daß der Gemüse- und Frühkartoffelbau nicht noch stärker expandierte, war letztlich eine Konsequenz der seit den ausgehenden 20er Jahren von Großbritannien praktizierten, zunehmend restriktiven Schutzzollpolitik. Sie verursachte einen drastischen Rückgang des Absatzes auf dem bis dahin für die nordbretonischen Gemüsebaugebiete wichtigsten Markt und zwang zu einer Neuorientierung auf den französischen Binnenmarkt, die sich allerdings wegen der unzureichenden Verkehrsanbindungen bei gleichzeitiger Konkurrenz anderer Liefergebiete innerhalb des Landes sehr schwierig gestaltete.

Während des Zweiten Weltkrieges wurde die Bretagne freilich zu einem der wichtigsten Lieferanten von Nahrungsgütern für das besetzte Frankreich, und dies gab auch dem Gemüsebau neue Impulse. So waren bis in die frühen 50er Jahre allein im Umkreis des Minihy die Anbauflächen auf 8 000–9 000 ha angewachsen, und auch in den übrigen Anbaugebieten hatte eine entsprechende Expansion stattgefunden. Diese Entwicklung hielt auch in der Folgezeit an: Klammert man einzelne Jahre mit i.d.R. witterungsbedingten Schrumpfungen der Gemüsekulturen aus, so wurden die Areale des Gemüsebaus bis eingangs der 70er Jahre recht kontinuierlich pro Jahr um durchschnittlich jeweils 4–5 % vergrößert. Danach gingen die Wachstumsraten bei insgesamt weniger gleichmäßiger Entwicklung auf mittlere jährliche Werte um 2 % zurück. Insgesamt nahmen die Anbauflächen der Gemüsekulturen so zu, daß sie heute je nach statistischer Quelle (I.N.S.E.E., Regionalbehörden des Landwirtschaftsministeriums, Landwirtschaftskammern, Genossenschaftsorganisationen) doch wenigstens 35 000 ha umfassen und damit gut dreimal so groß sind wie in den frühen 50er Jahren.

Waren anfänglich neben den Frühkartoffeln die Zwiebeln die ‚Pionierkultur' der Entwicklung, so trug schon bald vor allem der Blumenkohl zur Expansion der Gemüsebauflächen bei. Mitte der 50er Jahre nahm er rund 10 000–11 000 ha ein, und inzwischen sind es wenigstens 25 000–27 000 ha, so daß sich sein Anteil an der gesamten Feldgemüsebaufläche der nördlichen Bretagne von rund 50–60 auf fast 70 % erhöht hat. Die bedeutendste Sorte ist nach wie vor der *chou brocoli*, eine winterfeste Varietät des Blumenkohls, die – sortenabhängig – nach der Aussaat von April bis Juni im Juli und August ausgepflanzt und ab Mitte Dezember bis Ende Mai geerntet wird (Abb. 1). Daneben hat aber auch der einjährige, je nach Sorte von Anfang Juli bis Anfang August ausgepflanzte und von Mitte September bis Ende Januar zu erntende Herbstblumenkohl (Abb. 1) an Boden gewonnen.

Neben dem Blumenkohl haben sich an zweiter Stelle auch die Flächen der Artischockenkulturen kräftig ausgedehnt. Im Maximum eingangs der 70er Jahre waren sie gegenüber den frühen 50er Jahren mehr als dreimal so groß, und auch gegenwärtig sind sie – nach einem leichten, vor allem durch verändertes Konsumverhalten in Frankreich bedingten Rückgang – gut zweieinhalbmal größer. Damit hat sich der Anteil dieser mehrjährigen Kulturen, die, zwischen März und Mai angepflanzt, erstmals von Anfang September bis in den Dezember, dann im zweiten Jahr im April/Mai und Juli/August sowie ab dem dritten Jahr jeweils von Mai bis Juli abgeerntet werden können (vgl. Abb. 1), von einem Fünftel auf ein Drittel und inzwischen immer noch gut ein Viertel der Gemüsebauflächen erhöht.

Unter den übrigen Feldgemüsen sind die traditionellen Zwiebelkulturen absolut wie relativ zurückgegangen. Zugleich haben jedoch vor allem in jüngster Zeit neue Produkte, so Lauch, Karotten, Chicorée, Knoblauch, Schalotten oder verschiedene Salate,

aber auch Schnittblumen- und Blumenzwiebelkulturen, an Boden gewonnen. Insgesamt ist ihr Flächenanteil jedoch noch recht bescheiden.

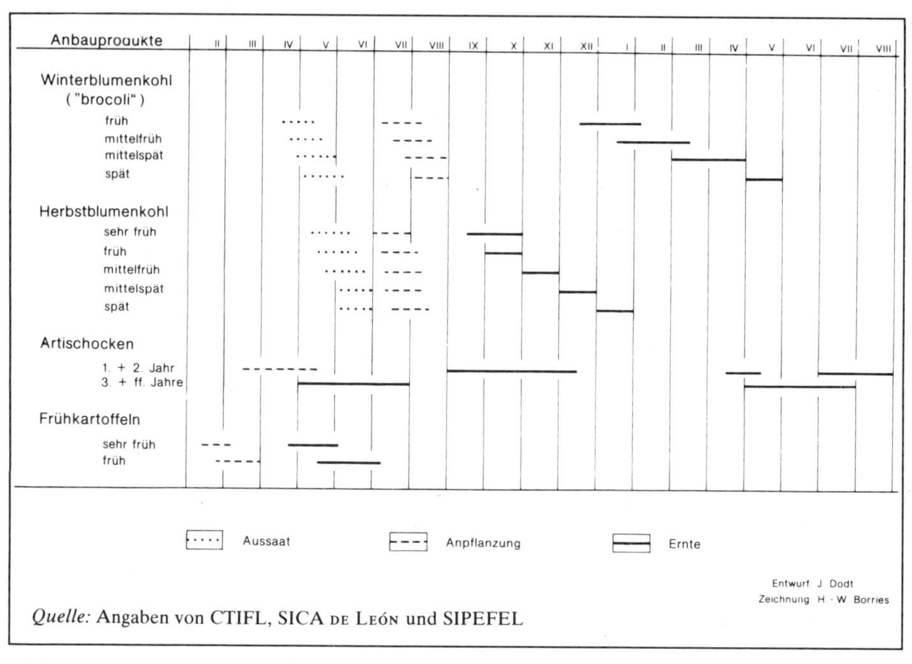

Quelle: Angaben von CTIFL, SICA DE LEÓN und SIPEFEL

Abb. 1: Anbaukalender der Gemüse- und Frühkartoffelkulturen in der nördlichen Bretagne
Calendrier pour les cultures maraîchères et de pommes de terre primeurs dans le nord de la Bretagne

In regionaler Differenzierung hat unter den nordbretonischen Gemüsebaugebieten die *zone légumière* des Léon ihre traditionelle Führungsrolle nicht nur bewahren, sondern noch weiter ausbauen können. Im ursprünglichen Kerngebiet des Minihy und in den unmittelbar angrenzenden, schon früh vom Gemüsebau erfaßten westlichen wie auch östlichen Küstengemeinden nehmen die Gemüsekulturen mittlerweile wenigstens 40 %, in der Regel sogar über 50 % bis zu maximal 75 % der landwirtschaftlichen Nutzflächen ein, und ähnliches gilt für weitere Gemarkungen des westlichen Pays Pagan, so etwa Kerlouan oder Plounéour-Trez (vergl. Abb. 2). Hier hat sich inzwischen eine Zone des monokulturartigen, reinen Feldgemüsebaus, nach A. MEYNIER (1976: 76) eine *zone super-pure*, herausgebildet – ein Gebiet, in dem die agrarischen Betriebssysteme praktisch allein von den Gemüsekulturen bestimmt werden. Hieran schließt landeinwärts und nach Osten bis Locquirec an der westlichen Baie de Lannion eine Zone an (vergl. Abb. 2), in der immerhin noch 20–40 % der Nutzflächen auf den Gemüsebau entfallen, dieser also die Betriebssysteme durchaus noch so stark prägt, daß von einer Zone dominanten Gemüsebaus, einer *zone pure* (MEYNIER 1976), gesprochen werden kann.

Wichtigste Kultur der Zone des reinen Gemüsebaus ist die Artischocke, die an Klima und Boden vergleichsweise hohe Anforderungen stellt; sie nimmt hier bis zu 60 % der Gemüsebauflächen ein. Darüber hinaus hat sich gerade in jüngster Zeit eine wachsende Zahl von Kleinst- und Kleinbetrieben dem Anbau anderer, ‚neuer' Intensivkulturen zugewandt, wobei es örtlich mittlerweile zu verschiedenen Spezialisierungen gekommen ist, so in Kerlouan auf Chicorée-Kulturen oder in Plounéour-Trez auf den Anbau von

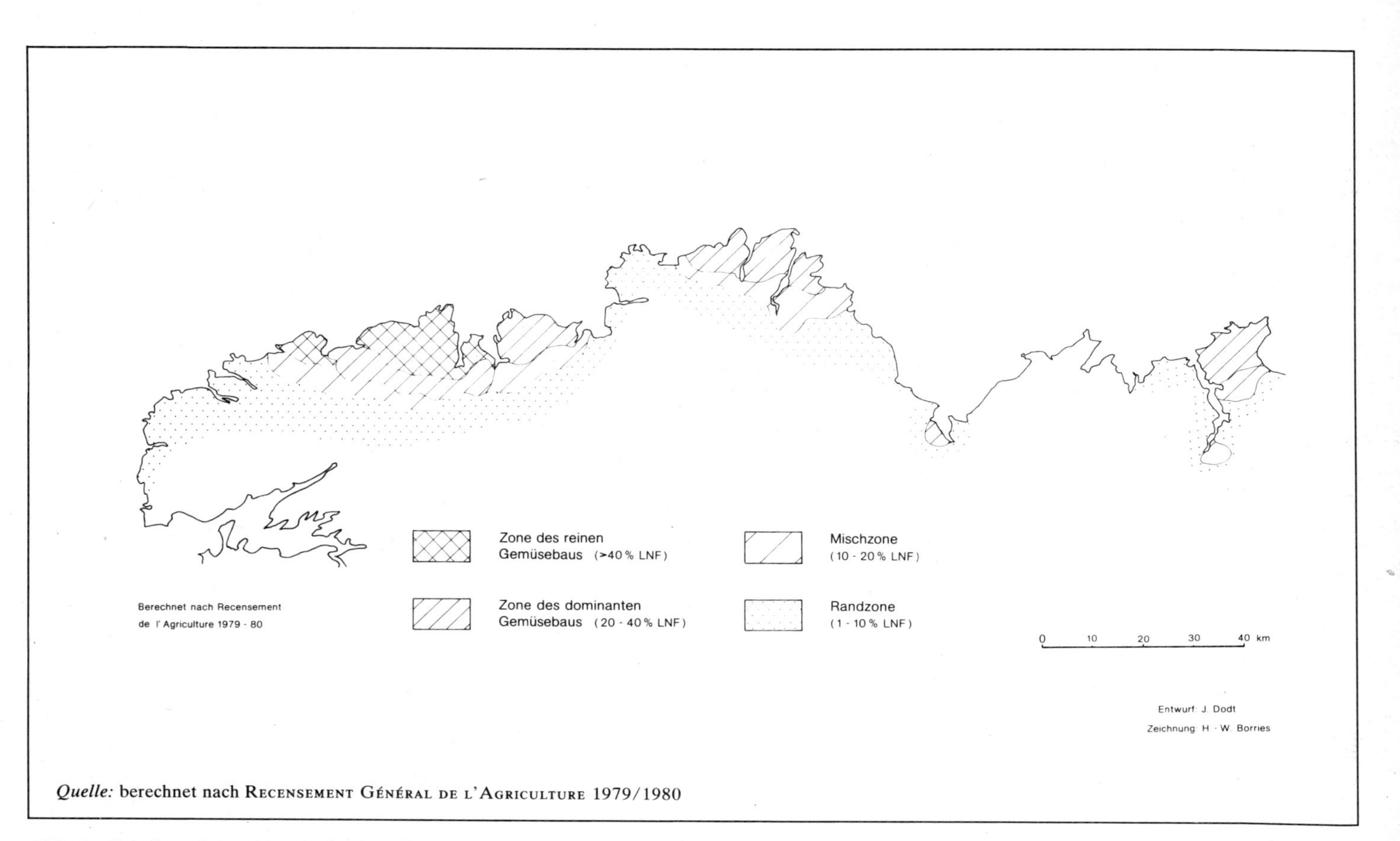

Quelle: berechnet nach Recensement Général de l'Agriculture 1979/1980

Abb. 2: Gemüseanbaugebiete in der Nordbretagne
Zones de culture maraîchère dans le nord de la Bretagne

Knoblauch. Verstärkt haben dabei neuerdings Unter-Glas-Kulturen an Boden gewonnen. Auch in der Zone des dominanten Gemüsebaus hat der Anbau von Artischocken mit Anteilen von 30–35 % noch einen hohen Stellenwert. Dies gilt jedoch nur für die relativ frostsicheren, d. h. meeresnahen, Bereiche dieser Zone. Mit wachsender Entfernung von der Küste nimmt dagegen der Blumenkohl zunehmend größere Flächen ein.

In der vor allem zum Landesinneren, aber auch im weiteren Küstenverlauf nach Westen und Osten anschließenden *zone mixte* (Meynier 1976), einer Zone, in der die Feldgemüse noch zwischen 10 und 20 % der agrarischen Nutzflächen einnehmen, sind Artischocken nur ausnahmsweise, an besonders begünstigten Standorten zu finden. Die vorherrschende Gemüseart ist hier der Winterblumenkohl. Dieser fungiert schließlich – entgegen der Darstellung von P. Flatrès (1963: 41 bzw. 1973: 404) – auch in der Rand- und Übergangszone, in der noch 1–10 % (d. h. in den meisten Gemarkungen um 5 % und weniger) der Nutzflächen auf Gemüsekulturen entfallen, als ‚Leitpflanze' des Feldgemüsebaus; dabei geht mit wachsender Distanz von der Küste die Sortenvielfalt deutlich zurück, und es dominieren die mittel- und spätreifenden *brocoli*-Varietäten.

Insgesamt hat sich damit im Léon ein Gemüsebaugebiet herausgebildet, in dem unter Vernachlässigung kurzfristiger Schwankungen rund 70–75 % der nordbretonischen Anbauflächen von Feldgemüse konzentriert sind. Das Gebiet greift – wie Abb. 2 verdeutlicht – inzwischen bis zu 15 und mehr Kilometer weit landeinwärts, erreicht also fast den Fuß der Monts d'Arrée, und es erstreckt sich an der Küste von der Côte des Abers im Westen über gut 100 km nach Osten bis zur Baie de Lannion, wo es mittlerweile fast nahtlos in die *zone légumière* des Trégor übergeht.

Dieses zweite Anbaugebiet verläuft – wie Abb. 2 zu entnehmen – inzwischen küstenparallel nach Osten bis in den Raum Étables-sur-Mer an der Baie de St. Brieuc, und es reicht beiderseits des Jaudy und des Trieux ebenfalls gut 10–15 km weit in das Landesinnere. Wie im Léon wird in der Rand- und Übergangszone mit nur sporadischem Gemüsebau sowie in der anschließenden Mischzone mit größerer Bedeutung der Gemüsekulturen in der Flächennutzung und Fruchtfolge nahezu ausschließlich der Winterblumenkohl mit seinen später reifenden Sorten angebaut.

Im küstennahen Kerngebiet, das von Trévou-Tréguignec unweit Perros-Guirec im Westen über die halbinselartigen Küstenvorsprünge westlich des Jaudy und östlich des Trieux bis in den Raum von Paimpol im Osten reicht, haben die Gemüsekulturen trotz recht kontinuierlichen Flächenwachstums bis in die jüngste Zeit zwar noch nicht ein solches Gewicht, daß sie die Betriebssysteme allein bestimmen; es ist hier also noch keine *zone super-pure* entstanden. Zusammen mit dem Frühkartoffelbau, der im Trégor – anders als im Léon – nach wie vor eine gewichtige Rolle spielt, fungiert der Feldgemüsebau jedoch klar als Leitzweig. Hauptkultur ist dabei wiederum der Winterblumenkohl, hier nun mit dem gesamten Spektrum seiner unterschiedlich reifenden Sorten. Daneben werden in der *zone pure* Artischocken angebaut. Sie haben bei insgesamt deutlich geringeren Flächenanteilen als im Léon ihren Anbauschwerpunkt im Bereich östlich des Trieux, vor allem in den Gemarkungen von Paimpol und Ploubazlanec, und sie werden – klimabedingt – über einen gegenüber dem Léon etwas verkürzten Zeitraum geerntet. Bestrebungen zur Diversifizierung der Gemüsekulturen sind mittlerweile zwar auch zu beobachten; sie gehen bis jetzt jedoch kaum über Ansätze hinaus. – Insgesamt entfallen damit heute rund 13–14 % der nordbretonischen Gemüsebauareale auf die *zone légumière* des Trégor.

Drittgrößtes Gebiet ist mit etwa 10 % der nordbretonischen Feldgemüseflächen das Pays de la Rance. Auch hier hat sich – ähnlich wie im Trégor – noch keine *zone super-pure* entwickelt (vergl. Abb. 2). In den nördlichen Gemarkungen der Halbinsel von Cancale nehmen die Gemüsebaukulturen im Durchschnitt der letzten Jahre jedoch fast 40 % der landwirtschaftlichen Nutzflächen ein. An diesen Bereich dominanten Gemüsebaus mit dem Zentrum St. Méloir-des-Ondes schließt nach Süden eine schmale Mischzone an. Vereinzelter, vielfach konjunkturell gesteuerter und daher sehr stark variierender Gemüsebau findet sich schließlich in einer Randzone, die sich heute auch auf den linken Ufersaum der Rance-Mündung und sogar auf die Côte d'Emeraude um Dinard ausgedehnt hat.

Das bedeutendste Feldgemüse ist auch hier der Blumenkohl, allerdings nicht – wie in den beiden westlichen Zonen – der winterfeste *chou brocoli*, sondern – klimabedingt – der traditionell auf das Rance-Gebiet beschränkte Herbstblumenkohl (Versuche, diesen auch im Westen zu kultivieren, sind inzwischen wieder aufgegeben worden). Er wird mit seinen verschiedenen Sorten in der Regel als Nachfrucht auf den ab Mitte Mai bis spätestens Ende Juni geräumten Frühkartoffelschlägen angebaut. Dabei beansprucht der Blumenkohl im allgemeinen zwischen zwei Drittel und drei Viertel der Areale des Frühkartoffelbaus. Als zweites Feldgemüse werden in der *zone pure* seit längerem auch Artischocken kultiviert. Diese waren allerdings nach verheerenden Frostschäden 1962/63 zeitweilig fast ganz verschwunden, und sie haben trotz kontinuierlicher Neuanpflanzungen ihre frühere Bedeutung (noch) nicht wiedererlangt. So werden sie heute in der Anbaufläche längst von ‚neuen' Gemüsen übertroffen. Unter diesen spielen vor allen der ebenfalls als Nachfrucht auf geräumten Frühkartoffelfeldern angebaute und zwischen Januar bis März erntereife Lauch sowie die gleichfalls zwischen Januar und März bzw. April zu erntenden Karotten eine besondere Rolle. Darüber hinaus haben – auch außerhalb der *zone pure* – weitere Kohlarten, so Rosen- und Rotkohl, Salate und Petersilie kräftig an Boden gewonnen.

Das vierte und schon immer kleinste Gemüsebaugebiet des nordbretonischen Küstensaumes, der Raum Langueux – Yffiniac im Inneren der Baie de St. Brieuc, hat im Vergleich zu den übrigen Gebieten bis heute nur eine geringe Entwicklungsdynamik gezeigt (vergl. Abb. 2). Die Anbauflächen wurden nur wenig erweitert. Zu den traditionellen Zwiebelkulturen ist im wesentlichen lediglich der Anbau von Karotten und Bohnen, speziell weißen Zwergbohnen, hinzugekommen, denn der sonst vor allem für die Südbretagne charakteristische Anbau von Erbsen als Industriegemüse wurde vor wenigen Jahren aufgegeben, als die entsprechende Konservenfabrik schloß. Auch der Versuch einer weiteren Diversifizierung durch die Spezialisierung auf Blumenkulturen ist bislang über Anfänge nicht hinausgekommen, so daß dieses Gebiet im Rahmen des gesamten nordbretonischen Gemüsebaus praktisch kaum zu Buche schlägt.

Mit der weiteren Verstärkung des Gemüsebaus in den Kernräumen und seinem Vordringen in immer neue Bereiche nahmen bei gleichzeitiger Verbesserung der Bearbeitungstechniken die erzeugten Gemüsemengen natürlich kräftig zu. Zwar können die Ertragsleistungen in Abhängigkeit von der Witterung erheblich variieren: So verursachten z. B. 1962/63 Fröste bei den empfindlichen Artischocken einen Ernterückgang auf weniger als 10 % und bei den etwas robusteren Blumenkohl-Varietäten auf rund die Hälfte der Produktionsmengen des Vorjahres. Klammert man kleinere Ernteschwankungen aus, so werden gegenwärtig in den nordbretonischen Gemüsebaugebieten durchschnittlich nach Angaben des Landwirtschaftsministeriums ca. 200 000 t, nach den Erhebungen der Erzeugergemeinschaften sogar rund 250 000 t Blumenkohl produziert; das ist etwa das Zweieinhalb- bis Dreifache der in den 50er Jahren produzierten Mengen. Bei den Artischocken lagen die erzeugten Mengen zeitweilig, nämlich Anfang der 70er Jahre, fast beim Vierfachen der in den 50er Jahren erzielten Produktion; inzwischen haben sich die Mengen mit ca. 40 000–50 000 t bzw. – laut Erzeugergemeinschaften – rund 55 000–60 000 t bei einer gegenüber den 50er Jahren annähernd verdoppelten Tonnage eingependelt.

Die Vermarktung der Gemüseernten lag traditionell vor allem in den Händen der *négociants expéditeurs*, d. h. von Händlern, die entweder – bei rund 30 % der Transaktionen – auf den Gemüsemärkten der Anbaugebiete oder aber – in mehr als 50 % der Fälle – über direkte Lieferungen der Produzenten das frisch geerntete Gemüse aufkauften, für die Aufbereitung, also die Reinigung, Sortierung und Verpackung, sorgten und schließlich auch den Versand durchführten bzw. organisierten. Allein im Anbaugebiet des Léon gab es Ende der 50er Jahre zwischen 70 und 80 Gemüsehändler und -versender, unter denen viele über Makler oder Filialen gleichzeitig auch in den übrigen Anbaugebieten vertreten waren. Daneben hatten die spezialisierten Absatzgenossenschaften der Gemüseproduzenten trotz ihrer langen, fast bis zur Jahrhundertwende zurückreichenden Tradition einen – mit rund 20 % des Verkaufsvolumens – nur recht bescheidenen Anteil am Marktgeschehen. Es waren also die Händler, die letztlich die Verkaufspreise bestimmten.

Die für die Existenz der nordbretonischen Gemüsebauern immer kritischere Marktsituation führte ausgangs der 50er Jahre zu einer schnell wachsenden Unzufriedenheit der Bauern, die sich dann 1961 in der spektakulären *Bataille de l'Artichaut* artikulierte und zur Gründung einer ersten *Société d'Intérêt Collectif Agricole*, der S.I.C.A. von St. Pol-de-Léon, führte. Die nordbretonischen Gemüsebauern – so 1962 die Landwirtschaftskammer des Finistère – „ont pris en mains leur destinée". Noch im selben Jahr konnte die S.I.C.A. eine Übereinkunft mit den führenden Händlern erreichen, in der sich diese zur Abnahme allein der Gemüseproduktion der S.I.C.A.-Mitglieder und diese umgekehrt zum Verkauf ihrer Erzeugnisse über die betreffenden Händler verpflichteten. Bis 1967 gelang es der S.I.C.A. von St. Pol, weiteren ‚Syndikaten' und Genossenschaften der Gemüsebauern auch in den anderen Gebieten, eine umfassende gesetzliche Regelung für die Vermarktung der Gesamtproduktion von Blumenkohl, Artischocken (und Frühkartoffeln) durchzusetzen.

Übergeordnete Instanz ist das 1964 gegründete und 1967 in seinen jetzigen Strukturen und Kompetenzen etablierte *Comité Économique Régional des Fruits et Légumes* (C.E.R.A.F.E.L.), ein Verband der von den Gemüseproduzenten getragenen ‚Syndikate' und Genossenschaften, der sich in fünf Fachsektionen, darunter ‚Winterblumenkohl und Artischocken', ‚Herbstblumenkohl', ‚Frühkartoffeln', gliedert und in dessen Verwaltungsrat auch Repräsentanten der Händler und Versender vertreten sind. Innerhalb der Anbaugebiete haben die dort tätigen bzw. ansässigen Erzeugergemeinschaften – im Léon und Trégor sind es vier, im Pays de la Rance drei – die Organisation der Vermarktung übernommen: Sie betreiben mehrere *marchés au cadran*, Märkte, die nach dem Veiling-System arbeiten. Die Hauptmärkte sind St. Pol-de-Léon sowie mit einigem Abstand Paimpol und St. Méloir-des-Ondes. Daneben gibt es jeweils eine Reihe nachgeordneter Märkte, so allein in der *zone légumiere* des Léon sieben.

Sämtliche Erzeuger sind verpflichtet, ihre gesamte Produktion an Blumenkohl, Artischocken, Frühkartoffeln und einigen anderen Gemüsen, etwa Lauch oder Karotten, über diese Märkte anzubieten. Sie können ihre täglichen Erntemengen aufbereitet oder nicht aufbereitet entweder direkt in den Versteigerungshallen oder aber in den Außenstellen anliefern. Da die einzelnen Märkte und viele Außenstellen längst über Funk bzw. Fernschreiber oder neuerdings Zentralrechner miteinander verbunden sind, hat jeder Beteiligte die Möglichkeit, sich zu Beginn der Versteigerung ein Bild vom Umfang und der Qualität des Angebotes zu machen und entsprechend zu disponieren. Der Erzeuger kann bis zu vier Gebote ablehnen; versteigerte Posten liefert er an die Händler. Die Bezahlung erfolgt dann über die für den Betrieb des Marktes verantwortliche Erzeugerorganisation, die vom erzielten Auktionspreis einen Anteil zur Deckung ihrer Betriebskosten einbehält.

Wird bei der Versteigerung ein alljährlich vom *Comité Économique* neu festgesetzter Mindestpreis nicht erreicht, so werden die entsprechenden Posten als unverkäuflich aus dem Markt genommen. Es wird dann versucht, diese Ware zu einem nochmals niedrigeren Preis an die Konservenindustrie abzusetzen. Ist auch dieser, ebenfalls vom *Comité Économique* festgelegte Preis nicht zu erzielen, wird das unverkäufliche Gemüse an das Vieh verfüttert oder aber vernichtet. Der Erzeuger erhält in diesen Fällen eine Entschädigung, die entweder aus dem staatlichen *Fonds d'Orientation et de Régularisation des Marchés Agricoles* (F.O.R.M.A.) oder aber aus den Ausgleichsabgaben der Produzenten an ihre Erzeugergemeinschaften bzw. auch aus beiden finanziert wird.

Über die Organisation der Vermarktung hinaus bemüht sich das *Comité Économique* seit Jahren, durch systematische Marktforschung und gezielte Imagewerbung, die bretonisches Gemüse als Produkt von gleichbleibend hoher Qualität – seit 1970 unter dem Markennamen *Prince de Bretagne* – bekannt machen soll, die Absatzchancen nicht nur in Frankreich, sondern auch im Ausland zu vergrößern. So ist es im großen und ganzen gelungen, die Absatzziffern in einem der expandierenden Produktion durchaus entsprechenden Maße zu erhöhen.

Für Blumenkohl konnte dabei ein beachtlicher Auslandsmarkt erschlossen werden. Mittlerweile gehen zwischen 55 und 60 % des Winter- und auch des Herbstblumenkohls in den Export, und zwar an erster Stelle – mit fast der Hälfte der Ausfuhrmengen – in die Bundesrepublik Deutschland, ferner – mit rund einem Viertel – nach Großbritannien und – mit etwa einem Fünftel – in die Benelux-Länder, darunter namentlich die Niederlande; außerdem haben als Absatzgebiet noch die skandinavischen Länder an Bedeutung gewonnen.

Bei den Artischocken ist es dagegen trotz vieler Werbekampagnen bislang nicht gelungen, den Absatz über den traditionellen französischen Binnenmarkt hinaus wesentlich zu erweitern. Zwar haben die Exporte etwas zugenommen; insgesamt machen sie jedoch nur gerade 5–6 % der vermarkteten Tonnagen aus, wobei Belgien und Luxemburg sowie die Schweiz die Hauptimportländer sind, und sie liegen damit deutlich unter den in der Konservenindustrie verarbeiteten Artischocken, deren Mengenanteil sich auf rund 15 % beziffert.

Neben ihren Funktionen bei der Vermarktung der Gemüseproduktion erfüllen vor allem die großen Erzeugergemeinschaften, so etwa die beiden S.I.C.A. in St. Pol bzw. St. Méloir oder die *Union des Coopératives* in Paimpol, auch verschiedene andere Aufgaben: Sie unterhalten Forschungs- und Versuchsbetriebe, um besser angepaßtes Saat- und Pflanzgut oder effizientere Produktionstechniken zu entwickeln, und sie bieten einen agrartechnisch-betriebswirtschaftlichen Beratungs- und Informationsdienst mit Möglichkeiten der fachlichen Weiterbildung. Ferner können die Mitglieder i.d.R. preisgünstig Dünge-, Pflanzenschutz- und andere Produktionsmittel beziehen. Berücksichtigt man die seit der Neuregelung der Vermarktung gewährleisteten Absatzgarantien, so hat sich damit die Situation des nordbretonischen Gemüsebaus gegenüber den ausgehenden 50er und frühen 60er Jahren zweifellos grundlegend und durchaus zum Besseren verändert.

Dennoch bleiben einige Probleme und Schwierigkeiten. Hierzu gehören ganz wesentlich die relativ ungünstigen betriebsstrukturellen und betriebswirtschaftlichen Gegebenheiten. Zwar hat unter den rund 16 500 Betrieben der Gemüsebaugebiete der Anteil der traditionell dominierenden Kleinst- und Kleinbetriebe, nicht zuletzt dank gezielter strukturverbessernder Maßnahmen wie etwa des Angebotes der *Indemnités Viagères de Départ* (I.V.D.), der Zahlung von Abfindungen und Rentenzuschüssen an ältere Landwirte bei Betriebsaufgabe, seit der zweiten Hälfte der 60er Jahre deutlich abgenommen. Geht man indessen mit J. Tanguy (1958: 164 f.) davon aus, daß bei einer Nutzfläche von 2 ha und weniger auch ein allein auf den Gemüsebau spezialisierter Betrieb kein angemessenes Familieneinkommen erwirtschaften kann, so sind in den Zonen des reinen und des dominanten Gemüsebaus gegenwärtig immerhin noch rund 15–20 % der fast 6 000 Betriebe ohne einen Neben- oder Zuerwerb nicht existenzfähig.

Ähnliches gilt auch für einen Großteil der ebenfalls mit ca. 15–20 % vertretenen Betriebe zwischen 2 und 5 ha. Um den wachsenden Qualitätsanforderungen zu genügen und die Ertragsleistungen zu steigern, mußten die meisten dieser Betriebe – obwohl traditionsgemäß keineswegs rückständig – bemüht sein, ihre Produktionsbedingungen weiter zu verbessern. So verstärkten sie laufend ihre technisch-maschinelle Ausstattung, denn der – sonst in der Bretagne recht häufige – Anschluß an eine *Coopérative d'Utilisation de Matériel Agricole* (C.U.M.A.), einen Maschinenring, findet im Gemüsebau wenig Anklang, da die Geräte jeweils innerhalb relativ kurzer Zeitspannen von allen benötigt werden, wenn die Vermarktungschancen gleich bleiben sollen. Überdies wurden im zunehmenden Umfang Vorleistungen gewerblicher Herkunft, neben dem Treibstoff vor allem Dünge- und Pflanzenschutzmittel, eingesetzt. Um die für alle diese Investitionen und laufenden Sachaufwendungen erforderlichen Mittel aufbringen zu können, müssen namentlich die i.d.R. kapitalarmen kleinen Unternehmen durchgehend hohe Produktionserträge erzielen. Dem steht jedoch – als weiteres Problem – ein nicht unbeträchtliches Anbau- bzw. Marktrisiko entgegen.

Bei aller Gunst der natürlichen Bedingungen kommt es – wie schon angedeutet – vor allem durch Frosteinbrüche, aber auch allzu große Trockenheit und andere Witterungseinflüsse immer wieder zu mehr oder weniger gravierenden Ertragsminderungen, wobei in den von Natur aus für den Gemüsebau weniger geeigneten Randgebieten das Anbaurisiko besonders groß ist, zumal hier den Landwirten oft auch eine hinreichende praktische Erfahrung im Gemüsebau fehlt. Andererseits kann die nachhaltige Expansion der Gemüsekulturen selbst in ‚durchschnittlichen' und erst recht natürlich in guten Jahren sehr schnell bereits innerhalb der Region zur Überproduktion führen und damit ein Überangebot auslösen. Hinzu kommt dann die wachsende Konkurrenz anderer Gemüsebaugebiete, so der südfranzösischen oder der italienischen, die mit ihren Erzeugnissen teilweise noch vor der Bretagne auf den in- und ausländischen Markt drängen. Zwar bleibt bei stockendem Absatz infolge Marktübersättigung die Absatzgarantie zum Mindestpreis. Diese liegt jedoch grundsätzlich unter dem Selbstkostenpreis, so daß die Betriebe bei anhaltenden Absatzproblemen finanzielle Verluste erwirtschaften. Zur Finanzierung ihrer betrieblichen Investitionen müssen sie vielfach Kredite aufnehmen. Selbst in Jahren mit guten Produktionserträgen und Verkaufserlösen können die Unternehmens- und Reingewinne daher vor allem bei den kleineren Betrieben deutlich hinter der Entwicklung des allgemeinen Einkommensstandards zurückbleiben.

Um hier Abhilfe zu schaffen, bedarf es unter anderem weiterer betriebsstruktureller Verbesserungen. Zwar ist damit zu rechnen, daß in den nächsten Jahren weitere Nutzflächen frei werden, denn in den Gemüsebaugebieten sind rund 20 % der Betriebsinhaber inzwischen über 60 Jahre alt und viele unter ihnen haben erklärtermaßen keinen Hofnachfolger. Allein in den *zones super-pures* und *pures* des Léon und des Pays de la Rance gilt dies für fast 15 % aller bzw. über 50 % der von über Sechzigjährigen bewirtschafteten Betriebe, und im Durchschnitt gibt jeder dieser Betriebe eine Nutzfläche von rund 4 ha frei. Darüber hinaus ist bei fast einem Fünftel der Betriebe die Hofnachfolge nicht geklärt, und auch von diesen Unternehmen wird letztlich eine Reihe aufgegeben werden, so daß weitere Flächen für Betriebsaufstockungen zur Disposition gestellt werden könnten. Zunehmend ist jedoch vor allem in Küstennähe eine Nachfrage nach Grundstücken für den Bau von Wohn- sowie speziell von Zweit- und Ferienhäusern zu verzeichnen. Damit sind die traditionell ohnehin schon recht hohen Grundstückspreise auch für Akkerparzellen so angestiegen – A. Cléac'h und N. Piriou berichteten schon 1979 von Beträgen bis zu 250 000 FF/ha –, daß sich die kapitalarmen, oft verschuldeten Gemüsebaubetriebe selbst bei staatlicher Hilfe den Zukauf notwendiger Nutzflächen kaum leisten können.

Wertet man die Bedeutung des Gemüsebaus für die agrarräumliche Entwicklung in der nördlichen Bretagne, so ist zusammenfassend festzuhalten, daß er trotz wiederkehrender Probleme und Schwierigkeiten von Anfang an ein ganz entscheidendes Steuerungs- und Gestaltungselement war und daß er dies bis in die Gegenwart auch geblieben ist. Als die Landwirtschaft in weiten Teilen der Bretagne trotz der unübersehbar positiven Auswirkungen der ‚Ersten Agrarrevolution' noch eine „activité terriblement primitive, aux horizons bornés" war (Le Lannou 1952: 196), demonstrierten die Gemüsebaugebiete bereits andere Entwicklungsmöglichkeiten: Während sonst an extensiven gemischten Betriebssystemen mit primär subsistenzwirtschaftlicher Ausrichtung festgehalten wurde, vollzog sich hier endogen, auf lokale Initiativen hin, eine Intensivierung der Landwirtschaft. Unter systematischer Ausnutzung der Standortgunst spezialisierten sich die Betriebe mehr und mehr auf den ausschließlich marktorientierten Feldgemüsebau.

Die in den ausgehenden 50er Jahren einsetzende ‚Zweite Agrarrevolution' gab zwar auch in den übrigen Landesteilen der Bretagne den Anstoß zur Intensivierung und Spezialisierung sowie, damit einhergehend, zu einer stärkeren Marktorientierung der agrarischen Produktion. In der nördlichen Bretagne gewann jedoch im Verlauf dieser Entwicklung der Gemüsebau nicht nur in seinen tradierten Kerngebieten weiter an Boden, sondern er wurde auch in einer stetig expandierenden Misch- und Randzone zum fest akzeptierten Begleitzweig des Bodennutzungs- und Betriebssystems. Zugleich konnte dank des engagierten Einsatzes der berufsständisch organisierten Bauern erstmals eine umfassende und funktionsfähige Marktregelung durchgesetzt werden, die – nach massivem politischen Druck vom Staat sanktioniert und finanziell unterstützt – die Belange der Erzeuger gebührend berücksichtigt und so wesentlich dazu beiträgt, deren betriebliche Existenzfähigkeit zu sichern.

Überdies setzten sich die Erzeuger-‚Syndikate' und -Genossenschaften in den nordbretonischen Gemüsebaugebieten wie kaum sonst irgendwo aktiv für den infrastrukturellen Ausbau und die allgemeine wirtschaftliche Förderung ihrer Regionen ein. So war beispielsweise die S.I.C.A. von St. Pol die treibende Kraft beim Bau des neuen, gezeitenunabhängigen Hafens von Roscoff. Als sich nach dessen Fertigstellung 1968 keine Reederei fand, die zu den festgelegten Bedingungen den Fährverkehr aufnahm, gründeten die im *Comité Économique* zusammengeschlossenen Gemüse-Erzeugergemeinschaften zusammen mit der Handelskammer des Nordfinistère 1972 eine eigene Schiffahrtsgesellschaft, die *Brittany Ferries.* Sie nahm 1973 mit einem Schiff den Fährverkehr zwischen Roscoff und Plymouth auf. Inzwischen unterhält die Gesellschaft mit fünf Schiffen zusätzlich Fährlinien zwischen St. Malo und Plymouth bzw. Portsmouth, ferner zwischen Plymouth, Roscoff und Santander sowie Roscoff und Cork. Sie leistet so einen Beitrag zur verkehrlichen Erschließung der Region, von der natürlich auch – und gerade – der Gemüsebau profitiert, die zugleich aber den übrigen Wirtschaftszweigen, darunter nicht zuletzt dem Tourismus, zugute kommt. Die Gemüsebauern und ihre berufsständischen Organisationen sind – wie die S.I.C.A. von St. Pol in einer Bilanz 1982 feststellt – „les principaux acteurs d'un développement régional" geworden. – So hat der Gemüsebau in der Vergangenheit wie in der Gegenwart dazu beigetragen, daß immer weitere Abschnitte des nordbretonischen Küstensaums jener naturräumlich begünstigten Zone eines intensiven und spezialisierten Ackerbaus angegliedert wurden, die im agrarräumlichen Gefüge der Halbinsel seit dem 18./19. Jahrh. als küstenparallele *ceinture dorée* hervortritt und die sich nach wie vor durch eine überdurchschnittlich hohe Intensität der Bodennutzung, eine beachtliche Innovationsbereitschaft und eine große Entwicklungsdynamik auszeichnet.

Zusammenfassung

Seit der Mitte der 50er Jahre hat sich die Bretagne im Verlauf eines tiefgreifenden Prozesses agrarstruktureller Veränderungen zu einer der führenden Agrarregionen Frankreichs entwickelt. Zu den Produktionszweigen, die diese herausragende Position begründen, gehört der Gemüsebau. Er umfaßt – mit derzeit jeweils rund einem Viertel der nationalen Produktion – den Anbau der ‚industriellen' Konservengemüse Bohnen und Erbsen in der südlichen Bretagne sowie zum anderen den häuptsächlich auf die Küstenzone der Nordbretagne konzentrierten Anbau von Blumenkohl und Artischocken, bei dem die Region gegenwärtig jeweils rund zwei Drittel der französischen Gesamttonnage erzeugt.

Obwohl der Gemüsebau zum finanziellen Ertrag der bretonischen Landwirtschaft – aufgrund der hohen Zuwachsraten in der Nutzviehhaltung – nur ca. 4–5 % beisteuert, ist er mit einem Anteil von 53 % am Wert der pflanzlichen Produktion der Region der wirtschaftlich mit Abstand bedeutendste Zweig der Bodennutzung, und für seine Anbaugebiete erweist er sich nach wie vor als ein ganz wesentlicher Gestaltungsfaktor.

Die günstigen natürlichen Gegebenheiten, überdurchschnittliche Einwohnerdichten und ungünstige Betriebsgrößenstrukturen, relativ günstige Verkehrsverhältnisse sowie lokale Initiativen waren wichtigen Entwicklungsvoraussetzungen des Gemüsebaus, der bereits in der zweiten Hälfte des 18. Jahrhunderts im Léon einsetzte.

Heute umfaßt der Gemüsebau in der nördlichen Bretagne mindestens 35 000 ha, wobei fast 70 % allein auf Blumenkohl und etwas mehr als 25 % auf Artischocken entfallen. Die ehemaligen ‚Pionierkulturen' Frühkartoffeln und Zwiebeln sowie die neuen Produkte Lauch, Karotten, Chicorée, Knoblauch, Schalotten, Salate, Schnittblumen und Blumenzwiebeln sind nach ihrem Flächenanteil recht bescheiden.

In regionaler Hinsicht sind heute vier Schwerpunktgebiete des Gemüseanbaus zu erkennen, wobei die *zone légumière* des Léon ihre traditionelle Führungsrolle mit rund 70–75 % der gesamten Feldgemüseanbaufläche noch weiter ausbauen konnte.

Entsprechend dem Anteil des Gemüsebaus an der gesamten landwirtschaftlichen Nutzfläche lassen sich jeweils eine Zone des reinen und des dominanten Gemüsebaus *(zone super-pure, zone pure)* sowie eine Misch-*(zone mixte)* und eine Rand- und Übergangszone feststellen (Abb. 2).

Die traditionell vorherrschende und damit preisbestimmende Vermarktung der Gemüseernten durch Händler *(négociants-expéditeurs)* konnte erst in den 60er Jahren durch neue Erzeuger-‚Syndikate' und -Genossenschaften zurückgedrängt werden. Diese setzten sich neben einer für die Erzeuger erfolgreichen und funktionsfähigen Marktregelung auch aktiv für den infrastrukturellen Ausbau und die allgemeine wirtschaftliche Förderung ihrer Regionen ein. Außerdem unterhalten sie heute u. a. Forschungs- und Versuchsbetriebe sowie Beratungs- und Informationsdienste. Ebenso bemühen sie sich durch systematische Marktforschung und gezielte Imagewerbung um die Sicherung des Absatzes in Frankreich selbst, aber auch in den anderen EG-Ländern sowie in Skandinavien. Zu den vielen Problemen und Schwierigkeiten gehören heute neben den Ertragsminderungen durch klimatische Risiken in den für den Gemüsebau weniger geeigneten Randgebieten vor allem die noch immer bestehenden relativ ungünstigen betriebsstrukturellen und betriebswirtschaftlichen Gegebenheiten. Durch gezielte Maßnahmen konnte zwar der Anteil der Kleinst- und Kleinbetriebe unter den rund 16 500 Betrieben deutlich gesenkt werden, dennoch sind unter den fast 6000 Betrieben in der *zone super-pure* und *zone pure* jeweils ca. 15–20 % mit Nutzflächen unter 2 bzw. 2–5 ha, die ohne Neben- oder Zuerwerb kaum existenzfähig sind.

Der Gemüsebau in der nördlichen Bretagne hat in der Vergangenheit wie in der Gegenwart dazu beigetragen, daß immer weitere Abschnitte des Küstensaums einer Zone intensiven und spezialisierten Ackerbau angegliedert wurden, die im agrarräumlichen Gefüge der Halbinsel seit dem 18./19. Jahrhundert als küstenparallele, durch hohe Bodennutzungsintensität, beachtliche Innovationsbereitschaft und eine große Entwicklungsdynamik ausgezeichnete *ceinture dorée* hervortritt.

Résumé

Depuis le milieu des années cinquante la Bretagne s'est transformée au cours d'un processus de mutation profonde des structures agraires en une des plus importantes régions agricoles françaises. Parmi les branches de production sur lesquelles se base sa position extraordinaire figure la culture maraîchère. Elle comprend – avec actuellement environ un quart de la production nationale – la culture des légumes de conserve (haricots et petits pois) au sud de la Bretagne, ainsi que la culture de choux-fleurs et d'artichauts qui se concentre principalement sur la zone littorale de la Bretagne septentrionale et qui constitue actuellement environ deux tiers du tonnage global français.

Bien que la culture maraîchère ne contribue que par environ 4 à 5 % aux revenus de l'agriculture bretonne, à cause des taux élevés de croissance de l'élevage, elle est la branche d'utilisation du sol qui, sous l'aspect économique, est de loin la plus importante. Elle fournit 53 % de la valeur de la production végétale de la région, et elle marque fortement ces paysages agricoles.

Les conditions naturelles favorables, de fortes densités de population et les tailles défavorables des exploitations, des conditions de circulation relativement favorables ainsi que des initiatives locales furent des conditions importantes pour le développement de la culture maraîchère, qui avait démarré dès la deuxième moitié du 18ième siècle dans le Léon.

Aujourd' hui la culture maraîchère de la Bretagne septentrionale s'étend sur au moins 35 000 ha, dont 70 % pour les choux-fleurs et un peu plus de 25 % pour les artichauts. Les anciennes „cultures pionnières“, les pommes de terre primeurs et les oignons, ainsi que les nouveaux produits tels que poireau, carottes, endive, ail, échalotes, salade, fleurs coupées et bulbes occupent relativement peu de surface. Du point de vue régional on peut distinguer quatre zones principales. La zone légumière du Léon renforce sa position traditionnellement en tête avec environ 70–75 % de l'ensemble de la surface cultivée.

Considérant la part de la culture maraîchère par rapport à l'ensemble de la surface agricole utile on peut distinguer une zone super-pure et une zone pure ainsi qu'une zone mixte et une zone marginale et transitoire (fig. 2). La commercialisation des récoltes maraîchères par des négociants-expéditeurs qui déterminaient le niveau des prix n'a pu être modifiée que dans les années soixante par de nouveaux syndicats et coopératives de production. Ceux-ci se sont employés non seulement à créer une organisation du marché fonctionnelle et favorable aux producteurs, mais encore à l'amélioration de l'infrastructure et au développement économique général de leur région. En outre ils entretiennent aujourd'hui des centres de recherches et des exploitations-pilotes ainsi que des services de consultation et d'information. De même ils s'efforcent, par l'analyse systématique des marchés et une publicité bien orientée, d'assurer la vente en France, mais également dans les autres pays-membres de la Communauté Européenne et en Scandinavie. Ce sont surtout les structures d'exploitation et les conditions économiques toujours relativement défavorables qui constituent aujourd'hui un des nombreux problèmes à côté des diminutions du rendement causées par les risques climatiques dans les régions marginales peu favorables à la culture maraîchère. Par des mesures bien orientées on a pu réduire sensiblement la part des petites exploitations parmi les 16 500 exploitations environ. Mais parmi les 6000 exploitations de la zone super-pure et de la zone pure, il y en a environ 15–20 % ayant des surfaces utiles de moins de 2, oou 2 à 5 ha; elles ne peuvent guère exister sans revenu complémentaire.

La culture maraîchère dans la Bretagne septentrionale a contribué à ce que des parties de plus en plus vastes du littoral soient intégrées dans une agriculture intensive et spécialisée. Elles s'individualisent dans l'espace rural de la péninsule depuis le 18/19ième siècle en tant que *ceinture dorée,* se caractérisant par une grande intensité d'utilisation du sol, une disposition considérable à des innovations et une grande dynamique de développement.

Literatur

André, E.: Vers une nouvelle orientation du système de culture dans la zone légumière du Nord-Finistère. In *Bulletin d'Engrais* (1963)87–90.

André, E.: La production de l'artichaut et du chou-fleur en Finistère. In *XVIIe Congrès National des Maraîchers, Brest Sept. 1965* (Quimper 1965)59–63.

Brekilien, Y.: La vie quotidienne des paysans en Bretagne au XIXe siècle. Paris 1966 (= *La vie quotidienne*).

Canevet, C.: L'évolution récente de l'agriculture en Bretagne – de l'agriculture paysanne à une agriculture intégrée dans le mode de production capitaliste. In Groupe de Recherches Bretonnes (Hrsg.) (1976)54–107.

Canevet, C. et al: Géographie de la Bretagne, Rennes 1976.

Centre Technique Interprofessionnel des Fruits et Légumes: Le chou-fleur – Dossier économique. Paris 1966.

Centre Technique Interprofessionnel des Fruits et Légumes: L'artichaut – Dossier économique. Paris 1967.

Chombart de Lauwe, J.: Bretagne et Pays de la Garonne – Évolution agricole comparée depuis un siècle. Paris 1946.

Cléac'h, P. et Piriou, N.: La culture de l'endive dans le Nord-Finistère. In *Norois* 26(1979) 391–399.

Diehl, M.R.: Quelques aspects de l'agriculture bretonne. In *Conférences Universitaires de Bretagne* (Rennes 1944)199–208.

Direction Départementale de l'Agriculture – Côtes-du-Nord: Recensement général de l'agriculture 1979/80 – Résultats communaux rapides. St. Brieuc 1980.

Direction Départementale de l'Agriculture – Finistère: Recensement général de l'agricultu re 1979/80 – Résultats communaux rapides. Quimper 1980.

Direction Départementale de l'Agriculture – Ille-et-Vilaine: Recensement de l'agriculture 1979/80 – Résultats communaux rapides. Rennes 1980.

Dodt, J.: Die Bretagne – eine landeskundliche Skizze. In *Bochumer Geographische Arbeiten* 7 = Zur 50. Wiederkehr des Gründungstages der Geologischen Gesellschaft zu Bochum (1970)59–80.

Dodt, J.: Neuere Strukturwandlungen der Landwirtschaft in der Bretagne. In *Zeitschrift für Agrargeographie* 2(1984)220–256.

Flatres, P.: La deuxième ‚Révolution agricole' en Finistère. In *Etudes rurales* 9(1963)5–56 (in deutscher Übersetzung: Die zweite ‚Agrarrevolution' in Finistère. In Ruppert, K. (Hrsg.): Agrargeographie. Darmstadt 1973: 356–424 *(Wege der Forschung* 171).

Groupe de Recherches Bretonnes (Hrsg.): L'agriculture en Bretagne, dynamisme ou domination. Morlaix 1976.

Guinaudeau, C.: Nouvelles introductions en culture intensive. In *XVIIe Congrès National des Maraîchers, Brest Sept. 1965* (Quimper 1965) 47–49.

Guitan-Ojea, F. et Coppenet, M.: Étude des principaux types de sols de Bretagne. In *Annales Agronomiques* (1963)195–218.

Hamon, N.: Le Minihy de Léon. In *Annales de Bretagne* 49(1942)5–20.

HARTKE, W.: Die Gemüsebaugebiete an der französischen Nordwestküste. In *Zeitschrift für Erdkunde* 9(1941)532–539.
I.N.S.E.E. (= Institut National de la Statistique et des Études Économiques): Annuaire statistique régional. Rennes 1958, 1966, 1973, 1980.
LAZENNEC, R. et LAZENNEC, M.-P.: Les paysages agraires du Léon. In *Norois* 17(1970)404–412.
LE LANNOU, M.: Géographie de la Bretagne – 2 vols.. Rennes 1950, 1952.
MALLET, S.: A propos de syndicalisme agricole finistérien. In *Etudes Rurales* 5/6(1962)56–61.
MEYNIER, A.: Atlas et géographie de la Bretagne. o.O. (Paris) 1976.
OGÈS, L.: L'agriculture dans la Finistère au milieu du XIXe siècle. Quimper 1949.
PHILIPPONNEAU, M.: Debout Bretagne! St. Brieuc 1970.
PLETSCH, A.: Entwicklungshemmnisse und Entwicklungsimpulse in der Bretagne. In *Zeitschrift für Wirtschaftsgeographie* 21(1977)129–140.
PLEVEN, R.: Avenir de la Bretagne. Paris 1961.
TANGUY, J.: La survie de la petite exploitation rurale dans le cadre de quelques communes littorales du Léon. In *Études de géographie rurale (1958)159–168.*
VALLAUX, C.: La Basse-Bretagne – étude de géographie humaine. Paris 1907.

Behörden und Organisationen, die Auskünfte erteilen sowie Unterlagen und unveröffentlichte Statistiken zur Verfügung stellten:

CHAMBRE D'AGRICULTURE Côtes-du-Nord(Plérin), Finistère(Quimper), Ille-et-Vilaine(Rennes).
CHAMBRE DE COMMERCE ET D'INDUSTRIE de Morlaix (Morlaix).
COMITÉ ÉCONOMIQUE AGRICOLE RÉGIONAL des Fruits et Légumes de Bretagne (Morlaix).
DIREKTION DÉPARTEMENTALE DE L'AGRICULTURE Côte-du-Nord (St. Brieuc), Finistère (Quimper), Ille-et-Vilaine (Rennes).
I.N.S.E.E. (= Institut National de la Statistique et des Etudes Économiques) (Rennes).
SERVICE RÉGIONAL DE LA STATISTIQUE AGRICOLE (Rennes).
SICA de Saint-Pol-de-Léon (Kerisnel-St. Pol).
SOCIÉTÉ INTERPROFESSIONNELLE DES PRODUCTEURS ET EXPÉDITEURS des Fruits, Légumes, Bulbes et Fleurs d'Ille-et-Vilaine (Saint-Méloir-des-Ondes).
UNION DES COOPÉRATIVES PAIMPOL ET TRÉGUIER (La Paimpolaise, La Perrosienne, Paimpol).

Karl Eckart

Veränderungen in der Milch- und Molkereiwirtschaft der Bundesrepublik Deutschland seit dem Zweiten Weltkrieg

In unaufhaltsamem Tempo hat sich in der Bundesrepublik Deutschland neben allen anderen Wirtschaftszweigen auch die Landwirtschaft verändert. Das gilt nicht nur für die landwirtschaftlichen Betriebe, sondern auch für die Einrichtungen zur Verarbeitung landwirtschaftlicher Produkte, wie z. B. Mühlen und Molkereien. Beide haben sich in ihrem äußeren Bild, in ihrem inneren Aufbau und ihren räumlichen Verflechtungen stark gewandelt.

In dem vorliegenden Beitrag sollen regionale und strukturelle Konzentrationen in der Milch- und Molkereiwirtschaft der Bundesrepublik Deutschland vorgestellt werden. Der erste Teil zeichnet die Entwicklung nach und bietet eine Bestandsaufnahme, während im zweiten Teil auf die Ursachen für die Strukturwandlungen eingegangen wird. Die Einordnung der Milch- und Molkereiwirtschaft der Bundesrepublik Deutschland in die der EG soll die Darstellung abrunden.

Vor dieser Darstellung ist jedoch zu beachten, daß erstmals 1955 auf dem Molkereisektor eine Strukturerhebung stattgefunden hat. Aufgrund der *Richtlinie des Rates der EG* (Mönning und Hafenmayer 1981: 13) ist die Erhebung seit 1973 mit dreijährigem Rhythmus nach einheitlichen Kriterien durchzuführen. Für die Bundesrepublik Deutschland bedeutet dies eine Trennung nach Molkereiunternehmen und Molkereibetrieben.[1,2] Die Ergebnisse der Molkereistrukturerhebungen ab 1973 sind deshalb mit denen der Vorjahre nur z. T. vergleichbar. Dazu kommt, daß mit den Strukturerhebungen ab 1973 keine Einteilung mehr nach Hauptbetriebsarten erfolgt. Es wird nur nach der Herstellung gruppiert, z. B. Herstellung von Milchpulver, Kondensmilch, Butter und Käse nach Größenklassen. Das bedeutet aber, daß nun die Betriebe bzw. Unternehmen mehrfach gezählt werden, je nach Anzahl der Produkte. Der Vorteil liegt in der Erfassung aller Betriebe bzw. Unternehmen, die ein bestimmtes Produkt herstellen (Mönning und Hafenmayer 1981: 13).

1. Entwicklung und Regionale Verteilung der Zahl der Molkereibetriebe und -unternehmen im Überblick

Wenn man die Entwicklung der Anzahl der Molkereibetriebe seit 1955 betrachtet, dann wird die große Veränderung in diesem Bereiche deutlich (Abb. 1a). Die Zahl der Betriebe verminderte sich von 3.153 (1955) auf 1.274 (1970). 1979 betrug sie sogar nur noch 780. In den einzelnen Betriebsgrößenklassen kann man ebenfalls ihre unterschied-

Prof. Dr. Karl Eckart – Abt. Geographie des Fachbereichs 6 der Universität/GHS D–4100 Duisburg

[1] Als Unternehmen bezeichnet man jede rechtliche selbständige Wirtschaftseinheit. Sie hat folgende Eigenschaften: eigenes Vermögen, eigenes Rechnungswesen, eigenes Risiko. Das Unternehmen kann aus einem oder mehreren Betrieben bestehen. Zum Beispiel besteht die *Milchversorgung Rheinland* aus den Betrieben Köln, Kuchenheim, Bonn, Aachen usw. (BMELF 1979: 7).

[2] Unter Betrieb versteht man jede organisatorisch getrennte Produktionseinheit eines Unternehmens, in der die Herstellung von Konsummilch oder Milcherzeugnissen erfolgt. Wenn die Unternehmung nur aus einem Betrieb besteht, sind Betrieb und Unternehmen identisch (BMELF 1979: 7).

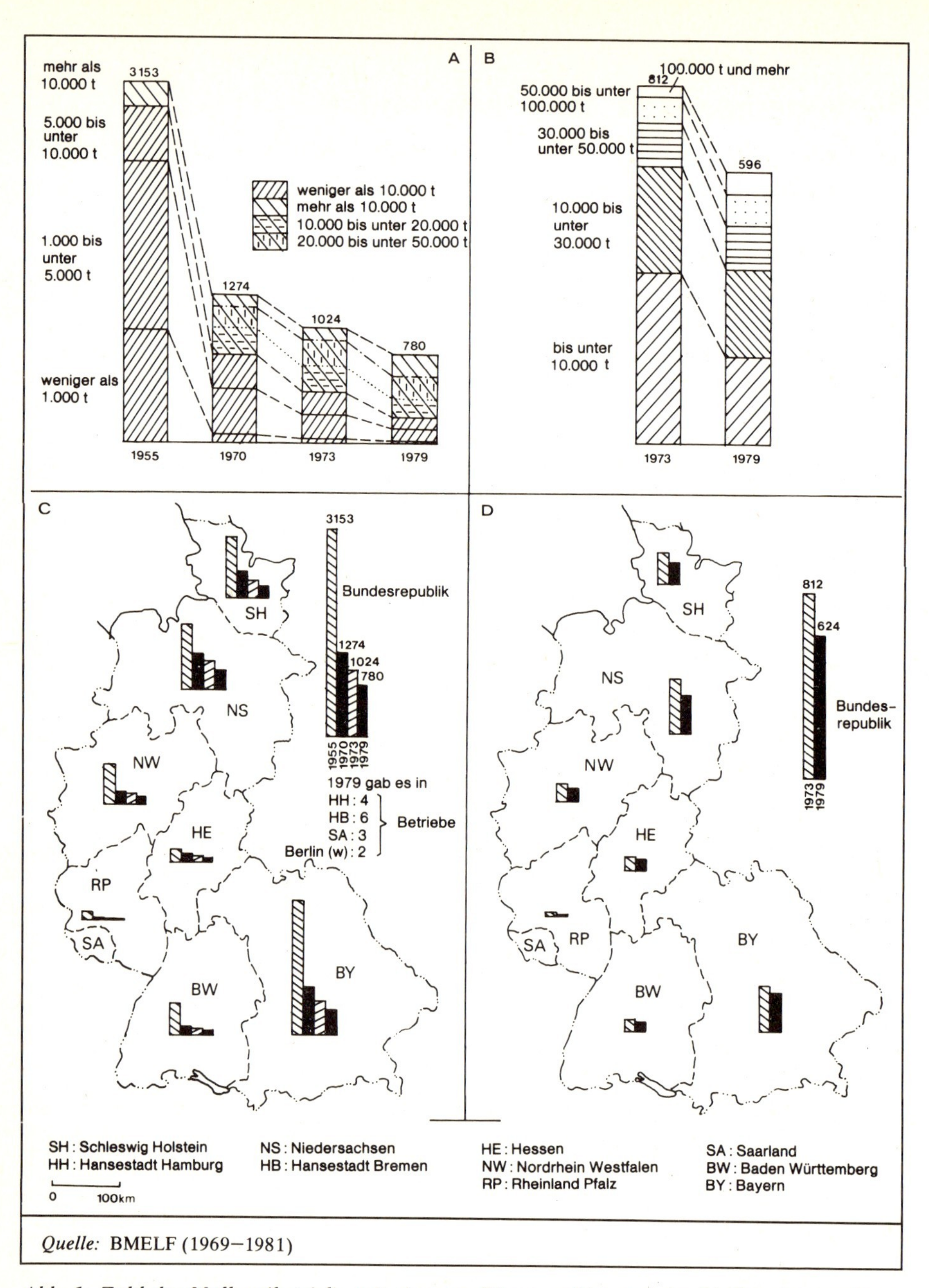

Quelle: BMELF (1969–1981)

Abb. 1: Zahl der Molkereibetriebe mit eigenem Einzugsgebiet und der Molkereiunternehmen sowie ihre Zuordnung zu Größenklassen (A und B); Zahl der Molkereibetriebe und Molkereiunternehmen (C und D) in der Ländern der Bundesrepublik Deutschland 1955–1979

Nombre des laiteries à bassin laitier autonome et des entreprises laitières et leurs classements selon les quantités de lait (A et B); nombre des laiteries et des entreprises laitières (C et D) dans les Länder de la République fédérale d'Allemagne 1955–1979

liche Entwicklung feststellen. Die Zahl der Betriebe mit geringer Jahresmilchanlieferung nahm stark ab, dagegen die mit hoher Milchanlieferung zu. Der Konzentrationsprozeß ist unübersehbar. Von den Molkereibetrieben mit eigenem Einzugsbereich müssen die Molkereiunternehmen unterschieden werden. Obwohl ihre Zahl erst seit 1973 gesondert erfaßt wird, kann man auch schon für diese kurze Zeit bis heute eine deutliche Abnahme erkennen (Abb. 1b). Auch hier ist eine Verschiebung zugunsten der oberen Betriebsgrößenklassen zu erkennen.

Von den 3.153 Molkereibetrieben im Jahre 1955 befanden sich allein 1.189 (= 37,7 %) in Bayern, 18,5 % aller Betriebe lagen in Niedersachsen, 17,3 % in Schleswig-Holstein (Abb. 1c). In den anderen Bundesländern war die Zahl bzw. der prozentuale Anteil deutlich geringer. Vergleicht man die Werte von 1979 in den Bundesländern, dann stellt man fest, daß in Bayern der Anteil an der Gesamtzahl der Betriebe nur noch 30,8 % betrug. Ihr Anteil hat also abgenommen. Anders dagegen ist es in Niedersachsen. Ihr Anteil an der Gesamtzahl der Betriebe machte 1979 23,8 % aus. Daran ist ein schwächerer Schrumpfungsprozeß zu erkennen. Nach wie vor ist der Anteil der Betriebe in Nordrhein-Westfalen, Hessen, Rheinland-Pfalz und Baden-Württemberg sehr gering. Insgesamt beträgt er nur 28,5 % und erreicht nicht einmal den Wert für Bayern.

Die große Änderung in der Zahl der Betriebe drückt sich auch unmittelbar in der Dichte aus (Tab. 1).

Land	*Betriebe* (Anzahl/1000 km²) 1955	1979
Schleswig-Holstein	33,1	7,3
Niedersachsen	12,2	4,0
Nordrhein-Westfalen	10,3	2,4
Hessen	6,1	2,9
Rheinland-Pfalz	3,5	0,8
Baden—Württemberg	7,6	1,6
Bayern	16,8	3,4
Durchschnitt	12,6	3,1

Quelle: BMELF und Statistisches Jahrbuch der Bundesrepublik Deutschland (1981)

Tab. 1: Dichte der Molkereibetriebe in den Ländern der Bundesrepublik Deutschland 1955—1979
Nombre des laiteries dans les länder de la République fédérale d'Allemagne 1955—1979

Sie war generell 1979 sehr viel geringer als 1955. Sie zeigt aber auch die Dominanz der Länder Schleswig-Holstein, Niedersachsen und Bayern.

Die regionale Verteilung der Molkereiunternehmen (Abb. 1d) zeigt ebenfalls die großen räumlichen Gegensätze zwischen dem Norden und dem Süden. Von den 812 Unternehmen gab es 1973 allein 237 (= 29,2 %) in Niedersachsen, aber auch fast so viele, nämlich 204 (= 25,1 %) in Bayern. Die starke Verbreitung natürlicher Grünlandgebiete, Tradition in der Käseproduktion (Allgäu-Käse), Nähe des italienischen Absatzmarktes u. a. können als mögliche Gründe für diese Struktur und Entwicklung aufgeführt werden.

2. Regionale Wandlungen der Milch- und Molkereiwirtschaft in Westfalen und im Kreis Lippe

Sehr eindrucksvoll läßt sich der räumliche Konzentrationsprozeß für Westfalen und den Kreis Lippe in den Abb. 2 bis 8 demonstrieren.
Abgesehen vom Sauerland gab es 1950 in Westfalen eine große Zahl relativ dicht beieinanderliegender Molkereibetriebe. Die allermeisten Betriebe waren selbständig, nur wenige bestanden aus einem Haupt- und einem Nebenbetrieb. Zum Beispiel traf das für Hagen und Schwelm zu oder Neuenkirchen und Rheine.

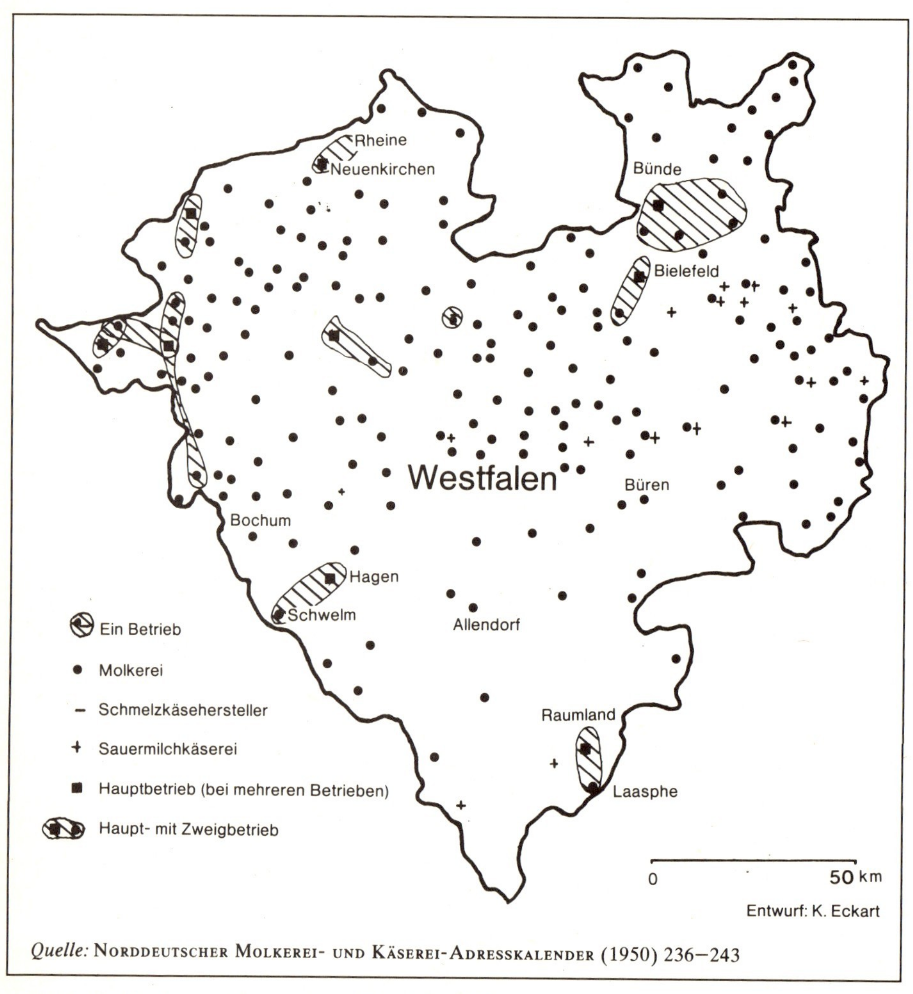

Quelle: Norddeutscher Molkerei- und Käserei-Adresskalender (1950) 236–243

Abb. 2: Molkereien und Käsereien in Westfalen 1950
Laiteries et fromageries en Westphalie 1950

1975 dagegen (Abb. 3) war nicht nur die Gesamtzahl der Betriebe sehr stark reduziert worden, sondern auch sehr viel mehr Betriebe sind miteinander verknüpft worden. Es entstanden Unternehmen, die nach der Definition aus mehreren Betrieben bestehen. Nicht nur räumlich eng benachbarte Einheiten, sondern z. T. weit auseinanderliegende ehemals selbständige Betriebe wurden zu einem Unternehmen zusammengefaßt (z. B. Gütersloh und Recklinghausen).

Auch im Kreis Lippe vollzog sich eine Konzentration im Molkereisektor. Um 1955 gab es noch relativ viele Molkereien mit zum Teil sehr kleinen Einzugsgebieten (Abb. 4). Im Laufe der Zeit aber erfolgten Fusionen (Abb. 5), die besonders seit 1967 den großen Strukturwandel einleiteten. Am Beispiel der ehemaligen *Molkerei Lage*, der heutigen Lippischen Milchverarbeitung Lage, kann die Veränderung anschaulich dargestellt werden (Abb. 6). Und so wie sich in diesem Beispiel die Raumstruktur verändert hat, veränderte sich auch die Raumstruktur der Molkereien im gesamten Kreis Lippe (Abb. 7). Zahlreiche Produktionsstätten wurden stillgelegt und die Einzugsgebiete anders geregelt.

Die ehemaligen Produktionsstätten erfuhren entweder eine andere Nutzung (Abb. 8) oder wurden abgerissen.

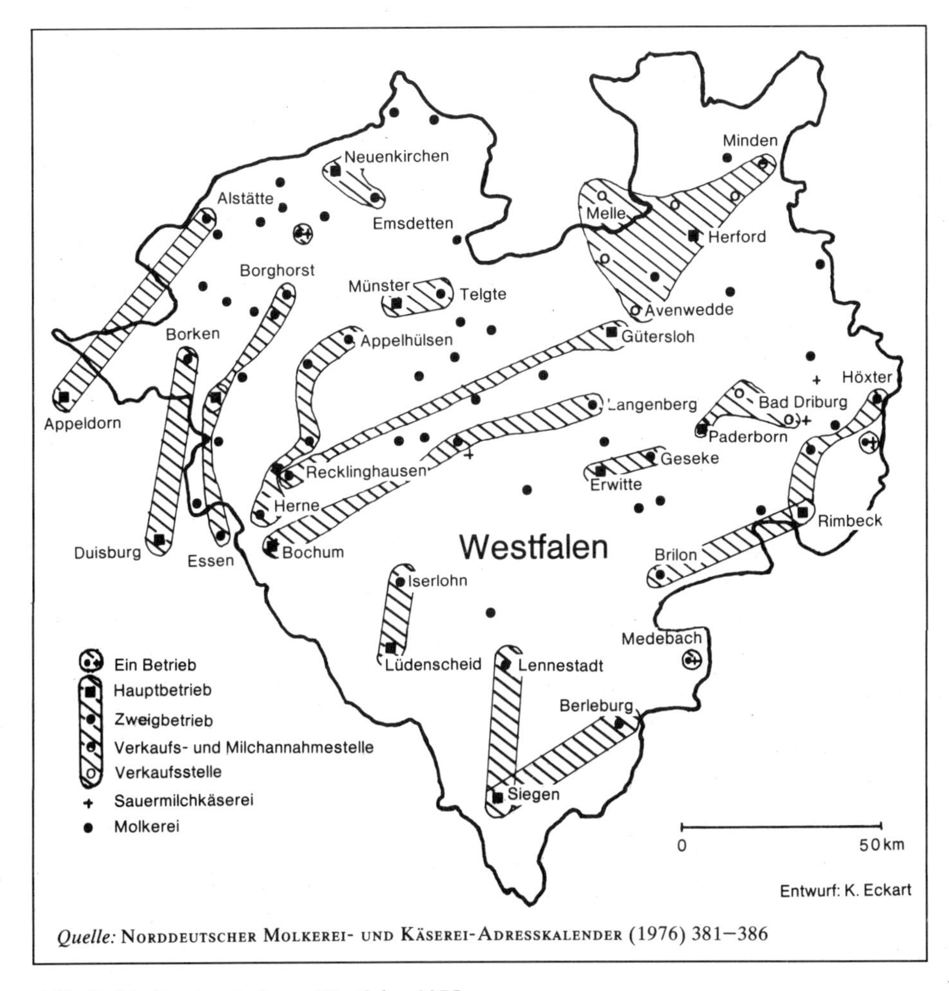

Quelle: Norddeutscher Molkerei- und Käserei-Adresskalender (1976) 381–386

Abb. 3: Molkereizentralen in Westfalen 1975
Centrales laitières en Westphalie 1975

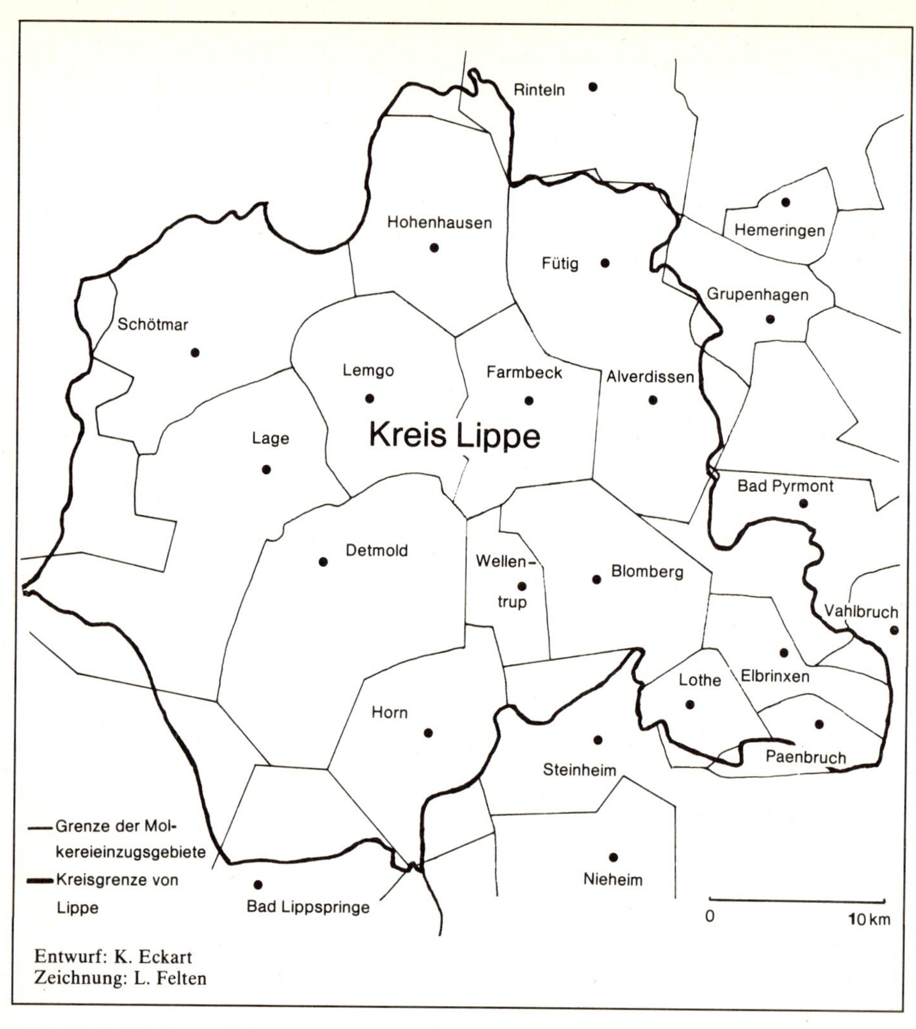

Abb. 4: Molkereien und ihre Milcheinzugsgebiete im Landkreis Lippe 1955
Laiteries et leurs bassins laitiers dans le Landkreis Lippe 1955

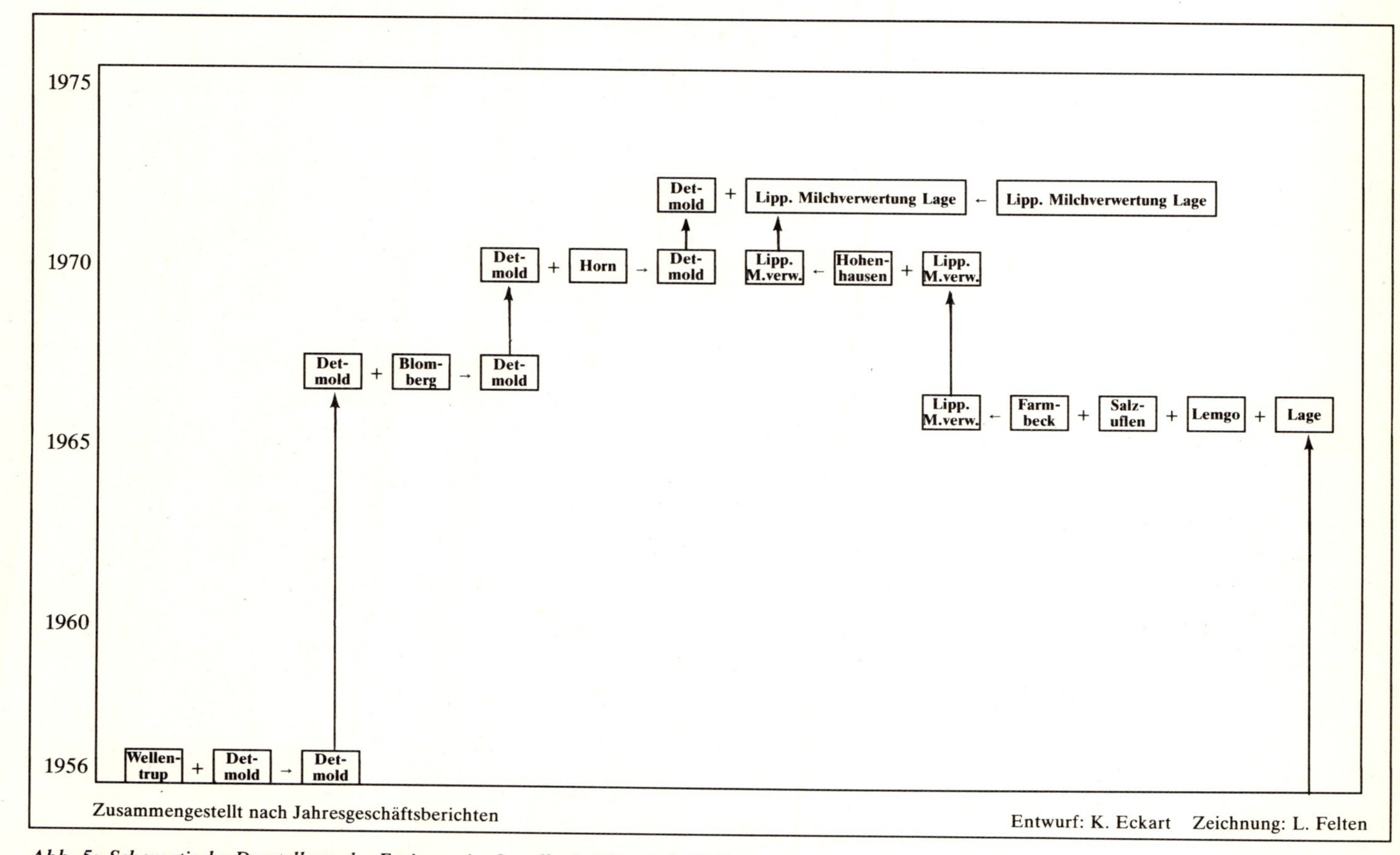

Abb. 5: Schematische Darstellung der Fusionen im Landkreis Lippe seit 1955
Schéma des fusions dans le Landkreis Lippe à partir de 1955

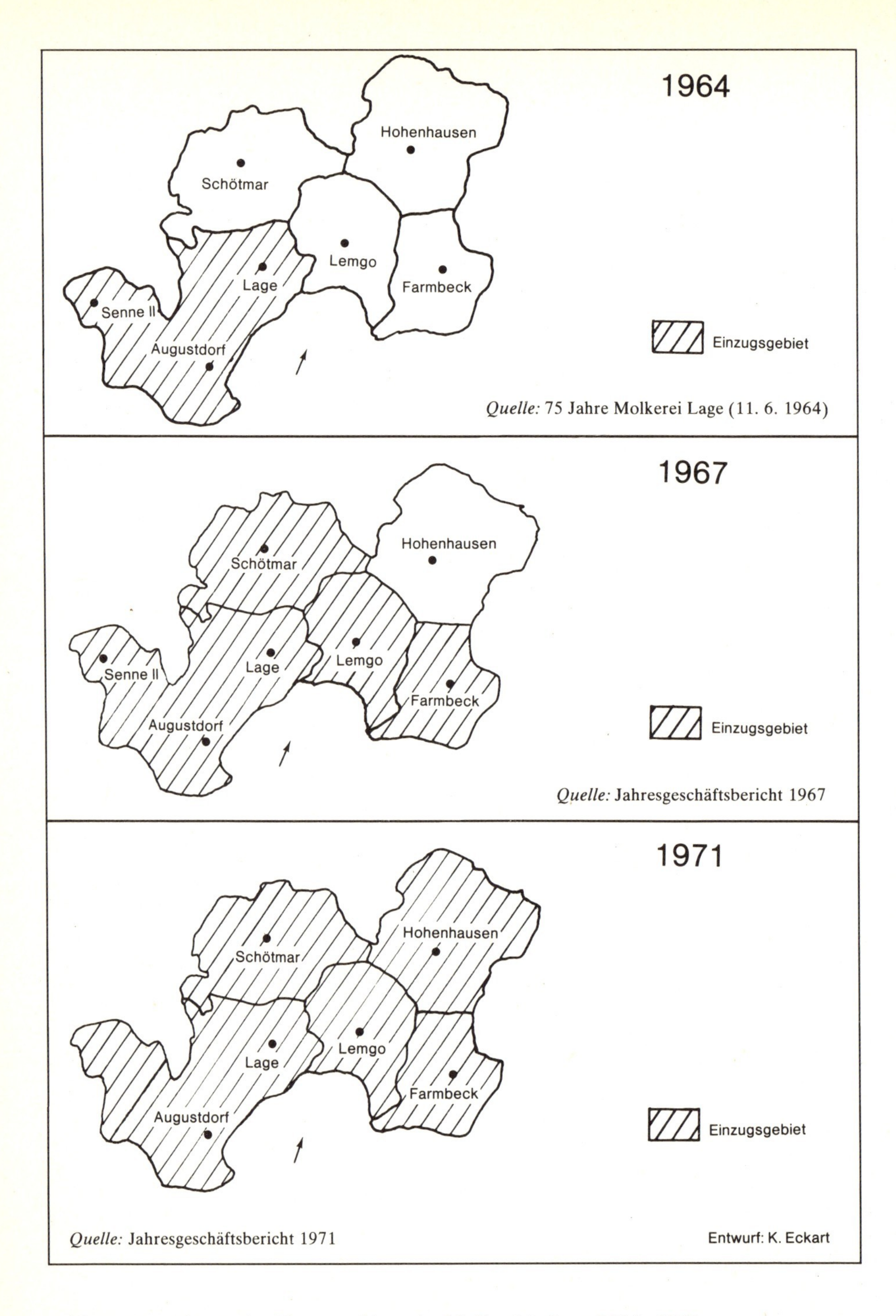

Abb. 6: Veränderung des Einzugsgebietes der Molkerei in Lage 1964–1971
Le changement du bassin laitier de la laiterie à Lage 1964–1971

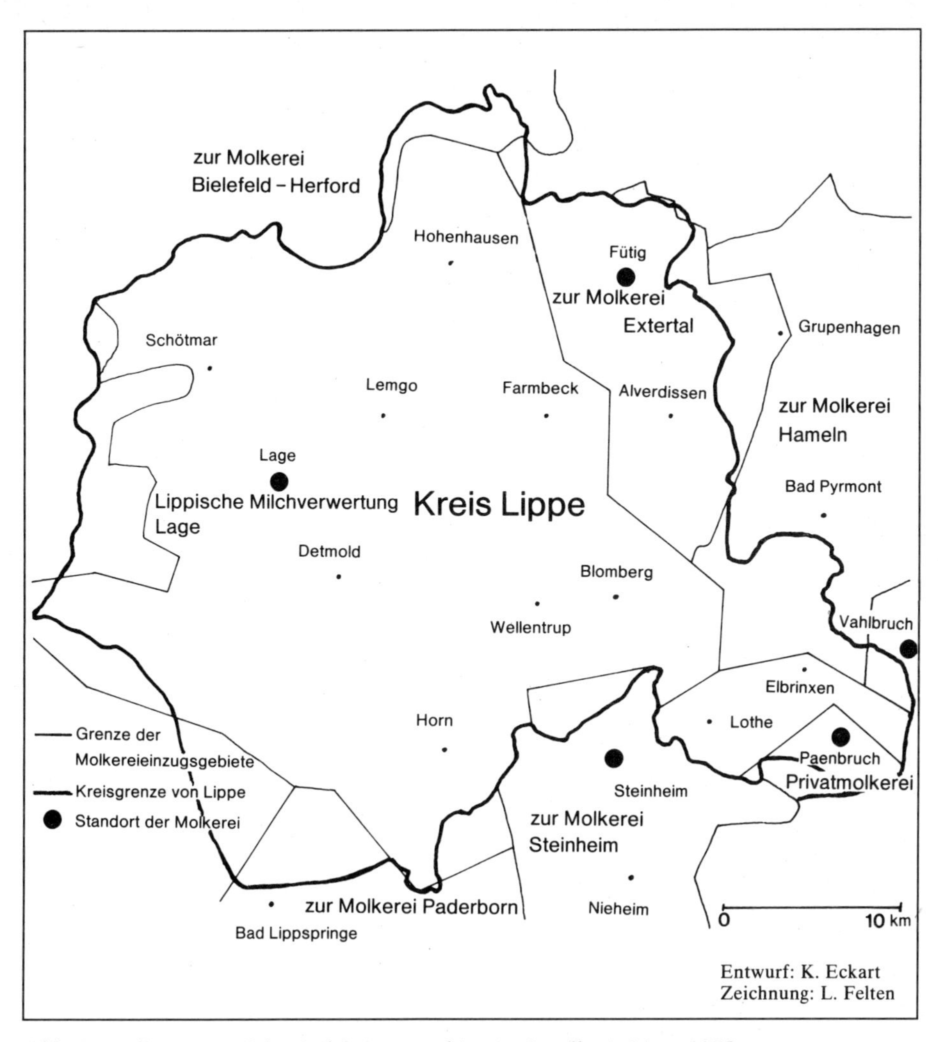

Abb. 7: Molkereien und ihre Milcheinzugsgebiete im Landkreis Lippe 1975
Laiteries et leurs bassins laitiers dans le Landkreis Lippe 1975

Quelle: Angaben des Molkereiverwalters der Lippischen Milchverwertung Lage und eigene Beobachtungen

Abb. 8: Nachfolgenutzung der ehemaligen Molkereien im Landkreis Lippe 1975
Utilisation de laiteries fermées dans le Landkreis Lippe 1975

3. Entwicklung des Milchanfalls und mittlere Betriebs- und Unternehmensgröße

Zusammen mit der Konzentration der Zahl der Molkereibetriebe und -unternehmen vergrößerte sich der Milchanfall ständig. Die Entwicklung der durchschnittlichen Betriebsgröße (Abb. 9c) verlief von 8,4 Mio kg (1955) bis auf 38,5 Mio kg (1979). Sie ist unmittelbar das Ergebnis der abnehmenden Zahl der Betriebe und der zunehmenden Milchmenge. Auch hier gibt es wieder beachtliche regionale Unterschiede. Nordrhein-Westfalen, Rheinland-Pfalz und Baden-Württemberg haben heute im Durchschnitt die größten Molkereibetriebe nach dem Milchanfall.

3.1 Struktur der Milchverarbeitung

Bis 1970 wurden in den Molkereistrukturerhebungen Hauptbetriebsarten der Molkereibetriebe unterschieden. Dadurch konnte man einen Rückschluß auf die betrieblichen

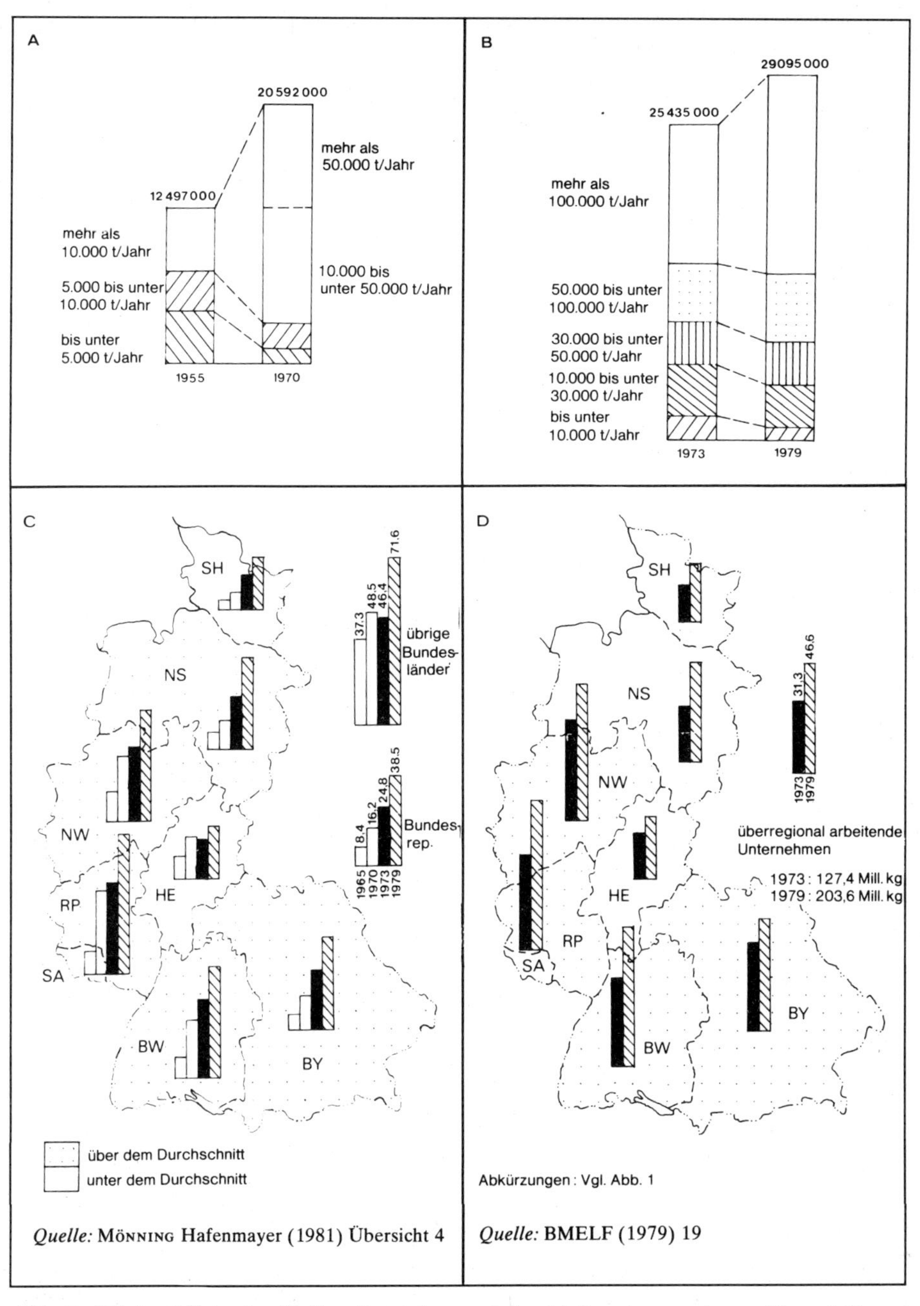

Abb. 9: Milchanfall in den Molkereibetrieben und den Molkereiunternehmen (A und B) und durchschnittliche Größe der Molkereibetriebe und der Molkereiunternehmen nach dem Milchanfall (C und D) in den Ländern der Bundesrepublik Deutschland 1955–1979
Quantité de lait totale des laiteries et des entreprises laitières (A et B) et quantité de lait moyenne des laiteries et des entreprises laitières (C et D) dans les différents länder de la République féderale d'Allemagne 1955–1979

Schwerpunkte bei der Erzeugung von verschiedenen Produktgruppen ziehen. Es wurden zehn Hauptbetriebsarten unterschieden (Tab. 2). Die Gliederung erfolgte nach dem Anteil einer bestimmten Verwertungsrichtung der verarbeiteten Milchmenge im Jahresmilchanfall.

Hauptbetriebsart	*Betriebsmerkmal, Haupterzeugnis und Anteil der hierzu verarbeiteten Mengen am Jahresmilchanfall*
Trinkmilchbetrieb Typ I	über 50 % zu Frischmilch[1]) jeden Fettgehaltes, Milchmischgetränke und Frischsahne
Trinkmilchbetrieb Typ II	über 40 % bis unter 50 % zu Frischmilch jeden Fettgehaltes, Milchmischgetränken und Frischsahne
Buttereibetrieb Typ I	80 % und mehr zu Butter
Buttereibetriebe Typ II	60 bis unter 80 % zu Butter
Hartkäsereien	40 % und mehr zu Kesselmilch für Hartkäse[2])
Schnittkäsereien	40 % und mehr zu Kesselmilch für Schnittkäse[3])
Weichkäsereien	40 % und mehr überwiegend zu Kesselmilch für Weichkäse[4])
Milchversandbetriebe	30 % und mehr Versand
Gemischtbetriebe	Betriebe ohne vorherrschenden Betriebszweig
Spezialbetriebe	50 % und mehr zu Spezialerzeugnissen in Dauermilchwerken, Sterilmilchwerken u. a. mit eigenem Einzugsgebiet

[1]) Frischmilcherzeugnisse sind: Konsummilch (Vollmilch, teilentrahmte Milch, entrahmte Milch), Sahne und Rahmerzeugnisse, Sauermilch und Milchmischgetränke, sonstige Frischmilcherzeugnisse
[2]) Zu Hartkäse zählen z. B. Emmentaler, Chester usw.
[3]) Schnittkäse ist Tilsiter, Edamer, Gouda, Steinbuscher, Edelpilzkäse u. a.
[4]) Zu Weichkäse wird u. a. Camembert, Brie, Limburger, Romadur, Münsterkäse gerechnet
Quelle: BMELF (1979) 9

Tab. 2: Hauptbetriebsarten der Molkereibetriebe in der Bundesrepublik Deutschland
Les types principaux de laiteries en République fédérale d'Allemagne

Beispielsweise wurde ein Betrieb als *Trinkmilchbetrieb Typ I* klassifiziert, wenn von dem gesamten Jahresmilchanfall über 50 % zu Frischmilch jeden Fettgehaltes, Milchmischgetränken und Frischsahne verarbeitet wurden. Dabei konnten Frischmilcherzeugnisse Vollmilch, Sahne, Sauermilch usw. sein.
Milchversandbetriebe waren solche, die 30 % und mehr ihrer gesamten Jahrsmenge an Milch zum Versand (d. h. über das Einzugsgebiet hinaus) brachten.

Nach dieser Typisierung wurden von 1955–1970 in allen Jahren die meisten Betriebe als *Buttereibetriebe (I und II)* eingestuft. An der Gesamtzahl aller Molkereibetriebe betrug der Anteil der *Käsereien* 1955 34,1 % (Abb. 10), 1970 aber nur noch 18,8 %. Verantwortlich ist dafür wohl der Rückgang der vielen kleinen Betriebe in Bayern. Zugenommen hat dagegen der Anteil der *Buttereibetriebe* von 37,4 % (1955) auf 43 % (1970). Auffallend ist der relativ hohe Anteil der *Gemischtbetriebe* mit 14,6 % (1955).

Mit der neuen Strukturerhebung (1973) wurde eine andere Gliederung zugrunde gelegt. Man erkennt aus Abb. 10, daß 1973 31,9 % aller Molkereibetriebe Frischmilcherzeugnisse produzierten. 1979 waren es 32,6 %. Der Anteil der Butter produzierenden Betriebe belief sich 1973 auf 27,3 %, 1979 auf 26,7 %. Ähnliche Verschiebungen lassen sich auch aus der Entwicklung der Unternehmen nach der Produktionsrichtung ablesen.

Nach dieser Übersicht kann man nun in Abb. 11 A die regionale Verteilung der Zahl der Betriebe erkennen, die sich 1979 mit der Herstellung von Butter bzw. Käse befaßten.

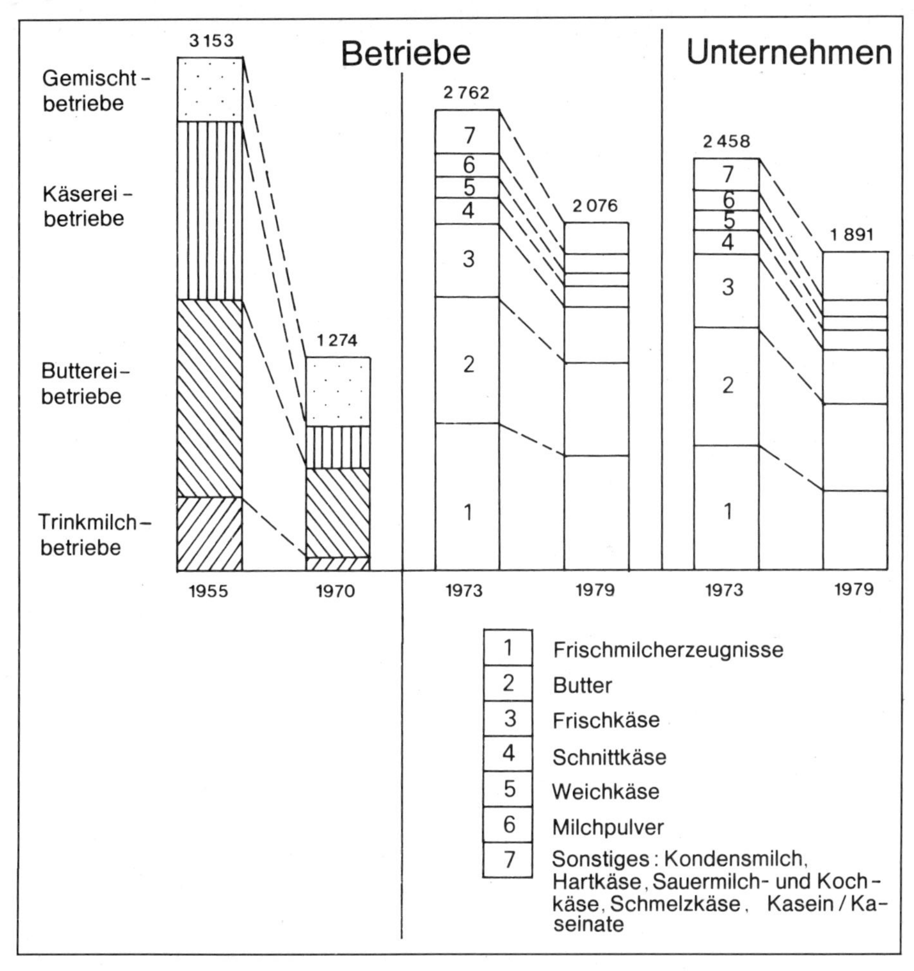

Abb. 10: Produktion in den Molkereibetrieben und -unternehmen in der Bundesrepublik Deutschland 1955–1979
La production dans les laiteries et entreprises laitières de la République fédérale à production de fromage en Bavière et en République fédérale d'Allemagne (D)

Von den insgesamt 555 Betrieben, die 1979 in der Bundesrepublik Butter herstellten, lagen allein 170 (= 30,6 %) in Bayern, 138 Betriebe in Niedersachsen (= 24,9 %) und 16 % in Schleswig-Holstein. Die prozentualen Verhältnisse entsprechen etwa auch den Grünlandanteilen.

Das zeigt aber auch noch viel krasser die Verteilung der Betriebe zur Herstellung von Käse. Von den 517 Betrieben waren allein 193 (= 37,3 %) in Bayern, 105 Betriebe (= 20,3 %) in Niedersachsen. In diesen beiden Bundesländern lagen 1979 also mehr als 50 % aller Betriebe, die sich mit der Käseproduktion befaßten.

Nicht nur die Angaben der absoluten Zahlen zeigen die regionalen Schwerpunkte der Butter- und Käsebetriebe. Auch die Dichte der Betriebe (Tab. 3) läßt Schleswig-Holstein und Bayern als bevorzugte Produktionsräume erkennen.

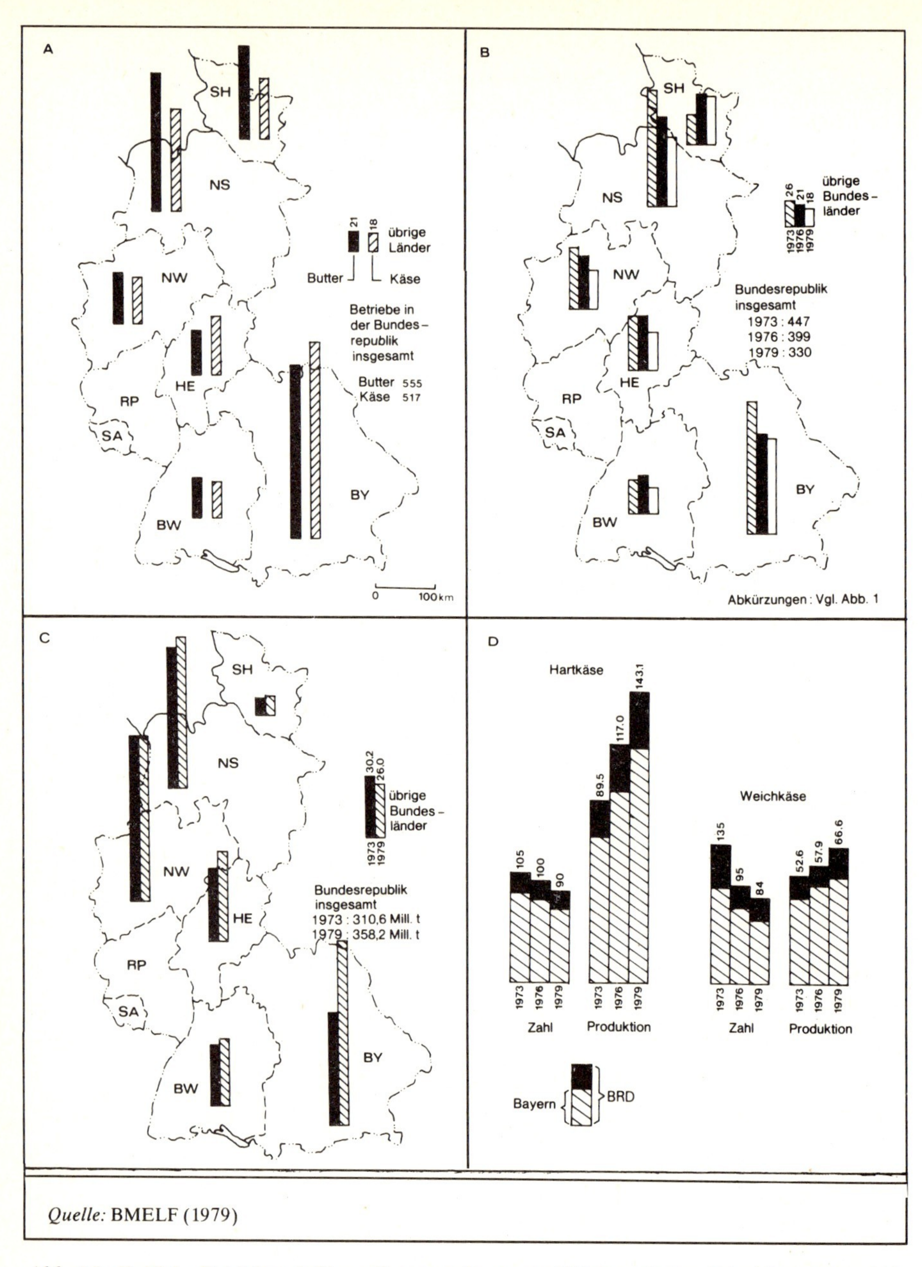

Quelle: BMELF (1979)

Abb. 11: Zahl der Betriebe mit Herstellung von Butter und Käse sowie von Frischkäse (A und B); die gesamte Frischkäseproduktion (C) sowie Zahl und Produktion der Molkereibetriebe mit Herstellung von Käse in Bayern und in der Bundesrepublik Deutschland (D) 1973–1979

Nombre des Laiteries à production de beurre et fromage et à production de fromage blanc (A et B); production totale de fromage blanc (C); nombre et quantité produite des laiteries à production de fromage en Bavière et en République fédérale d'Allemagne (D) 1973–1979

Die räumliche Konzentration zeigt sich auch in der Frischkäseproduktion (Abb. 11 B). 1979 lagen 94 Betriebe (= 28,5 %) in Bayern, 68 Betriebe (= 20,6 %) in Niedersachsen. Obwohl sich die Betriebe, die sich mit der Herstellung von Frischkäse beschäftigten, im wesentlichen auf Bayern und Niedersachsen konzentrierten, sind die Produktionsmengen nicht so eindeutig schwerpunktmäßig auf diese Bundesländer verteilt.

Land	*Butterbetriebe* (Anzahl/1000 km²)	*Käsebetriebe*
Schleswig-Holstein	5,6	3,7
Niedersachsen	2,9	2,2
Nordrhein-Westfalen	1,4	1,3
Hessen	2,1	2,7
Baden-Württemberg	1,1	0,1
Bayern	2,4	2,7
Durchschnitt	2,2	2,0

Tab. 3: Dichte der Betriebe zur Herstellung von Butter und Käse in den Ländern der Bundesrepublik Deutschland 1979
Nombre des laiteries à production de beurre et fromage dans les länder de la République fédérale d'Allemagne 1979

1973 entfielen von der Gesamtproduktion an Frischkäse in der Bundesrepublik allein 26,7 % auf Nordrhein-Westfalen, das damit den höchsten Anteil an der gesamten Produktion ausmachte. Obwohl sich die absolute Produktionsmenge bis 1979 nicht verändert hatte (81,0 Mio kg), betrug ihr Anteil an der Gesamtproduktion von 1979 jedoch nur noch 22,6 %.

Welche Bedeutung Bayern in der Hart- und Weichkäseproduktion innerhalb der Bundesrepublik hat, zeigt Abb. 11D. 1973 stellten 87 Betriebe (= 82,9 % aller Betriebe in der Bundesrepublik) 71.400 t Hartkäse her. Das waren 79,8 % der gesamten Produktion im Bundesgebiet. 1979 produzierten sogar 78,9 % aller Betriebe 80,4 % der bundesdeutschen Hartkäseerzeugung. Ähnlich lagen die Verhältnisse in der Weichkäseproduktion.

Gerade hieran zeigt sich bis heute die lange Tradition in der Käseproduktion Bayerns und die bis in die jüngste Vergangenheit hineinreichende marktferne Lage (OTREMBA 1960: 127).

Nach dieser Übersicht über die Bundesrepublik Deutschland soll nun noch einmal das bereits erwähnte Beispiel der *Lippischen Milchverwertung Lage* aufgegriffen werden.

4. Das Produktionsprofil und überregionale Verflechtung der Lippischen Milchverwertung Lage

Das Produktionsprogramm der *Lippischen Milchverwertung Lage* in zwei Vergleichsjahren zeigt die typischen strukturellen Wandlungen innerhalb der Molkereiwirtschaft.

Nach der bis 1973 gültigen Klassifizierung konnte man die *Molkerei Lage* nicht eindeutig einem Typ zuordnen. Es handelte sich um einen Betrieb ohne vorherrschenden Betriebszweig, also einen Gemischtbetrieb, obwohl der Milchversand mit 20,5 % schon beachtlich war. Nach den Fusionen hatte sich das Produktionsprofil stark verändert. Zum Beispiel ist die Milchpulverproduktion aufgegeben worden, die vorher noch eine

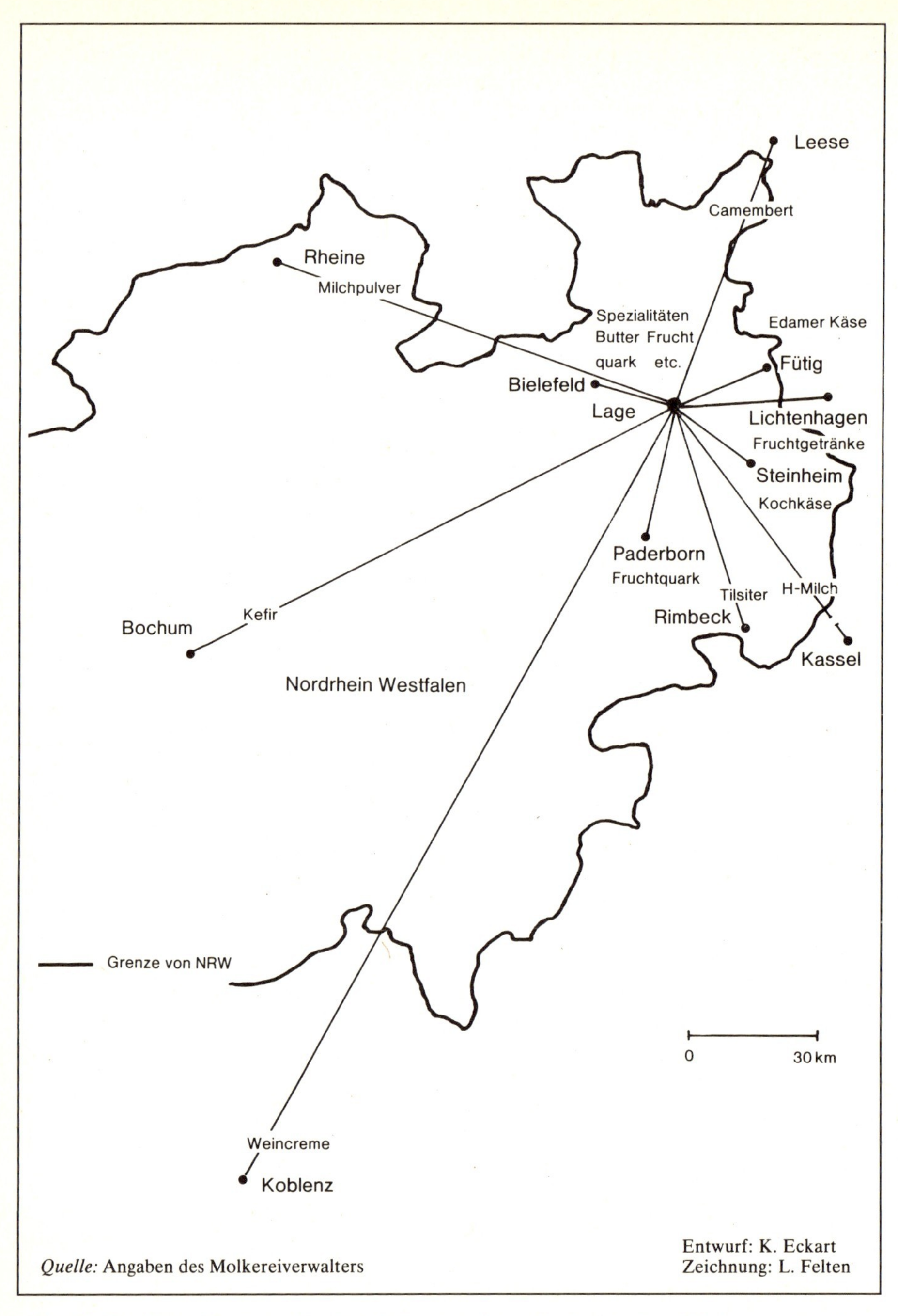

Abb. 12: Die Hauptbezugsquellen für Molkereiprodukte der Lippischen Milchverwertung Lage (März 1976) und der Molkereigenossenschaft Extertal-Fütig/Lippe (April 1976)
Les sources d'approvisionnement en produits laitiers de la Lippische Milchverwertung Lage (mars 1976) et de la Molkereigenossenschaft Extertal-Fütig/Lippe (avril 1976)

bedeutende Rolle spielte. Es hat eine Konzentration innerhalb der Produktion stattgefunden. Mit 49,61 % dominiert der Versand. Nach der alten Klassifikation würde es sich hierbei also um einen *Versandbetrieb* handeln. Nach der neuen Typisierung ab 1973 muß man die *Lippische Milchverwertung Lage* aber als *Betrieb zur Herstellung von Frischmilcherzeugnissen* und als *Betrieb zur Produktion von Frischkäse* bezeichnen. Er wird also in der Produktionsstatistik zweimal gezählt, einmal als Betrieb zur Herstellung von Frischmilcherzeugnissen und einmal als Betrieb zur Produktion von Milch. Weil der Versand für alle Betriebe selbstverständlich ist, wird er zur Charakterisierung heute nicht mehr herangezogen. Bei fast allen Betrieben hat sich das Warensortiment stark vergrößert. Hinzugekommen sind häufig Produkte, die von der Landwirtschaft z. T. weit entfernt sind, z. B. Strickwaren, Suppen, Käsesorten.

Mit der Veränderung des Produktionsprofils der *Lippischen Milchverwertung Lage* veränderte sich auch die Verflechtung mit anderen Betrieben, die z. T. nur Lieferanten fertiger Produkte waren, die von der *Lippischen Milchverwertung* nur für die Distribution mit in das Warenprogramm aufgenommen wurden (Abb. 12).

5. Die Ursachen der regionalen und strukturellen Konzentrationen

Fragt man nach den Ursachen für die bisher dargestellten regionalen und strukturellen Konzentrationen, dann muß man zwischen den internen und externen Ursachen unterscheiden (Abb. 13).

Die internen Ursachen der Konzentration liegen zunächst im Betrieb bzw. Unternehmen selbst begründet. Betriebswirtschaftliche Gesichtspunkte spielen dabei in erster Linie eine Rolle.

Die wichtigste Voraussetzung für die Konzentration in der Molkereiwirtschaft ist wohl der technische Fortschritt (Gay 1974: 7). Die Verarbeitung immer größerer

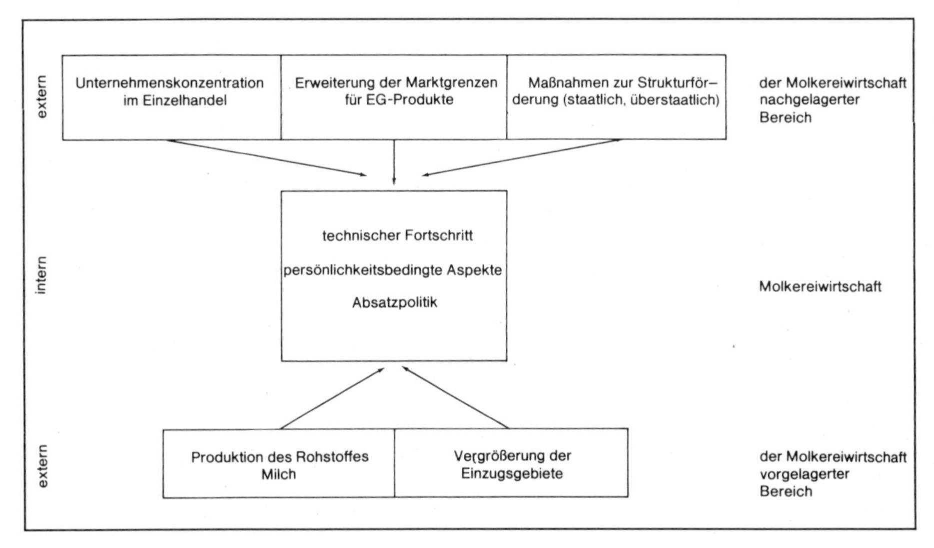

Abb. 13: Interne und externe Ursachen der Konzentration in der Molkereiwirtschaft in der Bundesrepublik Deutschland
Causes internes et externes de la concentration dans l'industrie laitière en République fédérale d'Allemagne

Milchmengen im Betrieb wäre wohl nicht möglich gewesen ohne die Entwicklung und Einführung neuer Verfahren in der Herstellung von Milchprodukten. Parallel zu dieser Entwicklung verliefen Verbesserungen der Transportsysteme zur Rohstoffbeschaffung und Warenverteilung.

Da in jedem Betrieb der Zwang der kostenminimalen Produktion vorgesehen ist, lag vor allen Dingen im Produktions- und Transportbereich die Notwendigkeit zu rationalisieren. Das konnte sich letztlich auf die Höhe des Milchgeldes auswirken und war ein aufrichtiges Argument für Fusionen. 1980 gab es im Bundesgebiet 3422 Tanksammelwagen. Sie erfaßten 93,1 % der gesamten Milchanlieferung. In Nordrhein-Westfalen, Bremen und dem Saarland erfolgt die Erfassung zu 100 % mit diesen Behältersystemen. Nennenswerte Kannenanlieferung gibt es nur in Hessen und Bayern.

Eine weitere Ursache liegt im Bereich der Absatzpolitik der Molkereien. Besonders für sog. Marktmolkereien spielen immer mehr Werbung und Marktforschung eine Rolle. Die hierfür notwendigen finanziellen Mittel kann nur ein Unternehmen von bestimmter Größe an aufbringen (NIEHAUS 1974: 5). Dazu kommt, daß nur Großunternehmen mit hohem Marktanteil Forschungen in nennenswertem Umfang betreiben, neue Produkte entwickeln und auf den Markt bringen können.

Persönlichkeitsbedingte Aspekte der Molkereileitung sind ein nicht zu unterschätzendes Motiv. Ein grundlegendes Antriebsmoment für Verhandlungen bei Zusammenschlüssen mit kleineren Molkereien dürfte wohl auch die Realisierung des eigenen Geltungsbedürfnisses sein (DICKE et al. 1972: 26).

Die externen Ursachen der regionalen und strukturellen Konzentration liegen im Bereich der Produktion des Rohstoffes Milch, wobei besonders die regionale Strukturveränderung in der Milchviehhaltung genannt werden muß. 1969 gab es im gesamten Bundesgebiet 5.843.300 Milchkühe (Abb. 14A). Davon entfielen allein auf Bayern 43,1 %. Niedersachsen hatte einen Anteil von 18 %. Damit wird die regionale Verteilung und Konzentration auf den Norden und Süden deutlich. 1980 betrug die Zahl der Milchkühe nur noch 5.454.500 Tiere. Die regionale Verteilung hat sich u. a. durch veränderte Absatzverhältnisse etwas geändert. Die Reduktion der Milchviehbestände hatte in einigen Bundesländern eine starke Abnahme des Dauergrünlandes zur Folge. Angesichts der Situation in der Milchproduktion versuchen offensichtlich die Landwirte – soweit es natürliche Produktionsbedingungen zulassen – Grünland in Ackerland umzuwandeln.

Zur Strukturveränderung in der Milchviehhaltung gehört auch die Betrachtung der Zahl und Verteilung der Milchkuhhalter (Abb. 14 B). 1969 gab es 836.800 Milchkuhhalter, wovon allein in Bayern 30,9 % waren. 1980 gab es mit 430.900 Haltern nur noch etwa die Hälfte der Zahl von 1969.

Absolut nahm die Zahl der Milchkühe von 1969 bis 1980 um etwa 400.000 Tiere ab, die der Milchkuhhalter um ebenfalls etwa 400.000. Infolgedessen stieg der durchschnittliche Milchkuhbestand pro Halter von 5,8 Tiere (1965) auf 12,7 Tiere (1980). Die regionale Verteilung zeigt deutlich wieder die großen Unterschiede zwischen dem Norden, der Mitte und dem Süden.

Man muß diese Entwicklungstendenzen im Zusammenhang mit dem Strukturwandel in der Landwirtschaft sehen. Die Abwanderung aus der Landwirtschaft betraf überwiegend die kleinen Familienbetriebe. Mit der Aufgabe ihres Hofes gaben sie auch die Milchviehhaltung auf. Diese Entwicklung ist am häufigsten im Umland von Industriegebieten zu finden oder dort, wo Arbeitsplätze außerhalb der Landwirtschaft ein Überwechseln hierin möglich machen: Hamburg, Hannover, Köln, Aachen, München.

Als weitere Ursache für den Rückgang der Milchviehhaltung kann der Übergang zur viehlosen Wirtschaft genannt werden. Das traf z. B. häufig auf die ackerbaulichen Gunstgebiete (Börden) mit ausreichend großen Betrieben zu.

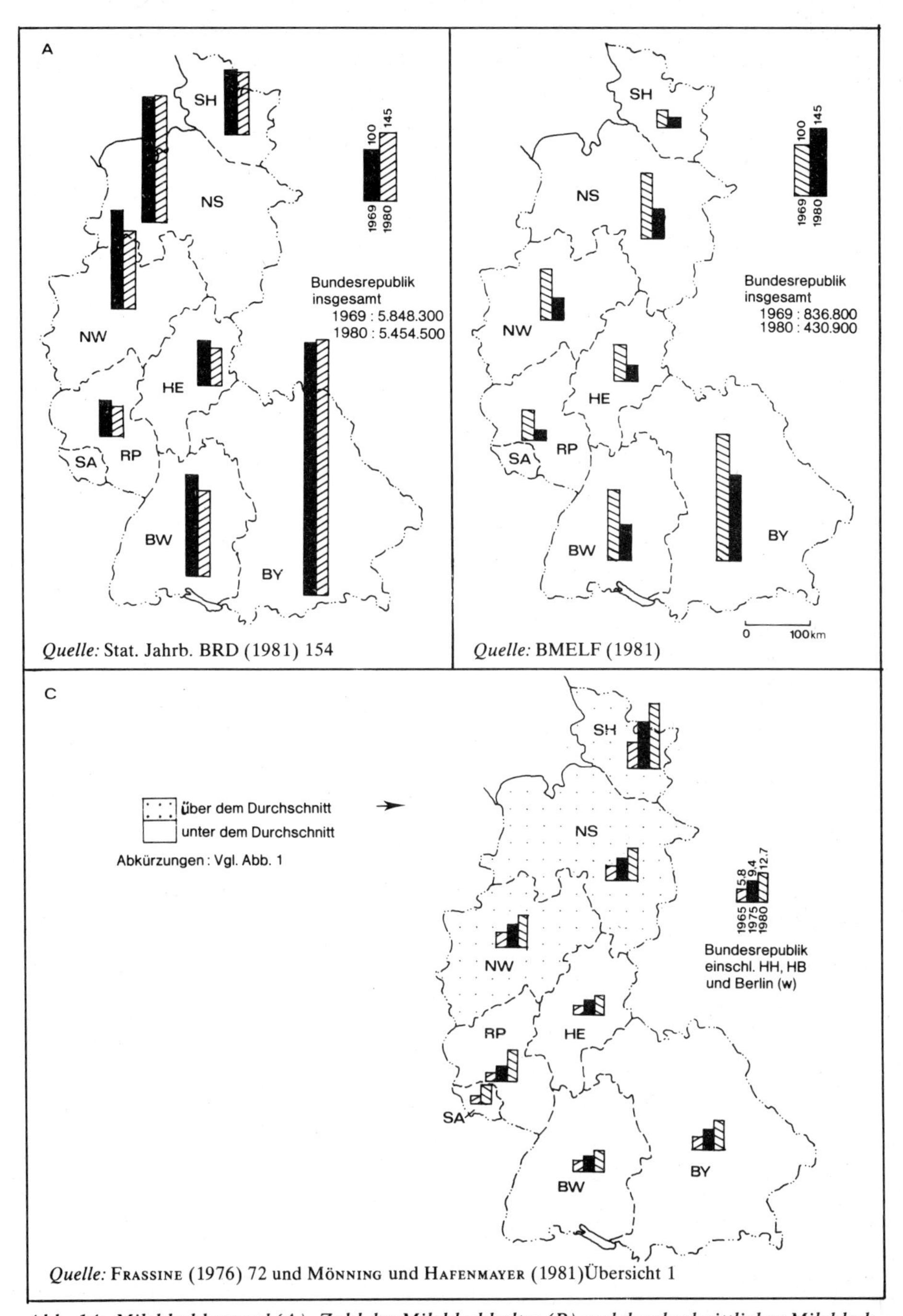

Abb. 14: Milchkuhbestand (A), Zahl der Milchkuhhalter (B) und durchschnittlicher Milchkuhbestand/Halter (C) in den Ländern der Bundesrepublik Deutschland 1975–1980
Cheptel de vaches laitières (A), nombre d'éleveurs (B) cheptel moyen par éleveur (C) dans les länder de la République fédérale d'Allemagne 1975–1980

Auf der anderen Seite schrumpfen jedoch die Milchviehbestände in den Gebieten nicht, in denen trotz ungünstiger Produktionsbedingungen keine außerlandwirtschaftlichen Arbeitsplätze vorhanden sind. Der Strukturwandel vollzieht sich in diesen Räumen schleppender. Besonders deutlich wird das in einigen Regierungsbezirken Bayerns.

Weiterhin gibt es Gebiete, in denen sich insgesamt die Milchviehhaltung nicht verändert hat. Dennoch haben sich hier Strukturwandlungen vollzogen. Die landwirtschaftlichen Nebenerwerbsbetriebe haben häufig ihre Bestände abgestockt, Vollerwerbsbetriebe dagegen aufgestockt, wie z. B. in den Regierungsbezirken Osnabrück und Detmold.

Schließlich sind noch solche Gebiete zu erwähnen, in denen es kaum alternative landwirtschaftliche Betriebszweige gibt. Das sind die küstennahen Gebiete und das Alpenvorland (Schleswig-Holstein, Oberbayern). Besonders günstig liegen hier – im Vergleich zu anderen Räumen – die Futterkosten, wobei in den Küstenbereichen die Importfuttermittel zu günstigen Preisen noch zu nennen sind.

Neben der regionalen Strukturveränderung in der Milchviehhaltung spielt im Bereich der Produktion des Rohstoffes Milch die ständig zunehmende Milchleistung eine Rolle. Die durchschnittliche Milchleistung je Kuh betrug 1955 = 2941 kg, 1981 = 4582 kg. Für die einzelnen Bundesländer gibt es auch diesbezüglich wieder große Unterschiede (Abb. 15A). 1955 betrug die größte Differenz zwischen den Milchleistungen in den Bundesländern noch 1487 kg, 1981 nur noch 1221 kg. Die Produktionen haben sich einander angeglichen. Züchtungsergebnisse und Fortschritte in Haltung und Fütterung sind wohl u. a. dafür verantwortlich.

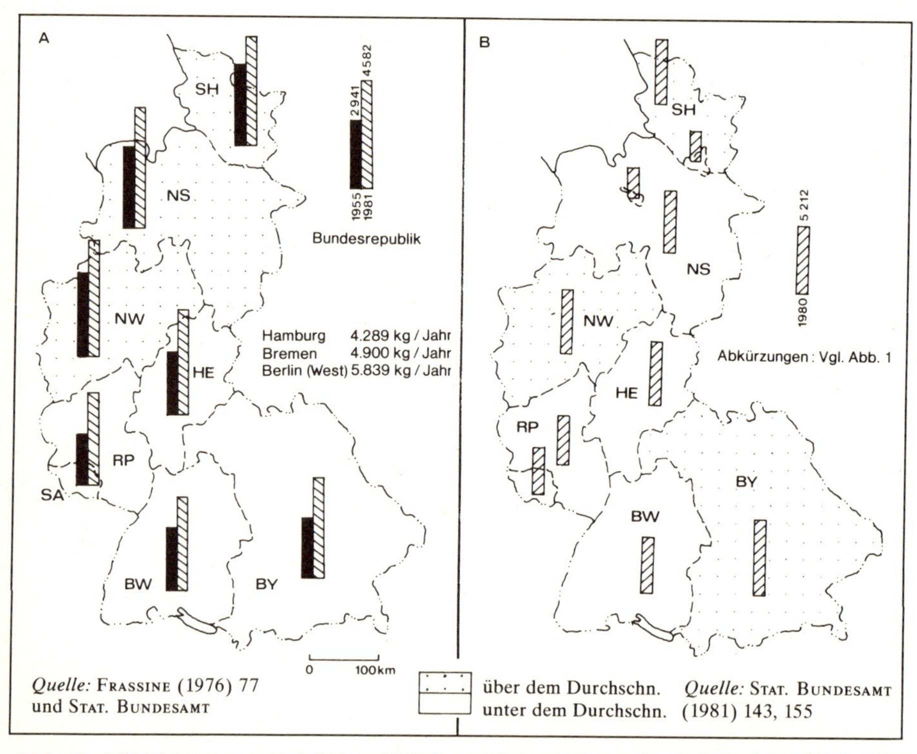

Abb. 15: Milchleistung pro Kuh (A) und Milchproduktion in kg pro ha Grünland (B) 1955–1981
Rendement laitier par vache (A) et production laitière par ha d'herbage (B) 1955–1981

Trotz des Rückgangs der Zahl der Milchkühe hat die Leistungssteigerung dazu geführt, daß die Milcherzeugung erheblich gestiegen ist. Das Wachstum war kontinuierlich. Diese ständig steigende Milchmenge war sicherlich auch für viele Betriebe der Anlaß, mit benachbarten Betrieben zusammenzuarbeiten oder sogar den eigenen Betrieb aufzugeben.

Durch die Verlagerung der Milcherzeugung in die küstennahen Futterbaugebiete des Nordens und in das Alpenvorland ergab sich besonders im Umfeld von Ballungsräumen ein verringertes Milchaufkommen, so daß die dort befindlichen Molkereien gezwungen wurden, ihre Einzugsgebiete auszudehnen, um die Rohstoffversorgung sichern zu können (Hülsemeyer 1976: 18). Zunächst kam es häufig zu Kooperationsverträgen mit den Molkereien in den benachbarten Gebieten. Der Zusammenschluß und die Stillegung der eingegliederten Betriebe waren dann zwangsläufig.

Nicht nur in diesem der Molkereiwirtschaft vorgelagerten Bereich, sondern auch in dem der Molkereiwirtschaft nachgelagerten Bereich gab es einen Komplex von Konzentrationsursachen. Für viele Molkereien ergab sich der Zwang zum Zusammenschluß durch die sich vollziehenden Unternehmenskonzentrationen im Einzelhandel (Gay 1974: 7). Der Einkauf des Handels zentralisierte sich mehr und mehr und forderte große einheitliche Partien z. T. nur weniger Produkte, die die einzelnen Molkereien nur selten liefern konnten, so daß sie zum Zusammenschluß mit anderen Molkereien gezwungen wurden.

Weiterhin muß zu den externen Ursachen der Konzentration auch noch die Erweiterung der Marktgrenzen für bestimmte Produkte innerhalb der EG gesehen werden (Grosskopf 1973: 9). Besonders auffällig ist in den letzten Jahren die verstärkte Exportausrichtung von Käsespezialitäten in andere EG-Länder.

Schließlich sind auch noch die Maßnahmen der Strukturförderung im Rahmen der Agrarpolitik zu nennen (Ohly 1967: 21). Besonders in den Jahren 1969 und 1970 wurden Molkereien subventioniert.

Dazu muß zunächst gesagt werden, daß Einflüsse der Agrarpolitik auf die Molkereiwirtschaft nicht neu sind. Umfassende Eingriffe in den Milchmarkt erfolgten z. B. schon im Ersten Weltkrieg. Es sollten kriegsbedingte Versorgungsstörungen beseitigt oder vermindert werden (Scharrer 1968: 66). In den 20er Jahren wurden diese Einflüsse wieder beseitigt. 1930 kam das Reichsmilchgesetz. Es enthält Bestimmungen über die Handelskonzessionierung, den Bearbeitungszwang und die Möglichkeit, Zwangszusammenschlüsse der Milchwirtschaft zu bilden. Der Schwerpunkt dieses Gesetzes lag jedoch bei Vorschriften über die Verbesserung des Angebots von Milch und Milcherzeugnissen in hygienischer und qualitativer Sicht (Reischle und Saure 1934: 20f.). 1951 wurde dann das Gesetz über den Verkehr mit Milch, Milcherzeugnissen und Fetten (MFG) erlassen, das an das Gesetz von 1930 anknüpft. Zahlreiche Änderungsgesetze machten bis Mitte der sechziger Jahre eine Anpassung an die geänderten Verhältnisse möglich.

Seit Ende der sechziger Jahre jedoch wurde mit dem Ausbau der EG auch nach und nach eine gemeinsame Marktorganisation für Milch und Milchprodukte eingeführt. Dadurch erfolgte eine beträchtliche Verlagerung der Entscheidungskompetenzen über milchwirtschaftliche Rahmendaten auf übernationale Gremien (Frassine 1976: 91).

In diesem Zusammenhang können nicht alle Einzelheiten erwähnt werden. Vielmehr soll auf zwei Punkte verwiesen werden:

1. Die Aufhebung der Deutschen Milchmarktordnung

Innerhalb der Milchmarktregelung der Bundesrepublik Deutschland hatten die Zwangsbindungen einen großen Anteil (Weber 1962). Versorgungssicherung, hohe Empfindlichkeit der Milch gegen äußere Einflüsse waren wohl ausschlaggebend dafür, daß man die Einzugs- und Absatzgebiete aus dem Reichsmilchgesetz übernommen hatte. Es waren die Einzugsgebiete der Molkereien geregelt sowie deren Absatzgebiete für Milch, entrahmte Milch, Buttermilch und geschlagene Buttermilch. Der Absatz von Butter, Käse und sonstigen Molkereierzeugnissen unterlag keinerlei Beschränkungen. Am 1. 4. 1970 wurden die Einzugs- und Absatzgebiete aufgegeben.

2. Staatliche Maßnahmen zur Strukturförderung

Um die Molkereistruktur zu sanieren, gewährten Bund und Bundesländer seit 1956 Zuschüsse, seit 1964 kamen solche auch von der EWG bzw. EG. Als man 1967 die Aufhebung der nationalen Milchmarktordnung voraussehen konnte, änderte sich das schlagartig. Die *Strukturrichtlinien für Molkereien* unterlagen in den Jahren nach 1967 laufenden Veränderungen. Stichwortartig lassen sie sich wie folgt zusammenfassen:
- Vertragliche Vereinbarungen zur Förderung absatzwirtschaftlicher Maßnahmen wurden 1969 ausgeschlossen
- 1970 keine Förderung mehr für produktionswirtschaftliche Arbeitsteilungsverträge
- keine Förderung mehr für die Errichtung von Trocknungskapazitäten
- keine Förderung mehr für die Errichtung von Verwaltungs- und Nebengebäuden (Rohr 1972: 3).

Während dieser Zeit verringerte sich die Zahl der Molkereien beträchtlich. Der Milchanfall stieg aber in gleichem Maße.

Eine für die Molkereien bedeutsame EG-Maßnahme war die Abschlachtaktion von Kühen, um den Überschüssen an Milch Herr zu werden. Im Rahmen dieser Aktion wurden in der Zeit von Dezember 1969 bis Dezember 1970 225.000 Milchkühe geschlachtet. Für zahlreiche Molkereien sind dadurch sicherlich Engpässe in der Rohstoffversorgung entstanden, und viele Molkereien werden wohl u. a. diese Tatsache als Grund gesehen haben, zu fusionieren.

6. Die Stellung der westdeutschen Molkereiwirtschaft innerhalb der EG

Wie in der Bundesrepublik Deutschland, so gibt es auch in den übrigen EG-Ländern Probleme, die aus der Überproduktion von Milch und Milcherzeugnissen resultieren. Mit allen aufgeführten Produkten kann sich die Bundesrepublik reichlich selbst versorgen (Tab. 4). Eine deutliche Überproduktion herrscht bei Magermilchpulver. Vergleicht man jedoch die anderen EG-Länder, dann fällt sofort die zum Teil erhebliche Überproduktion auch in einigen Ländern auf. Zum Beispiel beträgt der Selbstversorgungsgrad in Irland mit Käse 458 %.

	Land									
Produkt	Bundesrepublik Deutschland	Frankreich	Italien	Niederlande	Belgien/ Luxemburg	Vereinigtes Königreich	Irland	Dänemark	Griechenland	EG
Butter	131	124	59	302	120	67	319	233	70	131
Magermilchpulver	248	119	–	90	208	318	476	173	–	147
Kondensmilch	150	239	50	380	30	122	–	550	27	164
Käse (einschl. Schmelzkäse)	101	119	66	254	46	69	458	445	84	108

Quelle: BMELF (1984) 97

Tab. 4: Selbstversorgungsgrad mit Milch – und Molkereiprodukten in den EG-Ländern 1982
Pourcentage d'auto-approvisionnement en produits laitiers dans les pays de la C.E.E. 1982

Dagegen zeigt Tab. 4 aber auch, daß sich Italien mit keinem der aufgeführten Produkte selbst versorgen kann und somit als Importland in der EG eine große Bedeutung hat. Trotzdem kann die generelle Überproduktion in den EG-Ländern an Milch und Milchprodukten nicht übersehen werden. Es ist abzusehen, daß in Zukunft noch drastischere Maßnahmen auf dem Milch- und Molkereisektor getroffen werden müssen, um die Überproduktion abzubauen.

EG-Maßnahmen werden sich dann selbstverständlich auch in der Bundesrepublik bemerkbar machen.[3] Wahrscheinlich wird dann die Konzentration der Milchviehbestände auf den nördlichen Küstenbereich (Schleswig-Holstein, Niedersachsen) und das Alpenvorland im Süden noch ausgeprägter sein und damit eine weitere Konzentration der Molkereibetriebe und -unternehmen gerade in diesen Räumen zunehmen. Der Zug zu standortgerechter Produktion wird wohl noch nicht beendet sein.

Zusammenfassung

- Das räumliche Verteilungsmuster der Standorte der Molkereibetriebe hat sich in der Bundesrepublik stark geändert.
- Die Bundesländer Schleswig-Holstein, Niedersachsen und Bayern weisen im Vergleich zu den anderen Bundesländern eine große Zahl von Molkereibetrieben und -unternehmen auf.
- Eine regionale Konzentration auf die günstigen Futterbaugebiete des Nordens und Südens ist unverkennbar.
- Mit der Konzentration und Standortverlagerung der Molkereibetriebe und -unternehmen einher ging die Konzentration der Milchviehbestände. Diese sind pro Halter in Schleswig-Holstein extrem hoch. Eine deutliche Trennung zwischen dem Norden und dem Süden der Bundesrepublik ist verifizierbar.
- Obwohl sich die Zahl der Molkereibetriebe und -unternehmen und auch die Zahl der Milchkühe stark verringerte, nahm der Milchanfall ständig zu und damit die mittlere Betriebs- und Unternehmensgröße.
- Gleichzeitig mit der Vergrößerung der Molkereibetriebe und -unternehmen änderte sich vielfach die Produktionsstruktur.
- Der Aktionsraum (= Reichweite) der einzelnen Betriebe bzw. Unternehmen hat sich z. T. außerordentlich erweitert.
- Die Siedlungsbereiche haben ihr Gesicht durch Schließung ehemaliger Molkereigebäude oder durch deren Abbruch gewandelt.
- Mit der relativen Verstärkung der Milchviehbestände in den südlichen und nördlichen Bundesländern erfolgte eine Zunahme des Grünlandes auf Kosten des Ackerlandes.
- Die Konzentrationsentwicklung der Milch- und Molkereiwirtschaft hat mehrere Ursachen. Man kann interne und externe Ursachenkomplexe unterscheiden.
- Die internen Ursachen liegen im Betrieb selbst: technischer Fortschritt, Absatzpolitik, persönlichkeitsbedingte Aspekte.
- Zu den externen Ursachen zählen Änderungen im Bereich der Produktion des Rohstoffes Milch, Unternehmenskonzentration im Einzelhandel, Erweiterung der Marktgrenzen, Strukturförderung im Rahmen der Agrarpolitik.

---

[3] In diesem Zusammenhang kann auf Einzelheiten der 1984 von der EG beschlossenen Drosselung der Milchmenge im Rahmen der Kontigentierungsmaßnahmen nicht mehr eingegangen werden. Man sollte jedoch beachten, daß sich Auswirkungen dieser Regelungen in einigen Gebieten der Bundesrepublik Deutschland bereits heute zeigen.

Résumé

- En République fédérale la distribution spatiale des laiteries a beaucoup changé.
- C'est en Schleswig-Holstein, en Basse-Saxe et en Bavière qu'il y a le plus grand nombre d'exploitations et d'entreprises laitières.
- Une concentration régionale sur les surfaces favorables à la culture fourragère au nord et au sud du pays est évidente.
- La concentration et le déplacement des exploitations et entreprises laitières se sont accompagnés d'une concentration du cheptel laitier. Celui-ci est extrêmement nombreux en Schleswig-Holstein. On peut vérifier une différenciation entre le nord et le sud de la République fédérale.
- Quoique le nombre d'exploitations et d'entreprises laitières tout comme celui des vaches laitières aient fortement diminué, il y avait une augmentation continuelle de la quantité de lait produit et, en conséquence, de la taille moyenne d'exploitations et d'entreprises.
- Souvent l'agrandissement des exploitations et entreprises laitières a entraîné un changement de la structure de la production.
- Le rayon d'action des différentes exploitations ou entreprises s'est en partie extrêmement élargi.
- Les zones d'habitat ont pris un autre aspect par la disparition ou la démolition d'anciennes laiteries.
- L'augmentation relative du cheptel laitier au nord et au sud de la République fédérale s'est accompagnée d'une extension des herbages au détriment des surfaces labourables.
- La concentration survenue dans l'industrie laitière a plusieurs raisons. On peut distinguer des causes internes et des causes externes.
- Les causes internes naissent de l'exploitation elle-même: progrès technique, politique de vente, aspects personnels.
- Parmi les causes externes figurent des changements dans le domaine de la production du lait en tant que produit de base, la concentration d'entreprises du commerce de détail, l'élargissement des marchés et le développement des structures dans le cadre de la politique agricole.

Literatur

Behnke, H. H. et al.: Entwicklungstendenzen der Milchwirtschaft und Molkereistruktur in Rheinland-Pfalz. In *Berichte über Landwirtschaft* 49(1971)66–83.

BMELF (= Bundesministerium für Ernährung, Landwirtschaft und Forsten) (Hrsg.): Die Betriebsstruktur der Molkereiwirtschaft. Bonn 1973.

BMELF (= Bundesministerium für Ernährung, Landwirtschaft und Forsten) (Hrsg.): Die Unternehmens- und Betriebsstruktur der Molkereiwirtschaft in der Bundesrepublik Deutschland 1973. Bonn 1974.

BMELF (= Bundesministerium für Ernährung, Landwirtschaft und Forsten) (Hrsg.): Statistischer Bericht über die Milch- und Molkereiwirtschaft in der Bundesrepublik Deutschland und den EG-Mitgliedstaaten – Kalenderjahr 1978. Bonn 1979.

BMELF (= Bundesministerium für Ernährung, Landwirtschaft und Forsten) (Hrsg.): Die Unternehmens- und Betriebsstruktur der Molkereiwirtschaft in der Bundesrepublik Deutschland 1979. Bonn 1981.

BMELF (= Bundesministerium für Ernährung, Landwirtschaft und Forsten) (Hrsg.): Statistischer Bericht über die Milch- und Molkereiwirtschaft in der Bundesrepublik Deutschland und den EG-Mitgliedstaaten – Kalenderjahr 1979. Bonn 1981.

BMELF (= Bundesministerium für Ernährung, Landwirtschaft und Forsten) (Hrsg.): Agrarbericht der Bundesregierung 1984. o. O. (Bonn) 1984.

Borchert, K.: Die Molkerei-Strukturpolitik. In *Deutsche Milchwirtschaft* 24(1973)63–65.
Dehghani, D.: Zu den Auswirkungen der Liberalisierung des Trinkmilchmarktes – dargestellt am Modell *Stadt Frankfurt.* Gießen 1972.
Dicke, H. et al.: Kritik an der Kritik. Wissenschaftliche Grundlagen der Richtlinien für Strukturmaßnahmen in der Molkereiwirtschaft – Eine Entgegnung. In *Agra Europe* 13(1972)26–29.
Frassine, W.: Konzentration und Wettbewerb in der Molkereiwirtschaft der Bundesrepublik Deutschland. Frankfurt 1976 *(Gießener Schriften zur Agrar- und Ernährungswirtschaft* 9).
Gay, J.: Einfluß der Milcherzeuger auf Markt und Erlöse = *Agra Europe* 15(1974) Nr. 38.
Gay, J.: Zur Lage der Käsereiwirtschaft in der Gemeinschaft. In *Agra Europe* 16-Sonderbeilage (1975)1–22.
Grosskopf, W.: Molkereiwirtschaft im Wandel. Von der Marktanpassung zur Marktgestaltung – Molkereiwirtschaft im Wandel. Vorträge der 32. Mitgliederversammlung der VGM e. V.-Bonn in Kassel = Sonderdruck aus: *Die Molkereizeitung/Welt der Milch* 25, 26, 29 (1973)7–10.
Hagenmüller, W.: Zur Struktur der Molkereiwirtschaft in Baden-Württemberg. In *Deutsche Molkereizeitung* 96(1975)774–782.
Hülsemeyer, F. et al.: Die Entwicklung der Märkte für Milch und Rindfleisch – Von der Milch auch morgen leben. Vorträge auf der DLG-Herbsttagung 1975 in Ruhpolding/Obb. in Verbindung mit der XV. Hochschultagung und der Landwirtschaftlichen Woche. Frankfurt 1976 (*Archiv der DLG* 57).
Materialband zum Agrarbericht 1982 der Bundesregierung. Bonn 1982 (*Drucksache* 9/1341).
Metzdorf, H.-J.: Die Zusammenschlüsse von Molkereien in Nordrhein-Westfalen von 1965 bis 1972. In *Deutsche Milchwirtschaft* 24(1973)835–838.
Mönning, B. und Hafenmayer, J.: Struktur der deutschen Milch- und Molkereiwirtschaft. Bonn (m.M.) 1981.
Niehaus, A.: Milchmärkte im Konkurrenzfeld. In *Agra Europe* 15(1974) Nr. 27.
Ohly, F.: Die Auswirkungen der in den Jahren 1958 bis 1963 im Landwirtschaftskammerbezirk Hannover durchgeführten Fusionen von Genossenschaftsmolkereien auf die Milchgeldauszahlung. Bonn 1967.
Otremba, E.: Allgemeine Agrar- und Industriegeographie. Stuttgart 1960.
Rabich, A.: Die deutsche Milchwirtschaft im Wandel der Zeit. Hildesheim 1974.
Reischle, H. und Saure, W.: Der Reichsnährstand – Aufbau, Aufgaben und Bedeutung. Berlin 1934.
Rohr, H. J.: Ziele und Aufgaben der Molkereistrukturpolitik = *Agra Europe* 13-Sonderbeilage 1972.
Ryll, E.: Milchproduktion 1980 in den Ländern der Bundesrepublik Deutschland – Eine ökonomische Analyse. Hamburg/Berlin 1973.
Scharrer, H.W.: Die Ordnung des Marktes für Milch- und Molkereiprodukte in der Bundesrepublik Deutschland. Erlangen/Nürnberg 1968.
Schebler, A.: Wirtschaftliche Integrationsprozesse in der bayerischen Molkereiwirtschaft. Weihenstephan 1971.
Statistisches Bundesamt (Hrsg.): Tierische Erzeugung 1980. Stuttgart/Mainz 1981.
Statistisches Bundesamt (Hrsg.): Milcherzeugung und -verwendung 1981. Wiesbaden 1982.
Völkl, M. und Hafenmayer, H.: Einige Strukturdaten in der Milch- und Molkereiwirtschaft in der Bundesrepublik Deutschland. In *Deutsche Milchwirtschaft* 27(1976)122-126.
Weber, W.: Rechtsfragen der milchwirtschaftlichen Marktordnung. Göttingen 1962.

Strukturelle Maßnahmen im Ländlichen Raum

Alfred Pletsch

Maßnahmen zur Verbesserung der Agrar- und Siedlungsstruktur in Frankreich

Zum Weltgeographenkongreß 1984 in Paris wurde vom *Centre de Recherches sur la vie rurale de l'Université de Caen* unter Federführung von P. Brunet eine *Carte des mutations de l'espace rural français 1950–1980* vorgelegt. Die farbig angelegte Karte im Maßstab 1 : 1 Million vermittelt ein eindrucksvolles Bild von den tiefgreifenden Wandlungen der französischen Landwirtschaft und des Ländlichen Raumes, wobei sich deutlich zeigt, daß es nach wie vor Gebiete gibt, in denen es nur eine geringe Entwicklungsdynamik, ja sogar eine Rückläufigkeit der Landwirtschaft gibt, während sich andere Räume sehr rasch und sehr stark verändert haben.

Die regionalen Disparitäten sind in Frankreich auch bezüglich der Landwirtschaft ein traditionelles Erbe, das sich in erster Linie in der natürlichen Raumausstattung, aber auch in der allgemeinen historischen Entwicklung, dem Zentralismus des französischen Staates, den Markt- und Verkehrsbedingungen u. v. a. begründen. Der Abbau dieser Disparitäten wurde zu einer der wichtigsten Forderungen , der sich die *V. Republik* zu stellen hatte, und sie reagierte mit einer Reihe von Maßnahmen, die sowohl die Landwirtschaft als auch die übrigen Wirtschaftssektoren betrafen.

Neben der administrativen Neugliederung des Territoriums in Wirtschaftsregionen (Abb. 1), die den äußeren Rahmen für die wirtschaftlichen Fördermaßnahmen und Strukturüberlegungen gaben, wurde eine Reihe von Gesetzen erlassen und Institutionen geschaffen, die für die künftige Entwicklung des Agrarsektors richtungweisend wurden. Besonders ist hier das 1961 verkündete Landwirtschaftsgesetz zu nennen, daß bewußt als *loi d'orientation agricole* bezeichnet wurde, das also die künftige Entwicklung der Landwirtschaft steuern sollte. Im Jahre 1980 wurde dieses Gesetz neu gefaßt und den inzwischen veränderten Strukturen angepaßt.

Die Frage, warum dem Agrarsektor diese Sonderbehandlung durch die Politiker im Rahmen der Regionalisierungsgesetzgebung zukam, ergibt sich vor dem Hintergrund der strukturellen Unausgewogenheit, die in dem Beitrag *Die Landwirtschaft in Frankreich* in diesem Band an verschiedenen Beispielen verdeutlicht wurde. Sie soll daher in dieser Betrachtung nicht mehr aufgegriffen werden. Vielmehr sollen einige strukturelle Maßnahmen betrachtet werden, die im Laufe der letzten 30 Jahre durchgeführt wurden, und die nicht zuletzt für die Intensivierung der Agrarproduktion und die Restrukturierung des Ländlichen Raumes mitverantwortlich sind.

Generell wurden sämtliche bisher durchgeführten Strukturmaßnahmen in den verschiedenen Landesteilen unterschiedlich wirksam. Nicht selten hatten sie dort am wenigsten Erfolg, wo sie am nötigsten gewesen wären. Ein Beispiel hierfür sind die Maßnahmen zur Flurbereinigung, die in der Vergangenheit insgesamt in Frankreich umfangmäßig weniger bedeutend waren als beispielsweise in der Bundesrepublik Deutschland. Der Grund hierfür liegt nicht zuletzt in der Tatsache, daß aufgrund der historischen Entwicklung insbesondere in Nordfrankreich der Großgrundbesitz dominiert, wobei fast

Prof. Dr. Alfred Pletsch – Fachbereich Geographie der Philipps-Universität Marburg D-3550 Marburg/Lahn

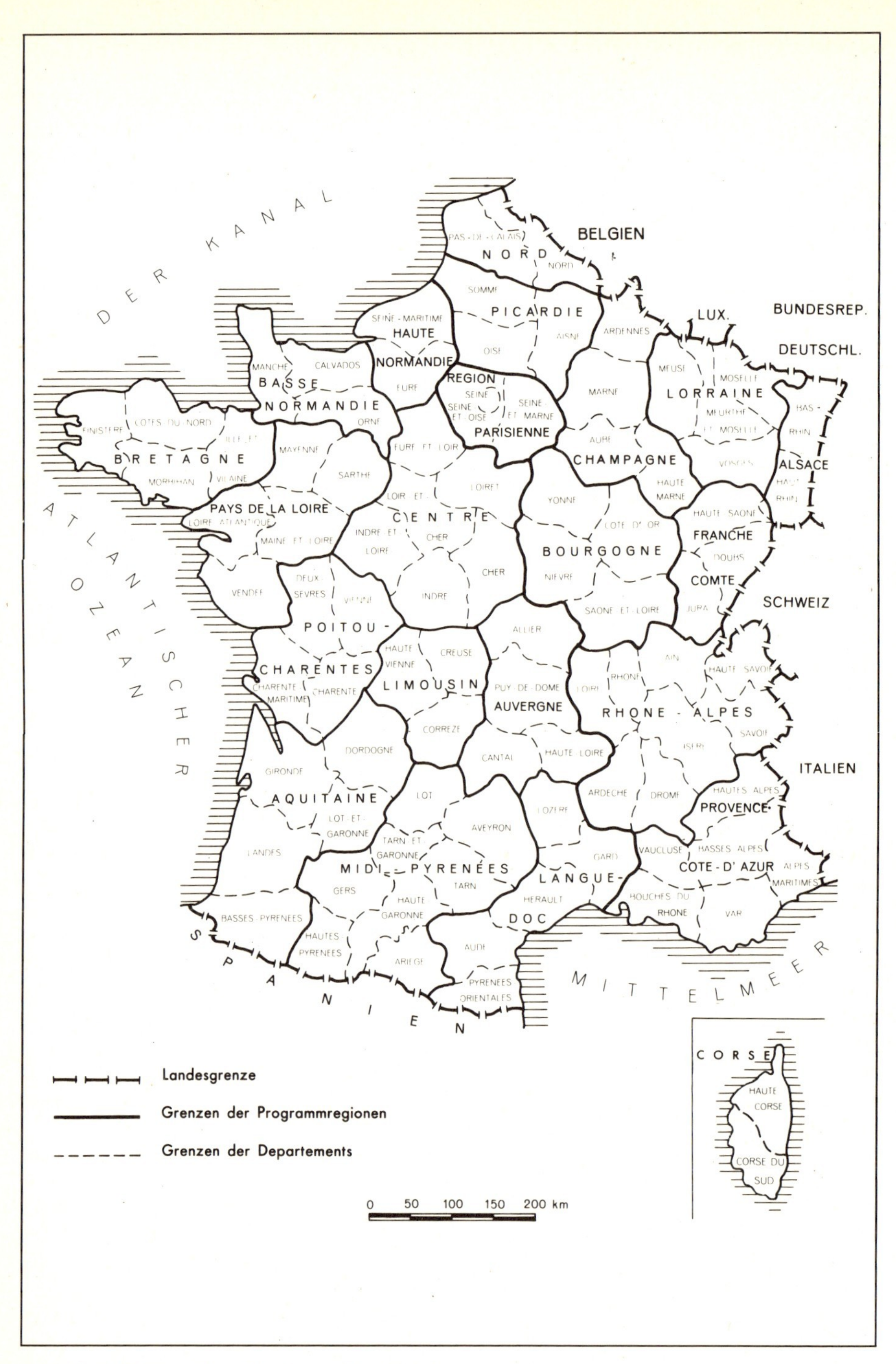

Abb. 1: Administrative Gliederung Frankreichs
La structure administrative de la France

immer eine weitgehende Arrondierung dieser Flächen schon traditionell gegeben war. Demgegenüber ist die Situation in Südfrankreich umgekehrt. Hier dominiert der Kleinbesitz, häufig auch noch aufgeteilt in eine Vielzahl von Parzellen. Es kommt hinzu, daß gerade im Süden die Dauerkulturen wie Wein und Obst den Zusammenlegungsprozeß erschweren, ganz abgesehen von ungünstigeren topographischen und hydrographischen Bedingungen, die im Vergleich zu anderen Landesteilen im Süden vorliegen.

Historisch setzt die Flurbereinigung in Frankreich später ein als beispielsweise in Deutschland. Ein erstes Gesetz wurde im Jahre 1918 erlassen *(loi Chauveau)*, um die während des Krieges verwüsteten Gebiete Nordfrankreichs neu zu strukturieren. Dieses Gesetz blieb von lokaler Wirksamkeit und wurde im übrigen Frankreich kaum Anlaß für Bereinigungsmaßnahmen.

Ein zweites Gesetz folgte im Jahre 1938. Es sollte die Grundlage darstellen für Maßnahmen, die nunmehr landesweit durchgeführt werden sollten. Allerdings blieb es wiederum unwirksam, da schon kurz nach Verkündung des Gesetzes der Zweite Weltkrieg ausbrach und damit eine zeitliche Zäsur von fast zehn Jahren eintrat, bevor erneut mit Flurbereinigungsmaßnahmen begonnen werden konnte. Seither sind knapp 40 % der landwirtschaftlichen Nutzflächen (LN) Frankreichs bereinigt worden, allerdings zeigen sich regional erhebliche Unterschiede (vgl. Tab. 1 und Abb. 2).

Programmregion	*Abgeschlossene Verfahren* 1971	1981 (1000 ha)	*Anteil an LN[1])* 1971	1981 (%)	*Laufende Verfahren* 1981 (1000 ha)
Ile de France	482,0	521,2	74,2	84,4	20,4
Champagne – Ardenne	833,3	1181,2	53,4	73,9	151,3
Picardie	827,7	1012,5	57,1	72,2	49,2
Haute Normandie	327,7	402,4	36,9	45,9	9,8
Centre	945,9	1327,4	35,6	50,7	74,3
Basse Normandie	186,8	359,0	12,5	25,0	47,9
Bourgogne	555,8	778,9	28,9	39,9	46,9
Nord – Pas-de-Calais	153,1	280,0	15,7	29,9	62,4
Lorraine	514,9	700,9	41,2	57,7	59,7
Alsace	166,1	252,1	40,0	75,3	18,5
Franche-Comté	307,4	517,3	39,0	66,3	25,0
Pays de la Loire	356,9	720,2	13,7	28,4	104,4
Bretagne	560,2	943,2	28,1	48,7	101,5
Poitou-Charentes	467,4	641,1	24,8	34,5	65,7
Aquitaine	158,7	287,1	9,3	16,7	25,0
Midi-Pyrénées	137,1	239,3	4,9	8,7	21,5
Limousin	106,4	163,4	11,4	17,3	23,5
Rhône-Alpes	203,4	285,4	9,7	14,1	39,3
Auvergne	268,9	459,2	16,4	28,1	55,9
Languedoc-Roussillon	36,9	79,9	2,8	6,6	14,3
Provence-Alpes-Côte d'Azur	46,5	87,6	4,0	8,2	4,8
Corse	4,6	8,6	1,0	2,4	1,5
Zusammen	7647,6[2])	11 248,1	23,4	35,3	1022,8

[1]) LN = Landwirtschaftliche Nutzfläche
[2]) Zum Vergleich 1960 = 2 960 000 ha

Quelle: I.N.S.E.E. (1983) 392

Tab. 1: Die Flurbereinigung in Frankreich 1971–1981
Remembrement en France 1971–1981

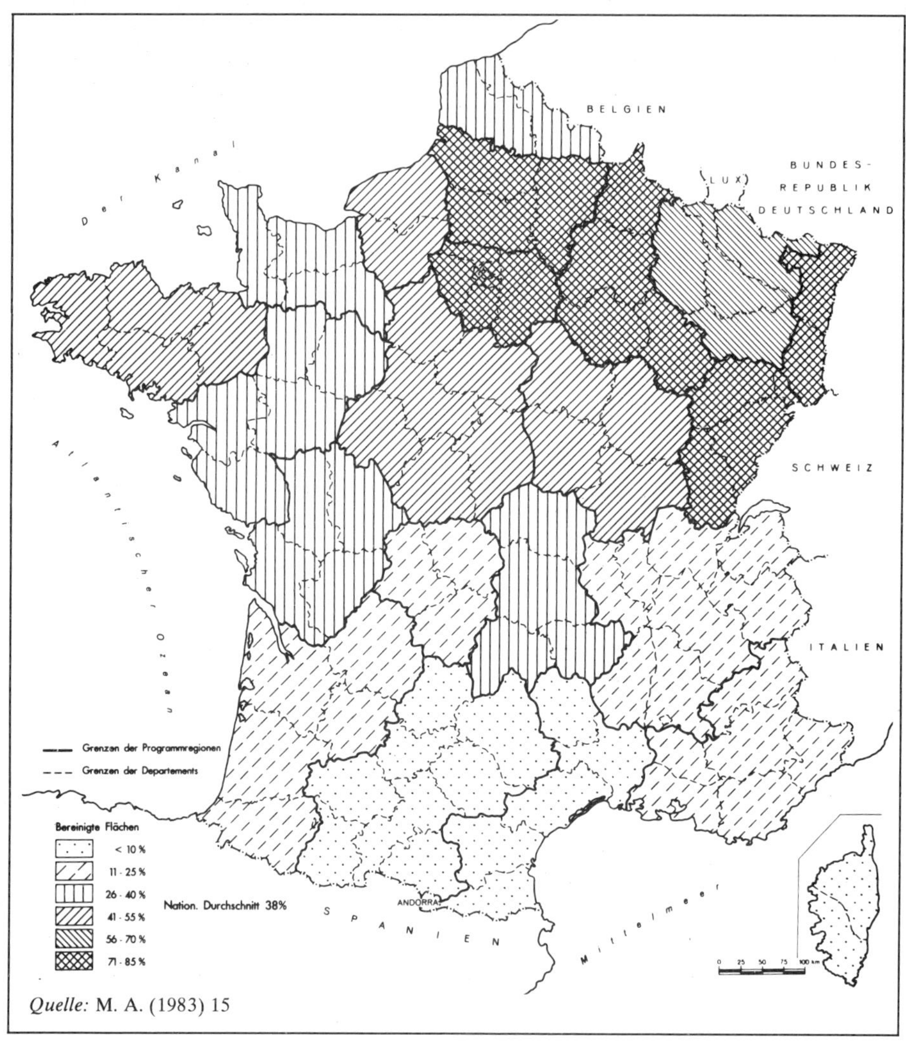

Quelle: M. A. (1983) 15

Abb. 2: Der Stand der Flurbereinigung in Frankreich am 1. 1. 1982
Remembrement en France (état du 1 janvier 1982)

Bis zum Beginn des Jahres 1982 war der größte Teil der Flächen in Nordostfrankreich durch Flurbereinigungsmaßnahmen restrukturiert worden. Im Zentrum des Landes und in der Bretagne, wo in den letzten Jahren ein großer Rückstand rasch aufgeholt worden ist, liegen die Anteile immerhin zwischen 40 bis 70 %. Mit Abstand am ungünstigsten ist dagegen die Situation dort, wo die Flurbereinigung am notwendigsten wäre, nämlich im Süden des Landes. Wie extrem hier die Situation sein kann, sei am Beispiel des Plateau de Beaucaire aufgezeigt, wo in den Jahren 1960 bis 1964 im Zuge der Meliorationsmaßnahmen in den Küstenebenen des Languedoc (vgl. Pletsch 1976) ein Flurbereinigungs- und Rekultivierungsprogramm durchgeführt wurde.

Der in den Abb. 3 und 4 gezeigte Gemarkungsausschnitt umfaßt eine Fläche von 420 ha. Die Tatsache, daß diese Fläche in nicht weniger als 1392 Parzellen untergliedert war, zeigt hinlänglich die ungünstigen Strukturverhältnisse auf. Die Situation wird noch verworrener durch die Betrachtung der Besitzverhältnisse, denn katastermäßig waren 1603 Eigentümer registriert, d. h. viele Parzellen hatten zwei oder mehrere Besitzer. Da ein großer Teil des Plateaus seit langer Zeit nicht mehr genutzt wurde, waren vielerorts die Parzellengrenzen nicht mehr erkennbar. Rund die Hälfte der Landeigentümer war auch nicht fähig, die genaue Lage ihrer Parzellen anzugeben, ein Viertel aller Landbesitzer ignorierte sogar, daß sie Land auf dem Plateau besaßen und viele Besitzer konnten überhaupt nicht mehr ermittelt werden, weil sie seit langer Zeit aus dem Gebiet abgewandert waren.

Natürlich war es nicht sinnvoll, hier ein normales Flurbereinigungsverfahren durchzuführen. Vielmehr wurde durch die Behörden in einer über zwei Jahre dauernden Aktion

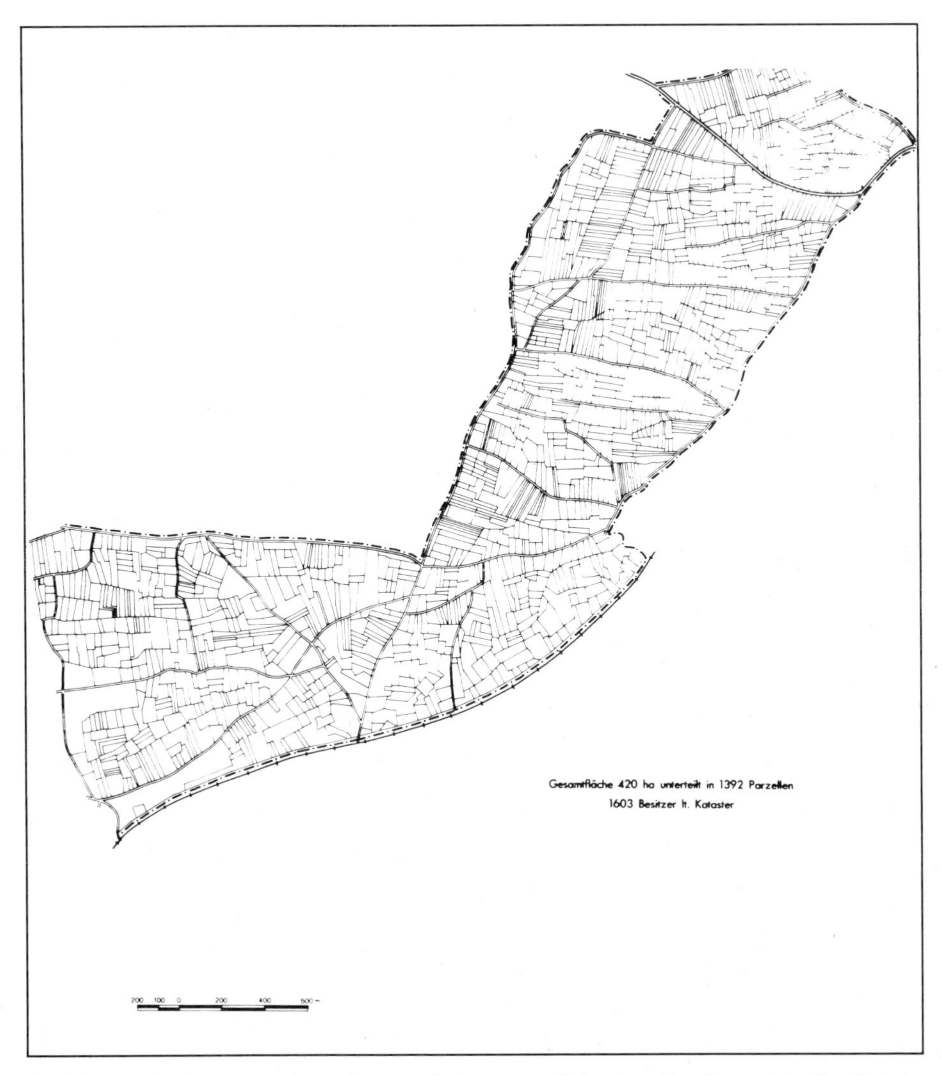

Abb. 3: Flurbereinigung auf dem Plateau de Beaucaire (Dépt. Gard) – Parzellengefüge 1960
Remembrement sur le Plateau de Beaucaire (Dépt. Gard) – structure parcellaire 1960

sämtliche Parzellen aufgekauft bzw. durch Erbpachtverträge übernommen, um dann eine Neuvermessung des Plateaus vorzunehmen (Abb. 4). Mit der Maßnahme wurde die Schaffung von 10 neuen Betrieben mit einer durchschnittlichen Größe zwischen 18 und 30 ha LN verbunden, die zum größten Teil an ehemalige Koloniallandwirte aus Nordafrika verkauft bzw. verpachtet wurden.

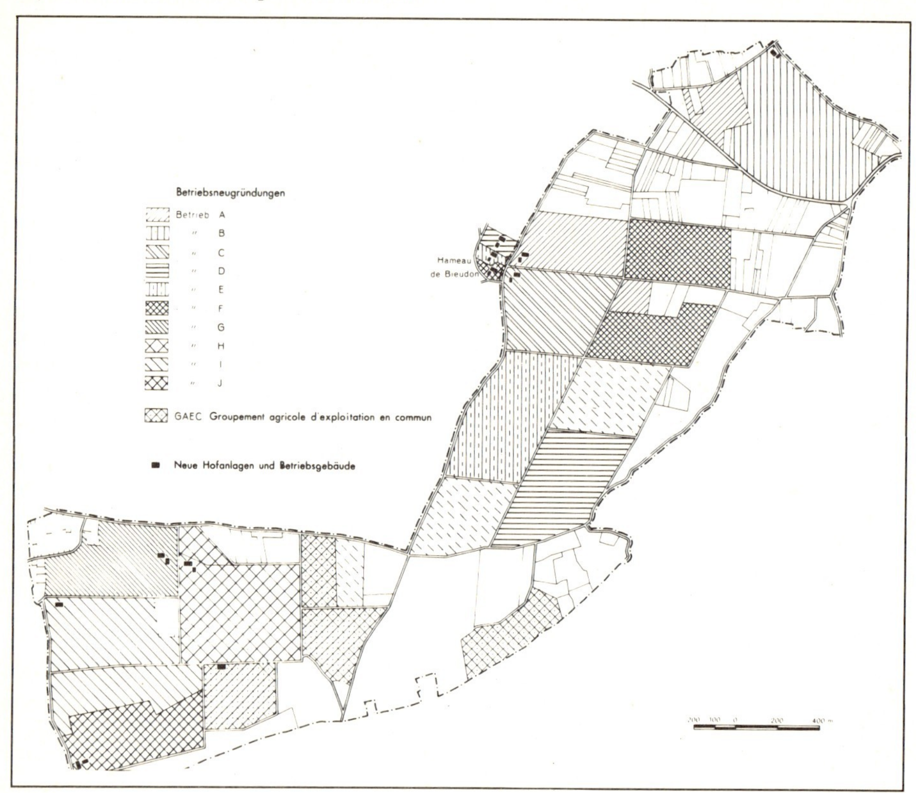

Abb. 4: Flurbereinigung auf dem Plateau de Beaucaire (Dépt. Gard) – Parzellengefüge 1968
Remembrement sur le Plateau de Beaucaire (Dépt. Gard) – structure parcellaire 1968

Der Fall des Plateau de Beaucaire ist sicherlich extrem und ist selbst für südfranzösische Verhältnisse außergewöhnlich. Um so mehr demonstriert er die Schwierigkeiten, die selbst bei etwas günstigeren Ausgangspositionen bestehen. Demgegenüber sind die großen Blockfluren im Norden, in Gebieten mit großen homogenen Flächen, für Bereinigungsmaßnahmen sehr viel leichter zu handhaben. Besonders in den Jahren zwischen 1960 und 1975 sind hier bedeutende Flächen durch die Flurbereinigung restrukturiert worden.

Allerdings ist im gesamten Land der Rhythmus der Maßnahmen erheblich verlangsamt worden. Einer der Gründe hierfür sind die stark angestiegenen Kosten, die bis in die 70er Jahre zu 80 % vom Staat getragen wurden. Heute betragen die staatlichen Zuschüsse lediglich noch 60 %. Es kommt hinzu, daß durch Gesetz vom 4. 7. 1980 Flurbereinigungsmaßnahmen gleichzeitig mit anderen raumplanerischen Maßnahmen gekoppelt werden müssen, ähnlich wie das im FLURBEREINIGUNGSGESETZ der Bundesrepublik Deutschland aus dem Jahre 1975 gefordert wird. Ausnahmen von diesen Forderungen bilden lediglich die Hochgebirgszonen. Durch diese Erweiterung der Aufgabenstellung sind allerdings die Entscheidungswege noch länger und komplizierter, die Kosten noch höher geworden.

So ist es nicht verwunderlich, daß Strukturbereinigung in Frankreich heute stärker durch andere Maßnahmen betrieben wird. Bereits im Jahre 1960 wurden per Gesetz die *Gesellschaften zur Verbesserung der Agrarstruktur* (S.A.F.E.R. = *Sociéte d'Aménagement Foncier et d'Etablissement Rural*) gegründet. Aufgabe dieser Gesellschaften ist es, den Grundstücksmarkt im Ländlichen Raum zu beobachten, zum Verkauf angebotene Flächen zu erwerben und möglichst an aufstockungsfähige oder aufstockungswürdige Betriebe wieder zu verkaufen. Das ihnen grundsätzlich eingeräumte Vorkaufsrecht wird jedoch unwirksam, wenn das eigene Kaufangebot durch andere Kaufinteressenten überboten wird. Insofern ist der Anteil der Grundstücke, die durch die S.A.F.E.R. vermittelt werden, vergleichsweise gering. Er betrug im Jahre 1982 lediglich 18,3 % an dem Gesamtumfang der Grundstückstransaktionen (M.A.1983: 12).

Besondere Bedeutung haben die S.A.F.E.R.'s in Südfrankreich erlangt. Gerade bei der Kleinstrukturiertheit der südfranzösischen Landwirtschaft ist der Grundstücksmarkt hier sehr mobil. Da die Flurbereinigung als Gesamtmaßnahme kaum Anwendung findet, bleibt die S.A.F.E.R. häufig die einzige Institution, die durch ihre Maßnahmen „strukturbereinigend" wirkt. Allein in den Programmregionen Midi-Pyrénées, Languedoc-Roussillon und Provence-Alpes-Côte d'Azur wurden ein Drittel aller Transaktionen, die von allen 31 S.A.F.E.R.'s Frankreichs seit 1960 kontrolliert wurden, abgewikkelt (I.N.S.E.E. 1983: 394) (vgl. Tab. 2).

Ebenfalls im Rahmen der Gesetzgebung der frühen 1960er Jahre wurde als Ergänzung des Agrargesetzes von 1960 im August 1962 das *Gesetz zur Landabgaberente* (I.V.D. = *l'Indemnité viagère de départ*) erlassen. Diese „Strukturmaßnahmen", die auch in anderen Ländern der Europäischen Gemeinschaft eingeführt wurden, hatten in Frankreich in den ersten Jahren ihres Bestehens einen besonders großen Erfolg. Grund dafür war die relative Überalterung der Betriebsleiter in der Landwirtschaft, die gleichzeitig Hemmnis für Modernisierung und Dynamik in der Betriebsanpassung an neue Produktions- und Absatzmöglichkeiten bedeutete. Grundgedanke des Gesetzes ist, ältere Landwirte zur Aufgabe ihrer Betriebe zu veranlassen und das dadurch freigesetzte Land aufstockungswilligen und aufstockungswürdigen Betrieben zur Verfügung zu stellen. Von dieser Möglichkeit haben in Frankreich im Zeitraum zwischen 1963 und 1982 über 645 000 Landwirte Gebrauch gemacht, die dadurch eine Fläche von fast 11,5 Mio. ha LN freigesetzt haben (Abb. 5 und 6) (M.A.1983: 13). Der größte Teil dieser Flächen wurde zur Aufstockung bereits bestehender Betriebe bereitgestellt, vielerorts wurden aber auch neue Betriebe gegründet.

Im Laufe der 1970er Jahre wurde die I.V.D. jedoch immer weniger in Anspruch genommen, so daß im Jahre 1980 schließlich das Gesetz geändert wurde. Als einer der Gründe wird die wirtschaftliche Depression nach der Erdölkrise 1973/74 gesehen, die insgesamt den Strukturwandlungsprozeß verlangsamt hat. Das Gesetz von 1980 hat die Anwendungsmöglichkeiten der I.V.D. auf mithelfende Familienangehörige und Landarbeiter ausgeweitet und sieht außerdem Sonderregelungen für den Betriebsinhaber vor, besonders bei der Frage der Anrechenbarkeit anderer Rentenbezüge auf die I.V.D. Als Folge dieser Gesetzesnovellierung zeichnet sich in den letzten Jahren wieder eine stärkere Inanspruchnahme dieser Möglichkeit ab (z. B. 1982 über 22 000 Anträge) (Roudié 1983: 109).

Parallel zu diesem Gesetz, das das Ausscheiden der älteren Landwirte erleichtern soll, wurde seit 1973 ein legislativer Rahmen geschaffen, der es Junglandwirten erleichtern sollte, Betriebe zu übernehmen. Im Rahmen dieser „Hilfsmaßnahmen für Junglandwirte" (D.J.A. – *Dotation d'installation des jeunes agriculteurs*) wurden drei Subventionszonen ausgegliedert (Abb. 7). Die höchsten Zuschüsse werden in den Gebirgsregionen

Gebiet	*Grundstückserwerb* 1961–1981 (ha)	∅ Preis/ ha 1980 (FF)	*Grundstücksveräußerung* 1961–1980 (ha)	∅ Preis/ ha 1980 (FF)
Alpes-Cévennes	19 709	15 952	18 199	16 673
Alsace	6 549	33 689	5 580	31 946
Auvergne	92 475	14 832	85 322	16 276
S.A.F.A.L.T.	82 468	15 593	73 085	16 466
Bassin de l'Adour	21 574	19 105	18 097	18 170
Bourgogne	56 227	14 572	50 080	16 535
Bretagne	59 506	18 244	53 427	20 391
Centre	84 250	19 031	74 162	21 285
Champagne-Ardenne	20 658	21 529	18 357	22 997
Corse	898	14 062	184	43 959
Dordogne-Gironde	60 638	19 448	51 165	21 468
Flandres-Artois	4 793	21 611	3 684	24 017
Franche-Comté	31 968	14 166	27 808	14 913
Friches de l'Est (S.A.F.E.)	26 776	17 118	23 682	21 563
Garonnaise (S.O.G.A.F.)	60 636	23 779	53 546	26 301
Gascogne-Haut-Languedoc	106 656	18 303	94 484	19 117
Ile-de-France	8 028	23 707	6 586	28 256
Languedoc-Roussillon	90 936	19 280	74 373	27 227
Loire-Océan	30 470	17 169	26 097	20 310
Lorraine	24 493	16 627	21 017	17 720
Lozère	30 412	5 483	26 772	6 287
Maine	25 253	21 510	20 960	26 428
Marche-Limousin	63 446	13 448	55 109	14 660
Meuse	7 746	15 074	6 731	19 063
Basse-Normandie	23 805	32 602	19 519	29 811
Haute-Normandie	7 698	32 077	5 458	35 442
Picardie	4 294	24 314	3 002	20 892
Poitou-Charentes	103 600	16 747	92 821	18 596
Provence-Alpes-Côte d'Azur	46 589	24 060	39 015	31 364
Rhône-Loire	14 980	25 937	12 372	46 751
Savoie-Bourgogne	36 855	21 205	31 722	20 713
Gesamt	1 254 386	19 152	1 092 365	21 379

Quelle: I.N.S.E.E. (1983) 393

Tab. 2: Grundstückstransaktionen der Sociétés d'Aménagement et d'Etablissement Rural 1961–1980
Transactions foncières des Sociétés d'Aménagement et d'Etablissement Rural 1961–1980

gewährt, eine zweite Zuschußkategorie betrifft die Randlandschaften zu den Gebirgen. Aber auch in den agrarischen Gunsträumen des Nordens wird noch ein finanzieller Anreiz für Junglandwirte gegeben. Seit 1981 betragen die Zuschußsätze maximal in Zone 1 (Berggebiete) 94 500 FF, in Zone II 58 800 FF und in Zone III immerhin noch 45 500 FF pro Betriebserwerb. Von mehr als 55 000 Junglandwirten, die zwischen 1975 und 1981 die D.J.A. in Anspruch genommen haben, gehörten über 53 % der Altersgruppe unter 25 Jahren an. Das Höchstalter der Bezuschussungsmöglichkeit liegt bei 35 Jahren (M.A. 1983: 14 und Roudie 1983: 109 ff.).

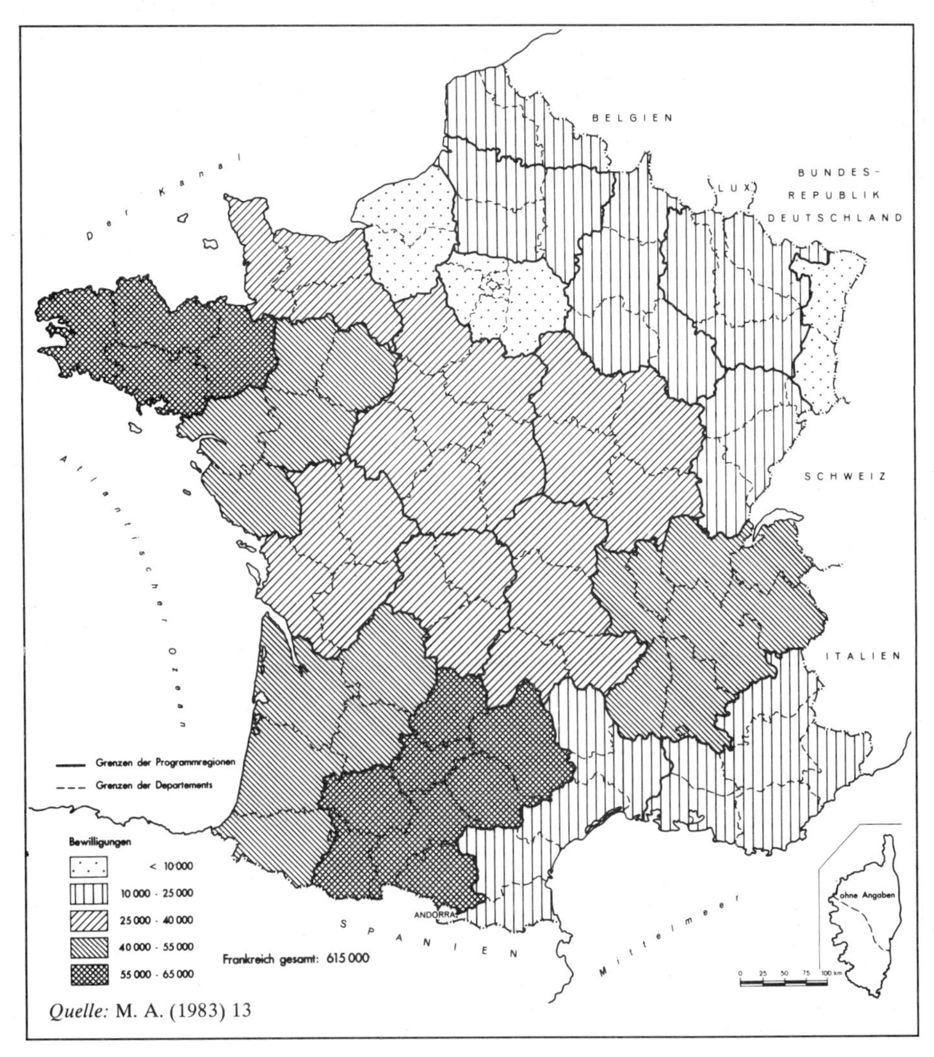

Abb. 5: Bewilligungen von Landabgaberenten in Frankreich 1963–1981
Nombre de bénéficiaires de l'I.V.D. 1963–1981

Die Erfolge dieser Strukturpolitik zeichnen sich inzwischen ab: neben der bereits angesprochenen Zunahme der durchschnittlichen Betriebsgrößen hat sich in der Altersstruktur der Betriebsleiter eine Abnahme der Altersgruppe über 65 Jahre ergeben. 1955 lag deren Anteil noch bei 19,5 % aller Betriebsleiter, nach dem Agrarzensus von 1979/80 lediglich noch bei 16,6 % (Roudie 1983: 109). Allerdings ergeben sich auch diesbezüglich große regionale Unterschiede. Ungünstig erscheint wiederum das mediterrane Frankreich mit Werten über 20 % (Languedoc-Roussillon 21 %, Korsika 21 %, Prov.-Alpes-Côte d'Azur 23 %). Demgegenüber ist die Überalterung im Westen deutlich zurückgegangen (Bretagne 12 %, Pays de la Loire 13 % der Betriebsleiter älter als 65 Jahre) (M.A. 1983: 25).

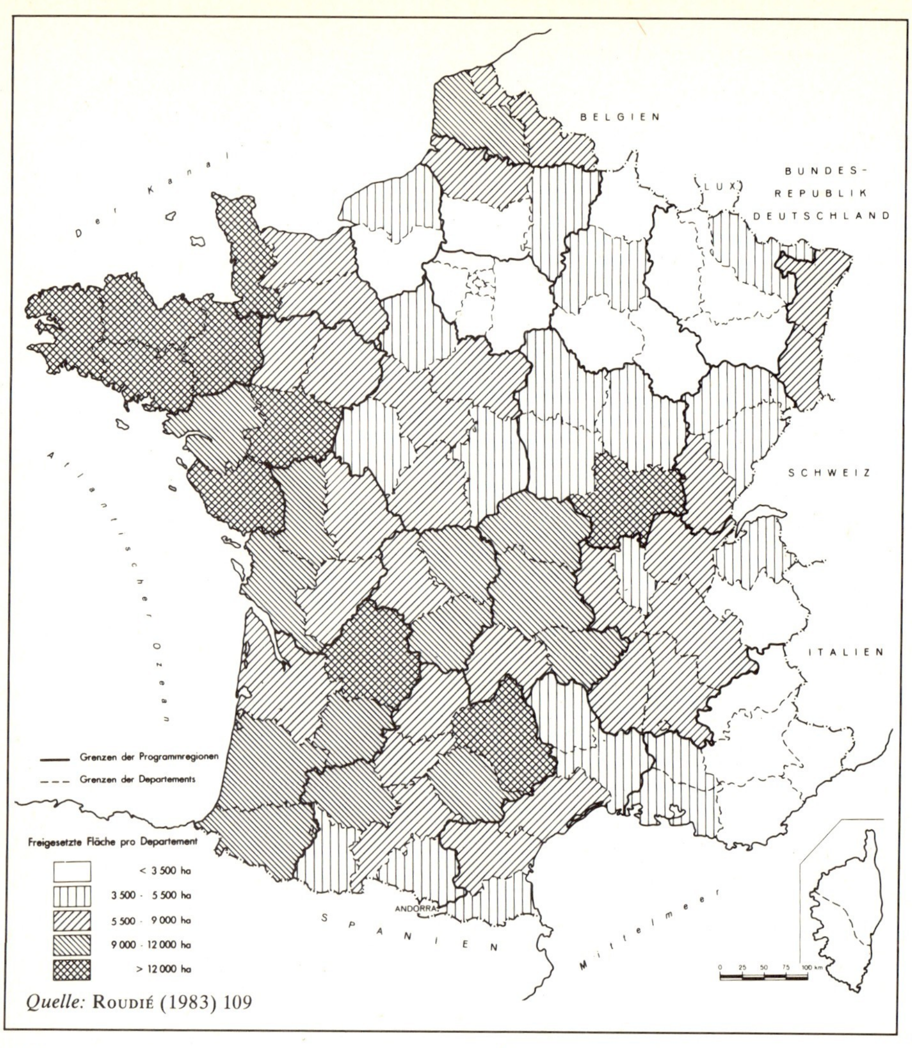

Quelle: Roudié (1983) 109

Abb. 6: Landabgaberente (freigesetzte Flächen/Dépt.) in Frankreich 1963–1981
Indemnité viagère de départ en France 1963–1981 (surfaces libérées par département)

Neben diesen allgemeinen Programmen gibt es eine Reihe von regionalen Förderungsmöglichkeiten mit unterschiedlichen Zielsetzungen. Ein spezielles Förderprogramm wurde für die Höhengebiete und die besonders benachteiligten Agrargebiete entwickelt, in denen sich seit vielen Jahrzehnten eine Abwanderungstendenz der Bevölkerung und entsprechend ein Siedlungs- und Kulturlandschaftsverfall abzeichnet. Diese Programme haben vorrangig zur Aufgabe, die Lebensfähigkeit der Betriebe in diesen Gebieten zu erhalten, indem sie Strukturverbesserungen erwirken (Abb. 8). Die geförderten Gebiete werden dabei in drei Gruppen unterteilt, nämlich die

– Berggebiete *(zone de montagne)*
– Gebirgsrand- und Mittelgebirgsgebiete *(zone de piedmont)*
– Benachteiligte Agrarzonen *(zone défavorisée).*

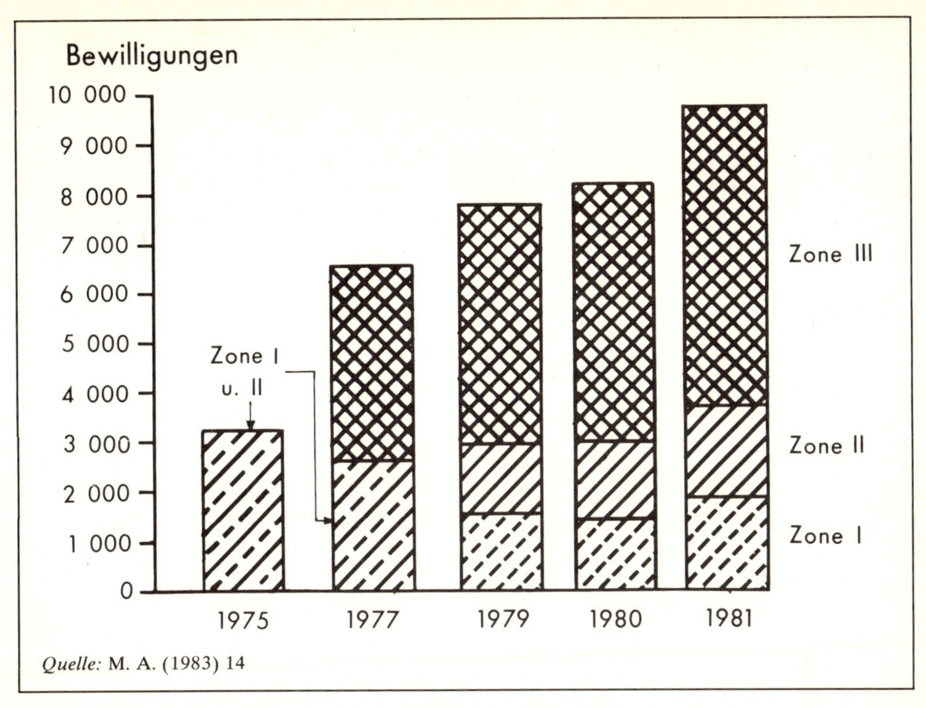

Quelle: M. A. (1983) 14

Abb. 7: Förderung für Junglandwirte in Frankreich 1975–1981
Dotation d'installation des Jeunes Agricultures (D.J.A.) en France 1975–1981

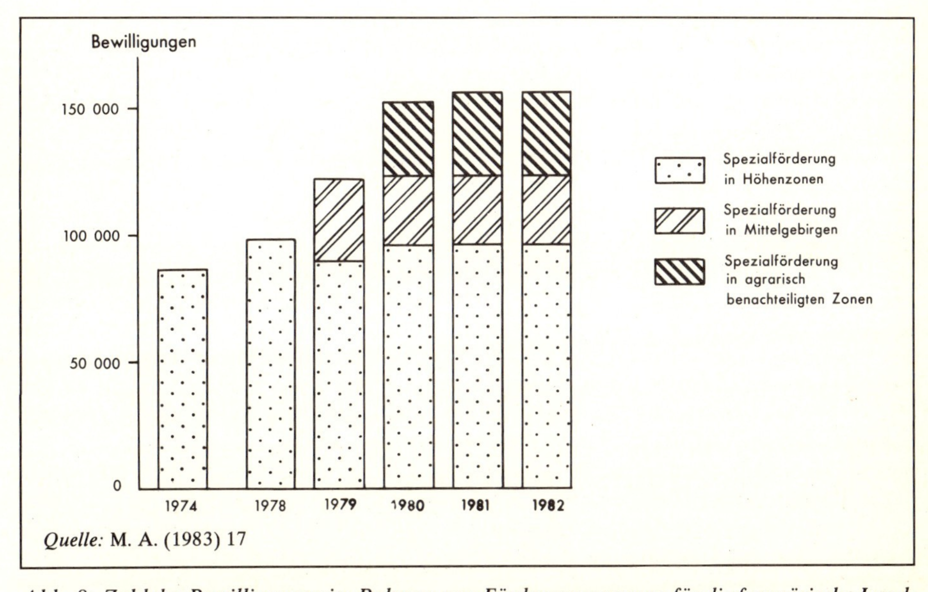

Quelle: M. A. (1983) 17

Abb. 8: Zahl der Bewilligungen im Rahmen von Förderprogrammen für die französische Landwirtschaft 1974–1982
Nombre de bénéficiaires des programmes d' aide (I.S.M., I.S.P., I.S.D.) à l'agriculture française 1974–1982

Die nachfolgende tabellarische Übersicht gibt einen Eindruck über die Zahl der Gemeinden und Betriebe, die von diesen Programmen erfaßt werden.

	Anzahl			
Zone	Gemeinden		Betriebe	
zone de montagne	5 547		171 248	
davon:				
Alpenregion		1310		34 740
Zentralmassiv		2309		98 121
Vogesen		212		5 491
Jura		534		8 702
Pyrenäen		851		18 759
Korsika		331		5 435
zone de piedmont	1 715	}	248 907	
zone défavorisée	5 701			
Gesamt	12 963		420 155	

Quelle: M.A. (1983) 17

Tab. 3: Subventionsprogramm zur Förderung der Höhengebiete und der benachteiligten Agrarzonen (vgl. auch Abb. 8)
Programme d'aide aux zones de montagne et zones défavorisées (voir fig. 8)

Fast ein Drittel aller landwirtschaftlichen Betriebe Frankreichs wird somit von diesen Förderungsprogrammen erfaßt.

Eine besondere Förderung haben in den letzten Jahrzehnten, häufig in Verbindung mit Subventionsmöglichkeiten im Rahmen von Programmen der Europäischen Gemeinschaft, die Formen überbetrieblicher Zusammenarbeit und kooperativer Betriebsführung erfahren. Durch Gesetze wurden beispielsweise im Jahre 1962 die Voraussetzungen für die Gründung von Betriebsgemeinschaften (G.A.E.C. = *Groupement agricole d'exploitation en commun*) gegründet, eine Kooperationsform, in der zwischen 2 und 10 Landwirte ihre Betriebe zusammenlegen und gemeinsam bewirtschaften. Bis 1981 waren fast 22 000 Betriebsgemeinschaften dieser Art in Frankreich entstanden, in denen 55 000 Betriebsinhaber zusammengeschlossen waren, und die rund 6,3 % der LN des Landes bewirtschafteten (Tab. 4). Sehr häufig handelt es sich dabei um Verträge, die zwischen Verwandten abgeschlossen werden (Vater/Sohn, Geschwister u. ä.), so daß die Förderungsvorteile ausgenutzt werden können ohne daß sich eine völlige Veränderung der Betriebsformen ergibt. Besonders häufig sind diese Zusammenschlüsse auf Pachtbetrieben anzutreffen, da hierdurch die Nebeninvestitionen für Maschinen oder sonstiges Inventar natürlich sehr viel niedriger gehalten werden können. Regional haben sich die G.A.E.C.'s besonders im Westen mit Schwerpunkt in der Bretagne und in der Loire-Region ausgebildet.

Unter den regional wirksamen Strukturmaßnahmen sind weiter zu nennen die großen Einrichtungen zur Bewässerung, die insbesondere in Südfrankreich geschaffen wurden, und die hier völlig andere Voraussetzungen für die Agrarproduktion geschaffen haben (vgl. den Beitrag *Die Landwirtschaft im mediterranen Frankreich* . . . in diesem Band). Rund 4,5 % der LN Frankreichs sind heute mit Bewässerungseinrichtungen ausgestattet, wobei im mediterranen Landesteil diese Werte naturgemäß am höchsten liegen. Hier

Programmregion	Entwicklungsorganisationen 1981 Gesamt	C.E.T.A.	G.V.A.	Sonstige	Produktionsgemeinschaften 1981 G.P.	Betriebsgemeinschaften G.A.E.C.
Ile de France	77	14	58	5	11	162
Champagne-Ardenne	70	14	29	27	33	1 118
Picardie	69	37	27	5	57	986
Haute-Normandie	58	18	16	24	19	426
Centre	273	75	137	61	58	1 317
Basse-Normandie	154	4	34	116	38	645
Bourgogne	92	22	38	32	49	1 386
Nord-Pas-de-Calais	69	16	21	32	66	629
Lorraine	65	7	56	2	17	1 054
Alsace	18	3	4	11	15	325
Franche-Comté	56	12	27	17	13	892
Pays de la Loire	103	6	31	66	98	2 885
Bretagne	209	13	112	84	122	2 454
Poitou-Charentes	206	51	131	24	49	1 456
Aquitaine	164	40	93	31	109	878
Midi-Pyrénées	281	53	123	105	88	1 413
Limousin	128	11	63	54	31	566
Rhône-Alpes	239	44	99	96	106	1 427
Auvergne	99	22	49	28	49	1 031
Languedoc-Roussillon	107	27	55	25	142	480
Provence-Alpes-Côte d'Azur	130	43	55	32	56	393
Corse	9	0	0	9	8	53
Gesamt	2676	532	1258	886	1234	21 976

C.E.T.A. = Centre d'études techniques agricoles
Agrartechnisches Fortbildungszentrum
G.V.A. = Groupe de vulgarisation agricole
Landwirtschaftliche Beratungsstelle
G.P. = Groupements de Producteurs
Produktionsgemeinschaften (z. B. für Obst, Gemüse, Kartoffeln, Eier, Geflügel, Wein usw.)
G.A.E.C. = Groupement agricole d'exploitation en commun
Betriebsgemeinschaften
Quelle: I.N.S.E.E. (1983)

Tab. 4: Organisationsformen für die Förderung der französischen Landwirtschaft 1981
Les organisations économiques des producteurs agricoles en France 1981

entstanden bedeutende Bewässerungsgesellschaften, so die *Compagnie Nationale d'Aménagement Régional du Bas-Rhône et du Languedoc* (C.N.A.R.B.R.L.) im Jahre 1955, die *Société du Canal de Provence* (S.C.P.) und die *Société pour la Mise en valeur de la Corse* (S.O.M.I.V.A.C.) im Jahre 1957. Auch im Südwesten wurden spezielle Gesellschaften für die Entwicklung des *Ländlichen Raumes* gegründet, so im Jahre 1958 die *Compagnie d'Aménagement des Landes de Gascogne* (C.A.L.G.), die seit 1972 unter der Abkürzung C.A.R.A. (*Compagnie d'Aménagement Rural d'Aquitaine*) firmiert, die 1959 gegründete *Compagnie d'Aménagement des Coteaux de Gascogne* (C.A.C.G.) und die *Sociéte de Mise en Valeur des Régions Auvergne-Limousin* (S.O.M.I.V.A.L.), die sich speziell mit den Problemen der Höhenregionen befaßt.

Es würde zu weit führen, die einzelnen Aktionsschwerpunkte dieser Gesellschaften aufzuzählen. Sie ergeben sich aus den regionalen Bedürfnissen in den jeweiligen Gebieten. Im Laufe der rund 30 Jahre seit Bestehen dieser Institutionen haben sich teilweise beträchtliche Veränderungen in der Agrarlandschaft und in der Produktionsausrichtung ergeben.

Damit entspricht die Entwicklung der politischen Zielsetzung, die der französische Staat seit Beginn der Strukturpolitik verfolgt. Allerdings ist dennoch nicht überall die rückläufige Entwicklung aufgehalten worden. Daß der Staat ein redliches Bemühen zeigt, die Verhältnisse im Ländlichen Raum insgesamt zu verbessern, läßt sich bei der Analyse der seit 1947 die Grundlage der staatlichen Planung darstellenden *wirtschaftlichen und sozialen Entwicklungspläne (Plan de développement économique et social)* erkennen. In allen neun bisher erarbeiteten Plänen wird der Entwicklung im Ländlichen Raum ein hoher Stellenwert eingeräumt, wenngleich man hier auch sagen muß, daß sich mit den verschiedenen Regierungen diese Schwerpunkte durchaus verlagert haben. So ist es etwa Kennzeichen des 6. Planes, daß die eindeutige Priorität auf die industrielle Entwicklung gelegt wurde. Im 9. Plan, dem ersten, der unter der Verantwortung der sozialistischen Regierung erstellt wurde, ist dem Ländlichen Raum erstmals kein besonderes Schwerpunktprogramm gewidmet. Dies bedeutet freilich nicht, daß die seit Mai 1981 im Amt befindliche Regierung Mitterand den Agrarsektor vernachlässigen würde. In Anbetracht der hohen volkswirtschaftlichen Bedeutung des Agrarsektors wird sicherlich die bisherige Politik eine gewisse Kontinuität behalten müssen. Allerdings sind die Akzentsetzungen anders, und das hat bereits häufiger in den letzten Jahren zu schweren Auseinandersetzungen der Regierung mit den bäuerlichen Interessensverbänden geführt. Unter dem Druck dieser Institutionen mußte bereits ein erster Agrarminister (Edith Cresson) seinen Ministerstuhl wieder räumen, weil die sozialistische Regierung vielleicht zu rasch strukturelle Veränderungen durchsetzen wollte. Dies gilt insbesondere für die Vorstellungen, gestaffelte Steuerbelastungen durchzusetzen, die den Kleinbetrieben Erleichterungen bringen, die größeren Betriebe aber zusätzlich belasten würden. Ein weiteres dezidiertes Ziel der Regierung Mitterand im strukturpolitischen Bereich ist die Förderung der mittleren Betriebe, der Familienbetriebe und selbst der Kleinbetriebe, soweit sie eine „sinnvolle" Größenordnung einnehmen.

Trotz einer Fülle von Programmen zur Förderung der Landwirtschaft und des Ländlichen Raumes ist heute gerade in diesem Bereich wenig Zufriedenheit zu beobachten. Einer der Hauptgründe ist, daß die Wettbewerbsfähigkeit der französischen Landwirtschaft auf dem internationalen Markt häufig in Bedrängnis gerät, insbesondere aufgrund von Schutz- und Zollbestimmungen, die in vielen dieser Länder bestehen. Selbst innerhalb der Europäischen Gemeinschaft fühlen sich die französischen Bauern im Nachteil, weil die Preise, die sie für ihre Produkte erlösen, weit unter denen vieler ihrer Nachbarn, insbesondere ihrer bundesdeutschen Kollegen liegen. Es gehört sicherlich dazu, daß man im bäuerlichen Milieu immer ein bißchen Unzufriedenheit demonstriert, aber 30 Jahre Strukturpolitik im Ländlichen Raum Frankreichs haben sicherlich nicht ausgereicht, um die über Jahrhunderte hin entstandenen Nachteile zu beseitigen. Der Wandlungsprozeß ist somit noch weit davon entfernt, abgeschlossen zu sein.

Zusammenfassung

Aufgrund der Besonderheiten des historischen Entwicklungsprozesses, aber auch in Anbetracht der unterschiedlichen ökologischen Verhältnisse in den verschiedenen Teilen des Landes war der Ländliche Raum Frankreichs bis in die Zeit nach dem Zweiten Weltkrieg durch erhebliche Strukturprobleme belastet. Im Zuge der Regionalisierungs-

und Dezentralisierungsmaßnahmen der 1950er und 1960er Jahre wurde auch eine Reihe von legislativen und institutionellen Voraussetzungen für die Strukturverbesserung in der Landwirtschaft geschaffen. Dies gilt insbesondere für den Bereich der Flurbereinigung, durch die bis heute rund 40 % der LN restrukturiert worden sind. Allerdings wurden in den agrarstrukturell ungünstigsten Gebieten des südlichen Landesteils bisher verhältnismäßig wenige Maßnahmen verwirklicht. Ein extremes Beispiel wird mit dem Plateau de Beaucaire vorgestellt (Abb. 3 und 4). Als weitere Strukturmaßnahmen werden in diesem Beitrag beleuchtet die Aktionen der Gesellschaften zur Verbesserung der Agrarstruktur (S.A.F.E.R.), die Wirksamkeit der Landabgaberente als Strukturmaßnahme (Abb. 5 und 6), die Fördermaßnahmen für Junglandwirte (D. J. A.) (Abb. 7) sowie die Spezialprogramme für die Höhengebiete und die benachteiligten Agrarzonen (Abb. 8). Abschließend werden die Formen der kooperativen Zusammenarbeit in der französischen Landwirtschaft behandelt (Tab. 4), die auf der Grundlage der Gesetzgebungen der letzten 30 Jahre entstanden sind, und die neue Impulse für die Produktion und Vermarktung von Agrargütern in Frankreich nicht unerheblich mitverursacht haben.

Résumé

En raison des particularités du développement historique, mais également à cause des différences écologiques dans les différentes parties du pays, la France rurale a connu des problèmes structurels considérables jusqu'à la fin des années quarante. En fonction des mesures de régionalisation et de décentralisation des années cinquante et soixante on a établi les bases législatives et institutionnelles pour l'amélioration des structures agraires. C'est le cas notamment pour le remembrement par lequel environ 40 % de la surface agricole utile ont été restructurés jusqu'à présent. Cependant dans les régions méridionales les plus défavorables à l'agriculture on n'a guère remembré jusqu'à maintenant. Un exemple extrême est constitué par le Plateau de Beaucaire (fig. 3 et 4). Comme autres mesures structurantes l'article présente les activités des Sociétés d'Aménagement Foncier et d'Établissement Rural (S.A.F.E.R.), l'efficacité de l'Indemnité Viagère de Départ (fig. 5 et 6), la Dotation d'installation des Jeunes Agriculteurs (D.J.A.)(fig.7) ainsi que les programmes d'aides spéciales attribuées aux agriculteurs des zones de montagnes et des zones défavorisées (fig. 8). Finalement on examine les formes de l'organisation économique des producteurs agricoles (tableau 4) qui se sont developpées à partir des législations des trente dernières années et qui ont contribué considérablement à donner de nouvelles impulsions à la production et à la commercialisation de produits agricoles en France.

Literatur

An dieser Stelle werden nur die Titel aufgeführt, die im Text erwähnt sind. Weitere Literaturverweise finden sich in der Bibliographie zum Ländlichen Raum am Ende dieses Bandes.

Brunet, P.: Carte des mutations de l'espace rural français 1950–1980. Caën 1984.

I.N.S.E.E. (= Institut National de la Statistique et des Etudes Economiques): Statistiques et indicateurs des régions françaises. Paris 1983. (*Les Collections de l'I.N.S.E.E.* Série R 52/53).

M. A. (= Ministère de l'Agriculture): Graph-agri 83 – Annuaire de graphiques agricoles. Paris 1983.

Pletsch, A.: Moderne Wandlungen der Landwirtschaft im Languedoc – Entwicklungstendenzen in einem wirtschaftlichen Schwächeraum Frankreichs im Rahmen der „régionalisation". Marburg 1976 (*Marburger Geographische Schriften* 70).

Roudié, P.: La France – agriculture , fôret, pêche. Paris 1983.

Renate Buchenauer

Dorferneuerung und Flurbereinigung
Maßnahmen der Strukturpolitik im Ländlichen Raum der Bundesrepublik Deutschland

1. Dorferneuerung

1.1. Einführung in die Problemstellung

Die Siedlungen des Ländlichen Raumes in der Bundesrepublik Deutschland sind seit Beginn der Industrialisierung und in verstärktem Maße nach 1945 tiefgreifenden strukturellen und funktionalen Wandlungen unterzogen worden, die in allen Lebensbereichen komplexe Auswirkungen hinterlassen haben. Betroffen von diesen Wandlungen wurden neben der großräumigen Siedlungsstruktur auch die kleinräumigen innerörtlichen Gefüge.

Von ausschlaggebender Bedeutung waren vor allem:

- ökonomische Veränderungen im Bereich von Landwirtschaft und Handwerk
- bevölkerungs- und sozialstrukturelle und soziokulturelle Wandlungen
- räumlich-funktionale sowie baulich-städtebauliche Veränderungen.

Für die letztgenannten waren vor allem die mit den gewandelten Anforderungen und Bedürfnissen in den genannten Lebensbereichen einhergehenden Nutzungskonflikte wesentlich. Modernisierung, Umbau, Abriß und Zerfall dörflicher Gebäude wie auch Neubautätigkeit als Zeichen gewandelter Ansprüche und Wertvorstellungen haben die überkommenen dorfbaulichen Formen und Strukturen verändert, aufgelöst oder gar zerstört.

Die Veränderung und das Verschwinden typischer dörflicher Architektur sowie dorfbaulicher Gesamtsituationen verdeutlichen den umfassenden ökonomischen, sozialen und kulturellen Wandel im Ländlichen Raum. Abhängig von der räumlichen Lage der Siedlungseinheiten herrschen Wohn-, Gewerbe- oder auch Fremdenverkehrsfunktionen vor, wogegen ein allgemeiner Rückgang der Agrarwirtschaft zu verzeichnen ist. Die Herausbildung von städtisch-ländlichen Misch- und Zwischenformen mit Vorortcharakter und gewandelten Funktionen verkörpert die problematische Einordnung des Dorfes als Siedlungseinheit.

Entsprechend wurde das Dorf bis in die 80er Jahre hinein als eigenständiges Siedlungsgebilde in den Aussagen regionaler und landesweiter Globalplanungen (Bundesraumordnungsprogramm, Landesentwicklungspläne, Regionalplanung) i. d. R. übergangen, ebenso fehlten entsprechende entwicklungsstrukturelle Zielvorstellungen. Die verschiedenen für den Ländlichen Raum bestimmten Planungs- und Förderprogramme von Bund und Ländern beinhalteten jeweils spezifische Förderziele und -kriterien (Wirtschafts- bzw. Agrarstruktur, Fremdenverkehr), jedoch keine umfassende, vielschichtige Förderung für ländliche Siedlungen. Ebenso mangelte es an auf die baustrukturellen Probleme ländlicher Ortskerne zugeschnittenen städtebaulichen Entwicklungsplänen als auch an entsprechenden Fördermitteln, etwa analog der städtischen Sanierungsförderung.

Umfassende, inhaltlich fundierte Konzeptionen, Ziele und Maßnahmenprogramme zur Entwicklung, Erhaltung und Gestaltung ländlicher Siedlungen gab es damit in der Bundesrepublik Deutschland nicht oder nur ansatzweise.

Dr. Renate Buchenauer – Fachbereich Geographie der Philipps-Universität Marburg D-3550 Marburg/Lahn

1.2. Dorferneuerung: Entwicklung und Programmkonzeptionen

1.2.1. Das Zukunftsinvestitionsprogramm der Bundesregierung 1977–1980 (ZIP)

Die oben erörterten strukturellen und funktionalen Entwicklungstendenzen ländlicher Siedlungen bildeten den Hintergrund für die Mitte der 70er Jahre einsetzende Konzeptionierung von Finanzierungsprogrammen zur Förderung dörflicher Entwicklung und Erneuerung.

Nachdem in einigen Bundesländern (z. B. Hessen, Baden-Württemberg) bereits Ende der 60er Jahre entsprechende Landesmittel bereitgestellt worden waren, brachte auf Bundesebene die Dorferneuerung im Rahmen des ZIP wesentliche Anstöße für eine Förderung dörflicher Entwicklung und Erneuerung im gesamten Bundesgebiet.

Das DORFERNEUERUNGSPROGRAMM beinhaltete sowohl agrarpolitische, raumordnerische als auch konjunkturelle Ziele: es sollte eine Vielfalt von Nutzungen fördern, die Bevölkerungs- und Infrastrukturentwicklung verbessern helfen und eine durchgreifende Erneuerung ländlicher Siedlungen ermöglichen, sowie durch Auftragsvergaben die Konjunktur beleben und Arbeitsplätze schaffen bzw. erhalten.

Organisatorisch abgewickelt wurde die Dorferneuerung im Rahmen des ZIP innerhalb der Bund-Länder-Gemeinschaftsaufgabe zur *Verbesserung der Agrarstruktur*, was eine Mitfinanzierung der Förderung durch die Länder in Höhe von 40 %, die inhaltliche und organisatorische Zuständigkeit der Landwirtschaftsministerien und ihrer nachgeordneten Behörden sowie grundsätzlich auf Agrarstrukturverbesserungsmaßnahmen ausgerichtete Programminhalte bedingte. Förderbar waren Maßnahmen an Privatgebäuden, zur Gestaltung des Ortsbildes sowie öffentliche Verkehrs- und Erschließungsmaßnahmen. Voraussetzung für die Förderung war u. a. die Erstellung eines *Dorferneuerungsplans.*

Auf Länderebene wurde die quantitative und inhaltliche Ausführung des Programms unterschiedlich gehandhabt. Es zeigten sich Unterschiede sowohl in Zahl und Streuung der Förderorte als auch im durchschnittlichen lokalen Mitteleinsatz; zudem wurden die Rahmenbedingungen des Programms sowohl in den Förderrichtlinien als auch in der Programmdurchführung selbst sehr unterschiedlich ausgefüllt. Dies betrifft die Auswahl der Schwerpunktorte, die Ausrichtung der Förderung zum einen auf agrarstrukturelle (z. B. Bayern) oder städtebauliche Inhalte (z. B. Hessen, Niedersachsen), die Ausgestaltung der Dorferneuerungspläne, z. B. nach städtebaulichen Entwicklungsaspekten (Baden-Württemberg, Hessen), und die inhaltliche und verfahrensmäßige Koppelung mit der Flurbereinigung (sehr eng z. B. in Bayern).

Insgesamt wurden im Rahmen der Dorferneuerung innerhalb des ZIP von 1977 bis 1980 eine breite Maßnahmenpalette im Ländlichen Raum gefördert, wobei der Bereich *Verbesserung innerörtlicher Verkehrsverhältnisse* mit knapp 50 % ausgabenmäßig am stärksten vertreten war, gefolgt von Erschließungsmaßnahmen (ca. 20 %), Erwerb und Abbruch von Gebäuden wie auch Erhaltung und Gestaltung landwirtschaftlicher Bausubstanz mit je ca. 8 % der Ausgaben.

Zusammenfassend kann festgehalten werden, daß die Förderinhalte bundesweit sehr unterschiedlich waren und die Programmergebnisse entsprechend stark voneinander abwichen. Das Programm hat jedoch wesentliche Anstöße dazu geben können, die oben angesprochene Entwicklungstendenz als problematisch zu begreifen und den Behörden die Möglichkeit gegeben, Erfahrungen mit der Erhaltung, Gestaltung und Entwicklung des dörflichen Lebensraumes zu sammeln.

1.2.2. Die Entwicklung der Dorferneuerung nach 1980

Aus dem zeitlich befristeten und bundesweit angelegten DORFERNEUERUNGSPROGRAMM, dessen Ziele und Inhalte weitgehend vorstrukturiert waren, haben einzelne Bundesländer nach 1980 weiterführende landeseigene Förderprogamme entwickelt (z. B. Bayern, Niedersachsen, Baden-Württemberg und Hessen). Inhalte, Ablauf und Durchführung dieser Programme sind dabei auf der Grundlage vorheriger Erfahrungen modifiziert, ergänzt und erweitert worden; ein wesentlicher Aspekt war z. B. die Erweiterung der Bürgerbeteiligung in Dorferneuerungsplanung und -verfahren (z. B. in Hessen, Niedersachsen, Bayern). Seit 1984 besteht auch wieder bundesweit innerhalb der Bund-Länder-Gemeinschaftsaufgabe *Verbesserung der Agrarstruktur* die Möglichkeit der Dorferneuerungsförderung.

Die Programmentwicklung soll im folgenden am Beispiel des Bundeslandes Hessen verdeutlicht werden. Dabei ist zu unterstreichen, daß in Hessen ein sehr differenziertes Programm konzipiert wurde, das sicher nicht exemplarisch für das gesamte Bundesgebiet gelten kann. Es kann jedoch davon ausgegangen werden, daß die in Hessen beobachtbare inhaltliche Programmentwicklung tendenziell auch auf andere Bundesländer übertragbar ist.

1.2.3. Das Hessische Dorferneuerungsprogramm

Eine wesentliche Zäsur in der konzeptionellen Programmentwicklung trat in Hessen 1982 mit der Verabschiedung eines LANDESPROGRAMMS ZUR ERNEUERUNG DER HESSISCHEN DÖRFER ein, dessen Förderrichtlinien zum einen wesentliche inhaltliche Neuerungen, daneben aber auch Veränderungen in den Modalitäten der Programmdurchführung aufweisen.

Die wichtigsten Zielaussagen des Programms lauteten:

- Erhaltung und Entwicklung des individuellen Ortscharakters
- Einbindung des Dorfes in Natur und Landschaft
- Verbesserung der Wohnverhältnisse durch Behebung funktioneller, städtebaulicher und baulicher Mängel
- Erhaltung (und evtl. Umnutzung) ortstypischer Bausubstanz
- rücksichtsvolle Verkehrsführung in den Ortskernen
- Verbesserung der landwirtschaftlichen Erwerbsbedingungen
- bedarfsgerechte Entwicklung des Freizeit- und Erhohlungswerts.

Diese Zielaussagen weisen auf den umfassenden Programmansatz hin, der zusätzlich durch eine den Richtlinien vorangestellte Aufzählung der gesellschaftlichen Funktionen des Dorfes verdeutlicht wird. Das Dorf besitzt hiernach spezifische Lebensraummerkmale, die es zu erhalten gilt, sowie Ausgleichs- und Reservefunktionen gegenüber dem Gesamtraum.

Auch die Dorferneuerungsplanung wurde inhaltlich und rechtlich erweitert, ihre Aussagekraft gegenüber anderen Ressortfachplanungen (z. B. Straßenbau) gestärkt. Der inhaltliche Aufbau und Ablauf der Planung (Bestandsaufnahme und -analyse, Planungskonzept, Gestaltungsentwürfe) wurde festgelegt und in stärkerem Maße einer behördlichen Kontrolle unterzogen; die Bewohner des Förderschwerpunkts sind nun schon rein formell über die Bildung eines Arbeitskreises und die Abhaltung von Bürgerversammlungen intensiver in den Planungsablauf einbezogen.

Die erweiterte Förderung richtete sich nicht mehr ausschließlich auf landwirtschaftliche Gebäude und Maßnahmen zur Verbesserung der Agrarstruktur, sie berücksichtigte dazu auch soziale Kriterien der Förderempfänger. Auch Modellvorhaben, Wettbewerbe und Forschungsvorhaben wurden in den Förderkatalog aufgenommen. Insgesamt gesehen haben die Programmaussagen von 1982 versucht, Erfahrungen aus dem vorherigen Programmablauf zu verankern und gleichzeitig qualitative städtebauliche und ökologische Neuansätze mitaufzunehmen.

Das Dorferneuerungsprogramm wurde 1983 erneut überarbeitet und in geänderter Fassung verabschiedet. Die aufgezeigte Entwicklungsrichtung wurde dabei weiter vertieft, was sich z. B. in der Fördermöglichkeit von Selbstverwaltungs- und Selbstversorgungseinrichtungen sowie von Selbsthilfeorganisationen ausdrückt. Dahinter steht die programmatische Absicht, die Selbstbestimmungs- und Entscheidungsmöglichkeiten der Bewohner unter Berücksichtigung der jeweiligen örtlichen Bedarfsstrukturen zu stärken und bestehende Fremdbestimmungstendenzen zu verringern. Dem entspricht auch die Förderung von Forschungsprojekten zur Planungsdidaktik und Bürgerbeteiligung innerhalb der Dorferneuerung, einem Aspekt, dem der programmatische Ansatz eine wesentliche Bedeutung zukommen läßt. Auch die Beachtung ökologischer Belange im Bau- und Gewässerbereich wurde intensiviert – als richtungweisend sind hierbei die Förderung eines ökologisch angelegten und unter baubiologischen Aspekten errichteten neuen *Öko-Dorfes* am Rande eines alten, ebenfalls mit Dorferneuerungsmitteln geförderten Dorfkerns sowie die Finanzierung einer *Florakartierung* innerhalb einer Dorferneuerungsplanung zu sehen.

Im Vordergrund der Programmförderung stehen Gestaltungs- und Wohnumfeldverbesserungsmaßnahmen bei Wahrung der lokalen Nutzungsvielfalt und des Ortsbildes.

Die angestrebte Berücksichtigung umfassender Entwicklungsaspekte äußert sich jedoch auch in der Zielformulierung, handwerkliche und kleingewerbliche Betriebsbedingungen zu verbessern, und in der Förderung landwirtschaftlicher Alternativbetriebe und -betriebsringe.

Das in 1984 weitergeführte Landesprogramm enthält als wesentliche Neuerung eine weitere Stärkung der Dorferneuerungsplanung gegenüber den verschiedenen Ressortplanungen sowie die Möglichkeit, die Erhaltung und Neuanlage von Dorfmuseen und ähnlichen Einrichtungen zur Wahrung regionaler kulturgeschichtlicher Eigenwerte zu fördern.

Von der inhaltlichen Programmkonzeption her läßt sich damit zusammenfassend feststellen, daß in Hessen seit 1980 versucht wurde, einen Förderrahmen zur Erneuerung und Entwicklung ländlicher Siedlungen zu schaffen, der versucht, den Funktions- und Strukturproblemen in umfassender und grundlegender Weise gerecht zu werden und damit als richtungweisend für die gegenwärtige strukturpolitische Betrachtung des ländlichen Lebensraumes bezeichnet werden kann. Dies gilt insbesondere für das Aufzeigen von Möglichkeiten der Eigeninitiative und Selbstbestimmung sowie von typischen sozialen, wirtschaftlichen und ökologischen Gegebenheiten in kleinen ländlichen Siedlungen. Aufgegriffen werden Aspekte wie innerörtliche Funktionsstärkung, Berücksichtigung lokaler Bedürfnisse und Strukturen, Wohnumfeldverbesserung und -attraktivierung.

Natürlich sind die Ergebnisse und Auswirkungen der Dorferneuerungsförderung nicht nur das Resultat dieser qualitativ verbesserten Richtlinien und Förderinhalte. Als entscheidend für die Zielerreichung müssen vielmehr das Problembewußtsein und die Aktivität der Dorfbewohner, das Vorgehen der Vollzugsbehörden sowie damit verbunden die konkreten Maßnahmen- und Förderentscheidungen vor Ort angesehen werden.

Wie das Dorferneuerungsprogramm in Hessen in der Praxis gehandhabt wird, wie Ansprüche und Realität des Programmvollzugs zueinander stehen, und welche Probleme bei der konkreten Planung und Maßnahmenförderung entstehen, sollen die folgenden Lokalbeispiele verdeutlichen.

1.2.3.1. Das Beispiel Dautphetal – Herzhausen

Der Ort Herzhausen liegt abseits größerer Zentren in randlicher Mittelgebirgslage mit mittleren bis guten landwirtschaftlichen Standortbedingungen. Die Einwohnerzahl, deren Entwicklung ausgeglichen ist, beträgt ca. 600. Herzhausen ist *Staatlich anerkannter Erholungsort* mit einigen Fremdenverkehrseinrichtungen; im Ort gibt es 9 landwirtschaftliche Haupterwerbsbetriebe und ca. 40 außerlandwirtschaftliche Arbeitsplätze.

Ausschlaggebender Faktor für die Aufnahme des Ortes in das DORFERNEUERUNGSPROGRAMM im Jahre 1979 war seine überregionale Fremdenverkehrsfunktion.

Der 1980 fertiggestellte *Dorferneuerungsplan* führt eine Reihe grundsätzlicher Ziele der mittel- und langfristigen lokalen Entwicklung an, so u. a. die Verbesserung der Verkehrsverhältnisse, die Gestaltung der Straßenräume, die Verbesserung der Wohnqualität sowie eine qualitative Entwicklung der Funktionen *Landwirtschaft* und *Fremdenverkehr.* Die drei letzten Funktionsbereiche stellen die Grundlage des Zielkonzepts dar. Als konkrete Maßnahmenkonzepte führt der *Dorferneuerungsplan* u. a. an: Gebäuderenovierung, funktionsgerechte Gebäudenutzung, Füllung von Baulücken, Platz- und Straßengestaltung, Offenhalten landwirtschaftlicher Erweiterungsflächen sowie Schaffung bzw. Ausbau gastronomischer Einrichtungen.

Die Durchführung von öffentlichen und privaten Dorferneuerungsmaßnahmen mit Hilfe von Fördermitteln des Landes Hessen begann 1982. Seither sind eine Vielzahl von kleineren Vorhaben an Gebäuden vorgenommen worden, wobei vor allem die aufgrund der hohen Naturschieferkosten sehr teure Instandsetzung der regionaltypischen Schieferverkleidungen erwähnenswert ist. Die Beteiligung an der Dorferneuerungsförderung ist von privater Seite relativ hoch. Da im Orstkern überwiegend ältere oder finanzschwache Hauseigentümer leben, sind an den Einzelgebäuden i. d. R. keine hohen Investitionen getätigt worden, wenn man von den neuen Dacheindeckungen absieht.

Weitere Privatmaßnahmen waren z. B. der Umbau eines Wirtschaftsgebäudes sowie eines leerstehenden Gebäudes zu Wohnzwecken und die Aufstockung einer Flachdachhalle mit einem ortstypischen Satteldach. Problemfall der privaten Gebäudesubstanz ist ein leerstehendes Wohngebäude in traditionellem Fachwerk, das bisher keiner neuen Nutzung zugeführt werden konnte; diskutiert wurde die Umfunktionierung zum Heimatmuseum, Wohngebäude oder zur Gaststätte.

Die Beteiligung der Bewohner ist allmählich angelaufen und wohl im wesentlichen auf den Erfolg der öffentlichen Maßnahmen zurückzuführen. Hierbei ist vor allem die Straßenraumgestaltung im Ortskern mit Renovierung und Neugestaltung des Gemeinschaftshauses, Verkehrsberuhigung durch Fahrbahnverengung und Straßenraumgestaltung durch Pflasterung und Pflanzungen hervorzuheben, die den inneren Ortskern funktional und gestalterisch aufwerten konnte. Daneben sind mit Unterstützung des *Landesamtes für Denkmalpflege* und mit wissenschaftlicher Begleitung zwei Fachwerk-Restaurierungsmaßnahmen an innerörtlichen Gebäuden vorgenommen worden, die die für Herzhausen besonderen Ornamentputzgefache aus der Mitte des 19. Jahrhunderts als historische Zeugnisse von Alltagsarchitektur im Original wiederherstellen sollen.

Das DORFERNEUERUNGSPROGRAMM hat zusammenfassend in Herzhausen dazu geführt, daß die Planungsziele Verbesserung der Verkehrsverhältnisse, Straßenraumgestaltung und Verbesserung der Wohnqualität zumindest im Ansatz erreicht worden sind.

Dagegen konnte die Fremdenverkehrsfunktion allenfalls indirekt über die Verbesserung des Ortsbildes aufgewertet werden; eine als notwendig erachtete gastronomische Einrichtung konnte auch mit Hilfe vorhandener Fördermittel nicht realisiert werden, wenngleich die Räumlichkeiten hierzu vorhanden gewesen wären.

Geplant ist eine weitere Platzgestaltung im oberen Ortskern, wobei neben einer Brunnen- und Pergolaanlage, Straßenpflasterung und Baumpflanzungen auch die Hervorhebung des ehemaligen Kapellenstandorts durch helle Pflastersteine vorgesehen ist. Die durch die Dorferneuerungsförderung initiierten Gebäude- und Ortsbildgestaltungsmaßnahmen haben aufgrund ihrer großen Zahl zu intensiven Anstößen für die örtlichen Handwerksfirmen geführt und damit einen Beitrag zur wirtschaftlichen Belebung dieser peripheren Region leisten können.

1.2.3.2. Das Beispiel Ebsdorfergrund - Belterhausen

Der Ort Beltershausen ist ebenfalls im Jahre 1979 in das Dorferneuerungsprogramm aufgenommen worden. Seine räumlichen Ausgangsbedingungen sind dagegen völlig anders: Beltershausen liegt nahe der Universitätsstadt Marburg und gleichzeitig am Rande des fruchtbaren Amöneburger Beckens, weist daher zum einen eine starke städtische Überprüfung der Bevölkerung bzw. Ausweitung des Ortes durch Neubaugebiete, zum anderen einen großen Anteil landwirtschaftlich genutzter Gebäude im Ortskern auf. 1981 gab es in Beltershausen 8 Haupterwerbsbetriebe und ca. 35 außerlandwirtschaftliche Arbeitsplätze. Die Zahl der Einwohner betrug im gleichen Jahr 886.

Ausschlaggebend für die Aufnahme des Ortes in die *Dorferneuerungsförderung* waren vor allem städtebauliche Gründe (geschlossener Ortskern und eine Vielzahl erhaltenswerter Gebäude), eine im Zuge von Straßenbaumaßnahmen anstehende Zweckflurbereinigung sowie örtliche Vereinsaktivitäten.

Der *Dorferneuerungsplan* enthält kein übergeordnetes Zielkonzept für die örtliche Entwicklung, sondern beschränkt sich auf den Vorschlag von konkreten kommunalen und privaten Maßnahmen (Straßen-, Platz- und Wohnhofgestaltungen, Fußweganlagen, Bepflanzungen), die zur Aktivierung des dörflichen Lebens und zur Verbesserung der Lebensverhältnisse beitragen sollen.

Seit Beginn der Förderung 1982 sind rund 50 private Gebäudemaßnahmen in ca. 30 Anwesen mit einer Investitionssumme von ca. 2 Millionen DM durchgeführt worden. Die kleine Ortskernanlage führte zu einer räumlichen Konzentration der Gebäuderenovierungen (v. a. Dacherneuerungen, Umnutzung von Wirtschaftsgebäuden zu Wohnhäusern, Fassadenerneuerungen) und damit zu einer optisch wirksamen Anschaulichkeit der Programmergebnisse.

Die Fördermittel sind überwiegend Landwirten zugute gekommen, weshalb die Dorferneuerung in Beltershausen nicht nur als Verbesserung der ökonomischen Situation des Handwerks, sondern auch als Agrarstrukturmaßnahme bezeichnet werden kann.

Die öffentlichen Dorferneuerungsmaßnahmen – Straßenpflasterung, besondere Asphaltierungsformen, Renovierung des Backhauses, Platzgestaltungen, innerörtliche Durchgrünung – tragen in Verbindung mit dem Bau einer Umgehungsstraße zur Aufwertung des Straßenraumes und zur Verbesserung des Wohnumfeldes bei (Abb. 1 und 2).

Gleichzeitig mit der Dorferneuerung wird in Beltershausen eine Bodenneuordnung im Ortskern über die Flurbereinigung angestrebt. Auch zur Bauleitplanung der Gemeinde bestanden direkte inhaltliche Anhaltspunkte insofern, als von seiten der Dorferneuerung auch Aussagen zur Ausweitung des Ortes getroffen worden sind. Dieser Versuch einer Planungsintegration weist auf die Notwendigkeit inhaltlicher Übereinstimmung, aber auch auf die umfassenden Problemstellungen hin, die dorferneuernde Maßnahmen zum Inhalt haben.

1.2.3.3. Das Beispiel Rauschenberg

Auch die Stadt Rauschenberg wurde 1979 in das Dorferneuerungsprogramm aufgenommen. Der Grund hierfür ist vor allem der städtebauliche Charakter des Ortskerns (Ackerbürgerstadt) gewesen.

Quelle: Gesellschaft für Kommunalbetreuung (GfK): Dorferneuerungsplan Beltershausen – Broschüre Gestaltungsvorschläge. Bad Homburg o. J.

Abb. 1: Vorschlag für eine Straßenraumgestaltung in Beltershausen im Rahmen der Dorferneuerung
Exemple de reconstruction d'une rue à Beltershausen dans le cadre de la rénovation des villages

Quelle: Gesellschaft für Kommunalbetreuung (GfK): Dorferneuerungsplan Beltershausen – Broschüre Gestaltungsvorschläge. Bad Homburg o. J.

Abb. 2: Vorschläge für eine Gebäudeumnutzung und Straßeneingrünung in Beltershausen im Rahmen der Dorferneuerung
Exemples de reconstruction d'un bâtiment et d'une rue à Beltershausen dans le cadre de la rénovation des villages

Rauschenberg hat ca. 1900 Einwohner und ist *Anerkannter Luftkurort* mit kleinzentraler Bedeutung für das nähere Umland. Neben einer Reihe von Betrieben im Gewerbe- und Dienstleistungsbereich existieren noch drei landwirtschaftliche Vollerwerbs- sowie 27 Nebenerwerbsbetriebe.

Der *Dorferneuerungsplan* stellt für den Ortskern im wesentlichen folgende Struktur- und Funktionsprobleme fest: ein starker sozioökonomischer Strukturwandel mit der Folge schlecht erhaltener, leerstehender, untergenutzter oder auch verfallender Bausubstanz, schlechte Wohnverhältnisse mit Struktur- und Funktionsmängeln der Hinterhöfe bei hohem Wohn- und Geschäftsbesatz sowie soziale Probleme durch Überalterung. Entsprechend lauten die Ziele der Planung, die innerörtlichen Plätze und Straßen zu gestalten, den Ortskern zu begrünen und städtebauliche Struktur- und Funktionsmängel zu beheben.

Die starke Beteiligung privater Gebäudeeigentümer (jährlich 20—30 Maßnahmen) an der *Dorferneuerungsförderung* hat dem Programm in Rauschenberg eine wichtige Bedeutung als Initiator für die Beauftragung lokaler Handwerksbetriebe gegeben. Hierzu haben aber auch die aufwendigen kommunalen Erneuerungsmaßnahmen wie die Sanierung des Rathauses (Abb. 3), die Renovierung der alten Schule und Schulscheune mit gleichzeitiger Umnutzung (Sozialwohnungen und Gemeinbedarfseinrichtungen bzw. Bauhof) (Abb. 4) und Freiraumgestaltung sowie die geplante Instandsetzung des Feuerwehrtrockenturms und der mittelalterlichen Stadtmauer beigetragen. Eine vorgesehene Verkehrsberuhigung im innerörtlichen Straßenbereich erwies sich bisher als nicht durchführbar. Auch das Problem unter- oder ungenutzter Scheunen am Ortsrand konnte bislang mit Hilfe des Dorferneuerungsprogramms nicht gelöst werden. Diesbezüglich wurde der Stadt Rauschenberg vorgeschlagen, die Scheunen aufzukaufen und dann auszubauen. Hierzu kam es bisher nicht.

Abb. 3: Das renovierte Rathaus in Rauschenberg
La mairie rénovée à Rauschenberg

Abb. 4: Renovierte und zu Wohn- bzw. Gemeinschaftszwecken umgenutzte alte Schule in Rauschenberg
Ecole à Rauschenberg rénovée pour usage d'habitation et usage en commun

Der Förderort Rauschenberg kann zusammenfassend als ein Beispiel für eine im wesentlichen baulich ausgerichtete Programmrealisierung charakterisiert werden.

1.2.3.4. Zusammenfassende Bemerkungen

Die dargestellten Beispiele zeigen, daß auch in der Praxis des Programmvollzugs versucht wird, den konzeptionellen Ansatz des Hessischen Dorferneuerungsprogramms durchzusetzen, Entwicklung und Erneuerung ländlicher Siedlungen möglichst umfassend und integriert in die Fachplanungsbereiche zu betreiben.

Die Gründe für die dabei auftretenden Hindernisse liegen i. d. R. in lokalpolitischen und fachplanerischen Entscheidungsstrukturen bzw. in der Beteiligungsbereitschaft der Gebäudebesitzer.

Die Beispiele machen dazu deutlich, daß das *Dorferneuerungsprogramm* geeignet ist, sich den jeweiligen lokalen Gegebenheiten inhaltlich anzupassen, und die lokale Förderung damit jeweils andere Schwerpunktinhalte enthalten kann. Dieser flexible, andererseits aber nicht zu lockere Programmrahmen scheint allein geeignet, allzu zentral gesteuerte, hierarchisch aufgebaute Entscheidungen zu vermeiden und den lokalen Bedürfnissen ausreichend gerecht zu werden.

Besondere Probleme ergeben sich vor allem im privaten Bereich bei der Erhaltung, Wieder- oder Umnutzung leerstehender Gebäude. Dieser Aspekt wird bei Anhalten der Entleerungstendenzen im Ländlichen Raum in Zukunft eine immer wichtigere Bedeutung gewinnen.

Aber auch, wenn mit Hilfe des *Dorferneuerungsprogramms* vor Ort versucht wird, die Zielvorstellungen der Träger öffentlicher Belange (z. B. Straßenbau, Energiewirtschaft,

Bauleitplanung) mit der Dorferneuerungsplanung inhaltlich abzustimmen, ergeben sich i. d. R. Probleme.

Dies macht deutlich, wie schwierig es ist, den Anspruch einer umfassenden Planungsintegration konkret in die Praxis umzusetzen.

Zur langfristigen und umfassenden Verbesserung der Lebensqualität im Ländlichen Raum wird es aber notwendig sein, isolierte Kurzfristmaßnahmen zu verhindern und mit Hilfe von fundierten Entwicklungskonzepten die Entscheidungen für die Zukunft zu erleichtern und inhaltlich abzusichern.

2. Flurbereinigung

Der Begriff *Flurbereinigung* umfaßt alle gesetzlich geregelten und öffentlich geförderten Maßnahmen, die einer umfassenden Neuordnung des Ländlichen Raumes hinsichtlich der land- und forstwirtschaftlichen Produktion, der Infrastruktur und der Landespflege dienen. Flurbereinigung beinhaltet sowohl planende, koordinierende als auch bodenordnende Tätigkeiten, liefert zum einen einen Beitrag zum Ausgleich der Interessen an Grund und Boden, darüber hinaus aber auch zur Verbesserung der Lebensbedingungen im Ländlichen Raum allgemein.

2.1. Historische Vorläufer der Flurbereinigung

Ältestes Beispiel für Formen bodenordnender Tätigkeiten in Deutschland ist die *Vereinödung* im Allgäu und nördlichen Bodenseegebiet, die im 16. Jahrhundert begann und deren räumlicher Ausgangspunkt die Abtei Kempten war.

Die *Vereinödung* umfaßte die Neuunterteilung von Fluren und Allmendweiden zum Zweck der Besitzzusammenlegung und später auch die Beseitigung der Gemeinheiten, d. h. die Befreiung des Grundbesitzes vom Flurzwang und den gegenseitigen Weidedienstbarkeiten. Sie war häufig verbunden mit der Aufgabe der Gehöfte in den Ortskernen und hatte daher Aussiedlungen mit Blockflurbildung zur Folge. Ihren Höhepunkt erreichte die Vereinödung, die durch die bäuerliche Bevölkerung selbst initiiert worden war und keine finanzielle Unterstützung und bis 1791 auch keine gesetzliche Regelung durch Landes- oder Grundherren erfuhr, im ausgehenden 18. Jahrhundert.

Ebenfalls ein frühes Beispiel für Bodenordnung im Ländlichen Raum ist die *Verkoppelung*, die zunächst lediglich eine Zusammenlegung bäuerlicher Parzellen, die Verringerung der Streulage bäuerlichen Besitzes zwecks besserer Bewirtschaftung beinhaltete und ab Mitte des 16. Jahrhunderts in Norddeutschland begann. Erst später verband sich mit der Verkoppelung der Parzellen und ihrer Herausnahme aus dem Parzellenverband gleichzeitig die Auflösung der Feldgemeinschaft und des Flurzwangs.

Im Gegensatz zur *Vereinödung* unterlag die *Verkoppelung* gesetzlichen Regelungen und Verordnungen und wurde von den Landesherren und adligen Grundherren verfügt. Erste Verkoppelungsgesetze wurden ab Mitte des 18. Jahrhunderts erlassen, als die *Verkoppelung* einen größeren Umfang erreichte. Verbunden mit der *Verkoppelung* waren neben der erwähnten Gemeinheitsteilung die Erweiterung des intensiv genutzten Landes, Grün- und künstliche Düngung, Bodenverbesserung und neue Bewirtschaftungsformen (Fruchtwechselwirtschaft). In den einzelnen Regionen Deutschlands fand die *Verkoppelung* zu unterschiedlichen Zeitpunkten statt: während sie in Norddeutschland bereits um 1800 abgeschlossen war, wurde sie in Süddeutschland erst Mitte des 19. Jahrhunderts durchgeführt. Hemmend wirkten sich vor allem die Realteilung, damit verbundene Sozialstrukturen und die Industrialisierung aus. Weiche für weitere Agrarreformen des 19. Jahrhunderts war die Bauern- und Bodenbefreiung. Dabei ist v. a. die Bedeutung der Gemeinheitsteilungsordnung im Rahmen der *Stein-Hardenbergschen Reformen* von 1821 hervorzuheben, galt doch die Beseitigung und Auflösung der überkommenen Feldgemeinschaften als wichtigstes agrarreformerisches Ziel des 18. und 19. Jahrhunderts.

Die Mitte des 19. Jahrhunderts in Deutschland erlassenen unterschiedlichen Flurbereinigungsgesetze (z. B. Preußen und Hannover 1850, Bayern 1886) sowie u. a. das preußische AUSSIEDLUNGSGESETZ von 1886 spiegeln ebenfalls die Bemühungen um eine Neuordnung des bäuerlichen Besitzes von Gesetzgeberseite wider. Die Flurbereinigung des 19. Jahrhunderts hat jedoch aufgrund der politischen Zersplitterung sehr unterschiedliche Auswirkungen gehabt und diente zum Teil nur dazu, das Besitzgefüge zu korrigieren und die schlimmsten Mißstände zu beseitigen.

Nach dem Ersten Weltkrieg wurden aufgrund territorialer Verluste, der fortgesetzten Landflucht der ländlichen Bevölkerung sowie später aufgrund von Autarkiebestrebungen neue Formen und Regelungen der Flurbereinigung eingeführt. Nur erwähnt werden können hier u. a. das REICHSSIEDLUNGSGESETZ 1919, das REICHSERBHOFGESETZ 1933 und das REICHSUMLEGUNGSGESETZ 1936, die 1945 außer Kraft traten.

2.2. Gesetzliche Grundlagen der Flurbereinigung in der Bundesrepublik Deutschland

Innerhalb der Entwicklung der Flurbereinigungsgesetzgebung und ihres Vollzugs in der Praxis in der Bundesrepublik Deutschland lassen sich drei Phasen unterscheiden.

Die deutsche Flurbereinigungsgesetzgebung aus der Zeit vor 1945 wurde durch das 1953 erlassene erste deutsche FLURBEREINIGUNGSGESETZ abgelöst. Zu einem Zeitpunkt, zu dem die Erhöhung der landwirtschaftlichen Exportproduktion im Vordergrund stand, und unter dem Eindruck der Ernährungsschwierigkeiten der Kriegs- und Nachkriegszeit verabschiedet, diente dieses Gesetz eindeutig der Steigerung der landwirtschaftlichen Produktion über betriebliche Verbesserungen.

Bereits in dieser ersten gesetzlichen Phase, die bis zur Novellierung des FLURBEREINIGUNGSGESETZES 1976 andauerte, trat innerhalb der Flurbereinigungspraxis ein Wandel der inhaltlichen Ziel- und Maßnahmenkonzeption hin zu einer stärkeren Übernahme allgemeiner Entwicklungsbemühungen ein. Dies wurde durch die vermehrte Integration der Belange der landwirtschaftlichen Produktion in andere Wirtschaftsbereiche und durch den umfassenden Struktur- und Funktionswandel in der Landwirtschaft und im Ländlichen Raum notwendig.

Als Folge dieser tiefgreifenden sozioökonomischen Veränderungen und durch die Notwendigkeit, das FLURBEREINIGUNGSGESETZ von 1953 an die zwischenzeitliche Rechtsentwicklung anzupassen, wurde das Gesetz 1976 in eine novellierte Fassung gebracht, die nun auch von rechtlicher Seite feststellte, daß der Flurbereinigung mehr als nur die Funktion einer landwirtschaftlich orientierten Maßnahme zukommt.

In dieser zweiten Entwicklungsphase wurden der Flurbereinigung eine Vielzahl weiterer Aufgaben und Maßnahmen zugeordnet, wobei neben der Verbesserung der Produktions- und Arbeitsbedingungen in der Land- und Forstwirtschaft auch die Förderung der Landesentwicklung als übergeordnetes Ziel hinzukam. Die Gesetzesnovelle regelte u. a. das Zusammenspiel von Dorferneuerung und Bauleitplanung in Flurbereinigungsverfahren, berücksichtigte die wechselseitige Wirkung von BUNDESBAUGESETZ und FLURBEREINIGUNGSGESETZ und betonte in besonderer Weise die Belange der Denkmalpflege sowie der Landschaftspflege – beispielsweise waren nun beschleunigte Zusammenlegungsverfahren und freiwilliger Landtausch auch zur Unterstützung von Naturschutz-, Landschaftspflege- und Ortsbildgestaltungsmaßnahmen durchführbar.

Die Zeit nach 1976, die als dritte Phase anzusehen ist, hat eine zunehmende Bedeutung landespflegerischer Aufgaben der Flurbereinigung deutlich gemacht. Diese Entwicklung hat sich 1980 in einer entsprechenden Gesetzesänderung niedergeschlagen, so daß nun die drei Flurbereinigungsziele *Verbesserung der Produktions- und Arbeitsbedingungen in der Land- und Forstwirtschaft, Förderung der allgemeinen Landeskultur* und *Förderung der Landentwicklung* bzw. *Regionalstruktur* gleichrangig nebeneinanderstehen und die Flurbereinigung damit zu einem Instrument umfassender Neuordnung und Gestaltung im Ländlichen Raum geworden ist.

Durch das 1969 erlassene Gesetz über die Gemeinschaftsaufgabe *Verbesserung der Agrarstruktur und des Küstenschutzes* ist die Flurbereinigung gemeinsame Aufgabe von Bund und Ländern geworden, gleichzeitig damit wurden Grundsätze für die Förderung der Flurbereinigung erlassen und die Flurbereinigung damit gesetzlich und inhaltlich weiter fortgeschrieben.

2.3. Aufgaben der Flurbereinigung

Der dargestellte Wandel der gesetzlichen Grundlagen der Flurbereinigungspraxis hat bereits verdeutlicht, daß der Flurbereinigung heute weit mehr als nur landwirtschaftlich bedingte bodenordnerische Aufgaben zukommen. Sie dient vielmehr allgemein dem struktur- und bodenpolitisch notwendigen Interessenausgleich zwischen den land- und forstwirtschaftlichen Belangen und den außerlandwirtschaftlichen Ansprüchen vor dem Hintergrund umfassender agrarsozialer Strukturwandlungen. Das heißt, die Flurbereinigung beinhaltet neben betrieblichen Verbesserungen und der Förderung des wirtschaftlichen und technischen Fortschritts in der Land- und Forstwirtschaft auch Maßnahmen zur Erhaltung und Gestaltung einer lebensfähigen Kulturlandschaft sowie zur Durchführung außeragrarischer Vorhaben wie z. B. Flächenausweisungen für Infrastruktureinrichtungen, Betriebsansiedlungen, Fremdenverkehr, Bodenordnung in ländlichen Orten oder Straßenbauvorhaben (Tab. 1).

Ihre strukturpolitische Aufgabe äußert sich in der Möglichkeit, Beiträge zur Schaffung außerlandwirtschaftlicher Arbeitsplätze zu liefern.

Der landespflegerische Auftrag beinhaltet Maßnahmen des Naturschutzes, der Landschaftspflege und Grünordnung, wobei dem Ländlichen Raum in erster Linie Erholungs- bzw. Ausgleichsfunktionen für die Ballungsräume zugeordnet werden.

	Anzahl der Verfahren mit den Aufgaben						
Jahr	Land- und Forstwirtschaft	überörtlicher Verkehr	überörtliche wasserwirtschaftliche Anlagen	Städtebau	Umweltschutz, Ver- und Entsorgung	Naturschutz, Landschaftspflege, Denkmalpflege	Freizeit, Erholung
1977	314	142	44	69	55	81	103
1979	285	155	38	73	66	100	96
1981	216	116	28	55	47	75	69

Quelle: Bundesministerium für Ernährung, Landwirtschaft und Forsten (Hrsg.): Jahresbericht über Flurbereinigung 1981 – Auszug aus dem Statistischen Monatsbericht 6 (1982) 293

Tab. 1: Art der Flurbereinigungsaufgaben in der Bundesrepublik Deutschland 1977–1981
Mesures de remembrement en République fédérale d'Allemagne 1977–1981

Das Ziel der Flurbereinigung, der Förderung der allgemeinen Landeskultur und Landentwicklung zu dienen, bedeutet in der Praxis eine Berücksichtigung vieler zum Teil gegensätzlicher Interessen der verschiedensten Funktionen und Ansprüche, z. B. von Naturschutz und Landwirtschaft. Der Flurbereinigung kommt daher in vorrangigem Maße auch die Aufgabe zu, solche verschiedenartige Interessen im Flurbereinigungsgebiet frühzeitig zu erfassen und zu koordinieren. Ihre planungsintegrierende Funktion soll die Voraussetzungen für eine wirtschaftlich, gesellschaftlich und kulturell ausgewogene Entwicklung im Ländlichen Raum schaffen.

2.4. Flurbereinigungsverfahren

Je nach Aufgabe und Umfang können verschiedene Flurbereinigungsverfahren unterschieden werden.

Zunächst ist eine grobe Unterteilung möglich in Verfahren, die agrarisch bedingt sind, und solche, die durch außeragrarische Faktoren ausgelöst werden, wobei jeweils verschiedene Körperschaften und Personenkreise betroffen bzw. beteiligt sind. Flurbereinigungsverfahren, die, ausgelöst durch die Ergebnisse einer *Agrarstrukturellen Vorplanung* oder auch durch gemeindliche Bestrebungen, auf eine integrale Neuordnung abzielen und mit ihrem umfassenden Planungs- und Maßnahmenanspruch den gesetzlich formulierten Zielen und Ansprüchen entsprechen (*Umfassende Flurbereinigungen*), machen ca. 80 % der anhängigen Verfahren aus. Sie dienen der Verbesserung der Produktions- und Arbeitsbedingungen in der Land- und Forstwirtschaft sowie der Förderung der Landeskultur und Landentwicklung (vgl. Tab. 2).

Verfahren, die dem besonderen Zweck der Bodenordnung bei der Landbeschaffung für größere, raumwirksame Vorhaben dienen, sind in den letzten Jahren vermehrt in den Vordergrund getreten und haben einen Verfahrensanteil von ca. 11 % (Tab. 2).

Diese *Zweck-* oder *Unternehmensflurbereinigungen* haben zum Ziel, die Enteignungslast bei der Durchführung der außeragrarischen Vorhaben zu verringern und landeskulturelle Schäden zu vermeiden. Anzuführen sind hierbei insbesondere Planungen und Maßnahmen des Straßenbaus, der Wasserwirtschaft (Stauseen, Flußkorrektionen, Grundwasserschutz), der Energiewirtschaft (Abgrabungen, Transportleitungen, Produktionsstandorte) und der Entsorgung (Deponien, Müllbeseitigungs- und -verwertungsanlagen) (Tab. 1 + 3).

	Art der anhängigen Flurbereinigunsverfahren							
	Umfassende Flurbereinigung		Vereinfachte Flurbereinigung		Zweckflurbereinigung/Landbereitstellung		Beschleunigte Zusammenlegung	
Jahr	Zahl	ha	Zahl	ha	Zahl	ha	Zahl	ha
1977	3709	3 517 948	194	89 934	415	435 872	599	309 697
1979	3656	3 467 318	180	88 507	512	522 742	515	294 424
1981	3349	3 203 405	174	81 411	540	568 015	412	249 686

Quelle: Bundesministerium für Ernährung, Landwirtschaft und Forsten (Hrsg.): Jahresbericht über Flurbereinigung 1981 – Auszug aus dem Statistischen Monatsbericht 6 (1982) 290

Tab. 2: Art der anhängigen Flurbereinigungsverfahren in der Bundesrepublik Deutschland 1977–1981
Projets de remembrement (en instance) en République fédérale d'Allemagne 1977–1981

		In der Bundesrepublik Deutschland fertiggestellte			
		Gewässer		Wind-, Klima- und Landschaftsschutzanlagen	
Jahr	Wege/ Straßen	Wasserläufe, Gräben, Rohrleitungen	Seen, Teiche, Weiher (in ha)	Reihen-bepflanzungen	Flächen-bepflanzungen
1977	6745	1418	56,6	1143	2041
1981	4957	1313	70,6	893	2338

Quelle: Bundesministerium für Ernährung, Landwirtschaft und Forsten (Hrsg.): Jahresbericht über Flurbereinigung 1981 – Auszug aus dem Statistischen Monatsbericht 6 (1982) 291

Tab. 3: Durchgeführte Flurbereinigungsmaßnahmen in der Bundesrepublik Deutschland 1977–1981
Projets de remembrement (réalisés) en République fédérale d'Allemagne 1977–1981

Die große Zahl solcher raumwirksamer Planungsvorhaben sowie die intensive Nutzung und die vielfältigen Nutzungsansprüche im Ländlichen Raum machen die erforderlichen Flurbereinigungsverfahren schwierig und langwierig.

Eine ebenfalls wichtige Rolle spielen die städtebaulich bedingten Flurbereinigungsverfahren, die der Erneuerung und Entwicklung ländlicher Siedlungen (Sanierung und Dorferneuerung, in früheren Jahren auch vermehrt Abriß und Aussiedlung) und der Verbesserung der Siedlungsstruktur dienen oder – besonders in dicht besiedelten Gebieten und Gemeinden mit Strukturmängeln – im Zusammenhang mit einer Bauleitplanung durchgeführt werden (Tab. 1).

Vereinfachte Flurbereinigungsverfahren, beschleunigte Bodenzusammenlegungen und freiwilliger Landtausch in Verbindung mit den außeragrarischen Vorhaben treten innerhalb der Flurbereinigung immer mehr in den Vordergrund (9 %).

Im Bundesgebiet werden ständig etwa 5000 Verfahren bearbeitet, 3000 Verfahren jährlich abgeschlossen.

Es ist in diesem Zusammenhang hervorzuheben, daß die Grundsätze für die Förderung der Flurbereinigung innerhalb der Gemeinschaftsaufgabe *Verbesserung der Agrarstruktur und des Küstenschutzes* festlegen, daß der Anordnung eines Flurbereinigungsverfahrens eine *Agrarstrukturelle Vorplanung* vorausgehen soll und diese einen erheblichen agrarstrukturellen Erfolg und eine reibungslose Verbindung der Flurbereinigung mit der allgemeinen Entwicklung des Raumes erwarten läßt.

2.5. Instrumente der Flurbereinigung

2.5.1 Planungsinstrumente

Alle Planungen im Rahmen von Flurbereinigungsverfahren müssen inhaltlich in die übergeordneten Aussagen der Raumordnung, Landes- und Regionalplanung, der Fachplanungen wie der gemeindlichen Entwicklungsplanungen integriert werden. Eine besondere Beachtung verdient dabei die *Agrarstrukturelle Vorplanung*, bei der es sich um eine überörtliche Entwicklungsplanung im Ländlichen Raum mit dem Charakter einer Flächenfunktionsplanung handelt. Sie zeigt u. a. die voraussichtliche Entwicklung der Bodennutzung und landwirtschaftlichen Betriebsentwicklung sowie der Landeskultur auf, stellt die Belange von Naturschutz und Landschaftspflege, Freizeit und Erholung sowie die außerlandwirtschaftliche Erwerbssituation dar und prüft die Notwendigkeit von Dorferneuerungen. Darüber hinaus werden Vorschläge für weitere Maßnahmenkonzepte erarbeitet.

Die Planung der Neuordnung und Neugestaltung des Flurbereinigungsgebietes ist eigenständige Aufgabe der Flurbereinigungsverwaltung und erfolgt in Koordination mit anderen Planungsträgern. Innerhalb eines Flurbereinigungsverfahrens können verschiedene Planungsinstrumente zur Anwendung kommen.

Der *Plan über die gemeinschaftlichen und öffentlichen Anlagen,* auch als *Wege- und Gewässerplan mit landschaftspflegerischem Begleitplan* bezeichnet, hat verbindlichen Charakter. Das heißt, daß alle in ihm dargestellten möglichen Ausbau- und Gestaltungsmaßnahmen prinzipiell zulässig sind. Hierzu gehören z. B. die Einziehung, Änderung oder Neuausweisung öffentlicher Straßen und Wege sowie wasserwirtschaftliche, bodenverbessernde und landschaftsgestaltende Maßnahmen. Der Plan hat die wichtige Aufgabe, die verschiedenen Gegebenheiten und Anforderungen des Planungsgebietes gegenseitig abzuwägen und zu berücksichtigen. Seine Aufstellung dauert etwa drei bis vier Jahre.

Vor der Erarbeitung von konkreten Planungen werden von der Flurbereinigungsbehörde unter Berücksichtigung aller relevanten fach- und raumplanerischen Aussagen allgemeine Grundsätze für die zweckmäßige Neugestaltung des Flurbereinigungsgebiets aufgestellt, u. a. über eine standortgerechte Flächen- und Bodennutzung, die Ziele des Naturschutzes und der Landschaftspflege sowie die Gestaltung des Orts- und Landschaftsbildes. Diese *Neugestaltungsgrundsätze* beinhalten auch die Erarbeitung von Grundinformationen über den Naturhaushalt, dessen Faktoren hinsichtlich ihrer Eignung für die landbauliche Nutzung und notwendiger Verbesserungsmöglichkeiten bewertet werden.

Der *Flurbereinigungsplan* enthält eine Zusammenfassung der Verfahrensergebnisse. Er legt Vorhaben im Interesse der Öffentlichkeit oder der Teilnehmer als Satzung fest.

2.5.2. Maßnahmeninstrumente

Zur Durchsetzung ihrer in den Planungen festgelegten Ziele zur Neuordnung und Neugestaltung des Flurbereinigungsgebietes bedient sich die Flurbereinigung einer Reihe von öffentlichen und privaten Maßnahmen. Diese lassen sich folgenden Maßnahmengruppen zuordnen:

- *Bodenordnung:*
  Beseitigung der Besitzzersplitterung durch Parzellenzusammenlegung, Neugestaltung unwirtschaftlich geformten Grundbesitzes, Standortverlagerung (Aussiedlung) landwirtschaftlicher Betriebsstätten, Entflechtung sich überlagernder Nutzungsansprüche
- *Ausbau und Planung des Wege- und Gewässernetzes:*
  Wegenetzausbau zur infrastrukturellen Erschließung, wasserwirtschaftliche Maßnahmen wie Drainagen und Kanalisation
- *Bodenschutz und Bodenverbesserung:*
  Regelung des Bodenwasserhaushalts, mineralische und mechanische Bodenverbesserung, Minderung der Erosionsgefahr (z. B. durch Windschutzvorrichtungen)
- *Landschaftspflege und Naturschutz:*
  Erhaltung von floristischen und faunistischen Besonderheiten, von flurgliedernder Vegetation, Biotoperhaltung und -schaffung, Pflanzungen, Rekultivierung, Eingrünung
- *Verbesserung der Betriebs- und Produktionsstrukturen:*
  Betriebsvergrößerung, Steigerung der Arbeitsproduktivität, Gehöftsanierung, Verbesserung der Produktionsstrukturen
- *Räumliche Strukturpolitik:*
  Ausweisung von Flächen für Gewerbebetriebe, Schaffung von Fremdenverkehrseinrichtungen, Freizeit- und Erholungsflächen

- *Ver- und Entsorgung:*
  Immissionsschutz, Abwasserbeseitigung, Energieversorgung, Nachrichtenübermittlung, Wasserversorgung
- *Städtebau:*
  Ortskernsanierung und -auflockerung, Ortsbildgestaltung, Wegeanlagen.

2.6. Ausblick

Die vorangegangenen Ausführungen haben gezeigt, daß die Flurbereinigung in erster Linie das Ziel verfolgt, die Funktionsfähigkeit des Ländlichen Raumes zu stärken und Ausgleiche zu schaffen zwischen der wirtschaftlichen Bodennutzung und den Forderungen des Naturschutzes und der Landschaftspflege.

Diesen Zielaussagen und den daraus abzuleitenden vielfältigen Aufgaben der Flurbereinigung entspricht eine breite Palette von Maßnahmeninstrumenten. Die Flurbereinigung besitzt dazu die Möglichkeit, mit Hilfe verschiedener Verfahrensformen flexibel auf die jeweilige Aufgabenstellung eingehen zu können. Dabei zeigt sich in den letzten Jahren bezüglich der Einleitung neuer Flurbereinigungsverfahren ein zahlenmäßiger Rückgang bei gleichzeitiger Zunahme der sogenannten *Zweckflurbereinigung* (vgl. Tab. 3).

Dies läßt sich zum einen auf die Knappheit öffentlicher Mittel und die allgemeine Kostensteigerung, aber auch auf die größere Verfahrensaufwendigkeit aufgrund der umfassenderen und vielschichtigeren Nutzungsansprüche an den Ländlichen Raum zurückführen.

Die Flurbereinigungsverwaltung bemüht sich anerkanntermaßen um deren umfassende Berücksichtigung. So hat das Land Hessen beispielsweise ein *Feldholzinselprogramm* zur Erhaltung und Neuanlage von ökologisch wichtigen Feldgehölzen in Flurbereinigungsgebieten, eine landesweite *Biotop- und Amphibienkartierung* sowie weitere wichtige Erlasse zur Beachtung der ökologischen Belange in der Flurbereinigung verabschiedet. Dennoch wird der Flurbereinigung insbesondere von seiten der Naturschutzverbände der Vorwurf gemacht, die Flurbereinigung nach den Gesetzesaussagen sowohl flächenmäßig als auch im Hinblick auf den Kostenanteil in zu geringem Maße als ein Instrument des Naturschutzes anzuwenden.

Bedenkt man die in Zukunft immer wichtiger werdende Funktion des Ländlichen Raumes als Ausgleichsraum zu den Ballungsgebieten, so läßt sich die Forderung nach einer stärkeren Berücksichtigung dieser gegenwärtig noch im Hintergrund stehenden ökologischen Flurbereinigungsbelange ableiten.

Mit der Wahrung dieser Aufgabe erhält die Flurbereinigung eine wesentliche Bedeutung für die Erhaltung und zukünftige Sicherung gesunder Lebensräume.

Zusammenfassung

Dorferneuerung wird als umfassende Strukturmaßnahme im Ländlichen Raum seit Mitte der 70er Jahre zielgerichtet eingesetzt. Vor dem Hintergrund funktionaler und struktureller Wandlungen des Ländlichen Raumes und der damit verbundenen einschneidenden baulich-räumlichen Veränderungen der ländlichen Siedlungen versucht die Dorferneuerung, über die Förderung der Erhaltung und Gestaltung typischer dorfbaulicher Eigenheiten hinaus zur allgemeinen Verbesserung der Lebensqualität sowie zur funktionalen Stärkung des Ländlichen Raumes beizutragen. Die inhaltliche Programmentwicklung sowie Probleme praktischer Entwicklungs- und Erneuerungsarbeit werden am Beispiel des Hessischen Dorferneuerungsprogramms deutlich.

Die Flurbereinigung hat in Deutschland hingegen eine sehr viel ältere Tradition und reicht bis in das 16. Jahrhundert zurück. Ebenfalls seit Mitte der 70er Jahre dieses Jahrhunderts zeichnen sich Bestrebungen ab, die Flurbereinigung inhaltlich wie organisatorisch zu einer umfassenden Entwicklungsmaßnahme auszubauen, was sich in einem breiten Aufgabenfeld und vielfältigen Maßnahmen im Bereich von Landwirtschaft, Naturschutz, Landespflege und Flächenplanung niederschlägt. Wichtige Aufgabe der Flurbereinigung ist die Koordination der Interessen und Ansprüche verschiedener Planungsträger im Ländlichen Raum.

Résumé

La rénovation des villages est une mesure d'aménagement globale appliquée dans l'espace rural depuis le milieu des années soixante-dix. En fonction des transformations fonctionnelles et structurelles de l'espace rural et des changements incisifs de l'architecture de l'habitat rural qui en résultent, la rénovation villageoise essaie de contribuer — au-delà de la conservation et de la réalisation des caractéristiques propres à l'architecture villageoise — à l'amélioration générale de la qualité de la vie ainsi qu'au renforcement fonctionnel de l'espace rural. La mutation des perspectives du programme ainsi que les problèmes qui résultent du travail pratique de développement et de rénovation apparaissent à l'exemple du programme de rénovation villageoise en Hesse.

La tradition du remembrement par contre est de vieille date en Allemagne et remonte au 16ième siècle. C'est également depuis le milieu des années soixante-dix de ce siècle qu'il y a des essais d'élargir les perspectices et l'organisation du remembrement et de le transformer en une mesure globale de développement, ce qui se traduit par un large champ d'activités et de multiples mesures dans le domaine de l'agriculture, de la protection de la nature, de la conservation des paysages et de l'aménagement du territoire. Une tâche importante du remembrement est la coordination des intérêts et exigences des différentes autorités responsables de l'aménagement dans l'espace rural.

Literatur

Buchenauer, R.: Dorferneuerung in Hessen. Methoden, Auswirkungen und Konsequenzen eines konjunkturpolitischen Programms. Marburg 1983 *(Marburger Geographische Schriften 90)*.

Buchenauer, R.: Die Beteiligungspraxis im Hessischen Dorferneuerungsprogramm. In *Wissenschaftliches Kuratorium der Deutschen Akademie der Forschung und Planung im ländlichen Raum — Schriftenreihe A — Planen und Bauen* 6 = Bürgerbeteiligung bei der Dorferneuerung (1984)39—46.

Bundesminister für Ernährung, Landwirtschaft und Forsten (Hrsg.): Das neue Flurbereinigungsgesetz. Münster-Hiltrup 1976 *(Schriftenreihe für Flurbereinigung — Sonderheft)*.

Bundesminister für Ernährung, Landwirtschaft und Forsten (Hrsg.): Die Flurbereinigung in Zahlen. Münster-Hiltrup 1980 *(Schriftenreihe des Bundesministers für Ernährung, Landwirtschaft und Forsten, Reihe B Flurbereinigung — Sonderheft)*.

Bundesminister für Ernährung, Landwirtschaft und Forsten (Hrsg.): Flurbereinigung — Naturschutz und Landschaftspflege. Münster-Hiltrup 1980 *(Schriftenreihe des Bundesministers für Ernährung, Landwirtschaft und Forsten, Reihe B Flurbereinigung — Sonderheft)*.

Deutscher Bundestag: Rahmenplan der Gemeinschaftsausgabe *Verbesserung der Agrarstruktur und des Küstenschutzes* für den Zeitraum 1980 bis 1983. Bonn 1980 *(Bundestagsdrucksache* 8/3843 vom 21. 3. 1980).

Gesellschaft für Kommunalbetreuung (GfK): Dorferneuerungsplan Beltershausen. Bad Homburg 1982.

Hessischer Minister für Landesentwicklung, Umwelt, Landwirtschaft und Forsten (Hrsg.): Dorferneuerung in Hessen – Grundsätze zur Entwicklung ländlich geprägter Orte. Wiesbaden 1983.

IV. Empfehlungen

Der Ländliche Raum in Frankreich und in der Bundesrepublik Deutschland

Empfehlungen zur Darstellung des Themas in den Geographielehrbüchern beider Länder

Vorwort

In die seit 1981 fortgeführte deutsch-französische Schulbucharbeit wurde neben dem Fach Geschichte erstmals auch das Fach Geographie einbezogen. Dies ergab sich insbesondere aus der Erkenntnis, daß die für die deutsch-französischen Beziehungen so wichtige gegenseitige Wahrnehmung und damit das Verständnis beider Länder in entscheidendem Maße auch im geographischen Unterricht geprägt werden.

Eine erste Analyse deutscher und französischer Lehrbücher für den Geographieunterricht zeigt, daß Themen zum Ländlichen Raum deutlich unterrepräsentiert sind und sich zumeist auf nicht mehr zutreffende agrarwirtschaftliche Darstellungen beschränken. Die große Diskrepanz zu den tatsächlichen Gegebenheiten hat die an den bilateralen Schulbuchgesprächen teilnehmenden Geographen daher bewogen, Hinweise zur Behandlung des Ländlichen Raumes in Frankreich und in der Bundesrepublik Deutschland zu erarbeiten.

Die nachfolgenden Ausführungen bieten keine umfassenden Bestandsaufnahmen; sie konzentrieren sich auf einige wesentliche Aspekte, die zu einer angemesseneren gegenseitigen Darstellung des Ländlichen Raumes in den Geographielehrbüchern beider Länder beitragen könnten.

Der Ländliche Raum in Frankreich

Hinweise zur seiner Behandlung in Geographielehrbüchern in der Bundesrepublik Deutschland

Der Ländliche Raum in Frankreich hat seit Beginn der 50er Jahre einen wesentlichen Wandel erfahren. Diese Jahre brachten einen Wendepunkt in der Entwicklung, die folgende Merkmale aufweist:

1. Einen Rückgang der ländlichen Bevölkerung, der jedoch durch Veränderungen innerhalb der ländlichen Gesellschaft gebremst wurde. Aufgrund einer zunehmenden Verstädterung der ländlichen Räume kann man nicht mehr ausschließlich von Agrarraum sprechen.

2. Die derzeitige erhebliche Ausdehnung wenig besiedelter und passiver ländlicher Räume: *la France du vide* auf einer Fläche, die der Hälfte der Bundesrepublik Deutschland entspricht.

3. Wesentliche strukturelle Veränderungen innerhalb des Ländlichen Raumes:

3.1 Die Modernisierung der landwirtschaftlichen Betriebe.

Neben modernen und kapitalintensiven Großbetrieben *(agriculture moderne)*, die die größten Erträge erbringen und fast die Hälfte des landwirtschaftlichen Einkommens erwirtschaften, sind durch die Bemühungen eines Teils der kleinen, herkömmlichen Betriebe neue, intensivere Wirtschaftsformen *(agriculture progressive)* entwickelt worden. Veränderungen sind häufig von den Landwirten selbst ausgegangen und nicht von den Verwaltungsbehörden.

3.2 Die Entwicklung von Zu- und Nebenerwerbsmöglichkeiten im Ländlichen Raum. Ein Drittel der landwirtschaftlichen Betriebe hat nichtlandwirtschaftliche Einkünfte.

3.3 Die Vereinfachung der Agrarstrukturen durch Aufgabe zahlreicher kleiner Betriebe und die räumliche Spezialisierung auf bestimmte Betriebssysteme in den traditionellen ländlichen Kleinregionen *(pays)*.

3.4 Die Zunahme der nicht-landwirtschaftlichen Erwerbsmöglichkeiten im Ländlichen Raum.

3.4.1 Einige Gebiete haben einen Industrialisierungsprozeß durchgemacht. Als mögliche Ursachen sind hier anzuführen: Umstellung der traditionell im Ländlichen Raum angesiedelten Gewerbe, Betriebsverlagerungen aus den städtischen Gebieten und Neugründungen, die teilweise an die Landwirtschaft selbst anknüpfen.

3.4.2 Der Zuzug der in den nahegelegenen Großstädten arbeitenden nicht-landwirtschaftlichen Bevölkerung *(rurbanisation)*. Daraus ergibt sich eine Ausdehnung und Veränderung der ländlichen Siedlungen.

3.4.3 Die zunehmende Nutzung des Ländlichen Raumes für die Erholung der städtischen Bevölkerung.

3.5 Eine neue Klassifizierung der ländlichen Gebiete Frankreichs:

3.5.1 Die strukturschwachen ländlichen Gebiete *(campagnes profondes)*, in denen die Bevölkerungsdichte sehr gering ist, und in denen zahlreiche Dienstleistungen fehlen.

3.5.2 Die ländlichen Gebiete mit Verdichtungsansätzen in den Randgebieten der größeren Städte. Die Städte sind hier im Begriff, in die ländlichen Gebiete hineinzuwachsen und diese zu bestimmen.

3.5.3 Die ländlichen Gebiete mit autochthoner Dynamik. Diese beruht einerseits auf der *agriculture progressive* oder der *agriculture moderne*, andererseits auf nichtlandwirtschaftlichen Aktivitäten (Industrie, Tourismus).

4. Neben diesem Wandel darf man die Phänomene der Beharrung nicht außer acht lassen. Die ländlichen Verhältnisse prägen die wirtschaftlichen und sozialen Strukturen Frankreichs noch immer in starkem Maße.

4.1 Der Ländliche Raum Frankreichs ist nach wie vor in kleine *pays* aufgeteilt, die von ländlichen Merkmalen geprägt werden. Ihre Fläche ist kleiner als die eines *département*, aber oft größer als die eines *canton*.

4.2 Einkommens- und Lebensstandard der Landbewohner liegen in allen Fällen unter denen der Städter.

4.3 Die Erhaltung des Einflusses der Landbewohner und besonders der Landwirte auf den Ländlichen Raum und die Politik Frankreichs.
Ihr Einfluß ist größer als es ihrer Zahl und wirtschaftlichen Bedeutung entspricht. Die Landwirte stellen eine starke sozialökonomische Einflußgruppe, sie dominieren in den Räten der Gemeinden und Départements und sind zahlreich im Senat vertreten.

Folgerung: Der Ländliche Raum in Frankreich ist nicht allein vom Gesichtspunkt der Stadt aus zu verstehen. Er hat eigenständiges Gewicht.

5. Die Probleme der ländlichen Verhältnisse in Frankreich.

5.1 Die Entwicklung der Agrarstruktur: 25 % der heutigen Betriebe werden im Jahre 2000 ohne Nachfolger sein.

5.2 Die geschlossene Übergabe von Betrieb und Land von einer Generation an die nächste wird durch die Realteilung erschwert.

5.3 Die landwirtschaftlichen Einkünfte sind rückläufig.

5.4 Das Risiko weiterhin zunehmender Betriebsaufgaben bedeutet, daß immer weniger Landwirte immer größere Flächen bewirtschaften und nicht mehr bewirtschaftete Flächen zur Sozialbrache werden.

5.5 Die administrative Dezentralisierung hat dazu geführt, daß die Befugnisse und Aufgaben der Bürgermeister und der Präsidenten der Départements-Räte gewachsen sind, während die ihnen zur Verfügung stehenden finanziellen Mittel begrenzt blieben.

5.6 Die Auseinandersetzungen über die Nutzung des Ländlichen Raumes zwischen den traditionellen (in erster Linie Landwirte) und den neuen (Nicht-Landwirte) Landbewohnern nehmen zu.

6. Schlußfolgerung: aufgrund des zunehmenden Vordringens der städtischen Aktivitäten ist der Ländliche Raum Frankreichs heute mehr als früher dem der Bundesrepublik Deutschland vergleichbar. Er unterscheidet sich jedoch noch beträchtlich durch umfangreiche nahezu unbesiedelte und kaum bewirtschaftete Flächen und durch den sehr starken Einfluß der angesehenen alteingesessenen Landwirte.

Emmanuel Désiré/Roger Dirrig/Jean-Pierre Houssel/Jean-Paul Moreau

Der Ländliche Raum in der Bundesrepublik Deutschland

Hinweise zu seiner Behandlung in Geographielehrbüchern in Frankreich

Der Ländliche Raum in der Bundesrepublik Deutschland hat tiefgreifende strukturelle und funktionale Wandlungen erfahren. Viele industriell-urbane Produktions- und Lebensformen prägen in zunehmendem Maße auch die ländlichen Gebiete sowie das Beziehungsgefüge zwischen Stadt und Land. Die noch immer bestehende klischeehafte Vorstellung von einer überwiegend agrarwirtschaftlich geprägten Gesellschaft im Ländlichen Raum entspricht nicht mehr den neuen Raumstrukturen und -funktionen.

Die hier vorgelegten Empfehlungen greifen aus der inhaltlichen Vielfalt der Themenstellung einige wesentliche Aspekte auf, die zu einer differenzierten Darstellung des Ländlichen Raumes der Bundesrepublik Deutschland in französischen Geographiebüchern beitragen könnten.

1. Begriff

Eine allgemein gültige Definition des Ländlichen Raumes in der Bundesrepublik Deutschland gibt es nicht. Mit unterschiedlichen siedlungs-, bevölkerungs-, wirtschafts- und infrastrukturellen Erfassungsmerkmalen werden ländliche Gebiete zumeist als negative Restkategorien von Verdichtungsgebieten bzw. Stadtregionen und deren Randzonen abgegrenzt.

So umschreibt z. B. das Bundesraumordnungsprogramm (1975) die ländlichen Gebiete als „... Gebiete außerhalb der Verdichtungsräume und ihrer Randbereiche sowie ... Gebiete außerhalb sonstiger verdichteter Räume". G. Maichel (1982) versteht darunter in Anlehung an H. Röhm (1972) „... allgemein die dezentralisiert – d. h. durch Einzelgehöfte, Weiler oder Dörfer – besiedelten oder durch Kulturen der Landwirtschaft geprägten und darum eine geringe Bevölkerungszahl aufweisenden Teilräume ...".

2. Siedlungs- und kulturlandschaftsgenetische Grundlagen

2.1 Alt- und Jungsiedelland

Aus der Siedlungs- und Kulturlandschaftsentwicklung in Mitteleuropa ist insbesondere der Gegensatz zwischen alt- und jungbesiedelten Gebieten hervorzuheben.

In Abhängigkeit von agrar- und siedlungsgeographischen Gunstfaktoren setzte im Neolithikum vor allem in Becken- und Gäulandschaften, aber auch auf den waldarmen Flächen des süddeutschen Schichtstufenlandes, eine erste bedeutsamere Besiedlung ein. Diese altbesiedelten Gebiete (Gradmann 1901) verzeichnen seither weitgehende Siedlungskontinuität. Typisch für dieses *Altsiedelland* sind unregelhafte Siedlungsformen (z. B. Haufendörfer, Weiler, Drubbel), oft vergesellschaftet mit kleinparzellierten Gemengefluren oder unregelmäßigen Blockfluren (Born 1977). Eine deutliche Häufung dieser Siedlungsformen ist in Süd- und speziell in Südwestdeutschland zu finden; mit dem Übergang nach Bayern und in das Norddeutsche Tiefland treten sie jedoch zurück.

Zu einer räumlichen Ausweitung der Kulturlandschaft *(Jungsiedelland)* kam es dann insbesondere seit dem Hoch- und Spätmittelalter durch meist planmäßige Kolonisationsmaßnahmen von Landes- und Grundherren, Lokatoren und Klöstern. Obwohl teilweise auch die deutschen Mittelgebirge (z. B. Odenwald, Spessart, Thüringer Wald) in diese Kulturlandschaftserschließung mit einbezogen worden sind, waren vornehmlich die norddeutschen Marsch- und Moorgebiete sowie verschiedene Landschaften östlich der Elbe *(Ostkolonisation)* davon betroffen. Es entstanden nun regelhafte Siedlungsformen (z. B. Straßen-, Platz-, Reihen- und Angerdörfer).

Insgesamt überwiegen also in den südlichen und westlichen Landschaften Mitteleuropas gewachsene, in den nördlichen und östlichen dagegen geplante Siedlungstypen. Daher wurde auch treffend vom „siedlungsgeographischen Dualismus Mitteleuropas" (Schröder und Schwarz 1969) gesprochen.

2.2 Rechts- und Sozialstrukturen

Neben den siedlungsformalen Kennzeichen sind auch Rechts- und Sozialstrukturen (z. B. Villikationsverfassung, Feudal- und Lehenssystem, Erbformen) zu beachten. Sie waren in territorialer Hinsicht sehr unterschiedlich geprägt und sind teilweise bis in die heutige Zeit zu verfolgen, so daß bestimmte physiognomische und strukturelle Elemente in der Agrarlandschaft (z. B. Anerben- und Realerbteilungsgebiete) als Zeugnisse solcher komplexer historischer Verhältnisse und Prozesse zu interpretieren sind.

3. Agrarwirtschaftliche Merkmale

3.1 Bodennutzung und Tierhaltung

Die landwirtschaftliche Bodennutzung und Tierhaltung entwickelte sich in den letzten drei Jahrzehnten aufgrund räumlicher und sozioökonomischer Bedingungen immer stärker hin zu spezialisierten Anbauformen bzw. marktorientierten Produktionen. So traten bei etwa gleichbleibender landwirtschaftlicher Nutzfläche (1983 = 11,99 Mio. ha – davon etwa 60 % Ackerland und etwa 38,5 % Grünland) z. B. in den Küsten- und Höhengebieten Intensivierungen der Viehhaltung (Milch- und Mastbetriebe) ein. In anderen Regionen vollzog sich dagegen eine zunehmende Vergetreidung, wobei der traditionelle Hackfruchtanbau stark zurückging und weitgehend durch Mais ersetzt wurde. Der Getreidebau umfaßt heute über 70 %, der Hackfrucht- und Maisanbau jeweils etwa 10 % der gesamten Ackerfläche. Die Sonderkulturen (Wein, Gemüse, Obst, Hopfen) konzentrieren sich immer stärker auf die ökologischen Gunsträume bzw. um die Verdichtungsgebiete. Weitere Veränderungen im regionalen Kulturlandschaftsbild traten aber auch durch Extensivierungen (Vergrünlandung, Sozialbrache) ein.

3.2 Betriebe

Die landwirtschaftlichen Betriebe in der Bundesrepublik Deutschland weisen im historischen Längsschnitt und im regionalen Vergleich erhebliche Unterschiede auf, die auf zahlreiche Entstehungsursachen zurückzuführen sind. Hierzu gehören die bereits genannten Erbsitten, aber auch allgemeine wirtschaftliche Veränderungen, soziale Einflüsse städtischer Lebensformen sowie politische Entscheidungen. So führten z. B. die Industrialisierungen im Ländlichen Raum zur Aufgabe vieler Kleinbetriebe und/oder zur Entstehung von Nebenerwerbsstrukturen. Allein in den letzten 35 Jahren verringerte sich die Anzahl der landwirtschaftlichen Betriebe um mehr als die Hälfte (1983 = 743 742), und dies fast ausschließlich durch die Aufgabe von Höfen mit weniger als 20 ha. Die Zahl der Betriebe mit mehr als 20 ha wuchs dagegen durch Zukauf und/oder Zupacht. Dennoch liegt ihr Anteil an der Gesamtzahl der landwirtschaftlichen Betriebe erst bei etwas mehr als 25 %, ihr Anteil an der gesamten landwirtschaftlichen Nutzfläche dagegen schon bei 66,5 %. Die durchschnittliche Betriebsgröße verdoppelte sich fast auf 15,37 ha. Der Anteil der Haupterwerbsbetriebe liegt heute (1982) bei etwa 60 %, mit einem Voll-/Zuerwerbsbetriebsverhältnis von etwa 5:1.

3.3 Produktion und Ertrag

Die landwirtschaftliche Produktion in der Bundesrepublik Deutschland konnte in den letzten Jahrzehnten durch verbesserte Anbaumethoden und Züchtungsergebnisse sowie wachsenden Düngemittel- und Maschineneinsatz erheblich ausgeweitet werden. Die Erträge wuchsen z. B. bei Weizen um mehr als die Hälfte, bei Milch um etwa ein Drittel. Der Anteil an tierischen Erzeugnissen insgesamt stieg auf etwa ein Drittel der Gesamtproduktion.

3.4 Erwerbstätigkeit, Arbeitseinsatz und Einkommen

Der Rückgang der landwirtschaftlichen Erwerbstätigen um etwa 4/5 seit 1950 auf 1,274 Mio. und damit auf nur noch etwa 5 % (1982) der gesamten Erwerbsbevölkerung, bedingt insbesondere auch durch die erhebliche Abnahme der Zahl der familienfremden Arbeitskräfte und der mithelfenden Familienangehörigen, ist eines der wesentlichen sozioökonomischen Merkmale im Ländlichen Raum. Die Hauptgründe hierfür sind einerseits die besseren außerlandwirtschaftlichen Einkommensmöglichkeiten und Arbeitsbedingungen, andererseits die innerbetrieblichen Arbeitseinsparungen durch Motorisierung und Mechanisierung. Ebenso wichtig für das Verständnis agrarstruktureller Gegebenheiten sind die Einkommen, die seit einigen Jahren stagnieren bzw. rückläufig sind und hinter denen der übrigen Wirtschaftsbereiche zurückbleiben.

3.5 Kooperationsformen

Zu den landwirtschaftlichen Kooperationsformen in der Bundesrepublik Deutschland gehören das traditionsreiche Genossenschaftswesen in den verschiedenen Produktions- und Vermarktungsbereichen sowie auch neuere Einrichtungen (z. B. Maschinenringe). 1982 gab es z. B. allein mehr als 1100 anerkannte landwirtschaftliche Erzeugergemeinschaften.

3.6 Agrarpolitik

Die staatlichen Einflüsse auf die agrarwirtschaftlichen Entwicklungen reichen von der Grundstücksverkehrs-, Pacht- und Steuergesetzgebung, der Sozialpolitik und Investitionshilfe bis zu kulturtechnischen und wasserwirtschaftlichen Maßnahmen sowie bis zu Entscheidungen im Rahmen der Europäischen Gemeinschaft (z.B. Vorratshaltung, Preise, Grenzausgleich, Assoziierungsprobleme). Das Ausmaß dieser Einflüsse auf

Richtung und Intensität des Strukturwandels in der Landwirtschaft darf jedoch nicht überschätzt werden.

4. Funktionale und strukturelle Veränderungen

4.1 Funktionaler Wandel der ländlichen Siedlungen

Der funktionale Wandel der ländlichen Siedlungen in der Bundesrepublik Deutschland vollzieht sich im Rahmen der wirtschafts- und bevölkerungsgeographischen Entwicklungen, wobei den Beziehungen zu den Verdichtungsgebieten eine besondere Bedeutung zukommt. Zu den traditionellen agrarwirtschaftlichen Funktionen sind heute in der überwiegenden Zahl der ländlichen Gemeinden durch Industrie- und Gewerbeansiedlungen sowie Dienstleistungen weitere hinzugekommen.

Neben der Versorgung der Verdichtungsgebiete mit Nahrungsmitteln erfüllen die ländlichen Gebiete nun auch vielfältige Entlastungsfunktionen (z. B. Rohstoffsicherung und -versorgung, Wohn- und Verkehrsflächen, Erholungs- und Freizeitgebiete, Entsorgungs- und Ausgleichsräume), die in zunehmendem, regional jedoch unterschiedlichem Maße in Konkurrenz zu den agrarischen Nutzungen treten. Gerade in den Randbereichen der Verdichtungsgebiete ist diese Funktionsdifferenzierung und -konkurrenz ein prägendes Merkmal.

4.2 Maßnahmen zur Verbesserung der Agrar- und Siedlungsstrukturen

Zu den Maßnahmen, die den strukturellen Wandel im Ländlichen Raum vor dem Hintergrund der gesamtwirtschaftlichen Entwicklung in der Bundesrepublik Deutschland am nachhaltigsten mitbestimmen, gehören die Flurbereinigung sowie Hofaussiedlung und Althofsanierung, Dorferneuerung und Stadtsanierung. Hierbei entwickelten sich in den letzten 10—15 Jahren Flurbereinigung und Dorferneuerung zu den zentralen Aufgabenfeldern im Rahmen einer zunehmenden Integration aller für den Ländlichen Raum bestimmten Strukturmaßnahmen. So ist z. B. heute die klassische Neueinteilung der Flur, die in ihren Ursprüngen auf eine preußische Gesetzgebung aus dem Jahre 1861 zurückgeht, nur noch Teil eines umfassenden Maßnahmenkataloges zur Lenkung der unterschiedlichen Nutzungsansprüche im Ländlichen Raum (Flurbereinigungsgesetz 1976). Die Dorferneuerung gilt heute als eine integrale politische Aufgabe auf Bundes- und Landesebene und schließt die Verbesserung aller Lebens- und Wirtschaftsbereiche (Landwirtschaft, Gewerbe und private Dienstleistungen, Verkehr, kommunale Grundausstattung, Begrünung und Gewässer, Bauordnung und Denkmalpflege, Gemeinschaftsleben usw.) in „ländlich geprägten Orten" (Henkel 1982) ein.

4.3 Landesplanerische Modelle und Zielvorstellungen

Zu den wichtigsten Instrumentarien der Landesplanung zählt noch immer die von W. Christaller konzipierte *Theorie der Zentralen Orte* (1933). Sie wurde, modifiziert und den neuen sozio-ökonomischen Rahmenbedingungen angepaßt, in das Bundesraumordnungsgesetz (1965) übernommen. In den verschiedenen Bundesländern sind danach Zentren ermittelt worden, die in einem hierarchischen Raster das gesamte Gebiet der Bundesrepublik Deutschland überziehen und als Kerne künftiger Entwicklungszentren gelten.

Weiterhin entstanden Modelle von punkt-axialen Systemen bzw. Entwicklungsachsen (Istel 1971), die unter linienhafter Bündelung infrastruktureller Einrichtungen eine flächen- und kostensparende Erschließung des Raumes ermöglichen und der ringförmigen Ausbreitung der Verdichtungsräume entgegenwirken sollten. Diese Zielvorstellungen sind jedoch ökonomisch und ökologisch umstritten und konnten bisher die tatsächlichen räumlichen Entwicklungen kaum beeinflussen (Zur Problematik . . . 1976, Tesdorpf 1978).

Unter dem Eindruck des wirtschaftlichen Wandels und der regionalen Spezialisierung setzte sich in den letzten Jahren in der Raumordnung der Bundesrepublik Deutschland nach und nach der Leitgedanke einer funktionalen Gebietsgliederung durch, die auch das differenzierte funktional-räumliche Gefüge des Ländlichen Raumes (Schwerpunktgebiete der landwirtschaftlichen Produktion und Vermarktung, Entwicklungszonen für nichtagrarische Erwerbszweige, ökologische Ausgleichsräume usw.) entsprechend berücksichtigt. Eine anerkannte Konzeption für das gesamte Bundesgebiet liegt jedoch noch nicht vor.

Franz Bittner / Jürgen Klasen / Jürgen Nebel / Alfred Pletsch

Der ländliche Raum in Frankreich und in der Bundesrepublik Deutschland – Gemeinsamkeiten und Unterschiede

Die Entwicklung im Ländlichen Raum ist in Frankreich und in der Bundesrepublik Deutschland in den letzten Jahrzehnten in vielerlei Hinsicht parallel verlaufen. Dabei waren die Ausgangspositionen durchaus unterschiedlich.

In Frankreich befand sich die Landwirtschaft bis in die 1950er Jahre hinein in einem sehr traditionellen Zustand, der vielerorts sogar ausgesprochen rückständig war im Vergleich zu anderen Landesteilen, zu anderen europäischen Ländern, ganz zu schweigen von den außereuropäischen industrialisierten Nationen. Seither hat sich eine regelrechte Metamorphose vollzogen, durch die Frankreich zum bedeutendsten Agrarland innerhalb der Europäischen Gemeinschaft geworden ist. Die Landwirtschaft wird häufig als *le pétrole vert* bezeichnet. Das dokumentiert sich in einer enormen Produktionssteigerung, die zu einer ständig zunehmenden Überproduktion geführt hat. Lediglich bei Schweinefleisch und bei der Gemüseproduktion besteht noch ein Fehlbedarf in der Selbstversorgung. Getreide, Körnermais, Zucker, natürlich der Wein und verschiedene Milcherzeugnisse sind heute Exportprodukte, die volkswirtschaftlich eine bedeutende Stellung einnehmen.

Diese Produktionssteigerung war möglich, obwohl die Zahl der landwirtschaftlichen Betriebe drastisch zurückgegangen ist. Im Jahre 1929 gab es noch fast 4 Mio. Betriebe, mehr als die Hälfte davon bewirtschafteten weniger als 5 ha Land. Heute sind es nur wenig mehr als 1 Mio. Höfe, von denen rund 56 % als Vollerwerbsbetriebe gelten, also nur über sehr geringe oder überhaupt keine außerlandwirtschaftlichen Nebeneinnahmen verfügen. Dieser gewaltige Konzentrationsprozeß hat es ermöglicht, daß die verbleibenden Betriebe durch Landzukauf oder -zupacht ihre Betriebsfläche vergrößern und damit die Investitionen besser amortisieren konnten. Ein Durchschnittsbetrieb in Frankreich ist heute fast 25 ha groß, gegenüber etwas mehr als 15 ha in der Bundesrepublik Deutschland. Dabei gibt es jedoch erhebliche regionale Unterschiede. So dominieren in den großen Getreidebaulandschaften Nordfrankreichs großbetriebliche Strukturen, während in den mediterranen Weinbaugebieten der Kleinbesitz nach wie vor vorherrschend ist.

Dieser strukturelle Wandel im Ländlichen Raum hat eine Reihe von Planungsmaßnahmen erforderlich gemacht. Eine der wichtigsten Maßnahmen war die Flurbereinigung, die in Frankreich erst relativ spät einsetzte. Inzwischen sind über 11 Mio. ha durch die Flurbereinigung erfaßt worden, weitere 7 Mio. sind in die Planungen einbezogen. Während diese und zahlreiche andere Maßnahmen wie Landabgaberenten, Bildung von Maschinengenossenschaften usw. vorwiegend den agrarischen Sektor betreffen, sind seit den frühen 1960er Jahren auch die übrigen Wirtschaftssektoren im Ländlichen Raum stark gefördert worden. Im Rahmen dieser nationalen Maßnahmen, aber auch im Zusammenhang mit Förderbestimmungen innerhalb der EG, ist vielerorts die Schaffung nichtagrarischer Arbeitsplätze gefördert und erheblich ausgeweitet worden. Dadurch hat sich das wirtschaftliche Spektrum des Ländlichen Raumes in Frankreich teilweise erheblich verändert.

Betrachtet man die Entwicklung in der Bundesrepublik Deutschland, so drängen sich auf den ersten Blick viele Parallelen auf. Auch hier ist die Produktion deutlich gesteigert worden. Überproduktion besteht z. B. bei Weizen, Zucker, Butter und Milch. Demgegenüber ist die Selbstversorgung bei Schweinefleisch, Frischobst, Gemüse, Wein und zahlreichen anderen Produktionen nicht sichergestellt. Häufig sind es gerade die Produkte, die in Frankreich im Überschuß vorhanden sind, so daß sich zwischen den beiden Ländern ein sehr intensiver Agrarmarkt ausgebildet hat.

Die rückläufige Entwicklung bei der agrarischen Erwerbsbevölkerung und in der Zahl der Betriebe hatte in der Bundesrepublik bereits früher eingesetzt als im Nachbarland, wenngleich auch hier der durchgreifende Umbruch erst in die Zeit nach 1945 fällt. Aber bereits zwischen 1925 und 1945 hatte sich die Zahl der Betriebe von 3,85 Mio. auf unter 2 Mio. reduziert; seither ist sie weiter geschrumpft bis auf rund 750 000 Betriebe, die heute noch existieren. Die Durchschnittsgröße der Betriebe ist dabei ständig angewachsen bis auf etwas mehr als 15 ha (1982), jedoch dominieren in vielen Gegenden auch heute noch die Kleinbetriebe, die aufgrund der Realteilung besonders in Südwest- und Westdeutschland verbreitet sind. Gerade hier ist bereits historisch eine große Anzahl von Nebenerwerbsbetrieben entstanden. Ihr Anteil beträgt heute noch für das Gesamtgebiet der Bundesrepublik Deutschland rund 40 % aller Betriebe, gegenüber knapp 50 %, die in die Kategorie der Vollerwerbslandwirte fallen. Wie in Frankreich sind solche Mittelwerte natürlich regional erheblichen Schwankungen unterworfen, die zum Teil naturräumlich, zum Teil historisch begründet sind.

Eine weitere Parallele besteht in den Raumordnungsmaßnahmen, die den Ländlichen Raum betreffen. Durch das Bundesraumordnungsgesetz, durch zahlreiche regionale Förderprogramme und Schwerpunktmaßnahmen, natürlich auch durch Gesetzgebungen zur strukturellen Bereinigung des Agrarsektors ist in der Bundesrepublik Deutschland die agrarische Komponente im Ländlichen Raum immer weiter zurückgedrängt worden. Rein landwirtschaftlich geprägte Dörfer gibt es nur noch selten; meistens dominiert auch in den ländlichen Siedlungen die nichtagrarische Bevölkerung, die entweder am Ort selber einer Arbeit nachgeht oder aber in die nahegelegenen Wirtschaftsstandorte pendelt. Dieser Wandlungsprozeß ist vor allem deshalb rascher abgelaufen als in Frankreich, weil die Siedlungsdichte in der Bundesrepublik Deutschland erheblich höher und damit die Distanz zwischen den einzelnen Siedlungsstandorten natürlich geringer ist. 265 Einwohnern/km² in der Bundesrepublik Deutschland stehen lediglich 100 Einwohner/km² in Frankreich gegenüber.

Damit ist man aber bereits bei den Unterschieden, die trotz aller gemeinsamer Züge zwischen den beiden Ländern bestehen. Frankreichs Entwicklung ist auch heute noch, im Zeitalter der sogenannten *décentralisation,* durch das Erbe des Zentralismus' geprägt. *La France du vide* ist das ländliche Frankreich in einem Buchtitel von Roger Béteille (1981) genannt worden, und der Autor greift damit die These von J. F. Gravier auf, der schon 1947 mit seinem Buch über *Paris et le désert français* die Polarisierung aufzeigte, die zwischen dem alles überragenden Konzentrationspunkt Paris und dem damals noch sehr unterentwickelten peripheren Frankreich, das vor den Toren der Hauptstadt begann, bestand. Einen solchen Zentralismus hat Deutschland nie gekannt, so daß sich schon historisch eine gleichgewichtigere Entwicklung vollziehen konnte.

Ein weiteres historisches Erbe unterscheidet die beiden Länder sehr deutlich – die Landbesitzverhältnisse. Die traditionellen großbetrieblichen Strukturen in Frankreich verbinden sich mit alten Abhängigkeitsverhältnissen, die in ihren Ursprüngen bis in die im Hochmittelalter entstandene Lehensverfassung in ihrer spezifischen Form des *Seig-*

neurialsystems zurückreichen. Dieses Erbe ist bis heute, trotz Französischer Revolution, noch überall im Lande greifbar, während in Deutschland zumindest seit Beginn des 19. Jahrhunderts mit den *Stein-Hardenbergschen Reformen* andere Wege eingeleitet wurden. Äußere Zeichen dieser andersartigen Verhältnisse sind unter anderem die Vielzahl der alten Landsitze, die zum Teil kulturlandschaftsprägend sind (z. B. in der Normandie), aber auch die hohen Pachtanteile, die überall in Nordfrankreich bis heute bestehen.

Unterschiede bestehen zweifellos auch in der Art, wie die Raumplanung in ländlichen Gebieten umgesetzt wird. Frankreich kann sich nur schwerlich der Kritik entziehen, daß die Dezentralisierung der Wirtschaft nur halbherzig, wenn überhaupt, erfolgt. Weite Landstriche sind bis heute industrielos, so daß auch ein Pendeln zu nichtlandwirtschaftlichen Arbeitsplätzen distanzmäßig nicht zu bewältigen wäre. Diesbezüglich liegen in der Bundesrepublik räumlich ganz andere Voraussetzungen vor, so daß die Regionalplanung auch leichter gesamtwirtschaftliche Strukturmaßnahmen verwirklichen kann.

Wie immer man versucht, Parallelen oder Unterschiede in der Entwicklung herauszuarbeiten – es ist unbestritten, daß die moderne Entwicklung hier wie dort Anpassungsprozesse erfordert, dabei häufig auch Opfer verlangt. Der Ländliche Raum ist insgesamt nicht mehr jenes rückständige Gebiet, das von den Städtern geringschätzig belächelt wird. Ist nicht auch der Trend einer *rurbanisation*, einer Rückbesinnung auf die Lebensvorteile, die das Land bietet, eine Bestätigung für einen Bewußtseinswandel, der nicht zuletzt durch die Modernisierungstendenzen und die Entwicklungsdynamik eben im ländlichen Milieu mitgetragen wird?

Daß bei alledem viel Unterschiedliches bleibt, verwundert den Geographen vielleicht am wenigsten, weil er die Gewohnheit hat, solche Unterschiede vor dem Hintergrund naturräumlicher, sozialer, bevölkerungsmäßiger, historischer oder wirtschaftlicher Entwicklungen zu betrachten. Und es ist gut, daß diese Unterschiede bleiben, trotz aller Modernisierungen. Die Uniformität vieler Städte, die ein Grund mit dafür ist, daß diese heute wieder gerne verlassen werden, wird sich sicherlich im Ländlichen Raum nicht einstellen, und es ist zu hoffen, daß dieser unbestreitbare Wert von den Planern hier wie dort nicht vergessen wird.

Alfred Pletsch

IV. Recommandations

L'espace rural en France et en République fédérale d'Allemagne

Recommandations pour la présentation du thème dans les manuels de géographie des deux pays

Préface

Dans la réflexion franco-allemande sur les manuels scolaires, depuis 1981 et pour la première fois, la géographie a pris place à côté de l'histoire. Cela est apparu nécessaire, car l'enseignement de la géographie peut jouer un rôle décisif pour faciliter la connaissance mutuelle et la compréhension des deux pays.

Une première analyse des manuels de géographie français et allemands montre que la place faite au thème de l'espace rural est nettement minorée et limitée surtout à des présentations dépassées de l'économie agricole. Ces faiblesses notoires concernant les données essentielles ont amené les géographes participant aux entretiens bilatéraux à présenter des recommandations sur l'espace rural en France et en République fédérale d'Allemagne. Ce qui suit ne constitue pas un inventaire exhaustif, mais se limite aux quelques aspects essentiels qui pourraient contribuer à une présentation mutuelle plus adéquate de l'espace rural dans les manuels de géographie des deux pays.

L'espace rural en France

Recommandations pour la présentation du thème dans les manuels de géographie de la R. F. A.

L'espace rural français a connu une importante mutation depuis 1955, date tournante pour l'évolution du monde rural. Cette évolution se marque par:

1. Un déclin de la population rurale, mais limité par le changement de contenu du monde rural. Celui-ci ne peut plus être défini comme un espace seulement agricole en raison d'une domination croissante des agglomérations urbaines sur les campagnes.

2. L'importante extension aujourd'hui d'espaces ruraux peu peuplés et peu actifs: *la France du vide* qui s'étend sur une surface comparable à la moitié de la R. F. A.

3. Des changements importants dans la structure du monde rural:

3.1 La modernisation des exploitations agricoles.
A côté d'une grande agriculture moderne, maniant des capitaux abondants qui dégagent des revenus élevés et assurent presque la moitié du revenu agricole français, s'est développée une agriculture *progressive* née des efforts d'une partie de la petite agriculture traditionnelle. Les transformations de l'agriculture on souvent éte impulsées par les agriculteurs eux-mêmes; les autorités administratives n'ont fait qu'accompagner le changement.

3.2 Le développement de la pluri-activité dans le monde agricole: ⅓ des exploitations agricoles perçoivent des revenus non-agricoles.

3.3 La simplification des structures agraires par la disparition de nombreuses petites exploitations et l'uniformisation des systèmes de culture dans des espaces ruraux donnés *(les pays).*

3.4 La multiplication des activités non-agricoles dans le monde rural:

3.4.1 Certaines campagnes se sont industrialisées soit par la reconversion des vieilles industries rurales dépassées, soit par la décentralisation d'établissements industriels situés dans les grandes agglomérations urbaines, soit par des créations liées (ou non) à l'agriculture.

3.4.2 L'installation dans les campagnes de population non-agricole travaillant dans les grandes villes voisines (phénomène de *rurbanisation*). Il s'ensuit une extension de l'espace rural bâti et une transformation du paysage des villages.

3.4.3 L'usage accru de l'espace rural pour la récréation des habitants des villes.

3.5 Une nouvelle classification des campagnes françaises:

3.5.1 Les campagnes *profondes,* où la population rurale est très clairsemée (très faibles densités), pauvre, privée de nombreux services.

3.5.2 Les campagnes insérées dans le tissu métropolitain: elles sont situées à la périphérie des grandes villes qui y déversent une partie de leurs habitants et de leurs activités. La ville tend à dominer ici l'espace rural.

3.5.3 Les campagnes à développement autochtone où le progrès est venu du monde rural lui-même. Le développement est tantôt le fait de l'agriculture *progressive* ou *moderne,* tantôt le fait d'activités non-agricoles (industrie, tourisme).

4. Par delà ces mutations, il ne faut pas négliger les permanences. Le monde rural marque toujours fortement de son empreinte la géographie de la France.

4.1 L'espace rural français est toujours morcelé en petits *pays,* espaces vécus par les ruraux. Leur superficie est inférieure à celle d'un département, mais souvent supérieure à celle d'un canton.

4.2 Les revenus et le niveau de vie des ruraux sont toujours inférieurs à ceux des urbains.

4.3 Le maintien de l'emprise des ruraux, et surtout des agriculteurs, sur l'espace rural et le maintien d'un poids important dans la politique de la France (poids supérieur à celui que leur nombre ou leur importance économique justifierait). Les agriculteurs forment un groupe de pression socio-économique puissant, ils dominent les conseils municipaux (communes), les conseils généraux (départements) et sont nombreux au Sénat.
Conséquence: l'espace rural français ne peut pas être compris seulement du point de vue de la ville; il a une dynamique interne.

5. Les problèmes du monde rural français.

5.1 Le devenir des structures agraires: 25 % des exploitations seront sans successeur d'ici à l'an 2000.

5.2 La transmission de l'exploitation et de la terre d'une génération à la suivante est rendue difficile par le système juridique de l'héritage (égalitaire).

5.3 Les revenus agricoles tendent à diminuer.

5.4 Les risques d'une concentration encore accrue des exploitations agricoles, donc d'un espace rural avec encore moins de paysans et l'abandon de surfaces importantes à la friche sociale.

5.5 Les conséquences de la décentralisation administrative qui renforcent les pouvoirs de gestion des maires et présidents de conseils généraux. Les notables ruraux voient leurs pouvoirs accrus, alors que les moyens financiers, dont ils disposent, restent limités.

5.6 Les conflits dans l'usage de l'espace rural entre les anciens ruraux (principalement les agriculteurs) et les nouveaux ruraux (non-agriculteurs).

6. Conclusion: L'espace rural français ressemble aujourd'hui davantage à l'espace rural de la R. F. A. à cause de la pénétration croissante des activités urbaines dans les campagnes. Il s'en différencie encore beaucoup par l'existence de vastes surfaces rurales presque vides d'hommes et d'activités et par la très forte influence des notables agriculteurs ou ruraux traditionnels.

Emmanuel Désiré/Roger Dirrig/Jean-Pierre Houssel/Jean-Paul Moreau

L'espace rural en République féderale d'Allemagne

Recommandations pour la présentation du thème dans les manuels de géographie français

L'espace rural en R. F. A. a subi des changements profonds. Les zones rurales sont de plus en plus marquées par les modes de vie et de production liés à l'urbanisation et à l'industrie. Il en est de même pour les interrelations ville-campagne. L'image, toujours persistante, d'un monde rural marqué de façon dominante par l'agriculture ne correspond plus à l'organisation actuelle de l'espace rural, ni à ses fonctions. Les recommandations suivantes ne présentent que quelques aspects essentiels pris dans la multiplicité des questions possibles. Elles devraient permettre une présentation plus nuancée de l'espace rural de la R. F. A. dans les manuels français de géographie.

1. Définition

Il n'y a pas en R. F. A. de définition générale de l'espace rural. Compte-tenu de critères variés pris dans le domaine de l'habitat, du peuplement, de l'économie et de l'infrastructure, l'espace rural est défini le plus souvent négativement par opposition aux zones de fortes densités de population et d'activités. Ainsi le Programme Fédéral d'Aménagement du Territoire (Bundesraumordnungsprogramm) de 1975 définit-il l'espace rural comme «. . . un territoire situé en dehors des zones de plus ou moins grande densification et de leurs bordures . . .». Pour G. Maichel (1982), qui s'appuie sur H. Röhm (1972), il s'agit «. . . généralement des parties de l'espace occupées de manière décentralisée (fermes isolées, hameaux ou villages) ou marquées par des modes de mise en valeur agricole et, de ce fait, moins peuplées . . .».

2. Grands traits de la genèse de l'habitat et du paysage rural

2.1 Zones de colonisation

L'étude du développement de l'habitat et des modes de mise en valeur agricole en Europe centrale amène à souligner le contraste entre zones de peuplement ancien et récent.

Ce sont des facteurs géographiques favorables, tant à l'installation des hommes qu'à la mise en valeur des terres, qui expliquent avant tout une colonisation néolithique plus importante dans les régions de cuvette et de sols riches *(Gäulandschaften),* ainsi que sur le revers peu boisé des côtes de l'Allemagne du Sud. Ces régions d'occupation ancienne présentent depuis lors une continuité dans le peuplement (Gradmann 1901). Ces pays de vieux peuplement *(Altsiedelland)* se caractérisent par des formes irrégulières de l'habitat (le village en tas, le hameau, etc.) souvent liées à un parcellaire très morcelé et dispersé ou à un parcellaire massif et irrégulier (BORN 1977). Ces formes sont fréquentes en Allemagne du Sud et spécialement du Sud-Ouest; elles vont en diminuant vers la Bavière et la plaine de l'Allemagne du Nord.

Surtout depuis le Haut Moyen Âge et la fin du Moyen Âge, on assiste à une extension du paysage agricole *(Jungsiedelland)* souvent liée à des opérations de colonisation menées par des seigneurs territoriaux et fonciers, des monastères, etc. Si les moyennes montagnes de l'Allemagne (Odenwald, Spessart, Thüringer Wald, etc.) ont été incluses en partie dans cette colonisation agricole, on la rencontre surtout dans les zones de marschen et de marais de l'Allemagne du Nord, ainsi que dans les régions à l'est de l'Elbe *(Ostkolonisation)*. Aujourd'hui elle se traduit par des formes régulières d'habitat et de parcellaire (p. ex. village-rue, village en ligne, village annulaire).

Dans l'ensemble dominent ainsi dans les régions méridionales et occidentales de l'Europe centrale des formes d'habitat progressivement constituées, tandis que dans celles du Nord et de l'Est, au contraire, dominent des formes planifiées. On parle donc avec raison d'un *dualisme spatial de l'habitat en Europe centrale* (SCHRÖDER et SCHWARZ 1969).

2.2 Structures juridiques et sociales

Outre les critères morphologiques de l'habitat, il faut aussi prendre en considération les structures juridiques et sociales (p. ex. les systèmes féodaux et les formes d'héritages). Ces données se sont inscrites très différemment sur le territoire; elles persistent encore partiellement. Aussi beaucoup de traits de la morphologie et de la structure du paysage agraire (p. ex. les zones de droit d'aînesse et de partage égalitaire) peuvent-ils être regardés comme des témoins de ces conditions et de ces processus historiques très complexes.

3. Caractères de l'économie agricole

3.1 Utilisation du sol et élevage

Au cours des trois dernières décennies, en fonction des conditions spatiales et socio-économiques, l'utilisation agricole du sol et l'élevage se sont orientés toujours davantage vers des productions spécialisées respectivement tournées vers le marché. Ainsi a-t-on assisté à une intensification de l'élevage (lait et engraissement) sur une surface agricole utile inchangée (1983: 11,99 millions d'ha dont environ 60 % en labours et environ 38,5 % toujours en herbe); ce fut le cas, par exemple, dans les régions littorales et dans les régions de montagne. Dans les autres régions au contraire, on s'oriente vers une céréaliculture croissante; les cultures sarclées traditionnelles reculent fortement et sont largement remplacées par le maïs. Aujourd'hui les céréales couvrent 70 % des terres labourables, les plantes sarclées 10 %, le maïs 10 %. Les cultures spéciales (vigne, légumes, vergers, houblon, etc.) se concentrent encore plus dans les espaces favorisés par les conditions naturelles ou à proximité des zones de forte densité. Mais des traits d'extensivité sont aussi apparus dans les paysages agricoles régionaux avec le développement des herbages et des friches sociales.

3.2 Les exploitations

Les exploitations agricoles en R. F. A. présentent, aux points de vue historique et régional, des différences importantes dues à des causes nombreuses, comme les pratiques de succession et de partage évoquées plus haut, mais aussi les modifications économiques générales, les influences des modes de vie urbains ainsi que les décisions politiques. Ainsi, par exemple, l'industrialisation en milieu rural a-t-elle conduit à l'abandon de beaucoup de petites exploitations et/ou à l'apparition de revenus complémentaires. Rien que dans les 35 dernières années, le nombre d' exploitations agricoles s'est réduit de plus de moitié (1983: 743 742) et ceci presque exclusivement par la disparition d'exploitations de moins de 20 ha. Le nombre des exploitations de plus de 20 ha a grandi par achat et/ou location; elles ne représentent qu'env. 25 % du nombre des exploitations, mais elles couvrent 66,5 % de la surface agricole utile. La superficie moyenne par exploitation a presque doublé atteignant 15,37 ha. La proportion des exploitations à activité agricole dominante est aujourd'hui (1982) voisine de 60 %. Il y a 5 fois plus d'exploitations à temps plein que d'exploitations à temps partiel.

3.3 Productions et rendements

Au cours des dernières décennies, la production agricole a pu croître de façon importante grâce à l'amélioration des méthodes de culture et des techniques de sélection animale, grâce au recours croissant aux engrais et à la mécanisation. A la suite, par exemple, les rendements ont augmenté de plus de la moitié pour le blé, d'environ un tiers pour le lait. La part de la production animale a atteint environ un tiers de la production totale.

3.4 Population active, travail et revenu

Une des caractéristiques socio-économiques les plus importantes est le recul de la population active agricole d'environ 80 % depuis 1950. Recul dû, en particulier, à la diminution considérable de la population agricole salariée ainsi que celle des aides familiaux. Avec 1,274 million de personnes, l'agriculture ne représente que 5 % de la population active totale (1982). Les causes principales de cette évolution sont d'une part les meilleures possibilités de gain et les meilleures conditions de travail en dehors de l'agriculture, et d'autre part les gains de productivité à l'intérieur des exploitations par la motorisation et la mécanisation. Pour comprendre les conditions de la vie agricole, il est aussi important de tenir compte des revenus. Ceux-ci sont depuis quelques années en stagnation ou en recul. Ils restent derrière ceux des autres branches de l'économie.

3.5 Le mouvement coopératif

Le mouvement coopératif est riche d'une longue tradition dans les domaines de la production et de la commercialisation; il s'étend dans de nouvelles directions (p. ex. l'utilisation en commun de matériel agricole). En 1982 plus de 1100 coopératives de producteurs étaient reconnues.

3.6 La politique agricole

Les influences de l'Etat sur l'évolution de l'économie agricole vont de la législation sur la vente ou la location des terres, la fiscalité, la politique sociale, l'aide à l'investissement jusqu'aux mesures concernant les techniques de culture ou l'utilisation de l'eau, sans oublier les décisions prises dans le cadre de la C. E. E. (stockage, prix, montants compensatoires monétaires, problèmes d'association). Cependant on ne doit pas exagérer l'importance de ces influences sur l'orientation et l'intensité des changements survenus dans l'agriculture.

4. Changements structurels et fonctionnels

4.1 Changement fonctionnel de l'habitat

Le changement fonctionnel de l'habitat rural en R. F. A. se réalise dans le cadre des évolutions économico- et démo-géographiques, au sein desquelles un rôle particulièrement important est tenu par les relations avec les espaces de forte concentration humaine. Aux fonctions traditionnelles agro-économiques des communes rurales sont venues s'ajouter de nouvelles fonctions engendrées par l'industrie, l'artisanat et les services.

En plus du ravitaillement en produits alimentaires des régions urbanisées, les régions rurales ont aussi des fonctions de décharge de celles-ci (stockage et fourniture de matières premières, réserves foncières pour l'habitat et les voies de communication, espaces de repos ou de loisirs, zones de compensation et d'assainissement, etc.). De plus en plus, ces fonctions entrent en concurrence (de façon variée selon les régions) avec les utilisations agricoles de l'espace rural. C'est surtout en bordure des régions urbanisées que cette différenciation et cette concurrence fonctionnelles sont les plus évidentes.

4.2 Mesures pour l'amélioration des structures agraires et de l'habitat
Dans le cadre de l'évolution économique générale en R. F. A., les mesures qui conditionnent le plus fortement l'évolution structurelle de l'espace rural sont le remembrement, le desserrement et la rénovation des fermes, le remodelage des villages et la rénovation urbaine. Au cours des 10 à 15 dernières années, le remembrement et le remodelage des villages ont été au centre des préoccupations dans l'optique d'une intégration croissante à toutes les mesures structurelles prises en faveur de l'espace rural. Ainsi aujourd'hui le reclassement traditionnel de l'utilisation des terres qui, à ses origines, remonte à une législation prussienne de 1861, n'est-il qu'un élément d'un vaste ensemble de mesures définies par la loi de remembrement (FLURBEREINIGUNGSGESETZ) de 1976 visant à orienter les utilisations différentes de l'espace rural. La rénovation des villages est aujourd'hui une tâche politique essentielle dans les plans mis au point par les Länder, comme au niveau fédéral. Elle comprend l'amélioration de tous les domaines de la vie quotidienne et de l'économie (agriculture, artisanat, services, transports, équipements de base, espaces verts et plans d'eau, réglementation des constructions et conservation des monuments, vie associative communale, etc.), ceci dans les *lieux marqués par la vie rurale* (HENKEL 1982).

4.3 Modèles et objectifs de la planification rurale
La *théorie des lieux centraux* de W. CHRISTALLER (1933) compte toujours parmi les instruments les plus importants pour l'aménagement du territoire. Après modification et adaptation aux nouvelles conditions socio-économiques, elle a été reprise dans la loi sur l'aménagement de l'espace (BUNDESRAUMORDNUNGSGESETZ) de 1965. Elle a permis, dans les différents Länder, de déterminer des centres qui constituent un réseau hiérarchisé couvrant l'ensemble de la R. F. A.; ils servent de noyaux pour des centres de développement à venir. En outre sont apparus des modèles de *points axiaux* ou d' *axes de développement* (ISTEL 1971) qui, par un regroupement linéaire de l'infrastructure, devraient permettre une organisation de l'espace économe en surface et en investissement et qui devraient s'opposer à l'expansion concentrique des zones densifiées. Ces objectifs sont encore discutés d'un point de vue économique, comme d'un point de vue écologique. Ils n'ont guère influencé jusqu'à présent le développement spatial effectif. (ZUR PROBLEMATIK ... 1976, TESDORPF 1978).

Sous l'influence de l'évolution économique et de la spécialisation régionale s'est progressivement imposée, au cours des dernières années d'aménagement du territoire en R. F. A., l'idée d'une organisation fonctionnelle. Celle-ci prend également en considération la structure fonctionnellement et spatialement différenciée du paysage rural (les grandes zones de production et de commercialisation agricoles, les zones de développement pour les branches d'activités non-agricoles, les espaces de compensation écologique, etc.). Toutefois il n'y a pas encore de conception reconnue pour l'ensemble de la R. F. A.

Franz Bittner/Jürgen Klasen/Jürgen Nebel/Alfred Pletsch

L'espace rural en France et en République fédérale d'Allemagne – Ressemblances et Differences

Au cours des dernières décennies et sous de nombreux aspects, la mutation de l'espace rural s'est faite de façon semblable en France et dans la R. F. A. Les positions de départ étaient cependant entièrement différentes.

En France jusqu'aux années cinquante, l'agriculture se trouvait dans un état très traditionnel. Dans de nombreuses régions, elle était même nettement arriérée, comparée à celle d'autres régions ou pays européens, sans parler des nations industrialisées extra-européennes. Depuis cette époque une véritable métamorphose s'est accomplie, par laquelle la France est devenue le principal pays agricole de la C. E. E. L'agriculture est souvent désignée comme le «pétrole vert» de la France. Ceci est illustré par une énorme augmentation de la production qui mène à une croissance continue des excédents agricoles. L'auto-approvisionnement n'est insuffisant que pour la viande de porc et pour les légumes. Céréales, maïs-grain, sucre, vin, bien sûr, et divers produits laitiers sont aujourd'hui produits d'exportation et jouent un rôle important dans l'économie.

Cette augmentation de la production était possible malgré le recul important du nombre d'exploitations agricoles. En 1929 encore, on comptait presque 4 millions d'exploitations; plus de la moitié d'entre elles travaillaient moins de 5 ha. Aujourd'hui, les exploitations sont un peu moins de 1 million, dont 56 % à plein temps qui ne disposent par conséquent d'aucun (ou de très peu de) revenu non-agricole. Ce processus poussé de concentration a permis aux exploitations restantes d'accroître leur superficie par achat ou location, tout en amortissant mieux leurs investissements. La superficie moyenne par exploitation est aujourd'hui de 25 ha en France contre à peine 16 ha en R. F. A. Il faut cependant tenir compte des grandes différences régionales. Ainsi les grandes exploitations dominent dans les régions céréalières de la France du Nord, tandis que la petite propriété l'emporte dans les régions viticoles de la France méditerranéenne.

Ces changements de structure dans l'espace rural ont exigé une série de mesures d'aménagement. Le remembrement en était une des plus importantes. Il n'a débuté que relativement tard en France, mais plus de 11 millions ha y ont été soumis et 7 millions d'autres sont prévus. Pendant que le secteur agricole était transformé par ces mesures accompagnées de beaucoup d'autres, telles que les indemnités viagères de départ (I. V. D.) ou la mise en place de coopératives d'utilisation de matériel agricole (C. U. M. A.), les autres secteurs économiques du monde rural ont également changé depuis les années 60. Dans le cadre de cette politique d'aménagement nationale, mais aussi en rapport avec la politique de la C. E. E., des postes de travail non-agricoles ont été créés ou multipliés dans beaucoup de campagnes. Ainsi la gamme des activités économiques dans l'espace rural français s'est partiellement, mais notablement transformée.

A première vue, en observant l'évolution en République fédérale d'Allemagne, de nombreux points de comparaison s'imposent. Ici également, la production a été fortement augmentée. La surproduction existe, par exemple, pour le blé, le sucre, le beurre et le lait. Par contre l'auto-suffisance n'est pas assurée pour la viande de porc, les fruits frais, les légumes et le vin ainsi que pour de nombreuses autres productions. Souvent il s'agit précisément de produits dont la France est excédentaire, ce qui a permis la mise en place entre les deux pays d'échanges agricoles actifs.

La diminution de la population active agricole, ainsi que celle du nombre des exploitations, a débuté plus tôt en R. F. A. que dans le pays voisin, même si les grandes transformations ne se sont faites qu'après 1945. Déjà entre 1925 et 1945, le nombre d'exploitations est passé de 3,85 à moins de 2 millions; depuis, il a continué à se réduire pour atteindre aujourd'hui 750 000. La superficie moyenne par exploitation était en accroissement constant pour atteindre env. 15 ha en 1982. Cependant aujourd'hui encore dans de nombreuses régions, surtout en Allemagne du Sud-Ouest et de l'Ouest, dominent les petites exploitations à la suite de la coutume successorale du partage égalitaire. C'est essentiellement dans ce cadre qu'historiquement se sont développées un grand nombre d'exploitations à temps partiel. Actuellement encore, pour l'ensemble du territoire de la R. F. A., leur part représente 40 % de toutes les exploitations, contre presque 50 % qui sont exploitées à temps plein. Naturellement, comme en France, ces moyennes varient fortement selon les régions; elles dépendent en partie de facteurs physiques ou historiques.

Une autre ressemblance est apparente dans les actions d'aménagement du territoire dans l'espace rural. En R. F. A. la fonction agricole de l'espace rural a été de plus en plus réduite. Cette évolution est liée à la loi sur l'aménagement de l'espace (BUNDESRAUMORDNUNGSGESETZ), aux programmes régionaux et aux mesures particulières de développement, mais aussi aux législations spéciales visant à assainir les structures du secteur agricole. On ne rencontre plus que rarement des villages marqués uniquement par l'agriculture; plus souvent c'est la population non-agricole qui domine dans la zone d'habitat rural. Celle-ci trouve son travail sur place ou se déplace vers les centres économiques urbains voisins. Cette évolution s'est déroulée plus rapidement qu'en France, car en R. F. A. la densité de population est beaucoup plus forte et, par conséquent, la distance entre les noyaux de peuplement est plus courte. Aux 265 habitants/km^2 de la R. F. A. ne s'opposent que 100 habitants/km^2 en France.

Malgré tous ces traits communs des deux pays, il y a aussi de nettes différences. Aujourd'hui encore, à l'époque de la *décentralisation,* le développement en France est marqué par l'héritage du centralisme. ROGER BÉTEILLE, dans un titre de livre, appelle la France rurale *La France du vide* (1981). L'auteur reprend la thèse de J. F. GRAVIER qui, déjà en 1947, avec son livre *Paris et le désert français,* montra la polarisation existant entre le centre parisien dominant tout et la France périphérique encore sous-développée et commençant aux portes de la capitale. L'Allemagne, elle, n'a jamais connu un tel centralisme, ce qui a permis historiquement un développement plus équilibré.

Un autre héritage historique différencie très nettement les deux pays: les conditions de la possession du sol. En France, les grandes exploitations traditionnelles sont liées à d'anciennes structures de dépendance sociale qui, dans leurs origines, remontent au Haut Moyen Âge, avec le système féodal et sa forme spécifique, le système seigneurial. Jusqu'à nos jours, malgré la Révolution Française, cet héritage historique est partout visible dans les campagnes, tandis qu'en Allemagne, du moins depuis le début du XIXe siècle, une autre orientation fut prise avec les *réformes de Stein-Hardenberg.* Un des aspects de ces conditions différentes est, entre autres, le grand nombre des châteaux et des manoirs, qui marquent le paysage rural en France (par exemple en Normandie), mais aussi la part importante du fermage, qui subsiste encore partout de nos jours en France du Nord.

Sans conteste, des différences apparaissent également dans la manière dont la planification est réalisée dans les zones rurales. La France ne peut que difficilement éviter la critique selon laquelle la décentralisation de l'activité économique ne se fait qu'à contrecoeur, si toutefois elle a eu lieu. Aujourd'hui encore, de grands espaces sont restés sans industrie, ce qui empêche, par les distances à parcourir, une migration alternante vers les lieux de travail non-agricoles. Dans le même domaine en R. F. A., les conditions spatiales sont toutes différentes, ce qui permet à la planification de réaliser plus facilement des actions structurantes concernant l'économie dans son ensemble.

Quoique l'on fasse pour mettre en évidence des ressemblances ou des différences dans l'évolution, le développement moderne sans doute réclame, ici et là, des efforts d'adaptation souvent accompagnés de sacrifices. Dans son ensemble, l'espace rural n'est plus ce secteur arriéré regardé avec condescendance par les citadins. La tendance vers une *rurbanisation,* la réflexion sur les avantages offerts par la vie rurale, ne constituent-elles pas la confirmation d'une prise de conscience nouvelle liée elle-même à la modernisation et à la dynamique du développement qui partent du milieu rural?

C'est le géographe qui s'étonnera le moins du fait que, malgré les ressemblances, beaucoup de differences subsistent. Il a l'habitude d'observer ces différences en fonction des conditions naturelles ou sociales, de l'évolution de la population, de l'histoire ou de l'économie. Il est bon que ces différences subsistent malgré tous les efforts de modernisation. L'uniformisation, telle qu'elle se fait dans de nombreuses villes et qui est une des causes de l'exode actuel, ne se réalisera sûrement jamais dans l'espace rural, si les aménageurs tiennent suffisamment compte des éléments propres à ce milieu qui forment la base de la qualité de la vie rurale.

Alfred Pletsch

V. Materialien

Jürgen Nebel

Landwirtschaft und Ländlicher Raum in der Bundesrepublik Deutschland

Eine Zusammenstellung unterrichtlicher Materialien für die Sekundarstufe I

1. Einführung

Die folgende Materialzusammenstellung ist das Ergebnis zahlreicher Gespräche anläßlich der deutsch-französischen Schulbuch-Konferenzen mit Kollegen beider Länder. Es wurde der Wunsch nach einer Materialzusammenstellung geäußert, die nach Inhalt und Aufbau einen direkten Einsatz im Unterricht ermöglicht. Die Erfahrungen der bisherigen Schulbucharbeit haben gezeigt, daß die z. T. formelhaften Formulierungen der Empfehlungen weniger zum Einsatz in der Schule geeignet sind, als vielmehr im gesellschaftspolitischen Umfeld zur Präzisierung und Verdeutlichung von Teilinhalten einerseits und zum Abbau von Vorurteilen und Klischees andererseits beitragen können. Auch die fachwissenschaftlichen Beiträge sind mehr eine Fundgrube für den interessierten Leser, der sich in Teilthemen einarbeitet, weniger jedoch eine Materialsammlung für den Unterricht. Im Rahmen der stufenweisen Entwicklung der gemeinsamen Arbeit von der Schulbuchanalyse über die fachinhaltliche Aufarbeitung bis hin zu den Empfehlungen soll nun mit der vorliegenden Materialsammlung ein weiterer Schritt versucht werden, der insbesondere die Belange der Schule berücksichtigt.

Hierbei wurde von einer ausgearbeiteten Unterrichtseinheit Abstand genommen, da die französischen Kollegen gegen eine solche Art der Darstellung Vorbehalte angemeldet haben; sie könnte als Gängelungsversuch mißdeutet werden. Sehr positiv werden dagegen Materialien aufgenommen, die als Quelle oder Arbeitsunterlage direkt im Unterricht eingesetzt werden können, wobei der Lehrer über das „*wie*“ und „*wo*“ autonom entscheiden kann.

Auswahl und Zusammenstellung der Materialien erfolgten unter verschiedenen Gesichtspunkten. Inhaltlich wurde ein deduktiver Ansatz gewählt, wobei zu Teilthemen der Landwirtschaft zunächst ergebnisorientierte Informationstexte zusammengestellt worden sind. Sie werden ergänzt durch eine motivierende Quelle, statistische Daten und einen Sachtext zur regionalen Differenzierung.

Es folgen Fallbeispiele, wobei die Entwicklungen und Veränderungen der Landwirtschaft an einem ausgewählten Hof dargestellt werden. Es folgt eine literarische Quelle, in der die Nutzung der Vorbergzone zwischen Karlsruhe und Basel durch Intensivkulturen mehr oder weniger aphoristisch geschildert wird. Schließlich werden zwei landwirtschaftliche Betriebe aus diesem Raum verglichen, die sich hinsichtlich Lage, Ausstattung und Nutzung unterscheiden.

Ein zweiter Teilabschnitt beschäftigt sich mit den Aufgaben und Entwicklungsmöglichkeiten des Ländlichen Raumes. Hierbei wurden verschiedene Quellen zu diesem Thema zusammengestellt.

PROF. DR. JÜRGEN NEBEL – Pädagogische Hochschule Karlsruhe D-7500 Karlsruhe 1

Neben diesen inhaltlichen Gesichtspunkten wurde Wert darauf gelegt, Materialien unterschiedlichen Schwierigkeitsgrades aufzunehmen. Hierbei lag einmal der Gedanke zugrunde, durch eine geeignete Auswahl die Arbeit in unterschiedlichen Klassenstufen zu ermöglichen, zum anderen sollte dem Lehrer Freiraum gegeben werden, entsprechend der Klassensituation und seinen eigenen Zielvorstellungen einen unterschiedlichen Zugang zu wählen. Weiterführende Überlegungen sollten gewährleisten, daß einmal mehr ein intellektueller Zugang ermöglicht wird, zum anderen aber auch ein emotionaler Zugang den Schülern Teilbereiche erschließen kann. Die z. T. bei den französischen Kollegen ausgeprägte Vorliebe für einen ergebnisorientierten Unterricht wurde durch die Aufnahme entsprechender Texte berücksichtigt.

2. Materialien

2.1. Die Situation der Landwirtschaft

Wirtschaftliche Bedeutung und Struktur der Landwirtschaft

Mit wachsendem Fortschritt in der gesamtwirtschaftlichen Entwicklung der Bundesrepublik sinkt die Bedeutung der Landwirtschaft. Ihr Anteil am Bruttosozialprodukt betrug 1983 nur noch 2,1 %. Zur Beschäftigung trug sie mit etwa 5 % bei. Bessere Verdienstmöglichkeiten in anderen Wirtschaftsbereichen, aber auch die Modernisierung durch den Einsatz von Maschinen haben zur Aufgabe vieler kleiner Betriebe und zur Umwandlung zahlreicher Höfe in Neben- und Zuerwerbsbetriebe geführt. Die Gesamtzahl der Betriebe ist zwischen 1973 und 1983 von etwa 968 000 auf etwa 744 000 gesunken. Die durchschnittlichen Betriebsgrößen haben sich laufend erhöht. Einer sinkenden Zahl von Beschäftigten steht eine steigende Gesamtproduktion gegenüber. Ursache ist die erhöhte Arbeitsproduktivität, das Produktionsergebnis je Arbeitskraft. Waren 1950 noch die Leistungen von 29 Arbeitskräften erforderlich, um 100 ha zu bewirtschaften, wurden 1981 dafür nur noch etwa 8 Arbeitskräfte benötigt.

Produktions- und Anbaumethoden

Die Entwicklung der landwirtschaftlichen Produktion ist gekennzeichnet durch steigende Hektarerträge und durch eine Ausdehnung der Fleischproduktion. Die Produktionssteigerungen wurden insbesondere durch den Einsatz von Dünge- und Pflanzenschutzmitteln, die Züchtung von Hochleistungssorten bei Pflanzen und Tieren und durch die Mechanisierung der landwirtschaftlichen Arbeiten (z. B. durch Traktoren, Melk- und Fütterungsanlagen) erzielt. Um moderne Anbau- und Bearbeitungsmethoden rationell anwenden zu können, haben sich viele Betriebe spezialisiert. Der bäuerliche Mischbetrieb mit Getreide- und Hackfruchtbau, Geflügel-, Schweine- und Rinderhaltung sowie Milchproduktion ist selten geworden. Die Anteile der angebauten Fruchtarten sowie der Viehbestand haben sich in den letzten drei Jahrzehnten stark verändert. Die Tendenz zur Monokultur hat sich verstärkt. 1950 wurden noch etwa 55 % des Ackerlandes mit Getreide bestellt. 1981 waren es bereits 71 %. Für den Anbau von Hackfrüchten (Kartoffeln, Zuckerrüben u. a.) wurden 1950 25 % der Fläche genutzt, 1981 nur noch 11 %. Die Tierhaltung ist zur Haupteinnahmequelle der Landwirtschaft geworden. Besonders bei Schweinen und Geflügel hat sich die Massentierhaltung durchgesetzt.

Arbeitsaufwand

Obwohl die menschliche Arbeitskraft in zunehmendem Maße durch technische Hilfsmittel ersetzt wurde, lag die Arbeitsbelastung eines Vollerwerbslandwirts 1978 bei etwa 64 Stunden pro Woche.

Ein reiner Ackerbaubetrieb kommt mit etwa 50 Arbeitskraftstunden pro ha und Jahr aus. Bei reiner Grünlandwirtschaft liegt die jährliche Belastung durch Außenarbeiten niedriger, dagegen ist mehr Stallarbeit zu verrichten. Die höchste Arbeitsbelastung tritt bei Sonderkulturen auf. Im Weinbau müssen je nach Lage der Parzelle 800–1400 Arbeitskraftstunden pro ha Rebfläche angewendet werden.

Wie stark die Arbeitsproduktivität der Landwirtschaft gestiegen ist, zeigen zwei Beispiele: Benötigte man für das Mähen eines Hektars Getreide mit der Sense noch ca. 30 Stunden, so schafft ein Mähdräscher die gleiche Fläche in zwei Stunden. Er erledigt zusätzlich noch weitere Arbeitsgänge. Beim Zuckerrübenanbau hat sich die Arbeitsbelastung in den letzten 50 Jahren von etwa 800 auf etwa 60 Arbeitsstunden pro ha verringert.

Der Bericht eines Städters, der einen erkrankten Landwirt für einige Zeit auf dessen Hof in der Nähe von Hamburg vertritt, informiert über den täglichen Arbeitsanfall:

Der 14-Stunden-Tag beginnt morgens um fünf im Kuhstall

„Von Natur aus bin ich kein Morgenmensch. Jetzt sprang ich beim ersten Hahnenschrei aus dem Bett, geradewegs in die Kleider. Morgentoilette und Frühstück verschob ich auf später und betrat Punkt fünf Uhr den Kuhstall mit einem fröhlichen guten Morgen. Füttern, Melken, Ausmisten, neue Streu bereiten, Melkgeschirr spülen, fegen ... das dauerte – auch nachdem ich mich eingearbeitet hatte und jeder Handgriff saß – rund drei Stunden. Pausen erlaubte ich mir nur, um zwischendurch ein Glas Milch zu trinken. Und das mit schlechtem Gewissen, denn ich wurde dringend erwartet: 70 Schweine, verteilt auf acht Koben, quiekten herzzerreißend. Rasch ein paar tiefe Atemzüge, denn der Gestank, den sie verbreiten, ist bestialisch, und jedesmal will mein Magen rebellieren. Zum Füttern, Ausmisten und Strohverteilen brauche ich nahezu zwei Stunden – hole tief Luft und begebe mich zu den Hühnern. Sie machen wenig Arbeit. Ich bin in zehn Minuten mit ihnen fertig.

Es ist halb zwölf. Um es am Abend leichter zu haben, bereite ich jetzt schon das Futter für die nächste Runde vor: einen Eimer voll Schrot für die Hühner, zehn Eimer Schrot (drei verschiedene Mischungen) für die Schweine – dazu kommen dann noch 15 Eimer Wasser. Am meisten brauchen die Kühe und Kälber. Tagesration: 7 Zentner Rüben, 15 Ballen Heu, 2 Zentner Schrot und 15 Ballen Stroh als Streu. Inzwischen ist es halb eins geworden. Ich habe siebeneinhalb Stunden ohne Pause gearbeitet. Schweißtriefend, stinkend und etwas knickebeinig schleppe ich mich nach Hause ... 13 Uhr – verspätetes Bauernfrühstück auf ‚meinem' Hof. Anschließend erhole ich mich im Gemüsegarten, der noch ganz brach lag und dringend bestellt werden mußte. Fünf Uhr: Höchste Zeit, mit dem Füttern zu beginnen. Der Gerechtigkeit halber bei den Hühnern. Sie haben brav gelegt: Ich kann siebzig Eier aus den Nestern sammeln. Weiter zu den Schweinen. Da abends das Ausmisten wegfällt, bin ich in einer Stunde mit ihnen fertig, fülle die Futtereimer für den nächsten Morgen und wende mich aufatmend dem Kuhstall zu. Drei Stunden später Feierabend: Bad, Abendessen und: Gute Nacht!"

(Die Zeit, 15. 4. 77)

Landwirtschaftsgebiete

Landwirtschaftsgebiete mit vorherrschendem Futterbau (Wiesen, Weiden, Futterpflanzen) liegen an der Nordseeküste, im Voralpenraum und im Mittel- und Hochgebirge. Während an der Nordseeküste überwiegend Weiden anzutreffen sind, ist im Voralpenraum die Wiese vorherrschend. An der Küste fördern Niederschläge in Form von Nebel und Nieselregen den Weidewuchs, erschweren jedoch die Heugewinnung. Im Voralpenraum wird die Wiesennutzung begünstigt. Die kleineren Betriebe im Allgäu und in Oberbayern betreiben stärker als die Marschbetriebe in Norddeutschland Milchviehhaltung. Sie sind auf Winterfütterung angewiesen. Im Mittel- und Hochgebirge wird der Futterbau nicht nur als Dauergrünland betrieben, sondern auch als Wechselgrünland, wobei z. B. auf dem Acker Klee angebaut wird. Die kurze Vegetationszeit und die steilen Hänge erlauben kaum eine andere Nutzung.

Landwirtschaftliche Betriebe in der Bundesrepublik Deutschland	1949	1965	1975	1980
Zahl der Betriebe (1000)	1 940	1 252	905	798
davon: 1–20 ha	1 812	1 100	702	588
20–50 ha	112	135	170	178
> 50 ha	16	17	26	31
Fläche der Betriebe (1000 ha)	13 280	13 024	12 531	12 174
davon: 1–20 ha	8 074	7 223	4 708	4 382
20–50 ha	3 245	4 086	5 299	5 343
> 50 ha	1 361	1 417	2 294	2 449
Hektarerträge (dt/ha)	(1950)	(1960)	1975	1980
Weizen	25,8	35,6	45,5	44,3
Kartoffeln	245	236	266	259
Zuckerrüben	362	420	428	484

Erwerbscharakter der landwirtschaftlichen Betriebe (ab 1 ha LN[1])

	Vollerwerb		Haupterwerb Zuerwerb		Haupterwerb Zusammen		Nebenerwerb		Insgesamt	
	Zahl	%	Zahl	%	Zahl	%	Zahl	%	Zahl	%
1970	467	43,1	234	21,6	700	64,7	383	35,3	1083	100,0
1980	397	49,8	87	10,8	484	60,7	314	39,3	798	100,0

Durchschnittsgröße je Betrieb (ha LN[1])

	Vollerwerb	Zuerwerb	Zusammen	Nebenerwerb	Insgesamt
1970	19,9	7,7	∅ 15,8	4,1	∅ 11,7
1980	23,4	13,4	∅ 21,5	5,1	∅ 15,1

[1]) LN = Landwirtschaftliche Nutzfläche
Quelle: Statistisches Jahrbuch über Ernährung, Landwirtschaft und Forsten der Bundesrepublik Deutschland (jährlich)

Tab. 1: Statistische Daten der Landwirtschaft der Bundesrepublik Deutschland 1949–1980
Données statistiques sur l'agriculture de la République fédérale d'Allemagne 1949–1980

Landwirtschaftsgebiete mit vorherrschendem Getreidebau sind in der Lippstadt-Soester-Börde, im Osthorn Holsteins, im Oldenburger Winkel und auf der Insel Fehmarn anzutreffen. Es sind durchweg großbäuerlich besiedelte Räume, in denen der Getreidebau den Charakter der Landschaft mitgeprägt hat. Getreidebetriebe verwenden gern den Mähdrescher als Erntemaschine. Dadurch wird der Arbeitsaufwand erheblich vermindert. Eine wirtschaftliche Verwendung ist aber nur in größeren Betrieben möglich, wenn die Ackerfläche etwa 80–100 ha umfaßt.

Landwirtschaftsgebiete mit vorherrschendem Hackfruchtbau (Kartoffeln, Zuckerrüben) sind der Ostteil der Lüneburger Heide, die Braunschweiger- und Hildesheimer Börde, die Waberner Börde, die Rheinische Bucht, das Rhein-Main-Gebiet mit der Wetterau, die Vorderpfalz und der Kraichgau, Teile Frankens sowie die Regensburg-Straubinger Gäulandschaft. Auf Lößböden werden überwiegend Zuckerrüben angebaut. Hohe Erträge, günstige Preise und die Entwicklung des Rübenvollerntegerätes haben mit dafür gesorgt, daß auch bei hohem Lohnniveau der Zuckerrübenanbau rentabel ist.

Landwirtschaftsgebiete mit vorherrschenden Sonderkulturen (Wein, Obst etc.) befinden sich an den Hängen von Rhein, Mosel, Neckar und Main, in Rheinhessen an der Saar, Ruwer und Nahe und in der Pfalz. Hier wird überwiegend Wein angebaut. Das Alte

Land bei Hamburg und der Bereich um den Bodensee sind Zentren des Obstanbaus. Die Hallertau sowie Gebiete bei Tettnang und Rottenburg-Herrenberg-Weil der Stadt in Württemberg sind Schwerpunkte des Hopfenanbaus. Sonderkulturen sind in besonderer Weise vom Klima abhängig.

Zentrum der Massentierhaltung ist Südoldenburg. Nirgends in Europa wird Massentierhaltung im Verhältnis zur landwirtschaftlichen Fläche so intensiv betrieben wie in den niedersächsischen Landkreisen Cloppenburg und Vechta. Bereits 1980 wurden im 812 qkm großen Kreis Vechta ca. 15,4 Mio. Hühner, 651 000 Schweine und 88 500 Rinder gehalten. Vor allem die Hühnerhaltung befindet sich in der Hand agrarindustrieller Unternehmen. 1960 gab es im Kreis Vechta ca. 4700 Hühnerhalter, 1971 rd. 1900, 1980 noch 736.

Ein Bauernhof vor 50 Jahren und heute

(Der Hutsteiner Hof im Bayerischen Wald, 730 m NN, 25 ha LN, 11 ha Wald)

Tagesablauf

1932

Um 1930 mußte die Milch morgens um 4.30 Uhr zum Bahnhof nach Wegscheid gebracht werden. Eine halbe Stunde brauchte man dazu auf dem steilen steinigen Weg. Zuvor aber hatte man die Milch melken müssen. Leichter wurde es, als man anfing, die Milch selbst zu verarbeiten und zu buttern. Hart genug blieb der Alltag dennoch mit 15 Stunden Arbeitszeit täglich. Sonntags kam man mit nur sieben Stunden aus. Jeden Morgen um 4.00 Uhr und zum Frühstück um 9.00 Uhr aß man Mehlsuppe und Brot. Zu Mittag gab es Sauerkraut und Kartoffelknödel mit gekochtem Rauchfleisch, zur Brotzeit das, was vom Mittagessen übriggeblieben war, und Wasser. Das Abendbrot bestand aus warmer oder saurer Milch und Brot. Der Speiseplan wechselte nur am Freitag. Da gab es mittags Mehlspeise. Zu Lederschuhen für die Kinder reichte das Geld auch nicht. In Holzschuhen – statt im Schulbus – ging es zum Unterricht.

1982

Der Alltag fängt heute bei Hutsteiners um 5.00 Uhr an – die Milch wird um 6.30 Uhr vom Milchwagen der Molkerei Passau abgeholt – und endet um 19.00 Uhr. Die Mittagspause dauert eine Stunde. Sonntags arbeiten Vater und Sohn fünf Stunden. Während der Ernte hilft Frau Hutsteiner im Stall aus. Nach Abschluß der Flurbereinigung in drei Jahren rechnet Hutsteiner mit einer Verkürzung der Arbeitszeit um ein bis zwei Stunden am Tag. Allgemein gilt heute in der Landwirtschaft eine 64-Stunden-Woche.

Düngemittel und Futtermittel sind hier oben in der Randlage erheblich teurer als in Marktnähe, seit die Bahnstrecke nach Passau stillgelegt worden ist. Das ist auch eine Folge der Verkehrspolitik im ländlichen Raum.

Anbau/Herstellung

1932

Milch, Mastochsen, Schweine, Gänse, Hühner, Eier, Wolle, Flachs, Kartoffeln, Hafer, Roggen, Grünfutter, Heu.

1982

Milch, Rinder, Kälber, Kartoffeln, Hafer, Gerste, Grünmais, Kleegras, Grünfutter, Heu.

Geräte

1932

1 Gespann Pferde, 4 Paar Zugochsen, 6 Leiterwagen, 1 Mähmaschine, 1 hölzerne Egge, 1 hölzerner Pflug, 1 Kultivator, 1 Göpel, verschiedene Handgeräte.

1982

3 Schlepper, 2 Ladewagen, 1 Einachs-Dreiseitenkipper, 1 Stallmiststreuer, 1 4000-l-Güllefaß, 1 Kartoffellegemaschine, 1 Sämaschine, 2 Pflüge, 1 Kulturegge, 1 Kreiselmähwerk, 2 Heumaschi-

nen, 2 Maishäcksler, 1 Kartoffelerntemaschine (mit der auch auf anderen Betrieben geerntet wird), 1 Anteil an einer gemeinschaftlichen Feldspritze.

Ständige Arbeitskräfte
1932 = 7   1982 = 2

Die Landschaft Badens zwischen Karlsruhe und Basel

„Die Welt meines Vaters ist die Landschaft Badens zwischen Karlsruhe und Basel. Sie umfaßt den südlichen und nördlichen Schwarzwald, die Hochflächen der Baar nach Schwaben zu, das östliche Elsaß und die nördliche Schweiz, den Oberrhein, den Kaiserstuhl, die Osthänge der Vogesen und die Breisgauer Bucht. Die Landschaft ist in allen Gegenden schön, sie gilt als eine der schönsten in Mitteleuropa, vielfältig, üppig, idyllisch und fruchtbar, nach Westen, Süden und Norden hin offen, von starken klimatischen Gegensätzen bestimmt. Ungeheuer der Einbruch des Südens im Sommer, der Sturz des Föhn in einer Februarnacht. Ungeheuer die Masse Schnee und die Last von Laub. Flußland, Gartenland, Weinland und Mittelgebirge. Es gibt Landwirtschaft, Viehwirtschaft und wachsende Industrie, Kalkwerke, Zementwerke, Glashütten, Brauereien und Holzverarbeitung aller Art. Es gibt Kurorte, Skisportzentren, Heilbäder und internationalen Tourismus in jeder Saison. Es gibt Kartoffeln, Spargel, Raps und Mais, Weizen, Hafer, Gerste und Sonnenblumen; Störche, Forellen, Kühe, Fasanen, Wildschweine, Bienen und ein paar Auerhähne. Es gibt Rauchspeck, Most und hausgebackenes Brot. Es gibt unzählige Obst- und Bauerngärten, also Äpfel, Mostäpfel, Birnen, Pflaumen, Pfirsiche und Nüsse. Es gibt Astern, Lupinen, Malven und Wilden Wein. Der Juni ist rot von Rosen, Kirschen und Mohn. Es gibt Hölzer und Harze, Linden- und Tannenhonig, Brennesseln, Tollkirschen, Disteln und Ginster, Farne und Moose in ungewöhnlichen Formen. Himbeeren, Brombeeren, Preiselbeeren und Blaubeeren, die eßbaren und die giftigen Pilze, Linden, Buchen, Birken, Lärchen und Vogelbeerbäume. Es gibt die Tannen des Hochschwarzwalds und die Pappeln an den Altwassergräben des Rheins. Verschmutzte Flüsse und saubere Bäche, Naturschutzgebiete mit sehr seltenen Vögeln, Pflanzen und Orchideen. Vor allem andern gibt es den Wein. Es gibt die Markgräfler und die Kaiserstühler Weine, die Spätburgunder Weine und die Eisweine, es gibt zahllose seltene Lagen und es gibt die Faßweine der Gasthöfe auf dem Land. Es gibt den Gutedel kleiner Küfereien und den zum Export präparierten Kopfschmerzwein der großen Winzergenossenschaften."

(Christoph Meckel)

Zwei Bauernhöfe in Baden

Der Schriftsteller Christoph Meckel beschreibt die Landschaft Badens zwischen Karlsruhe und Basel als vielfältig, üppig und von starken Gegensätzen bestimmt. Dementsprechend ist auch die landwirtschaftliche Nutzung. Die im folgenden vorgestellten Bauernhöfe liegen nur wenige Kilometer auseinander, weisen jedoch große Unterschiede auf. Es handelt sich um einen Schwarzwaldhof im Münstertal und einen Aussiedlerhof in der Oberrheinebene bei Bremgarten.

Betriebsspiegel des Aussiedlerhofs

Natürliche Bedingungen:
Der Hof liegt auf der Niederterrasse, ca. 200 m ü. d. M. Im Jahr fallen rund 600 mm Niederschlag. Die Jahresdurchschnittstemperatur beträgt 9,7 Grad Celsius. Der Boden besteht aus Rheinschottern mit flacher Lehmauflage.
Entwicklung:
1970 aus Bremgarten ausgesiedelter Hof. Betrieb ist auf Ackerbau und Schweinemast spezialisiert. 1976 Betriebserweiterung und Neubau eines Schweinestalls sowie einer Gemüsehalle.
Arbeitskräfte:
Der Bauer hat keinen Nebenerwerb. Ehefrau und Mutter arbeiten mit, ferner zwei ständige Saisonarbeitskräfte.

Landwirtschaftliche Flächen:
Insgesamt 22 ha. Davon sind 19 ha beregnungsfähig. Angebaut werden Saatmais, Kartoffeln, Winterweizen, Sommergerste, Zwiebeln, Kopfsalat, Blumenkohl, Kohlrabi, Lauch.
Viehbestand:
360 Mastschweine im „Rein-Raus-Verfahren".
Maschinen:
Schlepper, 4 Anhänger, Kartoffelvollernter, Maispicker, Zwiebelroder, Pflanz- und Sämaschinen, Pumpwagen mit Gülledrill, Beregnungsmaschine.

Betriebsspiegel des Schwarzwaldhofs

Natürliche Bedingungen:
Der Hof liegt in 500 bis 700 m Höhe über dem Meeresspiegel. Im Jahr fallen über 1000 mm Niederschlag. Die Jahresdurchschnittstemperatur beträgt ca. 7,5 Grad Celsius. An rund 180 Tagen muß gefüttert werden, dann steht das Vieh im Stall.
Entwicklung:
Alter Schwarzwaldhof, 1969 renoviert. Mehrere Fremdenbetten für „Ferien auf dem Bauernhof". 1976 bis 1978 Umbau und Erweiterung des Wirtschaftsteils. Stallraum für 20 Kühe und 40 Stück Jungvieh. 2 Hofsilos für Winterfutter.
Arbeitskräfte:
Der Bauer betreibt den Betrieb als Nebenerwerbsbetrieb. Seine Frau hilft mit. Der 73jährige Vater springt noch manchmal ein. Ab und zu helfen zwei Brüder.
Landwirtschaftliche Flächen:
Insgesamt rund 45 ha. Davon 16 ha Wiesen, 29 ha Weiden; diese sind steil und nicht mähfähig.
Viehbestand:
40 Rinder, davon 17 Kühe, fünf Kalbinnen, 18 Stück Jungvieh.
Maschinen:
Schlepper, 2 Anhänger, Heumaschine, Rührgerät für Gülle, Ladewagen, Pumptankwagen, 2 Gebläse für Silos, Melkanlage, Milchkühlanlage.

Interview mit dem Landwirt des Aussiedlerhofs in Bremgarten

„Wie hat sich der Gemüseanbau bei Ihnen entwickelt?"

„Also vor ungefähr 10 Jahren haben wir angefangen mit Zwiebeln. Heute habe ich Zwiebeln, Kopfsalat, Blumenkohl, Kohlrabi und Lauch und das verteilt sich dann übers Jahr. Das fängt an mit Kopfsalat im Frühjahr unter Folie und geht dann weiter mit Kopfsalat im Folgesatz. Wir setzen jede Woche 10 000 Pflanzen. Sie kommen aus spezialisierten Betrieben in der Pfalz und in Holland."

„Und wann pflanzen Sie Blumenkohl?"

„Den pflanze ich nach Frühkartoffeln, das ist also eine Zweitkultur. Wenn die Frühkartoffeln abgeerntet sind, dann pflanzen wir Blumenkohl."

„Halten Sie auch Tiere?"

„Wir haben noch Schweine, aber im Augenblick ist der Stall leer. Wir haben letzten Samstag den ganzen Bestand geräumt. Ich stalle immer auf einmal 360 Tiere ein, das geht dann etwa 6 Monate, bis die schlachtreif sind mit rund 100 kg. Dann werden sie im Zeitraum von 4–5 Wochen ausgestallt."

„Warum sind die Fenster so blau gestrichen?"

„Also die Schweine haben immer gern einen Dämmerzustand. Die wollen immer so gedämpftes Licht haben, dann sind sie viel ruhiger."

Interview mit dem Landwirt des Schwarzwaldhofs im Münstertal

„Wie ist Ihr Tagesablauf?"

„Morgens mach ich den Stall alleine, die Frau hat zu tun mit dem Fremdenverkehr, sie muß das Frühstück richten und so Sachen machen. Wir fangen so gegen 6 Uhr morgens an. Den Stall machen, das geht so 2 Stunden, bis die Kälber getränkt sind, bis gemolken ist, bis die Milchkammer wieder sauber ist und die Kühe herausgelassen sind."

„Sind Sie nebenher noch berufstätig?"

„Ich arbeite noch im Gemeindeforst und da gibt es immer Arbeit, die nicht auf die Stunde erledigt sein muß. In anderen Betrieben würde das praktisch nicht gehen. Insgesamt komme ich so auf 14–16 Stunden Arbeitszeit am Tag. Das ist also schon Knochenarbeit."

„Können Sie sich um die Gäste auf Ihrem Bauernhof kümmern?"

„Die Gäste kommen überwiegend von Mai bis September und dann wieder über Weihnachten. Mit denen möchte man sich auch mal abgeben. Da kann man nicht nur sagen, da habt ihr euer Zimmer, sondern das ist auch eine schöne Unterhaltung, man lernt die Leute kennen, und man kriegt eine ganz andere Einstellung. Für uns ist es aber schwierig mit den Zimmern. Also das Wohnzimmer ist für die Gäste das Aufenthaltszimmer, und wir haben praktisch rein nur die Küche."

2.2 Der Ländliche Raum

In der Bundesrepublik wird u. a. zwischen Verdichtungsräumen und ländlichen Räumen unterschieden. Hierbei gelten Gebiete mit weniger als 200 Einwohnern pro qkm und einer überwiegend land- und forstwirtschaftlichen Nutzung als Ländlicher Raum. In der Vergangenheit wurde er vor allem unter dem Gesichtspunkt der landwirtschaftlichen Produktion gesehen. Heute zeichnet sich zunehmend ein umfangreicher Aufgabenkatalog ab. Damit ist der Ländliche Raum nicht länger nur Ergänzungsgebiet der Verdichtungsräume, er ist vielfältig mit diesen verflochten. Diese Verflechtung bringt jedoch Probleme mit sich, die nicht losgelöst von der Entwicklung in der Landwirtschaft gesehen werden können.

Auflistung, Abbildung und Quelle informieren über Aufgaben, Beziehung, Probleme und zukünftige Entwicklungsmöglichkeiten des Ländlichen Raumes.

Aufgaben des Ländlichen Raumes

- Standort der land- und forstwirtschaftlichen Produktion
  Standort von gewerblichen Betrieben (Industrie, Handwerk, Handel und Dienstleistungen)
- Wohnort der eingesessenen Bevölkerung und in zunehmendem Maße auch aus der Stadt zugezogener Personen
- Freizeit- und Erholungslandschaft, insbesondere für die Tages- und Wochenenderholung
- Wasserversorgung, Lufterneuerung, Gewässerreinigung und andere Wohlfahrts- und Schutzaufgaben (ökologische Ausgleichsfunktion)
- Landreserve für die weitere Ausdehnung der Verdichtungsräume.

Der Ländliche Raum im Umbruch – Aussagen und Forderungen

Landwirtin vom Hochschwarzwald auf 1000 Meter Höhe mit 50 Stück Vieh im Stall

„Unsere Dörfer liegen uns am Herzen, aber die Probleme der Landwirtschaft sind groß. Viele Bauern müssen verkaufen, ihre Höfe stehen dann eine Zeitlang leer, bis die reichen Leute aus der Stadt kommen und sie erwerben, weil es schick ist, im Schwarzwald ein Haus zu haben. Und dann stellen sie auch noch mordsmäßige Ansprüche."

Nebenerwerbslandwirt

„Wir lieben unsere Heimat und unsere Höfe, aber wir kommen mit unserem Einkommen nicht mehr aus. Wir müssen aufpassen, daß wir unsere Dörfer nicht dicht machen müssen."

Regierungspräsident

„Das Dorf unterliegt dem Wandel gesellschaftlicher und vor allem wirtschaftlicher Verhältnisse. Es gehört nicht mehr den Bauern allein, sondern wird weitgehend bestimmt durch den Zuzug der Städter. Hier ergibt sich die Front, an der sich die Zukunft des Dorfes entscheidet. Es zeigt sich die

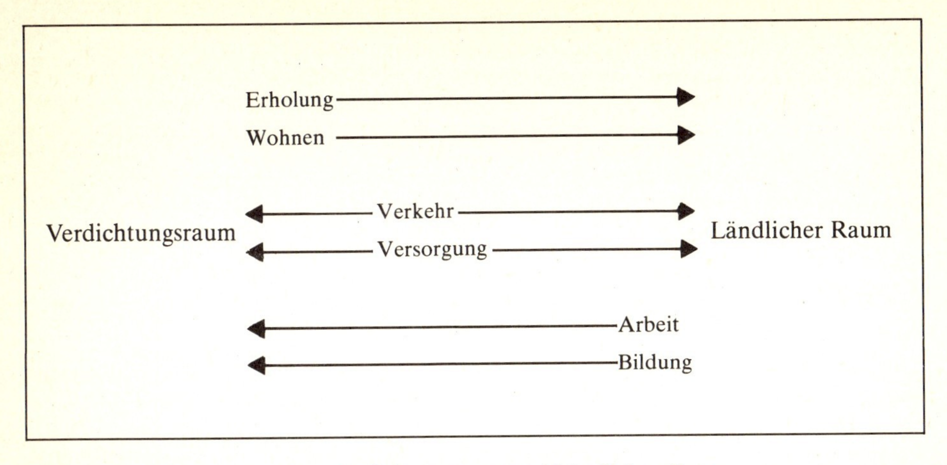

Abb. 1: Beziehungen zwischen Verdichtungsraum und Ländlichem Raum
Les interrelations espace urbain – espace rural

Situation, daß das alte Dorf durch die Krise der Landwirtschaft in Frage gestellt ist, daß aber gleichzeitig dieses alte Dorf zu einem Ideal vieler geworden ist, die neue Lebensqualität suchen. Dringen sie in den ländlichen Raum, so kommt es notwendigerweise zu Konflikten. Das Leben auf dem Lande, Rousseau läßt grüßen, ist heute ein allgemeines Bedürfnis."

Architekt
„Folgende Gründe können für künftige Formen des Wohnens und Siedelns auf dem Lande ausschlaggebend sein:
– Die Nähe zur Natur, der Bezug zur Landschaft
– Kleinräumigkeit und Überschaubarkeit
– Das Beieinander der Funktionen des täglichen Lebens und ihre Vermischung
– Eigenart und Unverwechselbarkeit
– Die Möglichkeiten zur Selbständigkeit und Selbsthilfe
– Das Zusammenleben in örtlicher Gemeinschaft."

Sozialforscher
„In tragischer Weise zerstören Städter, wenn sie in einer Überzahl zuziehen, was sie als typisch Dörfliches schätzen und suchen. Sie suchen Harmonie und verursachen Konflikte, sie suchen Vertrautheit und schaffen Fremdheit, sie suchen Überschaubarkeit und stiften Verwirrung, sie suchen Urwüchsiges und mokieren sich über Althergebrachtes. Der Grund: Ihr Zuzug erfolgte ohne Konzept. Sie brachten in den Ländlichen Raum ihre städtischen Leitbilder mit. Man muß nur die neuen Siedlungen betrachten, die sich um die alten Dörfer legen. Das ist ein bloßer Abklatsch vorstädtischer Agglomerationen. Was auf weite Strecken nicht gelang, ist die Integration der Neubürger und die Erfindung von dem Dorf angepaßten Wohnformen."

Architekt
„Waschbeton und pflegeleichtes Kriechgrün machen das Dorf zur Vorstadt. Nach der Kampagne für das Stadthaus in den letzten Jahren ist nun eine Initiative für das Dorfhaus notwendig."

Politiker
„Wenn der Zuzug der Städter in den Ländlichen Raum nicht zu bremsen ist, ja, wenn dieser Zuzug das Dorf letztlich vor seiner Entleerung und Verödung bewahrt, so stellt sich mir die Frage, wie dem Dorf als vollwertige Alternative zur Stadt geholfen werden kann. So fordere ich für die hier im Ländlichen Raum lebenden Menschen neue Lehr- und Arbeitsstätten in räumlicher Nähe zu ihrem Wohnraum, eine Verbesserung der Agrarstruktur und ein Schutz für Landwirte, die nicht zu

Außenseitern werden dürfen. Zur dörflichen Infrastruktur gehören unverzichtbar der Laden im Dorf, die Post im Dorf, der Pfarrer im Dorf und ein aktives Vereinsleben sowie die Förderung des öffentlichen Nahverkehrs. Nur so kann das Dorf seiner Krise begegnen, wenn es sich zu seiner Eigenart bekennt, zu seinem unverwechselbaren Gesicht, wenn es genügend Identifikationsmöglichkeiten bietet. Daraus entsteht dann ein positives Lebensgefühl, ein Heimatbewußtsein, das alle erfaßt."

Literatur

Andreae, B.: Strukturen deutscher Agrarlandschaft – Landbaugebiete und Fruchtfolgesysteme in der Bundesrepublik Deutschland. Bonn-Bad Godesberg 1973 (*Forschungen zur deutschen Landeskunde* 199).

Fehr, H. O.: Das Dorf gehört nicht mehr den Bauern allein. In *Badische Zeitung* vom 25. 3. 1985.

Hahn, R., Lau, K. H. und Richter, D.: Deutschland. Braunschweig 1984 (*Westermann-Colleg Raum + Gesellschaft* 12).

Harenberg, B.: Aktuell – Das Lexikon der Gegenwart. Dortmund 1984.

Meckel, Chr.: Suchbild – Über meinen Vater. Frankfurt 1983.

Nebel, J. und Noe, H.-J. (Hrsg.): Kennzeichen FR. Lörrach 1981.

Thieme, G. und Panl, G.: Die Landwirtschaft in der Bundesrepublik Deutschland. Frankfurt 1982[3] (*Geographische Zeitfragen* 6).

Jürgen Klasen/Alfred Pletsch

Bibliographie zum Ländlichen Raum in der Bundesrepublik Deutschland und in Frankreich

Bundesrepublik Deutschland

Allgemeine Darstellungen

Andreae, B. und Greiser, E.: Strukturen deutscher Agrarlandschaft – Landbaugebiete und Fruchtfolgesysteme in der Bundesrepublik Deutschland. Bonn-Bad Godesberg 1978[2] *(Forschungen zur deutschen Landeskunde* 199).

Bartels, D.: Die heutigen Probleme der Land- und Forstwirtschaft in der Bundesrepublik Deutschland. Paderborn 1980[7] *(Fragenkreise* 23 160).

Eckart, K.: Landwirtschaftliche Probleme europäischer Länder. Frankfurt 1981. *(Materialien zur Geographie – Sekundarstufe II).*

Otremba, E.: Die deutsche Agrarlandschaft. Wiesbaden 1956 *(Erdkundliches Wissen* 3).

Otremba, E. (Hrsg.): Atlas der deutschen Agrarlandschaft. Wiesbaden 1962–1971.

Otremba, E.: Der Agrarwirtschaftsraum der Bundesrepublik Deutschland. Wiesbaden 1970 *(Erdkundliches Wissen = Geographische Zeitschrift – Beihefte* 24).

Röhm, H.: Die westdeutsche Landwirtschaft – Agrarstruktur, Agrarwirtschaft und landwirtschaftliche Anpassung. München/Basel 1964.

Thieme, G. und Paul, G.: Die Landwirtschaft in der Bundesrepublik Deutschland. Frankfurt 1982[3] *(Geographische Zeitfragen* 6).

Trede, K.-J. und Filter, W.: Agrarpolitik und Agrarsektor in der Bundesrepublik Deutschland. Kiel 1983 *(Agrarpolitische Länderberichte – EG-Staaten* 5).

Uhlig, H. und Linau, C. (Hrsg.): Materialien zur Terminologie der Agrarlandschaft – 3 Bde. Gießen 1978[2], 1972, 1974.

Die Entstehung des Agrar- und Siedlungsraumes

Abel, W.: Die Wüstungen des ausgehenden Mittelalters. Stuttgart 1955[2].

Abel, W.: Wüstungen in Deutschland. Frankfurt 1967 *(Zeitschrift für Agrargeschichte und Agrarsoziologie* Sonderheft 2).

Born, M.: Wüstungen und Sozialbrache. In *Erdkunde* 22(1968)145–151.

Born, M.: Wüstungsschema und Wüstungsquotient. In *Erdkunde* 26(1972)208–218.

Born, M.: Die Entwicklung der deutschen Agrarlandschaft. Darmstadt 1974 *(Erträge der Forschung* 29).

Born, M.: Geographie der ländlichen Siedlungen 1 – Die Genese der Siedlungsformen in Mitteleuropa. Stuttgart 1977.

Bünstorf, J.: Die ostfriesische Fehnsiedlung als regionaler Siedlungsform-Typus und Träger sozial-funktionaler Berufstradition. Göttingen 1966 *(Göttinger Geographische Abhandlungen* 37).

Ennen, E. und Janssen, W.: Deutsche Agrargeschichte – Vom Neolithikum bis zur Schwelle des Industriezeitalters. Wiesbaden 1979.

Fehn, K. (Hrsg.): Siedlungsgenese und Kulturlandschaftsentwicklung in Mitteleuropa – Gesammelte Beiträge von M. Born. Wiesbaden 1980.

Fliedner, D.: Zur Problematik der römischen und frühalemannischen Flurformen im Bereich der südwestdeutschen Gewann-Siedlungen. In *Zeitschrift für Agrargeschichte und Agrarsoziologie* 18(1970)16–35.

Franz, G. (Hrsg.): Deutsche Agrargeschichte – 6 Bde. Stuttgart 1962–1984.

Glässer, E.: Die ländlichen Siedlungen – Ein Bericht zum Stand der siedlungsgeographischen Forschung. In *Geographische Rundschau* 21(1969)161–170.

Gradmann, R.: Das mitteleuropäische Landschaftsbild nach seiner geschichtlichen Entwicklung. In *Geographische Zeitschrift* 7(1901)361–377, 435–477.

Gradmann, R.: Altbesiedeltes und jungbesiedeltes Land. In *Studium Generale* 1 (1948) 163–177.

GREES, H.: Unterschichten mit Grundbesitz in ländlichen Siedlungen Mitteleuropas. In *40. Deutscher Geographentag Innsbruck 1975 – Tagungsbericht und wissenschaftliche Abhandlungen* (Wiesbaden 1976)312–331.

HARTKE, W. und WESTERMANN, E.: Zur Geographie der Vererbung der bäuerlichen Liegenschaften in Deutschland. In *Petermanns Geographische Mitteilungen* 86(1940)16–19.

HAVERSATZ, J.-B.: Die Agrarlandschaft im römischen Deutschland der Kaiserzeit (1.–4. Jahrh. n. Chr.). Passau 1984 *(Passauer Schriften zur Geographie* 2).

HENKEL, G. (Hrsg.): Die ländliche Siedlung als Forschungsgegenstand der Geographie. Darmstadt 1983 *(Wege der Forschung* 616).

HENNING, H.-W.: Die Innovationen in der deutschen Landwirtschaft im ausgehenden 18. und 19. Jahrhundert. In PETSCH, F. R. (Hrsg.): Innovationsforschung als multidisziplinäre Aufgabe. Göttingen (1975)155–168.

JÄGER, H.: Die Allmendteilung in Nordwestdeutschland in ihrer Bedeutung für die Genese der gegenwärtigen Landschaften. In *Geografiska Annaler* 43(1961)151–164.

JÄGER, H.: Zur Geschichte der deutschen Kulturlandschaften. In *Geographische Zeitschrift* 51 (1963)90–142.

JANSSEN, W.: Studien zur Wüstungsfrage im fränkischen Altsiedelland zwischen Rhein, Mosel und Eifelnordrand. Köln 1975 *(Bonner Jahrbücher* Beihefte 35 – 2 Bde.).

JANSSEN, W.: Römische und frühmittelalterliche Landerschließung im Vergleich. In *Francia* – Beiheft 11 = Villa – Curtis – Grangia. Landwirtschaft zwischen Loire und Rhein von der Römerzeit zum Hochmittelalter(1983)81–122.

KLEIN, E.: Geschichte der deutschen Landwirtschaft im Industriezeitalter. Wiesbaden 1973.

KRENZLIN, A. und REUSCH, L.: Die Entstehung der Gewannflur nach Untersuchungen im nördlichen Unterfranken. Frankfurt 1961 *(Frankfurter Geographische Hefte* 35 – 1).

KRÜGER, R.: Typologie des Waldhufendorfes nach Einzelformen und deren Verbreitungsmustern. Göttingen 1967 *(Göttinger Geographische Abhandlungen* 42).

LOOSE, R.: Forschungsschwerpunkte und Zukunftsaufgaben der Historischen Geographie: Ländliche Siedlungen. In *Erdkunde* 36(1982)91–96.

MEIBEYER, W.: Die Rundlingsdörfer im östlichen Niedersachsen. Braunschweig 1964 *(Braunschweiger Geographische Studien* 1).

MEIBEYER, W.: Der Rundling, eine koloniale Siedlungsform des hohen Mittelalters. In *Niedersächsisches Jahrbuch für Landesgeschichte* 44(1972)27–49.

MEITZEN, A.: Siedelung und Agrarwesen der Westgermanen und Ostgermanen, der Kelten, Römer, Finnen und Slawen – 3 Bde. + Atlasband. Berlin 1895(Neudruck Aalen 1963).

MORTENSEN, H.: Die mittelalterliche deutsche Kulturlandschaft und ihr Verhältnis zur Gegenwart. In *Vierteljahrsschrift für Wirtschafts- und Sozialgeschichte* 45(1958)17–36.

MÜLLER-WILLE, W.: Haus- und Gehöftformen in Mitteleuropa. In *Geographische Zeitschrift* 42 (1936)121–138.

NIEMEIER, G.: Siedlungsgeographie. Braunschweig 1977[4] *(Das Geographische Seminar)*.

NITZ, H. J. (Hrsg.): Historisch-genetische Siedlungsforschung. Darmstadt 1974 *(Wege der Forschung* 300).

RÖHM, H.: Die Vererbung des landwirtschaftlichen Grundeigentums in Baden-Württemberg. Bonn-Bad Godesberg 1957 *(Forschungen zur deutschen Landeskunde* 102).

RÖHM, H.: Geschlossene Vererbung und Realteilung in der Bundesrepublik Deutschland. In *33. Deutscher Geographentag. Köln 1961 – Tagungsbericht und wissenschaftliche Abhandlungen* (Wiesbaden 1962)288–304.

SCHLÜTER, O.: Die Siedlungsräume Mitteleuropas in frühgeschichtlicher Zeit. Remagen 1952, 1954, 1958 *(Forschung zur deutschen Landeskunde* 63, 74, 110).

SCHRÖDER, K. H. und SCHWARZ, G.: Die ländlichen Siedlungsformen in Mitteleuropa – Grundzüge und Probleme ihrer Entwicklung. Bonn-Bad Godesberg 1969 *(Forschungen zur deutschen Landeskunde* 175).

SCHWARZ, G.: Allgemeine Siedlungsgeographie. Berlin 1959.

SCHULZ, W.: Primäre und sekundäre Rundlingsformen in der Niederen Geest des Hannoverschen Wendlandes. Bonn-Bad Godesberg 1963 *(Forschungen zur deutschen Landeskunde* 142).

WAGNER, J.: Die deutschen Dorfformen. In *Geographische Rundschau* 1(1949) 385–389.

Wandel der Betriebssysteme und Bodennutzung

ALBRECHT, H.: Innovationsprozesse in der Landwirtschaft. Saarbrücken 1969.

ALLMENDINGER, A.: Der Innovationsprozeß des Maisanbaus in Baden-Württemberg. In *Stuttgarter Geographische Studien* 90 = Beiträge zur Landeskunde Südwestdeutschlands (1976) 189–213.

ANDREAE, B.: Betriebsformen in der Landwirtschaft. Stuttgart 1964.

ANDREAE, B.: Stukturzonen und Betriebsformen in der Europäischen Gemeinschaft. In *Geographische Rundschau* 28(1976)221–234.

ANDREAE, B.: Landbau oder Landschaftspflege? Räumliche Verteilung und Nutzungsmöglichkeiten brachgefallener Agrarstandorte in der Bundesrepublik Deutschland. In *Geographie Rundschau* 26(1984)187–194.

BORCHERDT, CHR.: Die Innovation als agrargeographische Regelerscheinung. In *Arbeiten aus dem Geographischen Institut der Universität des Saarlandes* VI(1961)13–50 (w. abgdr. In STORKEBAUM, W.: Sozialgeographie. Darmstadt 1969: 340–389).

BORCHERDT, CHR.: Zur Frage der Systematik landwirtschaftlicher Betriebsformen. In *Berichte zur deutschen Landeskunde* 36(1966) 95–100.

BRINKMANN, T.: Das Fruchtfolgebild des deutschen Ackerbaus. Bonn 1950.

BUSCH, W.: Die Landbauzonen im deutschen Lebensraum. Stuttgart 1936.

Eckart, K.: Die Entwicklung der Landwirtschaft im hochindustrialisierten Raum. Paderborn 1982 (*Fragenkreise* 23559).

HARTKE, W.: Die soziale Differenzierung der Agrarlandschaft im Rhein-Main-Gebiet. In *Erdkunde* 7(1953)11–27.

HARTKE, W.: Die Sozialbrache als Phänomen der geographischen Differenzierung der Landschaft. In *Erdkunde* 10(1956)257–269.

INNOVATIONEN IM AGRARSEKTOR – MÖGLICHKEITEN UND GRENZEN. München 1982 (*Agrarspectrum* 5).

RUPPERT, K.: Zur Definition des Begriffes Sozialbrache. In *Erdkunde* 12(1958)226–231.

SCHULZE VON HANXLEDEN, P.: Extensivierungserscheinungen in der Agrarlandschaft des Dillgebietes. Marburg 1972(*Marburger Geographische Schriften* 54).

TANGERMANN, S.: Landwirtschaft im Wirtschaftswachstum – Verlauf, Ursachen und agrarpolitische Beeinflussung des landwirtschaftlichen Anpassungsprozesses. Hannover 1975.

WINDHORST, H.–W.: Spezialisierung und Strukturwandel in der Landwirtschaft. Paderborn 1981[2] (*Fragenkreise* 23480).

Agrarstruktur

BOHLE, H. G.: Bibliographie – Agrarstruktur in der Bundesrepublik Deutschland 1949–1970. Berlin/Bonn 1971.

DEGN, C.: Arrondieren oder kollektivieren? Wandlungen der Agrarstruktur. Kiel 1962.

FREUND, B.: Entwicklungstendenzen stadtnaher Landwirtschaft nach Untersuchungen im Rhein-Main-Gebiet. In *Berichte zur Deutschen Landeskunde* 46(1972)199–214.

HOTTES, K.: Der landwirtschaftliche Nebenerwerb in Deutschland. In *Berichte zur deutschen Landeskunde* 39(1967)49–69.

LAMPING, H.: Die Teillandwirtschaft als Problem der Raumordnung in strukturschwachen Räumen der Bundesrepublik Deutschland. In *Frankfurter Wirtschafts- und Sozialgeographische Schriften* 26 = Studien zur allgemeinen und regionalen Geographie (1977)275–284.

LAUX, H.-D. und THIEME, G.: Die Agrarstruktur in der Bundesrepublik Deutschland. In *Erdkunde* 32(1978)182–198.

LEHLE, K., LÖRKEN, H. und WEIRAUCH, I.: Die Nebenerwerbslandwirtschaft in der Bundesrepublik Deutschland. Frankfurt 1979.

NIGGEMANN, J.: Die Agrarstruktur- und Kulturlandschaftsentwicklung. In *Geographische Rundschau* 32(1980)171–176.

PLETSCH, A.: Die nordhessische Agrarstruktur unter dem Einfluß der Wirtschaftszentralität Kassels. Marburg 1972(*Marburger Geographische Schriften* 56).

RÖHM, H.: Das Problem einer sozialökonomischen Klassifizierung der landbesitzenden Familien. In *Berichte über Landwirtschaft NF* 35(1957)17–40.

STARK, H. UND DOLL, M. (Hrsg.): Strukturwandel und Strukturpolitik im ländlichen Raum. Stuttgart 1978.

WENZEL, H.-J.: Agrarstrukturen und Agrarräume. Stuttgart 1981*(Studienreihe Geographie/Gemeinschaftskunde* 5).

WOERMANN, E.: Landwirtschaftliche Bodennutzungssysteme in der Bundesrepublik Deutschland. In *Berichte zur deutschen Landeskunde* 22(1959)178–191.

Agrarbevölkerung

BLANCKENBURG, P. v.: Einführung in die Agrarsoziologie. Stuttgart 1962.

BLÜMCKE, M. (Hrsg.): Abschied von der Dorfidylle? Ein Lesebuch vom Leben und Arbeiten im deutschen Südwesten in den letzten 200 Jahren. Suttgart 1982.

BOUSTEDT, O.: Das Verhältnis von Stadt und Land in demographischer und ökologischer Sicht. In *Studium Generale* 16(1963)707–724.

HAUPTMEYER, C.-H. et al.: Annäherungen an das Dorf – Geschichte, Veränderung, Zukunft. Hannover 1983.

HENNING, F. W.: Landwirtschaft und ländliche Gesellschaft in Deutschland – 2 Bde. Paderborn 1976, 1978.

KÖTTER, H.: Landbevölkerung im sozialen Wandel. Düsseldorf/Köln 1958.

LINDE, H.: Zur sozioökonomischen Struktur und soziologischen Situation des deutschen Dorfes. In *Schriftenreihe für ländliche Sozialfragen* 11 = Das Dorf – Gestalt und Aufgabe ländlichen Zusammenlebens (1954)5–24.

PIETRUSKY, U.: Niederbayern – Zur Bevölkerungs- und Wirtschaftsgeographie eines unbekannten Raumes. Passau 1980.

PLANCK, U.: Vom Dorf zur Landgemeinde. In *Geographische Rundschau* 36(1984)180–186.

PLANCK, U. und ZICHE, J.: Land- und Agrarsoziologie – Eine Einführung in die Soziologie des ländlichen Siedlungsraumes und des Agrarbereichs. Weihenstephan 1979.

WIEK, K. D.: Regionale Schwerpunkte und Schwächezonen in der Bevölkerungs-, Erwerbs- und Infrastruktur Deutschlands. Bonn-Bad Godesberg 1967(*Forschungen zur deutschen Landeskunde* 169).

Flurbereinigung und Aussiedlung – Dorferneuerung

AUST, B.: Dorfstrukturveränderung durch Aussiedlung. In *Abhandlungen des 1. Geographischen Instituts der Freien Universität Berlin* 13(1970)411–420.

BORCHERDT, CHR.: Ist das Dorf heute noch bäuerlich geprägt? Ländliche Siedlungen – Strukturwandel und heutige Erscheinungsformen. In *Der Bürger im Staat* 30(1980)7–13.

BREYER, E.: Die besondere Problematik der Dorfentwicklung, ausgelöst durch spezifische wirtschaftliche, soziale und politische Veränderungen in ländlichen Siedlungen. Diss. Hannover 1983.

BÜSSEMAKER, M., MERK, F., und BÖTTCHER, F.-J.: Städtebauliche Erfolgskontrolle im ländlichen Raum. Dortmund 1976*(Institut für Landes- und Stadtentwicklungsforschung des Landes Nordrhein-Westfalen – Landes- und Stadtentwicklungsforschung* 4.004).

BUCHENAUER, R.: Dorferneuerung in Hessen – Methoden, Auswirkungen und Konsequenzen eines konjunkturpolitischen Programms. Marburg 1983*(Marburger Geographische Schriften* 90).

ENDRISS, G.: Die Separation im Allgäu. In *Geografiska Annaler* 43(1961)46–56.

ERNST, E.: Veränderungen in der westdeutschen Kulturlandschaft durch bäuerliche Aussiedlungen. *Geographische Rundschau* 19(1967)369–382.

HEINRICHS, W. CHR.: Die Neuordnung des ländlichen Raumes durch Flurbereinigung. Münster 1975*(Schriftenreihe für Flurbereinigung – Sonderheft*).

HENKEL, G.: Zum gegenwärtigen Sturkturwandel ländlicher Dorf-Siedlungen abseits der Ballungsräume in der BRD. In *Geographische Rundschau* 25(1973)461–469.

Henkel, G.: Dorferneuerung – Geographie der ländlichen Siedlungen vor neuen Aufgaben. In *Geographische Rundschau* 31(1979)137–142.

Henkel, G.: Der Strukturwandel ländlicher Siedlungen in der Bundesrepublik Deutschland. Paderborn 1982[3] *(Fragenreise* 23507).

Henkel, G. (Hrsg.): Dorfbewohner und Dorfentwicklung – Vorträge und Ergebnisse der Tagung in Bleiwäsche vom 17.–19. 3. 1982. Paderborn 1982 *(Essener Geographische Arbeiten* 2).

Henkel, G.: Dorferneuerung in der Bundesrepublik Deutschland. In *Geographische Rundschau* 36(1984)170–179.

Hoisl, R.: Standortbestimmung zur Dorferneuerung. In *Technische Universität München – Lehrstuhl für Ländliche Neuordnung und Flurbereinigung – Materialiensammlung* 3 = Dorferneuerung in der Flurbereinigung. München o. J.

Hottes, K. und Niggemann, J.: Flurbereinigung als Ordnungsaufgabe. Münster-Hiltrup 1971 *(Schriftenreihe für Flurbereinigung* 56).

Ilien, A. und Jeggle, U.: Leben auf dem Dorf. Zur Sozialgeschichte des Dorfes und Sozialpsychologie seiner Bewohner. Opladen 1978.

Kurwoski, E.: Gestaltwandel ländlicher Siedlungen. Münster-Hiltrup 1981 *(Schriftenreihe des Bundesministers für Ernährung, Landwirtschaft und Forsten* B 70).

Mikus, W.: Geogr. Aspekte der Flurbereinigung. In *Berichte zur deutschen Landeskunde* 41 (1968)73–84.

Niggemann, J.: Die Agrarstruktur- und Kulturlandschaftsentwicklung *Geographische Rundschau* 32(1980)171–176.

Niggemann, J.: Ländliche Siedlungen im Strukturwandel. In *Erdkunde* 38(1984)94–97.

Schmidt, K.: Dorferneuerung und Flurbereinigung – Ziele, Richtlinien, Förderung. Würzburg 1982 *(Kommunalforschung für die Praxis* 11).

Sick, W. D.: Die Vereinödung im nördlichen Bodenseegebiet. In *Württembergisches Jahrbuch für Statistik und Landeskunde* (1951/52)81–105.

Städtebauliche Entwicklung im Ländlichen Raum – Berichte aus Forschung und Praxis. Dortmund 1978 *(Institut für Landes- und Stadtentwicklungsforschung des Landes Nordrhein-Westfalen – Landes- und Stadtentwicklungsforschung* 2.036).

Wehling, H. W. (Red.): Das Ende des alten Dorfes? Stuttgart 1980.

Windhorst, H.-W.: Strukturveränderungen in ländlichen Siedlungen. In *Geographische Rundschau* 36(1984)198–205.

Raumordnung

Andreae, B.: Landbau oder Landschaftspflege? In *Geographische Rundschau* 36(1984) 187–197.

Beck, H.: Planung und Entwicklung in einem ländlichen Problemraum – Beispiel Westmittelfranken. Paderborn/München 1982.

Becker, K.: Das Konzept der ausgeglichenen Funktionsräume. In *Grundriß der Raumordnung* (Hannover 1982)232–240.

Brunner, H. R.: Der ländliche Raum im Umbruch der Industriegesellschaft. Diss. Konstanz 1982.

Buchhofer, E.: Axialraum und Interaxialraum als raumordnungspolitische Strukturkategorie. Marburg 1977 *(Marburger Geographische Schriften* 75).

Buchhofer, E. (Hrsg.): Flächennutzungsveränderungen in Mitteleuropa. Marburg 1982 *(Marburger Geographische Schriften* 88).

Christaller, W.: Die zentralen Orte in Süddeutschland. Jena 1933 (Neudruck Darmstadt 1968).

Dietrichs, B.: Ländliche Räume im großstadtnahen Bereich – Entwicklungen, Raumordnungskonzepte, Zielkonflikte in der Planungspraxis. In *Akademie für Raumforschung und Landesplanung – Arbeitsmaterial* 53(1983)81–114.

Entwicklungsaspekte – Arbeitsmärkte, ländliche Räume, Landwirtschaft. Hannover 1983 *(Schriftenreihe für ländliche Sozialfragen* 89).

Entwicklungschancen Peripherer Regionen. Münster-Hiltrup 1978 *(Schriftenreihe für Flurbereinigung* 66).

Entwicklungsprobleme peripherer Regionen und strategische Lösungsansätze. Münster-Hiltrup 1978 *(Schriftenreihe für Flurbereinigung* 67).

Ganser, K. u. a.: Strategie zur Entwicklung peripherer ländlicher Räume. Göttingen 1980 *(Agrarsoziale Gesellschaft — Materialsammlung* 144).

Gatzweiler, H. P.: Der ländliche Raum — Benachteiligt für alle Zeiten. In *Geographische Rundschau* 31(1979)10—16.

Hellberg, H., v. Rohr, H.-G. und Uhlmann, J.: Bevölkerungs- und Arbeitsplatzabnahme in peripheren ländlichen Regionen — Konzepte und Maßnahmen einer stabilisierungsorientierten Entwicklungssteuerung — Literaturanalyse. Hamburg 1979.

Isenberg, G.: Die Ballungsgebiete in der Bundesrepublik Deutschland. Hannover 1957 *(Veröffentlichungen des Instituts für Raumforschung und Landesplanung — Vorträge* 6).

Isenberg, G.: Ballungsgebiete in der Bundesrepublik Deutschland. In *Handwörterbuch der Raumforschung und Raumordnung* (Hannover 1970).

Istel, W.: Entwicklungsachsen und Entwicklungsschwerpunkte. Ein Raumordnungsmodell. Diss. München 1971.

Klemmer, P.: Abgrenzung strukturgefährdeter ländlicher Räume — Indikatoren für die Arbeitsmarktsituation. In *Veröffentlichungen der Akademie für Raumforschung und Landesplanung — Forschungs- und Sitzungsberichte* 128 = Strukturgefährdete ländliche Räume — zur Notwendigkeit einer Ziel- und Instrumentenrevision (1979)1—24.

Klemmer, P.: Arbeitsmarktprobleme im ländlichen Raum. In *Akademie für Raumforschung und Landesplanung — Arbeitsmaterialien* 80(1984)19—62.

Kluczka, G.: Zur Planungssituation ländlicher Notstandsgebiete. In *Colloquium Geographicum* 15 = Planen und Lebensqualität (1982)61—72.

Kötter, H.: Stadt und Land — Ihre Besonderheiten und ihre Beziehungen zueinander. In *Auf dem Lande leben* (Stuttgart 1984)11—23.

Der Ländliche Raum — Entwicklungen, Raumordnungskonzepte, Zielkonflikte in der Planungspraxis. Hannover 1983 *(Akademie für Raumforschung und Landesplanung — Arbeitsmaterial* 53).

Linde, H.: Grundfragen der Gemeindetypisierung. Bremen 1953 *(Forschungs- und Sitzungsberichte der Akademie für Raumforschung und Landesplanung* III.).

Maichel, G.: Agrarstrukturelle Probleme und räumliche Gesamtplanung. Köln 1982 *(Schriftenreihe des Instituts für Landwirtschaftsrecht der Universität Göttingen* 26).

Mayer, K.: Ein Beitrag zur Frage der Notstandsgebiete. In *Raumforschung und Raumordnung* 1 (1937)200.

Meyer, K.: Ordnung im ländlichen Raum. Stuttgart 1964.

Monheim, R.: Aktiv- und Passivräume. In *Raumforschung und Raumordnung* 30(1970)51—58.

Mrohs, E. und Zurek, E. C.: Entwicklung ländlicher Räume — Genese und Gestalt struktureller Ungleichgewichte. Münster-Hiltrup 1984 *(Schriftenreihe des Bundesministers für Ernährung, Landwirtschaft und Forsten Reihe A — Angewandte Wissenschaft* 297).

Niggemann, J.: Zur Definition landwirtschaftlicher und ländlicher Problemgebiete. In *Bochumer Geographische Arbeiten* 13 = Ländliche Problemgebiete (1972)1—6.

Röhm, H.: Landesplanerische Aspekte der Agrarpolitik in Baden-Württemberg. In *Veröffentlichungen der Akademie für Raumforschung und Landesplanung — Forschungs- und Sitzungsberichte* 68 = Landesplanerische Aspekte der Entwicklung der Land- und Forstwirtschaft in Baden-Württemberg (1972)41—58.

Schilling, H. von: Regionale Schwerpunkte intensiver Landbewirtschaftung — Konflikte zwischen Produktivitätssteigerung und Umwelt. In *Geographische Rundschau* 34 (1982) 88—95.

Schneppe, F.: Gemeindetypisierungen auf statistischer Grundlage. Hannover 1970 *(Akademie für Raumforschung und Raumordnung — Beiträge* 5).

Stiens, G.: Kumulativer Schrumpfungsprozeß in peripheren Regionen unausweichlich? In *Geographische Rundschau* 30(1978)433—436.

Steuer, W.: Probleme, Forderungen und Chancen des ländlichen Raumes. In *Strukturwandel und Strukturpolitik im ländlichen Raum (Stuttgart 1978)41—57 (Festschrift* H. Röhm).

Strukturgefährdete Ländliche Räume. — Zur Notwendigkeit einer Ziel- und Instrumentenrevision. Hannover 1979 *(Akademie für Raumforschung und Landesplanung — Forschungs- und Sitzungsberichte* 128).

TAUBMANN, W.: Zur Abgrenzung von sogenannten Problemgebieten – Bemerkungen zu Indikatoren und Verfahrensweisen. Karlsruhe 1979 *(Karlsruher Manuskripte zur Mathematischen und Theoretischen Wirtschafts- und Sozialgeographie* 32).

TAUBMANN, W.: Räumliche Disparitäten – Das Beispiel der Bundesrepublik. In *Geographie heute* 1(1980)2–11.

TESDORPF, J. C.: Zur Kritik des punkt-achsialen Systems der Landesplanung mit Beispielen aus Baden-Württemberg. In *41 Deutscher Geographentag Mainz 1977 – Tagungsbericht und wissenschaftliche Abhandlungen* (Wiesbaden 1978)176–182.

THARUN, E.: Die Planungsregion Untermain – zur Gemeindetypisierung und inneren Gliederung einer Verstädterungsregion. Frankfurt 1975 *(Rhein-Mainische Forschungen* 81).

VOPPEL, G.: Aktiv- und Passivräume. Bonn-Bad Godesberg 1961 *(Forschungen zur deutschen Landeskunde* 132).

WALK, F. (Hrsg.): Dorf-, Landschafts-, Umwelt-Planung im ländlichen Raum. Berlin 1982 *(Dorf-Forum Berlin 1982 – Internationale Grüne Woche* 19).

WEHLING, H.-W.: Probleme der Raumordnung am Beispiel des Verstädterungsprozesses ländlicher Gemeinden. Frankfurt 1975 *(Geographische Zeitfragen* 7).

ZUR PROBLEMATIK VON ENTWICKLUNGSACHSEN. Hannover 1976 *(Akademie für Raumforschung und Landesplanung – Forschungs- und Sitzungsberichte* 113).

Berichte/Statistiken

AGRARBERICHTE DER BUNDESREGIERUNG (mit Materialbänden). Bonn (jährlich).

STATISTISCHES BUNDESAMT: Bevölkerung und Wirtschaft 1872–1972. Stuttgart 1972.

STATISTISCHES BUNDESAMT: Ausgewählte Zahlen für die Agrarwirtschaft – Fachserie 3/1. Wiesbaden (jährlich).

STATISTISCHES JAHRBUCH ÜBER ERNÄHRUNG, LANDWIRTSCHAFT UND FORSTEN DER BUNDESREPUBLIK DEUTSCHLAND. Münster-Hiltrup (jährlich).

DIE VERBESSERUNG DER AGRARSTRUKTUR IN DER BUNDESREPUBLIK DEUTSCHLAND. Bonn (regelmäßig – zuletzt 1979/80).

Frankreich

(unter Mitarbeit von Jean-Pierre Houssel)

AGULOHN, M. et BODIGUEL, M.: Les associations au village. In *Actes Sud (Bibliothèque des ruralistes)* 1981.

AMÉNAGEMENT DU TERRITOIRE ET DÉVELOPPEMENT RÉGIONAL = *Cahiers de l'Institut d'Etudes Politiques Grenoble* 1(1968) ff.

AMMAN, G.: Beiträge zum Reisanbau im mittelmeerischen Frankreich. Zürich 1970 *(Arbeiten aus dem Geographischen Institut der Universität Zürich* Serie A-241).

ARCHÉOLOGIE DU VILLAGE DÉSERTÉ. Paris 1970.

ARDAGH, J.: Rural France. London 1983.

A. T. P.: Observation Continue du Changement Social et Culturel. Paris (C.N.R.S.) 1982 *(Cahiers de l'Observation du Changement Social).*

AUGE-LARIBE, M.: Politique agricole de la France (1890–1940). Paris 1950.

AYDALLOT, PH.: L'aménagement du territoire en France – une tentative de bilan. In *L'espace géographique* 7(1978)245–253.

BACHELARD, P.: L'artisanat dans l'espace français. Paris 1982.

BAGUENARD, J.: La décentralisation territoriale. Paris 1980.

BARRAL, P.: Les agrariens français de Méline à Pisani. Paris 1968.

BERGER, S.: Les paysans contre la politique – l'organisation rurale en Bretagne (1911–1974). Paris 1975.

BESSON, L.: Rapport sur la situation de l'agriculture et de l'économie rurale dans les zones de montagne et défavorisées. Paris 1982 *(Documents de l'Assemblée Nationale* No. 757–7 avril 1982).

BÉTEILLE, R.: La France du vide. Paris 1981 (*Géographie économique et sociale* XIV).
BIANCARELLI, J. et al: Aménager les campagnes. Paris 1978.
BLOHM, E.: Landflucht und Wüstungserscheinungen im südöstlichen Massif Central und seinem Vorland seit dem 19. Jahrhundert. Trier 1976 (*Trierer Geographische Studien* 1).
BONNAMOUR, J. et GILETTE, CH.: Les types d'agriculture en France 1970 — Essai méthodologique. Paris 1980.
BRÜCHER, W.: Strukturprobleme und Fördermaßnahmen in der zentral-französischen Wirtschaftsregion Limousin. In H. GREES (Hrsg.): Die europäische Kulturlandschaft im Wandel (Kiel 1974) 195—211 (Festschrift K.-H. SCHRÖDER).
BRUN, A.: Comportements régionaux en matière de propriété foncière agricole. In *Cahiers de statistique agricole* 4(1983)15—24.
BRUNET, H. C. (ed.): Carte des mutations de l'espace rural français 1950—1980. Caën 1984.
BRUNET, R.: Découvrir la France. Paris 1972—74.
CALMES, R. et al: L'espace rural français. Paris. 1978.
CHARVET, J.-P.: La grande entreprise agricole en Beauce. In *L'espace géographique* 6(1977) 233—246.
CHOMBART DE LAUWE: L'aventure agricole de la France de 1945 à nos jours. Paris 1979.
CLOUT, H.: The Massif Central. London 1973.
COLLOQUE DE NANCY — Géographie et histoire agraire. Nancy 1969 (*Annales de l'Est* 21).
COLSON, R. et al: Un paysan face à l'avenir rural — la J.A.C. et la modernisation de l'agriculture. Paris 1976.
COMITÉ NATIONAL FRANÇAIS DE GÉOGRAPHIE — COMMISSION DE GÉOGRAPHIE RURALE: La modernisation des campagnes — colloque franco-polonais. Paris 1973.
COMITÉ NATIONAL FRANÇAIS DE GÉOGRAPHIE — COMMISSION DE GÉOGRAPHIE RURALE: L'aménagement rural — colloque franco-polonais. Paris 1977.
COYAUD, L.: L'urbanisation des campagnes — Contribution méthodologique. Paris 1973.
DEBATISSE, M.: La Révolution silencieuse. Paris 1963.
DEGENER, C.: Abwanderung, Ortswüstung und Wandel der Landnutzung in den Höhenstufen des Oisans. Göttingen 1964 (*Göttinger Geographische Arbeiten* 32).
DE PLANHOL, X.: Historical Geography in France. In BAKER, A.R.H. (ed.): Progress in Historical Geography. Newton Abbot 1972.
DION, R.: Histoire de la vigne et du vin en France des origines au XIX siècle. Paris 1959.
DION, R.: Essai sur la formation du paysage rural français. Neuilly-sur-Seine 1981[2].
DIRY, J.: L'industrialisation de l'élevage en France — géographie des filières avicoles et porcines. Bron 1984.
DODT, J.: Neuere Strukturwandlungen der Landwirtschaft in der Bretagne. In *Zeitschrift für Agrargeographie* 2(1984)220—255.
DUBY, G. et WALLON, R. (dirs.): Histoire de la France rurale — 4 vols. Paris 1975—77.
DUFOUR, J.: Les campagnes du Maine. Le Mans 1981.
DUMONT, R. et DE RAVIGNAN, F.: Nouveaux voyages dans les campagnes françaises. Paris 1977.
EDELMANN, P. W. L.: Möglichkeiten und Grenzen der französischen Planification. — Ein Beispiel staatlicher Rahmenplanung in der Marktwirtschaft. Bern/Frankfurt 1971 (*Europäische Hochschulschriften* Reihe 5—29).
EISERT, W.: Die Limognes, ein Aktivraum in der Wirtschaftsregion Auvergne. In *Geographische Rundschau* 28(1976)415—424.
ESTIENNE, P.: La France — 4 vols. Paris 1978—1979.
FAUCHER, F. (ed.): La France — géographie et tourisme — 2 vols. Paris 1951—52.
FLATRES, P.: L'évolution des bocages — la région de Bretagne. In *Norois* 103(1979)303—320.
FRANCE RURALE — Images et perspectives. Paris 1981.
FRIEDMANN, G.: Villes et campagnes — Civilisation urbaine et civilisation rurale en France. Paris 1970.
FRITSCH, A.: Planifikation und Regionalpolitik in Frankreich. Stuttgart 1973 (*Schriften des Deutschen Instituts für Urbanistik* 42).
GAY, F.-P.: La Champagne du Berry — Essai sur la formation d'un paysage agraire et l'évolution d'une société rurale. Bourges 1967.

GEIGER, R.: Rechtsformen der Wirtschaftslenkung als Mittel der französischen Planifikation. Berlin 1972 (*Schriften zum Öffentlichen Recht* 186).

GERARD, C. et PELTRE, J.: Les villages lorrains. Nancy 1979.

GIRAUD, H. ST.: Probleme der regionalen Wirtschaftsentwicklung Frankreichs und ihre Beeinflussung durch den Staat. Diss. München 1963.

GRAF, I. und JÄTZOLD, R.: Junge Kulturlandschaftsentwicklungen in der Camargue. In *Erde* 112 (1981)217–229.

GRAVIER, J. F.: Paris et le désert français – Décentralisation – Equipement – Population. Paris 1947.

GRAVIER, J. F.: Paris et le désert français en 1972. Paris 1972.

GUERIN, J. P.: L'aménagement de la montagne. Grenoble 1983.

HABICHT, W.: Dorf und Bauernhaus im deutschsprachigen Lothringen und im Saarland. Saarbrükken 1980 (*Arbeiten aus dem Geographischen Institut der Universität des Saarlandes* 72).

HARTKE, W.: Tendenzen der Regionalisierung in Frankreich. In *Berichte zur deutschen Landeskunde* 48(1974)249–257.

HEDTKAMP, G.: Planifikation in Frankreich. Grundlagen, Technik und Erfahrungen. Köln 1966 (*Forschungsinstitut für Wirtschaftsverfassung und Wettbewerb – Schriftenreihe* 31).

HOUSSEL, J.-P. (dir.): Histoire des paysans français du XVIIIe siècle à nos jours. Roanne 1976.

HOUSSEL, J.-P.: Le Roannais et le Haut-Beaujolais – un espace à l'écart des métropoles. Lyon 1978.

HOUSSEL, J.-P.: Les industries autochtones en milieu rural. In *Revue de Géographie de Lyon* 55 (1980)305–341.

ITZIN, U.: Das ländliche Anwesen in Lothringen. Tübingen 1983 (*Thübinger Geographische Studien* 86).

LES INDUSTRIES RURALES ET L'INDUSTRIALISATION DE LA VENDÉE = *Cahiers Nantais* 22 (1983).

JOLIVET, M. et MENDRAS, H.: Le collectioités rurales françaises. Paris 1971.

JUILLARD, E. et MEYNIER, A.: Die Agrarlandschaft in Frankreich. München 1955 (*Münchner Geographische Hefte* 9).

JUILLARD, E.: Die französische Agrargeographie – Neuere Arbeiten (1957–1963) und moderne Entwicklungen. In RUPPERT, K. (Hrsg.): Agrargeographie (Darmstadt 1973)424–460.

KLASEN, J.: Der Weinbau im mittleren Elsaß. In *Kölner Geographische Arbeiten Sonderband* (1971)226–237(Festschrift K. KAISER).

KLASEN, J.: Frankreich. In *Geographisches Taschenbuch* 1970/72(Wiesbaden 1972)146–176.

KLASEN, J.: Zur jüngeren wirtschafts- und bevölkerungsgeographischen Entwicklung im elsässischen Münstertal. In *Regio Basiliensis* 14, (1973)73–97.

KÖRBER, F.-E.: Junge Wandlungen der Kulturlandschaft an der französischen Mittelmeerküste zwischen Rhonemündung und Pyrenäen. Diss. Tübingen 1974.

KREISEL, W.: Der Jura – Natur- und Kulturraum. In *Aachener Geographische Arbeiten* 6 = Beiträge zur regionalen Geographie (1973)19–59.

KROEMER, D.: Die Agrarlandschaft der Beauce – Historische Entwicklung und heutiges Bild einer hochtechnischen Getreidebaulandschaft. Aachen 1976 (*Aachener Geographische Arbeiten* 10).

LABORIE, J. P.: Les petites villes. Paris (C.N.R.S.) 1979.

LANGEVIN, P.: L'économie provençale 1 = Les structures économiques. 2 = l'aménagement du territoire. Aix-en-Provence 1981/83.

LARRERE, G. R.: Désertification ou annexion de l'espace rural? L'exemple du plateau de Millevaches. In *Etudes Rurales* 71–72(1978)9–48.

LE ROY LADURIE, E.: Karneval in Romans – Von Lichtmeß bis Aschermittwoch 1579–1580. Stuttgart 1982.

LE ROY LADURIE, E.: Die Bauern des Languedoc. Stuttgart 1983.

LICHTENBERGER, E.: Die Agrarkrise im Französischen Zentralmassiv im Spiegel seiner Kulturlandschaft. In *Mitteilungen der Österreichischen Geographischen Gesellschaft* 108(1966)1–24.

LIVET, R.: Les nouveaux visages de l'agriculture française. Paris 1980.

LÜCKE, H.: Ostkorsika – Untersuchungen zum Kulturlandschaftswandel einer insularen Region. Mainz 1976 (*Mainzer Geographische Studien* 5).

Lücke, H.: Ursachen und Folgen junger Agrarkolonisationsvorgänge auf Korsika. In *Münstersche Geographische Arbeiten* 4 = Periphere Räume (1979)101–134.

Lücke, H.: Korsika – eine unterentwickelte Mittelmeerinsel. In *Geographische Rundschau* (1980)444–452.

Lücke, H.: Beobachtungen zur Verbreitung, Gestalt und zum Wandel traditioneller Orts- und Hausformen auf Korsika. In *Marburger Geographische Schriften* 84 = Beiträge zur Kulturgeographie der Mittelmeerländer IV(1981)145–174.

Lücke, H.: Persistenz- und Umwertungserscheinungen der Agrarlandschaft Korsikas. In *Zeitschrift für Agrargeographie* 1(1983)351–394.

Mace, G.: La Mayenne – un département rural de l'Ouest. Mayenne 1982.

Melot, G.: L'irrigation en France. In *Cahiers de statistique agricole* 2(1983)17–29.

Mendras, H.: La fin des paysans. Paris 1970.

Meyer-Kohl, M.-L.: Der Kulturlandschaftswandel durch den Tourismus im Pays des Quatre Montagnes (Vercors). Konstanz 1983.

Michelet, C.: Des grives au loup. Paris 1982.

Michelet, C.: Les Palombes ne passeront plus. Paris 1982.

Möller, H.-G.: Zur Agrargeographie des Roussillon (Französisch-Katalonien) – Tradition, Modernisierung und Perspektiven eines mediterranen Problemgebiets in Frankreich. In *Zeitschrift für Agrargeographie* 2(1984)256–298.

Müller, K.: Arbeitsaufwand und Arbeitsrhythmus in den Agrarlandschaften Süd- und Südostfrankreichs – Les Dombes bis Bouches-de-Rhône. Berlin 1971*(Berliner Geographische Abhandlungen* 11).

Nagel, F.-N.: Burgund – Bourgogne, Struktur und Interdependenzen einer französischen Wirtschaftsregion (Région de Programme). Hamburg 1976(Mitteilungen der Geographischen Gesellschaft in Hamburg 65).

Nouvel Atlas Rural de la Région Provence – Alpes – Côte d'Azur – 1. Marseille 1982.

Ockenfels, H. D.: Regionalplanung und Wirtschaftswachstum – dargestellt am Beispiel Frankreichs. Köln 1969*(Abhandlungen zur Mittelstandsforschung* 42).

Papy, L. (dir.): Atlas de géographie de la France moderne – 16 vols. Paris 1976–83.

Perpillou, A.: Cartes de l'utilisation du sol en France – 3 Karten (I = XIXe siècle, II = 1ère moitié du XXe siècle, III = 2ème moitié du XXe siècle). Paris 1970, 1979, 1979.

Philipponneau, M.: La vie rurale de la banlieue parisienne – Etude de géographie humaine. Paris 1956.

Pletsch, A.: Agrarräumliche Neuordnung in Südfrankreich. In *Raumforschung und Raumordnung* 33(1975)30–41.

Pletsch, A.: Moderne Wandlungen der Landwirtschaft im Languedoc. Marburg 1976*(Marburger Geographische Schriften* 70).

Pletsch, A.: Entwicklungshemmnisse und Entwicklungsimpulse in der Bretagne. In *Zeitschrift für Wirtschaftsgeographie* 21(1977)129–140.

Pletsch, A.: Intensivierungsbestrebungen in der Agrarwirtschaft des Languedoc (Südfrankreich) vom 10.–19. Jahrhundert. In *Marburger Geographische Schriften* 73 = Beiträge zur Kulturgeographie der Mittelmeerländer III(1977)189–208.

Pletsch, A.: Die Entwicklung des Sonderkulturanbaus im Languedoc/Südfrankreich nach dem Zweiten Weltkrieg. In *Erdkunde* 31(1977)288–299.

Pletsch, A.: Meliorations- und Sanierungsmaßnahmen in der Landwirtschaft des Languedoc unter besonderer Berücksichtigung der Ansiedlung ehemaliger Koloniallandwirte. In *Düsseldorfer Geographische Arbeiten* 7(1977)93–112.

Pletsch, A.: Frankreich. Stuttgart 1981[2]*(Klett – Länderprofile).*

Pletsch, A.: La Vulgarisation Agricole dans le Gard au 19e siècle. Nîmes 1978*(Revue de Bas Rhône-Languedoc 82).*

Pletsch, A.: Südfrankreich – wirtschaftlicher Schwerpunkt oder Problemgebiet der EG. In *Geographische Rundschau* 34(1982)144–152.

Rambaud, P.: Société rurale et urbanisation. Paris 1969.

Renard, J.: Les évolutions contemporaines de la vie rurale dans la région nantaise. Les Sables d'Olonne 1976.

Renucci, J.: Corse traditionnelle et Corse nouvelle – la géographie d'une île. Lyon 1974.

Riemann, I.: Der Weinbau in drei französischen Regionen – Languedoc und Roussillon, Bordelais und Côte d'Or. Marburg 1957 (*Marburger Geographische Schriften* 6).

Rinschede, G.: Die Transhumance in den französischen Westalpen und in den Pyrenäen. In *40. Deutscher Geographentag Innsbruck 1975 – Tagungsbericht und wissenschaftliche Abhandlungen* (Wiesbaden 1976) 809–830.

Rinschede, G.: Die Rindertranshumance in den französischen Alpen. In *Mitteilungen der Österreichischen Geographischen Gesellschaft* 120 (1978) 74–98.

Roudié, P.: La France – agriculture, fôret, pêche. Paris 1983.

Roux, J. M. et Bauer, G.: La rurbanisation ou la ville éparpillée. Paris 1976.

Schroeder, M.: Die Neuordnung des französischen Staatsgebietes – Ein Beispiel moderner Entwicklungsplanung im Zentralstaat. Berlin 1974 (*Schriften des Öffentlichen Rechts* 234).

Sée, H.: Französische Wirtschaftsgeschichte – 2 Bde. Jena 1930, 1936.

Stadelbauer, J.: Lothringische Agrarlandschaften – Ein Exkursionsführer. In *Freiburger Geographische Mitteilungen* 2 (1972) 63–141.

Stadelbauer, J.: Schriftentum Frankreich. In *Praxis Geographie* 2 (1982) 42–45.

Stoller, H. M.: Die französische Landwirtschaft und die Europäische Wirtschaftsgemeinschaft. Nürnberg 1964 (*Nürnberger Wirtschafts- und Sozialgeographische Arbeiten* 4).

Thumm, K.: Die Regionalpolitik als Instrument der französischen Wirtschaftspolitik. Berlin 1968 (*Schriften zu Regional- und Verkehrsprobleme in Industrie- und Entwicklungsländern* 3).

Toulgouat, P.: La vie rurale dans l'ancienne Lande. Pau 1975.

Treiber, W.: Agrarpolitik und Agrarsektor in Frankreich. Kiel 1983 (*Agrarpolitische Länderberichte EG-Staaten* 6).

Vallet, O.: Hommes et nature en montagne – Les Hautes-Alpes. Paris 1976.

Villages Désertés et Histoire Économique XIe–XVIIIe siècle. Paris 1965.

Wackermann, G.: Raumordnung und Landesplanung in Frankreich. In *Raumforschung und Raumplanung* 26 (1968) 16–22.

Wackermann, G.: System der Raumordnung in Frankreich. In *Akademie für Raumforschung und Landesplanung – Beiträge* 42 = Raumordnung und Regionalplanung in europäischen Ländern (1980) 29–48.

Wright, G.: La révolution rurale en France – Histoire politique de la paysannerie au XXe siècle. Paris 1967.

Wylie, L.: Dorf in der Vaucluse – Der Alltag einer französischen Gemeinde. Frankfurt 1969.